十三經注疏校勘記

劉玉才 主編

北京大學出版社
PEKING UNIVERSITY PRESS

毛詩注疏校勘記

〔清〕阮元　總纂
顧廣圻　分校
袁媛　整理

目録

整理説明

一

毛詩注疏校勘記七卷、毛詩釋文校勘記三卷，顧廣圻撰。顧廣圻（一七六六—一八三五），字千里，號澗薲，以字行，蘇州元和人。生員。終生未仕，以校書爲業，先後受聘於黄丕烈、阮元、張祥雲、張敦仁、孫星衍、胡克家等人，所校典籍衆多，細密精審，有「清代校勘第一人」（神田喜一郎語）之譽。

嘉慶五年（一八〇〇），阮元出任浙江巡撫，延請學人開局校勘十三經注疏。顧廣圻參與其中，與段玉裁的推薦有關。段氏與劉端臨第二十九書「今年一年，説文僅成三頁，故雖阮公盛意而辭不敷文，初心欲看完注疏考證，自顧精力萬萬不能，近日亦薦顧千里、徐心田養原兩君而辭之」，❶便言及此事。嘉慶六年，顧氏赴往杭州，承擔毛詩注疏校勘。七年冬，返回蘇州，至此毛詩校勘工作應該已基本完成。

有證據顯示，在顧氏完成初稿之後，另有他人對之加以審定增補，才最終形成我們今天看到的校勘記。證據之一是今本校勘記存在不少校記前後校語意見相左之處。如卷一「浪意明也」條，先云「案，爾雅疏即取此，正作『明』」，而後又云「〇按，此當作『萌』爲是」，「作『明』者誤」。又如同卷「江東謂之藨音瓢」條，先云「案，

『音瓢』二字當旁行細字，正義於自作音者例如此也」，後又云「今按『音瓢』二字亦是郭注，郭注不特經内字爲音，即自注内難識之字亦多爲音」，「舊於此云正義自作音者，非也」。可以確定，以上「〇」後的校語都不是出自顧廣圻之手。若是顧氏意見發生變化，徑改舊校即可，無須如此周折。

書前引據各本目録與段玉裁文章的意見重合則透露出更多的綫索。「孟蜀石經殘本二卷」下云蜀石經「其餘乖異甚多，均無足采，惟甘棠箋『重煩百姓』，較今本少『不』字，與漢書司馬相如傳『方今田時重煩百姓』合」。這一看法又見於段氏跋黃蕘圃蜀石經毛詩殘本，文中云「余爲阮梁伯定十三經校勘記，則取甘棠召伯聽男女之訟，重煩勞百姓，此與司馬相如傳『方今田時重煩百姓』同解。今本有『不』字，非也」。❷如段氏所言，他曾對毛詩注疏校勘記加以審定，引據各本目録中這段或許便來自他的修改。

阮元也參與了審定工作，也就是毛詩注疏校勘記序中提到的「復定是非」。對此，當時學者方東樹指出「按嚴云，『臣復定其是非』，此語專爲段氏駁詩經而設，因以施於群序云爾。按校刊記成，芸臺寄與段懋堂復校，段見顧所校詩經引用段說未著其名，怒之，於顧所訂，肆行駁斥，隨即寄粵付凌姓司刻事者開雕，而阮與顧皆不知也。故今詩經獨不成體。此事當時無人知者，後世無論矣。乙酉八月，嚴厚民杰見告，蓋以後諸經乃嚴親齎至蘇共段同校者也」。❸嚴杰自詁經精舍起就一直跟隨阮元，參與經籍籑詁、十三經注疏校勘記、皇清經解等項目，是阮元幕府的重要成員。方説來自嚴氏，應該不無根據。

至於校勘記中的「○」後校語究竟出自誰手，段、阮二人的審定對顧氏初稿改動有多大，這些問題仍有待更細緻的考察。可以確定的是，毛詩注疏校勘記形成過程較爲複雜，當中包含了好幾位學者的工作。這是使用此書時需要注意的。

二

根據校勘記卷首引據各本目録，校勘工作共參考了九個版本。白文本二，爲唐石經和南宋石經殘本。前者是衆經校勘都參考的版本，毋庸多言；後者也被列爲校勘尚書、毛詩、禮記、論語、孟子五經的參校本。其爲宋高宗所書，開雕於紹興年間。國家圖書館藏有顧廣圻舊藏南宋石經詩經殘石拓片一套，原經十石，現存八張，缺第四、五兩石，爲清嘉慶時所拓，或即爲校勘記中顧氏所據之本。顧氏對南宋石經評價較高，稱其可見「南宋時經猶爲善本，考古者宜所寶貴矣」。

經注本三，分别爲孟蜀石經殘本、宋小字本、重刻相臺岳氏本。孟蜀石經刻於五代後蜀廣政年間，校勘記對它評價並不高，認爲「乖異甚多」，但亦有保存古貌、不可忽視之處。宋小字本，附有釋文，其行款與國家圖書館所藏一宋刻殘本相合，該本上有顧廣圻跋。據此推斷，「宋小字本」應該就是它。顧跋云：「錢曾敏求記云毛詩鄭氏箋廿卷，南宋刻本，首載毛詩舉要圖者即此刻本也。十年前家兄抱沖（顧之逵）得之，藏於小讀書堆，近始借在西湖寓館，校讀一過。所見毛、鄭詩本子莫有舊於此者，洵足寶已。嘉慶壬戌九月初一日，元和澗薲居士顧廣圻書。」❹其中所謂「西湖寓館」，正是在十三經局時的居所。相臺岳氏本依據南宋廖瑩中世綵堂本九經翻刻，乾隆四十八（一七八三）年内府仿刻其中周易、尚書、毛詩、禮記、左傳五種，稱作「相臺五經」，也就是目録中所謂的「重刻相臺岳氏本」。岳本毛詩及尚書、禮記三種早已失傳，只能通過内府仿刻來了解岳本面貌。

注疏本四，即十行本、閩本、明監本、毛氏汲古閣本。它們屬於同一版本系統，十行本是後三者的祖本。然而這個十行本並非撰者以爲的宋刻明修本，而是元刻明修本。真正的宋刻至今尚存，藏於日本足利學校遺跡圖書館。

總的來説，校勘記在版本選擇兼顧版

本的時代、質量與代表性，較爲全面妥當。然而也有遺憾。日本武田科學振興財團杏雨書屋藏有一部單疏本毛詩正義，原爲四十卷，現存三十三卷，爲南宋紹興九年（一一三九）紹興府所刻。它保存了注疏合刻之前毛詩正義的面貌，格式與文字内容都頗具價值。但它遠在東瀛，長期以來不爲國人所知，阮元、顧廣圻都不知道它的存在。今天若要校勘毛詩注疏，無論是探求正義原貌，還是追溯唐代乃至更早的毛詩面貌，都必須重視這個單疏本，充分利用它。❺

三

卷首有引用諸家目録，羅列校勘記所引他人成果共八種。除了諸經校勘都會利用的陸德明經典釋文、山井鼎七經孟子考文及物觀補遺、浦鏜十三經注疏誤字之外，另外五種都是清代詩經研究著作，分别爲陳啟源毛詩稽古編、惠棟毛詩古義、戴震毛鄭詩考正和段玉裁的校訂毛傳、詩經小學。

當然，見於校勘記的他人成果并不止這八種，還包括宋王應麟困學紀聞、清惠士奇禮説、臧琳經義雜記、錢大昕唐石經考異、盧文弨經典釋文考證、鍾山札記，以及段玉裁古文尚書撰異、周禮漢讀考、説文解字注、説文訂、六書音均表等。

與他經相比，毛詩注疏校勘記對他人的徵引並不算多，如周禮引用清儒成果達十六家，[6]左傳更多，近三十家。[7]這或許透露出顧廣圻對他人意見的審慎擇取，凡引用者應該都是他覺得值得借鑒，或者應該駁正的内容。

在以上諸家清代學者中，本書引用最爲頻繁的屬浦鏜、段玉裁、臧琳三家。

浦鏜誤字是十三經注疏校勘記之前唯一一部對十三經進行全面校勘的著作，因此局内各經校勘都把它列入參考。

段玉裁留心經書整理研究，於毛詩用力頗深。校訂毛傳，即毛詩故訓傳定本小箋，始撰於乾隆四十三年，爲段氏意識到漢代經、傳各自單行，因而試圖通過校勘考證，恢復毛傳原貌。詩經小學撰於乾隆四十一年，後來陸續有所增補。初爲三十卷，今有道光五年（一八二五）刻本，藏於上海圖書館。更爲通行的是四卷本，爲臧庸「删繁纂要」而成，風、小雅、大雅、頌各爲一卷，段氏頗爲稱許，認爲「精華盡在此矣」。[8]此本後來被收録進皇清經解，因而廣爲流行。校勘記所用爲三十卷的完整本。此書關注并利用異文，以此探討詩經用字的形、音、義情況，力圖廓清流傳中出現的訛誤，於校勘大有裨益。

顧氏對段説多加參考，取其精華，不乏大段徵引。於其未妥之處，則或存之以備一説，或委婉辨析。前者如對於「天立厥配」（皇矣）的「配」字，顧氏依從正義，認爲毛傳作「配」，而讀如妃，但仍引用段氏意見：「段玉裁云：『古多用妃，少用配。妃是正字，配是假借字也。配者，酒色也，今人云配合，周秦人云妃合，嘉耦曰妃，非專謂男女也。經文本作妃，毛以配合解之，鄭以后妃解之，改妃爲配，自是後人所爲。』」并不下任何案斷。委婉辨析者，如「言聲之遠聞也」（椒聊）條：「案，段玉裁云『聲當作馨，此欲以馨訓條也』。今考此章『條』與上章同，皆訓『長』，爲『脩』字之假借，非有異也，不宜更爲之訓。此傳言『聲之遠聞也』，乃篇末揔發一篇之傳，謂此椒聊詩乃言桓叔聲之遠聞也。篇末揔發傳，毛氏每有此例，如采蘋、木瓜之屬是矣。此傳毛當有所案據，自作正義時已無文以言之，後遂專繫諸第二章『遠條且』一句，而疑其有所不可通也。」

這與顧氏多次直斥臧琳經義雜記錯誤的態度大爲不同，足見他對段氏的尊敬。值得注意的是，關於「言聲之遠聞也」的校勘還有後話。顧氏後來撰與段茂堂大令論椒聊經傳書，[9]針對段玉裁改字的意見，詳細論説，堅持自己在校勘記中的處理。其中還提到「若用鄙説，則無用紛更而自無扞格矣，此前爲阮中丞撰考證（按，即十三經注疏校勘記）時所以不載尊定而別作云云者也。今見尊定稿中（按，指毛詩故訓傳定本），頗有用考證者，而此經未改，故敢引伸前説，附呈左右，幸覽而采之」。從中可見顧氏修撰校勘記時對段説的審慎辨析，以及二人圍繞毛詩校勘的交流情況。

臧琳經義雜記爲讀經札記，針對經書異文歧解，羅列唐以前學者意見，加以辨析。臧琳爲康熙時人，此書一直隱没不聞，直至其玄孫臧庸刊刻才爲人所知。[10]臧庸爲乾嘉學者，先後問學於盧文弨、段玉裁，并協助他們編纂刊刻圖書。阮元開局校經，他也參與其中，負責周禮、公羊、爾雅三經校勘。經義雜記應該就是經由他而進入「十三經局」，成爲各經校勘都會參考的著作。顧氏引用此書共二十五次，然而有十四次都是明確指出其説之誤，如卷一「小渚曰沚」（谷風）條：「經義雜記云『以止爲沚，起於北宋』，又云『此因經誤作沚，又於箋首增小渚曰沚四字，於釋文加其沚音止四字』，其説非也。關雎正義引此箋『小渚曰沚』，安得以爲增乎？因不得箋改字之例而誤也，今訂正。」

校勘記對清儒成果的參考，是通過集思廣益使得校勘工作更加完備，其中擇取考辨體現了顧氏的校勘理念。同時也透露出這些著作的傳播與影響情況，讓我們得以窺見當時學界的樣貌。

四

上文已經提到，校勘記的校語以「〇」爲界，之前的與之後的來源不同，前者應是顧廣圻完成的初稿，而後者可能是段玉裁或阮元的審定之語，反映了該書形成的不同階段。因此有必要對「〇」前後校語的關係略加考察。[11]

校勘記中共有加「〇」校記一百四十九處，「〇」前後校語的關係大致可分爲三種情況：

第一，「〇」後校語否定之前的校勘意見。這是最多的情形，共有一百零八處，占到十分之八。有的校語很簡單，如卷四「歌出車以勞將帥之還」（采薇）條僅云「〇案，舊挍非也」，而不作考辨。有些校語篇幅頗長，考辨細緻，如卷一「箋云夙早也」（行露）條：

> 小字本、相臺本同。案，釋文此箋有「夜莫」二字，云「小星箋同」。今考此及小星箋各本皆無「夜莫」二字，與釋文本不同也。下箋云「我豈不知當早夜成昏禮」，與小星箋云「或早或夜」，皆不言莫，當以無者爲長。我將、昊天有成命箋亦但云「早夜」，陟屺、烝民箋有「夜莫」者皆釋文本耳。盧文弨欲依蜀石經補此，非也。考文古本有「夜莫」也，采釋文。〇按，舊校非也。依説文，「夕者，莫也」，「莫者，日且冥也」，「夜者，舍也，天下休舍也」。古「夕」與「莫」不同義，「夜」與「莫」不同義，莫謂日冥，夜則該日冥至將旦言之。是以穀梁春秋「辛卯昔恒星不見，夜中星隕如雨」，「昔」即「夕」字，此「夕」與「夜」分明之證也。然對文則別，散文則莫亦爲夜。鄭云「夜莫也」者，散文之義也。別之也，曷爲別之，嫌讀者謂此夜爲終夜也。

箋有「夜莫」二字者是。

又如「天立厥配」（皇矣）條，針對顧稿兼存自己和段玉裁二説的情況，「〇」後校語下按斷云「按，段説是，毛用釋詁『妃媲也』，非讀『配』爲『妃』也」。

第二，「〇」後校語對原校加以推進。或補充證據，如卷一「其體與東壁連」（鶉之奔奔）條，顧廣圻考辨「壁」當作「辟」，云：「釋文『辟，音壁』，正義云『由其體與東壁相成』，『辟』『壁』古今字，易而説之也，例如此耳，非正義本作『壁』也。考『壁』字古作『辟』，左傳『辟司徒』是其證。爾雅釋文云『辟，本又作壁，此星有人居之角象宜爲壁』，其説非也。」「〇」後校語承其説而云「按，周禮注『辟宿』字亦作『辟』，故多用『辟』」。

或進一步辨析，如卷三「于貉往搏貉」（七月）條，顧稿指出作「搏」是釋文本，「正義云『一之日往捕貉取皮』，又云『皆是往捕之而取其皮』，是正義本作『捕』字。都人士正義引『于貉往捕貉』可證」。「〇」後校語則云「按，『搏』『捕』古今字，此正義作『搏』，正義易字而説之也」，揭示釋文本與正義本歧異産生的緣由。

第三，討論顧稿未涉及的問題。如卷一「雖則王姬」（皇矣）條，顧稿討論「雖」下有無「則」字，而「〇」後按語則關注此句句讀，云「按，『雖則王姬亦下嫁於諸侯』十字爲一句，或以『王姬』句絶，則語病矣」。

值得注意的是，從「〇」後按語多次提到段玉裁及其著作來看，其撰者更可能是「復定是非」的阮元。也許正如方東樹所言，它們是嚴杰整理段玉裁對顧稿批定的結果。這種前後校語截然分開、論點相互對立的情況顯得十分突兀，不免自亂體例，多少反映出整理者兩難的境地。但對學術史研究而言，這種處理卻爲了解段顧二人校勘分歧、後來掀起軒然大波的「段顧之争」的緣起，以及同時代學者對二人校勘的看法等問題，提供了珍貴的綫索，值得研究者注意。

五

在十三經注疏校勘記中，毛詩注疏校勘記是水準較爲突出的一部。在例行的版本比勘、引證他書材料之外，顧廣圻還善於發現材料之間的關聯，綜合運用各類文獻，從事校勘；并憑藉出色的文獻功力，考辨異文來源，不僅判斷是非，更着意還原各個時代的文本，達到考鏡源流的效果；同時注意歸納通例，揭示古文獻、古漢語中具有普遍性的規律。

如卷一「謂荆楊之域」（樛木）條：

> 小字本、相臺本「楊」作「揚」，閩本、明監本、毛本亦作「揚」。案，正義字皆作「揚」。考春秋元命包以爲地多赤楊，引見於建康實録，是字本從木也。其李巡爾雅注、劉熙釋名皆以輕揚爲義，唐人遂但用從扌字。然則鄭箋應本作「揚」字，釋文、正義應俱作「揚」字，餘同此。

顧氏從文獻考察地名的時代變遷，再反過來用它校正鄭箋、釋文與正義，展現出他開闊的校勘思路。

又如卷七「不吳不敖」（絲衣）條：

唐石經、小字本、相臺本同。案，傳云「吴譁也」，正義云「人自娱樂必讙譁爲聲，故以娱爲譁也，定本『娱』作『吴』」，釋文云「不吴，舊如字，譁也」，是正義本作「娱」，釋文、定本作「吴」也。詳正義之意，因傳云「吴譁也」而説之以娱樂讙譁，又例以爲毛不破字，故定經文從「娱」也。其實此經字與泮水經同，彼箋用此傳經文，皆本是「吴」字。説文云「吴，大言也」，義與「譁」合，當以釋文、定本爲長。盧文弨校乃依照史記所引爲「虞」，誤也。

此條校記首先釐清釋文本、正義本、定本各自的面貌，再從泮水箋文互證、「吴」字訓詁兩方面入手，證明「吴」字爲長。顧氏運用多種校勘方法，綜合考察，實現了「以孔還孔，以陸還陸，以鄭還鄭，以毛還毛」。

對各種通例的歸納同樣值得注意。稍作摘録於下：

考顔師古爲太宗定五經，謂之定本，非孔穎達等作正義之本也。俗本謂當時通行之本，亦非即作正義者，兼不專指一本，故「禮義廢」下云「俗本有作『儀』者」，野有死麕序下云「或有俗本以『天下大亂』以下同爲鄭注者誤，是也」。由此推之，則正義本之大概可見矣（卷一關雎「所以風天下」）。

凡引其書之支屬即稱其大名，如易緯單稱易，書序單稱書，古人通例，不可枚舉者也（卷一關雎「則春秋云」）。

考釋文之例，無「毛云」、「鄭云」者，或用己意增損注文，如下傳「精曰絺」，釋文「絺」下云「葛之精者曰絺」，皆此類也（卷一葛覃「濩煮之也」）。

案，凡正義所有「于」字或順經、順注及引他書而順彼文也。其自爲文則例用「於」字，互相錯亂者皆非（卷三騶虞「於園於囿皆有此樂」）。

考毛居正是校宋監本，其葉林宗之影宋本即以毛所載者證之，知其出於宋時之潭本（毛詩釋文校勘記卷一「婉○迂阮反」）。

顧廣圻對文獻的深入觀察由此可見一斑。這些通例不僅成爲他校勘的依據之一，而且也爲我們認識古代典籍提供了借鑒。

可以看到，毛詩注疏校勘記不是羅列異文、排比材料的簡單校語的集合，而是一部考證精詳、具有很高學術價值的考據學著作。時至今日，仍值得學界予以重視，充分利用。

本書點校工作依照十三經注疏校勘記整理凡例，尊重底本文選樓本原貌，底本有誤者於每卷末出校説明。限於學識，缺點錯誤在所難免，希冀廣大讀者批評指正。

袁　媛

❶ 段玉裁經韻樓文集補遺卷下，劉盼遂輯校，上海古籍出版社，二〇〇八年。

❷ 段玉裁經韻樓集卷一，上海古籍出版社，二〇〇八年。

❸ 蕭穆記方植之先生臨盧抱經手校十三經注疏，敬孚類稿卷八，光緒三十三年（一九〇七）刻本。

❹ 顧廣圻思適齋書跋卷一「毛詩三卷（宋刻本）」。

❺ 二〇一二年人民文學出版社影印此本。卷首有李霖、喬秀岩所撰影印前言，對是本來由與價值有詳細説明，可資參考。

❻ 唐田恬由周禮注疏校勘記看阮元十三經注疏校勘記的成就與價值，藝衡第七輯。

❼ 詳見左傳注疏校勘記卷首整理説明。

❽ 臧庸刻詩經小學録序，抱經堂文集卷二，一九三〇年宗氏石印本。

❾ 顧廣圻顧千里集卷七，王欣夫輯，上海古籍出版社，二〇〇七年。

❿ 有學者認爲此書作者存在疑點，如周中孚認爲「玉林當日原有此書，而未若今本卷帙之富，或後人有所附益。觀每卷所考漢書五行志獨夥録之，可別成一種，其附益之痕跡顯然矣」（鄭堂讀書記卷二），陳鴻森則辨析盧文弨所見此書與今本經義雜記有所不同（臧庸年譜，中國經學第二輯）。

⓫ 本文僅討論文選樓本中「〇」後的校記，不涉及南昌本新增者。後者來自南昌本刊刻時對原校記的摘取與增補，而與阮、段、顧三人無關。

毛詩注疏校勘記序

攷異於毛詩，經有齊、魯、韓三家之異，齊、魯詩久亡，韓詩則宋以前尚存，其異字之見於諸書可攷者，大約毛多古字，韓多今字，有時必互相證而後可以得毛義也。毛公之傳詩也，同一字而各篇訓釋不同，大抵依文以立解，不依字以求訓，非執於周官之假借者，不可以讀毛傳也。毛不易字，鄭箋始有易字之例。顧注禮則立説以改其字，而詩則多不欲顯言之，亦或有顯言之者。毛以假借立説，則不言易字而易字在其中。鄭又於傳外研尋，往往傳所不易者而易之，非好異也，亦所謂依文立解，不如此則文有未適也。孟子曰：「不以文害辭，不以辭害志。」孟子所謂文者，今所謂字，言不可泥於字，而必使作者之志昭著顯白於後世，毛、鄭之於詩其用意同也，傳、箋分而同一。毛詩字有各異矣，自漢以後，轉寫滋異，莫能枚數。至唐初而陸氏釋文、顔氏定本、孔氏正義先後出焉，其所遵用之本，不能畫一。自唐後至今，鋟版盛行，於經，於傳、箋，於疏，或有意妄更，或無意譌脱，於是繆盭莫可究詰。因以臣舊挍本授元和生員顧廣圻，取各本挍之，臣復定是非。於以知經有經之例，傳有傳之例，箋有箋之例，疏有疏之例，通乎諸例而折衷於孟子「不以辭害志」，而後諸家之本可以知其分，亦可以知其一定不可易者矣。臣阮元恭記。

引據各本目録

經本二

唐石經二十卷今行於世，欵式不具列。

南宋石經殘本高宗御書在今杭州府學。碑存十石，每石四列，列四十五行，行十八字，惟末石三列。碑内不分卷第，其周南、召南、小雅、大雅下亦無「第一」、「第二」等字。小序皆連經文，每篇另起，每章連接，凡篇後「幾章幾句」及風雅頌後總計章句皆無之。末石有秦檜跋語。第一石周南起至「報我不述」止；第二石「送子涉淇」起，至「青青子佩」止；第三石「悠悠我思」起，至「維子之故，羔裘豹」止；第四石「褎自我人究究」起，至「輾轉伏枕」止；第五石「采蘩祁祁」起，至「我有嘉賓中心」止；第六石「好之鐘鼓既設」起，至「我獨居憂」止；第七石「毛取其血膋」起，至「經營四方何草」止；第八石「不元何人不矜」起，至「于時言言于」止；第九石「入覲以其介圭」起，至「薄言駉者有驔有」止；第十石「駱有騂有雒」起，至末。字體小楷書，凡遇避諱字皆本字缺筆，如「筐」作「筐」，「貞」作「貞」，「殷」作「殷」，「桓」作「桓」，「竟」作「竟」，「恒」作「恒」，「佶」作「仕」，「慇」作「慇」，又作「慇」，「徵」作「徵」，「楨」作「楨」，「朗」作「朗」，「姞」作「姞」，「敬」作「敬」，「禎」作「禎」是也。經文大率與今本同，唯鴟鴞「予尾翛翛」，竹竿「遠兄弟父母」，園有桃「不知我者謂我士也驕」、「不知我者謂我士也罔極」，椒聊「碩大且篤」，鶴鳴「它山之石」，烈祖「來假來饗」，皆與唐石經同。今書中已詳載唐刻，故附存其目於此，以見南宋時經猶爲善本，攷古者宜所寶貴矣。

經注本三

孟蜀石經殘本二卷自召南鵲巢箋「爵位故以興焉」「爵」字起，至邶風「之二子乘舟二章章四句」止，分卷同唐石經。有「杭州黄松石廣仁義學」印章。每行大字計廿四，注夾行，每行字二十及廿一二三不等。宋晁公武云「毛詩二十卷，張紹文書其注，或羨、或脱、或不同」，又云「昔議者以太和石本授寫非精，時人未之許」。書中凡「淵」、「民」、「世」字皆缺筆避唐諱，「察」字缺筆避家諱也。今攷經文如日月篇「乃如人之兮」，谷風篇「不以我能慉」，非誤倒即誤衍。又「昔育恐育鞫」脱下「育」字，毛傳「育鞫」之「育」訓長，鄭箋「昔育」之「育」訓稺，云「昔幼稺時恐至長老窮匱」，無下「育」字則與傳、箋、正義不合。此經文之誤也。傳文如草蟲篇「阜螽蠜螽也」，今所傳各本無下「螽」，與爾雅、説文合，正義亦引定本云「作『蠜螽』者衍字」。采蘋篇「藻聚藻也」下有「沈曰蘋浮曰藻」六字，與物理不合，是據釋文所引韓詩增入也。羔羊篇曰「古者素絲以英裘」乃作「黄裘」，其譌不辨自明。此傳文之誤也。箋文如采蘋篇「蘋之言實也」，「實」乃「賓」之譌。行露篇「不以角乃以味」，「味」乃「咮」之譌。野有死麕篇「動其佩飾」下衍「帨音稅也」四字。終風篇「然而已不能得而止之」，脱「不能得而止之」六字。此箋文之誤也。其餘乖異甚多，均無足采。惟甘棠箋「重煩勞百姓」，較今本少「不」字，與漢書司馬相如傳「方今田時重煩百姓」合，是條差爲可取。今此記槩不録入，餘詳嚴杰蜀石殘本毛詩考證。

宋小字本二十卷分卷與唐石經同，以隋唐著録考之，鄭箋元第如此。每半葉十三行，每行大小皆二十四字。第一卷第一行題「毛詩卷第一」，第二行題「唐國子博士兼大子中允贈齊州刺史吴縣開國男陸德明釋文附」，第三行題「周南關雎詁訓傳第一」，以下題「毛詩國風」，以下題「鄭氏箋」，第二卷以後無「唐國子」云云一行，餘悉同前。段玉裁云南宋光宗時刻也。

重刻相臺岳氏本二十卷分卷與唐石經同。乾隆四十八年武英殿仿宋本，款式不具例。

注疏本四

十行本七十卷分經注本第一卷爲五，第二卷爲三，第三卷爲三，第四卷爲四，第五卷爲三，第六卷爲四，第七卷爲三，第八卷爲三，第九卷爲四，第十卷爲三，第十一卷爲二，第十二卷爲三，第十三卷爲二，第十四卷爲三，第十五卷爲三，第十六卷爲五，第十七卷爲四，第十八卷爲五，第十九卷爲四，第二十卷爲四，共七十卷。以正義序及唐志考之，非孔疏四十卷之舊也。每半葉十行，每行大十八字，小二十三字。經作大字，注、釋文、正義皆小字雙行在其下，釋文首加「○」隔之，正義首加「疏」字圍其外隔之。首列毛詩正義序，次鄭譜序，次周南召南譜。第一卷第一行題「附釋音毛詩注疏卷第一」，其下側注「一之一」，行末題云「一」，餘卷皆然。第二行、第三行題「唐國子祭酒上護軍曲阜縣開國子孔穎達奉勑撰」，餘卷無。第四行題「周南關雎詁訓傳第一」，以下題「毛詩國風」，以下題「鄭氏箋」，即以釋文、正義各繫其下。第二卷第二行題「毛詩國風」、「鄭氏箋」、「孔穎達疏」共爲一行，每空二字，以後各卷大略同前。日本山井鼎所云「宋版」即此書，其源出於沿革例所云「建本」，有音釋、注疏，遞加脩改至明正德時。山井鼎云「與正德刊本略似」，不知其似二而實一也。是爲各本注疏之祖。

閩本注疏七十卷用十行本重雕，分卷同山井鼎所云「嘉靖本」也。明御史李元陽、僉事江以達刊。今行於世，欵式不具列。

明監本注疏七十卷用閩本重雕，分卷同山井鼎所云「萬歷本」也。今行於世，欵式不具列。

汲古閣毛氏本注疏七十卷用明監本重雕分卷，同山井鼎所云「崇禎本」也。今行於世，欵式不具列。

引用諸家

陸德明毛詩音義三卷

山井鼎考文毛詩陸册

浦鏜毛詩注疏正誤十四卷

陳啟源毛詩稽古編二十卷

惠棟毛詩古義二卷

戴震毛鄭詩考正四卷

段玉裁挍定毛傳三十卷又詩經小學三十卷

毛詩注疏校勘記卷一 起一盡十

01—001 毛詩正義序　閩本、明監本、毛本於此下題「唐國子祭酒上護軍曲阜縣開國子臣孔穎達等奉勑撰」。案，十行本題於卷第一之首，移在序下者非其舊也，凡序、經、注、疏之文，十行本皆平行接寫，唯章句低三字；閩本以下分高低數等，又多提行，皆非其舊。

002 日下之無雙　閩本、明監本、毛本同。案，「之」下當有「所」字，錯入下句。

003 於其所作疏内　閩本、明監本、毛本同。案，當作「其於作疏内」，「其於」二字誤倒，「所」字上句，錯在此。

004 非有心於愛增　閩本、明監本、毛本「增」作「憎」。案，「憎」字是也。古或用「增」爲「憎」字，如墨子帝式「是增之屬」；唐時則不應爾矣。○按，此因上文有「增其所簡」而誤耳。

005 謹與朝散大夫　明監本「謹與」誤「議典」，閩本、毛本不誤。

006 詩譜序　毛本此序文并正義悉脱，閩本、明監本有。案，毛本即據明監本重刻，乃其本偶失此序，更不知補，誤甚。

007 稱農始作耒耜　明監本「稱」下衍「神」字，閩本不誤。

008 則懷嬉戲抃躍之心　明監本「抃」誤「忭」，閩本不誤。

009 藝論所云　閩本、明監本同。案，此不誤。浦鏜云「上當脱『六』字」，非也。「藝論」與「六藝論」互見，即其省耳，餘同此。詳考浦書失多而得寡，茲所采外不勝駁正，以後所列用爲舉例，推類求之，大略可知矣。

010 **放於此乎隱二年公羊傳文**　閩本、明監本同。案，此不誤。浦鏜云「放，傳作『昉』」，非也。隸釋載漢石經公羊殘碑字作「放」，版本作「昉」，鄭考工記注引亦作「放」可證也。凡正義所引經典有所見本如此，不容執今本以相比較者，此類是矣。

011 **格則乘之庸之**　閩本同，明監本「乘」作「承」。案，所改是也。

012 **詩緯含神務云**　閩本、明監本同。案，此不誤。浦鏜云「霧」誤「務」，非也。後漢書樊英傳注載七緯之名，字正作「務」；困學紀聞亦然，其又作「霧」者，「霧」、「務」聲同得相通借。不當以「霧」改「務」也。餘同此。

013 **蓋周室之初也**　閩本、明監本同。案，「也」當作「世」，形近之譌。

014 **止有論功頌德**　閩本、明監本「頌」誤「顯」。×

015 **是后稷自彼堯時**　閩本、明監本誤作「是后稷播種之時」。山井鼎考文載此，「堯」下有「之」字誤衍。×

016 **距此六十二歲**　閩本、明監本同。案，浦鏜云「一」誤「二」，以春秋考之，浦挍是也。

017 **五霸之字或作五伯**　明監本「字」誤「末」，閩本不誤。×

018 **鄭語註云**　閩本、明監本同。案，浦鏜云「註」衍字，以國語考之，浦挍是也。

019 **厲幽陳靈**　閩本、明監本「厲幽」誤倒。×

020 **是用詩義也**　明監本「用」誤「詩」，閩本不誤。×

021 **魯真公之十四年**　閩本同，明監本「真」誤「貞」。物觀考文補遺載此，無「之」字，誤脫。

022 **周南召南譜**　閩本、明監本、毛本移此譜入卷第一中，鄭氏箋正義之後。案，十行本與譜序接連。考書録解題云「正義備鄭譜於卷首」，陳氏所見乃正義原書，爲得其實。則知鄭譜散入各處、不復總聚於譜序下者，後來合併經注、正義時所改也。此一譜與譜序接連正其跡之未經盡泯者。閩本以下所移非是，且鄭氏箋正義之後羼入此一譜，於正義之次序尤屬紊亂，失之甚矣。又正義所載鄭譜是其原第，檜在鄭前，王城在豳後，兩正義屢有明文，而鄭譜正義云「對上檜風已作，故云又作」尤爲顯證，可見散入各處之失也。

023 **周文王所居也**　閩本、明監本、毛本同。案，浦鏜云「大」誤「文」，以漢書考之，浦挍是也。

024 **此詩猶美江漢汝墳**　明監本、毛本「猶」誤「有」，閩本不誤。　×

025 **明化已之可知**　明監本、毛本「化已」誤倒，閩本不誤。　×

026 **此詩既繼二公**　明監本、毛本同。案，浦鏜云「『繼』當『繫』字誤」，是也。

027 **騶虞歎國君之仁心**　明監本誤作「騶虞之與鵲巢未必」，閩本、毛本不誤。　×

028 **此譜於此篇之大略耳**　閩本、明監本、毛本同。案，下「此」字當作「比」，形近之譌。

029 **且非此所須故也**　閩本、明監本、毛本「此」誤「世」。　×

* **凡以庶士小人**　補：毛本「人」作「大」。案，「大」字是也。

030 **楚滅六并蓼**　閩本、明監本、毛本「蓼」誤「蔑」。

031 **附釋音毛詩注疏卷第一**一之一　閩本、明監本、毛本無「附釋音」三字，又「一之一」下無「一」字。案，閩本以下仍附刻釋文，獨删其題，非也。十行本於每卷之下，自一之一至二十之四凡七十，皆標其數。考正義原書分四十卷，自正義序及唐書新、舊志、宋著錄各家悉同；其分二十卷者經注本也。合併時取正義散入經注本之中，而四十卷之舊遂不復存，亦無由知其七十卷之何所本也。閩本以下輒刪「一」、「二」等字，其刪之未盡者僅閩本一二處而已，非也。餘同此。

032 **唐國子祭酒上護軍曲阜縣開國子孔穎達奉勑撰**　閩本、明監本、毛本移此在前正義序下，而於此題云「毛詩國風漢鄭氏箋唐孔穎達疏」，非也。案，「毛詩國風」、「鄭氏箋」具題在「周南關雎詁訓傳第一」之下，不容複出於上也。其「一之二」以後，十行本每卷題「毛詩國風鄭氏箋孔穎達疏」，小雅、大雅、周頌、商頌、魯頌亦然。閩本衍「漢」字、「唐」字，明監本、毛本又誤倒其次序。唯此「孔穎達」下脱「等」字，當補。

033 **詁訓傳**　唐石經、小字本、相臺本同。案，此正義本也。正義云「今定本作『故』」，釋文本作「故」，云「舊本多作『故』，今或作『詁』」。考漢書藝文志作「故」，與釋文引舊本及樊、孫等爾雅本皆爲「釋故」合，當以釋文本、定本爲長。正義原書與經注別行，後來合併實始於南宋紹興間三山黄唐所編彙，此本又在其後，事載左傳考文。其所用經注本非正義之經注也，故經注與正義時有相牴牾者；而考以集注本、定本、俗本、釋文本、唐石經本，亦未有全然相合者也，乃彼時行世別有此本耳。茲條列其同異所自出，俾各有考焉。

034 **瓠葉捨番番之狀**　閩本、明監本、毛本同。案，此不誤。浦鏜云「幡幡」誤「番番」，非也。正義引詩或不盡據本文，如出其東門引「白旆英英」以説「英」字，而本詩作「央」可證。

035 **字從竹弟**　閩本、明監本、毛本「弟」誤去「丷」。

×

036 **趙人毛長傳詩**　閩本、明監本、毛本同。案，此不誤。浦鏜云「萇」誤「長」，非也。釋文序錄云「一云名長」，通志堂本作「萇」者誤，詳後考證。困學紀聞引作「長」，云「今後漢書作『萇』」，亦其證也。

037 魯人大毛公爲詁訓傳　閩本、明監本、毛本「詁訓」誤倒。×

038 是不由作之先後　明監本、毛本「後」下衍「也」字，閩本不衍。×

039 有康叔之餘烈　閩本、明監本、毛本「餘」誤「遺」。×

040 不以數次爲無筭也　閩本、明監本、毛本「數」作「不」。案，「不」字是也。×

* 典籍出於人滅各專問命氏　補：毛本「人滅」作「人間」，「專間」作「專門」。案，所改是也。

041 故諸爲訓者　明監本、毛本「爲」下衍「傳」字，閩本剜入。×

042 詁訓毛自題之　明監本、毛本「訓」下有「傳」字，閩本剜入。案，所補是也。

○關雎

043 后妃之德也　閩本、明監本、毛本於此節及後節「用之邦國焉」下皆有注；小字本、相臺本無，考文古本同。案，山井鼎云「皆釋文混入於注」，是也。十行本附釋音，與注文、疏文皆雙行小字，唯釋文首加圓圍爲別耳，故重刻者致誤也。又，明監本注單行小字側書，閩本、毛本別爲中等字，皆非其舊。

044 所以風天下　唐石經、小字本、相臺本同。案，正義云「定本『所以風天下』，俗本『風』下有『化』字，誤也」。考文古本有，采正義。考顔師古爲太宗定五經，謂之定本，非孔穎達等作正義之本也。俗本謂當時通行之本，亦非即作正義者；兼不專指一本，故「禮義廢」下云「俗本有作『儀』者」，野有死麕序下云「或有俗本以『天下大亂』以下同爲鄭注者，誤」，是也。由此推之，則正義本之大槩可見矣。定本出於顔師古，見舊、新二唐書太宗紀、顔籀傳、封氏聞見記、貞觀政要等書，段玉裁所考得也。

045 **當天子教諸侯教大夫**　閩本、明監本、毛本重「諸侯」二字。案，所補非也，此謂鄉大夫亦天子教之。

046 **風風也**　唐石經、小字本、相臺本同。案，釋文云「徐上如字，下福鳳反，崔靈恩集注本下即作『諷』字」。考正義標起止云「風風」，是正義本不作「諷」。正義下文又云「風訓諷也者，『風』『諷』古今字」，凡經注古字正義每易爲今字而説之，其爲例如此也，今往往有合併時依經注誤改者矣。

047 **平言之而意不足**　閩本、明監本、毛本「平」誤「既」。×

048 **發猶見也**　閩本、明監本、毛本首有「箋」字，小字本、相臺本無，考文古本同。案，山井鼎云「『箋云』二字鄭申毛傳所以別之也，毛不注序，無可辨嫌，故序注本應無『箋』字。後世諸本不知而妄加，非亦甚矣，其詳見於正義、釋文」，是也。凡序注之首，十行本悉無「箋」字，閩本以下乃誤加耳。餘同此。

049 **謂宮商角祉羽也**　小字本、相臺本「祉」作「徵」，閩本、明監本、毛本亦同。案，考正義、釋文皆作「徵」，此「祉」字當是宋經注本避當時諱字耳。

050 **一人之身則能如此**　閩本、明監本、毛本「身」誤「心」。×

051 **下云治世之音謂樂音**　閩本、明監本、毛本「云」誤「文」。×

* **謨摩舊法**　補：毛本「謨摩」作「模準」。

052 **彈其宮則衆宮應**　毛本「其」誤「以」，閩本、明監本不誤。×

053 **名得相通也**　閩本、明監本、毛本「名」誤「各」。×

054 **而民思憂**　閩本、明監本、毛本「思憂」誤「剛毅」。案，浦鏜挍此，下用樂記補數十字，皆非也。考正義引羣籍，有引其意不全用其文，不可依本書改竄者，此類是矣。

055 **故正得失**　唐石經、小字本、相臺本同。案，釋文云「正，本又作『政』」。正義云「此『正得失』與『雅者正也』、『正始之道』，本或作『政』，皆誤耳。今定本皆作『正』字」。正義本之同於定本者，此類是也。凡正義既著其所從，又兼載異本，或與定本同，或與俗本同也。

*__莫近於詩__　補：案，此節釋音「厚音后本或作序非」八字當在下節。

056 **精誠之至**　閩本、明監本、毛本「至」誤「志」。×

057 **地曰祇**　毛本「祇」誤「祗」，閩本、明監本不誤。×

058 **厚人倫**　唐石經、小字本、相臺本同。案，釋文云「本或作『序』，非」。考正義本是「厚」字，與釋文本同。×

059 **夫妻反目**　毛本「妻」誤「婦」，閩本、明監本不誤。×

060 **風言賢聖治道之遺化**　閩本、明監本、毛本「賢聖」誤倒，下同。×

061 **賦者直陳其事**　明監本、毛本「者」誤「之」，閩本不誤。×

062 **以諸侯列土樹疆**　閩本、明監本、毛本「樹」誤「封」。×

063 **史記稱微子過殷墟**　閩本、明監本、毛本同。案，此不誤。浦鏜云「尚書大傳云『微子』，史記世家作『箕子』」，非也。此正義自涉大傳耳，非由字譌；黍離正義引作「箕子」。如鄭志問甘棠，正義兩引，譜下作「趙商」，本篇下作「張逸」也。

064 **治致升平**　閩本、明監本、毛本「致升」誤

「政昇」。 ×

065 諸侯彊盛　明監本、毛本「彊」誤「疆」，閩本不誤。 ×

066 聞之者足以戒　唐石經、小字本、相臺本同。案，正義云「俗本『戒』上有『自』字者誤。定本直云『足以戒也』」，文選載此序有『自』字，即俗本也。考文古本有，采正義。

067 皆用此上六義之意　閩本、明監本、毛本同。案，十行本「上」至「之」剜添者一字。

068 人君不怒其作主　明監本「作」誤「非」，閩本、毛本不誤。案，作主謂作詩之主也，後正義引鄭荅張逸云「其無作主，皆國史主之」，此用彼文。

069 穆叔賦而晉人不得怨之　明監本、毛本「賦」下衍「詩」字，閩本剜入。 ×

*國史明乎得失之迹　補：案，此節釋音「告古毒反」四字當在下第四節「告於神明者也」下。

070 若唐有帝堯殺禮救危之化　閩本、明監本、毛本同。案，浦鏜云「厄」誤「危」，以唐譜考之，浦挍是也。

071 詩人懷挾之也　明監本、毛本「挾」誤「救」，閩本不誤。 ×

072 明作詩皆在民意　閩本、明監本、毛本「在」誤「出」。 ×

073 要所言一人心　閩本、明監本、毛本「人」下有「之」字。案，所補是也。

074 言王政之所由廢興也　唐石經、小字本、相臺本同。案，正義云「定本『王政所由廢興』，俗本『王政』下有『之』字，誤也」，是有「之」字者出於俗本，凡斥云誤者意所不從，其於定本亦然。

075 伐殷繼伐　明監本、毛本誤作「伐殷繼代」，閩本不誤。案，「代殷」用皇矣序文，「繼伐」用文王有聲序文。

076 所以報神恩也　閩本、明監本、毛本同。案，十行本「以」至「也」剜添者一字。❶

077 大雅也頌也此四者人君行之　閩本、明監本、毛本同。案，十行本「大」至「之」剜添者三字，是「此四者」三字衍也。

078 則春秋云　閩本、明監本、毛本同。案，此不誤。浦鏜云「『春秋』下當脱『左氏傳』三字」，非也。凡引其書之支屬即稱其大名，如易緯單稱易，書序單稱書，古人之通例，不可枚舉者也。

079 故繫之召公　毛本「繫」誤「繋」，明監本以上皆不誤。×

*愛在進賢　補：毛本「愛」作「憂」。案，「憂」字是也。

080 不爲滅傷其愛　閩本、明監本、毛本「滅」誤「減」。明監本「傷」誤「惕」，閩本、毛本不誤。×

081 是其善道必全　閩本、明監本、毛本「全」誤「至」。×

082 興也　閩本、明監本、毛本首有「傳」字，小字本、相臺本無，考文古本同。案，山井鼎云「後人加也」，是也。十行本悉無此字，閩本以下乃誤加耳。餘同此。

083 鴡鳩王雎也鳥摯而有別　小字本、相臺本皆同。案，正義云「俗本云『雎鳩王雎之鳥』者，誤也」。考俗本當是。傳、箋每少「也」字，即顏氏家訓所謂河北經傳悉略此字者也。故誤讀「鳥」字斷句，又添「之」字以足成之。×

084 若關雎之有別焉　小字本同，閩本、明監本、毛本亦同。相臺本「關雎」作「雎鳩」。案，「關雎」是也，下傳云「有關雎之德」可證。相臺本因正義云「若雎鳩之有別」，因改此傳。考正義凡自爲文，每不必盡與注相應，不當據改也。考文古本作「雎鳩」，采正義而誤。

085 **箋云**　閩本、明監本、毛本於「箋」字外以黑圍之，小字本、相臺本所無也，考文古本同。案，山井鼎云「『箋云』二字鄭氏之舊，所以别毛氏傳也，而後世諸本加黑圍者亦失古意矣」，是也。十行本凡「箋」字及正義中「傳」、「箋」字，悉不如此，閩本以下誤耳。考其致誤之由，乃因正義標起止有「傳」字、「箋」字，遂於注首加「傳」字，復割裂注中「箋」字配之，不知此正義自爲文以作别識耳，非注如此也。明刻單注别本更有并「箋」下「云」字去之者，尤爲誤甚。餘同此。

086 **雌雄情意至**　小字本同，閩本、明監本、毛本亦同，相臺本「雌雄」作「雄雌」。案，正義作「雌雄」，相臺本誤也。

087 **怨耦曰仇**　小字本、相臺本同。案，釋文云「好逑，音求，毛云匹也，本亦作『仇』，音同」；鄭云「怨耦曰仇」。是釋文本經傳作「逑」，箋作「仇」也。正義本箋字未有明文，當亦與釋文本同。臧琳經義雜記云：「箋既不云逑當爲仇，則説異而字同，其説非也。凡箋於經字以爲假借者，多不言讀爲，而顯其爲假借，有二例焉。一則仍用經字，但於訓詁中顯之，如『容兮遂兮』，箋『遂瑞也』，以『遂』爲『璲』之假借；『价人維藩』，箋『价甲也』，以『价』爲『介』之假借，是其類也。一則於訓釋中竟改其字以顯之，如此經之『逑』，箋則曰『怨耦曰仇』，以『逑』爲『仇』之假借；及『湜湜其止』，箋之『小渚曰沚』；『山有橋松』，箋之『槁松在山上』；『可以樂飢』，箋之『可飲以療飢』，皆其類也。二者皆不言『讀爲』也。於訓釋中竟改其字者，人每不得其例，今隨條説之，以去其癥結，其仍用經字，但於訓詁中顯之者，人所易曉，不悉説焉。」臧琳又以爲徧考毛詩，兔罝、無衣、皇矣等逑匹之「逑」皆作「仇」，此經作「逑」，出後人私改，亦非也。凡毛氏詩經中之字，例不畫一，如或用「害」、或用「曷」，而同訓「何」；或用「肩」、或用「豜」，而同訓「獸三歲」，其類衆矣。他經用「仇」，此經用「逑」，不嫌同訓，未可據彼改此。説文「逑」下云「又曰怨匹曰逑」，正説逑爲怨匹字之假借，其釋文所載本亦作「仇」者，是依箋改經，出之於下意所不從。章懷注後漢書、李善注文選，雖經引用，要即所謂以破引之，實非毛氏詩舊文也。

088 **后妃雖說樂君子**　明監本、毛本「雖」誤「能」，閩本不誤。案，「說」當作「悅」，下文作「悅」可證也；注作「說」，正義作「悅」。「說」「悅」古今字，易而說之也，例見前。餘同此。

* **郭璞曰**　閩本、明監本、毛本同。案，「璞」當作「樸」。樸字景純，取純樸相應字，當從木。正義多作「璞」，或改作「朴」，「朴」即「樸」之俗字。○案，段玉裁云「樸素字古作『樸』。樸者，素也，胎也，是以金玉之礦古者作『樸』。而『璞』乃俗字。郭名當本作『樸』，或譌『璞』，非，或譌『朴』，亦非。朴者木皮也，非命名之意」。此條舊在曹風候人篇，今依先見例錄此。

089 **陸機疏云**　毛本「機」誤「璣」，閩本、明監本不誤。案，考隋書經籍志作「機」，釋文序錄同。唯資暇集有當從玉旁之說，宋代著錄元恪書者多采之，毛本因此改作「璣」。其實與士衡同姓名耳，古人所有，不當改也。餘同此。釋文亦或誤，今正，詳後考證。

090 **而揚雄許慎**　閩本、明監本「揚」作「楊」，毛本作「揚」。案，子雲姓本從木，宋以來或誤從扌，閩本、明監本是也。餘同此。

091 **又無怨爭**　閩本、明監本、毛本「又」誤「以」。　×

092 **其葉苻**　閩本、明監本、毛本同。案，浦鏜云「苻」誤「符」，以爾雅考之，浦挍是也。

093 **鬻其白莖**　閩本、明監木、毛本同。案，浦鏜云「鬻」誤「鬻」者，凡陸疏「鬻」字皆當作「鬻」，乃形近之譌。浦挍是也。

094 **天官序官注云**　閩本、明監本、毛本「官」誤「宮」。　×

095 **卧而不周曰輾**　小字本、相臺本同，案，此正義本也。釋文云「鄭云『不周曰輾』，注本或作『卧而不局』者，剩二字也」。案，釋文與正義迴非一本，玆著其文字之異，其但偏旁不同，而正義本已載釋文「亦作」「又作」「或作」者，不復悉出。

096 **故易之也** 明監本、毛本「易」誤「思」，閩本不誤。 ×

097 **鍾鼓樂之** 唐石經、小字本、相臺本同，閩本同，明監本、毛本「鍾」作「鐘」。案，「鍾」字是也。五經文字云「今經典或通用，鍾爲樂器」，是其證。餘同此。

* **一章章四句** 補：案，一章下例不重「章」字，次「章」字誤衍。

098 **與詩禮俱興也** 閩本、明監本、毛本同。案，「禮」當作「體」，形近之譌。

099 **婁豐年之類也** 閩本、明監本、毛本「婁」誤「屢」。 ×

100 **摯虞流外論云** 閩本、明監本、毛本同。案，山井鼎云「『外』當作『別』」，是也。

* **詩禮本無九言者** 補：毛本「禮」作「體」。案，「體」字是也。

101 **仲治之言** 閩本同，明監本、毛本「治」作「治」。案，山井鼎云「『治』當作『洽』」，是也。

102 **乎者俟我于著乎而** 閩本、明監本、毛本同。案，「乎者」當作「著」，此句稱著與下句稱伐檀對文也，誤分爲二字，又改「亐」爲「乎」。

103 **伐檀且漣猗之篇** 明監本、毛本「猗」誤「漪」，閩本不誤。 ×

104 **魯頌實不及制** 閩本、明監本、毛本「頌」誤「僖」。 ×

* **其篇詠有優劣采** 補：毛本「采」作「乎」。

○葛覃

* **采采若苢** 補：「若」當作「芣」。

105 后妃在父母家　唐石經、小字本、相臺本同。案，正義云「定本『后妃在父母家』無『之』字，『化天下以婦道』無『成』字，有者衍也」。考文古本有「之」字，采正義。×

106 葛覃三章章六句至以婦道　閩本、明監本、毛本同。案，正義本章句在篇前，故標起止如此，唯關雎獨不然，於全書相反，當是南宋合併時所移也。合併所用經注本，章句在篇後，釋文、唐石經、小字本、相臺本皆然，與關雎正義所云定本合，與正義本不合。餘同此。

107 因事生義　毛本「生」誤「主」，閩本、明監本不誤。×

108 喻其容色美盛也　小字本、相臺本無「也」字，閩本、明監本、毛本有。案，此「也」字當衍。

109 灌木藂木也　小字本、相臺本同，考文古本同，閩本、明監本、毛本「藂」作「叢」。案，正義作「叢」，釋文「叢，才公反，俗作『藂』。一本作『冣』，作外反」。段玉裁云：「當作『冣』。冣，積也，從冖、從取，才句反。古書『冣』字多誤爲『最』字，從曰，是以顔黄門説周氏、劉氏讀徂會、祖會二反。釋文亦云『一本作冣，作外反也』。今考皇矣傳云『灌木叢生也』，當以釋文、正義本爲長。」

110 或謂之黄栗留　明監本、毛本「栗」誤「粟」，閩本不誤。×

111 謂之黄鸝　毛本「鸝」誤「鶯」，閩本、明監本不誤。案，段玉裁云「廣韻『鶯，鳥羽文也』，『鸝，黄鸝』，二字有别，爾雅疏即取此字，正作『鸝』」。

112 看我麥黄葚熟亦　閩本、明監本、毛本同。案，「亦」當作「不」，與上句「留」字韻。○按，艸木蟲魚疏正作「不」。

113 濩煑之也　小字本、相臺本同。案，釋文「濩」

下云「賚也」，無「之」字。考釋文之例，無「毛云」「鄭云」者，或用己意增損注文，如下傳「精曰絺」，釋文「絺」下云「葛之精者曰絺」，皆其類也。但此傳毛用爾雅文之字，不當去。考文古本無，采釋文。

114 **古者王后織元紞**　小字本、相臺本同。案，正義云「俗本『王后』下有『親』字，『紘綖大帶』上有『織』字，皆衍也」。考文古本有「親」字，采正義。×

115 **庶士以下**　小字本、相臺本同。案，釋文「庶士，本或作『庶人』」，正義本是「士」字，與釋文本同。考國語，「或本」誤。×

116 **以賚之於濩**　閩本、明監本、毛本同。案，此不誤。浦鏜云當作「鑊」，非也。考爾雅作「是乂是鑊。鑊，賚之也」，皆用正字，此皆用假借。爾雅釋文：「鑊，又作『濩』，同。」

117 **纓之無綏**　閩本同，明監本、毛本「綏」作「緌」。案，「緌」字是也。考鄭周禮注云「士冠禮及玉藻『冠緌』之字故書亦多作『綏』者」，是「冠緌」字誤爲「綏」久矣。鄭定用「緌」字，唐時不應更用「綏」也。

118 **婦人謂嫁曰歸**　小字本、相臺本同。案，正義云「定本『歸』上無『曰』字」，釋文云「本亦無『曰』字」。此依公羊傳文考，此即楚人謂乳穀、謂虎於菟之類，毛傳文古，故其語亦如此，當以定本爲長。其鄭箋則有「曰」字，見江有汜、南山。

119 **害何也**　小字本、相臺本同，閩本、明監本、毛本「害」誤「曷」。案，段玉裁云「此謂『害』爲『曷』之假借，傳例如此」。

120 **傳亦宜然〇南山箋云姜與姪娣**　閩本、明監本、毛本同。案，「然」下浦鏜云「誤衍『〇』」，「姜」上浦鏜云脫「文」字，是也。

121 **若不分婉爲言語**　閩本、明監本、毛本「婉」誤「娩」。×

122 容貌以事人女功而就業　明監本「事人」誤「表之」，「女功」誤闕二字，閩本、毛本不誤。

123 故曲禮曰　毛本「曰」誤「云」，閩本、明監本不誤。

124 此后妃莘國之長女　閩本、明監本、毛本「莘」誤「并」。

125 取彼成文　閩本、明監本、毛本「彼」誤「配」。

126 隱二年公羊傳文　閩本、明監本、毛本「二年」誤「正義」。

127 以衣汙垢者　閩本、明監本、毛本「衣」誤「澣」。

128 故王肅述毛合之云　閩本、明監本、毛本「合」誤「答」。

129 至褖衣○正義曰　閩本、明監本、毛本脱「正義曰」三字。

130 至歸寧○正義曰　閩本、明監本、毛本脱「正義曰」三字。

131 父母雖没猶歸寧　明監本、毛本「雖」誤「既」，閩本不誤。

132 至君子○正義曰　閩本、明監本、毛本脱「正義曰」三字。

133 若如傳言私服宜否　閩本、明監本、毛本「服」下有「宜澣公服」四字。案，所補是也。

○卷耳

134 言又者繫前之辭　閩本、明監本、毛本「又」誤「賢」。

135 **言后妃嗟呼而歎**　閩本、明監本、毛本「呼」作「吁」。案，所改是也。

136 **后妃主求賢人爲此**　毛本「求」誤「來」，閩本、明監本不誤。×

137 **江東呼常枲**　閩本、明監本、毛本同。案，此不誤。浦鏜云脱「爲」字，非也。郭景純時語自如此，今爾雅注多云「呼爲」者，或後人添耳。×

138 **君賞功臣**　小字本、相臺本同。案，考文古本同，閩本同，明監本、毛本「君」誤「若」。案，閩本、明監本、毛本正義中亦誤「若」。

139 **后妃言升彼崔嵬山巔之上者**　明監本、毛本「言」下衍「我」字，閩本剜入，「巔」誤「顛」。×

140 **此及下傳云**　明監本、毛本「及」誤「反」，閩本不誤。×

141 **衛侯饗苦成成叔**　閩本、明監本、毛本不重「成」字。案，此蓋以苦成爲邑，成爲謚。前人亦多言此郤犨謚成者，其左氏傳舊解與？

142 **云何吁矣**　唐石經、小字本、相臺本同。案，爾雅注「詩曰『云何盱矣』」，邢疏云「卷耳及都人士文也」。郭所稱未必爲毛氏詩，邢氏不辨此經作「吁」而引之，非也。考釋文、石經此作「吁」，而都人士及何人斯作「盱」者，「盱」爲正字，「吁」爲假借，經中用字例不畫一也，例見前。

143 **痡亦病也**　小字本、相臺本同。案，釋文云「痡病也，一本作『痡亦病也』者，非」。正義本標起止有「亦」字，考傳文「不嫌於瘏病也」之下更云「痡病也」，當以釋文本爲長。

144 **而今云何乎**　小字本、相臺本同。案，考文古本「乎」字亦同，閩本、明監本、毛本「乎」誤

「吁」。

○樛木

145 而無嫉妬之心焉　唐石經、小字本、相臺本同。案，正義云「定本『焉』作『也』」，考文古本作「也」，采正義。

×

146 后妃能和諧衆妾不嫉妬其容貌恒以善言逮下而安之　小字本、相臺本同。案，此二十二字非鄭注也。釋文云「崔集注本此序有鄭注，檢衆本並無」，是釋文本無此注也。序云「言能逮下」，正義云「言后妃能以恩意接及其下衆妾」，而此注以序中言字爲善言於正義無文，是正義本亦無此注也。且以言爲善言既不出於經，亦不更見箋中，必非鄭注審矣。各本乃沿崔集注之誤，當據釋文、正義正之。

147 謂荆楊之域　小字本、相臺本「楊」作「揚」，閩本、明監本、毛本亦作「揚」。案，正義字皆作「揚」。考春秋元命包以爲地多赤楊，引見於建康實錄，是字本從木也。其李巡爾雅注、劉熙釋名皆以輕揚爲義，唐人遂但用從扌字。然則鄭箋應本作「揚」字，釋文、正義二本應俱作「揚」字。餘同此。

* 似葛之草木疏云　補：毛本「之」作「類」。案，釋文云「似葛之草也」，是「草」字宜重，毛本亦非。

148 一名巨瓜　閩本、明監本、毛本「瓜」作「苽」。案，皆誤也，當作「荒」，易釋文、齊民要術可證。

149 令之次敘進御　閩本、明監本、毛本同。案，注作「序」，正義作「敘」，「序」、「敘」古今字，易而說之也，例見前。考文古本注亦作「敘」，是用正義以改注，由不悉正義之例故也。

150 降邇遐福　閩本同。明監本、毛本「邇」作「爾」。案，「爾」字是也。

○螽斯

151 德是也　閩本、明監本、毛本同。案，此不誤。浦鏜云「『德是』二字當衍文」，非也。德者對色而言，與下文「以行曰忌」意同，讀當三字爲一句也。

152 **維蚣蝑不耳**　小字本、相臺本同。案，釋文云「不耳，本或作『不然』」。正義云「則知唯蚣蝑不耳」，是正義本作「耳」，「不」字當上聲讀。考文古本「耳」作「爾」。考他箋，所用「耳」字多誤爲「爾」，而正義中仍有未誤者，考文古本遂不知「耳」「爾」二字有別，混而一之。

153 **則又宜汝之子孫**　閩本、明監本、毛本同。案，注作「女」，正義作「汝」，「女」、「汝」古今字，易而說之也，例見前。考文古本注「女」亦作「汝」，非。餘同此。

154 **肱鳴者也**　閩本同，明監本、毛本「肱」作「股」。案，「股」字是也。鄭考工記梓人注云「股鳴，蚣蝑動股屬」。

155 **或謂似蝗而小班黑**　閩本、明監本、毛本同。案，此不誤。浦鏜云「斑」誤「班」，非也，「班」即「斑」字耳。浦於通借多改正義之舊，玆並不采焉。

156 **其股似瑇瑁又**　閩本、明監本、毛本同。案，「又」當作「叉」，形近之譌。

157 **若褖衣之類**　閩本、明監本「褖」誤「緣」，毛本誤「綠」。案，「褖衣」見鄭綠衣序注，正義用彼文。

158 **則知唯蚣蝑不耳**　閩本、明監本、毛本同。案，注作「維」，正義作「唯」，「維」、「唯」古今字，易而說之也，例見前。餘同此。考文古本注「維」亦作「唯」，采正義而誤。東山序「其唯東山乎」用「唯」字者，序字亦不與經注同也。

○桃夭

159 **婚姻以時**　小字本同，閩本、明監本、毛本同，唐石經、相臺本作「昏」。案，「昏」「婚」古今字。序用「昏」字，唐石經、相臺本是也。正義每易爲「婚」字而説之，今正義此作「昏」者亦後改也。餘同此。其引士昏禮及行露、匏有苦葉，昏時等仍用「昏」者，非此例。

160 國無鰥民也　唐石經、小字本、相臺本同。案，正義云「國無鰥民焉」，乃正義自爲文，標起止無「焉」字可證。考文古本有「焉」字，采正義而誤。×

161 襄二十八年　閩本、明監本、毛本同。案，浦鏜云「七」誤「八」，以左傳考之，浦校是也。

162 故爾雅云無夫無婦　閩本、明監本、毛本同。案，「爾」當作「小」，小雅者今在孔叢第十一，此其廣名文也。狼跋、文王正義皆云「膚美小雅廣訓文」，是其證。浦鏜云「爾雅」上脱「小」字，非也。唐人如李善文選注之類多稱小雅，漢書志云「小雅一篇」，誤本乃作「小爾雅」耳。

163 婦人曰厘　閩本、明監本、毛本「厘」作「嫠」。案，「厘」是當時俗「釐」字。巷伯傳云「釐婦」，「釐」俗作「嫠」。×

164 无咎无譽　閩本、明監本、毛本二「无」字誤「無」。案，引易文舊多作「无」，其非易文間亦作「无」，則當時寫書人以「无」爲「無」之別體也。餘同此。

165 雖七十無主婦　閩本、明監本、毛本同。案，浦鏜云脱一「無」字，以禮記考之，浦校是也。

166 興者踰時婦人　閩本、明監本、毛本同。小字本、相臺本「踰」作「喻」，考文古本同。案，「喻」字是也。山井鼎云「諸本皆誤」，但據注疏本而言耳。

167 桃之至室家　閩本、明監本、毛本誤作「桃之夭夭至其室家」。×

168 謂年時俱善爲異　閩本、明監本、毛本同。案，「善」當作「當」，考正義上下文可證。

169 **家猶夫也猶婦也** 閩本、明監本、毛本同。案，「猶婦」上當脫「人」字。

○兔罝

170 **有武力可任爲將帥之德** 小字本、相臺本同。案，盧文弨云「釋文無『可』字，非也。釋文上出「任爲」，下出「可任」，其「任爲」上有「可」字與否不能知也。考文古本乃無「可」字耳。

171 **此兔罝之人敵國有來侵伐者** 小字本、相臺本「兔罝」作「罝兔」。案，「罝兔」是也。箋三章皆云「此罝兔之人」，不應一章獨倒。序正義云「箋云罝兔之人」，首章正義云「言此罝兔之人」，卒章正義云「鄭以爲此罝兔之人」，皆順箋文也。其云「故兔罝之人」，又「經直陳兔罝之人賢」，又「毛以爲兔罝之人」者不主説箋，故順經文也。閩本、明監本、毛本於正義中盡改爲「兔罝之人」，失之甚矣。考文古本首章箋作「此兔罝之人」，閩本、明監本、毛本此章及下章箋作「此兔罝之人」，皆誤。

172 **使之慮事** 閩本同，小字本、相臺本「事」作「無」，明監本、毛本亦作「無」，考文古本同。山井鼎云「一本作『事』，考疏作『無』爲是」，是也。

173 **箋此罝至言賢** 明監本、毛本此下衍「兔」字，閩本不衍。 ×

○芣苢

174 **和平則婦人樂有子矣** 唐石經、小字本、相臺本同。案，正義云定本「和平」上無「天下」二字，據箋則有者誤也。考文古本有，采正義。 ×

175 **此要政治時和** 閩本、明監本、毛本「治」誤「洽」。 ×

176 **卒章言所成之處** 閩本、明監本、毛本同。案，浦鏜云「『成』當『盛』字誤」，是也。

177 **宜懷任焉** 小字本、相臺本同，閩本、明監本、毛本「任」誤「妊」。案，妊身字作「任」者假借也，又見閟宮箋，漢書外戚傳云「任身十四月迺生」亦可證，不知者改之耳。閩本、明監本、毛本正義中亦誤「妊」。

* **可鬻作茹**　補：案，陸疏「鬻」皆作「鬻」，下凡引陸疏作「鬻」皆誤。

178 **以縶其馬**　閩本、明監本、毛本「縶」誤「繫」。×

179 **袺執衽也**　毛本誤以釋文「衣際也」三字入注，明監本以上皆不誤。

180 **薄言襭之**　唐石經、小字本、相臺本同。案，釋文云「擷，一本作『襭』，同」。正義標起止云「傳袺執至曰襭」，即「一作」本也。考文古本作「擷」，采釋文。考説文衣部「襭」「擷」文重，實一字耳。考文古本采釋文兼及字畫之異，如「兒」作「皃」，「觥」作「觵」之類；并取諸「一作」、「又作」、「或作」本，如「亨，本又作烹」之類。此皆非有異字，故亦不復悉出。

○漢廣

181 **先受文王之教化**　小字本、相臺本同。案，此定本也。正義本作「先被」。考序云「文王之道被于南國」，當以正義本爲長。

182 **敘於此既言德廣**　閩本、明監本「敘」誤「故」，毛本不誤。×

183 **不可休息**　唐石經、小字本、相臺本同。案，釋文云「舊本皆爾，本或作『休思』，此以意改耳」。正義云「詩之大體韻在辭上，疑『休』『求』字爲韻，二字俱作『思』。但未見如此之本，不敢輒改耳」。正義之説是也，此爲字之誤，惠棟九經古義以爲「思」「息」通，非是。

184 **漢有游女**　小字本、相臺本同，唐石經缺。案，此正義本也。定本「游」作「遊」，以出遊字從辶，泳游字從氵爲區別也。考「游」古文作「𨑞」，隸變作「遊」，説文云「旗流」者正訓也，出游、泳游皆假借。經出游之字多作「遊」，或亦作「游」，非有區別，當以正義本爲長。

185 **喬上竦也**　小字本、相臺本同。案，正義云「定本『喬上竦』無『木』字」。考文古本有，采正義。

186 **喻賢女雖出游流水之上**　小字本、相臺本同。案，釋文云「流水，本或作『漢水』」；正義本今無可考。

187 **方泭也**　小字本、相臺本同。案，釋文云「泭，或作『柎』，樊光爾雅本作『柎』」。考文古本作「柎」，采釋文「或作」本。○按，依說文，作「泭」是。

188 **木所以庇廕**　閩本同，明監本、毛本「庇廕」作「芘蔭」。案，「芘」字非也；正義不用此「芘」字。

189 **定本遊女作游**　閩本、明監本、毛本同。案，十行本「遊」至「游」剜添者一字，是「女」字衍也。此當云定本「游」作「遊」，正義說經、傳、箋字皆作「游」，是其本作「游」，特著定本作「遊」之不同。上「游」下「遊」，誤互易其字。

190 **不得要言木本小時可息**　閩本、明監本、毛本「小」誤「少」。

191 **編竹木曰栰**　明監本、毛本「曰」上有「大」字，閩本剜入，是也。

192 **方之舟者**　明監本、毛本「舟」下有「之」字，閩本剜入，是也。

193 **我又欲取其尢高絜者**　小字本、相臺本同。案，釋文云「一本無『絜』字」；正義標起止云「至絜者」，是正義本有。考此箋「尢高者」說以楚爲喻之意也，不應有「絜」字，當以「一本」爲長。

194 **至意焉釋訓云**　明監本、毛本「焉」下有「○」，又有「正義曰」三字，閩本剜入，是也。

195 **昏禮不見用牲文**　閩本、明監本、毛本「文」誤「又」。

196 廋人云　毛本「廋」誤「庾」，閩本、明監本不誤，下同。 ×

○**汝墳**

197 婦人能閔其君子　唐石經、小字本、相臺本同。案，此正義本也。釋文云「能閔其君子，一本有『婦人』二字」。正義云「定本『能閔』上無『婦人』二字」。考鄭注序云「言此婦人」，此者此序文也，是鄭自有，當以正義本爲長。 ×

198 釋水云汝爲墳　閩本、明監本、毛本同。案，浦鏜云「『墳』當依爾雅作『濆』，下詩云『遵彼汝墳』同」，是也。○按，說文曰「濆，水厓也」，「墳者，墓也」。

199 故知是水名也　閩本、明監本、毛本「故」誤「固」。 ×

200 汝有濆　明監本、毛本「濆」誤「墳」，閩本不誤。 ×

*○漸而復生曰肄　補：毛本「漸」作「斬」。案，「斬」字是也。 ×

201 已見君子君子反也于已反得見之　小字本同，閩本、明監本、毛本亦同，相臺本「于」作「於」。案，「於」字是也。正義作「於」，此箋皆定本也，正義云「俗本多不然」，今無可考。

202 故下章而勉之　小字本、相臺本同，閩本同，明監本剜去「而」字，毛本無。案，因正義云「故下章勉之」遂誤刪，不知正義自爲文，每不盡與注相應也。考文古本亦無「而」字，采正義而誤。

203 即知不遠棄我而死亡　明監本、毛本「即」誤「既」，閩本不誤。 ×

204 辟此勤勞之處　小字本、相臺本同。案，釋文「辟此，一本作『辭此』」；正義本是「辟」字。

205 無得逃避若其避之　閩本、明監本、毛本同。案，注作「辟」，正義作「避」，「辟」、「避」古今字，易而説之也，例見前。餘同此。

206 **以喻蒯聵淫縱**　閩本、明監本、毛本「聵」誤「瞶」。 ×

207 **憂思昔在於情性**　閩本、明監本同，毛本「昔」作「皆」。案，「皆」字是也。

○麟之趾

208 **麟之趾關雎之應也**　唐石經、小字本、相臺本同。案，釋文云「序本或直云『麟止』，無『之』字」。考正義云「此麟趾處末者」，是正義本無「之」字；標起止云「麟之趾三章」，衍也。❷

209 **故于嗟乎歎今公子**　閩本、明監本、毛本同。案，「于」當作「吁」。「于」「吁」古今字，注作「于」，正義作「吁」，易字之例如此，不知者乃改之。擊鼓、權輿正義亦誤，氓正義不誤。

210 **言從乂成**　閩本、明監本、毛本「乂」作「乂」。案，皆誤也，當作「義」。此句説脩義母，下句則「神龜在沼」説致智子，與洪範「從作乂」初不相涉。但當時俗字或以「乂」爲「義」耳，禮運正義亦誤作「乂」。

211 **貌恭躰仁**　閩本、明監本「躰」作「體」，毛本誤作「禮」。案，「體」字是也，「躰」即當時俗字。

212 **定題也**　小字本、相臺本同。案，釋文云「題，本作『顛』，誤」；正義云「傳或作『顛』」，又云「定本作『題』」，標起止云「傳定題」，是釋文本、正義本、定本同。 ×

* **爾雅題也**　補：釋文挍勘：通志堂本同，盧本「題」作「額」。案，所改是也。 ×

213 **魯爲諸姫**　明監本、毛本「爲」誤「與」，閩本不誤。

* **此皆君新**　補：毛本「新」作「親」。案，「親」字是也，上下文皆可證。 ×

214 示有武而不用　小字本、相臺本同。案，釋文云「一本『示』作『象』」，正義本是「示」字。×

○鵲巢

215 冬至架之　小字本、相臺本同。案，此釋文本也，釋文云「架之，音嫁，俗本或作『加功』」。考正義本當作「加功」，正義云「故知冬至加功也」是其證。定本當亦作「加功」，故正義不言有異也。定本出於顔師古，其匡謬正俗有論此一條，云「始起冬至加功力爲巢也」是其證。顔又引劉昌宗、周續等音「加」爲架，而駮其不應言「架功」，其説誤也。劉、周二本皆作「加之」，故音架，而以横架爲義，與釋文作「架之」者實一本也，自不作「功」字，不得以「架功」駮之。當以釋文本爲長。

216 而有均壹之德　閩本、明監本、毛本同，小字本、相臺本「壹」作「一」。案，「壹」字是也。均壹字當作「壹」，一二字乃作「一」。經中所用有互通者，假借也；注及正義自爲文，則皆用本字矣，序下注及正義皆不作「一」可證也。此正義中又有作「一」字者，乃寫者取省所亂。餘同此。

217 送御皆百乘　小字本、相臺本同。案，釋文「送御，五嫁反，一本作『迎』」，正義本是「御」字。考經「御」之釋文云「王肅魚據反，云待也」，其述毛此傳，自不當仍云「送御」，則一本或出於王肅也。

218 婦車亦如之有供　閩本、明監本、毛本同。案，浦鏜云「裧」誤「供」，以士昏禮考之，浦挍是也。

219 何彼襛矣　毛本「襛」誤「穠」，閩本、明監本不誤。×

220 今思乘以歸　毛本「思」誤「用」，閩本、明監本不誤。×

221 言迓之者　閩本、明監本、毛本同。案，箋及經、傳皆作「御」，此作「迓」。「御」、「迓」古今字，易而説之也，例見前。標起止仍云「至御之」可證也。釋文「御之，本亦作『訝』，又作『迓』，同」，非正義本。

222 方有之也　小字本、相臺本同。案，釋文云「方有之也，一本無『之』字」。正義本今無可考。段玉裁云：「一本誤，傳當云『方之，方有之也』，下傳當云『成之，能成百兩之禮也』，皆引經附傳時所刪。」

○采蘩

223 苟有明德　閩本、明監本、毛本同。案，浦鏜云「信」誤「德」，是也。采蘋正義引作「信」。

224 彼言芼　閩本、明監本同，毛本「芼」作「毛」。案，「毛」字是也。

225 于葅南西上　閩本、明監本、毛本同。案，浦鏜云「俎」誤「葅」，以特牲考之，浦挍是也。

226 及兩鉶鉶芼　閩本、明監本、毛本同。案，此不誤。浦鏜云衍一「鉶」字，非也。今特牲脱一「鉶」字耳，唐石經有，采蘋正義引亦重。

227 主婦髲髢　小字本、相臺本同。案，此定本也。正義本「髢」作「鬄」；釋文云「鬄，本亦作『髢』，徒帝反，劉昌宗吐歷反」。段玉裁云：「考此字當作『⿱髟剔』。五經文字云『⿱髟剔，聽亦反，見詩風注』謂此也。劉音吐歷反，可見其字作『⿱髟剔』。說文『⿱髟剔，鬀髮也』，鄭少牢注『古者或剔賤者、刑者之髮』，以剔解⿱髟剔，所謂詁訓之法也。其『徒帝反』者『鬄』，與『髢』爲一字，說文、五經文字與『⿱髟剔』字皆別見，即『髲』也，不得重在『髲』下。定本、正義本、釋文本皆誤，所當正也。鄭少牢及追師二注本皆與此注同作『⿱髟剔』，今少牢亦一誤而爲『鬄』，追師亦再誤而爲『髢』也。」

228 夫人釋祭服而去髲髢　小字本、相臺本同。案，此正義本也，定本無「去」字；正義於「去」字斷句，定本於「髲髢」斷句也。惠棟云：「當依定本刪『去』字。」

229 又首服被鬄之釋　閩本、明監本、毛本同。案，浦鏜云「釋」當「飾」字誤，是也。

230 案少牢作被裼注云被裼　閩本、明監本、毛本同。案，「裼」當作「錫」，形近之譌。

231 少牢云被錫纚笄　閩本、明監本、毛本「錫」誤「裼」。案，少牢作「錫」，正義所引正作「錫」字；明監本、毛本因上文譌作「裼」，并盡改其未譌者，誤甚，下同。

232 文王夫人　閩本、明監本、毛本同。案，浦鏜云「王」當「主」字誤，是也。

233 而髲髢無去字　明監本、毛本「髢」誤「鬄」，閩本不誤。案，此述定本當用「髢」，不用「鬄」。

○草蟲

234 阜螽蠜也　小字本、相臺本同。案，正義云「定本云『阜螽蠜』，依爾雅云，則俗本云『蠜螽』者衍字也」；釋文「螽」下云「阜螽蠜也」。考文古本有，采正義。×

235 婦人雖適人　相臺本同，小字本「雖」下有「未」字。案，「未」字誤衍也，正義可證，閩本、明監本、毛本亦無。×

236 還來歸宗謂被出也　閩本、明監本、毛本「謂」上衍「有此之義故已所以憂歸宗」十一字。

237 故下采蕨采薇　閩本、明監本、毛本「蕨」誤「薇」。×

238 得君子遇接之故也　閩本、明監本、毛本「故」誤「禮」。×

239 蕨鱉也　相臺本「鱉」作「鼈」，閩本、明監本、毛本同，小字本作「鱉」。案，釋文「鼈，本又作『鱉』」，小字本依釋文「又作」也。釋文舊或誤，今正，詳後考證。

240 言我也我采者　小字本、相臺本同。案，此與雄雉箋「爾女也，女衆君子之屬」爲一例，與卷耳箋「我，我君也」、「我，我使臣也」之屬不相同，因蒙上句不煩更出也。考文古本作「言我也我我采者也」，仍更出「我」字，非箋例也；其雄雉箋作「爾女也，女，女衆君子」亦非。餘同此。

241 在塗而見采鱉采者得其所欲得　閩本、明監本、毛本同，小字本、相臺本下「采」字作「菜」。案，「菜」字非也。考文古本亦作「菜」，山井鼎云「屬上讀」。考正義標起止云「言我至采鱉」，是正義本作「采」，讀以「采」者得其所欲得，七字爲一句；「采」譌爲「菜」，并改其讀，失之矣。

242 我欲采其鱉菜　毛本「采」誤「採」，閩本、明監本不誤。

243 明在周也　閩本、明監本、毛本「也」誤「地」。

○采蘋

244 姆教婉娩聽從　小字本、相臺本同。案，正義云「定本『姆教婉娩』，勘禮本亦然，今俗云『傅姆教之』，誤也」。考文古本作「傅姆教之」，采正義。

245 十有五而笄　小字本、相臺本同。案，正義云「又，十有五而笄，無『女子』二字，有者亦非」。又者，又定本也。考文古本有，采正義。

246 箋女子至法度　閩本、明監本、毛本「箋」下衍「云」字。案，鄭注序不言「箋」，此正義所標，本無「云」字。

247 此祭女所出祖也　閩本、明監本、毛本同；小字本、相臺本重「祭」字，考文古本同。案，重者是也，正義云「知此祭，祭女所出祖」者可證。

248 無足曰釜　小字本、相臺本同。案，正義標起止云「傳方曰筐至曰釜」，又云「定本『有足曰錡』下更無傳，俗本『錡』下又有『無足曰釜』」，是正義本與俗本同也。此傳錡釜屬有足曰錡，互文見意，不更言「無足曰釜」矣，當以定本爲長。

249 **大夫士祭於宗廟** 小字本、相臺本同。案，正義云「言大夫士祭於宗室」，又云「定本、集注『大夫士祭於宗廟』，不作『室』字」。考下傳云「必先禮之於宗室」，是大宗之廟但稱宗室，不稱宗廟也。當以正義本爲長。

250 **則非禮也** 小字本、相臺本同。案，惠棟於「禮」下添「女」字，非也。箋説傳「必先禮之」之禮，不更言禮女，其爲禮女自明矣。正義云「則非禮女也」，乃正義自爲文，不可據以改箋。凡正義自爲文，其於注有足成，亦有檃栝，皆取詞旨通暢，不必盡與注相應。

251 **祭事主婦設羹** 閩本、明監本、毛本同；小字本、相臺本「事」作「禮」，考文古本同。案，「禮」字是也，正義可證。

252 **舍人曰苹一名萍** 閩本、明監本、毛本「萍」誤「蓱」。案，郭爾雅與舍人本同，見釋文，今本有誤。

253 **江東謂之薸音瓢** 閩本、明監本、毛本同。案，「音瓢」二字當旁行細字，正義於自作音者例如此也。○今按，「音瓢」二字亦是郭注。郭注不特經内字爲音，即自注内難識之字亦多爲音。凡古本注内云「音某者」，俗本多剔之，或删之而僅有存者，詳見爾雅校勘記。舊於此云正義自作音非也。 ×

254 **故具引之** 閩本、明監本「具」誤「其」，毛本不誤。 ×

255 **未必伯仲處小也** 明監本、毛本「仲」誤「中」，閩本不誤。 ×

256 **以俟迎者** 閩本、明監本、毛本「俟」誤「候」。 ×

257 **主婦人及兩鉶鉶芼** 閩本、明監本、毛 ×

本同。案，浦鏜云「衍『人』字」，以特牲考之，浦挍是也。

258 又解不言魚者　閩本、明監本、毛本「又」誤「此」。×

259 知俎實男子設之者　閩本、明監本、毛本同。案，此不誤。浦鏜云脱「魚」字，非也，下引特牲、少牢統解俎實，不但解魚也。×

260 自祭夫氏　閩本、明監本、毛本「自」誤「助」。×

261 孫毓以王爲長　閩本、明監本、毛本「王」誤「主」。×

○甘棠

＊ 今棠黎　補：「黎」當作「棃」。

＊ 何所憖據　補：「憖」當作「憑」。

262 決訟於小棠之下　閩本、明監本、毛本「小」誤「甘」。×

263 翦去　小字本、相臺本同。案，釋文「去也，羌呂反」，是其本有「也」字，與此不同。考文古本有，采釋文。×

264 箋云茇草舍也　小字本、相臺本同。閩本同，明監本、毛本「箋云」在「茇草舍也」下。案，正義標起止云「傳蔽芾至草舍」、「箋召伯至其樹」，明監本、毛本依此所改也。考文古本同，亦采正義。又正義云「定本、集注於注内並無『箋云』」，是其本自「茇草舍也」至「敬其樹」凡四十一字皆爲傳也。段玉裁以定本、集注爲是。

265 召伯所憩　唐石經、小字本、相臺本同。案，惠棟云「説文無『憩』字，當作『愒』」。今考釋文云「憩，本又作『愒』」，小雅菀柳、大雅民勞經皆作「愒」，「憩」但「愒」之俗字耳。釋文舊有誤，今訂正，詳後考證。

○行露

266 由文王之時被化日久　明監本、毛本「被」誤「彼」，閩本不誤。

267 箋云夙早也　小字本、相臺本同。案，釋文此箋有「夜莫」二字，云「小星箋同」。今考此及小星箋各本皆無「夜莫」二字，與釋文本不同也。下箋云「我豈不知當早夜成昏禮」，與小星箋云「或早或夜」，皆不言莫，當以無者爲長。我將、昊天有成命箋亦但云「早夜」，陟屺、烝民箋有「夜莫」者皆釋文本耳。盧文弨欲依蜀石經補此，非也。考文古本有「夜莫」也，采釋文。○按，舊挍非也。依説文「夕者，莫也」，「莫者，日且冥也」，「夜者，舍也，天下休舍也」。古「夕」與「莫」不同義，「夜」與「莫」不同義，莫謂日冥，夜則該日冥至將旦言之。是以穀梁春秋「辛卯昔恒星不見，夜中星隕如雨」，「昔」即「夕」字，此「夕」與「夜」分別之證也。然對文則別，散文則莫亦爲夜，鄭云「夜莫也」者，散文之義也。別之也，曷爲別之，嫌讀者謂此夜爲終夜也。箋有「夜莫」二字者是。

268 禮不足而彊來　小字本、相臺本同。案，正義云「禮不足而來彊暴」，是正義本此「彊來」及下「彊委」皆當與序「彊暴」字同讀，作巨良反。釋文「而强來，其丈反，下『强委』同」。五經文字云「彊、强並巨良反」云云，「又其兩反，則皆用下字」。釋文與正義不同也。考下箋「强委之」，乃左昭元年傳文，當以釋文本爲長。考文古本下「彊委之」作「强」，采釋文。

269 知始有露二月中者　明監本、毛本「露」下衍「謂」字，閩本剜入。

270 此彊暴之男以多露之時　明監本、毛本「以」誤「及」，閩本不誤。

271 人皆謂雀之穿屋似有角　小字本、相臺本同，閩本、明監本、毛本亦同。案，考文古本下有「者」字，云「宋板同」，誤以傳文「似有角者」爲箋文也。

272 **純帛不過五兩**　小字本、相臺本同。案，此正義本也。正義云「此媒氏文也」，又云「媒氏注『純』實『緇』字也，古『緇』以才爲聲」，又云「則純帛亦緇也，傳取媒氏，以故合其字。定本作『紂』字」。言「合其字者」，媒氏作「純」，傳亦作「純」，於字爲合也。考媒氏「純」字至鄭始正其讀，是此傳舊但作「純」，當以正義本爲長。釋文「紂，側基反，依字系旁才。後人遂以才爲屯，因作純字」，與定本同也。考文古本作「純」，采正義、釋文。閩本、明監本、毛本作「紂」，亦依定本改耳。

273 **周禮之圓土**　明監本、毛本「之」上衍「謂」字，閩本剜入。

274 **天子以娉女**　閩本、明監本、毛本「娉」誤「聘」，下同。

275 **明亦以六禮委之也**　明監本、毛本「委」上衍「彊」字，閩本剜入。

○羔羊

276 **鵲巢之功致也**　唐石經、小字本、相臺本同。案，正義云「是鵲巢之功所致也，定本『致』上無『所』字」，考文古本有，采正義。

277 **羔取其贊之不鳴**　閩本、明監本、毛本同。案，浦鏜云「執」誤「贊」，以公羊注考之，浦校是也。

278 **退食謂減膳也**　小字本、相臺本同。案，正義云「定本『退謂減膳』更無『食』字」，考文古本「膳」下有「食」字，采正義。

279 **故以大小釋之**　閩本、明監本、毛本「大」「小」誤倒。

280 **緎羔羊之縫**　明監本、毛本「縫」下有「也」字，閩本剜入。案，此誤補也，正義引爾雅每略去「也」字。

281 **孫炎曰緎之爲界緎**　閩本、明監本、毛本同。案，下「緎」字當作「域」，釋文引作「域」，下「界緎」同。

282 **因名裘縫云緎**　閩本、明監本、毛本「云」誤「爲」。

283 **唯組紃耳**　閩本、明監本、毛本「唯」誤「維」。❸

284 **行可蹤迹者**　閩本、明監本、毛本同。案，傳作「從」，正義作「蹤」，「從」「蹤」古今字，易而説之也，例見前，標起止仍云「至從迹」可證也。釋言「從」字亦作「蹤」，非正義本。

285 **謂正直順於事也**　明監本、毛本「直」誤「宜」，閩本不誤。

286 **緎縫也**　小字本、相臺本同。案，釋文「緎縫也，音符用反，一本作『緎猶縫也』，則當音符龍反」。正義云「故二章解其體言緎縫也」，是正義本當無「猶」字。考文古本有，采釋文。

287 **大喪飾皮車**　閩本、明監本、毛本「喪」誤「裘」。

288 **唯麑裘素也**　閩本、明監本、毛本「麑」誤「麛」。案，山井鼎云「上『麛』字同今本」。考此上依玉藻字，下依論語字，故不同也。鄭玉藻注引論語亦作「麛」。「麛」是正字，「麑」是假借。魚麗傳「不麛」本或作「麑」，同。

289 **若諸侯視朝君臣用麑裘**　閩本、明監本、毛本同。案，浦鏜云「『朔』誤『朝』，下『素衣麑裘諸侯視朝之服』同」，是也，終南正義可證。

290 **其二劉等**　閩本、明監本、毛本「劉」誤「制」。

291 **即次錦衣爲裼**　閩本、明監本、毛本「次」

誤「以」。

292 **然衮冕與衣元知不用狐青裘者**　閩本、明監本、毛本同。案，十行本「衣」至「青」剜添者一字，是「知」字衍也。

○殷其靁

293 **勸以義也**　唐石經、小字本、相臺本同。案，釋文云「本或無『以』字，下句始有」。考正義本云「勸夫以爲臣之義」，下句正義云「而勸以爲臣之義」，是其本此句當亦有「以」字。

294 **故先言從政勤勞室家之事**　閩本、明監本、毛本同。案，此不誤。浦鏜云「室家」當「王家」誤，非也。「勤勞」句絶，「室家之事」别爲句，與下連文。

295 **此解大夫**　明監本、毛本「解」下衍「行役」二字，閩本剜入。

296 **非雨靁也箋云**　閩本、明監本、毛本同。案，「箋云」二字當在「非雨靁也」之上，不知者誤移於下耳。

○摽有梅

297 **男女及時也**　唐石經、小字本、相臺本同。案，釋文云「本或作『得以及時』者，從下而誤」。正義云「俗本『男女』下有『得以』二字者，誤也」，亦謂此句，非謂下句也。

298 **冰泮殺止**　閩本、明監本、毛本同。案，此不誤。浦鏜云「内」誤「止」，非也。考周禮疏載王肅引此亦作「止」，又云「韓詩傳亦曰『古者霜降送女，冰泮殺止』」，是荀卿本作「止」。楊倞所注作「内」，而連下文「十日一御」爲解其説，非是，不當據以改正義所引也。東門之楊正義引亦作「止」。

299 **冰泮農業起**　閩本、明監本、毛本同。案，此不誤。浦鏜云「桑」誤「業」，非也。考東門之楊正義引正作「業」，又周禮疏載王肅引亦作

「業」，與今家語不同，不當據改也。

300 然則男自二十九　閩本、明監本同。毛本「然則男」下剜添作「自二十以及二十九」。案，所補是也，此「二十」複出而脱耳。浦鏜云「至」誤「及」，是也。

301 衰少則梅落少　閩本、明監本同，毛本「則」下有「似」字。案，所補是也。

喻去春光遠　補：毛本「光」作「尤」。

302 故可强嫁　閩本、明監本、毛本「强」誤「以」。

303 故季夏去春遠矣　閩本、明監本、毛本同。案，浦鏜云「故」疑「至」字誤，是也。

304 二月綏多女士　閩本、明監本、毛本「女士」誤「士女」。案，山井鼎云「檢夏小正，宋板爲是」，是也。士冠禮、媒氏兩疏引皆作「士女」，所見本不同耳。

305 下云有女懷春　閩本、明監本「下」誤「士」，毛本不誤。

306 禮文王世子曰　閩本、明監本、毛本同。案，此不誤。浦鏜云「六字衍，從昏義疏挍」，非也，昏義疏引之不備耳。異義所據大戴禮文王世子篇也，豳譜及大明正義皆有明文可證。

307 故以禮拒之　明監本、毛本「禮」下衍「正」字，閩本剜入。

308 與此三章之喻大同　閩本、明監本、毛本「喻」下衍「時」字，脱「之」字。

309 興者梅實尚餘七未落喻始衰也　小字本、相臺本同。案，螽斯正義引摽有梅云「興者喻」，乃檃括此箋而非箋成文也。考文古本「者」下有「喻」字，采螽斯正義而誤。

310 所以蕃育民人也　小字本、相臺本同，閩本、明監本、毛本「民人」誤「人民」。案，正義標起止云「至民人」，又云「所以蕃育民人也」皆可證。其序下及後正義有作「人民」者，即自爲文，故不與注相應。

311 **此梅落故頃筐取之於地**　明監本、毛本「落」下有「盡」字，閩本剜入。案，所補是也。

312 **傳不待至民人**　明監本、毛本「民人」誤倒，閩本不誤。 ×

* **如不待禮**　補：毛本「如」作「始」。案，「始」字是也。

○小星

313 **能以恩惠及賤妾**　閩本、明監本、毛本「及」上衍「接」字，「賤」誤「其」。 ×

314 **即喪服所謂貴臣賤妾也**　閩本、明監本、毛本同。案，浦鏜云「貴妾」誤「賤妾」，是也。

315 **衆無名之星**　小字本、相臺本同，考文古本同，閩本同，明監本、毛本「星」誤「心」。 ×

316 **以興禮雖卑者**　閩本、明監本、毛本「雖」作「命」。案，所改是也。

317 **知三爲星者**　閩本、明監本、毛本同。案，浦鏜云「心」誤「星」，是也。

318 **前息燭後舉獨**　閩本、明監本、毛本「獨」作「燭」。案，所改是也。

319 **旒曰伐**　閩本、明監本、毛本「旒」作「銳」，依今漢志也。 ×

320 **抱衾與裯**　小字本、相臺本同；唐石經初刻「稠」，後改「裯」。案，初刻誤也。

321 **抱衾與牀帳**　閩本、明監本、毛本同；小字本、相臺本「衾」作「被」，考文古本同。案，「被」字是也。箋承傳「衾被也」之文，非取經「衾」字。

* 次夫人連夜　補：毛本「連」作「專」。案，「專」字是也，下「以後夜夫人所專」可證。

322 以送爲名　閩本、明監本、毛本「名」下衍「也」字。×

○江有汜

323 言姪若無姪娣猶先媵　閩本、明監本、毛本同。案，此當作「言若或無娣猶先姪媵」，用鄭士昏禮注也。

324 然而並流　小字本、相臺本同，考文古本同，閩本、明監本、毛本「而」誤「得」。案，正義云「言江之有汜，得並流」，此正義自爲文，不當據改。

325 渚小洲也　小字本、相臺本同。案，釋文云「本或無此注」。考關雎正義云「江有汜傳曰『渚小洲也』」，是正義本有。

326 水岐成渚　小字本、相臺本同。案，「岐」當作「枝」。釋文「枝，如字，何音其宜反，又音祇」，考此讀如字者是也。水枝謂水之分流，如木之分枝耳。穆天子傳所謂「枝洔」，讀爲其宜反，又音祇，義亦無大異，不當遂作「岐」字。○按，江賦曰「因岐成渚」字作「岐」亦同。

○野有死麕

327 白茅包之　唐石經、小字本、相臺本同。案，釋文云「苞，逋茆反」。段玉裁詩經小學云：「苞、苴字皆從艸。曲禮注云『苞苴裹魚肉，或以葦、或以茅』；木瓜箋云『以果實相遺者必苞苴之』，引書『厥苞橘柚』，今書作『包』譌。」今考木瓜正義引此經作「苞」，是正義本當亦是「苞」字，與釋文本同。此正義作「包」者，南宋合併時，依經注本改之也。

328 先使媒人導成之　閩本、明監本、毛本「導」誤「道」。案，注作「道」，止義作「導」，「道」「導」古今字，易而説之也，例見前。釋文「誘」下云「導也」，亦是改用今字，非釋文本毛傳作「導」也。考文古本傳作「導」，采正義、釋文而誤。

329 故思以麕肉當鴈幣也　閩本、明監本、毛

本「當」誤「爲」。考文載此無「以」字，誤脱。 ✕

330 **皆可以白茅包裹束以爲禮**　閩本、明監本、毛本同，小字本、相臺本無「包」字，考文古本同。案，無者是也。

331 **樸樕斛樕也**　閩本、明監本、毛本同。案，此不誤。浦鏜云「槲」誤「斛」，非也，「斛」即「槲」字耳。 ✕

332 **讀爲屯取肉而裹束之**　閩本、明監本、毛本「讀」上衍「故」字。 ✕

333 **玉有五德**　閩本、明監本、毛本同。案，十行本「玉有五」剜添者一字。

334 **脱脱舒遲也**　小字本、相臺本同。案，此正義本也，標起止云「傳脱脱舒遲」是其證。正義又云「定本『脱脱舒貌』有『貌』字，與俗本異」，釋文「脱脱」下亦云「舒貌」，皆不與正義本同。考文古本作「舒遲貌也」，采正義、釋文合而一之也，又云「宋板同」者，誤。

○何彼襛矣

335 **雖則王姬**　唐石經、小字本、相臺本同。案，此正義本也。正義云「定本『雖王姬』，無『則』字」；釋文云「雖王姬，一本作『雖則王姬』」，釋文本與定本同。○按，「雖則王姬亦下嫁於諸侯」十字爲一句，或以「王姬」句絶，則語病矣。

336 **亦謂諸侯主也**　明監本、毛本「主」誤「王」，閩本不誤。 ✕

337 **然土無二王**　閩本、明監本、毛本「土」誤「上」。 ✕

338 **鍚面朱總**　毛本「鍚」誤「錫」，閩本、明監本不誤。 ✕

339 **安車彫面鷖總**　閩本、明監本、毛本「車」誤「居」。 ✕

340 **謂以如玉龍勒之韋**　閩本、明監本、毛本同。案，浦鏜云「王」誤「玉」，以巾車注考之，浦校是也。

341 **始嫁其嫁之衣**　閩本、明監本、毛本作「其始嫁之衣」。案，所改是也。十行本此行剜添者一字，因行末衍下「嫁」字故也，其字錯在下亦誤。

342 **正王者德能正天下之王**　小字本同，閩本、明監本、毛本亦同，相臺本無「王」字。案，相臺本誤也，正義標起止云「箋正」者乃脱字耳，不當據之刪去也。

343 **箋正者**　閩本、明監本、毛本「正」誤「王」。案，「正」下當脱「王」字。

* **又洛誥云平來毖殷乃命寧**　補：各本注疏及尚書「平」皆作「伻」。案，群經音辨引洛誥「平來以圖」正作「平」字。唐石經作「伻」，衛包所改。今本釋文作「伻」，陳鄂所改。集韻：「拼，使也，或作『伻』，古作『平』、『苹』。」尚書「平秩」，馬融本作「苹」，曰「使也」。周禮春官車僕「苹車」，故書作「平」。十行本蓋出於善本，故此猶存其古。

344 **以絲之爲綸**　閩本、明監本、毛本同；小字本、相臺本「之爲」作「爲之」，考文古本同。案，「爲之」是也。

○騶虞

345 **虞人翼五豝**　小字本、相臺本同。案，山井鼎云「古本『翼』字後人旁記『異本作驅』」，不知據何本」，今考此采正義云「則此翼亦爲驅也」之解而爲之耳，非有本也。

346 **故云茁茁也**　閩本、明監本、毛本同。案，下「茁」字，浦鏜云「出誤」，是也。

347 **多士云敢翼殷命**　閩本、明監本、毛本同。案，此不誤。浦鏜云「翼，今書作『弋』」，非也。考尚書馬本作「翼」，見釋文，鄭、王本作

「翼」，見正義，即此正義所引也。

* **射注**　補：毛本「射」下有「義」字。

* **尾長於驅**　補：毛本「驅」作「軀」。案，「軀」字是也。

348 **應信而至者也**　閩本、明監本、毛本同。案，此不誤。浦鏜云「德」誤「信」，非也。陸機即用毛説，謂信爲母，義爲子也，應者脩而致之。

349 **獻豜從兩肩爲麠**　閩本、明監本、毛本同。案，「麠」當作「麛」，下云「肩麛字雖異音實同也」可證。

邶鄘衛譜

350 **商紂畿内**　明監本「畿内」誤「變風」，閩本、毛本不誤。×

351 **在上黨沾縣大黽谷**　閩本、明監本、毛本「沾」誤「沽」。案，盧文弨云「在」當作「出」，是也。

* **則祿父也外**　補：毛本「也」作「已」。案，「已」字是也。

352 **頓丘今爲郡名**　閩本、明監本、毛本同。案，浦鏜云「郡名」當「縣名」，引證唐志，是也。

353 **知者準的金縢之文**　閩本、明監本、毛本「的」誤「約」。×

354 **成王尚幼矣**　閩本、明監本、毛本同。案，此不誤。浦鏜云「成」原文作「今」，非也。考段玉裁謂「成王生時之稱，乃今文家之説，見酒誥釋文。然則書傳當本是『成』字，破斧正義引書傳『成王幼』亦可證」。

355 **其鄘或亦然矣**　閩本、明監本、毛本「其」誤「淇」。×

356 **子孝伯立**　閩本、明監本、毛本同。案，浦鏜云「孝」誤「考」，是也。

357 **子疌伯立**　明監本、毛本「疌」誤「建」，閩本不誤。

* 則身已歸宋　補：「宋」當作「衛」。

358 舜爲國名而施也　閩本、明監本同，毛本「舜」作「非」。案，所改是。

359 五十年卒　閩本、明監本、毛本同。案，「十」下浦鏜云「脱五字」，是也，鄘柏舟正義所引有。

360 迎桓公子晉於邢　閩本、明監本、毛本同。案，浦鏜云「弟」誤「子」，是也。

361 惠公復入三十三年卒　閩本、明監本、毛本同。案，下「三」字浦鏜云「一」誤，考史記，是也。

362 或舉初見末　閩本、明監本、毛本「舉」誤「與」。

363 綠衣莊姜傷己　明監本、毛本「衣」下衍「云」字，閩本剜入。

364 二十一年卒　閩本、明監本、毛本同。案，浦鏜云「依年表當作『二十三年』」，是也。

365 則伯兮宣公詩也　明監本、毛本「兮」下衍「亦」字，閩本剜入。

366 故鄭於左方中　閩本、明監本、毛本「左」誤「定」。案，山井鼎云「譜疏比比有之，恐鄭所著書名也」，其説非是。「左方」者即譜之篇名、君世也，以旁行斜上而列於左方，故正義謂之爲「左方」，非鄭別有所著書以左方爲名也。考正義原書備鄭譜於卷首，其篇名、君世在左方，悉如鄭之舊，故得指而言之；今左方無之者，南宋合併時所去耳。

367 先蒸於夷姜　閩本同，明監本同，毛本「蒸」作「烝」。案，所改是也。

○柏舟

368 **汎汎流貌** 小字本、相臺本同。案，此當衍一「汎」字。正義云「言泛然而流者」，標起止云「汎流」，是正義本不重「泛」字。釋文云「汎，流貌。本或作『汎汎流貌』者，此從王肅注加」。各本皆誤，當依正義、釋文正之。

369 **今不用而與物汎汎然** 閩本、明監本、毛本「與」下衍「衆」字，小字本無，十行本初刻無，後剜添。相臺本有「衆」字，無「而」字。案，箋上云「舟載渡物者」，下云「今不用而與物汎汎然」，二「物」字相承，不應有「衆」字。正義云「亦汎汎然，其與衆物俱流水中而已」，乃正義自爲文，不可據添。岳氏沿革例云「閒有難曉解者以疏中字微足其義」，謂此類也，然其所足要未有當者。

370 **各有威儀耳** 小字本、相臺本同。案，「威儀」二字當作「宜」。考正義云「此言君子望之儼然可畏，解經之威也；禮容俯仰各有宜耳，解經之儀也」，是正義本作「各有宜耳」也。傳以「畏」解「威」，以「宜」解「儀」，所謂詁訓之法。不知者改「宜」字作「威儀」，於是此傳既「威儀」二字分解者，而「威」字乃互見「儀」字解中矣，毛氏以「宜」解「儀」之詁訓遂不復可見，失之甚者也。當依正義所述毛傳改正之。○按，舊挍非也。左傳「威儀」有分解處而大意不分，毛傳皆有「威儀」，正用左傳北宮文子言「君臣、父子、兄弟、內外、大小皆有威儀也」之文，正義改作「各有宜」非也。上文「儼然可畏」非專釋「威」。說文「義」字下曰「己之威儀也」，不專以「儀」釋「義」，必連「威」言之。凡有似分而合者，如規矩，亦不可分，說文「巨」下云「規巨也」可證。

371 **故又陳己德** 明監本、毛本「又」下衍「自」字，閩本剜入。

372 **慍怒也** 小字本、相臺本同。案，釋文「慍」下云「怒也」，是釋文本此傳作「怒也」。正義云「言仁人憂心悄悄然，而怨此羣小人在於君側者也」，正義本「怒」字當是「怨」字。緜傳云「慍恚」，正義云「說文『慍，怨也』，『恚，怒也』，有怨必怒之」，所引說文作「慍怨也」亦其一證。

373 衣不瀞憒辱無照察　明監本、毛本「衣」下衍「之」字，閩本、明監本所剜添也。

374 孝經讖曰兄曰姊　閩本、明監本、毛本同。案，「姊」下當有「月」字。

375 日月又喻兄姊　明監本、毛本無「日」字，閩本剜去。案，此六字爲一句，删去「日」字，改讀「月」字屬上，誤也。

○綠衣

376 妾上僭者謂公子州吁之母母嬖而州吁驕　小字本、相臺本同。案，此即定本也。正義云「是公子州吁之母嬖也」，又云「是州吁驕也」。定本『妾上僭者謂公子州吁之母也，母嬖而州吁驕』，唯多一『也』字耳」。正義本當不重「母」字，以「嬖」上屬，讀爲句，與定本不同。考文一本有「也」字，采正義。

377 何時其可已止也　閩本、明監本、毛本「已」誤「以」。

378 故內服注以男子之褖衣黑　閩本、明監本、毛本同。案，「內」下浦鏜云脱「司」字，是也。

379 不殊衣裳　小字本、相臺本同。案，此定本、集注也。正義本無「衣」字。考「不殊裳」，鄭喪服注文，此正義引以爲說。然喪服注意但說「裳」，此箋意兼說衣裳，故其文不同。當以定本、集注爲長。

380 女子子在室　閩本、明監本、毛本下「子」字誤「于」。

381 先染絲後製衣　閩本、明監本、毛本同，小字本、相臺本「製」作「制」。案，「制」字是也。正義云「當先染絲而後製衣」，以下盡作「製」字者，「制」「製」古今字，正義易「制」爲「製」而說之，其例見前。非正義本箋作「製」字也，當由不知者以正義改箋耳。

382 **先製衣而後染**　閩本、明監本同。毛本「染」下剜添「絲」字。案，所補誤也。「製」後不得復名「絲」矣。×

383 **鄭以爲言絺兮綌兮不當暑**　明監本、毛本「不」下衍「以」字，閩本剜入。案，「不」當作「本」，形近之譌耳，補「以」字者非。

384 **淒寒涼之名也**　閩本、明監本、毛本「淒」誤「皆」。×

385 **正義曰箋以上二句**　閩本、明監本、毛本「以」誤「云」。×

○**燕燕**

386 **陳女女娣**　閩本、明監本、毛本同。案，此不誤。浦鏜云「弟」誤「娣」，非也。正義所引世家字如此耳。

387 **此陳其得媵莊姜者**　閩本、明監本、毛本「其」誤「女」。

388 **箋云差池其羽**　小字本、相臺本同。案，考文古本「差池其羽」上有「于往也」三字。考正義經三「于」字，上二「于」爲往，下一「于」爲於。傳但在「遠送過禮」下著「于於也」一訓，因「之子于歸」「于往也」，桃夭已有傳，而「于飛」所以興「于歸」，其同爲往自可知也。箋意亦如此，正義上本桃夭傳而訓爲往耳，非箋有「于往也」一訓也。考文古本采正義而誤。×

389 **釋鳥鶵周**　明監本、毛本「鳥」下衍「云」字，閩本剜入。×

390 **此燕即今之燕也**　閩本、明監本、毛本同。案，此「燕」下浦鏜云脱一「燕」字，是也。爾雅疏即取此，正重「燕」字。

391 **尾涏涏是也**　閩本、明監本、毛本同。案，「涏」當作「涎」，形近之譌。○按，漢書及諸韻書皆作「涏」，以韻言則霆電亦音之轉。

392 往飛之之貌　明監本、毛本不重「之」字，閩本剜去。案，上「之」字乃「時」字之誤，正義上下文可證，輒删者非也。

393 聲有小大　小字本、相臺本同，閩本、明監本、毛本「小大」作「大小」，誤也。案，上正義云「故以上下其音喻言語大小」者以自爲文，故與經「下上」、箋「小大」皆倒也，不當據改。又，雄雉箋亦作「小大」可證。

394 實勞我心　相臺本下有「實」，是也，乃釋文誤遺「○」耳。餘本皆不誤，考文古本有非也。

395 塞瘞　小字本、相臺本同。案，正義云「定本『任大』之下云『塞瘞也』，俗本『塞實也』」，正義本從俗本，故云「其心誠實而深遠也」，不更說「瘞」字。釋文云「瘞，崔集注本作『實』」，考定之方中「塞」字無傳，而箋云「塞，充實也」，常武箋云「自實滿」，本此傳也。當以集注、正義本爲長，定本、釋文本作「瘞」者，即說文之「瘱」字。○段玉裁云：「瘞者，幽薶也，與充實義正同，非有二訓也。謂即心部『瘱』字，非是。瘱者，靜也，義殊」。

396 孝友睦姻任恤　小字本同，閩本、明監本同，相臺本「姻」作「婣」，毛本同。案，「姻」字是也。此箋用漢時今字，與周禮經古字不同也。相臺本、毛本所改皆非是。

397 姻親於外親　毛本「姻」誤「婣」，閩本、明監本不誤。

398 記古書義又且然　閩本、明監本、毛本同。案，浦鏜云「既」誤「記」，考南陔正義，是也。「且」當作「宜」，南陔正義引作「當」。

○日月

399 以至困窮之詩也　唐石經、小字本、相臺本同。案，此釋文本也。正義云「俗本作『以致困窮之詩』者誤也」，釋文云「以至困窮之詩也，舊本皆爾，俗本或作『以至困窮而作是詩也』，誤」，正義、釋文所說相反，正義本標起止云「至困窮」，與各本不同，今無可考。考文古本作「以至困窮之故作是詩也」，采釋文「或作」本而有誤。

400 **言曰乎以照晝**　閩本、明監本、毛本「乎」下有「日」字。案，所補是也。

401 **顧下章傳亦宜倒讀**　明監本、毛本「顧」誤「故」，閩本不誤。×

402 **不循不循禮也**　小字本、相臺本同，考文古本同，閩本、明監本、毛本上「循」字作「述」。案，山井鼎云「箋申毛傳作『循』，似是」。考凡鄭箋皆箋傳，而非箋經，「循」字是矣。

○終風

403 **見侮慢而不能正也**　唐石經、小字本、相臺本同，考文古本同，閩本、明監本、毛本脱「而」字。×

404 **且其閒有暴疾**　明監本、毛本「閒」下衍「又」字，閩本剜入。×

405 **在我莊姜之傍**　閩本、明監本、毛本同。案，注作「旁」，正義作「傍」，「旁」「傍」古今字，易而説之也，例見前。餘同此。

406 **中心是以惂傷**　閩本、明監本、毛本「惂」作「悼」。案，所改是也。

407 **浪意明也**　閩本、明監本、毛本「明」誤「萌」。案，爾雅疏即取此，正作「明」。○按，此當作「萌」爲是。舍人「意浪」讀爲蒼筤竹之「筤」，易正義曰「竹初生之時，色蒼筤，取其春生之美也。凡意蕊心花初生時似此，故舍人曰浪意萌也」。作「明」者誤。韓詩云「起也」，正是意萌之訓，謂如波之起也。

408 **雖來復侮慢之**　閩本、明監本、毛本「侮」誤「悔」。×

409 **願言則嚏**　唐石經、小字本、相臺本同。案，釋文云「疌，本又作『啑』，又作『疐』，舊作利反，又丁四反，又豬吏反，或竹季反，劫也。鄭作『嚏』，音都麗反」。段玉裁云：「毛作『疐跲也』，鄭云『疐讀爲不敢嚏咳之嚏』，此鄭改字。唐石經以下經傳皆從口，是用鄭廢毛。『嚏』不得訓跲明矣。今考正義本傳是『跲』也，則其經當是『疐』字。釋文『疌』即『疐』之變體，狼跋釋文『疐，本又作疌』可證也，與説文止部之『疌』字迥不相涉。若經字作止部之『疌』，鄭不得讀爲『嚏』，釋文亦不當作竹利等反矣。」經義雜記云：「案，釋文知崔靈恩集注作『疌』，陸氏從之；正義則從王肅作『疐』。釋文云『一作疐』者即王本也。」其説非是，由誤讀釋文爲從止之「疌」所致也。

410 **嚏跲也**　小字本、相臺本同。案，「嚏」當作「疐」。又此正義本也，正義云「王肅云『願以母道往加之，則嚏劫而不行』，跲與劫音義同也。定本、集注並同」。釋文云：「劫也，本又作『跲』」，孫毓同。崔云毛訓『疌』爲㰦，今俗人云『欠欠㰦㰦』是也，不作『劫』字。人體倦則伸，志倦則㰦。」考此傳本與狼跋同，王肅、孫毓作「劫」，崔靈恩作「㰦」，皆非，是當以正義本爲長。

411 **終風至則嚏**　閩本、明監本、毛本同。案，此標起止及下云「我則嚏跲而不行」，又標起止云「傳嚏跲」，又云「嚏劫而不行」，凡四「嚏」字皆當作「疐」。正義舊是「疐」字，不知者以箋「嚏」字亂之耳。

412 **寤言不寐**　小字本、相臺本同。唐石經初刻「寐言不寤」，後改同今本。案，初刻非也。

413 **言我夜覺常不寐**　閩本、明監本、毛本「常」誤「恒」。

○**擊鼓**④

414 **伐鄭在魯隱四年**　小字本同，閩本、明監本、毛本亦同，相臺本「隱」下有「公」字，考文古本同。案，無者是也。正義標起止云「至隱四年」及以下正義文皆可證。

415 **則吁爲首**　閩本、明監本同。毛本「則」作「州」。案，「州」字是也。

416 戎事非輕於力役　閩本、明監本、毛本「役」下衍「也」字。×

417 箋云子仲字也　小字本、相臺本同，考文古本同，閩本、明監本、毛本脱「子」字。×

* 兵車十乘　補：案，下文甲士三人，步卒七十二人，此「十乘」是「一乘」之譌。

418 祭兵于山川　閩本、明監本、毛本「于」誤「於」。×

419 與之約誓　小字本、相臺本同。案，釋文云「與之約，一本作『與之約誓』」，考正義云「殷勤約誓」，是其本當與一本同。×

420 欲相與從生死　明監本、毛本「生」下衍「至」字，閩本剜入。×

421 故吁嗟歎之　小字本、相臺本同，閩本、明監本、毛本亦同。案，「吁」當作「于」，騶虞、氓兩箋皆作「于」，是其證也。

422 乖闊疏遠　明監本、毛本「闊」下衍「與」字，閩本剜入。×

○凱風

423 而成其志爾　唐石經、小字本、相臺本同。案，正義云「俗本作『以成其志』，『以』字誤也。定本『而成其志』」，考文古本作「以」，采正義。

424 此與孝子之美　閩本、明監本、毛本「與」誤「舉」。×

425 不得安母之心　閩本、明監本、毛本「得」誤「能」。×

426 棘難長養者　段玉裁云：「『棘』下當有『心』字。棘心，棘之初生者，故難長養。下章云『棘薪則其成就者矣』，語勢正相對也。」❺

427 有叡智之善德　閩本、明監本、毛本同。

案，注作「知」，正義作「智」，「知」「智」古今字，易而説之也，例見前。釋文「知，本亦作『智』」，非正義本，餘同此。

○雄雉

428 **而作是詩** 小字本、相臺本同，唐石經初刻無此四字，後改有。案，有者是也，正義標起止云「至是詩」可證。○按，據標起止爲證，乃是正義所據本耳。他本之有不同者，不必皆正義取據也，全書以此例之。

429 **齊莊公通於崔杼之妻** 閩本、明監本、毛本「齊」誤「蘇」。 ×

430 **夫人爲夷姜** 閩本、明監本、毛本「爲」誤「謂」。 ×

431 **我之懷矣自詒伊慼** 閩本、明監本、毛本同。案，「伊」當作「繄」。正義引此傳之「繄」及小明之「伊」，以明鄭所以易「伊」爲「繄」也，作「伊」則與下小明無別，不知者所改耳。

432 **箋云日月之行** 閩本、明監本、毛本同，小字本、相臺本「日」上有「視」字。案，有者是也。正義云「言我視彼日月之行」，即本箋爲説也。考文古本有「我視」二字，采正義而有誤。

433 **事君或有所留** 閩本、明監本、毛本同，小字本、相臺本「事」作「而」。案，「而」字是也。

* **忮之跂反** 補：釋文「跂」作「跋」，通志堂本、盧本「跋」作「跂」。案，「跂」字是也，小字本所附是「跂」字。○釋文挍勘記：案，釋文凡「跂」字皆云「之豉反」，作「跂」亦是譌字。雖寘韻有「跂」字，去智切，而不爲「忮」之反語。

○匏有苦葉

434 **由膝以上爲涉** 小字本、相臺本同。案，正義標起止同，云「今定本如此」，是舊本不如此，今無可考。釋文「以上，時掌反，下皆同」，謂「由帶以上」、「由輈以上」也，其與定本同異亦無可考。

435 **以衣涉水爲厲謂由帶以上也** 小字本、

相臺本同。案，正義標起止同，云「今定本如此」，是舊本不如此，今無可考。段玉裁云：「定本出於小顏，恐屬肊改，當作『以衣涉水爲厲由帶以上爲厲』，爾雅不爲一訓，毛並存之。」

436 揭褰衣也　小字本、相臺本同。案，正義標起止同，云「今定本如此」；釋文云「揭揭衣，一本作『揭褰衣』」，定本與釋文一本同。考「揭揭衣」毛用爾雅文，當以釋文本爲長。 ×

437 故詩曰幡幡瓠葉　閩本、明監本、毛本「瓠」誤「匏」。 ×

* 賓者出請　補：毛本「賓者」作「擯者」。案，「擯」字是也。

438 行禮乃可度世難無禮將無以自濟　閩本缺「難無」二字，明監本、毛本誤「不行」。案，此讀當於「難」字斷句，「無」字下屬，明監本、毛本以意補，非也。

439 傳曰賢女妃聖人　閩本、明監本、毛本同。案，浦鏜云「箋」誤「傳」，是也。此自正義誤以箋爲傳耳，非字誤也。

440 濟盈不濡軓　小字本同，相臺本「軓」作「軌」，閩本、明監本、毛本同；唐石經作「軌」。案，釋文云：「軌，舊龜美反，謂車轊頭也，依傳意宜音犯。案，說文云『軌，車轍也，從車，九聲，龜美反』，『軓，車軾前也，從車，凡聲，音犯』，車轊頭所謂軹也，相亂故具論之。」是釋文本字作「軌」，但以爲宜作音犯字。正義云：「說文云『軌，車轍也』，『軓，車軾前也』，然則軾前謂之軓也，非軌也。但軌聲九，軓聲凡，於文易爲誤，寫者亂之也。」是正義本字亦作「軌」，但以爲寫者亂之，故不從「軌」，而從「軓」以爲說。由此考之，唐石經以前爲經字未有直作「軓」者也。戴震毛鄭詩考正依韻定從「軌」字，段玉裁同，詳見下。相臺本依釋文，小字本及此十行本皆然。其作「軓」者，即「軌」字，非「軓」字，乃當時俗體也。釋文「軹」字舊誤，今訂正，詳後考證。

441 由輈以上爲軓　小字本同，相臺本作「軌」，見上，餘同。案，段玉裁云：「古者輿之下兩輪之閒方空處謂之軓。高誘注呂氏春秋云『兩輪閒曰軌」，此以廣狹言之，凡言『度涂以軌』謂此。毛傳曰『由輈以下爲軌』，此以高下言之，凡言『濡軌』、『滅軌』謂此。穀梁傳曰『車軌塵』，謂以軌之高廣節塵之高廣。中庸『車同軌』，亦謂車制高廣不差。軌亦云『轍』。轍者，通也，其中通也，近人專以在地之迹謂之『軌轍』，古經不可解矣。不云『由輿以下』者，水深至於輿下軸上之輈，則必入輿矣，故以輿下之輈爲高下之節，喻禮義之不可過也。自『下』譌爲『上』，乃議改『軌』爲『軓』。釋文『舊龜美反』，則唐以前本不誤也。」今考釋文本已誤作「上」，讀時掌反，見前「由膝」句「以上」字音中。

442 **必濡其軌今言不濡軌**　閩本、明監本、毛本二「軌」字作「軌」。案，此二字皆當作「軓」，正義從「軓」字以爲説，故自爲文直改云「軓」也。

443 **今雌雉鳴也**　閩本、明監本、毛本同。案，浦鏜云「鳴」當「鳥」誤，是也。

444 **乃媚悦爲子之公**　閩本、明監本、毛本「公」誤「容」。

445 **以假人以辭**　閩本、明監本、毛本上「以」字作「似」。案，「似」是也。

446 **軌車軾前也**　閩本、明監本、毛本「軌」作「軓」。案，所改是也，以下「軓」字同者不更出。

447 **祭左右軌范乃飲**　閩本、明監本、毛本「軌」作「軓」。案，所改非也。下「軌與軹」，又「少儀注云軌與軹」，又「軌當大馭之軹」，及此，凡四字皆當作「軌」。閩本以下一例改爲「軓」，失之。又下「其實少儀軌字」一處，閩本、明監本作「軌」是，毛本作「軓」，非。

448 **書或爲軌元謂軌是軌法也**　閩本、明監本、毛本三字皆作「軌」。案，此當作「書或爲軋元謂軓是軋法也」，各本皆誤。今周禮注下「軋」字亦作「軓」，依段玉裁漢讀考訂。

449 **謂與下三面之材**　閩本、明監本、毛本同。案，浦鏜云「輿」誤「與」，以周禮注考之，是也。

450 考功記注　閩本、明監本、毛本同。案，浦鏜云「工」誤「功」，是也。

451 鴈者隨陽而處　小字本、相臺本同。案，此定本也。正義云「定本云『鴈隨陽』，無『陰』字」，是正義本有「陰」字，作「鴈者陰隨陽而處」。考箋下云「似婦人之從夫」，正義云「此皆陰陽並言」，謂下句並言婦人與夫，上句宜並言陰隨陽也，當以正義本爲長。

452 注云謂羔鴈也　閩本、明監本、毛本「謂」誤「納」。 ×

453 故爲爲日出　閩本同，明監本、毛本「故」誤「大」，「爲」誤「昕」。案，此當作「故爲日始出」。

454 日未出已名爲昕生　閩本、明監本、毛本同。案，「生」當作「矣」，形近之譌。

455 此皆陰陽並言　閩本、明監本、毛本「並」誤「并」。 ×

456 定本木鴈隨陽　閩本、明監本、毛本同。案，「木」當作「云」，形近之譌。

457 日用昕者　閩本、明監本、毛本「日」誤「耳」。 ×

○谷風

458 蔓菁與葍之類也　小字本、相臺本同。案，釋文云「葍，音福，本又作『蕾』，音富」，正義云「蔓菁與葍之類者」，是亦作「葍」也。考文古本作「蕾」，采釋文「又作」本。 ×

459 陳楚謂之蘴　閩本、明監本、毛本「蘴」誤「葑」。 ×

460 關西謂之蕪菁　閩本、明監本、毛本同。 ×

案，此不誤。「西」上，浦鏜云脱「之東」二字，非也，正義所引方言皆不備。

461 趙魏之部　閩本、明監本、毛本同。案，浦鏜云「郊」誤「部」，考方言是也。

462 生下溼地　毛本「溼」誤「涇」，閩本、明監本不誤。案，此正義順彼文故作「溼」，他正義則用「濕」，改爲「溼」者誤。×

463 陸機云菲似葍　閩本、明監本、毛本「葍」誤「葍」。×

464 箋云徘徊也　閩本、明監本、毛本同，小字本、相臺本「云」下有「違」字，考文古本「違」字亦同。案，有者是也。

465 言君子與己訣別　小字本同，閩本、明監本、毛本亦同，相臺本「訣」作「決」。案，釋文云「訣，本或作『決』」，相臺本依改，以爲「決」正「訣」俗也。考「訣」字說文在新附，而文選注引通俗文已有之，可不煩改，相臺本非也。

466 送我裁於門内　小字本、相臺本同。案，釋文云「裁於門内，一本作『裁至於門』，又一本作『裁至於門内』」。正義本今無可考。山井鼎云「古本一本『於』上補『卒』字，不知據何本者」，即采釋文。

467 宴爾新昏　唐石經、小字本、相臺本同。案，釋文云「宴爾，本又作『燕』」。考文一本作「燕」，下同，采釋文「又作」本。

468 湜湜其沚　唐石經、小字本、相臺本同。案，釋文云「其沚，音止」，正義本未有明文。說文水部「湜」下引詩曰「湜湜其止」，段玉裁云「毛作『止』，鄭作『沚』」。今考鄭箋但義從「沚」耳，其經字不作「沚」也。釋文、唐石經及各本皆誤，見下。

469 小渚曰沚　小字本、相臺本同。案，此鄭以經「止」字爲「沚」字之假借，不云「讀爲」而於訓釋中直改其字以顯之也，例見關雎「怨耦曰仇」下。此實漢代注經之常例，而後來往往有依注改經者，此經釋文本已誤矣。經義雜記云「以止爲沚，起於北宋」，又云「此因經誤作『沚』，又於箋首增『小渚曰沚』四字，於釋文加『其沚音止』四字」，其説皆非也。關雎正義引此箋「小渚曰沚」，安得以爲增乎？因不得箋改字之例而誤也，今訂正。

470 **故見渭濁** 小字本、相臺本同。案，釋文云「舊本如此，一本『渭』作『謂』，後人改耳」。考此箋云「故見謂濁」，下云「故謂已惡也」，二「謂」字義同。正義云「涇水言以有渭，故人見謂已濁，猶婦人言以有新昏，故君子見謂已惡也。『見謂濁』言人見謂已涇之濁」，是正義本亦作「謂」，當以一本爲長。又云「定本『涇水以有渭故見其濁』」，此定本之誤，正義所不從。而毛居正六經正誤反以爲是，失之矣。考文古本作「其」，采正義，一本作「見其清濁」則更誤。正義「見謂」字凡四，下二「謂」字譌作「渭」，今改而正之，見下。

471 **毋發我笱** 唐石經、小字本、相臺本同。案，釋文以「無發我笱」作音。考正義引角弓箋及説文「毋」字爲説，是正義本作「毋」也。考唐石經小弁經作「無」，乃是經中用字不畫一，當以正義本爲長。○按，以儀禮古文作「無」，今文作「毋」例之，毛詩多古文，則作「無」是也，正義本作「毋」，未是。

472 **諭禁新昏也** 小字本同，閩本、明監本同。相臺本「諭」作「喻」，毛本同。案，「喻」字是也。正義云「是喻禁新昏，無乃之我家也」，上文又云「以興禁新昏，汝無之我家」，喻即興也，「諭」字形近之譌耳。考文一本采此，而改上文「喻」皆作「諭」，其餘亦二字不別，誤。

473 **由新舊並而善惡別** 閩本、明監本、毛本「並」誤「并」。

474 **言人無之我魚梁** 閩本、明監本、毛本同。案，經作「毋」，注同正義作「無」，「毋」「無」古今字，易而説之也，例見前。餘同此。○按，謂「無」「毋」古今字可也，謂「毋」「無」古今字不可。

475 **東南至京兆陵陽** 閩本、明監本、毛本同。案，浦鏜云「陽陵」字誤倒，考漢志，是也。

476 此以涇濁喻舊至　閩本、明監本同，毛本「至」誤「室」。案，「室」字是也，六經正誤引作「室」。

477 見渭濁言人見渭已涇之濁　閩本、明監本、毛本同。案，浦鏜云「謂」並誤「渭」，是也，六經正誤引作「謂」。

478 其制獻人掌以時獻爲梁　閩本、明監本、毛本「其」誤「周」。×

479 喻禁新昬無乃之我家也　閩本、明監本、毛本「乃」誤「令」。×

480 象有姧之者禁令勿姧　明監本、毛本「姧」誤「姦」，閩本不誤。案，説文「毋」下作「姧」，是也。五經文字「毋」下作「姦」，非。奸，犯也。○按，段玉裁云：「依説文，厶者姦也，姦者厶也，『毋』下云『从女有姦之者』，大禹謨正義引不誤。若奸，訓犯婬也，與姦義有別。」

481 況我於君子家之事難易乎　小字本、相臺本同，閩本同，明監本、毛本「家之」作「之家」。案，所改是也。考文古本作「家事之」，一本亦作「家之事」。

482 何所貧無乎　閩本、明監本、毛本同。案，經、傳、箋皆作「亡」，正義作「無」，「亡」「無」古今字，易而説之也，例見前。

483 注云舟謂集板如今自　閩本、明監本、毛本同。案，「自」當作「舩」，易注本如此，故正義引以説今曰舩也。王應麟輯鄭易即采此，其誤亦同。

484 慉養也　小字本、相臺本同。案，正義云「偏檢諸本，皆云『慉養』，孫毓引傳云『慉興』，非也」。釋文云「毛興也，鄭驕也，王肅養也，説文起也」，據此則「養也」是王肅本也。段玉裁云：「説文起即興，正義從養非。」

485 **賈用不售**　小字本、相臺本同，唐石經「售」字磨改。案，錢大昕唐石經考異云「葢本作『讎』」；段玉裁云「『讎』正字，『售』俗字，史記、漢書尚多用『讎』」。今考釋文「售，布救反」，是釋文本作「售」，石經磨改所從也。

486 **阻難云**　小字本同，相臺本「云」作「也」，閩本、明監本、毛本同。案，「也」字是也，已見雄雉傳，此與之同。　×

487 **昔育恐育鞫**　唐石經、小字本、相臺本同，閩本、明監本、毛本亦同。案，詩經小學云：「顧寧人曰：唐石經自采芑、節南山、蓼莪之外，並作『鞫』；今但公劉、瞻卬二詩從之，餘多俗作『鞠』。段玉裁案，采芑、節南山、蓼莪其字皆當作『鞫』。今考經中用字例不畫一，其用「踘鞠」字者假借也，仍以唐石經爲正。」又案，此經蜀石經無下「育」字，誤也。以傳、箋、正義考之，皆當有，蜀石經之不可信每類此。

488 **難易無所辟**　相臺本同，閩本、明監本、毛本亦同，小字本「辟」作「易」。案，「易」字誤也。釋文以「無辟」作音，正義標起止云「至所辟」，是此正義本也，釋文本無「所」字。　×

* **又盡道我以勞苦之事**　補：「道」字上箋文作「遺」，形近之譌也。

* **以舊至比旨蓄**　補：「至」當作「室」，此與上以「淫濁喻舊至」誤同。

○式微

* **齊以邾寄衛侯**　補：案，左傳「邾」當作「郲」。

489 **鄭以式爲發聲**　閩本、明監本、毛本「爲」誤「微」。　×

490 **言君今在此皆甚至微**　明監本、毛本「今」誤「公」，閩本不誤。　×

491 **固當不憚淹恤**　明監本、毛本「固」誤「故」，閩本不誤。　×

○旄丘

* 或作古北字　補：案，釋文挍勘：通志堂本同，盧本「北」作「𠀉」。案，六經正誤云「『丘』或作古『北』字，作『北』誤」，是也。集韻十八尤載「北」「丠」「丘」「㐀」四形可證。盧文弨所改者誤。

* 州牧之牧　補：毛本作「州牧之佐」。案，「佐」字是也。

492 宣公以魯桓二年卒　閩本、明監本、毛本同。案，「二」上浦鏜云脱「十」字，是也。

493 又曰千里之外設方伯　明監本、毛本「曰」誤「因」，閩本不誤。

494 若主五等諸侯　閩本、明監本、毛本「主」誤「王」。

495 是天子何異乎云夾輔之有也　閩本、明監本、毛本同。案，浦鏜云「乎」當「何」字誤，是也。

* 則東西大伯　補：監本、毛本「大伯」作「二伯」。案，「二」字是也。

496 如葛之蔓延相連及也　相臺本同，閩本、明監本、毛本亦同，小字本「延」作「莚」。案，釋文「蔓莚，以戰反，又音延」，小字本依釋文也。考毛葛覃、野有蔓艸、葛生傳「延」字皆不從艸，此傳當同，鄭葛覃箋及旱麓箋亦然。釋文「延」字皆無音，唯此有，是其本此「延」字誤加艸也。此正義有三「延」字，皆不從艸，是正義本作「延」，「延」字是矣。考文古本作「莚」，采釋文。又考「蔓」字亦當衍。葛覃傳云「覃延也」，葛生傳云「葛生延而蒙楚」，皆單言「延」。野有蔓草傳釋「蔓」云「延也」，是蔓即延，故不重言也。鄭箋有「延蔓」，而「蔓」在「延」下。芄蘭箋今本有「蔓莚」，依釋文，是後人輒加，然則此傳亦後人輒加也。正義二言「延蔓」乃自爲文，凡單注言「延」及單言「蔓」者，正義皆得重言「延蔓」而說之。

497 以當蔓延相及　閩本、明監本、毛本同。

案，此當作「延蔓」，誤倒之耳，下文二「延蔓」可證。

498 **二者別設其文** 明監本、毛本「二」上衍「言」字，閩本剜人。 ×

499 **形貌蒙戎然** 小字本同，相臺本「戎」作「茸」。案，釋文「蒙，如字，徐武邦反。戎，如字，徐而容反」，云「徐此音是依左傳讀作『厖茸』字」；正義引左傳依此經作「蒙戎」，是此箋正義本、釋文本皆作「蒙戎」。相臺本改「戎」爲「茸」誤也，閩本、明監本、毛本亦作「戎」。 ×

* **讀作尨若而** 補：案，「尨若而」當「厖茸字」之譌。

500 **狐裘蒙戎杜預云蒙戎亂貌** 閩本、明監本、毛本同。案，此不誤。浦鏜云傳作「厖茸」，非也。凡正義引羣籍有順經注爲文，不與本書同者，此類是矣，當各仍其舊。

* **上黨壺關縣有黎亭** 明監本、毛本「壺」作「壺」。案，「壺」字是也。

501 **始而愉樂** 小字本、相臺本同。案，此定本也。正義云「定本『偷樂』作『愉樂』」；上文云「言汝等今好而苟且爲樂」，以苟且訓偷，其正義本作「偷」也。又，上文云「以興衛之諸臣始而偷樂」，今作「愉」者誤。釋文「愉，以朱反」，與定本同。此傳「愉樂」與「微弱」對文，愉樂主言好，不取苟且爲義，正義本非是。

* **本亦作裒** 補：案，釋文挍勘：「裒」當作「褎」。六經正誤云「亦作『褎』，中从由；或作『裒』，从E，从臼，誤」。羣經音辨衣部云「褎，盛服也」，集韻四十九宥載「褏」「褎」二形，云「或从由」，皆可證。❻

○簡兮

502 **仕於伶官** 小字本同，閩本、明監本、毛本同；唐石經「伶」作「泠」，相臺本同。案，釋文云「泠官，音零，字從水，樂官也。字亦作『伶』」。正義標起止云「箋伶官至伶官」，其上下文「伶」字盡同。此箋言「泠氏世掌樂官」，正義引伶倫氏、伶州鳩以爲說。考左昭二十年

「泠州鳩」，釋文云「泠字，亦作『伶』」；漢書志「泠綸」，及人表「泠淪」，又呂覽同，皆用從水字；廣韻「泠，又姓」。此序及箋當本作「泠」，其作「伶」者，俗字耳。正義亦當本是「泠」字，或後人改之也。五經文字云「泠，樂官，或作『伶』，訛」，亦其證。

503 伶人告縣　閩本、明監本、毛本同。案，浦鏜云「和」誤「縣」，考國語，是也。

504 當萬舞也　小字本、相臺本同，閩本、明監本「萬」誤「爲」，毛本不誤。×

505 萬舞干羽也　閩本、明監本、毛本同，小字本、相臺本「羽」作「舞」，考文古本同。案，「羽」字誤也。以干羽爲萬舞是毛義。萬舞爲干舞，籥舞爲羽舞，鄭所易也。正義有明文，又標起止云「箋簡擇至干舞」亦可證，不知者乃順上傳改此箋耳。

506 故云用之宗廟山川　明監本、毛本「用」誤「周」，閩本不誤。×

507 則謂一日之中　明監本、毛本「則」下衍「樂」字，閩本剜入。×

508 則亦爲大德也　明監本、毛本「則」誤「當」，閩本不誤。×

509 可以御亂　小字本、相臺本同。案，正義云「御治也，謂有侵伐之乱，武力可以治之。定本作『御』字」。如其所言，非爲異本，當有誤也。今無可考，意必求之，或定本「御」作「禦」。

510 渥厚漬也　小字本、相臺本同。案，此正義本也，云「定本『渥厚也』，無『漬』字」。考釋文「渥」下云「厚也」，亦無「漬」字，故下不爲「漬」字作音，釋文本與定本同也。

511 祭有畀韗胞翟閽寺者　閩本、明監本、毛本「韗」誤「煇」。案，序下正義兩「韗」字可證，依此正義本傳當作「韗」字。釋文云「煇字，亦作『韗』者，是也」，其引祭統，乃順彼文作「煇」耳。

512 故於祭末乃是賜也　閩本、明監本、毛

本「是」誤「見」。×

513 其子小似柿子　閩本、明監本、毛本同。案，浦鏜云「椽」誤「柹」，是也。○按，一本作「似杼子」，「杼」即狙公賦「芧」字之或體，非機杼也。「杼」誤而爲「柹」耳。「芧」即「椽」也。

○泉水

514 思之至也　小字本、相臺本同。案，正義云「雖非禮而思之至極也，君子善其思，故錄之也。定本作『思』字」。如其所言，非爲異本，當有誤也。釋文云「一本『思』作『恩』」，或定本如此，但未有明文。明監本、毛本作「定本作『恩』字」，用釋文改耳，閩本不改。

* 以之衛女思歸　補：毛本「之」作「此」。

515 無日不思也　小字本、相臺本同，閩本、明監本、毛本「無」上衍「我」字，十行本初刻無，後剜添。考正義云「故我有所至念，於衛無一日而不思念之也」，是箋本無「我」字，剜添者非也。

516 故我有所至念於衛　明監本、毛本「故」誤「然」，閩本不誤。

517 言我思欲出宿於泲　閩本、明監本、毛本「泲」誤「姊」。×

518 舍軷即釋軷也　閩本、明監本、毛本「釋軷」誤倒。×

519 止陳車騎　閩本、明監本、毛本「止」誤「上」。×

520 然則軷山行道之名也　閩本、明監本、毛本同。案，浦鏜云「道」衍字，以聘禮注考之，是也。

521 士喪禮有毀宗躐行　閩本、明監本、毛本同。案，浦鏜云「士」衍字，以聘禮記注考之，是也。

522 故爲由遠親親　閩本、明監本、毛本「由」

誤「申」。

523 干言所適國郊也　小字本、相臺本同。案，上章正義云「下傳或兼云『干言所適國郊』者，一郊不得兩地，宿餞不得同處，『言』衍字耳。定本、集注皆云『干所適國郊』」，是定本、集注、正義本皆無「言」字，不當依「或本」也。

524 我還車疾於衛而返　小字本同；相臺本「疾」下有「至」字，閩本、明監本、毛本同；十行本初刻無，後剜添。案，無者是也。此箋「而返」二字即申傳「至」字之意，若「疾」下有「至」字，則「而返」二字無所施矣，相臺本非也。

525 出宿至有害　閩本、明監本、毛本誤作「出宿于干至瑕有害」。

○北門

526 刺仕不得志也　唐石經、小字本、相臺本同。案，正義云「不知士有才能」，又云「言士者，有德行之稱，其仕爲官，尊卑不明也」，是正義本「仕」當作「士」字。

* 出自至何出哉　補：案，經文「出哉」「出」字衍。

527 摧沮也　小字本、相臺本同。案，正義云「則乖沮己志，定本、集注皆云『摧沮也』」，標起止云「傳摧沮」。如其所言，非爲異本，當有誤也。今無可考，意必求之，或定本、集注作「摧阻也」。

528 則乖沮己志　毛本「乖」誤「乘」，閩本、明監本不誤。

529 故以爲摧爲刺譏己也　閩本、明監本、毛本同。案，浦鏜云「爲摧」當「摧我」誤，是也。

○北風

530 莫不相攜持而去焉　唐石經、小字本、相臺本同。案，正義云「莫不相攜持而去之」，正義自爲文也，標起止云「至去焉」可證。考文古本有「之」字，采正義而誤。

531 **虛虛也**　小字本、相臺本同。案，此釋文本也。釋文云「虛，虛也，一本作『虛徐也』」。正義云「但傳質，詁訓疊經文耳，非訓虛爲徐」，是正義本當是「虛徐也」，與釋文一本同。標起止云「傳虛虛」，或合併經注正義時所改也。段玉裁云：「經文作『邪』，鄭始易爲『徐』。毛意虛邪，如管子之『志無虛邪』耳。『虛虛也』者，謂此『丘虛』字即『空虛』字也。正義本非。」○按，古之訓詁有此一例，如易大傳「比者，比也」、「剝者，剝也」、「蒙者，蒙也」，說文亦云「巳者巳也」，經傳不可枚數。或疑毛傳內無此，因舉「要之襋之」，傳曰「要䙅也」。毛公時安得有「䙅」字，「䙅」本作「要」，謂此「要」非人「要領」之「要」，乃衣裳之「要」也，正與此「虛虛也」一例。古者「虛」本訓「丘虛」，因之訓「空虛」，嫌其義之不可定也，故釋之曰此丘虛字，其義則空虛也，如易「蒙者，蒙也」謂此「蒙」艸名之字，其義則訓蒙覆也。　×

532 **而雪害物**　明監本、毛本「而」誤「雨」，閩本不誤。　×

533 **承惠好之下**　閩本、明監本、毛本「承」誤「亟」。　×

534 **霏甚貌**　毛本「霏」誤「靡」，明監本以上皆不誤。　×

○靜女

535 **言志往而行正**　小字本同，閩本、明監本、毛本亦同；相臺本「正」作「止」，考文古本同。案，「正」字是也。終風箋云「正猶止也」，言正足包止義，不必與「往」字對文，相臺本非也。

536 **然後可保畜也**　閩本、明監本、毛本「可」下衍「以」字。　×

537 **使妃妾德美也**　明監本、毛本「德」誤「得」，閩本不誤。　×

538 **定本集注云女吏皆作女史**　閩本、明監本、毛本同。案，此「云」字當衍。

539 **其信美而異者**　小字本、相臺本同。案，正義説箋云「信美而異於衆草」，又云「定本、集注云『信美而異者』」，是正義本不與定本、集注同也。但未有明文，今無可考。考文一本「美」作「善」，未見所出。

540 **非爲荑徒説美色而已**　小字本、相臺本「荑」作「其」，閩本、明監本、毛本亦同。案，其者，其經女字也。唯十行本作「荑」，是誤字。

○新臺

* **之高曰臺**　補：毛本「之」作「上」，非也，當是「土」字之譌。

541 **故不能俯也**　小字本、相臺本同，考文古本同，閩本、明監本、毛本「俯」下衍「者」字。　×

○二子乘舟

542 **汎汎然迅疾而不礙也**　小字本、相臺本同。案，正義云「汎汎然迅疾而不礙」，釋文云「駛疾，所吏反，本或無『駛』字。一本作『迅疾』」，正義本與一本同。

543 **見其影之去往而不礙**　閩本、明監本、毛本同。案，經作「景」，正義作「影」，「景」「影」古今字，易而説之也，例見前。餘同此。

544 **云壽盜其白旄而先**　閩本、明監本、毛本「旄」作「旌」。　×

545 **不瑕有害**　小字本、相臺本同，唐石經初刻「遐」，後改「瑕」。案，初刻非也。此經「瑕」字，毛「遠也」，以「瑕」爲「遐」之假借，鄭則如字讀之，故易爲過也。泉水經同，其釋文可證也。汝墳、天保、南山有臺等經用「遐」字者即不畫一之例。

○柏舟

546 **故作是詩以絶之**　小字本、相臺本同；唐石經初刻「之」下有「也」字，後磨去；考文古本有。案，古本非據唐石經，但其本每多「也」字而偶合。

547 **即下云至死矢靡他是也**　閩本、明監本、毛本同。案，經傳作「它」，正義作「他」，「它」「他」古今字，易而說之也，例見前，此不誤。浦鏜云「之」誤「至」，非也。傳「之至也，至己之死信無它心」，正義取此。

548 **端韠紳搢笏**　閩本、明監本、毛本「韠」誤「鞸」。×

549 **蓋亦衣不端矣**　閩本、明監本、毛本同。案，浦鏜云「不」當「元」誤，是也。

550 **纓而結其條**　閩本、明監本、毛本「纓」誤「緌」。×

551 **之死矢靡慝**　小字本、相臺本同。案，盧文弨云：唐石經初刻「慝」作「匿」，誤，後改從今本。考傳「慝邪也」，釋文「慝，他得反」，皆可證也。

○牆有茨

552 **此注刺君**　閩本、明監本、毛本「注」作「註」。案，皆誤也。浦鏜云「註」當「主」字誤，是也。

553 **茨蒺藜也**　小字本同，閩本、明監本、毛本同，相臺本「藜」作「蔾」。案，「蔾」字是也，釋文「蔾，音梨」，正義「今上有蒺蔾之草」，皆可證。

554 **今上有蒺蔾之草**　閩本、明監本、毛本「蔾」誤「藜」，餘同此。×

555 **君本何以不防閑其母**　閩本、明監本、毛本「本」誤「奈」。

556 **内冓箋内冓**　閩本、明監本、毛本「箋」上衍「○」。×

○君子偕老

557 **今夫人有淫佚之行**　閩本、明監本、毛本「佚」誤「泆」，下同。×

558 **行可委曲蹤迹也**　小字本、相臺本同，考文古本同，閩本、明監本、毛本「蹤」誤「縱」。案，此傳當作「從」，與羔羊傳字同。釋文「委委」下云「行可委曲蹤迹也」，乃易爲今字耳，非釋文本此傳作「蹤」也。羔羊傳釋文云「從字，亦作『蹤』」可證。

559 何謂不善乎　閩本、明監本、毛本同，小字本、相臺本「何」作「可」。案，「可」字是也。正義云「可謂不善云如之何乎」，又云「可謂不善言其善也」，是其證。

560 次第髮長短　明監本、毛本「短」下有「爲之」二字，閩本剜入。案，此誤補也。正義不備引耳，雞鳴正義引有。 ×

561 唯祭服有衡笄　閩本、明監本、毛本同。案，此不誤。浦鏜云衍「笄」字，非也。陳啟源毛詩稽古編云：「衡笄本周禮天官追師文，傳引其成語耳，非合衡笄爲一物也。衡垂於當耳，笄横於頭上，彼注云『王后之衡笄皆以玉爲之，唯祭服有衡垂於副之兩旁，當耳其下以紞懸瑱』，『笄卷髮者』，是衡笄本二物也。孔疏引之乃云『唯祭服有衡笄垂於副之兩旁』云云，於『衡』下增一『笄』字，而不引『笄卷髮者』，是以釋衡者釋笄矣。」今考陳此說是也。陳又云：「案，大雅『追琢其章』疏引追師注，『衡』下無『笄』字，安知此疏非傳寫之誤？」其說非也。此「笄」字是正義增之，故不備引「笄卷髮者」，所以傅合傳文也，下云「編次則無衡笄」亦可證，不得以大雅正義例之。

562 以玉珈於笄爲飾　閩本、明監本、毛本同。案，「珈」當作「加」，下云「珈之以言加者」是也。

563 李巡曰寬容之美也　閩本、明監本、毛本同。案，浦鏜云「皆」誤「寬」，是也。爾雅疏即取此正作「皆」。

564 傳意陳善以駮宣姜　閩本、明監本、毛本「駮」作「駁」，下同。 ×

565 玼兮玼兮　唐石經、小字本、相臺本同。案，釋文云「玼，音此」，引沈云「毛及吕忱並作『玼』解。王肅云：『顔色衣服鮮明貌。』本或作『瑳』，此是後文『瑳兮』，王肅注：『好美衣服潔白之貌。』若與此同，不容重出」，「今檢王肅本後不釋，不如沈所言也。然舊本皆前作『玼』，後作『瑳』字」。段玉裁云：「玼，一作『瑳』，後人乃分別二章、三章。今考陸氏之意，不以沈爲然，但舊本皆爾，故不定爲一字。正義本標起止『玼兮至如帝』，後章『瑳兮至媛也』，與釋文本同。周禮内司服釋文云：『玼，音此，劉倉我反。本亦作瑳，與下瑳字同，倉我反。』此『玼』『瑳』一字之證。」

566 **其之翟也** 唐石經、小字本、相臺本同。案，釋文云「揄，字又作『褕』。狄，本亦作『翟』」，「狄」在「揄」下，明是傳字非經字也。經字無作「狄」者，考文古本經傳皆作「狄」，采釋文而有誤。

567 **揚且之晳也** 小字本同，閩本同，明監本、毛本「晳」誤「晳」，唐石經、相臺本作「晳」。案，「晳」字是也。五經文字云「『晳』相承多從日，非」，説文「晳，人色白也，从白，析聲」，皆在白部可證。釋文當亦本作「晳」，今誤，詳後考證。

568 **非由衣服之盛** 明監本、毛本「由」誤「有」，閩本不誤。

569 **言己髮少** 閩本、明監本、毛本「己」誤「人」。

570 **因以爲飾名之揥** 明監本、毛本「之」下有「曰」字，閩本剜入。案，所補是也。

571 **取其填實也** 閩本、明監本、毛本「填」誤「瑱」。案，「填」字是也。依此，上二「瑱實」及「言瑱」、「爲瑱」凡四字皆「填」之誤。❼

572 **其以類根配** 閩本、明監本、毛本「根」作「相」。案，所改是也。

573 **黑帝其名汁光紀** 閩本、明監本、毛本「汁」誤「汴」。

574 **展衣夏則裏衣縐絺** 小字本、相臺本同。案，正義云「定本云『展衣夏則裏衣縐絺』，俗本多云『冬衣展衣』，葢誤也」；釋文云「冬衣，於既反，著也，下『裏衣』同」，與俗本同。考文一本有「冬則衣」三字，采正義、釋文而有誤。×

575 此以禮見於君　小字本、相臺本同。案，釋文云「於君子，一本無『子』字」；正義云「又解展衣所用，云此以禮見於君及賓客之盛服」，是正義本無「子」字也。考鄭内司服注云「展衣，以禮見王及賓客之服」。此諸侯夫人，故變文言君，與葛覃傳「進見於君子，對朝事舅姑」者不同。或因經首「君子」字而誤衍，當以一本爲長。考文古本有「子」字，采釋文。

576 禮記作襢衣　小字本、相臺本同。案，此正義本也。正義云「是禮記作『襢衣』也。定本云『禮記作襢』，無『衣』字」，當以定本爲長。×

577 揚廣揚而顏角豐滿　小字本、相臺本同。案，段玉裁云：「傳當本作『揚且之顏者，廣揚而顏角豐滿』。自引經附傳，而傳之複舉經文者，往往刪去，故此傳割裂而不可通。」今考正義標起止云「傳清視至廣揚」，是其本已如此，讀以「揚」字逗，「廣揚」句絶也。卷首鄭氏箋下正義云「未審此詩引經附傳是誰爲之」，可知毛爲詁訓與經別行者，正義所不見也。

578 以爲媛助也　小字本同，閩本、明監本、毛本同，相臺本「媛」作「援」，考文古本同。案，「援」字是也，正義引爾雅孫炎注云「君子之援助然」是其證也。以援解媛，所謂詁訓之法，亦見說文「媛」字下。

579 是當暑紲去袢延烝熱之服也　閩本、明監本同，毛本「烝」作「蒸」。案，「烝」即「蒸」字耳。餘同此。×

580 言是當暑袢延之服者　閩本、明監本、毛本「者」誤「諸」。×

581 褖者實褖衣也　閩本、明監本、毛本同。案，「褖者」當作「緣者」，見緣衣序下正義；今周禮注作「褖」，亦誤字。×

582 中喪禮爵弁服皮弁服之下　閩本、明監本、毛本同。案，浦鏜云「士」誤「中」，是也。

583 因名眉目曰揚　閩本、明監本、毛本同。案，浦鏜云「目」疑衍字，是也。

584 既名眉爲揚目爲清明　閩本、明監本、毛本同。案，浦鏜云「明」疑衍字，是也。

585 此及猗嗟傳云揚廣　閩本、明監本、毛本同。案，「廣」下浦鏜云脱「揚」字，是也。

586 因顔色依爲美女　閩本、明監本、毛本同。案，「依」當作「已」。此説箋意，謂即使不言媛而顔色已爲美女，故「媛」當爲援助也。

○桑中

587 政散民流而不可止　唐石經、小字本、相臺本同。案，正義云「定本云『而不可止』，『止』下有『然』字」，標起止云「至不可止」，是正義本無「然」字。考文古本有，采正義。×

588 刺男女淫怨而相奔也　閩本、明監本、毛本同。案，浦鏜云「亂」誤「怨」，是也。

589 期我於桑中　閩本、明監本、毛本同。案，十行本「期我於」剜添者一字，是「我」字衍也。此但説期，不取「我」字。

590 以其言由公惑淫亂　閩本、明監本、毛本同。案，浦鏜云「室」誤「惑」，是也。

591 有是惡行　小字本、相臺本同。案，釋文「行也，下孟反，箋同」，是其本此傳有「也」字，與此不同。考文古本有，采釋文。×

592 孟姜列國之長女　小字本、相臺本同。案，釋文云「列國之女，一本作『列國之長女』」；正義云「言孟故知長女」，與一本同。×

593 故陳其辭以刺之　閩本、明監本、毛本「辭」誤「詞」。×

594 釋草又云蒙王女　閩本、明監本、毛本「又」誤「文」，「王」誤「玉」，下「二王女」同。案，今爾雅作「玉」者亦誤。

595 下孟□□孟弋孟庸　閩本、明監本、毛本作「下孟弋孟庸」。案，此十行闕二字，閩本以下輒改者，非。

○鶉之奔奔

596 言其居有常匹　小字本同，閩本、明監本、毛本同，相臺本脱「其」字。案，正義云「定本、集注皆云『居有常匹』，則爲『俱』者誤也」，此與定本、集注同。

597 刺宣姜與頑非匹偶　小字本、相臺本同，閩本、明監本、毛本「偶」作「耦」。案，所改是也。正義標起止云「至匹耦」，凡箋「匹耦」字皆從耒，正義亦然，「偶」字誤。餘同此。

○定之方中

598 衛爲狄所滅　唐石經、小字本、相臺本同。案，釋文云「衛爲狄所滅，本或作『狄人』，一本作『衛懿公爲狄所滅』，非也」。正義云「是爲狄所滅之事」，又云「故爲狄所滅，懿公時也」，皆指序而言，是正義本與釋文同。其自爲文則多言「狄人」，非其本有「人」字也。考序於此及載馳、木瓜凡三言「狄人」，文例宜同，當以有者爲長。考文古本作「衛懿公爲狄人所滅」，采釋文而合兩本爲一。

599 國家殷富焉　小字本、相臺本同。案，盧文弨云「唐石經初刻作『矣』，後改『焉』」。考正義標起止云「至富焉」，初刻非也。

600 戰于熒澤而敗　小字本、相臺本同，閩本同，明監本、毛本「熒」作「滎」。案，釋文「熒，迴丁反」，考周禮、左傳與此同字，皆作「熒」；唯尚書釋文作「滎」，「滎」字誤也。此正義當本亦是「熒」字，今作「滎」者，或合併以後改之耳。餘同此。

601 而首章作于楚宮　閩本、明監本、毛本「而」誤「即」。

* 建成市　補：案，「成」當作「城」。

* 故直云城衛　補：案，「城」當作「滅」，即序「衛爲狄所滅也」，形近之譌。

602 杜預曰君死國散　閩本、明監本、毛本「散」誤「敗」。

603 其在縣東　閩本、明監本、毛本同。案，浦鏜云「在其」誤倒，是也。

604 宋桓公逆諸河霄濟　閩本、明監本、毛本同。案，浦鏜云「宵」誤「霄」，是也。考沿革例載杜昭二十年注「霄從公故」，字與此同，皆形近之譌。

605 作于楚宮　唐石經、小字本、相臺本同。案，正義云「作爲楚丘之宮也」，下句同。考此乃正義説經之義耳，非其本經字作「爲」也，序下正義云「而首章『作于楚宮』、『作于楚室』」可證。詩經小學云：「案，喪大記注云『爲或作于，聲之誤也』。李善文選注引『作爲楚宮』、『作爲楚室』，所謂以破引之。」考文古本作「爲」，采正義。

606 其體與東壁連　相臺本同，小字本「壁」作「辟」，閩本、明監本、毛本「壁」誤「璧」。案，「辟」字是也。釋文「辟，音壁」。正義云「由其體與東壁相成」，「辟」「壁」古今字，易而説之也，例如此耳，非正義本作「壁」也。考「壁」字古作「辟」，左傳「辟司徒」是其證。爾雅釋文云「辟，本又作『壁』，此星有人居之角象宜爲壁」，其説非也。考文古本作「壁」，采正義而誤。閩本以下正義中「壁」皆誤「璧」。○按，周禮注「辟宿」字亦作「辟」，古多用「辟」。

607 椅梓屬　小字本、相臺本同。案，正義云「故以椅桐爲梓屬」，又云「定本『椅梓屬』無『桐』字，於理是也」；標起止云「傳椅梓屬」，當是脱「桐」字也。考文古本有，采正義。

608 言豫備也　小字本、相臺本同，考文古本同，閩本、明監本、毛本「豫」誤「預」。案，「預」字在説文新附，徐氏曰「經典通用『豫』，從頁未詳」，是也。

609 閩本以下正義中「豫」亦誤「預」。×

610 而作楚丘之居室　閩本、明監本、毛本同。案，「作」下脱「爲」字，上文可證。

疑在今東郡界今　閩本、明監本、毛本下「今」字作「中」。案，所改是也。

* 北言定星　補：案，「北」當作「此」，形近之譌。

611 蝃蝀之口鄭則口開方　閩本、明監本、毛本同。案，「鄭」當作「歎」，因別體俗字「鄭」作「郑」，「歎」作「欸」而譌。左襄卅年正義引作「蝃蝀之歎」，脱「口」字非也。孫炎「蝃蝀之口」四字複舉經文也，下云「人歎則口開，方營室東辟四方，似人之開口，故名爲蝃蝀之口」。

612 水昏正而裁　閩本、明監本、毛本同。案，「裁」當作「栽」，形近之譌。

613 乃爲位而平地　閩本、明監本、毛本「地」誤「也」。×

614 終然允臧　唐石經、小字本、相臺本同，考文古本同，閩本同，明監本、毛本「然」誤「焉」。案，正義云「終然信善」，又云「何害終然，允臧也」，皆可證。明監本、毛本、正義中下「然」字亦誤「焉」。×

615 可謂有德音　小字本、相臺本同。案，此定本、集注也。正義云：「君子出能此上九者，故可爲九德，乃可以列爲大夫。定本、集注皆云『可謂有德音』，與俗本不同。」依此則正義本不如此也。但未有明文，今無可考，意必求之，或當是「可爲九德」。

616 可以爲大夫　小字本、相臺本同。案，釋文云「爲卿大夫，一本無『卿』字」；正義云「獨言可以爲大夫者，以大夫事人者」，是正義本無「卿」字。考文一本有「卿」字，采釋文。×

617 先升彼漕邑之墟矣　閩本、明監本、毛本同。案，經注皆作「虚」，正義作「墟」，「虚」

「墟」古今字，易而說之也，例見前。標起止云「傳虛漕」可證。釋文「虛，本或作『墟』」，非正義本。

618 **又出於陶丘北**　閩本、明監本、毛本「又」作「東」。案，所改是也。曹譜正義引作「東」。

619 **時文思索**　閩本、明監本、毛本「索」誤「素」。 ×

620 **可謂有德旨**　閩本、明監本、毛本「旨」作「音」。案，所改是也。

621 **馬七尺以上曰騋**　小字本、相臺本同，閩本、明監本、毛本亦同。案，釋文「以上，時掌反」；沿革例云「諸本皆是『馬七尺曰騋』，唯余仁仲本有『以上』二字，以釋文考之，舊有」，是也。考正義云「『七尺曰騋』，庾人文也，定本云『六尺』，恐誤也」，此隱栝傳及周禮耳，諸本乃誤從之删。

622 **而馬數過禮制**　小字本、相臺本同。案，釋文云「過禮，一本作『過禮制』」；正義云「謂有此邶鄘之富，而馬數過禮制」，與一本同。 ×

623 **以諸侯之牝**　閩本、明監本、毛本「牝」作「制」。案，所改非也。「牝」當作「禮」，因「禮」作「礼」，形近而譌。 ×

624 **皆校人文也**　閩本同，明監本、毛本「校」作「挍」。案，此明監本避當時諱字耳，毛本仍之，非也。餘同此。 ×

625 **今就校人職相覺甚矣**　閩本、明監本、毛本「今」誤「令」。案，「矣」當作「異」，見周禮校人疏。山井鼎云「『覺』恐『較』誤」，非也。盧文弨云「『覺』即『較』字」，是也，詳見其鍾山札記。

626 **故其數皆倍而誤**　閩本、明監本、毛本「皆」誤「小」。 × ×

○蝃蝀

627 故君子見而懼諱　明監本、毛本「見」上衍「之」字，閩本剜入。

○相鼠

628 而刺在位承先君之化　小字本、相臺本同，唐石經「承」上有「不」字。案，唐石經誤也。正義云「故刺其在位有承先君之化，無禮儀」，又云「以其承先君之化，弊風未革」。不當有「不」字。

629 雖處高顯之處　小字本、相臺本同。案，正義云「猶鼠處高顯之居」，又云「故箋言雖處高顯之居」，當是正義自爲文也。釋文：「高顯之處，昌慮反。」

630 孝經曰容止可觀　閩本、明監本、毛本「此」下有注，小字本、相臺本無，考文古本同。案，山井鼎云「此亦釋文混入於注者也」。考十行本下脱圓圍，山井鼎所云宋版上下相連者即此，故閩本以下致誤也。

* 韓詩止節　補：毛本作「則雖居尊」。

○干旄

631 鄉大夫賔之　毛本「鄉」誤「卿」，閩本、明監本不誤。又「下六鄉六遂大夫也」同。

632 有虞氏以爲綏　閩本、明監本、毛本同。案，「綏」當作「緌」。又，「綏以旄牛尾爲之」同，下文皆不誤可證。

633 天子以下建旃之者　閩本同，明監本、毛本「之」誤「旄」。案，此「之」字當在「建」字上，誤錯於此，下文「獨以爲卿之建旃」者可證。

634 知首皆注旄者　明監本、毛本「注」誤「註」，閩本不誤。案，因悉改「注」爲「註」，遂并此而誤也。

635 去其旒異於此　閩本、明監本、毛本「此」作「生」。案，所改是也。

636 服氏云六人維王之大常　閩本、明監本、毛本同。案，「服」上浦鏜云脱「節」字，是也。

637 則此名亦有大夫　閩本、明監本、毛本同。案，「名」當作「各」，形近之譌。

638 亦爲五見之也　小字本同，相臺本「爲」作「謂」，閩本、明監本、毛本同。案，「謂」字是也，考文一本「爲」「謂」複出者誤。

639 周道委遲　閩本、明監本、毛本「委」作「倭」。案，「倭」字非也。「倭」，本又作「委」，見釋文，異義所引正如此。×

640 互之聞也　閩本、明監本、毛本同。案，浦鏜云「元」誤「互」，是也。

○載馳

641 又義不得　唐石經、小字本、相臺本同。案，正義云「定本、集注皆云『又義不得』，則爲『有』字者非也」，上文云「有義不得歸」，正義本當是「有」字也。下文云「『又義不得』二章以下者」，既從定本、集注即改而説之也。

642 宗國敗滅　閩本、明監本、毛本「國」誤「廟」。×

643 左傳服虔注　閩本、明監本、毛本「注」誤「云」。×

644 故爲此釋　明監本、毛本「爲此」誤倒，閩本不誤。×

645 爾女女許人也　小字本、相臺本同。案，考文古本作「爾汝也汝汝許人也」。考此與草蟲、雄雉等箋同例，不當增加其字，詳見上。又注「女」字，正義作「汝」，乃易古字爲今字之例。不當并注而改爲「汝」，是其采正義之誤也。以後盡同。

646 猶升丘采其蝱也　閩本、明監本、毛本同，小字本、相臺本無「其」字。案，無者是也。

647 今人敗滅　閩本、明監本、毛本同。案，

「人」當作「之」，形近之譌。

648 二章四句　唐石經、小字本、相臺本作「二章章四句」。案，重者是也。閩本、明監本、毛本亦誤不重。

649 鄘國十篇三十章百七十六句　閩本、明監本、毛本此下別起爲卷，題「毛詩注疏卷第三」云云，誤也。案，山井鼎云「宋板不分卷」，是也。

○淇奥

650 司諫注云以義正君曰規　閩本、明監本、毛本同。案，「規」當作「諫」。上引沔水箋已説「規」，引此説「諫」也。

651 而云卿士而　閩本、明監本、毛本下「而」字作「者」。案，所改是也。

652 亦皆類也　毛本「皆」誤「此」，閩本、明監本不誤。×

653 竹篇竹也　閩本、明監本、毛本同，小字本、相臺本「篇」作「萹」。案，「萹」字是也，正義不誤。釋文「綠竹」下云「竹，萹竹也」，又「萹竹，本又作『扁』」。考爾雅、説文及其餘字書無作「篇」者。閩本以下正義中盡誤「篇」，釋文亦有誤者，今訂正，見後考證。

654 有康叔之餘烈　小字本、相臺本同。案，此正義本也，標起止云「至餘烈」及正義上下文皆可證。釋文云「之烈，一本作『之餘烈』」，即正義本也。×

655 如切如磋　唐石經同，小字本、相臺本「磋」作「瑳」。案，此正義中字皆作「磋」，釋文「磋，七何反」，爾雅釋文同。考五經文字「磋，治也」，在石部；「瑳，玉色鮮」，在玉部。是唐人有以此字從石，與「瑳兮瑳兮」字別者。説文有「瑳」無「磋」，「磋」本「瑳」之俗字耳。此經及傳并小雅谷風、大雅卷阿、桑柔箋皆當本是「瑳」字，周禮、禮記二釋文亦作「瑳」。

656 僩寬大也　小字本、相臺本同。案，釋文「僩」下云「寬大貌」。考釋文不云「毛云」「鄭云」者多所增損，未必其本有「貌」字也。考文古本有，采釋文。

657 又言此有斐然文章之君子　閩本、明監本、毛本同。案，經、傳作「匪」，正義作「斐」，「匪」「斐」古今字，易而說之也，例見前。釋文「匪，本又作『斐』，同」，非正義本也，標起止云「傳匪文章」可證。×

658 陸機云淇奧二水名　閩本、明監本、毛本「奧」作「隩」。案，「隩」字非也。陸機不與傳意同，無取爾雅「隩」字，釋文云「草木疏云『奧亦水名』」可證也。正義又引「今淇奧傍生」，此亦當作「奧」，誤作「隩」耳。

659 以毛云隩隈爲誤　閩本、明監本、毛本同。案，經作「奧」，傳同，正義作「隩」，「奧」「隩」古今字，易而說之也，例見前。標起止云「傳奧隈」。×

660 會弁如星　唐石經、小字本、相臺本同。案，釋文云「會，古外反，注同。鄭注周禮則如字，說文作『䯤』」。案，說文「䯤」下引詩「䯤弁如星」，許君稱詩當是毛氏，而今毛詩不作「䯤」者，鄭箋之本不與許同也。凡說文與鄭箋本異者多矣，見於釋文者如「虺，說文作『痕』」，「我姑，說文作『夃所』」，「茇，說文作『废』」，「姝，說文作『⿰女殳』」之屬，皆與此同例，悉不更出。

661 弁皮弁所以會髮　小字本、相臺本同。段玉裁周禮漢讀考云：「疑有錯誤，釋『弁』不當先於『會』，一疑也。據正義，鄭箋乃有『皮弁』字，毛不言『皮弁』，二疑也。云『皮弁可以會髮』以釋經文『會弁』，似涉皮傳，三疑也。當云『䯤所以會髮』，無『弁皮弁』三字，爲許叔重所本。」今考段說是也。但釋文、正義皆不作「䯤」，鄭箋本毛詩或亦用「會」字。傳云「所以會髮」，是毛以爲骨擿之可會髮者，與說文所解合，而「會」爲「䯤」之假借。鄭則仍如字讀之，而以弁之縫中易傳也，然則此傳作「會所以會髮」義可通。

662 此云武公所服　明監本、毛本「云」下衍「弁」字，閩本剜入。×

663 故云謂弁之縫中也　閩本、明監本、毛本「之」誤「其」。

664 若非外土諸侯事王朝者　閩本、明監本、毛本同。案，浦鏜云「事」當「仕」字誤，是也。

*又相於周　補：「又」當作「入」，形近之譌。

665 金錫練而精　小字本、相臺本同，閩本、明監本、毛本同。案，「練」字是也。此借「練」爲「鍊」，正義亦皆作「練」可證。其不易爲「鍊」而說之者，即以「練」爲正字，不以「練」「鍊」爲古今字也。考文古本作「練」，采正義。閩本以下正義中「練」字盡改爲「鍊」，誤也。

666 倚重較兮　唐石經、小字本、相臺本「倚」作「猗」，閩本、明監本、毛本同。案，「猗」字是也。釋文「猗，於綺反」，正義云「而此云猗重較兮」，序下正義云「猗重較兮是也」，皆其證。此經「猗」「倚」假借，在作傳、箋時人共通曉，故不更說，車攻「兩驂不猗」同。節南山「有實其猗」，傳「猗滿也」，箋「猗倚也」，因易傳故說之，亦是謂「猗」「倚」假借也。其此正義云「倚此重較之車兮者」，易「猗」字爲「倚」字而說之，正義於古今字例如此，與上下文直引經文者不同例也。考文古本作「倚」，采正義而誤。經義雜記引曲禮正義、荀子楊注、文選李注皆作「倚」，疑從犬者譌，其說非也；又據釋文、正義、石經、說文繫傳、羣經音辨以爲唐人雖多引作人旁，未若從犬者尤爲信而可徵，得之矣。凡昔人引書或改、或不改，非有成例，用之資證則可，若以爲典要，則其失多矣。

667 雖則戲謔　相臺本同，閩本、明監本、毛本同，小字本「則」作「常」。案，「則」字是也。

○考槃

668 使賢者退而窮處　小字本、相臺本同，唐石經「處」下有「也」字，考文古本有，亦偶合。

669 長自誓不忘君之惡　明監本、毛本「惡」誤「志」，閩本不誤。

670 蔿飢意　小字本、相臺本同，閩本同，明監本、毛本「飢」誤「饑」。案，五經文字云「饑、飢，上穀不熟，下餓也，經典或借用下字」，依此則「飢餓」字從未有借爲「饑」者，明監本、毛本誤甚。餘同此。

○碩人

671 國人閔而憂之　小字本、相臺本同。案，盧文弨云「唐石經下有『故作是詩也』五字，刓缺猶可辨」。今考正義標起止云「至憂之」，是正義本當無此五字。

672 不被荅偶　閩本、明監本、毛本「偶」誤「遇」。案，此「荅偶」二字出白華箋，彼文「偶」作「耦」。「耦」「偶」字同，偶者人意相存偶也，見儀禮、禮記注，即匪風箋之「人偶」。還箋之「揖耦」，不知者改爲「遇」，誤甚。

673 碩人其頎　唐石經、小字本、相臺本同。案，經義雜記云「玉篇頁部引作『碩人頎頎』，據鄭箋知詩『頎』字本重文，六朝時猶未誤」，其說非也。考經文一字、傳箋疊字者多矣，如「明星有爛」，箋云「明星尚爛爛然」等是也。玉篇乃依箋疊字耳，非六朝時經有作「碩人頎頎」之本也。釋文云「其頎，其機反」，正義云「有大德之人，其貌頎頎然長美」，皆經文作「其」字之證。

674 長麗俊好　小字本同，閩本、明監本、毛本同。相臺本「俊」作「佼」。案，「佼」字是也，正義、釋文皆可證。考文古本作「佼」，采正義、釋文。×

675 國君夫人翟衣而嫁今衣錦者　小字本、相臺本同，閩本、明監本、毛本同。案，「翟衣」當作「衣翟」。釋文經「衣錦」下云「注『夫人衣翟今衣錦』，同」，是釋文本作「衣翟」也。正義云「當翟衣而嫁，今言錦衣非」，「翟衣」乃正義自爲文，但說注意耳，不取與注相應也。其箋當亦是「衣翟」，不知者用正義文改注文。考文古本「夫人」下、「衣錦」下共有「衣」字，采正義、釋文，又誤合之也。

676 毛以爲有大德之人　閩本、明監本、毛本「有」誤「其」。×

677 孔世家云　閩本、明監本、毛本同。案，

「孔」下，浦鏜云脱「子」字，是也。

678 丰云衣錦褧衣　閩本、明監本、毛本「丰」誤「毛」，下「丰云錦衣褧裳」同。

679 女次紂衣纁袡　閩本、明監本、毛本同。✕ 案，「紂」當作「純」，因改「純帛」字，遂并此而誤。

680 先生爲姊　閩本、明監本、毛本「爲」誤「謂」。✕

681 蝤蠐蝎蟲也　小字本、相臺本同。案，此正義本也。標起止云「蝤蠐蝎蟲」，又云「今定本云『蝤蠐蝎也』，無『蟲』字，與爾雅合」。釋文「蝎也，音曷」。當以定本、釋文本爲長。

682 故禮記云其頸五寸　閩本、明監本、毛本同。案，浦鏜云「依投壺文，當『七寸』誤」，是也。

683 瓠犀瓠瓣　小字本、相臺本同。案，正義云「釋草云『瓠棲瓣也』，今定本亦然」，謂無下「瓠」字也；釋文「瓠瓣，補遍反」，亦有。當以定本爲長。

684 舍人曰小蟬也青青者　閩本、明監本、毛本同。案，此不誤。浦鏜云「蜻蜻」誤「青青」，非也。以「青青」釋「蜻蜻」，所謂詁訓之法。

685 美目盻兮　小字本、相臺本同，閩本、明監本同，唐石經「盻」作「盼」，毛本同。案，「盼」字是也。

686 朱幩鑣鑣　唐石經、小字本、相臺本同。案，釋文「鑣鑣，表驕反，馬銜外鐵也。一名扇汗，又曰排沫。爾雅云『鑣謂之钀』」。考傳云「幩飾也，人君以朱纏鑣扇汗，且以爲飾。鑣鑣盛貌」，正義云「此纏鑣之鑣，自解飾之所施，非經中之鑣也，故又云『鑣鑣盛貌』」，釋文誤以「纏鑣」解係「鑣鑣」下。段玉裁云：「玉篇引詩『朱幩儦儦』，載驅作『儦儦』。」考廣雅云「鑣鑣，盛也」，說文引詩「朱幩鑣鑣」，然則此經假借「鑣」爲「儦」也。

687 以入君之朝　毛本「以」誤「衣」，明監本以上

皆不誤。×

688 **碩人至君勞** 毛本誤作「碩人敖敖至無使君勞」，明監本誤單行另書，閩本不誤。×

689 **毛以爲言有大德之人** 毛本「爲」下誤有「傳」字，閩本、明監本無。×

690 **餘同** 明監本、毛本「餘」誤「不」，閩本不誤。×

691 **麃麃傳曰盛貌與此同也** 閩本、明監本、毛本同。案，浦鏜云「盛」傳作「武」，是也。「與此同」者謂清人之「麃麃」與此「鑣鑣」字同，非謂傳同訓盛也，不知者改之耳。

692 **旦罷歸** 閩本、明監本、毛本同。案，浦鏜云「『旦』誤『且』，下同」，是也。

693 **要事畢否大夫** 閩本、明監本、毛本「大夫」上有「在」字。案，所補是也。

694 **鱣鮪發發** 小字本、相臺本同，唐石經初刻「撥」，後改「發」。案，初刻非也。考釋文云「發發，補末反，盛貌。馬云『魚著罔尾發發』」，然是初刻依馬義而改用「撥」字也。舊唐書譏石經字體乖師法，此類是也。

01—695 **則非曰國中之女** 閩本、明監本、毛本同。案，浦鏜云「曰」當「目」字誤，是也。

校記

❶ 南昌本條末增「○補：『神』字宜衍」。

❷ 南昌本條末增「○補：案，『或直云麟止』『止』字，此誤『趾』」。

❸ 南昌本此條作「維組紃耳：補：『維』當作『唯』」，閩本、明監本、毛本並誤」。

❹ 南昌本脱「○擊鼓」三字。

❺ 南昌本此條作「樂夏之長養者：補：『長養』下當更有『棘難長養』四字，下正義云『又言棘難長養者』可

證。又，段玉裁云『棘下當有心字。棘心，棘之初生者，故難長養。下章云棘薪，則其成就者矣，語勢正相對也』」。

❻「亦作褏」之「褏」，南昌本原作「裒」，據六經正誤和文選樓本毛詩釋文校勘記改正。

❼南昌本此條作「由填實如天：閩本、明監本、毛本『填』誤『瑱』。案，『瑱』字是也。下『瑱实』及『言瑱』、『及瑱』凡四字并同」。

毛詩注疏校勘記卷二 起十一盡二十

○氓

02—001 **氓刺時也**　小字本、相臺本同，閩本、明監本、毛本亦同，唐石經「氓」作「甿」。案，釋文云「氓，莫耕反，民也」，正義云「氓六章，唐石經作『甿』者，避『民』字諱而改之耳，猶避『世』字諱改『泄』作『洩』之類也。傳『氓，民也』，説文『氓』，下同」，是毛詩此經作「氓」之證。「甿」字取諸周禮遂人耳，周禮釋文「致甿，亡耕反」。又，五經文字田部「甿，莫鄧反，又音盲」者亦周禮字。○按，周禮亦本作「氓」，唐人改「甿」。❶

002 **刺淫泆也**　唐石經、小字本、相臺本同，閩本、明監本、毛本亦同。案，釋文「佚，音逸」，正義標起止云「至淫佚」，是釋文本、正義本皆作「佚」。唐石經改作「泆」者，非也。閩本以下正義中亦皆誤「泆」。餘同此。

003 **揔言當時一國之事**　閩本、明監本、毛本「事」誤「夷」。×

004 **蚩蚩者敦厚之貌**　閩本、明監本、毛本同，小字本、相臺本無「者」字。案，有「者」衍也。

005 **男子之通稱**　相臺本同，閩本、明監本、毛本同，小字本「稱」下有「也」字。×

006 **且爲會期**　相臺本同，閩本、明監本、毛本同，小字本作「期會」。案，「期會」非也，標起止云「至會期」可證。×

007 **非我以欲過子之期**　閩本、明監本、毛本同，小字本、相臺本「以」作「心」。案，「以」字誤也，考文古本「以」「心」複出，亦誤。

008 **宜爲請**　閩本、明監本、毛本「宜」誤「官」。×

009 **變民言也**　閩本、明監本、毛本同。案，

「也」當作「甿」，載芟正義引作「甿」可證。

010 甿猶懵　閩本、明監本、毛本「甿」誤「冺」。案，正義引羣籍有依其本書之字，不順經注者，此類是也。或於下言字異音義同，或不言者省耳，皆不可據經注及正義上下文改之。○按，白帖引周禮作「冺」。凡詩、禮作「甿」者，唐時冣俗本耳，孔沖遠所據周禮故作「冺」也。

011 郭璞云敦盂也音頓　閩本、明監本、毛本同。案，「音頓」二字當旁行細字，正義於自作音者例如此。○按「音頓」二字亦景純語，今俗本爾雅删之。

012 言且者兼二事也　明監本、毛本「且」誤「日」，閩本不誤。×

013 故能自悔　小字本、相臺本同，閩本同，明監本、毛本「悔」誤「誨」。×

014 我以所有財遷徙就女也　閩本、明監本、毛本同，小字本、相臺本「遷」作「賄」。案，「賄」字是也。

015 無食桑葚　唐石經、小字本、相臺本同。案，此釋文本也。釋文云「葚，本又作『椹』，音甚」。考正義本是「椹」字，見下。五經文字云「椹，詩或體以爲『桑葚』字」，亦其證。泮水經作「黮」即用字不畫一之例。

016 言吁嗟鳩兮無食桑椹　明監本、毛本「椹」誤「葚」，閩本不誤。案，正義「椹」字凡八見，十行本皆從木，閩本亦然，是正義本作「椹」也。此借「椹」爲「葚」，而正義不易爲『葚』而説之者，即以「椹」爲正字，不以「椹」「葚」爲古今字也。考文及補遺皆不載，亦如郭忠恕佩觿謂「『桑葚』字不當用『鈇椹』字耳」。凡山井鼎、物觀以爲誤者則不載，其例如是。❷

017 而女思於男　閩本、明監本、毛本同。案，浦鏜云「思」當「異」字誤，是也。

018 隕惰也　小字本、相臺本「惰」作「隋」，閩本、明監本、毛本亦同。案，「惰」是誤字。考文古本「隋」作「墜」，采正義「其葉黃而隕墜」而誤也。「黃而隕墜」，正義取王肅述毛語爲説耳，非傳作「墜」。

019 **幃裳童容也** 小字本同，閩本、明監本、毛本同；相臺本「幃」作「帷」，考文古本同。案，「帷」字是也，經、傳皆是「帷」字，箋當同。小字本傳亦足「幃」，皆誤。正義於箋引周禮注而説之，則用「幃」字，順彼文耳，不當據改其説。經、傳自作「帷」，標起止云「傳帷裳」。

020 **恩意疏薄故耳** 毛本「意」誤「義」，閩本、明監本不誤。×

021 **山東謂之裳幃** 明監本、毛本「幃」誤「韋」，閩本不誤。×

022 **泮坡也** 相臺本同，閩本、明監本、毛本同，小字本「坡」作「陂」。案，釋文云「坡，本亦作『陂』」。考正義云「故以泮爲陂，澤陂傳云『陂，澤障』是也，箋以泮不訓爲陂」，是其本作「陂」。標起止云「傳泮坡」當誤也。

023 **總角之宴** 唐石經、小字本、相臺本同。案，釋文云「之宴，如字，本或作『丱』者非」；正義云「經有作『丱』者，因甫田『總角丱兮』而誤也。定本作『宴』」，考羔裘傳『宴，鮮盛貌』，此義當與彼同」。釋文、正義皆不從「或本」，是也。○按，鄭羔裘作「晏鮮盛貌」，非「宴」字也，宴不得訓鮮盛。

024 **信誓旦旦然** 小字本、相臺本同。案，正義標起止云「至旦旦然」，又云「定本云，旦旦猶怛怛」。考釋文云「旦旦，説文作『𢘅𢘅』」，説文心部「怛」下重文云「𢘅，或从心在旦下，詩曰『信誓𢘅𢘅』」，是許本毛詩經字作「𢘅」也。鄭箋之本字與許異，經字作「旦」，傳同；而「旦」即「𢘅」之假借，故箋云「言其懇惻款誠」，字爲「旦」，義仍爲𢘅，實與許未嘗不合也。定本改「𢘅」用「怛」，又以爲傳始有此字，乃去傳「然」字，而以「猶怛怛」附益之，皆誤之甚者也。考文古本作「信誓旦旦然猶怛怛也」，一本作「旦旦猶怛怛然」，無「信誓」二字，皆采正義而又皆誤。

025 結髮宴然之時　小字本、相臺本同，閩本、明監本、毛本「宴」誤「晏」。×

026 我其以信相誓旦旦耳　小字本、相臺本同。案，段玉裁云「『耳』當作『爾』」，其説是也。傳云「旦旦然」，箋云「旦旦爾」，「然」「爾」一也。考文古本作「爾」，因二字不別而偶合。

027 曾不念復其前言　相臺本同，小字本「念復」作「復念」。案，正義標起止「箋曾不復念其前言」，云「今定本『曾不念復其前言』，俗本多誤」。

028 則我而已焉哉　閩本、明監本、毛本「而」作「亦」。案，所改是也。

029 以經云有岸有泮　毛本「泮」誤「畔」，閩本、明監本不誤。×

030 男女未冠笄者　明監本、毛本「女」誤「子」，閩本不誤。×

031 注云故髮結之　閩本、明監本同，毛本「故」作「收」。案，「收」字是也。

032 變本言信　閩本、明監本、毛本同。案，「言」當作「忘」，形近之譌。

○竹竿

033 以成爲室家　相臺本同，閩本、明監本、毛本同，小字本「室家」作「家室」。案，「室家」是也，箋及正義可證。×

034 遠兄弟父母　唐石經、小字本同，閩本、明監本同；相臺本作「遠父母兄弟」；毛本初刻「遠兄弟父母」，後改從相臺本。案，相臺本誤也。釋文以「遠兄」二字作音可證。段玉裁云「從唐石經，今本誤，則非韻」，見六書音均表。

035 出遊思鄉衛之道　小字本、相臺本同。案，正義云「今定本『思』作『斯』，或誤」。考文古本作「出遊斯鄉衛之道矣」，采正義，「鄉」字則采釋文

「又作」本也。

○芄蘭

036 **刺惠公也驕而無禮**　小字本、相臺本同，唐石經初刻作「刺衛惠公也驕而無禮」，後改同今本。案，初刻誤也。

* **合爲二之道**　補：毛本「二」作「一」。案，「一」字是也。

037 **無之亦下二句是也**　閩本、明監本、毛本同。案，浦鏜云「之」當「禮」誤，非也。此「無」字是「刺」之誤。

038 **且此自謂有才能**　毛本「謂」誤「位」，閩本、明監本不誤。

039 **刺之而言容璲之美**　閩本、明監本、毛本同。案，經作「遂」，傳、箋同，正義作「璲」，「遂」「璲」古今字，易而説之也，例見前。

040 **君子之德**　閩本、明監本、毛本同，小字本、相臺本「之」作「以」。案，「以」字非也。正義云「以興君子之德當柔潤温良，今君之德何以不温柔」，又云「故以喻君子之德當柔潤温良」，皆其證。

041 **芄蘭柔弱恒蔓延於地**　小字本、相臺本同。案，此「延」字衍也。釋文云「恒蔓於地，本或作『恒蔓莚於地』者，後人輒加耳」。考正義云「恒延蔓於地」，乃自爲文，以延蔓説蔓，非其本箋有「延」字也；「延」在「蔓」上亦其證矣。各本皆誤，當正之。

042 **然其德不稱服**　小字本、相臺本同。案，此定本也。正義云「定本云『然其德不稱服』」；正義説傳云「而内德不稱」，説箋云「而内無德以稱之」，是與定本不同也。但未有明文，今無可考，意必求之，或當是「而内德不稱」。考文古本「服」作「副」，下有「也」字，未見所出。

043 **佩玉璲璲兮**　閩本、明監本、毛本「璲璲」誤「遂遂」。

044 玦用正玉棘若擇棘　閩本、明監本、毛本同。案，浦鏜云「王」誤「玉」，「檡」誤「擇」，以儀禮考之，浦挍是也。

○河廣

045 衛文公之妹　小字本、相臺本同。案，此定本也。正義本下有「襄公之母」四字。正義云「今定本無『襄公之母』四字」，是也。

046 前貧後富貴　閩本、明監本、毛本同。案，「貧」下浦鏜云脱「賤」字，以大戴禮及家語考之，浦校是也。

＊ 杞伯姬來婦　補：「婦」當作「歸」。

047 非爲其廣　小字本、相臺本同，閩本、明監本同，考文古本亦同；毛本「爲」誤「謂」，下「非爲其遠」同。案，釋文「非爲，于僞反」，考文古本采釋文。

048 亦喻近也　小字本、相臺本同。案，此正義本也。正義云「定本無『亦』字，義亦通」。考下箋云「行不終朝亦喻近」，乃亦此箋，非此箋亦「上喻狹」，當以定本爲長。

○伯兮

049 至不反　閩本、明監本、毛本同。案，「反」下當有「焉」字，唐石經以下各本皆有此字也。

050 則傑爲有德故云英傑　閩本、明監本、毛本同。案，經作「桀」，注同，正義作「傑」，「桀」「傑」古今字，易而説之也，例見前。

051 戈祕六尺有六寸　閩本、明監本、毛本同。案，浦鏜云「秘」誤「祕」，是也。

052 用則執之　閩本缺「用」字，明監本、毛本誤「輢」。

053 象三材之六畫　毛本「材」誤「才」，閩本、明監本不誤。

054 必有夷矛明矣　閩本、明監本、毛本「必」

誤「兵」。

055 **司馬法云**　閩本、明監本「法」誤「注」，毛本誤「註」，下同。×

056 **前驅歂犬**　閩本、明監本、毛本「犬」誤「大」。×

057 **諼草令人忘憂**　小字本、相臺本同。案，此當作「諼草令人善忘」，故箋云「憂以生疾恐將危身，欲忘之」。傳不言「憂」，箋以憂申之也；若傳已云「忘憂」，則生疾危身人所共曉，何煩更箋乎？釋文云：「令人，力呈反。善忘，亡向反，又如字。」爾雅釋文引詩云「焉得萲草，毛傳云『萲草令人善忘』」，是釋文本不誤也。正義說傳云「諼訓爲忘，非草名，故傳本其意言，焉得諼草謂欲得令人善忘憂之草」，此正義本「忘」上有「善」字之證。其仍云「忘憂者以鄭說爲毛說」，凡正義以爲毛鄭不異者，其自爲文每如此，非傳有「憂」字也，正義本當亦不誤。釋文「諼」下云「說文作『藼』，云『令人忘憂也』」，皆所以著其異耳；不知者反據之，并取正義自爲文者以改此傳，失之甚矣。各本皆誤，當正之。考文古本作「善忘憂」，采釋文、正義，仍誤存「憂」字。

058 **洗南北直室東西**　閩本、明監本、毛本同。案，浦鏜云「隅」誤「西」，以士昏禮記注考之，是也。

059 **背名爲堂也**　閩本、明監本、毛本「背」作「皆」。案，所改是也。

○有狐

060 **所以育人民也**　唐石經、小字本、相臺本同。案，正義標起止云「至人民」，又云「所以蕃育人民」；釋文云「所以育民人也，本或作『蕃育』者，非」。正義云「所以蕃育人民」，其本當有「蕃」字，但未有明文耳。「人民」以作「民人」爲是，出其東門序云「民人思保其室家焉」，蓼莪序云「民人勞苦」，摽有梅傳亦作「民人」，此序當同。釋文有誤作「人民」者，今正，詳後考證。考文古本作「民人」，采摽有梅傳。

061 **厲深可厲之者**　小字本、相臺本「者」作「旁」，閩本、明監本、毛本亦同。案，「旁」字是也，「者」是誤字。考文一本作「傍」，此誤采他正義所易之今字耳。

○木瓜

062 **其畜散而死三月**　閩本、明監本、毛本「死」作「無」。案，今齊語作「其畜散而無育」，浦鏜云「育」誤分爲「三月」二字，是也。

063 **瓊玉之美者琚佩玉名**　小字本、相臺本同。案，釋文「琚」下云「珮，玉名」；正義云「琚是玉名」，又云「有女同車云『佩玉瓊琚』，故知琚佩玉名」。段玉裁云「此傳『石』誤爲『名』久矣。佩玉石者，佩玉納閒之石也，雜佩謂之佩玉，有琚瑀以納閒，琚瑀皆美石也。鄭風正義、釋文皆引説文『琚佩玉石』，『名』亦『石』之誤。瓊爲玉之美者，故引伸凡石之美者皆謂之瓊」。

064 **結己國之恩也**　小字本、相臺本同。案，釋文云「結己國以爲恩也，一本作『結己國之恩也』」，正義本無可考。考文古本作「以爲」，采釋文。

065 **今國家敗滅**　明監本、毛本「今」上衍「況」字，閩本剜入。

066 **酸可食是也**　閩本、明監本、毛本「酸」誤「酢」。案，此依今爾雅注改耳。

067 **下傳云瓊瑤美石瓊玖玉名三者互也**　閩本、明監本、毛本同。案，「名」當作「石」。考正義下文云「琚言佩玉名，瑤玖亦佩玉名，瑤言美石，玖言玉石，明此三者皆玉石雜也，故丘中有麻傳云『玖石次玉』，則玖非全玉也」。據此，則正義本唯「琚佩玉名」作「名」，其「瓊瑤美石」「瓊玖玉石」皆作「石」，故云「三者互也」，互謂玉名、美石、玉石相互也。若是「瓊玖玉名」，則與「瓊琚佩玉名」同，與「瓊瑤美石」別，而三者不復互矣，亦不當引傳「玖石次玉」而説之也。今正義「瓊瑤美石」不誤，而「瓊玖玉石」及「玖言玉石」二「石」字皆誤爲「名」，所當正也。

068 瓊瑤美玉　小字本、相臺本同。案，釋文「瑤」下云「美玉也，説文云『美石』」，正義作「美石」，見上。段玉裁云：「正義是也。説文琨、珉、瑤皆石之美者，玉爵、瑤爵爲等差，在周禮、禮記。」

069 瓊玖玉名　小字本、相臺本同。案，釋文「玖」下云「玉名，字書云玉黑色」。段玉裁云：「此『玉石』之誤。王風傳『玖，石次玉者』，説文『玖，石次玉黑色者』。『玉石』見揚雄蜀都賦、漢書西域傳，師古曰『玉石，石之似玉者也』。今考正義本作『玉石』，見上。」

070 二百四句　小字本同，閩本、明監本、毛本同。唐石經、相臺本「四」作「三」。案，「四」字誤。

王城譜

071 陽樊溫原之田　明監本、毛本「原」誤「源」，閩本不誤。×

072 以洛邑爲東都　明監本、毛本「爲」誤「謂」，閩本不誤。×

073 是爲東都　毛本「爲」誤「謂」，閩本、明監本不誤。×

074 我乃卜澗水東　明監本「乃」誤「則」，閩本、毛本不誤。×

075 是殷頑民於成周也　明監本、毛本「是」下有「遷」字，閩本剜入。案，所補是也。

* 至於夷厲　補：「至」上當有「圈」。

076 幽王嬖褒姒生伯服　毛本「服」誤「復」，閩本、明監本不誤。×

077 子幽王宮皇立　閩本、明監本、毛本同。案，此不誤。浦鏜云「湼」誤「皇」，非也。考高誘注呂覽亦作「皇」，正義所引周本紀當如此。×

078 遂殺幽王驪山下　閩本、明監本、毛本同。案，此不誤。浦鏜云「驪」誤「麗」，非也。考漢書匈奴傳「攻殺幽王于麗山之下」亦作「麗」，正義所引周本紀當如此，大小雅譜正義引同。采菽正義引作「驪」，當是後改。

* **而其立故幽王太子宜咎**　補：毛本「其」作「共」。

079 **此風雅之作本自有體猶**　閩本、明監本、毛本同。案，「體」字句絕，「猶」字當在「貶之而作風」上，即「由」字也。浦鏜挍移「猶」字入，而云句中改作「獨」，非也。又，山井鼎考文云「宋板『此』作『也』，屬上」，其實不然，當是剜也。凡十行本脩改非一，考文所載不誤者俱從之，唯誤者出焉。

080 **言作爲雅頌貶之而作風**　閩本、明監本、毛本同。案，此當作「言當爲作雅猶貶之而作風」，譜所謂「其詩不能復雅」也，黍離箋同。又，正義云「此言天子當爲雅，從是作風」云云亦其證。與頌全不相涉，衍也；「猶」字錯在上，皆當正之。

081 **已此列國當言周**　閩本、明監本、毛本同。案，此不誤。浦鏜挍移「已」字入上句，非也，「已」即「以」字。　×

○黍離

082 **而同於國風焉**　各本此下更無注。案，釋文云「崔集注此下更有『猶尊之故稱王也』，今詩本皆無」。正義標起止云「至風焉」，是正義本亦無。詩譜謂之王城譜，則「王」字謂東周之國。崔集注妄增九字，非鄭意。

083 **行道也道行猶行道也**　小字本、相臺本同。案，正義云「今字本文當如此」，是舊本不如此也，今無可考。　×

084 **何等人哉**　小字本同，閩本、明監本、毛本同，相臺本無「等」字。案，正義云「何等人猶言何物人，大夫非不知而言何物人，疾之甚也」，相臺本誤。　×

085 故爲憂思無所愬也　閩本、明監本、毛本同。案，「愬」當作「訴」。正義作「訴」，上文可證；傳作「愬」，標起止可證。「愬」「訴」古今字，正義所易也，此一字不知者改耳。餘同此。

086 古詩人質　閩本、明監本、毛本同。案，「詩」當作「時」，桑柔正義引作「時」可證。今爾雅疏亦誤爲「詩」。

087 故以遠人言之　閩本、明監本、毛本「人」作「大」。案，此説夏曰蒼天，所謂據人遠而視之，其色蒼蒼然也，作「大」者誤。 ×

088 旻天不弔無可怪耳　閩本、明監本、毛本「旻」上衍「稱」字。案，爾雅疏即取此，正無「稱」字。 ×

○君子于役

089 君子行役無期度　毛本「期」誤「其」，閩本、明監本不誤。 ×

090 君子于往行役　閩本、明監本、毛本同，小字本、相臺本無「于」字，考文古本同。案，有者衍。

091 羊牛從下牧地而來　閩本、相臺本同，明監本、毛本同，小字本「羊牛」倒。案，倒置誤也。二章經文别本亦或倒，但唐石經以下至毛本皆不誤，故不更出。凡各本皆不誤，唯别本乃誤者，如「何彼穠矣」、「不可畏也」、「求爾新特」、「家伯維宰」、「如彼泉流」、「爰其適歸」、「以篤于周」、「祜降予卿士」及此「羊牛下括」，并「胡然厲矣」、「假樂君子」、「天降滔德」、「彼徂矣」、「既右饗之」等，皆不更出，因經注本及注疏本固未嘗誤，不煩正也。

○君子陽陽

092 遠離禍害已　閩本、明監本、毛本同。案，「已」上浦鏜云脱「而」字，是也。 ×

093 其且樂此而已　小字本、相臺本同，考文古本同，閩本、明監本、毛本「且」誤「自」。案，正義云「其且相與樂此而已」可證。 ×

094 翿纛也翳也　小字本、相臺本同，閩本、明監本、毛本亦同。案，正義標起止如此，考文古本「翳」上有「纛」字。考正義引爾雅「翿纛也」，又引「纛翳也」，然後説之云「故傳并引之」，正説傳用爾雅而去其一「纛」字之意。考文古本反用添傳，失之甚矣。○按，「纛」从每，正字也；「纛」从毒，俗字也，説見五經文字、爾雅釋文。

○揚之水

095 故言周人以別之　明監本、毛本「別」誤「列」，閩本不誤。

096 何月我得歸還見之哉　閩本、明監本、毛本同，小字本、相臺本「歸還」作「還歸」，考文古本同。案，「還歸」是也。

097 今日安否哉安否哉　閩本、明監本、毛本同。案，箋作「不」，正義作「否」，「不」「否」古今字，易而説之也，例見前。

098 祚四岳爲侯伯　明監本、毛本「祚」誤「作」，閩本不誤。

○中谷有蓷

099 其葉皆長廣於柳葉　閩本、明監本、毛本「於」誤「似」。

100 以喻夫恩薄厚　閩本、明監本、毛本「厚」誤「閔」。

101 喻婦人宜居平安之世　明監本、毛本「喻」上衍「以」字，閩本剜入。

102 果至分離矣　毛本「至」誤「生」，閩本、明監本不誤。

103 葉似萑　閩本、明監本、毛本同。案，浦鏜云「荏」誤「萑」，考爾雅注，是也。

* 華注節間　補：「注」當作「生」。

104 皆云菴藺是也　明監本、毛本「藺」誤「閭」，閩本不誤。案，「菴藺」見司馬相如賦，漢書作「奄閭」，史記作「菴藺」。

105 韓詩及三蒼説　明監本「詩」誤「信」，閩本、毛本不誤。　×

106 説文云菸緌也　閩本、明監本同，毛本「緌」作「蕤」。案，皆誤也，浦鏜云「㱰」是也。

107 徒用凶年深淺爲厚薄　小字本同，閩本、明監本、毛本同，相臺本「厚薄」作「薄厚」。案，「薄厚」是也，正義中「薄厚」字凡四見，又標起止云「至薄厚」，皆其證。閩本以下并標起止亦改而倒之，誤甚。

* 箋雛之薄厚　補：「雛」之下當有「至」字。

○兔爰

108 國危役賦不息　閩本、明監本、毛本同。案，「危」當作「内」，以六字爲一句。

109 秋又取成周之粟　閩本、明監本、毛本同。粟，傳作「禾」。

110 是諸侯背也　明監本、毛本「背」下有「叛」字，閩本剜入。案，所補是也。

111 序云君子不樂其生之田　閩本、明監本、毛本同。案，「云」當作「言」，形近之譌。

112 有急者有所躁蹙也　小字本、相臺本同。案，此正義本也，正義云「箋『有所躁蹙』者，定本作『操』，義並得通」。釋文云「操，七刀反，本亦作『懆』，沈七感反」，「蹙，子六反，本亦作『戚』，七歷反」。此箋取莊三十年公羊傳文，今彼文作「操蹙」。鄭考工記注云「齊人有名疾爲戚者，春秋傳曰『蓋操之爲已戚矣』」。此箋當亦本是「操戚」，其或作「躁蹙」者，即「操戚」之別體，皆上讀七刀反，下讀子六反，正義所謂義並得通也。若本又作「懆」，讀爲七感反，下讀爲七歷反，則誤作「慘慼」二字之音，失之矣，沈重非也，又見江漢箋。

113 **庶幾無此成人之所爲**　毛本「此」誤「所」，閩本、明監本不誤。

* **庶幾服寐而無動耳**　補：毛本「服」作「於」。

114 **易云庶幸也幾覬也**　閩本、明監本、毛本同。案，「云」當作「注」，形近之譌。

115 **以傳言尚無成人者爲**　閩本、明監本、毛本同。案，此不誤。浦鏜云「者爲」倒，非也，「者」字傳無，正義足成傳意耳。

116 **造僞也**　閩本、明監本、毛本同，小字本、相臺本「僞」作「爲」，考文古本同。案，「爲」字是也。○按古「爲」「僞」通用，如「人之爲言」亦作「人之僞言」，左傳「爲」多訓「僞」。

117 **中施罥以捕鳥**　閩本、明監本、毛本「罥」誤「骨」。

○葛藟

118 **王族刺平王也**　唐石經、小字本、相臺本同。案，正義云「定本云『刺桓王』，義雖通，不合鄭譜」；釋文云「刺桓王，本亦作『刺平王』」。案，詩譜是平王詩，皇甫士安以爲桓王之詩，崔集注本亦作桓王。譜下正義云「今葛藟序云平王，則謐言非也」。定本葛藟序云「『刺桓王』，誤也」。考此是集注、定本、釋文本皆誤以皇甫謐所改入毛鄭詩。

119 **亦無顧眷我之意**　相臺本同，閩本、明監本、毛本同，小字本「顧眷」作「眷顧」。案，「眷顧」是也，又見碩鼠箋。

120 **王又無母恩**　小字本、相臺本同。案，釋文云「王又無母恩也，一本作『王后』」；正義云「定本及諸本『又』作『后』，義亦通」。考此文當屬箋，今脱去句首「箋云」二字，遂屬之傳，非也。正義標起止云「箋王又無母恩」是其證。且『又』者繫前之辭，所以「又」上箋「無恩於我也」，傳未有「無恩」之文，安得云「又」哉？各本皆誤，當依正義正之，定本及諸本作「王后」者尤誤。此但刺王，不刺后，若分首章父爲王，二章母爲后，則三章昆之所指不應不見於傳，箋也。正義云「義亦通」，非是。

121 箋王又無母恩　明監本、毛本「箋」下衍「云」字，閩本剜入。 ✕

122 湑水溓也　小字本、相臺本「溓」作「隒」，閩本、明監本、毛本亦同。案，此非。釋文所云「詩本又作水旁兼者也」，乃釋文「溓清也」誤涉耳。正義標起止以下及各本皆作「隒」可證。

123 不行者蓋衍字　閩本、明監本、毛本同。案，浦鏜云「行」衍字，是也。爾雅疏即取此，正無「行」字。

○采葛

124 釋草云蕭荻　閩本、明監本、毛本同。案，浦鏜云「萩」誤「荻」，下同。考爾雅釋文，浦挍是也。餘同此。

125 王氏云取蕭祭脂　閩本、明監本、毛本同。案，「王氏」當作「生民」，形近之譌，蓼蕭正義可證。

○大車

126 菼鵻也蘆之初生者也　小字本、相臺本同。案，釋文「蘆，力吳反」，正義云「此傳菼爲蘆之初生，則意同李巡之輩以蘆薍爲一也」。戴震云：「『蘆』字訛，當爲『萑』。菼、蘆乃萑、葦二物未秀之名，溷爲一者非，說文『菼，萑之初生』可證。毛傳轉寫之失。」見毛鄭詩考正。

127 如菼草之色○然　閩本、明監本、毛本同。案，「○」當衍。

128 服其於國之服　閩本、明監本、毛本「於」誤「本」。 ✕

129 故得如菼色　閩本、明監本、毛本「色」誤「也」。 ✕

130 毳畫虎雉　閩本、明監本、毛本同。案，浦鏜云「雖」誤「雉」，是也。

131 **穴謂塚壙中也**　相臺本同，閩本、明監本、毛本同，小字本無「也」字。

＊ **周禮雖今葬**　補：毛本「今」作「合」。案，「合」字是也。

○丘中有麻

132 **丘中墝埆之處盡有麻麥草木**　小字本、相臺本同。案，此正義本也。正義云「定本云『丘中墝埆遠盡有麻麥草木』，與俗本不同也」；釋文云「埆，本或作『遠』，此從孫義而誤耳」，是定本「遠」字亦從孫義，但又「埆」「遠」複出，無「之處」爲異。

133 **將其來施施**　唐石經、小字本、相臺本同。案，釋文云「施施，如字」；正義標起止云「丘中至施施」。考顏氏家訓引傳及箋云「韓詩亦重爲『施施』，河北毛詩皆云『施施』，江南舊本悉單爲『施』，俗遂是之，恐有少誤」。然則今毛詩釋文、正義及各本皆作「施施」者，或由顏說定之也。經義雜記以爲經文一字，傳箋重文，引邶谷風「有洸有潰」，傳「洸洸武也，潰潰怒也」，箋「君子洸洸然，潰潰然，無温潤之色」等證之，其說是也。

134 **正謂朋友之身**　明監本、毛本「身」下有「也」字，閩本作「○」，皆誤。

鄭譜

135 **又云爲幽王大司徒**　閩本、明監本、毛本同。案，此不誤。浦鏜云衍「云」字，非也。譜以上說京兆鄭縣，以下說河南新鄭，故以「又云」爲更端之辭。山井鼎考文載永懷堂板又云「作桓公」，出於臆改。其板自是俗書，無足論者。盧文弨亦取改此文，失之矣。

136 **問於史伯曰**　閩本、明監本「史」誤「吏」，毛本不誤。

137 **桓公臣善**　閩本、明監本、毛本同。案，山井鼎云「史記『臣』作『曰』」，是也。

138 **故昭十六年左傳** 明監本、毛本「昭」誤「桓」，閩本不誤。

139 **昔我先君桓公** 明監本、毛本「昔」誤「皆」，閩本不誤。

140 **斬之蓬蒿藜翟** 閩本、明監本、毛本同。案，浦鏜云「藋」誤「翟」，是也。

141 **是桓公寄帑之時** 毛本「公」誤「王」，閩本、明監本不誤。

142 **案左傳及鄭世家** 毛本「及」誤「又」，閩本、明監本不誤。

143 **齊人殺子亹** 毛本「殺」誤「弑」，閩本、明監本不誤。

144 **子文公踕立** 閩本、明監本、毛本同。案，此不誤。浦鏜云「踕，傳作『捷』」，非也，此據世家。

145 **蓋後立時事也** 明監本、毛本「蓋」誤「皆」，閩本不誤。

146 **是突前篡之箋** 閩本、明監本、毛本「箋」作「初」。案，皆非也，當作「事」，上下文可證。

147 **宜是初田事也** 閩本、明監本同，毛本「田」作「年」。案，皆非也。「田」當作「日」，形近之譌。

148 **雖當突前篡時** 明監本、毛本「時」上衍「之」字，閩本剜入。

○緇衣

149 **而善於其卿之職** 明監本、毛本「善」誤「美」，閩本不誤。

150 **則民不愉** 閩本、明監本、毛本「愉」誤「偷」，下同。案，此正用周禮字。

151 **粲餐也**　小字本、相臺本同。案，釋文云「飧，蘇尊反」，在「粲」字後，「諸盧」字前，是釋文本「餐」作「飧」。正義云「粲餐，釋言文」，考爾雅與此傳意同，皆謂「粲」爲「餐」假借，釋文本誤。❸

152 **在天子宮**　小字本、相臺本「宮」上有「之」字，明監本、毛本同，閩本剜入，考文一本同。案，有者是也。

153 **而言予爲子授者**　閩本、明監本、毛本同。案，浦鏜云「予」譌「子」，是也。

154 **非民所能改受之也**　閩本、明監本、毛本同。案，浦鏜云「授」譌「受」，是也。

155 **又再染以黑乃成緇**　閩本、明監本、毛本同。案，「乃」上浦鏜云脱「則爲緅又復再染以黑」九字，考周禮注，是也。此以「黑」複出而脱去。

156 **此緇衣卿士冠禮所云**　閩本、明監本、毛本同。案，浦鏜云「即」誤「卿」，是也。

157 **周緇衣卿士所服也**　閩本、明監本、毛本「周」作「則」。案，所改非也，「周」當作「明」，形近之譌。

158 **釋詁云之適往也**　閩本、明監本、毛本同。案，此不誤。浦鏜云「適之」字誤倒，非也，有杕之杜正義亦引作「之適」可證。×

159 **内路寢之裏**　明監本、毛本「路」誤「朝」，閩本不誤。×

○將仲子

* **是致大亂大也**　補：毛本下「大」字作「國」。案，「國」字是也。

160 **繕甲兵**　毛本「甲兵」誤倒，閩本、明監本不誤。×

161 **仲初諫曰**　小字本、相臺本同，閩本同，明監本、毛本「諫」誤「請」。×

162 **君將與之** 小字本、相臺本同。案，釋文云「君若與之，一本『若』作『將』」，正義本今無可考。

163 **四牡傳云杞枸繼** 閩本、明監本、毛本同。案，考彼傳及爾雅皆是「檵」字，此「繼」字當誤。

164 **哀二十年左傳** 閩本、明監本、毛本「二十」誤倒。 ×

165 **矣則祭仲之諫** 閩本、明監本、毛本同。案，浦鏜云「『矣』或『然』字之誤，屬下」，是也。

166 **實敗名病大事** 閩本、明監本、毛本同。案，「敗名」二字當衍。此引晉語「實病大事」，或記左傳「敗名」於傍，遂誤入。皇皇者華正義引「實病大事」，不誤。

167 **園所以樹木也** 小字本、相臺本同，閩本、明監本同，毛本「樹」誤「種」。案，正義云「故其內可以種木也」，是自爲文，不當據以改傳。

168 **檀彊韌之木** 閩本、明監本、毛本同，小字本、相臺本「韌」作「忍」。案，釋文云「忍，本亦作『刃』，同而慎反。依字韋旁刃，此今假借也」。考采薇箋「堅忍」，白華、抑箋「柔忍」，皇皇者華傳「調忍」字，皆作「忍」，周禮土訓、考工記二釋文亦可證，是此傳本作「忍」字，因正義自用「韌」字，不知者乃取以改也。又，考文古本作「紉」，采釋文所載沈重說；及采薇改作「緦」；白華采所易今字作「韌」，皆非也。舊釋文「韋」字誤，今正，見後考證。

* **木旁作刃** 補：「木」當作「韋」。

169 **故云彊韌之木** 閩本、明監本、毛本同。案，傳作「忍」，正義作「韌」，「忍」「韌」古今字，易而說之也，例見前。餘同此。

170 **駁馬梓檎** 閩本、明監本、毛本「檎」作「楡」。案，「楡」字是也，晨風正義引作「楡」。

○叔于田

171 **以寵私過度** 閩本、明監本、毛本「私」誤

「祿」。

172 丰曰俟我乎巷　明監本、毛本「丰」誤「毛」，閩本不誤。

173 夾轅兩馬　明監本、毛本「夾」誤「也」，閩本不誤。

174 言其不妄爲武　閩本、明監本、毛本「武」下衍「也」字。

○大叔于田

175 叔多才而好勇　唐石經、小字本、相臺本同。案，此正義本也。釋文云「本或作『而好勇』，『好』衍字」；正義云「襢裼暴虎，是好勇也」，下文云「好勇如此」，是與「或作」本同。

176 大叔于田　唐石經、小字本、相臺本同。案，此正義本也。釋文云「叔于田，本或作『大叔于田』者誤」。正義標起止云「大叔至傷女」，下文云「毛以爲大叔往田獵之時」；又，上篇正義云「此言叔于田，下言大叔于田，作者意殊」，是與「或作」本同。此詩三章共十言「叔」，不應一句獨言「大叔」，或名篇自異，詩文則同，如唐風杕杜、有杕之杜二篇之比其首句，有「大」字者援序入經耳。當以釋文本爲長。

177 將叔無狃　唐石經、小字本、相臺本同。案，釋文云「毋，本亦作『無』」，正義本今無可考。

178 然則藪非一　閩本、明監本、毛本同。案，「則」當作「澤」，上下文可證。

179 孫炎曰狃伏前事　閩本、明監本、毛本同。案，浦鏜云「忕」誤「伏」，是也。

180 欲止則往　閩本、明監本、毛本同。案，浦鏜云「住」誤「往」，是也。

181 驂中對文　明監本、毛本「驂」下衍「與」字，閩本剜入。

182 乘一乘之駂馬　閩本、明監本、毛本上「乘」字誤「秉」，「駂」誤「鴇」。案，經、傳皆作

「鴇」，正義作「駂」，「鴇」「駂」古今字，易而說之也，例見前標起止。

183 **以惰慢者必遲緩**　明監本、毛本「慢」誤「悮」，閩本不誤。 ×

184 **明上句言覆矢**　閩本、明監本「明」誤「名」，毛本不誤。 ×

○清人

185 **臣有高克者**　閩本、明監本、毛本「臣」誤「將」。 ×

186 **禦狄于竟**　閩本、明監本、毛本「竟」作「境」，下言「禦狄於境」同。案，所改是也。序作「竟」，正義作「境」，下文皆可證。「竟」「境」古今字，易而說之也。考文古本序亦作「境」，誤采正義所易之今字。

187 **故言侵也**　明監本、毛本「也」誤「之」，閩本不誤。 ×

188 **駟四馬也**　小字本、相臺本同。案，釋文云「一本『駟介四馬也』」，考文古本有「介」字，采釋文一本。此箋但說駟耳，其「介甲也」已在傳矣，一本誤。○按，毛傳「文茵，虎皮也」；「荷華，扶渠也」，謂荷華之荷乃是扶渠也，傳之例本如此，後人有刪改，遂致不畫一。

189 **乃使四馬被馳駈敖遊**　明監本、毛本「被」下有「甲」字，閩本剜入。案，所補是也。[4]

190 **故刺之**　閩本、明監本、毛本「之」誤「也」。 ×

191 **酋近夷長也**　毛本「近」誤「短」，閩本、明監本不誤。 ×

192 **是守國之兵長**　明監本、毛本「兵」下衍「用」字，閩本剜入。 ×

193 **魯頌以矛與重弓共文**　明監本、毛本以下衍「二」字，閩本剜入。案，此無「二」字，乃與上下文互見，不當添也。

194 **然題者表識之言**　明監本、毛本「題」誤「則矛」二字，閩本剜入。

195 **中軍爲將也**　閩本、明監本、毛本同，小字本、相臺本「爲」作「謂」，考文古本同。案，「謂」字是也，釋文以「謂將」作音可證。

196 **注云右陽也**　閩本、明監本、毛本同。案，浦鏜云「左」誤「右」，是也。

197 **爲相敵之言**　閩本、明監本、毛本「言」下衍「○」。

198 **鄭兵緩爲右**　閩本、明監本、毛本同。案，山井鼎云「兵」當作「丘」，是也。

○羔裘

199 **朝多賢者**　閩本、明監本、毛本「賢」下衍「臣賢」二字。

200 **如濡潤澤也**　小字本、相臺本同。案，此正義本也，正義云「定本『濡潤澤也』，無『如』字」。釋文以「如濡」作音，亦有「如」字。此傳「潤澤」正謂裘之潤澤，所以得如濡，非訓濡爲潤澤也。正義所説是矣，定本失之也。皇皇者華箋云「如濡鮮澤也」亦其證。○按，裘不得云「潤」，乃如潤耳，「潤澤」正是濡訓，定本是也。

201 **刺今朝廷無此人**　明監本、毛本「人」下衍「也」字，閩本剜入。

202 **知緇衣者**　閩本、明監本、毛本「知」誤「如」。

* **亦謂朝夕賢臣**　補：「夕」當作「多」。

○遵大路

203 **不寁故也**　唐石經、小字本、相臺本同。案，釋文云「故也，一本作『故兮』，後『好也』亦爾」。考正義云

「我乃以莊公不速於先君之道故也」，標起止云「遵大至故也」，是正義本作「也」。

* 寁市坎反　補：案，釋文校勘「市」當作「巿」。

204 說文摻字山音反聲　閩本、明監本、毛本「字」下有「參」字。案，所補是也。「山音反」三字，當雙行細書，即爲「參」字作音也。閩本、明監本、毛本「山」誤「此」。

205 操字喿此遙反聲　閩本、明監本、毛本同。案，「此遙反」三字當雙行細書，即爲「喿」字作音也。此「喿」聲與上「參」聲皆二字連文。

〇女曰雞鳴

206 陳古意以刺今　唐石經、小字本、相臺本同。案，正義云「陳古之賢士好德不好色之義」，又云「定本云古義無『士』字」，是正義本有「士」字也。

207 朝廷之士　閩本、明監本、毛本「士」誤「上」。 ×

208 箋德謂至德也　閩本、明監本、毛本「也」作「者」。案，所改是也。 ×

209 士者男子之大號　閩本、明監本、毛本「大」誤「美」。 ×

210 曲禮所陳燕食之饌　閩本、明監本、毛本「食」誤「飲」。 ×

211 去則以報荅之　毛本「荅」作「畣」，閩本、明監本作「荅」。 ×

212 珩佩上玉也　毛本「佩」作「珮」，下同，閩本、明監本不誤。 ×

* 璜圭璧也　補：說文「圭」作「半」。案，「半」字是也。

* 佩玉有衡牙　補：禮記「衡」作「衝」。

213 諸侯佩山元玉　明監本、毛本同，閩本「諸」作「公」。案，此「公」字用禮記文改也。

214 士佩瑀玟玉　閩本、明監本、毛本同。案，此不誤。浦鏜云「玉」衍字，非也。記無「玉」字，正義引而增之，著正義引亦有「玉」字可證。

215 下傳亦云佩有琚玖所以納閒　閩本、明監本、毛本「玖」作「瑀」。案，「瑀」字誤改也，詳見下。

216 非古士獨說外來賓客　閩本、明監本、毛本「非」下衍「言」字。

217 此章非是異國耳　閩本、明監本、毛本「非」作「必」。案，所改非也，「非」當作「自」。

○有女同車

218 鄭人刺忽之不婚於齊　閩本、明監本、毛本同。案，序作「昏」，正義作「婚」，「昏」「婚」古今字，易而說之也，例見前。考文古本序作「婚」，誤采此。

219 而忽不娶　閩本、明監本、毛本同。案，序作「取」，正義作「娶」，「取」「娶」古今字，易而說之也，例見前。考文古本序作「娶」，誤采此，添「忽」字亦誤采此也。下箋「鄭人刺忽不取齊女」，小字本、相臺本、十行本皆不誤，閩本以下亦誤爲「娶」。餘同此。

220 獲其二帥　閩本、明監本、毛本「帥」誤「師」。

221 今以君命奔齊之急　明監本、毛本「以」誤「之」，閩本不誤。

222 明是在後妻者也　明監本、毛本「者也」誤「之賢」，閩本不誤。

223 何必實賢實長也　明監本「實」皆誤「貴」，閩本、毛本不誤。

224 曰雍始　閩本、明監本、毛本同。案，浦鏜云

「姑」誤「始」，考左傳，是也。

225 **佩有琚瑀所以納閒**　小字本、相臺本同。案，女曰雞鳴正義引此傳「瑀」作「玖」，見上。考女曰雞鳴傳云「雜佩珩璜琚瑀衝牙之類」，正義說之，於字皆引說文而證其爲佩，則「衝牙」及「珩」引玉藻，「璜」引列女傳，「琚」引此經，唯「瑀」獨無所證；故先引說文「瑀玖，石次玉」，後引丘中有麻云「貽我佩玖」，而云「然則琚玖與瑀皆是石次玉，玖是佩則琚亦佩也」。若此傳作「瑀」，則傳自有明證，不當舍之而借玖爲譬況矣。作「玖」者是也。

* **字書作⿰土耳**　補：釋文校勘：「⿰土耳」作「⿰土咠」，「⿰土咠」是「壻」之別體。小字本作「⿰土耳」，乃字有壞而改之。

226 **後世傳其道德也**　小字本、相臺本「其道」作「道其」，考文古本同。案，「道」字在「其」上者，是也，釋文以「傳道」作音可證。閩本、明監本、毛本亦誤在下，又脫「也」字。

227 **此解鏘鏘之意**　閩本、明監本、毛本同。案，傳及經皆作「將將」，正義作「鏘鏘」，易古字爲今字而說之也，例見前。庭燎正義作「將將」，當是不知者依經注改之耳。

○山有扶蘇

228 **所美非美然**　唐石經、小字本、相臺本同。案，正義云「皆是所美，非美人之事。定本『所美非美然』，與俗本不同」，是正義「然」字當是「人」字。標起止云「至美然」，後改也。

229 **扶蘇扶胥小木也**　小字本、相臺本同。案，釋文「山有扶蘇」下云「扶蘇，扶胥木也」。今考正義本亦然，無「小」字也。正義云「毛以爲山上有扶蘇之木」，又云「毛以下章云『山有喬松』是木，則扶蘇是木可知」，又云「扶胥山木，宜生於高山」，皆不言小木。至說鄭乃始云「小木」，又云「箋以扶蘇是木之小者」，較然有別可證。唯云「傳言扶胥小木者，毛當有以知之」，有一「小」字，乃後人用經注本之有「小」字者誤添之耳。段玉裁云：「毛云『高下大小各得其宜』，高下謂山隰，大謂扶蘇松，小謂荷龍，正言以刺忽，與鄭異。鄭乃互易其大小耳。」呂覽及漢書司馬相如、劉向、楊雄傳、枚乘七發、許氏説文皆謂扶疏爲大木。許氏『扶』作『枎』；古疏『胥』、『蘇』通用。」

230 荷華扶渠也其華菡萏　小字本、相臺本同。案，「荷」下「華」字衍也。傳分説經「荷」「華」二字，用爾雅文，不應「華」字又錯見「荷」字解中。正義云「荷，扶渠；其華，菡萏」，釋草文，正無「荷」下「華」字，是其本不誤。○按，非誤衍也，説見鄭風清人。

* 萏本又作欿又作萏　補：釋文挍勘云：盧本「欿」作「欿」，下「萏」字作「蓞」，云「『欿』舊作『欿』，據澤陂音義改。『蓞』舊作『萏』，據爾雅音義改」。案，所改是也，集韻四十八感載「藺」「萏」「蓞」「欿」四形可證。

231 所美非矣　閩本、明監本、毛本「矣」作「美」。案，所改是也，下文云「此篇刺昭公之所美非美，養臣失宜」是其證。

* 扶蕖其其華菡萏　補：衍一「其」字。

* 醜人之至意同　補：毛本「醜」作「箋」。案，「箋」字是也。

232 山有喬松　唐石經、小字本、相臺本「喬」作「橋」，閩本、明監本、毛本亦同。案，「橋」字是也。釋文：「橋，本亦作『喬』。毛作『橋』，其驕反。王云，高也。鄭作『槁』，苦老反，枯槁也。」考正義本是「橋」字。此經毛作「橋」，以爲「喬」之假借。鄭亦作「橋」，與毛字同，但以爲「槁」之假借，是其異耳。釋文云「毛作某，鄭作某」，所謂某者指傳箋之義，不以指經字之形。經字之形，毛鄭不容有異也。箋云「槁松在山上」，以爲假借，不云「讀爲」，直於訓釋中改其字也，箋例每如此。其釋文本亦作「喬」者，乃依毛義改爲正字耳，非毛鄭詩舊文也。考文古本作「喬」，采釋文「亦作」本。

233 喬松在山上　小字本、相臺本「喬」作「橋」，閩本、明監本、毛本同。案，「橋」當作「槁」，見上。

234 紅草放縱枝葉於隰中　小字本同，閩本、明監本、毛本同，相臺本「枝」作「支」。案，「枝」字是也，相臺本取芄蘭經字非也。

235 傳以喬松共文　閩本、明監本、毛本「喬」作「橋」，下「以明喬非木也」、「不取喬游爲義」同。案，「喬」字是也。凡正義說傳者例用「喬」，十行本皆未誤；此用毛義易字，非正義本經作「喬」也。

236 嫌爲一木　閩本、明監本「木」誤「本」，毛本不誤。×

237 此章直名龍耳　閩本、明監本、毛本同。案，浦鏜云「草」誤「章」，是也。

238 不應言橋游也今松言槁　閩本、明監本同，毛本「槁」作「橋」；下「明槁松喻無恩於大臣」，明監本、毛本皆作「橋」。案，「槁」字是也。凡正義說箋者例用「槁」，十行本多未誤，唯不應言「槁游也」一字誤作「橋」耳。

239 下篇言昭公有狂狡之志　閩本、明監本、毛本同。案，「狂」當作「壯」，形近之譌。

○蘀兮

240 和者當汝臣　閩本、明監本、毛本「當」下有「是」字。案，所補是也。

241 有君不以爲君　明監本、毛本上「君」字誤「臣」，閩本不誤。×

○狡童

242 使立突　閩本、明監本、毛本「使」誤「所」。×

○褰裳

243 欲大國以兵征鄭　毛本「大」誤「人」，閩本、明監本不誤。×

* 復思於鄭　補：「思」當作「歸」。

244 先鄉齊晉宋衛後之荆楚　小字本、相臺本同。案，此定本也。正義云「齊晉本是諸夏大國，與鄭境接連，楚則遠在荆州，是南夷大國」，下文云

「其實大國非獨齊晉，他人非獨荆楚也。定本云『先嚮齊晉宋衛後之荆楚也』，義亦通」。是正義本當無「宋衛」二字，今正義作「齊晉宋衛諸夏大國」者誤。下文又云「而云告齊晉宋衛者」，此承定本之下，因引春秋經有「宋公衛侯」遂并説，義亦通耳，與上文不同。

245 可知此子不斥大國之君　閩本、明監本、毛本同。案，浦鏜云「可」當「何」字誤，是也。

246 正可有親疏之異　閩本、明監本、毛本「可」誤「以」。

247 齊晉宋是諸夏大國　閩本、明監本、毛本「是」作「衛」。案，此非也，「宋」當作「本」，詳見上。

* 見子與他人之異有　補：毛本「有」作「耳」。

248 是爲諸國不思正己　閩本、明監本、毛本「爲諸」誤「謂侯」。

249 故箋之云他士猶他人　閩本、明監本、毛本脱「之」字，閩本、明監本「士」誤「事」，毛本不誤。

250 其卿三命　閩本、明監本、毛本「三」誤「二」。

○丰

251 謂之婚姻　閩本、明監本、毛本「婚」誤「昏」，下同。案，此正義十行本唯「昏時」「士昏禮」「昏」字不從女，是也。其序注標起止皆作「婚」，則「婚」者正義所易字。

252 之黨爲姻兄弟　閩本、明監本、毛本「之」上有「壻」字。案，所補是也。

253 謂婦爲婚也　閩本、明監本、毛本「謂」誤「爲」。

254 **悔予不將兮**　小字本、相臺本同。案，「予」字唐石經磨改，其初刻字不可知矣。

255 **褧禪也**　毛本「禪」誤「禪」，明監本以上皆不誤，下同。

256 **士妻紂衣纁袡**　小字本、相臺本同。案，此釋文本也。釋文云「紂，側基反，本或作『純』，又作『緇』」。考士昏禮，釋文本誤也，唯「本或作純」不誤。經云「女次純衣」，注云「純衣絲衣」，是「純」如字讀，訓爲絲，鄭未嘗破爲「紂」也。儀禮「緇」字甚多，皆作「緇」，無作「紂」者，經爲「純」字更審矣。「紂」字在周禮媒氏注，非此經之字也。正義引士昏禮并注，是其本當不誤，今亦盡作「紂」，用釋文改注，又用注改正義也。考文古本作「緇」，采釋文「又作」本。

257 **女從者畢袗元**　閩本、明監本、毛本「袗」誤「衿」。

○東門之墠

258 **而相奔者也**　各本此序無注，釋文云「此序舊無注，崔集注本有鄭注云『時亂故不得待禮而行』」。考正義當亦無此注，實非鄭注也，集注誤耳。

259 **故名曰爲刺也**　閩本、明監本、毛本同。案，「名曰」當作「各自」，形近之譌。

260 **東門之墠**　唐石經、小字本、相臺本同。案，此定本也。正義云「徧檢諸本，字皆作『壇』」，又云「讀音曰墠，蓋古字得通用也。今定本作『墠』」；釋文云「壇，音善，依字當作『墠』」，考此是釋文、正義經字皆作「壇」，注同。唐石經以下依定本作「墠」。

261 **男女之際近而易**　小字本、相臺本同，閩本、明監本、毛本同。案，正義云「阪云遠而難，則壇當云近而易。不言『而易』，可知而省文也」。是傳本無「而易」二字。釋文於下「易越」始云「以豉反，下同」，當是亦無此二字也。各本皆衍。

262 **則茹藘在阪**　閩本、明監本、毛本同，相臺本「則」下有「如」字，考文古本同，小字本作「以」。

案，有「如」字者是也。

263 壇坂可以喻難耳　閩本、明監本、毛本「難」下有「易」字。案，所補是也。

264 則在東門外　閩本、明監本、毛本誤作「則近在門外」。×

＊ 故知以禮爲送近　補：毛本「送」作「遠」。案，「遠」字是也。

＊ 女乎男迎己之辭　補：「乎」當作「呼」。

○風雨

265 胡何夷説也　小字本、相臺本同。案，正義云「定本無『胡何』二字」；考文古本無，采正義。

＊ 言風雨且雨　補：毛本作「風而且雨」。

○子衿

266 亂世則學校不脩焉　唐石經缺，小字本、相臺本同。案，釋文云「世亂，本或以『世』字在下者，誤」，正義本今無可考。

267 言可以校正道藝　小字本、相臺本同。案，釋文上云「學校，户孝反」，下云「以挍正，音教」，是「學校」字當從木，「挍正」字當從扌。五經文字手部云「校，經典及釋文或以爲比挍字」。案，字書無文，此「校」字即張參所云也。各本「挍正」字從木，誤。毛本「學校」字亦從扌，更誤。正義中字同此。釋文有誤「挍」作「校」者，今正，詳後考證。

268 鄭國衰亂不脩校　閩本、明監本、毛本「校」上有「學」字。案，所補是也。

269 故曰校也　明監本、毛本「曰」誤「稱」。×

270 衣皆謂之襟李巡曰衣皆　閩本、明監本、毛本同。案，浦鏜云「眥」誤「皆」，考爾雅，是也。段玉裁云：「作『皆』不誤。皆猶交也，衣皆謂衣領，衣之交處也。此當是李巡本獨得之，他本作『眥』，不可解，乃字之誤耳。」

271 士佩瓀珉　小字本、相臺本同。案，釋文作「碝」，云「本又作『瓀』，如兖反」。考玉藻釋文云

「瑈，而兖反，徐又作『瑌』，同」。説文、五經文字「碝」字皆在石部，其作「瑌」者，後變而從玉耳。凡「耎」聲之字，多誤從需聲，見廣韻廿八「獮輭」字下，故「又作」本如此。

○揚之水

272 **被他人之言** 閩本、明監本、毛本「被」作「彼」。案，所改是也。

○出其東門

273 **而韅高渠彌** 閩本、明監本、毛本同。案，浦鏜云「轘」誤「韅」，是也。

274 **如其從風** 閩本、明監本、毛本同，小字本、相臺本「其」作「雲」。案，「雲」字是也。

275 **聊樂我員** 唐石經、小字本、相臺本同。案，釋文云「我員，音云，本亦作『云』」；正義云「則可以樂我心云耳」，下文云「『云』『員』古今字，助句辭也」。是正義本作「員」，以「員」爲古字，「云」爲今字，故易「員」爲「云」而説之，自著其例如此也。凡易字者，依是求之而例可得矣。又，商頌「景員維河」，箋「員，古文云」亦可證。

276 **縞衣綦巾所爲作者之妻服也** 小字本、相臺本同。案，此「所」字上當有「己」字。正義當本云「故言縞衣綦巾己所爲作者之妻服也，己謂詩人自己」。今正義脱去所上「己」字耳，不然此箋更無「己」字，其「己謂詩人自己」者，安所指乎？考文古本有「己」字，采正義而得之者也。

277 **恩不忍斥之** 小字本、相臺本同，考文古本同，閩本、明監本、毛本「恩」誤「思」。 ×

278 **有棄其妻** 閩本、明監本「妻」下有「者」字。案，所補是也。

279 **如雲之從風** 閩本、明監本、毛本重「雲」字，衍。 ×

280 **青黑白綦** 閩本、明監本、毛本同。案，浦鏜云「曰」誤「白」，是也。 ×

281 是心不忍絶也　明監本、毛本「是」誤「自」，閩本不誤。

282 荼茅秀　小字本同，岳本「秀」作「莠」。釋文云「秀，或作『莠』，音同。劉昌宗周禮音『莠，音酉』」。考正義本是「秀」字，鴟鴞正義引此箋作「秀」。既夕釋文「用荼」下云「茅莠」，地官釋文「茅莠」下云「毛詩注作『秀』」，是字本不與二禮注同，「或作」本正依二禮改耳。考文古本作「莠」，采釋文。○案，段玉裁云：「莠者，魏晉以下俗字也，謂依二禮改，非是。」

283 説文云闉闍城曲重門　閩本、明監本、毛本同。案，此不誤。浦鏜云「曲，説文作『內』」，非也。説文本作「曲」，今説文誤耳，九經字樣云「闉城曲重門也」可證。

284 即委菜也　閩本、明監本、毛本「菜」作「葉」。案，所改是也。

285 六月云白旆英英　毛本「英英」誤「央央」，閩本、明監本不誤。

○野有蔓草

286 出其東門二章　小字本、相臺本同，唐石經初刻無「其」字，後改同今本。案，初刻誤也，序有可證。

287 下章首二句是也　閩本、明監本、毛本同。案，浦鏜云「二」誤「下」，是也。

288 零露漙兮　唐石經、小字本、相臺本同。案，正義云「『靈』作『零』字，故爲落也」。詩經小學云：「案此則經本作『靈露』，箋作『靈落』也，假『靈』爲『零』字。依説文則是假『靈』爲『霝』。」考文古本「漙」作「團」，采釋文也。釋文云：「漙，本亦作『團』，徒端反，團團然盛多也。」匡謬正俗所云「詩古本有作水旁專者，亦有單作專者，後人輒改之爲『團』字，讀爲團圓之團者」，即謂此。

289 清揚眉目之閒婉然美也　小字本、相臺本同。案，經義雜記云：「此傳當云『清揚婉兮，眉目之閒婉然美也』，下八字作一句，讀以清爲目之美，以揚爲眉上之美，以婉兮爲清揚之美婉婉然。今傳中無『婉兮』字，是嫌於訓清揚爲眉目之閒矣，此以經合傳時所删。」

290 **有蔓延之草** 閩本、明監本、毛本同。案，「蔓延」當倒，下文可證。

* **露潤之兮** 補：毛本「露」作「霑」。

291 **鄭以仲春爲媒月** 閩本、明監本、毛本同。案，浦鏜云「婚」誤「媒」，是也。

292 **野有蔓草三章** 唐石經、小字本、相臺本「三」作「二」。案，「二」字是也，閩本、明監本、毛本亦誤作「三」。

○溱洧

293 **士與合會溱洧之上** 小字本、相臺本「與」下有「女」字，明監本、毛本同，閩本剜入。案，此脱也。

294 **渙渙春水盛也** 小字本、相臺本同，考文古本同，閩本、明監本、毛本脱「春水」二字。案，釋文「渙渙」下云「春水盛也」，山井鼎用爲證，是也。✕

295 **士曰巳觀乎** 閩本、明監本、毛本同。案，浦鏜云「乎」當「矣」字誤，是也。

齊譜

296 **鄭國二十一篇** 小字本、相臺本同。唐石經磨改「廿一篇」，其初刻上爲「二十」，其下不能知矣。

297 **季蒯因之** 閩本、明監本、毛本同。案，山井鼎云「蒯」當作「蒯」，物觀云「宋板下『季蒯』作『季蒯』」，是也。

298 **其先祖世爲四岳** 閩本、明監本、毛本同。案，浦鏜云「嘗」誤「世」，是也，崧高正義引作「嘗」是其證。

299 **師尚父堪君多難** 閩本、毛本同，明監本「堪」作「甚」。案，皆誤也。考文王正義引作「謀計居多」，此當與彼同。

300 **大公以元勳**　毛本「勳」誤「勛」，閩本、明監本不誤。案，此「勛」字在周禮故書，非正義所用。餘同此。

301 **自武公九年**　明監本、毛本「公」誤「王」，閩本不誤。

302 **止自胡公之所殺**　閩本、明監本、毛本同。案，盧文弨云「止自」當作「上距」，是也。

303 **故云敷土**　閩本、明監本、毛本同。案，「土」當作「定」，此説譜「敷定九畿」。

304 **甸服此周爲王畿**　閩本、明監本、毛本同。案，「此」當作「比」，形近之譌。

305 **成王周公封東至海**　閩本、明監本、毛本同。案，浦鏜云「至『非奄君名也』疑在下『成王』節疏内，錯誤在此」，是也。當以此「成王」起接管仲之言也，下凡移百九十三字。

306 **在禹貢青州**　閩本、明監本、毛本同。案，山井鼎云「在禹」上當有圈，是也。

307 **濰水出今琅耶箕屋山**　閩本、明監本、毛本同。案，此不誤。浦鏜云「漢志無『屋山』二字」，非也。今志誤脱耳，説文「濰」字下有可證。

308 **與呂伋王孫牟**　閩本、明監本、毛本「伋」作「汲」。案，此誤改也。十行本此字作「伋」，以下引顧命、齊世家則作「汲」，各順其文耳。

309 **不言孝王者有大罪去國**　閩本、明監本、毛本同。案，此當作「不言孝王身有大罪于國」，皆形近之譌。譜序正義無「身」字，「于國」作「惡」，彼文多不與此同也。

310 **詩人作到**　閩本、明監本、毛本同。案，山井鼎云「到」當作「刺」，是也。

311 **昭暫若此**　閩本、明監本、毛本同。案，山井鼎云「暫」恐「晳」誤。

○雞鳴

312 **故夫人興戒君子**　閩本、明監本、毛本同。案，「故」當作「無」。

313 **故陳人君早朝**　閩本、明監本、毛本同。案，「人君」當作「夫人」，見第二章正義。 ×

314 **皆陳與夫相警相成之事也**　閩本、明監本、毛本同。案，「陳」當作「是」，以上正義各本譌舛不可讀，今訂正。

315 **雞鳴思賢妃也至蒼蠅之聲**　閩本、明監本、毛本同。案，此標起止有誤。序有疏已在上矣，「雞鳴思賢妃也」六字不當更見於此，依其常例但取經首末二字而已，當云「雞既至之聲」。 ×

316 **以雞既鳴知朝將盈**　閩本、明監本、毛本同。案，十行本「以」至「知」剜添者一字。 ×

* **當復椽衣**　補：毛本「復」作「服」。

317 **東方且明之時**　小字本、相臺本同，閩本、明監本、毛本「且」誤「早」。案，正義云「是東方且欲明之時，即上雞鳴時也」可證。考文古本作「旦」字，又云「宋板同作『旦』」者皆誤。 ×

318 **鳳凰爲之長**　毛本「爲」誤「謂」，閩本、明監本不誤。 ×

○還

319 **還便捷之貌**　小字本、相臺本同。案，釋文「便捷，本亦作『便旋』」，正義本是「捷」字。 ×

320 **併驅而逐禽獸**　閩本、明監本、毛本同，小字本、相臺本「禽」作「二」。案，「二」字是也，「禽」字誤。

* **則是山之南山則**　補：毛本下「則」字作「側」。

321 **牡名驢牝狼**　閩本、明監本、毛本「牝」下有「名」字。案，所補是也。

322 ○著

謂所以懸瑱者　閩本、明監本、毛本同，小字本、相臺本「懸」作「縣」。案，「縣」字是也。釋文云「以縣，音元，下同」。正義本當亦是「縣」字，其自爲文乃用「懸」字，「縣」「懸」古今字，易而説之之例也，不知者乃以正義所易改箋。

323 人君以玉爲　閩本、明監本、毛本同，小字本、相臺本「爲」下有「之」字，考文古本同。案，有者是也。

324 楚語稱曰公子張　閩本、明監本、毛本同。案，「曰」當作「白」，形近之譌。

325 其又以繩爲瑱　閩本、明監本、毛本同。案，此不誤。浦鏜云「規」誤「繩」，非也，繩當訓爲戒。今韋昭注作「規」，不與正義所引本同也。

326 士婚禮壻親迎　閩本、明監本、毛本「婚」作「昏」。案，所改是也。餘同此。

* 至於女嫁　補：毛本「嫁」作「家」。

327 宜降以兩且此詩刺不親迎　閩本、明監本、毛本「降」下衍「殺」字，「且」誤「耳」。×

328 取其韻故耳　閩本、明監本、毛本「韻」下有「句」字。案，所補非也，或言韻，或言韻句，一也。×

329 其物小耳　毛本「小」誤「下」，閩本、明監本不誤。×

330 箋尚猶至似瓊也　閩本、明監本、毛本脱「也」字。×

331 而云玉之瑱兮　閩本、明監本、毛本同。×案，此不誤，下孫毓引同。浦鏜云「也」誤「兮」，非也，説文「瑱」下引「玉之瑱兮」可證。案，段玉裁云「古尚書、周易無『也』字，毛詩、周官始見。各書所用『也』字本『兮』字之假借」，是也。

332 **青紞之青**　毛本「青」下衍「也」字，閩本衍「〇」，明監本誤空一字，餘本不誤。

333 **天子用金**　閩本、明監本、毛本同。案，浦鏜云「全」誤「金」，是也。

〇東方之日

334 **刺衰也**　唐石經、小字本、相臺本同。案，釋文云「本或作『刺襄公』，非也」；正義云「刺衰也」，與釋文同。

335 **有姝姝美好之子**　小字本同，相臺本亦同，考文古本亦同，閩本、明監本、毛本「姝姝」作「姝然」。案，此當是「有姝姝然美好之子」，靜女正義所引可證也。今此正義兩言「姝然」，其毛以爲下一「姝然」不誤，以傳本不重此字也。其鄭以爲下本是與箋文同作「姝姝然」，因上有「姝然」，遂誤脱之也。閩本以下用以改箋，非也。各本亦脱去「然」字。

336 **傳月盛至門**　閩本、明監本、毛本同。案，「門」下當有「内」字。

〇東方未明

337 **東方未明三章**　閩本、明監本、毛本脱「未明」二字。

338 **挈讀如挈髮之挈**　閩本、明監本、毛本同。案，下二「挈」字浦鏜云「絜」誤「挈」，考周禮注，是也。

339 **東方未明當起也**　閩本、明監本、毛本同。案，當上脱去一「未」字。

340 **不能辰夜**　各本皆同。案，考文古本「辰」作「晨」，誤也。考此可見古本之多誤。

341 **瞿爲良士貌**　閩本、明監本、毛本同。案，「瞿」當作「因」。

342 **麻言晝夜者**　閩本、明監本、毛本「者」誤

「考」。

343 夙早釋注文　閩本、明監本、毛本同。案，山井鼎云「注」當作「詁」，是也。

○南山

344 公謫之　閩本、明監本、毛本同。小字本「謫」作「讁」，相臺本作「適」。案，「讁」字是也。釋文云「讁，直革反」，是箋字作「讁」也。左傳作「謫」，正義引同，順彼文耳。十行本因改餘字皆作「謫」，誤也。相臺本作「適」更誤，「適」是古假借字，非箋所用。五經文字云「謫，經典或從適，又借『適』字爲之」，乃包舉左傳、詩北門、禮記昏義等而言之者也。○按，漢人不必不用假借字，讀兩漢書及漢人所著可證，舊挍非也。

345 襄公使公子彭生乘公　小字本、相臺本同。案，釋文云「彭生乘，繩證反，一本作『彭生乘公』，『乘』則依字讀」。正義本今無可考。段玉裁云：「左傳古本當是『使公子彭生乘』爲句，『公薨於車』爲句，俗本增一『公』字耳。乘謂同車也。」

346 下章責魯桓　明監本、毛本「章」上有「二」字，閩本剜入。案，所補是也。

347 大夫遇是惡　明監本、毛本「大」上衍「故」字，閩本剜入。

348 以奸淫之事　閩本、明監本、毛本「奸」作「姦」，下同。案，五經文字云「姦，俗作『奸』，訛」。正義多有之，當是傳寫作俗體耳。

349 正謂手捉其脇而折拉然爲聲　閩本、明監本、毛本「折拉」誤倒。案，此讀「折」字句絶，「拉」字下屬。

350 經書三月夫人遜于齊　毛本「三」誤「二」，閩本、明監本不誤。

351 於會防之正　閩本、明監本、毛本同。案，浦鏜云「下」誤「正」，是也。

352 意出於齊侯　毛本「出」誤「正」，閩本、明監本不誤。

353 以襄公居尊位而失匹配　閩本、明監本、毛本同。案，十行本「居」至「匹」剜添者一字。

354 言魯之道路有蕩然平易　閩本、明監本、毛本同。案，十行本「路」至「平」剜添者一字。

355 以求配耦　閩本、明監本、毛本「耦」誤「偶」。

356 五人爲奇　小字本、相臺本同。案，釋文云「人奇，居宜反」，是其本無「爲」字也。正義本今無可考，但無者是也。正義本當亦無，其各本是淺人誤添耳。

357 是服之最尊　閩本、明監本、毛本「服」誤「物」。

358 奇天數矣獨舉五而言　閩本、明監本、毛本同。案，「天」當作「大」，形近之譌也。「奇大數矣」者，謂奇之數不止於五也。

359 不宜以襄公往雙之云其數奇　閩本、明監本、毛本同。案，「云」當作「六」，形近之譌也。「六其數奇」者，謂從五人而六之，則五人失其數奇也。此正義各本譌舛不可讀，今訂正。○按，此必有脱誤，或作「耦其奇數」。

360 又襄公止復文姜耳　閩本、明監本、毛本同。案，浦鏜云「從」誤「復」，是也。

361 種之然後得麻　小字本、相臺本同。案，正義云「今定本云『重之然後得麻』，義雖得通，不如爲『種』字也」。考釋文不爲「重」字作音，當與正義本同。

362 令至于齊乎　毛本「令」誤「命」，明監本以上皆不誤。

363 又非魯桓　小字本、相臺本同。閩本、明監本、毛本同。案，此「又」字衍也。下章箋始云「又非魯桓」，「又」者，又此箋也。正義於此章云「責魯桓」，於下章云「又責魯桓」，一無一有，極爲明晰。

364 而至齊乎止　明監本、毛本「止」誤「上」，閩本不誤。 ×

365 卜於死者以足之　明監本「足」誤「兄」，毛本誤「見」，閩本不誤。 ×

366 正義曰釋詁文　閩本、明監本、毛本「文」誤「云」。 ×

367 正義曰釋詁文　閩本、明監本「文」誤「云」，毛本不誤。 ×

○甫田

368 言無德而求諸侯　閩本、明監本、毛本同；小字本、相臺本「言」上有「箋云」；考文古本有，亦同。案，有者是也。

369 總角丱兮　小字本、相臺本同，閩本、明監本、毛本同，唐石經「丱」作「卝」。案，各本皆誤，唐石經是也，見五經文字艹部。

370 未幾見兮　唐石經、小字本、相臺本同。案，釋文云「見兮，一本作『見之』」，考釋文一本是誤本也。詩之大體韻在辭上者，其韻下助句之字必同。此章四句句末悉是「兮」字，不得此句獨爲「之」字也。所以致誤之由，當以箋云「見之無幾何」故耳。其實此箋之字不出於經也。正義云「未經幾時而更見之」，末亦當有「兮」字，「見之」字取於箋，「兮」字順經文。正義每如此，今脱去耳，未可即謂正義本作「之」字也。韻下助字之同，由漢廣「思」字推之，則作正義者必知之矣，不容誤也。呡正義引作「兮」。考文古本作「之」，采釋文。

371 突而弁兮　唐石經、小字本、相臺本同。案，正義云「此言『突若弁兮』」，又云「若猶耳也，故箋言突耳加冠爲成人。猗嗟『頎若』，言若者皆然耳之義，古人語之異耳。定本云『突而弁兮』，不作『若』字」。考釋文以「突而」作音，與定本同。猗嗟正義云「義並通」，故呡正義引作「而」，依定本也。○按，箋作「突爾」，猶突然也，俗本作「耳」，乃大誤。凡云「爾」者，猶言如此也。

372 婉孌少好貌 毛本「貌」誤「倪」，明監本以上皆不誤。×

373 言若者皆然耳之義 閩本、明監本、毛本同。案，此不誤。浦鏜云「抑」誤「言」，非也。「言若者」三字下屬，浦誤上屬讀之也。此但舉「突若」、「頎若」二「若」字與定本作「而」不同者，其「抑若」則定本亦不作「而」，故不及之。○按，當云「皆然爾之義」。×

○**盧令**

374 其環鈴鈴然爲聲 閩本、明監本、毛本同。案，經傳作「令令」，標起止云「至令令然」，正義作「鈴鈴」。「令」「鈴」古今字，易而說之也，例見前。×

375 孟子謂梁惠王曰 閩本、明監本、毛本同。案，「謂」字當衍。

376 忻忻然有喜色 閩本、明監本、毛本「忻忻」作「欣欣」。案，所改非也。當是本作「忻忻」，不與今孟子同，故誤如此。

377 鬈讀當爲權權勇壯也 小字本、相臺本同。案，詩經小學云：「五經文字『權』字注云從手作『攉』，古拳握字。可知鄭箋從手，非從木，與說文引國語『捲勇』、小雅『攉勇』字同。今字書佚此字，僅存於張參之書。吳都賦『覽將帥之攉勇』，善曰『毛詩無拳無勇，拳與攉同』，俗刻文選譌誤，不可讀。」

○**敝笱**

378 鰥大魚 小字本、相臺本同。案，釋文云「鰥，毛古頑反，大魚也。鄭古魂反，魚子也」。正義云「是鰥爲大魚也。傳以鰥爲大魚，則以大爲喻。王肅言魯桓不能制文姜，若敝笱不能制大魚也」。段玉裁云「說文『鰥，魚也』，蓋出於毛詩。魴、鱮、鰥皆魚名耳，本無大字，或加之以駮鄭。『魴』已見周南，故此單釋『鰥』」。×

379 **弊敗之笱** 閩本、明監本、毛本同。案，經注作「敝」，正義作「弊」，「敝」「弊」古今字，易而説之也，例見前。考此知緇衣正義「敝」字亦皆本是「弊」字，今但存「緇衣若弊」一「弊」字，餘字作「敝」，後人依經注改之而未盡也。

380 **初歸於魯國止** 閩本、明監本、毛本「止」誤「正」，下同。

381 **鰥魚子釋魚文** 閩本、明監本、毛本同。案，「鰥」當作「鯤」，下引李巡注可證，又下云「鯤鰥字異」亦可證。

382 **或鄭本作鯤也** 閩本、明監本、毛本同。案，「鯤」當作「鰥」，謂或鄭之爾雅作「鰥」字也，此與上「鯤魚子」「鯤鰥」互易而誤如此。

383 **里革斷其罟** 閩本、明監本、毛本「里」誤「星」。

384 **魚禁鯤鱬** 閩本、明監本、毛本同。案，「鱬」當作「鱬」，即「鮞」之別體字。今國語作「鮞」，此從重而者，亦如「陑」作「隭」，「輀」作「轜」也。

385 **箋以一鰥若大魚** 閩本、明監本、毛本同。案，「一」當作「魴」，刊時字壞而如此。

386 **且魴鯤非極大之魚與鰥不類** 閩本、明監本、毛本同。案，「鯤」當作「既」，形近之譌。

387 **魴鱮大魚** 小字本、相臺本同。案，釋文「魴鱮」下云「毛云大魚也」。以上章推之，正義本亦如此。段玉裁云「此當云『鱮魚也』」，説詳上。

388 **亦文姜所使止** 小字本、相臺本同。案，正義云「亦文姜所使，今定本云『所使出於義』，是也」。標起止云「至使止」，此箋當是定本有「止」字，正義本無耳，「出」是「止」字之譌，標起止當是後改也。

389 今其上下相充也　閩本、明監本、毛本同。案，浦鏜云「今」當「令」字誤，是也。

390 義亦同也　閩本、明監本、毛本此下尚有十九字，同。案，山井鼎云「釋文混在疏中，當改正也」，是也。

○載驅

391 疾驅於通道大都　唐石經、小字本、相臺本同。案，下正義云「序言疾駈，故云疾驅，『駈』與『驅』音義同」。考釋文云「載驅，本亦作『駈』」，「薄薄」下云「疾駈聲也」，又鄘載馳釋文云「『駈』字，亦作『驅』，如字，協韻亦音丘」。是唐時凡經序「驅」字皆有作「駈」之本，而正義本此一字作「駈」，故特説之也。五經文字云「『驅』作『駈』訛」，依字書言之，正義自爲文亦用「驅」。十行本閒或作「駈」，乃寫書人以爲別體，取其省，非正義所用。

392 載驅薄薄　毛本「驅」誤「馳」，明監本以上皆不誤。×

393 簟茀朱鞹　唐石經、小字本、相臺本同。案，五經文字云「鞹，此説文字，論語及釋文並作『鞟』」，今此釋文正作「鞟」，正義引説文或其本作「鞹」，而唐石經以下所從出也。韓奕釋文亦作「鞹」。

394 簟方文蓆也　閩本、明監本、毛本同，小字本、相臺本「蓆」作「席」。案，「席」字是也。蓆，大也，在緇衣非此之用，但俗體有加草者耳。

395 以入魯竟　小字本、相臺本同，閩本、明監本、毛本「竟」作「境」。案，「竟」字是也。釋文云「竟，本亦作『境』」。考正義本是「竟」字，其自爲文則用「境」字，易字之例也。餘同此。×

396 輿革前謂之艱　閩本、明監本、毛本同。案，浦鏜云「『鞎』誤『艱』，下同」，是也。

397 彼文革飾後户謂之蔽　閩本、明監本、毛本同。案，盧文弨云「當云『革飾後户謂之茀，竹飾後户謂之蔽』，脱七字」，是也，上文可證，複出而誤耳。

398 乘其一騆之馬　閩本、明監本、毛本「乘」誤「盛」。 ×

399 箋以爲齊子愷悌　閩本、明監本、毛本同。案，經注作「豈弟」，標起止云「至豈弟」，正義作「愷悌」。「豈」「愷」，「弟」「悌」皆古今字，易而説之也，例見前。考文古本經作「愷」「悌」，誤采正義所易之今字。 ×

400 與上古文相通也　閩本、明監本、毛本同。案，「古」當作「句」，形近之譌。

○猗嗟

401 頎而長兮　唐石經、小字本、相臺本同。案，正義云「若猗然也，此言頎若長兮」，又「定本云『頎而長兮』，而與若義並通也」。釋文以「頎而」作音，與定本同。

402 然而美者其額上揚廣兮　閩本、明監本、毛本同。案，「然」上浦鏜云脱「抑」字，是也。

403 嗟是口之喑咀　閩本、明監本、毛本同。案，「咀」當作「啞」，形近之譌。「喑啞」見史記淮陰侯列傳索隱，亦作「噁」，見集解。

404 傳欲辨揚是眉　閩本、明監本、毛本「傳」誤「專」。 ×

405 趨今之吏步　閩本、明監本、毛本「吏」作「捷」，是也。

406 大夫二正士一正　小字本、相臺本同。案，此定本也。正義本當是「大夫二正士二正」，正義引夏官射人而云「彼文大夫士同射二正，今定本云『大夫二正士一正』誤耳」，各本皆沿定本之誤。 ×

* 尾於正鵠之事　補：毛本「尾」作「毛」。

407 未學者之所及　閩本、明監本、毛本同。案，浦鏜云「未」當「末」字誤，是也。

408 以射法治射義　閩本、明監本、毛本同。案，浦鏜云「儀」誤「義」，是也。

409 均布之以至於外畔也　明監本、毛本「均」下衍「而」字，閩本剜入。

410 量侯道者以弓爲度　毛本「度」誤「量」，閩本、明監本不誤。

411 司衣掌大射之禮云　閩本、明監本、毛本同。案，浦鏜云「裘」誤「衣」，是也。

412 有正者無鵠者無正　閩本、明監本、毛本同。案，浦鏜云「無鵠」下當脱「有鵠」二字，是也。

413 象其能禦四方之亂也　閩本、明監本、毛本同，小字本、相臺本無「也」字。

414 二十四章　唐石經「二十」作「卅」，小字本、相臺本作「三十」，毛本同。案，「三十」是也。閩本、明監本亦誤作「二十」。

魏譜

415 都平陽或安邑　閩本、明監本、毛本「平」誤「子」。

416 乃厎滅亡　閩本、明監本、毛本「厎」誤「底」，下「厎柱」同。

417 故言周以封同姓子　閩本、明監本、毛本同。案，「子」當作「云」，形近之譌。

* 其封域　補：案，「其」上當「○」。

418 寘諸河之干兮　閩本、明監本、毛本同。案，此不與今地理志同。

* 昔舜陶於河濱　補：案，「昔」上當「○」。

419 不可知凡　閩本、明監本、毛本同。案，浦鏜云「凡」當作「也」字誤，是也。

420 止此詩並刺君　閩本、明監本、毛本「止」

作「也」。案，皆誤也，「止」當作「但」字之壞耳。

○**葛屨**

421 **而無德以將之**　小字本、相臺本同，唐石經初刻「之」下有「也」字，後磨去。

422 **葛屨二章**　明監本、毛本「二」誤「三」，閩本不誤。

423 **反覆儉嗇褊急**　閩本、明監本、毛本同。案，浦鏜云「覆」當「復」字誤，是也。

424 **機巧趨利者章上四句是也**　閩本、明監本、毛本同。案，「者」當作「首」，形近之譌。

425 **亦是趨利之士也**　閩本、明監本、毛本「士」作「事」。案，所改是也，篇内同。

426 **故箋採下章**　閩本、明監本、毛本同。案，浦鏜云「採」當「探」字誤，是也。

427 **要褸也**　段玉裁云：「古本當作『要要也』，謂此『要』字即衣之『要』也。衣之『要』，見於喪服、士喪禮、玉藻、深衣諸篇，字無作『褸』者，以本字爲訓。此易傳『蒙者蒙也』、『比者比也』、『剥者剥也』，說文『巳巳也』，北風傳『虛虛也』之例，淺人不能通，故北風與此二傳皆妄改。」

428 **襋領也**　小字本、相臺本同。案，「領」上當有「衣」字。釋文「襋」下云「衣領也」，正義云「要是裳褸，則襋爲衣領。說文亦云『襋衣領也』」。考此可見釋文、正義二本此傳皆有「衣」字，正義亦者即亦傳也。說文「襋」下引詩此句，是正用傳文。傳上云「要，褸也」，以上經已見「裳」字，故不復言「裳褸也」。此傳云「襋，衣領也」，以經更無「衣」字，故須言衣以顯之也。各本脱「衣」字，失傳旨矣，當正之。○案，褸、領皆統於衣，不得分褸屬裳、領屬衣。正義云「褸爲裳褸」，此語陋甚，是未考儀禮、禮記衣服之制。

429 **好人好女手之人**　小字本、相臺本同。案，此定本也。正義本無下「好」字。正義云「上云女手，此云好人，故云『好人女手之人』，今定本云『好

人好女手之人』者義亦通」。×

430 國家靡幣　閩本、明監本、毛本同。案，「幣」當作「弊」，形近之譌。

431 君子不履絲屨者　閩本、明監本、毛本「履」誤「屨」。×

432 雖復與襌同　閩本、明監本、毛本同。案，浦鏜云「複」誤「復」，考儀禮釋文，浦挍是也。

433 要是裳䙅　毛本「䙅」誤「要」，閩本、明監本不誤。案，此正義上「要」下「䙅」，改而一之者非。×

434 則⿰衤覞爲衣領　閩本、明監本、毛本同。案，「⿰衤覞」當作「襋」。

○汾沮洳

435 其君儉以能勤　唐石經、小字本、相臺本同。案，釋文云「其君子，一本無『子』字」，正義云「其集注序云『君子儉以能勤』。案，今定本及諸本序直云『其君』，義亦得通」。考文古本有，采釋文、正義。

436 雖然其采莫之士　小字本、相臺本「士」作「事」，閩本、明監本、毛本同。案，「事」字是也，「士」乃誤字，其誤與葛屨正義內同。當時寫書人往往以「士」代「事」，此絕不可通。閩本以下閒仍之，亦誤。

○園有桃

437 興也園有桃其實之殽　閩本、明監本、毛本同，小字本、相臺本「殽」作「食」。案，「食」字是也。此傳以食解殽，非複舉經文。正義說箋云「明食桃爲殽」，正用傳。

438 不我知者　唐石經、小字本同；相臺本作「不知我者」，閩本、明監本、毛本同。案，相臺本非也。箋倒經作「不知我者」，正義依之耳，不可據以改經，下章同。

439 夫人謂我欲何爲乎　小字本、相臺本同。案，正義云「今定本云『彼人』，不云『夫人』，義亦通也」。釋文云「夫人，音符」，與正義本同。

440 **箋云知是** 閩本、明監本、毛本同；小字本、相臺本「知」作「如」，考文古本同。案，「如」字是也。

441 **以自止也** 小字本、相臺本同，考文古本同，閩本、明監本、毛本「止」誤「正」。十行本初刻「止」，後剜改作「正」。案，「止」字是也，正義云「蓋欲亦自止，勿復思念之」可證。

442 **又言從君之行儉而嗇** 閩本、明監本、毛本同。案，浦鏜云「從」當「彼」字誤，是也。

443 **是稅三不得薄也** 閩本、明監本、毛本同。案，「三」當作「一」。

444 **非徒薄於十** 閩本、明監本、毛本同。案，「十」當作「一」。

○陟岵

445 **國迫而數侵削** 唐石經、小字本、相臺本同。案，此定本也。正義云「今定本云『國迫而數侵削』，義亦通也」，下云「箋以文承『數見侵削』」，是正義本「數」下有「見」字。考釋文云「國迫而數侵削，本或作『國小而迫，數見侵削』者誤」。正義本當即「或作」本也。葛屨序正義云「以下園有桃及陟岵序皆云『國小而迫，日以侵削』」，乃引此就園有桃序耳。考文古本作「國小迫而數見侵削」，采釋文，但誤倒「而迫」二字。

446 **猶司寇亡役諸司空** 閩本、明監本、毛本同。案，「亡」當作「云」，形近之譌。

447 **止者謂在軍事作部列時** 小字本、相臺本同，閩本同，明監本、毛本「止」作「上」。案，「上」字是也。正義云「若至軍中，在部列之上」，又說箋云「此變言上」，又云「明在軍上爲部分行列時也」，標起止云「箋上者」皆可證。山井鼎云按疏作「上」爲是。

○十畝之間

448 **桑者閑閑兮** 唐石經、小字本、相臺本同。案，釋文云「閒閒音閑，本亦作『閑』」，正義標起止云「傳閑閑」，正義本與釋文「亦作」本同。

449 又云遂上地有菜五十畝　閩本、明監本、毛本同。案，浦鏜云「萊」譌「菜」，是也。

○伐檀

450 徑言徑涏也　閩本、明監本、毛本同。案，「涏」當作「侹」，形近之譌，爾雅釋文可證。

451 猶似閽主常多　閩本、明監本、毛本「似」誤「以」。×

452 揚子云有田一廛　閩本、明監本、毛本同。案，浦鏜云「雲」誤「云」，非也，此語出揚子自序。

453 其雌者名貍貍乃刀反　毛本「貍」誤「貍」，閩本、明監本不誤。案，爾雅釋文云「貍字，又作『貍』同」，是作「貍」者誤。

454 今江東通呼貉爲㹢㹢　閩本、明監本、毛本同。案，浦鏜云「㹢貅」誤「㹢㹢」，引證爾雅釋文「㹢，烏郎反」、「貅，山吏反」，是也。

455 獸三歲曰特　小字本、相臺本同。案，正義云「獸三歲曰特，毛氏當有所據，不知出何書」。盧文弨云：「齊傳曰『三歲曰肩』，豳傳曰『三歲曰豣』矣，則此傳『三』當作『四』。廣雅之所本也。」段玉裁云：「鄭司農注周禮云『三歲爲特，四歲爲肩』，與毛互異，『肩』『豣』同字耳。今考騶虞正義引此傳亦作『三歲』云，蓋異獸别名，故三歲者有二名也。」

456 故今古數言之　閩本、明監本、毛本同。案，「今」當作「合」，形近之譌。

457 其雄鶮牝庳　閩本、明監本、毛本「鶮」誤「鶮」。×

458 入其門則無人焉　閩本、明監本、毛本同。案，此公羊本作「則無人焉門者」，何休注可證。正義所引亦然，不知者誤去下「門者」二字耳。今公羊「焉」字誤在「門」字下，更非。

459 鄭以爲魚食飧　閩本、明監本、毛本同。

案，「食」當作「飧之」二字。

460 **不得與不素飧相配** 閩本、明監本、毛本同。案，浦鏜云「飧」當「餐」字誤，是也。

○碩鼠

461 **曾無教令恩德來顧眷我** 小字本、相臺本同。案，依正義當作「眷顧」，各本皆誤倒也。

462 **關西呼鼩音瞿鼠** 閩本、明監本、毛本同。案，「呼」至「瞿」十行本剜添者一字，必「音瞿」二字。初刻旁行細書而兩字相並，後改入正文，故如此耳。山井鼎云「『鼠』字當在『鼩』下」，非也。爾雅釋文作「鼩，將略反」，引沈旋作「鼩」，「音求于反」，此同沈也。○按，「音瞿」二字郭語也，非疏家語。

463 **及卿大夫職** 閩本、明監本、毛本同。案，浦鏜云「鄉」誤「卿」，是也。

464 **或郊民入徙國中** 毛本「入」誤「人」，閩本、明監本不誤。

465 **誰之永號** 唐石經、小字本、相臺本同。案，釋文云「咏，本亦作『永』，同音，詠歌也」。正義本是「永」字，此箋云「永歌也」，乃讀「永」爲「咏」，不改其字者，以爲假借也，正義本爲長。釋文本作「咏」，當是因箋并改經字。考文古本作「詠」，采釋文耳。

466 **言往釋皆歌號** 閩本、明監本、毛本同，十行本「釋」字剜。案，此誤也，「釋」當作「矣」。首章正義云「言往矣將去汝」，「往矣」二字本箋，此亦同。物觀考文補遺所載作「者」，就彼所見本而言也。

467 **樂記及關雎矣** 閩本、明監本、毛本同，十行本「矣」字剜。案，此誤也，「矣」當作「序」。十行本欲剜上文「往矣」之「矣」，誤入於此。山井鼎云「宋板磨滅」，就彼所見本而言也。

468 **魏國七篇十八章百二十八句** 十行本脱此一行，各本皆有。

唐譜

469 以此封君　閩本、明監本、毛本同。案，浦鏜云「若」誤「君」，是也。

470 是也南有晉水　閩本、明監本、毛本同。案，「也」當作「地」，壞去土傍耳。

471 恒山在故縣上曲陽西北　閩本、明監本、毛本同。案，「縣」當作「郡」。

472 湯湯洪水方害　閩本、明監本、毛本同。案，此不誤。浦鏜云「割」誤「害」，非也。此不與今尚書同耳。古「害」「割」同字，思文正義引作「割」，或後人改之。○按，此以詁訓字代其本字，非所見尚書有異本也。

473 既稷播奏庶艱食鮮食　閩本、明監本、毛本同。案，浦鏜云「曁」誤「既」，是也。

474 王命虢父伐曲沃　閩本、明監本、毛本同。案，盧文弨云「左氏『父』作『公』」，是也。鴇羽正義引正作「公」，此誤。

475 頃父之子嘉父　閩本、明監本、毛本「頃」誤「須」。

○蟋蟀

476 以禮自娛樂也　閩本、明監本、毛本同。案，「序」作「虞」，正義作「娛」，「虞」「娛」古今字，易而說之也，例見前。考文古本於出其東門經改「娛」爲「虞」，采此。

* 黑語曰　補：毛本「黑」作「里」。案，「里」字是也。

477 君之好義　閩本、明監本、毛本同，小字本、相臺本「義」作「樂」，考文古本同。案，「樂」字是也。

478 則歲未爲暮　閩本、明監本、毛本同。案，經作「莫」，正義作「暮」，「莫」「暮」古今字，易而說之也，例見前。餘同此。　×

○山有樞

479 **弗擊弗考是也**　毛本「擊」誤「鼓」，閩本、明監本不誤。

480 **山有樞**　唐石經、小字本、相臺本同。案，釋文云「樞，本或作『蓲』，烏侯反，茎也」。爾雅釋木「藲茎」，釋文「藲，烏侯反，詩云『山有樞』是也，本或作『蓲』，同」。考漢石經魯詩殘碑作「蓲」；說文艸部「蓲」下云「草也」，不以爲「藲茎」字，是毛氏詩作「樞」也。爾雅加艸於首所以別「户樞」字耳，漢書地理志「山藲」亦然。其實毛詩不作「蓲」，釋文「或作」本非也，亦不作「藲」，故說文艸部、木部皆無「藲」字也。

481 **失其聲耳**　明監本「失」誤「者」，閩本、毛本不誤。

482 **華如練而細**　閩本、明監本、毛本同。案，此不誤。浦鏜云「楝」誤「練」，非也。「練」即「楝」字耳。○按，疏家不用假借字，作「楝」是。

483 **蘂正白蓋樹**　閩本、明監本、毛本同。案，此不誤。浦鏜云「蓋」下脱「此」字，非也。「蓋樹」二字爲一句，言華之盛多掩蓋其樹也。

484 **共汲山下人**　明監本「汲」誤「及」，閩本、毛本不誤。

485 **弗洒弗埽**　唐石經、小字本、相臺本同，閩本同，明監本、毛本「埽」作「掃」。案，「埽」字是也。

486 **弗鼓弗考**　唐石經、小字本、相臺本同。案，正義云「今定本云『弗鼓弗考』，注云『考擊也』，無『亦』字，義並通也」；釋文云「弗鼓，如字，本或作『擊』，非」。正義本與「或作」本同。

487 **考擊也**　小字本、相臺本同。案，此定本也。正義本「考」下有「亦」字，亦者亦經「弗擊」也，見上。標起止云「傳洒灑考擊」，當脱「亦」字，或後人誤去之也。

488 **謂得已樂以爲樂**　閩本、明監本、毛本「謂」誤「爲」，下「謂得己之安」同。

489 何不日日鼓瑟有飲食之　閩本、明監本、毛本「有」作「而」。案，所改非也。「有」當作「自」，形近之譌。

○揚之水

490 沃盛强　閩本、明監本、毛本同，唐石經、小字本、相臺本「强」作「彊」。案，「彊」字是也。「彊」雖可通用「强」，而正義本用「彊」字，今正義中間有「强」字者，寫書人省而亂之耳。餘同此。

491 昭公分其國地　明監本、毛本「地」誤「也」，閩本不誤。

492 沃國日以盛彊　明監本「沃」誤「氏」，閩本、毛本不誤。

493 始兆亂矣　明監本「兆」誤「比」，閩本、毛本不誤。

494 其能久乎　明監本「乎」誤「矣」，閩本、毛本不誤。

495 鑿鑿然鮮明貌　小字本、相臺本同，閩本同，考文古本同，明監本、毛本脱「然」字。

496 激流湍疾　小字本同，閩本、明監本、毛本同；相臺本「激」作「波」，考文古本同。案，「波」字是也，正義言「激揚之水波流湍疾」是其證。

497 使白石鑿鑿然　小字本、相臺本同，閩本同，考文古本同，明監本、毛本脱「使」字。

498 知諸侯當服之也中衣者　閩本、明監本脱「中」字，毛本脱「也」字。

499 詩云素衣朱襮　閩本、明監本、毛本「素」誤「表」。

500 於此綃上刺爲繡文　閩本、明監本、毛本同。案，「繡」當作「黼」。

501 白石皓皓　小字本、相臺本同，唐石經初刻同，後磨改作「晧」。案，「晧」字是也。説文白部無「晧」字，是「晧」字本從日也。廣韻三十二晧亦無「晧」字。釋文當本作「晧」，今誤，見後考證。

502 白石粼粼　唐石經、小字本、相臺本同，閩本、明監本、毛本「粼」誤「鄰」。案，今釋文亦有誤者，詳後考證。

○椒聊

503 碩謂壯貌佼好也　小字本、相臺本同，閩本、明監本、毛本同。案，段玉裁云：「正義云『故以碩爲壯佼貌』，是正義本作『壯佼貌』。『壯佼』二字疑鄭本用月令文而後人亂之。『壯佼』又見萇楚箋。」

504 條長也　小字本、相臺本同。案，正義云「尚書稱『厥木惟條』，謂木枝長故以條爲長也」，其説非也。此傳以長訓條，乃謂「條」爲「脩」之假借。古字「條」「脩」相通，如漢書「脩侯」之比。考箋云「椒之氣日益遠長」，是此經「遠」「條」二字皆以氣言之，不以枝言之也，下章同。考文古本改經二「條」字皆作「脩」，乃依長也之訓而爲之耳，非有所本。此經自正義及唐石經以下各本皆作「條」也。

505 彼己是子謂桓叔　閩本、明監本、毛本「己」誤「其」。案，此正義以己説其耳，故與經字不同。考文古本經「其」作「己」，采此而誤。又，「謂」衍字也，「彼己是子桓叔」六字爲一句，正義文例如此，猶日月正義云「今乃如是人莊公」之類。

506 得美廣大　閩本同，明監本、毛本「得」作「德」。案，所改是也。

507 郭璞曰莍萸子　閩本、明監本、毛本「莍」誤「菉」。案，浦鏜云「蓃」誤「萸」，從爾雅音義挍，「蓃，所留反」。是也。

508 碩大且篤　唐石經、小字本、相臺本同，閩本、明監本、毛本「碩」誤「實」。

509 言聲之遠聞也　小字本、相臺本同。案，段玉裁云：「『聲』當作『馨』，此欲以馨訓條也。」今考此章「條」與上章同，皆訓「長」，爲「脩」字之假借，非有異也，不宜更爲之訓。此傳言「聲之遠聞也」乃篇末捴發一篇之傳，謂此椒聊詩乃言桓叔聲之遠聞也。篇末捴發傳，毛氏每有此例，如采蘋、木瓜之屬是矣。此傳毛當有所案據，自作正義時已無文以言之，後遂專繫諸第二章「遠條且」一句，而疑其有所不可通也。○按，說文云「馨香之遠聞也」正與此合，葢上章作「脩」，此章作「條」，後人亂之耳。「條」取芬芳條暢之義。

○綢繆

* 季夏之日　補：「日」當作「月」。

510 若薪蒭待人事　小字本、相臺本「蒭」作「芻」，閩本、明監本、毛本亦同。案，「芻」字是也，釋文、正義皆可證。唯十行本作「蒭」，乃沿經注本俗體字耳。

511 鄭差次之　閩本、明監本、毛本「鄭」誤「郤」。 ×

512 又哀十二年左傳云　閩本、明監本、毛本「二」誤「一」。 ×

513 妻謂夫爲良人　毛本「爲」誤「謂」，閩本、明監本不誤。 ×

514 斥嫁取者　小字本、相臺本同。案，「嫁」衍字也。此但刺取者不刺嫁者，故下文云「子取後陰陽交會之月也」，正義亦可證。 ×

515 謂之五月之末　閩本、明監本、毛本同；小字本、相臺本「謂」下無「之」字，考文古本同。案，無者是也。

516 有一妻二妾也　明監本、毛本「二」誤「一」，閩本不誤。 ×

○杕杜

517 有杕之杜　唐石經、小字本、相臺本同。案，釋文云「杕，本或作『夷狄』字，非也」。考此六朝時河北本也，其江南本「木」傍施大不誤，見顏氏家訓。

518 杕特貌　閩本、明監本、毛本同，小字本、相臺本「特」下有「生」字。案，此十行本無者是也。釋文「杕杜」下云「特貌」。顔氏家訓引江南本傳亦無「生」字。正義云「言有杕然特生之杜」者是自爲文，取下「有杕之杜」篇箋文爲説耳，非此傳有「生」字也。考彼箋乃本彼經「生于道左」而言之，則此傳不應有明矣。考文古本有，采正義。○按，説文「杕木特貌」正本毛傳。

519 湑湑枝葉不相比也　小字本、相臺本同，閩本、明監本、毛本亦同。案，「比」下當有「次」字，此傳「比次」即取經「胡不比焉，胡不佽焉」之文也。釋文「湑湑」下云「不相比次也」，是其本有「次」字。正義云「傳於此云『湑湑枝葉不相比』」，標起止云「至相比」，或因經注本無「次」字而誤去之耳，其餘仍多言「比次」也。考文古本「次」字采釋文。

520 以菁菁爲稀少之貌　閩本、明監本、毛本同。案，下箋作「希」，此正義作「稀」。「希」「稀」古今字，易而説之也，例見前。

521 希少之貌　小字本、相臺本同，閩本、明監本、毛本「希」誤「稀」。案，此不知正義易字而誤依之改也。

522 故知同姓爲同祖也　閩本、明監本、毛本「知」誤「云」。

○羔裘

523 晉人刺其在位　唐石經、小字本、相臺本同。案，正義云「俗本或『其』下有『君』，衍字；定本無『君』字，是也」。考文古本有，采正義。

524 袪袂也　小字本、相臺本同。案，釋文「袪」下云「袂末也」，正義云「此解直云『袪袂』，定本云『袪袂末』，與禮合」。釋文本與定本同，下傳云「本末不同」。正義云「以裘身爲本，裘袂爲末」是也，無取於「袂爲本，袪爲袂末」。當以正義本爲長，見段玉裁毛詩詁訓傳注。

525 又曰袂尺二寸　閩本、明監本、毛本同。案，浦鏜云「袪」誤「袂」，是也。又，下「袂口也」不誤，浦并改之則非。

* 傳亦解興喻之義　補：案，「亦」當作「已」。

526 不應得有故亂舊恩好　閩本、明監本、毛本同。案，浦鏜云「亂」疑衍字，是也，上文兩言「故舊恩好」可證。

○鴇羽

527 君子下從征役　唐石經、小字本、相臺本同。案，正義云「言『下從征役』者」，又云「定本作『下從征役』」，如其所言不爲有異，當有異也。釋文云「政役音征，篇内注同」，或定本作「政」字也。考周禮小宰「聽政役以比居」，注云「政謂賦也，凡其字或作『正』，或作『征』，以多言宜從『征』。如孟子『交征利』云」。此序字與彼同。考文古本作「政」，采釋文。

528 逐翼矦于汾隰　明監本、毛本「隰」誤「溼」，閩本不誤。

529 稹者根相迫迮梱致也　小字本同，閩本、明監本、毛本同，相臺本「梱」作「捆」。案，「捆」字非也。「梱」者「稇」字之借。又，釋文云「致，直置反，下同」，正義云「定本『緻』皆作『致』」，是正義本此箋及下傳箋「攻致」皆作「緻」也。考說文糸部本無「緻」字，徐氏新附字有之；鄭考工記注云「稹致也」亦不從糸。當以釋文、定本爲長。下傳「攻致」，閩本以下作「緻」，依正義改耳。以後「致」字同此。

530 其殼爲汁　閩本、明監本、毛本同。案，浦鏜云「斗」誤「汁」，是也。

531 鹽與蠱字異義同　明監本、毛本「與」誤「爲」，閩本不誤。

532 曷其有常　唐石經以下各本同，唯相臺原刻作「有其」誤。

○無衣

533 刺晉武公也　閩本、明監本、毛本同；唐石經、小字本、相臺本「刺」作「美」。考文古本同。案，正義云「美晉武公也，所以美之者」，又云「而作是無衣之詩以美之」，又云「美其能并晉國」，作「美」者是也。上文譜正義云「無衣、有杕之杜則皆刺武公者」誤。

534 豈號奉使適晉　閩本、明監本、毛本「號」下有「公」字。案，所補是也。

535 心未自安　小字本、相臺本同，閩本、明監本同，考文古本同；毛本「未」作「不」。案，「心未自安者」承上箋，謂七章之衣晉舊有之矣，但未自安耳。正義云「心不自安」乃自爲之，不當依以改箋。

536 安且燠兮　唐石經、小字本、相臺本同。案，釋文云「奥，本又作『燠』」，正義標起止云「傳燠煖也」，是正義本作「燠」。小明經作「奥」，經中用字不畫一之例。考文古本作「奥」，采釋文。

○有杕之杜

537 言武公專任己身　閩本、明監本、毛本「任」誤「在」。×

538 皆可求之我君所　閩本、明監本、毛本同，小字本、相臺本「求」作「來」。案，「來」字是也，正義云「皆可使之適我君之所此來之」之義也。

539 君當忠心誠實好之　閩本、明監本、毛本「忠」作「中」。案，所改是也。

○葛生

540 二年傳云　閩本、明監本、毛本「二」誤「三」。×

541 域營域也　閩本、明監本、毛本同，小字本、相臺本「營」作「塋」。案，此十行本「營」字是也。「營」即「塋」之借字耳。

542 故極之以盡情　小字本、相臺本「極」下有「言」字，閩本、明監本、毛本同。考文古本無「極」字。案，此十行本無「言」字者也，小、大雅譜云「要於極賢聖之情」是其證。

543 婦人專一　閩本、明監本、毛本同，小字本、相臺本「一」作「壹」。案，「壹」字是也。×

○采苓

544 **以獻公好聽用讒之言**　明監本、毛本「讒」下有「人」字，閩本剜入。案，所補是也。×

545 **人之爲言**　唐石經、小字本、相臺本同。案，此釋文本也。正義云「人之詐譌之言」，又下文盡作「僞言」是其证；又云王肅諸本作「爲言」，定本作「僞言」，此引定本以證其同也。釋文云：「爲言，于僞反，或如字，下文皆同，本或作『僞』字，非。」考沔水「民之訛言」，箋云「訛僞也，言時不令小人好詐僞爲交易之言」。正月「人之訛言」，箋云「訛僞也，人以僞言相陷入其訛言」，即此經之「爲言也」。古「爲」「僞」「訛」三字皆聲類所近，用作假借，用作詁訓，其理一也。作「爲」則當讀作「僞」耳。箋不云「讀作」者，其於假借例有如此者也。正義本、定本乃依正字，釋文讀「于僞反」及如字，又云「本或作『僞』字，非」，其説皆未諦。考文古本作「僞」，下文注同，皆采正義。○按，鄭箋云「謂爲人爲善言」，上「爲」字去聲，下「爲」字平聲讀之。然則經文「爲」字不當作「僞」，「爲」者作也、造也，王風傳云「造爲也」。

546 **爲言謂爲人爲善言**　小字本、相臺本同。案，釋文云「爲言謂爲人，並于僞反。若經文依字讀，則此上『爲』字亦依字」。正義本經作「僞言」，此箋當亦作「僞言」。下二「爲」字雖無明文，但以經推之，當是作「爲人僞善言」。其爲人，讀于僞反，「僞善言」即複舉經字也。

02—547 **欲使見進用也**　相臺本同，閩本、明監本、毛本同，小字本無「也」字。×

校記

❶ 校記中「之類」二字，南昌本無。

❷ 校記中「閩本不誤」四字，南昌本無。

❸ 「飧蘇尊反」之「飧」，南昌本作「飱」，與校記下文「是釋文本『餐』作『飱』合」。考通志堂本作「飧」，文選樓本或有所據，今仍從原貌。

❹ 南昌本無「使」上「乃」字。

毛詩注疏校勘記卷三起二十一盡三十

秦譜

03—001 正義曰鄭語云　閩本、明監本、毛本「云」誤「公」。×

002 僉曰益哉　毛本「僉」誤「禽」，閩本、明監本不誤。段玉裁云「『禽』乃『禹』之誤，古文尚書作『禹』」，詳見尚書撰異。

003 實鳥谷氏　閩本、明監本、毛本同。案，此不誤。浦鏜云「俗」誤「谷」，非也，當是正義所見秦本紀如此。

004 有子曰女妨　閩本、明監本、毛本同。案，此不誤。浦鏜云「防」誤「妨」，非也。漢書人表作「女妨」，當是正義所見秦本紀亦如此。

005 大几生大雒　閩本、明監本、毛本同。案，此不誤。浦鏜云「駱」誤「雒」，非也。人表作「大雒」，當是正義所見秦本紀亦如此。

006 翳之變風始作　閩本、明監本、毛本同。案，此不誤。浦鏜云「秦」誤「翳」，非也。案，譜於其餘每稱國，於此易「秦」言「翳」者，以其言「秦」，則嫌似秦之政衰而變風始作也。衛譜云「衛國政衰變風始作」，餘國從上而同可知也。唯鄭首緇衣亦不易其文者，對上檜而言「又作」故耳。

007 西戎滅犬丘大雒之族　明監本、毛本「犬」誤「大」，閩本不誤，下同。×

* 平王討襄公爲諸侯　補：毛本「討」作「封」。案，「封」字是也。

008 池謂靡池　閩本、明監本、毛本上「池」字誤「地」。×

009 東拓土境　閩本、明監本、毛本「土」誤「上」。 ×

010 不須便言其西　閩本、明監本、毛本「便」作「復」。案，皆非也，此「更」字之誤。

011 是秦自德公已後常雍也　閩本、明監本、毛本「常」下衍「居」字。又，毛本「德」「後」誤互，閩本、明監本不誤。 ×

012 故鄭於左方中　明監本、毛本「於」誤「在」，閩本不誤。 ×

013 故蒹葭蒼蒼之歌　閩本、明監本、毛本「故」下衍「有」字。 ×

014 車鄰駟驖小戎之歌　閩本、明監本、毛本「驖」作「鐵」。案，「鐵」字是也，餘同此，詳本篇。山井鼎云「上文『駟鐵』同，今本非也」者誤。

○車鄰

015 此美秦初有車馬侍御之好　閩本、明監本、毛本「秦」下有「仲」字。案，所補是也。

016 天官寺人掌王之内人　明監本、毛本「官」誤「子」，閩本不誤。 ×

017 止其御曰　閩本、明監本、毛本「止」誤「上」。 ×

○駟驖

018 駟驖美襄公也　小字本、相臺本同，唐石經初刻「鐵」，後改「驖」，經「駟驖孔阜」同。案，釋文云「駟驖，田結反，又吐結反。驖，驪馬也」；考說文「驖馬赤黑色，从馬，𢧜聲。詩曰『四驖孔阜』」，是毛氏詩作「驖」，釋文本與許合也。正義本當是「鐵」字，「鐵」爲「驖」之借，如「鴇」爲「駂」之借。而石經初刻依之。上譜正義及騶虞、車攻、吉日等正義多引作「鐵」是其證。此篇經、注、正義，十行本盡作「驖」，必合併時人以經注改正義字，故即正義所云「鐵者言其色黑如鐵」者亦盡改爲「驖」而不可通矣。閩本、明監本與十行本同，毛本依譜正義改爲「鐵」。

019 **秦始附庸也**　小字本、相臺本同。案，正義云「本或『秦』下有『仲』，衍字。定本直云『秦始附庸也』」。考文一本作「秦仲始爲附庸也」，采正義而又有誤。

020 **於園於囿皆有此樂**　毛本二「於」字誤「于」，閩本、明監本不誤。案，凡正義所有「于」字或順經、順注，及引他書而順彼文也；其自爲文，則例用「於」字，互相錯亂者皆非。餘同此。

021 **言襄公親賢也**　小字本同，閩本、明監本、毛本同。相臺本無「也」字。×

022 **冬獵曰狩釋言文**　閩本、明監本、毛本同。案，浦鏜云「天」誤「言」，是也。

023 **正義曰釋詁文**　閩本、明監本、毛本「文」誤「云」。×

024 **異義戴禮戴毛氏二説**　閩本、明監本、毛本同。案，浦鏜云上「戴」字當「載」字之誤，是也。

025 **釋訓云暴虎**　明監本、毛本「訓」誤「詁」，閩本不誤。×

026 **國狗之猘**　閩本、明監本、毛本同。案，浦鏜云「瘈」誤「猘」，是也。

○小戎

027 **作者敍外内之志**　相臺本同，小字本「外内」作「内外」，閩本、明監本、毛本同。案，作「内外」者非也，正義可證。×

028 **是矜爲夸大之義也**　明監本、毛本「義」誤「大」，閩本不誤。×

029 **東有歷録**　相臺本同，閩本、明監本、毛本同，小字本「録」下有「也」字。×

* **本又作鞪**　補：釋文挍勘：通志堂本、盧本「鞪」作「鞪」，小字本所附同。是「鞪」當作「鞪」，「孫革」二字又「鞪」字之譌。

030 **游環靷環也**　小字本、相臺本同。案，此正義本也。正義云「游環者以環貫靷游在背上，故謂之靷環也」。釋文云「靳環，居覲反，本又作靷」。沈云舊本皆作『靳』。『靳』者，言無常處。游在驂馬背上，以驂馬外轡貫之，以止驂之出。左傳云『如驂之有靳』，居釁反，無取於靷也」。戴震、段玉裁皆以釋文本爲長；正義本誤與下箋「靷之環」字相亂，非也。又云「定本作『靷環』」，如其所言不爲有異，當是定本作「靳環」。

031 **愼駕具**　小字本、相臺本同。案，釋文云「愼，或作『順』，義亦兩通」；正義云「愛愼乘駕之具也」，是作「愼」字。　×

032 **陰揜軓也**　小字本同，相臺本「軓」作「軌」，閩本、明監本、毛本作「軓」。案，「軓」字是也。

033 **騏騏文也**　小字本、相臺本同。案，當作「騏綦文也」。正義云「色之青黑者名爲綦，馬名爲騏，知其色作『綦文』」，考此則正義本作「騏綦文也」，以「綦」解「騏」，詁訓之法也。釋文云「騏，馬騏文也」，以曹鳲鳩釋文訂之，當亦「綦」之誤。○段玉裁云：「騏騏文也，尸鳩傳同，駉傳亦曰『蒼騏曰騏』，此皆以『騏』釋『騏』，下『騏』即『綦』字。『綦』者，蒼艾色，見出其東門傳矣，説文所本也。而此等字皆不作『綦』者，毛時習用『騏』字，謂蒼艾色爲綦色。故尚書『騏弁』，曹風『其弁伊騏』，皆謂蒼艾色也，此等傳以『騏』釋『騏』，正如北風傳以『虛』釋『虛』，葛屨傳以『要』釋『要』，正是一例，謂此馬名騏者以其騏文也。詁訓之學必於古今字求之。『縞衣綦巾』，周人古字；『騏文』『騏弁』，漢人今字。鄭風作『綦』，曹風作『騏』字，不必畫一也。」

034 **五楘是轅上之飾**　閩本、明監本、毛本同。案，十行本「上之飾」剜添者一字，是誤衍「之」字也。

035 衡高八尺七寸也　閩本、明監本、毛本「衡」上衍「則」字。

036 爲衡頸之閒也　明監本、毛本「衡」誤「馬」，閩本不誤。

037 今驂馬之引　閩本、明監本、毛本同。案，當作「令驂馬引之」，此正義以「引」説「靷」也。

038 兩軶又馬頸者　閩本、明監本、毛本同。案，浦鏜云「邊乂」誤「軶又」，以左傳釋文、正義所引考之，浦挍是也。

039 此説兵車之飾　明監本、毛本「説」誤「設」，閩本不誤。

040 所以蔭茎也　閩本、明監本、毛本同。案，浦鏜云「笭」誤「茎」，以釋名考之，浦挍是也。

041 鋈沃也治白金　閩本、明監本同。毛本「治」作「治」。案，所改是也。

042 馬後右足白驤左白馵　閩本、明監本、毛本「右」誤「左」，「白馵」上衍「足」字。山井鼎云「宋板與爾雅合」，是也。

043 左足白曰馵　閩本、明監本、毛本「左」誤「右」。案，十行本「足白曰」剜添者一字，是誤衍「足」字也。

044 縝密以栗　閩本、明監本、毛本「以」誤「而」。

045 温其如玉有五德也　明監本、毛本誤重「玉」字，閩本剜入。

046 沈文又云　閩本、明監本、毛本同。案，「沈」當作「彼」，形近之譌。

047 何以然了不來　小字本、相臺本同，考文古本同，閩本、明監本同，毛本「然了」二字倒。案，倒者非也，讀當於「何以然」斷句。正義云「何爲了然不來」乃誤耳，明監本、毛本又依之改也。段玉裁云「明馬應龍刊經注本亦作『然了』」。

048 此四牡之馬何等毛色　明監本、毛本脱「馬」字，閩本有。 ×

049 騂馬白腹騵　閩本、明監本、毛本「騵」上衍「曰」字。案，此無「曰」字，亦與爾雅合也，而山井鼎未載。

050 蒙厖也　小字本同，閩本、明監本、毛本同，相臺本「厖」作「尨」。案，「尨」字誤改也。正義標起止云「至厖伐」，釋文「厖伐，莫江反」。○按，依説文則「尨」者正字，「厖」者假借字，相臺本不誤。

051 進矛戟者前其鐓　明監本、毛本「鐓」誤「錞」，閩本不誤。 ×

052 取其鐏地　閩本、明監本、毛本同。案，此不誤，下「取其鐓地」同。浦鏜云「也」字並誤「地」，非也。正義所引曲禮注自如此，今本作「也」誤耳，山井鼎禮記考文可證。

053 干櫓之屬　明監本、毛本「干」誤「十」，閩本不誤。 ×

054 説狄虒彌　閩本、明監本、毛本「虒」誤「虎」。 ×

055 弟子職曰執箕膺揭　明監本、毛本「箕」誤「其」，閩本不誤。案，山井鼎云「『揭』恐『擖』誤，當與曲禮疏併考」，是也。今考管子作「揲」，鄭注曲禮引此文，正義本作「擖」，釋文本作「葉」，又少儀云「執箕膺擖」，士冠禮「面葉」注「古文『葉』爲『擖』」，士昏禮同，是「揲」「葉」「擖」三字古通用也。「揭」字誤，儀禮注亦有誤作「揭」者。○按，段玉裁云：「『揭』乃『擖』之誤，『擖』乃『擸』之誤，『擸』乃『𣠮』之誤。凡箕之底、梱之盛物者皆曰『葉』，或作『楪』，譌作『揲』。『葉』亦謂之『𣠮』，古字巤聲與葛聲相互，亦『鬣』或作『鬕』，『臘』或作『臈』之類也。」

* 讀如盤帶之鞶　補：案，「盤」當作「鞶」。

○蒹葭

056 國家待禮然後興　小字本、相臺本同，考文古本同，閩本、明監本、毛本「國」上衍「興」字。×

057 蒼蒼然彊盛　小字本同，閩本、明監本、毛本同，相臺本無「盛」字。案，有者是也。×

058 順禮求濟　小字本、相臺本同。案，此定本也。正義云「定本『未濟』作『求濟』，義亦通也」，標起止云「傳順禮未濟」，又上文皆可證。

059 青徐州人謂之薕　閩本、明監本、毛本「薕」誤「蒹」。×

060 可以爲曲簿　毛本同，閩本、明監本「簿」作「薄」。案，「薄」字是也。「簿」見廣韻，宋時或用此字。其説文、方言、廣雅等皆用「薄」字，今廣雅亦誤「簿」，此當與同。

061 其實白露初降　閩本、明監本、毛本「露」誤「霜」。×

062 已任用矣　閩本、明監本、毛本「任」誤「在」。×

063 使之周禮　明監本、毛本「之」誤「知」，閩本不誤。案，「周」當作「用」，形近之譌。×

064 所謂是知周禮之賢人　閩本、明監本、毛本「所」誤「皆」。×

065 故下句逆流順流喻敬順　明監本、毛本「順」下更有「不敬順」三字，閩本剜入。案，所補非也。此檃栝箋意，故畧去「不敬順」耳，不必加三字以分配「逆流」也。

066 蒹葭萋萋　閩本、明監本、毛本同，唐石經、小字本、相臺本「萋萋」作「淒淒」。案，釋文云「萋萋，本亦作『淒』」，正義本今無可考。

067 未已猶未止也　小字本、相臺本同。案，此段玉裁云此「猶」字衍。

068 取其與涘沚爲韻　明監本、毛本脱「與」字，閩本有。×

○終南

069 以戒勸之　小字本、相臺本同；唐石經初刻「之」下有「也」字，後磨去；閩本、明監本、毛本亦無。

070 錦衣采色也　小字本、相臺本同。案，正義云「錦者，雜采爲文，故云『采衣』也」，是正義本「色」當作「衣」。考文古本作「衣」，乃采正義耳。

071 狐裘朝廷之服　相臺本同，閩本、明監本、毛本亦同，小字本「服」下有「也」字。×

072 渥厚漬也　小字本、相臺本同。案，此正義本也。正義云「赫然如厚漬之丹」；釋文「渥丹」下云「淳漬也」，又云「淳，之純反，又如字，本或作『厚』」，是正義本與「或作」同。考文古本作「淳」，采釋文。

* 孫炎稱荆州曰枏揚州曰梅　補：釋文挍勘云：影宋本缺，通志堂本、盧本如此。案，段玉裁云「疏引孫炎曰『荆州曰梅，揚州曰枏』，當依之乙」，是也，爾雅疏亦可證。

073 人君以盛德之故有顯服　閩本、明監本、毛本「故」下有「宜」字。案，所補是也。

* 又陳其美之　補：毛本「之」作「以」。案，所改是也。

074 有大山古文以爲終南　閩本、明監本、毛本同。案，「大」下浦鏜云脱「壹」字，是也。

075 梅枏釋木云　閩本、明監本、毛本同。案，浦鏜云「文」誤「云」，是也。

076 梅樹皮葉似豫樟豫樟葉大如牛耳　閩本、明監本、毛本同。案，盧文弨云「『豫樟』不應複，爾雅疏無其説」，誤也。陸疏自此下皆説「豫樟」，因毛詩更無「豫樟」，故就「梅」下說之，至「栂葉大可三四葉一藂」以下乃更說「梅」也，爾雅疏誤。

077 雜采爲文　閩本、明監本、毛本「采」誤「綵」，下同。　×

078 鄭於方記注云　閩本、明監本、毛本同。案，浦鏜云「坊」誤「方」，是也。

079 在朝君臣同服　明監本「在」誤「有」；毛本初刻同，後因改上文「方」作「坊」而誤剜「在」作「坊」；閩本不誤。　×

080 及受鄰國之聘　明監本、毛本「及」誤「乃」，閩本不誤。　×

081 有紀有堂　唐石經缺，小字本、相臺本同。案，釋文「紀」字云「本亦作『屺』」，正義云「集注本作『屺』，定本作『紀』」，標起止云「傳紀基」，是正義本與定本同。「屺」是山有草木字，集注當誤。

082 堂畢道平如堂也　小字本、相臺本同。案，此定本也。正義云「定本又云『畢道平如堂』」，下文云『因解傳畢道如堂』」，是正義本此傳當無「平」字。段玉裁云：「定本非也。此自兩崖言之故。爾雅云『畢堂牆若平如堂』，則自道言之矣。」

083 箋云畢也堂也　小字本、相臺本同。案，段玉裁云：「『畢也』當作『基也』。考正義云『今箋唯云畢也堂也，止釋經之有堂一事者』云云，是正義本已誤，遂爲之遷就其說也。」

○黃鳥

084 琁環其左右曰殉　閩本、明監本、毛本「琁」誤「璇」。　×

085 當是後有爲之　閩本同，明監本、毛本「有」作「主」。案，所改非也。「有」當作「君」，形近之譌。

086 黃鳥以時往來得其所　小字本、相臺本同，考文古本「其」字亦同，閩本、明監本、毛本脱。　×

087 **慄慄懼也**　閩本、明監本、毛本同，小字本、相臺本「慄慄」作「惴惴」，考古文本同。案，「惴惴」是也。

088 **皆爲之悼慄**　毛本「爲」誤「謂」，明監本以上皆不誤。×

089 **以求行道若不行**　閩本、明監本、毛本重「道」字。案，所補是也。

090 **左傳作子輿輿車字異義同**　閩本、明監本、毛本同。案，此不誤。浦鏜云「左傳亦作『子車』，唯本紀作『子輿』」，非也。正義所引左傳自如此，不與杜氏同耳。×

091 **箋以仲行爲字者**　閩本、明監本、毛本「以」誤「云」。×

○晨風

092 **鴥彼晨風**　閩本、明監本、毛本同，小字本、相臺本「鴥」作「鴪」，唐石經作「鴥」。案，「鴥」字是也。釋文「尹橘反」，采芑經同，沔水經不誤。

093 **駃疾如晨風之飛入北林**　閩本、明監本、毛本同，相臺本「駃」作「駛」，小字本作「駛」。案，「駛」字是也。考此字說文在新附中，而廣雅已有之，皆作「駛」；玉篇、廣韻皆作「駛」。釋文此及二子乘舟同，乃失去一畫耳。

094 **穆公由能招賢之故故賢者疾往**　明監本、毛本同。案，十行本「之」至「疾」剜添者一字。×

095 **據作者所見有此林也**　毛本「此」誤「北」，閩本、明監本不誤。×

096 **但箋傳不然**　閩本、明監本、毛本「然」誤「言」。×

097 **一名山梨**　明監本、毛本「梨」下衍「也」字，閩本剜入。×

○無衣

098 我與女共袍乎　閩本、明監本、毛本同，小字本、相臺本「共」作「同」，考文古本同。案，「同」字是也。

099 以興明君能與百姓樂致其死　閩本、明監本、毛本「百姓」下更有「同欲故百姓」五字。案，所補是也。

100 縕謂今纊及舊絮也　明監本、毛本「及」誤「乃」，閩本不誤。×

101 諸侯不得專輒用兵　閩本、明監本、毛本「專」誤「事」。×

102 陳其號令之辭　明監本、毛本「號」誤「傳」，閩本不誤。×

103 襗褻衣近汙垢　相臺本同，閩本、明監本、毛本同，小字本「襗」作「澤」。案，「澤」字是也。釋文云「澤，如字。毛『澤，潤澤也』；鄭『褻衣也』；說文作『襗』，云『袴也』」，可作毛、鄭義異而經字則同之證。正義云「故易傳爲『襗』」，乃依鄭義易字以曉人，非謂經傳字作「澤」，箋字作「襗」也。相臺本依之改箋者誤。

○渭陽

104 外國者婦人不以名行　閩本、明監本、毛本同。案，浦鏜云「『外國者』三字疑衍」，是也。

105 懼不敢占　閩本、明監本、毛本「占」誤「言」。×

* 聲伯惡見食之　補：毛本「惡」作「夢」。

○權輿

106 案崔駰七依　閩本「駰」誤「騩」，後因改「騩」爲「駟」，而又誤剜「依」作「駟」；明監本、毛本承其誤。

107 傳承繼也　毛本「傳」誤「□」，閩本、明監本不誤。

陳譜

108 虙戲即伏犧　閩本、明監本、毛本「犧」誤「羲」。×

109 投殷之後於宋　閩本、明監本、毛本「投」誤「封」。×

110 東不及明音孟豬　閩本、明監本、毛本同。案，此正義自爲音旁行細書之，未誤入正文者，以此推之而例可知矣。○按，未可以一例百，且在句中者容或有此例，如此「音孟」及遵大路之「山音反」是也。在句末者，則文理可讀，亦不盡同此例。

111 在外方屬鄭　閩本、明監本、毛本同。案，此當作「在外方之北外方屬鄭」，因「外方」複出而脱去四字，下引檜譜云「在豫州外方之北」其證也。

112 楚語云在女曰巫　毛本「云」誤「曰」，閩本、明監本不誤。×

113 子慎公圉戎立　明監本、毛本「戎」誤「戍」，閩本不誤。×

114 卒子武公靈立卒子夷公説立　閩本、明監本、毛本同。案，十行本上「卒」至下「公」，剜添者二字。

115 弟平公燮立　閩本、明監本、毛本同。案，此不誤。浦鏜云「燮」誤「燮」，非也，正義所引世家自如此。

116 躍既爲厲公　明監本「既」誤「即」，閩本、毛本不誤。×

117 馬遷既誤以佗爲厲公　明監本、毛本「既」誤「即」，閩本不誤。×

○宛丘

118 聲樂不倦　明監本、毛本「聲樂」誤倒，閩本不誤。

* 中英隆高　補：毛本「英」作「央」。案，「央」字是也。

119 狀如一丘矣　閩本、明監本、毛本同。案，依爾雅注「一」上當有「負」字。

120 若此宛丘中央隆峻　明監本、毛本「此」誤「比」，閩本不誤。

121 今江東人取以爲睫攡　閩本、明監本、毛本同。案，此不誤。浦鏜云「欐」誤「攡」，非也。爾雅注本作「攡」，今釋文誤爲「欐」耳，廣韻十一暮「鷺」字下引亦作「睫攡」可證。又，五支「接羅白帽」，「接羅」即「睫攡」。

122 不鼓缶而歌　閩本、明監本、毛本「不」誤「云」。

123 注云艮爻也位近丑　閩本、明監本、毛本同。案，此不誤。浦鏜改「位近丑」作「爻辰在丑」，非也，王伯厚輯鄭易即采此正同。

124 主國尊於簋　閩本、明監本、毛本同。案，此不誤。浦鏜云「棜」誤「於」，從玉海挍，非也。禮器正義引亦作「於」，玉海作「棜」者，當是誤涉禮器下文。

○東門之枌

125 應劭通俗云　閩本、明監本、毛本同。案，通俗，浦鏜云當作「風俗通」，是也。

126 傳枌白至所聚　明監本、毛本「所」誤「於」，閩本不誤。

127 箋之子男子　閩本、明監本、毛本「男」上衍「至」字。

128 序云男子棄業　閩本、明監本、毛本同。案，浦鏜云「女」誤「子」，是也。

* 下曰往往矣同　補：案，「往」字不當重。

* 釋詁文也○春秋莊二七年　補：案，

「○」當衍。

129 是陳有大夫姓原氏也　閩本、明監本、毛本「氏」誤「是」。

130 朝旦善明曰往矣　閩本、明監本、毛本同，小字本、相臺本「旦」作「日」，考文一本同。案，「日」字是也，上章箋及正義中皆可證。

131 貽我握椒　明監本「握」誤「楃」，各本皆不誤。

132 交情好也　相臺本同，閩本、明監本、毛本同，小字本「情」作「博」。案，小字本誤也，釋文以「情好」作音可證。○按，「交博好」猶云互相討好，「博」字必古本之留遺者，舊挍非。

133 此本淫亂之所由　相臺本同，閩本、明監本、毛本同，小字本無「此」字。案，有者是也。正義云「詩人言此者」，即說箋「此」字。

134 謂男言擇女　閩本、明監本、毛本「言」誤「來」。

135 莜芘芣椒芬香　閩本、明監本、毛本「芣」下衍「至」字。

136 似葵紫色　閩本、明監本、毛本重「葵」字，衍。

○衡門

137 掖扶持也　小字本、相臺本同。案，正義標起止云「掖扶持」，下云「故以掖爲扶持也。定本作『扶持』」，如其所言不爲異，本當有誤，今無可考。

138 云掖臂也　閩本、明監本、毛本同。案，釋文「掖」下云「扶持也」，與正義本同。「云」上浦鏜云脫「說文」，又「掖」下浦鏜云脫「持」，是也。

139 持以赴外殺之　閩本、明監本、毛本同。案，浦鏜云「掖」誤「持」，考左傳是也。

140 橫木爲門　毛本「橫」誤「衡」，明監本以上皆不

誤。×

141 **可以樂飢**　小字本、相臺本同，唐石經初刻同，後加「疒」作「𤻲」。案，唐石經考異云用鄭義也。考釋文云：「樂，本又作『𤻲』，毛音洛，鄭力召反。沈云：舊皆作『樂』字；晚詩本有作疒下樂，以形聲言之，殊非其義；『療』字當從疒下尞。案，説文云『𤻲治也』，『療』或『𤻲』字也。則毛本止作『樂』，鄭本作『𤻲』，注放此。」正義云「案，今定本作『樂飢』，觀此傳亦作『樂』，則毛讀與鄭異」，是正義本即作「𤻲」也，標起止云「至樂飢」，或後改。沈云「舊皆作『樂』字」，是也。陸意不從沈，而不云檢舊本不如沈言，則作「樂」審矣。釋文「又作」本、正義、唐石經後刻作「𤻲」，皆沈所謂晚本也。沈但當如正義所云「觀此傳亦作『樂』」，以證毛氏詩是「樂」字不當誤，論形聲以致陸駁。然陸云「毛本作『樂』，鄭本作『𤻲』」，斯不然矣。鄭非於毛外別有本，但可易傳義耳，不容經字先已異也，鄭本亦必作「樂」。陸欲調停晚本，失之。考文古本作「𤻲」，采正義、釋文也。釋文「晚」字或誤，今正，詳後考證。

142 **可飲以𤻲飢**　閩本、明監本、毛本同。小字本、相臺本「𤻲」作「療」，考文古本同。案，正義本作「𤻲」。「療」「𤻲」一字見上。此箋不云「樂」讀爲「𤻲」者，以「樂」爲「𤻲」之假借而於訓釋中改其字以顯之也。晚本乃因此改經耳。唯傳中「樂道」字不容改。近盧文弨遂以「樂飢可以樂道忘飢」一句屬之王肅而議刪之矣，其誤實由於晚本惑之，且不得鄭箋改字之例故也。

143 **邶國有毖彼泉水**　毛本「國」誤「風」，閩本、明監本不誤。×

144 **且下章勸君用賢**　閩本、明監本、毛本「且」誤「耳」。×

145 **取其口美而已**　小字本同，閩本、明監本、毛本同，相臺本「口美」倒。案，「美口」是也。×

146 **何必聖人**　小字本、相臺本同，明監本、毛本同，閩本「聖」作「至」誤。×

147 **周語作四岳**　閩本、明監本、毛本同。案，浦鏜云「祚」誤「作」，是也。

○東門之池

148 **以配君子也**　閩本、明監本、毛本下有注，小字本、相臺本無，考文古本無。案，山井鼎云「此亦釋文混入注也」，是也。

149 **彼美淑姬**　唐石經、小字本、相臺本同。案，釋文云「叔姬，音叔，本亦作『淑』，善也」。正義云「言彼美善之賢姬」，是正義本作「淑」。釋文「音叔」或誤，今正，詳後考證。

150 **考工記慌氏**　閩本、明監本、毛本「慌」誤「梳」。案，山井鼎云「作『㡃』爲是」，是也。凡巾傍之字寫者多以忄旁亂之。

151 **齊人曰涹烏禾反**　閩本、明監本、毛本同。案，「烏禾反」三字當傍行細書，正義於自爲音者例如此也。○按，不然。

152 **歲再刈刈便生**　閩本、明監本「刈」誤「割」，下「人刈白華於野」同，毛本皆不誤。

153 **可以漚菅**　小字本、相臺本同，唐石經初刻「與」，後改「以」。案，初刻誤也。

○東門之楊

154 **羣生閉藏爲陰**　閩本、明監本、毛本同。案，浦鏜云「乎」誤「爲」，考家語，浦挍是也。

155 **歎天道嚮秋冬而陰氣來**　閩本、明監本、毛本同。案，「歎」當作「覲」，形近之譌。浦鏜云「『歎』字衍文，見繁露循天之道篇」，非也，爲挍繁露者所去耳。

156 **與陰俱近而陽遠也**　閩本、明監本、毛本同。案，此不誤。浦鏜云「原文作『内與陰居近而陽遠也』」，非也。「居」即「俱」字誤。上文云「冰泮而殺止」，故傍記「内」字爲「止」字之異耳，後遂誤入正文也，當依此正之。

○墓門

157 **陳佗乃用其言** 閩本、明監本、毛本「乃」作「仍」。案，所改是也。

158 **昔久也** 小字本、相臺本同。案，正義云「昔是久遠之事，故爲久也」。段玉裁云：「『夕』誤作『久』，誰夕猶今人言不記是何日也。記云『疇昔之夜』，『疇』『誰』正同。」

159 **誰昔昔也** 小字本、相臺本同。案，正義云「釋訓文」，又云「今定本爲『誰昔昔也』，合爾雅，俗爲『誰疑辭也』」。正義本、定本同，是也，俗誤。

160 **傳稱古曰在昔** 毛本「傳」誤「傳」、「曰」誤「云」，閩本、明監本不誤。 ✕

161 **善惡自有** 閩本、明監本、毛本同，小字本、相臺本「有」作「耳」。案，「有」字誤也，正義云「此梅善惡自耳」可證；但與下「此性善惡自然」爲對文，依義當作「爾」。考文古本作「爾」，一本作「耳」，二字混也。

162 **性因惡矣** 閩本、明監本、毛本同；小字本、相臺本「性」作「樹」，考文古本同。案，「樹」字是也，正義云「梅亦從而惡矣」可證。

163 **歌以訊之** 唐石經、小字本、相臺本同。案，正義標起止云「傳訊告也」，釋文云「訊，本又作『誶』，音信，徐息悴反，告也」。詩經小學云：「『誶』『訊』義別，『誶』多譌作『訊』。如爾雅『誶告也』，釋文云『本作訊，音信』。說文引國語『誶申胥』，今國語作『訊』。詩『歌以誶止，誶予不顧』，傳『誶告也』，莫肯用『誶』，箋『誶告也』，正用釋詁文，而釋文誤作『訊』，以音信爲正。王逸楚詞注引『誶予不顧』，廣韻六至『誶』下引『歌以誶止』可正其誤。」毛鄭詩考正云：「『止』譌作『之』。」

* **訊諫也** 補：釋文校勘記：通志堂本、盧本同。案，六經正誤云「訊諫也，作『諫』誤。說文『諫，數諫也』，从言、从朿，七賜反；『諫，促也』，从言，从約束之束，音速」。依此是宋監本釋文作「訊諫也」，从言、从朿，中有一小畫，即「朿」字。唐人例如此。毛居正以爲「朿」字非是，小字本所附作「諫」，誤多

一畫，當由不識「諫」者誤改耳。

164 與梟一名鴟　閩本、明監本、毛本同。案，此當作「與梟異梟一名鴟」，因複出「梟」字而脱也。爾雅「梟鴟」，疏即取此，誤改爲「一名梟一名鴟」，當是所見本已脱，而未察此正義之旨也。

165 唯鴞冬夏尚施之　閩本、明監本、毛本同。案，浦鏜云「常」誤「尚」，考爾雅疏，是也。

○防有鵲巢

166 所美謂宣公也　閩本、明監本、毛本同，小字本、相臺本無「也」字。×

167 公既信此讒言　明監本、毛本「言」誤「人」，閩本不誤。×

168 告語衆讒人輩　明監本、毛本「語」誤「與」，閩本不誤。×

169 箋誰讒至宣公　閩本、明監本、毛本同。案，「讒」當作「誰」。

170 甓瓴甋也　相臺本同，閩本、明監本、毛本同，小字本「瓴甋」作「令適」。案，小字本是也。釋文云「令，字書作『瓴』。適，字書作『甋』」；又「甓」下云「令適也」；爾雅釋文云「詩傳作『令適』」，是其證也。正義本當亦作「令適」，引爾雅乃順彼文作「瓴甋」耳。相臺本及此依以改傳者誤。

○月出

171 又是佼好之人　閩本、明監本、毛本「是」誤「見」。×

172 言月光者　明監本、毛本「月」誤「日」，閩本不誤。×

173 月出皓兮　小字本、相臺本同，唐石經「皓」作「皓」。案，「皓」字是也。

174 勞心慘兮　唐石經、小字本、相臺本同。案，釋文「慘，七感反」；此無正義，其本未有明文。以白華例之，當亦作「慘」。毛鄭詩考正云「盖『懆』字轉寫譌爲『慘』耳」，毛晃、陳第、顧炎武諸人論之詳矣。

* 埤蒼作嬼嬼妖也　補：釋文挍勘：通志堂本、盧本同，小字本所附亦是「嬼」字。考原本作「媚」，「媚妖」二字連文，相如賦所謂「妖冶嫺都」也。

○株林

175 公謂行父曰　閩本、明監本、毛本同。案，十行本「行父曰」剜添者一字，是本無「曰」字，後依左傳加而衍也。

176 從夏南　小字本、相臺本同，唐石經「南」下有旁添「姬」字，下句同。案，惠棟云「『南』與『林』協韻，不容闌入『姬』字，依疏當云『從夏南兮』」。今考正義云「定本無『兮』字」。

177 言我非之株林從夏氏子南之母　小字本同，閩本、明監本、毛本同，相臺本無「氏子」二字。案，有者是也。 ×

178 乘我乘駒　唐石經，小字本、相臺本同。案此正義本也。正義云「何故得乘我君之一乘之駒」，又標起止云「傳大夫乘駒」。釋文云「乘驕，音駒。沈云或作『駒』字，是後人改之。皇皇者華篇内同」。考汝墳傳云「五尺以上曰駒」，正義云「五尺以上即六尺以下，故株林箋云『六尺以下曰駒也』」，毛於此及皇皇者華皆更不爲「驕」字作傳，當皆是「駒」字，未必後人改之。説文「驕」下引「我馬爲驕」，凡説文所引不同多不可强合。○按，沈重説是也，其詳見段玉裁説文解字注。

○澤陂

179 男悦女之形體　閩本、明監本、毛本「悦」下有「女言」二字。案，所補是也。

180 正以陂中二物興者　明監本、毛本「二」誤「一」，閩本不誤。 ×

181 傷思釋言文　閩本、明監本、毛本同。案，浦鏜云「詁」誤「言」，是也。

182 孫毓以箋義爲長○正義曰　閩本、明監本、毛本同。案，「○」下浦鏜云「當脱『傳自目至曰泗』六字及『○』」，是也。

＊　卷本又是⿰耳卷　補：釋文挍勘：通志堂本、盧本「⿰耳卷」作「婘」，小字本所附亦是「⿰耳卷」字。考「⿰耳卷」字非也，博雅云「婘好也」本此詩。

檜譜

183　檜國在禹貢豫州　閩本、明監本、毛本同。案，此不誤。浦鏜云「檜」衍字，非也。嫌國是祝融國，故複舉檜而言之。❶

184　在汴縣東　閩本、明監本、毛本同。案，浦鏜云「其」誤「汴」，是也。

185　昆吾蘇顧温莒也　閩本、明監本、毛本同。案，依國語「莒」作「董」。

186　妘姓鄢　閩本、明監本、毛本同。案，此不誤。浦鏜云「『鄢』，國語作『鄔』」，非也。今國語誤耳，潛夫論亦作「鄢」可證。

187　檜國仍在　毛本「國」誤「公」，閩本、明監本不誤。✕

188　地理志　毛本「理」誤「里」，閩本、明監本不誤，下同。

189　皆不言北鄰　閩本、明監本、毛本同。案，「北」當作「其」，形近之譌。

○羔裘

190　經云豈不汝思　閩本、明監本、毛本「汝」作「爾」。案，「汝」字是也。✕

191　三諫不聽於禮得去也　閩本、明監本、毛本同。案，「不聽」下浦鏜云當有「則去之是三諫不聽」，是也，此「不聽」複出而脱。

192　宣二年穀梁傳　閩本、明監本、毛本「二」誤「三」。✕

193　復士以璧　閩本、明監本、毛本同。案，此不誤。浦鏜云「『問』誤『復』」，見荀子大略篇」，非也，此不與楊倞注本同耳。

194 曲禮云大夫去國　明監本、毛本「去」誤「至」，閩本不誤。×

195 在國視朝之服則素衣麑裘　閩本、明監本、毛本同。案，「朝」當作「朔」。

196 又用朝服以燕　閩本、明監本、毛本「又」誤「入」。×

197 不過用元端深衣而已　閩本、明監本、毛本「端」誤「用」。×

○**素冠**

198 爲母齊衰三年　毛本「齊」誤「斬」，閩本、明監本不誤。×

199 不言其韠　毛本「其」誤「有」，閩本、明監本不誤。×

200 素冠於韠　閩本、明監本、毛本同。案，浦鏜云「冠於」疑「裳與」誤，是也。

201 欒欒瘠貌　小字本、相臺本同。案，此定本也。正義云「故以欒欒爲膄瘠之貌，定本毛無『膄』字」。釋文「欒欒」下云『瘠貌』。此傳止云「瘠貌」，箋云「膄瘠」者，亦申傳也。當以定本、釋文爲長。×

202 形貌欒欒然膄瘠也　相臺本同，閩本、明監本、毛本同，小字本「膄瘠」作「瘠瘦」。案，小字本誤倒也。釋文「膄，本亦作『瘦』」，正義作「膄」。

203 此冠練在使熟　閩本、明監本、毛本同。案，浦鏜云「布」誤「在」，是也。

204 彼棘作悈　閩本、明監本、毛本「悈」誤「戒」。×

205 便是朞即釋服　明監本、毛本「即」誤「既」，閩本不誤。×

206 我心蘊結兮　小字本、相臺本同。唐石經初刻

「蕰」，後改「蘊」。案，説文「蕰，積也，从艸，温聲」。正義、釋文作「蘊」者，即「蕰」之俗字耳。

○隰有萇楚

207 國人疾其君之淫恣　唐石經缺，小字本、相臺本同。案，此正義本也。定本無「淫」字，唐石經計其字亦當有。

208 樂其無妃匹之意　相臺本同，閩本、明監本、毛本同，小字本「妃」作「配」。案，釋文云「妃匹，音配」，正義中作「配」字者，「妃」「配」古今字，易而説之也，例見前。小字本非也。×

209 於人夭夭然少壯沃沃壯佼之時　閩本、明監本、毛本同。案，上「壯」字衍，「沃沃」下脱「然」字。此讀於「少」字略逗。

210 故謂夫婦家室之道　毛本「謂」誤「爲」，閩本、明監本不誤。×

211 隰有萇楚三章　小字本、相臺本同，唐石經無「隰有」二字。案，有者是也，序可證。

○匪風

212 怛傷也　小字本、相臺本同。案，此正義本也，正義云「定本無『怛傷』之訓」。考釋文「怛兮」下云「慘怛也」，是釋文本亦無此傳。

213 偈偈然大輕嘌　閩本、明監本、毛本同。案，「然」當作「兮」，上文「發發兮大暴疾」與此對文，皆經中「兮」字也。

214 此見周道既滅　毛本「見」誤「皆」，閩本、明監本不誤。×

215 亦歸與之而　閩本、明監本、毛本同。案，此不誤，下「亦備具之而」同。浦鏜云兩「而」字當衍文，非也。讀以「而」字斷句，「而」詞也；浦誤於「之」字斷句耳。

216 俱不欲煩　閩本、明監本「俱」誤「故」，毛本不誤。×

217 謂以人思尊偶之也　閩本、明監本、毛本同。案，「思」當作「意」。聘禮疏「以人意相存偶也」，「尊偶」「存偶」與中庸正義之「相親偶」，表記正義之「相愛偶」，碩人正義之「荅偶」皆一也。下文云「尊貴之」。

曹譜

218 被孟豬　閩本、明監本、毛本同。案，「孟」當作「盟」。陳譜作「明豬」，正義云「明豬，尚書作『盟豬』，即左傳稱『孟諸之麋』、爾雅云『宋有孟諸』是也，但聲訛字變耳」，是正義所引尚書作「盟」之證。

219 由此所以寡於患難　明監本「由」誤「自」，閩本、毛本不誤。×

220 曹之後世　閩本、明監本、毛本「曹」上誤衍「○」。○案，毛鄭詩考正亦誤以此下共廿一字爲鄭君語。

221 十一世當周惠王時　閩本、明監本、毛本同。案，浦鏜云上脱「○」，是也。

222 子官伯侯立　閩本、明監本、毛本同。案，浦鏜云「宫」誤「官」，是也。

223 弟幽伯强立　閩本、明監本、毛本「幽」誤「豳」；下「殺幽伯」毛本誤同，閩本、監本不誤。×

224 幽伯戴伯二人又不數　閩本、明監本、毛本同。案，盧文弨云：「前陳譜疏云『除相公一及』，此『人』字亦當作『及』。父子曰世，兄弟曰及是也。考邶、鄘、衛譜正義云『又不數及』，商頌譜正義云『除二及』皆可證。」

○蜉蝣

225 昭公國小而迫　唐石經、小字本、相臺本同。案，釋文云：「國小而迫，一本作『昭公國小而迫』。」案，鄭譜云『昭公好奢而任小人，曹之變風始作』，此詩箋云『喻昭公之朝』，是蜉蝣爲昭公詩也。譜又云『蜉蝣至下泉四篇，共公時作』。今諸本此序多無『昭公』字，崔集注本有，未詳其正也。」今考集注是也。譜正義云「蜉蝣序云『昭公』，昭公詩也。候人、下泉序云『共公』，鳲鳩在其間，亦共公詩也。鄭於左方中皆以此而知」，是正義所見鄭譜左方中不云蜉蝣至下泉四篇共公時作。釋文所見乃誤本，因是而去此序「昭公」字耳。

226 **蕢生糞土中**　閩本、明監本、毛本「蕢」誤「聚」。×

227 **非獨刺小人也**　閩本、毛本「小人」誤「羣臣」，明監本不誤。×

228 **楚楚於衣裳之下**　閩本、明監本、毛本「於」誤「在」。×

229 **掘閱掘地解**　小字本、相臺本「解」下有「閱」字，閩本、明監本、毛本亦有。案，十行本脱也。又，此定本也。正義云「初掘地而出皆解閱」，又云「定本云『握地解閱』」。釋文「解閱，音蟹，下同」，與定本同也。

230 **謂其始生時也以解閱**　相臺本同，小字本無此九字。案，小字本非也。閩本、明監本、毛本亦有。×

231 **喻君臣朝夕變易衣服也**　相臺本同，小字本無「臣」字。案，小字本非也。閩本、明監本、毛本亦有。×

232 **諸侯之朝朝服朝夕則深衣也**　相臺本同，閩本、明監本、毛本亦同，小字本不重「朝」字。案，小字本非也，釋文云「之朝，直遥反，下皆同。一讀下『朝夕』字張遥反」可證。×

* **掘地而出皆鮮閱**　補：毛本同。案，「鮮」當作「解」，下「鮮閱」並同。×

233 **當何所歸依而説舍乎**　閩本、明監本、毛本「歸依」誤「依歸」。×

***蜉蝣三章章四句**　補：各本皆另提一行，此誤在疏下。

○**候人**

234 而好近小人焉　小字本、相臺本同；唐石經初刻無「好」字，後改有。案，釋文以「而好」作音，是其本有「好」字。正義云「以下皆近小人也，此詩主刺君近小人」，當是其本無「好」字，初刻出於此。

235 候人道路送賓客者　小字本、相臺本同，考文一本同，閩本、明監本、毛本「送」下有「迎」字。案，正義云「以是知候人是道路送迎賓客者」，依正義當有此字。

236 止爲彼候迎賓客之人兮　毛本「止爲」誤「正謂」，閩本、明監本「爲」字不誤。

237 荷揭戈與祋　閩本、明監本、毛本同。案，經注作「何」，正義作「荷」，「何」「荷」古今字，易而説之也，例見前。考文古本經作「荷」，誤采所易之今字。釋文：「何戈，何可反，又音河。」

238 不刺遠君子而舉候人　閩本、明監本、毛本同。案，「不」當作「本」，形近之譌。

239 衮冕黻珽　閩本、明監本、毛本「珽」誤「廷」。

240 知用享祀　閩本、明監本、毛本同。案，此不誤。浦鏜云「利」誤「知」、「祭」誤「享」，非也，正義所引易自如此。「祭祀」本或作「享祀」，見易釋文。

241 所謂韍也　閩本、明監本、毛本同。案，浦鏜云「韎」誤「韍」，以玉藻注考之，浦挍是也。

242 下大夫再命上士一命　閩本、明監本、毛本同。案，此不誤。浦鏜云「二『其』字，一譌『下』，一譌『上』」，非也。盧文弨云不必拘本文，是也。

243 遺衛夫人以魚軒　閩本、明監本、毛本同。案，浦鏜云「遺」誤「遺」，是也。

244 僖十八年左傳　閩本、明監本、毛本同。

案，「十」上，浦鏜云脱「二」字，是也。

245 郭朴曰　閩本、明監本、毛本同。案，此不誤。浦鏜云「璞」誤「朴」，非也。考朴字景純，取純朴相應字，當從木，他書多從玉，不如此所稱者爲正。以上正義皆作「璞」，或後人改之，以下互見「璞」字同此。「朴」即「樸」之俗字。○案，段玉裁云：「樸素字古作『樸』。樸者，素也，胎也，是以金玉之礦古皆作『樸』。而『璞』乃俗字。郭名當本作『樸』，或譌『璞』非，或譌『朴』亦非。朴者，木皮也，非命名之意。」×

246 形如鶚而極大　閩本、明監本、毛本「鶚」誤「鴞」。案，此因十行本別體俗字作「鴞」而然。×

247 隮升雲也　小字本、相臺本同。案，正義云「隮升，釋詁文。定本及集注皆云『隮升雲也』」。釋文「隮」下云「升雲也」，與定本同。×

248 季人之少子也女民之弱者　小字本、相臺本同。案，正義云「定本云『季人之少子女民之弱者』」，其正義本未有明文，今無可考。正義云「伯仲叔季則季處其少，女比於男則男彊女弱」，又標起止云「至弱者」，其自爲文者不可據，意必求之，當云「季少子女弱者」。又，「季少子」見陟岵傳也。

249 則歲不熟　小字本、相臺本同。案，此定本也。正義云「則歲穀不熟」，又云「故知此言歲穀不熟」，又云「今定本直言『歲不熟』，無『穀』字」。×

250 則下民困病矣　閩本、明監本、毛本同，小字本、相臺本無「矣」字。案，無者是也，標起止云「至困病」可證。

251 天者無大雨　閩本、明監本、毛本同。案，「者」當作「若」，因剜改而與下互譌也。

252 故知薈蔚雲興若　閩本、明監本、毛本同。案，「若」當作「者」，因剜改而與上互譌。

253 車輂云　明監本、毛本「輂」誤「牽」，閩本不誤。

○鳲鳩

254 以刺今在位之人　毛本「位」誤「外」，明監本以上皆不誤。

255 其儀一兮　唐石經、小字本、相臺本同。案，此「一」字是「壹」之假借。騶虞經「壹發五豝」，又以「壹」字爲「一」之假借。此序中不壹字凡二見，唐石經以下各本同，用正字也。序用字不與經同，如采薇之「昆」、雲漢之「裁」皆可見。傳箋亦作「一」，標起止可證。正義易而説之，乃皆用「壹」字。

256 言執義一則用心固　小字本、相臺本同。案，段玉裁云：「上箋『儀義也，善人君子其執義當如一也』，下箋『執義不疑』，此言『執義一』，文句相承，上當脱『箋云』二字。今考標起止作傳，是正義本已誤。」

257 用心如壹既如壹兮其心堅固不變　閩本、明監本、毛本同。案，十行本「用心」至「其心」剜添者三字，此當作「用心既如壹兮其堅固不變」，剜添「如壹」及「心」字，皆誤。

258 刺曹君用心不均也　閩本、明監本、毛本「刺」誤「既知」二字。案，此十行本始剜者，譌一字爲二字。山井鼎云「宋板作『刺』，最是」，彼所見「刺」字重剜而又正之也。十行本屢經剜改者如此。

259 謂如不以散　閩本、明監本、毛本同。案，當作「謂固不可散」。

260 素冠云我心蘊結　毛本「蘊」誤「緼」，閩本、明監本不誤。

261 騏騏文也　小字本、相臺本同。案，當作「騏綦文也」，釋文「伊騏」下云「騏綦文也」。正義云「馬之青黑色者謂之騏，此字從馬，則謂弁色，如騏馬之文也」。此與小戎正義詳略互見耳。如者，如騏馬之綦文也。又，正義下引孫毓云「皮弁之飾有玉璂，而無綦文，綦文非所以飾弁。箋義爲長」。是此傳釋文、正義孫毓評皆是「騏綦文也」，今各本皆誤。標起止「傳騏騏文」亦當是後改。釋文「綦」字舊或誤「纂」，今正，詳後考證。○按，説詳小戎。

262 騏當作⿰王綦　小字本、相臺本同。案，釋文云「作⿰王綦，音其」，是釋文本字如此。段玉裁云：「周禮作『璂』，鄭易爲『綦』，鄭箋詩、孔疏詩皆依『綦』字。今考正義本箋亦是『⿰王綦』字，見下，與釋文本同，當是用此字以別於傳『綦文也』。其引周禮而説之，用彼注作『綦』。」

263 言皮爲之⿰王綦　閩本、明監本、毛本同。案，「爲」當作「弁」。

264 會逢中也　閩本、明監本、毛本同。案，浦鏜云「縫」誤「逢」，下同，是也。

265 以爲飾謂之綦　閩本、明監本、毛本「謂」誤「爲」。

266 玉用采　閩本、明監本、毛本同。案，「用」下浦鏜云脱「三」字，是也。

267 綦常服也　閩本、明監本、毛本同。案，「綦」上當有「玉」字，因上句末「王」字形近而脱去也。

268 故知騏當作綦　閩本、明監本、毛本同。案，「綦」當作「⿰王綦」，上文云「鄭唯其帶伊騏言皮弁之⿰王綦」，又云「知『騏』當作『⿰王綦』」，此二「⿰王綦」字據箋言之可證也。

269 正是也　閩本、明監本、毛本同，小字本、相臺本「是」作「長」，考文古本同。案，「長」字是也，釋文、正義皆可證。

270 傳言正長釋訓文　閩本、明監本、毛本同。案，「訓」當作「詁」。

271 其非禮也　閩本、明監本、毛本同。案，浦鏜云「討罪」誤「其非」，是也。鴻鴈正義引作「討罪」，魯頌譜正義引同。

〇下泉

272 **洌彼下泉**　唐石經、小字本同，相臺本「洌」作「洌」，閩本、明監本、毛本同。案，釋文「洌，音列，寒也」，唐石經本此；正義云「字從冰」，相臺本所據改也。東京賦李善注引此作「洌」。詩經小學云「字從仌，列聲，又見大東」。

273 **稂童粱**　小字本、相臺本「粱」作「粱」，閩本、明監本、毛本同。案，「粱」字誤也。爾雅作「粱」。此釋文及大田亦或誤，見六經正誤。

274 **洌彼至周京**　閩本、明監本、毛本「洌」作「洌」，下同。案，所改是也。

275 **浸彼苞稂之草**　明監本、毛本「草」下衍「也」字，閩本剜入。

276 **字從水**　閩本、明監本、毛本「水」作「冰」。案，所改是也，大東正義可證。

277 **必浸其稂本**　閩本、明監本、毛本同。案，「稂」當作「根」，形近之譌。

278 **郭朴曰莠類也**　閩本、明監本、毛本「朴」作「璞」。　×

279 **或謂宿田也**　毛本「田」誤「守」，閩本、明監本不誤。　×

280 **甫田云不稂不莠**　閩本、明監本、毛本同。案，浦鏜云「大」誤「甫」，是也。爾雅正義即取此，正作「大」。

豳譜

* **以此敘己志**　補：案，「此」當作「比」，正義「以比序己志」，又「以比己身序己志」皆可證。

281 **后稷之曾孫也公劉者**　閩本、明監本、毛本同。案，浦鏜云「曰」誤「也」，是也。

282 **原隰厎績**　閩本、明監本、毛本「厎」誤「底」。　×

283 金縢直云居東　閩本、明監本「直」誤「惟」，毛本作「勤」誤，見下。

284 由其積德勤民　閩本、明監本「勤」誤「愛」，毛本作「直」誤。山井鼎云「乃改之互換其處」，是也。

285 本詩周公所作　毛本「詩」誤「是」，閩本、明監本不誤。

286 俱是先公之俊　閩本、明監本、毛本「俊」誤「後」，下「明是念其俊者」同。閩本、監本、毛本「俱」改「則」。

287 若然大王既遭事難　閩本、明監本、毛本「若」誤「者」。

288 後成王迎之反之　閩本、明監本、毛本同。案，上「之」字浦鏜云「而」誤，是也，正義云「是成王迎而反之」可證。

289 主意於豳公之事　毛本「主」誤「王」，閩本、明監本不誤。案，山井鼎云「王」當作「主」，物觀補遺不載，據宋板皆失之。

290 其入攝王政也　閩本、明監本、毛本「政」誤「室」。

291 有自比二人之意　閩本、明監本、毛本「有自」誤倒，「比」誤「此」。

292 主意於豳公之事　閩本、明監本、毛本同。案，十行本損，以字計之應少一字，改刻補損而誤也。

293 故亦謂之變風　閩本、明監本、毛本「謂」作「爲」。案，此改刻補損而誤。

294 逸言詠周公之德者　閩本、明監本、毛本「者」作「也」。案，此改刻補損而誤。

295 故周公之德　閩本、明監本、毛本「故」誤「攷」。×

296 知武王於時　明監本、毛本「知」上衍「則」字，閩本剜入。×

297 十有一年武王伐殷　閩本、明監本、毛本「一」作「三」。案，文王正義作「一」可證，此改刻補損而誤。

298 以右王室　明監本、毛本「右」誤「左」，閩本不誤。×

299 即云惟朕小子其新逆　閩本、明監本、毛本「逆」作「迎」。案，此改刻補損而誤。×

300 於四方諸來朝　明監本、毛本「諸」下有「侯」字，閩本無。案，有者是也，采菽正義引有。

301 自然文王崩之明年　毛本「文」誤「武」，閩本、明監本不誤。×

302 故迎周公　閩本、明監本、毛本同。案，浦鏜云「欲」誤「故」，是也。×

303 金縢之前作也　明監本、毛本「金」上衍「啓」字，閩本剜入。×

304 三年踐奄　閩本、明監本、毛本「踐」誤「伐」。×

* 非是六軍之事　補：毛本「事」作「士」。按，「士」字是也。×

305 攝政元年年十四　明監本、毛本「攝」上衍「則」字，閩本剜入。×

306 大夫既美周公來歸　閩本、明監本、毛本「來」誤「東」。×

307 必然以否　明監本、毛本「以」誤「與」，閩本不誤。案，「以否」正義中常語，而不知乃改之。

308 ○七月

處豳地之先公　閩本、明監本、毛本「之」誤「陳」。✕

309 故流公將不利孺子之言於京師　毛本「公」誤「言」，閩本、明監本不誤。✕

310 我先王以謙謙爲德　毛本下「謙」字誤「讓」，閩本、明監本不誤。✕

311 無以告我先王　閩本、明監本、毛本「以告」誤「怨於」。❷

312 古者避辟扶亦反譬僻　閩本、明監本、毛本同。案，「扶亦反」三字當旁行細書，正義自爲音例如此。考此正義所言，知采苓正義必當易「辟」爲「僻」，今盡作「辟」者，後人依注改也，此類多矣。○按，自爲音未必雙行小字。

313 故毛讀辟爲辟　明監本、毛本下「辟」字誤「避」，閩本不誤。案，此即上「扶亦反」字。

* 諸衣言裳避寒之事　補：案，「衣言」二字當倒。

314 故四章陳女功助　閩本、明監本、毛本「助」上衍「之」字。✕

315 其助在成一冬之月　閩本、明監本、毛本同。案，此當作「其助在成冬一之日」，「冬一」字誤倒，「日」誤「月」。

316 一之日觱發　毛本「之日」誤倒，明監本以上皆不誤。✕

317 二之日栗烈　唐石經、小字本、相臺本同。案，此釋文本也。釋文云「栗烈，並如字」，下泉、大東正義皆引作「二之日栗洌」，云「字從冰」。此正義云「有栗洌之寒氣」，以下皆作「烈」，猶引「白旆英英」，而本詩作「央央」也。又五經文字仌部有「溧」字，是栗亦有從仌者。今考毛氏詩多假借字，當以釋文云如字者爲長。四月箋云「烈烈猶栗烈也」亦其證。○按，詩經小學全書考「栗烈」當爲「溧冽」，其説甚詳，今坊間所行乃刪本耳。

318 **觱發風寒也**　小字本、相臺本同。案，正義云「有觱發之寒風」，又云「故以觱發爲寒風」。考説文云「滭，風寒也」，用此傳。正義下云「仲冬之月，待風乃寒」，則作「風寒」者是也。有「觱發之寒風」，自爲文而倒之也。其故以觱發爲風寒不當倒，乃後來所改也。釋文「觱發」下云「寒也」有誤，詳後考證。考文古本作「寒風」，采正義而誤。

319 **言勸其事**　小字本、相臺本同，考文古本同，閩本、明監本、毛本「勸」誤「勤」。

320 **俱時我耕者之婦子**　閩本、明監本、毛本「俱」誤「其」。案，箋云「同猶俱也」，正義依此作「其」者誤甚。

321 **見其勤農事**　閩本、明監本、毛本「勤」下衍「於」字。

322 **傳火大火至冬衣矣**　閩本、明監本、毛本脱下「火」字、「矣」字。

323 **火大火心也**　毛本「心」誤「星」，閩本、明監本不誤。

324 **正中在南方大寒**　明監本、毛本「寒」下有「退」字，閩本剜入。案，所補是也。

325 **大暑退**　明監本、毛本「大」誤「天」，閩本不誤。

326 **堯典云**　明監本、毛本「堯」上衍「而」字，閩本剜入。

327 **吴志孫皓問**　閩本、明監本、毛本同。案，「吴」當作「鄭」。困學紀聞嘗正其誤，是當時本已作「吴」矣。

328 **前受東方之體**　閩本、明監本、毛本同。案，「體」當作「禮」，形近之譌。禮即謂月令也。

329 又復指斥其一之日　閩本、明監本、毛本「日」下有「者」字。案，所補是也。

330 此篇說文　閩本、明監本、毛本同。案，浦鏜云「說」當「設」字誤，是也。

331 物以牙蘖將生　毛本「牙」誤「芽」，閩本、明監本不誤。 ×

332 言此二正之月　閩本、明監本、毛本「正」作「陽」。案，此改刻補損而誤。 ×

333 衣事絲蠶爲重　閩本、明監本、毛本同。案，十行本損，以字計之應少一字，改刻補損而誤也。

334 傳三之日至大夫　閩本、明監本、毛本脫「日」字。 ×

335 當季冬之月　閩本、明監本、毛本「當」下有「以」字，閩本剜入。案，所補是也。

336 當以孟春之月者　閩本、明監本、毛本同。案，浦鏜云「者」當衍字，是也。

337 自三百以外　閩本、明監本、毛本「百」下有「里」字，毛本「三」作「二」。案，所補、所改皆是也。

338 故直云田畯大夫　閩本、明監本、毛本「畯」下有「田」字。案，所補是也，釋文「畯」下云「田大夫也」。

339 知其祭先教者　閩本、明監本、毛本「其」作「爲」。案，此改刻補損而誤。 ×

340 便是喜其餉食　閩本、明監本、毛本「喜」作「言」。案，此改刻補損而誤。 ×

341 雖有冀缺如賓之敬　閩本、明監本、毛本「如」作「迎」。案，此改刻補損而誤。 ×

342 何爲辱身就耕民公嫗壟畝草間　閩

本、明監本、毛本「草」作「之」。案，此改刻補損而誤。

343 **故又本作此** 閩本、明監本、毛本同；小字本、相臺本「作」作「於」；考文古本「於」字亦同。案，「於」字是也。

344 **蘩白蒿也** 小字本、相臺本同。案，此正義本也。正義云「今定本云『皤蒿也』」，釋文云「皤蒿，音婆」，與定本同。考文古本作「皤」，采正義、釋文。

345 **遲遲非暄** 閩本、明監本、毛本「非」誤「是」。

346 **胎始也** 明監本、毛本「胎」誤「殆」，閩本不誤。

347 **説者皆以爲生始** 閩本、明監本、毛本「始」上衍「之」字。

348 **然則胎殆義同** 明監本、毛本「胎殆」誤「殆始」，閩本作「胎始」亦誤。

349 **當具有風雅頌也** 閩本、明監本、毛本「也」誤「他」。

350 **王者設教以正民** 明監本、毛本「設」誤「説」，閩本不誤。

351 **鹿鳴陳燕勞伐事之事** 閩本、明監本、毛本「伐事」作「羣臣」。案，此誤改也，「伐事」當作「戍士」。「伐」「戍」形近之譌，十行本「士」「事」不別也。通鹿鳴以下言之，不專指鹿鳴一篇，下文王亦然。

352 **未得功成道洽** 閩本、明監本、毛本「洽」誤「治」。

353 **八月萑葦** 小字本、相臺本同。唐石經初刻「雚」，後改「萑」。案，「萑」字是也。五經文字云「萑，户官反，從艹，下萑，今經或相承隸省草作『萑』」，正謂此也。釋文「萑，户官反」。○按，說文有「萑」、有「雈」，「萑者，葦之類也，从艸，雈聲」，「雈者，鳥名，从丫，从隹」。今人萑葦字葢用雈雀字，爲叚借，非用萑艸字也。萑艸字从艸，隹聲，音追。

354 猗彼女桑　唐石經、小字本、相臺本同。案，釋文云「猗彼，於綺反，徐於宜反」。正義云：「襄十四年左傳云『譬如捕鹿，晉人角之，諸戎掎之』，然掎角皆遮截束縛之名也，故云角而束之曰掎。」考此是說傳「角」字之義，又以爲「猗」之言「掎」也，故并說之，非正義本經傳皆作「掎」也。末「曰掎」仍當作「曰猗」，乃不知者改之耳。或因正義中字譌，遂并疑此經當作「掎」者非也。正義上文云「猗束彼女桑而采之」，又云「以繩猗束而采之也」，皆作「猗」，不作「掎」。「掎」字在小弁經，正義不引亦其證。

355 斨方銎也　小字本、相臺本同。案，段玉裁云「斨方銎斧也」，依說文補。今考釋文「斨」下云「方銎也」，正義云「故云斨方銎也」，皆無「斧」字，當是與破斧傳「隋銎曰斧」互文見義也。說文取此傳足「斧」字者，以文無所互故耳。×

356 女桑荑桑也　小字本、相臺本同。案，正義云「故知女桑柔桑」，又云「集注及定本皆云『女桑荑桑』」；釋文云「荑桑，徒夷反」，與定本同。×

357 條桑枝落采其葉也　閩本、明監本同；毛本「落」下剜添「之」字；小字本、相臺本有，考文古本同。案，有者是也。釋文「條」下云「枝落也」，不備取耳，與葛覃「濩煑也」正同。

358 七月鳴鶪　小字本、相臺本同，明監本、毛本同，唐石經「鶪」作「鵙」。案，唐石經是也。五經文字云「鵙伯勞也」，與說文合，可證也。

359 菼初生葸息理反騂也　閩本、明監本、毛本同。案，「息理反」三字當旁行細書，正義自爲音。○按，不然。×

360 又云葭華舍人曰葭一名華　閩本、明監本、毛本同。案，二「華」字皆當作「葦」，今爾雅自石經以下各本皆作「華」者，字之誤也。此正義所引本不誤，故下文云「成則名爲葦也」，不知者乃改之。文選注引亦不誤。

361 白露爲霜之時猶名葭　閩本、明監本、毛本同。案，盧文弨云「『白露爲霜』當重」，非也。讀以「霜」字斷句，「之時」二字下屬，「之時」者是時也。

362 具曲植筐筥　閩本、明監本、毛本同。案，浦鏜云「筥筐」字誤倒，是也。

363 傳斯方至荑桑　閩本、明監本、毛本同。案，「荑」當作「柔」。

364 故云角而束之曰掎　閩本同，監本、毛本「掎」作「猗」。案，當作「猗」，見上。×

365 集注及定本皆云女桑柔桑　閩本、明監本、毛本同。案，「柔」當作「荑」。

366 言如爵頭色也　閩本、明監本、毛本「頭」誤「弁」。

367 注云凡染絳　閩本、明監本、毛本「絳」誤「終」。×

368 土記位於南方　閩本、明監本「記」作「寄」，毛本剜改「記」。案，皆誤也，當作「託」，周禮染人疏可證。×

369 但不知經文實誤不耳　閩本、明監本、毛本「不」誤「之」。×

370 其餘後可知也　閩本、明監本、毛本同。案，浦鏜云「後」當「從」字誤，是也。

371 當及盛暑熟潤　閩本、明監本、毛本同。案，浦鏜云「熱」誤「熟」，是也。

372 三月而後可用　閩本、明監本、毛本「用」誤「以」。

373 謂以夏日染之　毛本「日」誤「三」，閩本、×

明監本不誤。 ×

* 四八月染也　補：案，「四」當作「非」。 ×

374 是爲衣之終　毛本「爲」誤「謂」，閩本、明監本不誤。 ×

375 十月隕蘀　小字本、相臺本同，唐石經初刻「殞」，後改「隕」。案，初刻誤也。

376 于貉往搏貉　小字本、相臺本同。案，此釋文本也。釋文云「搏音博，舊音付」，車攻、篤、公劉釋文同；又，無羊釋文云「搏音博，亦作捕，音步」。考正義云「一之日往捕貉取皮」，又云「皆是往捕之而取其皮」，是正義本作「捕」字。都人士正義引「于貉往捕貉」亦其證。如周禮小司徒注「伺捕」，小司寇注「司搏也」。〇按，「搏」「捕」古今字，此正義作「搏」，正義易字而說之也。

377 以自爲裘也　小字本、相臺本同。案，此正義本也。正義云「庶人自以爲裘」，又云「明于貉是民自用爲裘也」，皆爲讀如字。都人士正義引「以自爲裘」亦其證。釋文「自爲也，于僞反」，無「裘」字，讀亦不與正義同。 ×

378 釋蟲又云蜺寒蝠　閩本、明監本「蝠」作「蜩」，毛本誤作「蟬」。案，山井鼎云「爾雅作『蜩』」，是也。

379 七月寒蟬鳴　毛本「鳴」誤「名」，閩本、明監本不誤。 ×

380 是蔞以否　閩本、明監本、毛本「以」誤「與」。 ×

381 皮革踰歲乾冬乃可用　閩本、明監本、毛本同。案，浦鏜云「久」誤「冬」，考掌皮注，浦校是也。

382 知狐貍以供尊者　閩本、明監本、毛本「貍」誤「裘」。 ×

383 向北出牖也　毛本「牖」誤「牖」；明監本以上

皆不誤，下同。

384 此皆將寒漸　閩本、明監本、毛本「漸」上衍「之」字。

385 如蝗而班色　毛本「班」誤「斑」，閩本、明監本不誤。

386 箋七月至卒來　閩本、明監本、毛本「箋」下有「自」字。案，所補是也。

387 此爲寒之備　閩本、明監本、毛本「此」誤「北」。

388 是爲未終　毛本「爲」誤「謂」，閩本、明監本不誤。

389 既以鬱下及棗　小字本、相臺本同，考文古本同，閩本、明監本、毛本「下」作「薁」。案，「下」者謂薁葵菽也，改作「薁」者誤，正義云「鬱下及棗揔助男功」可證。

390 劉稹毛詩義問云　閩本、明監本、毛本同。案，惠棟云「劉公幹毛詩義問十卷，『稹』當作『楨』」。

391 晉宮閣銘云華林簹中　閩本、明監本、毛本「簹」作「園」。案，所改非也。「簹」即「園」字，當是正義依彼文引之也，不得以字書不載而改去。

392 棗須樹擊之　閩本、明監本、毛本「樹」上有「就」字。案，此誤補也。「樹」當作「捯」，「捯」即「擣」字，見集韻。又列女傳「手自捯」，即漢書之「手自擣」也，今本亦有誤爲「樹」者，皆因不識此字。○按，此殊附會。「剝棗」即今之「撲棗」也，「剝」讀爲「撲」，觀釋文自明。「撲」者「扑」之俗，「扑」者「攴」之變，正義「樹」字當是「撲」之誤。

393 必有豪毛秀出者　毛本「豪」誤「毫」，閩本、明監本不誤。案，考文古本因此并改箋作

「毫」，失之甚矣。

394 **右助也**　閩本、明監本、毛本「右」誤「言」。

395 **苴麻之有實者**　閩本、明監本、毛本「者」下衍「也」字。

396 **場圃同地自物生之時**　小字本同，閩本、明監本、毛本同；相臺本「自」作「耳」，考文古本同。案，「耳」字是也，上屬斷句。

397 **上入執宮功**　小字本、相臺本同，唐石經「執」下有傍添「於」字。案，傍添誤也。又，此定本也。正義云「經當云『執於宮公』，本或『公』在『宮』上，誤耳。今定本云『執宮功』，不爲『公』字」。考此傳、箋皆無「公」字之訓；箋云「執宮中之事」，與上「載纘武功」傳「功事也」相承，當以定本爲長。正義「於」字是自爲文，傍添者誤取之。

398 **七月定星將中**　閩本、明監本、毛本同；小字本、相臺本「七」作「十」，考文古本同。案，「十」字是也。

399 **急當治野廬之屋**　毛本「屋」誤「外」，明監本以上皆不誤。

400 **豳公又其始**　閩本、明監本、毛本「豳」上衍「以」字。

401 **場圃在園地**　閩本、明監本、毛本同。案，浦鏜云「任」誤「在」，是也。

402 **故春夏爲圃**　明監本、毛本「故」下衍「言」字，閩本剜入。

403 **東山云町畽鹿場**　明監本、毛本「畽」誤「疃」，閩本不誤。案，彼經唐石經以下皆作「畽」。

404 **徒黍稷重穋四種而已**　明監本、毛本「徒」上衍「非」字，閩本剜入。

405 其餘稻秫苽粱之輩　毛本「苽」誤「菰」，閩本、明監本不誤。

406 皆名爲禾　毛本「名」誤「云」，閩本、明監本不誤。

407 則是訓功爲事　閩本、明監本、毛本同。案，「功」當作「公」，下「故入之執於宫功」同。

408 祭非祭也　閩本、明監本、毛本「非」下有「民」字。案，皆誤也，當作「非民祭也」。十行本衍上「祭」字，脱「民」字，閩本以下補，仍衍上「祭」字。

409 祀於公社及門閭　明監本、毛本「祀」誤「社」，閩本不誤。

410 臘謂以田獵所得禽祭　明監本、毛本「得」誤「謂」，閩本不誤。

411 冰盛水腹　相臺本同，閩本、明監本、毛本同，小字本「腹」作「複」。案，釋文云「複，音福」，正義云「月令：季冬冰方盛，水澤腹堅」。「腹厚也」，爾雅文，鄭彼注用之，正義本當是「腹」字。月令釋文云「腹，本又作『複』」，此釋文或作「腹」，詳後考證。考文一本作「複」，采自月令釋文耳。

412 祭司寒而藏之　小字本、相臺本同。案，釋文云「祭司寒，本或作『祭寒』」。正義云「加『司』字以足之」，其所説最得左傳及此箋之意。「或作」本誤依傳删，失之矣。

413 滌場功畢入也　閩本、明監本、毛本同；小字本、相臺本「滌」下有「埽也」二字，考文古本同。案，有者是也，釋文、正義皆可證。

414 饗者鄉人以狗　小字本、相臺本同。案，盧文弨云「『饗者』下脱『鄉人飲酒』，正義有，説文同」。今考正義中所云飲酒皆推傳意如此，非正義本傳中有「鄉人飲酒」四字，而今脱去也。正義云「傳以朋酒斯饗爲黨正飲酒之禮」，又云「箋以斯饗爲國君大飲之禮」，二者皆推其意，傳之無「飲酒」

猶箋之無「大飲」，其明證矣。說文自解「饗」字從鄉之義，非取此傳成文也，不當補。○按，段玉裁云：「細讀正義，知本作『饗者鄉人飲酒也，鄉人以狗，大夫加以羔羊』，因兩『鄉人』複而奪落數字，古書類然。且如上文『傳埽也』，既依正義補入矣，何此正義確可據者獨不可依乎？若云箋中無『大飲』字，豈正義文不得略有參差乎？」段云是也。

415 **疆竟也**　小字本、相臺本同。案，釋文「疆」下云「竟也，或音注爲境，非」。正義云「疆是境之別名」，即釋文所云音竟爲境者，故上文易爲「境」字而說之云「無有疆境之時也」，又云「定本『竟』作『境』」。考楚茨及甫田箋意，當以正義音境爲長。考文古本作「境」，采正義。

416 **故特爲殺羊**　閩本、明監本、毛本「羊」下衍「也」字。×

417 **此亦得爲凌室者**　閩本、明監本、毛本同。案，「此」當作「而」。

418 **公始用之**　閩本、明監本、毛本「公」誤「君」。×

419 **賔客食喪有祭祭祀**　閩本、明監本、毛本同。案，此當作「賔客食亨喪浴祭祀」，每二字爲一句，所以解賔、食、喪、祭四事也。

420 **給賔客喪祭之用**　閩本、明監本、毛本同。案，「客」當作「食」。此字之誤耳，考文古本因此改箋「食」亦作「客」，失之矣。

421 **此引之到者**　閩本、明監本、毛本「到」作「倒」。案，所改是也。正義俱用「倒」字，此壞耳。

422 **肅謂枝葉縮栗**　閩本、明監本、毛本「栗」誤「束」。×

423 **鄉人雖爲鄉大夫**　閩本、明監本、毛本同。案，盧文弨云「鄉」當作「卿」，是也。

424 別之於燕　閩本、明監本、毛本同。案，今月令注「燕」作「他」，不與此所引同也。正義下云「言別於燕禮」可證。山井鼎依彼文，非也。×

425 其禮云　閩本、明監本、毛本同。案，「云」字當作「亡」，形近之譌也。今月令注不誤，山井鼎依彼文，是也。

426 烝謂特牲體謂爲俎　閩本、明監本、毛本同。案，此當作「烝謂折牲體升爲俎」，「折」字、「升」字譌而不可讀。今月令注「烝」作「燕」，「特」作「有」，無「體」下「謂」，亦皆誤耳。山井鼎依彼文，非也。又云「宋板『特』作『有』」，其實不然，當是剜也。

427 言別於燕禮小於大飲　閩本、明監本、毛本同。案，盧文弨云「燕禮」當重，是也。

428 公尊瓦大夫尊兩圓壺　閩本、明監本、毛本同。案，浦鏜云「士」誤「夫」，以儀禮考之，是也。「大」字斷句。

429 俱教孝悌之道　閩本、明監本、毛本「悌」誤「弟」。×

○鴟鴞

430 公乃爲詩以遺王　唐石經、小字本、相臺本同。案，釋文云「遺，唯季反。本亦作『貽』」，此從尚書本也」。正義云「定本『貽』作『遺』字，則不得爲『怡悅也』」。考正義引金縢注「怡悅也」，是鄭讀尚書「貽」爲「怡」也。此序注義既與彼同，則「貽」字亦不爲有異，當以正義本爲長。

431 疑其將篡　明監本、毛本「其」誤「有」，閩本不誤。×

432 以貽遺成王　閩本、明監本、毛本無「遺」字。案，此誤去也。「遺」字讀唯季反。×

433 而不取正言　閩本、明監本、毛本「取」作「敢」。案，所改是也，首章正義云「但不敢正言其事」可證。

434 不得復名爲貽悦王心　閩本、明監本、毛本同。案，「貽」當作「怡」，上文可證。

435 興者喻此諸臣　毛本「喻」誤「踰」，明監本以上皆可證。×

436 無絶其位　小字本、相臺本同，考文古本同，閩本、明監本、毛本「位」上有「官」字。案，無者是也，當是蒙上而省。

437 此取鴟鴞子者言稚子也　小字本同，閩本、明監本、毛本同，相臺本「言」作「指」。案，「指」字是也。

438 舍人曰鴟鴞　毛本「鴞」誤「鴟」，閩本、明監本不誤。×

439 取茅莠爲窠　閩本、明監本、毛本「窠」誤「巢」。×

440 或謂之過鸁　閩本、明監本、毛本同。案，盧文弨改「鸁」爲「鸁」，依方言、廣雅耳，非也。「鸁」即「鸁」字，爾雅疏即取此正作「鸁」。

441 欲譖公之意作此詩　明監本、毛本「欲」上有「是」字，閩本剜入。案，此誤補也。「欲譖」當作「鄭譖」。×

442 罪猶未加刑　閩本、明監本、毛本同。案，「罪」當作「實」。

443 假以官位土地爲辭　毛本「辭」誤「鄭」，閩本、明監本不誤。×

444 釋言云鬻稚也　閩本、明監本、毛本同。案，浦鏜云「鞠」誤「鬻」，是也。

445 箋云言取鴟鴞子者　閩本、明監本、毛本同。案，「言」當作「此」。

446 惜稚子也　閩本、明監本、毛本同。案，

「惜」當作「指」。

447 致此王功　閩本、明監本、毛本「王」誤「大」。案，考文所載「功」作「意」，誤也。×

448 汝成王意何得絶我官位　閩本、明監本、毛本同。案，「意」當作「竟」，與下互誤也。

449 箋以此爲諸臣設請　閩本、明監本、毛本「設」誤「諮」。×

450 故竟欲恚怒之　毛本「竟」誤「以」，閩本、明監本作「意」。案，「意」是也。此作「竟」，乃與上互誤也。

451 予所蓄租　唐石經、小字本、相臺本同。案，釋文云「租，子胡反，本又作『祖』，如字，爲也」。正義云「祖訓始也，物之初始必有爲之，故云祖爲也」。段玉裁云「正義正同『又作』本也，今釋文、正義『祖』皆譌『租』，當正」。釋文見後考證。

452 拮据撠挶也　小字本、相臺本同，考文古本同，閩本同；明監本、毛本「撠挶」誤「橶梮」，正義中同。×

453 是荼之草也　閩本、明監本、毛本脱「也」字。×

454 謂薍之秀穗也　毛本「秀」誤「莠」，閩本、明監本不誤。×

455 而口文未見　閩本、明監本、毛本「文」誤「又」。×

456 若唯口病　閩本、明監本、毛本「若」誤「苦」。×

457 曰予未有室家　明監本、毛本「曰」誤「也」，閩本不誤。×

458 予尾翛翛　小字本、相臺本同，唐石經「翛翛」作「脩脩」。案，釋文「翛翛，素彫反，注同」。考此經相傳有作「脩」、作「翛」二本也。沿革例云「監、蜀、越本皆作『倐倐』，以䟽爲據。興國本及建寧諸本皆作『儵儵』，以釋文爲據也」，又引䟽云「定本作『倐倐』」。今正義誤，見下。又，正義云「予尾消消而敝」，乃正義所易之字，如易「令令」爲「鈴鈴」，易「遂遂」爲「璲璲」，非其本經傳作「消消」也。以定本作「倐倐」推之，正義本當作「儵儵」矣，標起止當是後改。段玉裁云「集韻、光堯石經作『倐倐』」。

459 **予尾消消而敝**　閩本、明監本、毛本同。案，「而」上浦鏜云脱「然」字，是也。

460 **鄭殺弊盡同**　閩本、明監本、毛本「弊」作「敝」。案，此誤改也。正義是「弊」字，與緇衣、敝笱正同。此唯一字尚存其舊，而上下多作「敝」矣。閩本以下又并改之。凡正義所易之字，往往改去，今有不可追而正之者。

461 **作儵儵也**　閩本、明監本、毛本同。案，「儵儵」當作「倐倐」，見沿革例。

○東山

462 **周公於是志伸**　毛本「周公」誤在「於是」下，明監本以上皆不誤。

463 **乃令人憂思**　閩本、毛本「乃」誤「物」，明監本不誤。

464 **説其成婦之事**　閩本、明監本、毛本「婦」作「昏」。案，「婦」當作「婚」。

465 **唯恐民上不知**　閩本、明監本、毛本「民」誤「君」。

466 **不序章首四句皆同**　明監本、毛本「皆」上有「以章首四句」五字，閩本剜入。案，山井鼎云脱此五字，是也。

467 **惟朕小子其新迎注云新迎**　毛本上「新」字誤「親」，閩本、明監本不誤。案，二「迎」字皆當作「逆」，譜正義引作「逆」可證。

468 **與之歸尊任之**　閩本、明監本、毛本「與」

誤「征」。

＊ **爲武夷監於殷國者也** 補：案，「夷」當作「庚」，形近之譌。×

469 **非二年始東征也** 閩本、明監本、毛本「二」誤「三」。×

470 **此言商奄者** 明監本、毛本「此」下有「不」字，閩本剜入。案，所補非也，「言」當作「無」耳。

471 **勿士行枚** 唐石經、小字本、相臺本同。案，釋文云「勿士行，毛音衡，鄭音銜，王户剛反」。正義云「定本云『勿士行枚』，無『銜』字。箋云『初無行陳銜枚之事』，定本是也」。考釋文云「鄭音銜」者謂箋之「銜枚」即經之「行枚」，鄭以「行」爲「銜」之假借，不云「讀爲」，直於訓釋中改其字以顯之，箋例每如此，釋文得之。其箋之「行陳」是説銜枚所用，非經中之「行」，如殷其靁傳、箋之「此」非經中之「斯」，菁菁者莪傳、箋之「載」非經中之「載」，其比也。故釋文云「無行，户剛反」，明非經中之「行」也，正義、定本讀經讀箋皆爾，絶無異説。正義所云「定本『勿士行枚』，無『銜』字」者，必當時或本經於「勿士行枚」之閒更有「銜」字故也。若但爲「行銜」二字互異，止得云不作「銜」字，不得云無「銜」字。「箋云」以下乃正義自引箋以證，謂箋中「銜枚」即經中「行枚」，其閒更無「銜」字，如雞鳴正義在定本下自引箋以證「予」字也，非「箋云」以下載定本之箋。經義雜記欲改此經作「銜」，及去箋「行陳」字，皆於釋文、正義未得其理。又釋文云云「王户剛反」，乃難箋「銜」字，於箋「行陳」則迴不相涉也。太平御覽引作「銜」，以破引之也。○按，舊挍本殊誤。鄭箋「行陣銜枚之事」以釋經之「行枚」，猶傳以「樂道忘飢」釋經之「忘飢」也，此何容疑惑，而必云鄭讀「行」爲「銜」乎？行古音如杭，銜从行，金聲，絶不在古人「讀如」「讀若」「讀爲」「讀曰」之例。蓋必古音相近而後得有「讀如」「讀若」「讀爲」「讀曰」也。此釋文云「鄭音銜」者，自是陸氏之誤。

472 **亦初無行陳銜枚之事** 小字本、相臺本同。案，正義云「箋云『初無行陳銜枚之事』」，引箋不備耳。亦者，亦兵服也。經義雜記云「『亦』字當衍」，非也。

* 枚如著　補：案，周禮「著」作「箸」，此「著」字誤也。明監本、毛本不誤。

* 爲繣絜於項中　補：明監本、毛本「絜」作「結」。按，周禮亦是「結」字，「絜」字誤也。

473 蜎蜎蠋貌桑蟲也　閩本、明監本、毛本同；小字本、相臺本「桑」上有「蠋」字，考文古本同。案，有者是也。

474 烝寘也　相臺本同，閩本同，考文一本同；小字本「寘」作「窴」，明監本、毛本同。案，「窴」字是也，釋文云「從穴下真」。餘同此。

475 道上乃遇零落之雨　閩本、明監本、毛本同。案，物觀云「宋板『乃』作『又』」，其實不然，當是誤舉下一行字也。

476 歸又遇雨落　閩本、明監本、毛本「落」誤「是」。

477 定本云勿士行枚無銜字　明監本「銜」字誤「缺」，閩本、毛本不誤。

478 嫌此四句意不同　明監本、毛本「意」下衍「亦」字，閩本剜入。

479 正義曰幾法也　閩本、明監本、毛本同。案，山井鼎云「幾」恐「辟」字，是也。

480 倫謂親疎之比也　毛本「謂」誤「爲」，閩本、明監本不誤。

481 是枚爲細物也　毛本「枚」誤「彼」，閩本、明監本不誤。

482 韓子曰虫似蠋　閩本、明監本、毛本「虫」作「蝨」。案，「虫」當作「蠶」，因別體俗字「蠶」作「蚕」、「蝨」作「虫」，而轉輾致誤也。

483 果蠃栝樓也　相臺本同，閩本、明監本、毛本同，小字本「栝」作「括」。案，「括」字是也。釋文

「果贏」下云「括樓」，又「括樓，古活反」，十行本正義中皆作「括樓」可證。閩本以下正義中亦誤。爾雅作「栝樓」，説文作「苦蔞」，皆不與此同。考文古本作「括摟」，采釋文而并改「樓」從扌非。

484 燐螢火也　小字本、相臺本同。案，釋文「螢火，惠丁反」，正義云「案諸文皆不言螢火爲燐」，又云「然則毛以螢火爲燐非也」。段玉裁云：「螢火與列子天瑞、淮南氾論、説林二訓，説文，博物志皆合，謂鬼火熒熒然者也。淺人誤以釋蟲之『熒火即炤』當之，又改其字從虫，其誤蓋始於陳思王也。思王引韓詩章句『鬼火或謂之燐』，然則毛、韓無異，其説是也。陳思王螢火論載正義，此不更具録。」

485 家無人則然　小字本、相臺本同，考文古本同，閩本、明監本、毛本「則」誤「惻」。×

486 括樓如瓜　明監本、毛本「如」上衍「葉」字，閩本剜入。×

487 葉形兩兩相拒值　閩本、明監本、毛本脱「拒」字。×

488 故知町曈是鹿之跡也　閩本、明監本、毛本「曈」作「疃」。案，「疃」字是也，見上。

489 即夜飛有火蟲也　明監本、毛本「即」下衍「炤」字，閩本剜入。案，此「即」字非「即炤」之「即」，乃下章正義所引舍人曰「即大螘也」、「即名螘也」之「即」。×

490 瓜之辨有苦者　小字本、相臺本「辨」作「瓣」，閩本、明監本、毛本同。案，「瓣」字是也，釋文「瓣」下引説文云「瓜中實也」可證。十行本正義中亦作「辨」，明監本、毛本作「瓣」，所改是也。

491 君子既有此苦　毛本「此」誤「所」，閩本、明監本不誤。×

492 一名皂裙　毛本「皂」誤「早」，閩本、明監本不誤。

× 493 **又尼其巢一傍爲池** 閩本、明監本、毛本同。案，「尼」當作「穴」，形近之譌。山井鼎云「尼，宋板作『泥』」，其實不然，當是剜也。○按，巢中何得作穴，作「泥」是也。

494 **縭婦人之褘也** 毛本「褘」誤「緯」，明監本以上皆不誤。

× 495 **言以戲樂之** 毛本「以」誤「已」，閩本、明監本不誤。

× 496 **月令仲春倉庚** 閩本、明監本、毛本同。案，「庚」下浦鏜云脱「鳴」字，是也。

497 **騂赤色名曰駁也** 閩本、明監本、毛本同。案，「曰」當作「白」，舍人讀爾雅以「騂」字斷句也。

498 **舍人言騂馬名白馬非也** 閩本、明監本、毛本同。案，「白馬」當作「白駁」，舍人讀爾雅「白駁」二字爲一句也。此正義譌舛不可讀，今訂正。

499 **以申解之** 閩本、明監本、毛本同。案，浦鏜云「戒」誤「解」，以爾雅疏考之，浦挍是也。

500 **案昏禮言結帨此言結縭** 明監本、毛本脱「結帨此言」四字，閩本不誤。

× 501 **且未冠笄者佩容臭** 明監本、毛本「者」下衍「未冠笄者」四字，閩本不誤。案，此上脱下衍乃寫書人自覺其誤而未及改正者，山井鼎、物觀不載，失之矣。

○破斧

502 **三章上二句** 閩本、明監本、毛本「章」下衍「皆」字。

× 503 **隋銎曰斧** 小字本、相臺本同。案，考文古本下有「方銎曰斨」四字，非也。此與七月傳「斨方銎也」互文見義。七月正義云「破斧傳云『隋銎曰斧，方銎曰斨』，然則斨即斧也」，各本皆同，其實誤也，當作「然則方銎曰斨斨即斧也」。因「方銎曰斨」與所引破斧傳云「隋銎曰斧」有似對文，乃誤屬「然則」二字於「斨即斧也」之首耳。此經又缺「我斨」，釋文「斨」下云「説文云『方銎斧也』」。浦鏜校彼正義，以爲觀音義則傳本無此四字非脱也。其説當矣，特未悟彼正義亦本不引此傳「方銎曰斨」也。考文古本正采彼正義而致誤。

504 主爲四國之民被誘作亂　閩本、明監本、毛本「主」誤「正」。×

505 傳吪化也正義曰　閩本、明監本、毛本「正」上有「○」。案，所補非也，「也」當作「○」耳。×

506 言使四國之民心堅固也　明監本、毛本「言」誤「亦」，閩本不誤。×

507 箋以爲之不安　閩本、明監本、毛本同。案，浦鏜云「之」疑衍，是也。

○伐柯

508 克能也　毛本「克能」誤倒，明監本以上皆不誤。×

509 當先使曉王與周公之意者又先往　小字本、相臺本同。案，又者，又上箋「先往也」。正義云「當使曉王與周公之意者先往」，乃檃栝箋文，非箋如此。明刻單注別本有改「又」爲「以」者，誤甚。

510 唯周公耳　閩本、明監本、毛本「唯」上衍「其」字。×

511 見能未形　閩本、明監本、毛本同。案，浦鏜云「見能」字當誤倒，是也。

512 何須問人　閩本、明監本、毛本同。案，「問」當作「用」，形近之譌。

513 能如是者唯周公耳　閩本、明監本、毛

本「如」誤「迎」。✕

514 **則復籩禮器** 閩本、明監本、毛本「籩」下有「豆」字。案，「復籩」當作「籩豆」。

* **以其所願於上接已** 補：案，下文「接已」上當有「之」字。

* **箋柯至知之** 補：「柯」上當有「伐」字。

○九罭

515 **反而居攝** 閩本、明監本、毛本「攝」下衍「政」字。✕

516 **鱒魴大魚也** 小字本、相臺本同。案，釋文「鱒」下云「大魚也」，正義云「傳以爲大者欲取大小爲喻，王肅云以興下土小國不宜久留聖人，傳意或然」。今考此傳當本無「大」字，或加之以駮鄭，與敝笱同。「魴」亦衍字也，釋文獨於「鱒」下云「大魚也」，是其本無「魴」字。

517 **當有其禮** 毛本「禮」誤「體」，明監本以上皆不誤。

* **六冕之第二者也** 補：釋文挍勘：盧本「者」作「章」，案云今改正。所改是也。✕

518 **九罭至繡裳** 閩本、明監本、毛本「裳」誤「囊」。✕

519 **是儗人各有其倫** 閩本、明監本、毛本「儗」誤「擬」。✕

520 **郭朴曰緵** 閩本、明監本、毛本「朴」誤「璞」，下「郭朴曰鱒」同。✕

521 **釋魚有鱒魴** 閩本、明監本、毛本同。案，鱒魴，盧文弨云「當作『鮅鱒』」，是也。✕

522 **陸機注云** 閩本、明監本、毛本同。案，浦鏜云「疏」誤「注」，是也。

523 **以其緵促網目** 毛本「目」誤「自」，閩本、明監本不誤。✕

524 則可於汝之所誠處耳　毛本「於」誤「與」，閩本、明監本不誤。

525 是是東都也　小字本、相臺本同，考文古本同，閩本、明監本、毛本下「是」字誤「以」。

526 欲周公留之爲君　閩本、明監本、毛本同；小字本、相臺本「之爲」作「爲之」，考文一本同。案，「爲之」是也。

527 無使我心悲兮　唐石經、小字本、相臺本同。案，正義云「本或『心』下有『西』，衍字，與東山相涉而誤耳。定本無『西』字」。考文一本有，采正義。

528 周公在東必待王迎　閩本、明監本、毛本「東」下衍「都」字。

529 箋是東至西歸　閩本同，明監本、毛本「東」作「以」。案，皆誤也，當作「是」。

530 九罭四章　明監本、毛本「章」誤「句」，唐石經以下各本不誤。

○狼跋

531 成王又留之　相臺本同，閩本、明監本、毛本同，小字本「又」作「久」。案，小字本誤也。

532 孫遁辟此成公之大美　小字本同，閩本、明監本、毛本同；相臺本「公」作「功」，考文古本同。案，「功」字是也，正義可證。

533 履赤舄几几然　毛本「履」誤「屨」，明監本以上皆不誤。

534 乃遜遁避此成功之大美　閩本、明監本、毛本同。案，經、注作「孫」，正義作「遜」，「孫」「遜」古今字，易而説之也，例見前。正義云「古之『遜』字，借『孫』爲之」，則固自言其例矣。考文古本箋作「遜」，誤采正義也。「避」亦易字，見汝墳。

535 説文云跋蹪丁千反跲躓竹二反　閩

本、明監本、毛本同。案，「丁千反」、「竹二反」六字當旁行細書，正義於自爲音者例如此。○按，即自爲音，不定有此例，況「丁千反」「竹二反」乃引説文音隱乎？唐人所引説文反語皆本音隱。

* **故以亶代之**　補：案，「亶」當作「載」，下文「明跋上宜有載」可證。

536 **掌王之服屨**　毛本「屨」誤「履」，閩本、明監本不誤。×

537 **爵弁纁黑絇繶純**　閩本、明監本、毛本同。案，「纁」下浦鏜云脱「屨」字，考士冠禮，浦挍是也。

538 **狀如刃衣**　閩本、明監本、毛本同。案，浦鏜云「刀」誤「刃」，考士冠禮注，浦挍是也。

539 **屨順裳色**　毛本「色」誤「也」，閩本、明監本不誤。×

540 **則絇赤黑也**　閩本、明監本、毛本同。案，盧文弨云「赤」當作「亦」，是也。

541 **皆謂周公**　閩本、明監本、毛本「謂」誤「是」。×

542 **故屨赤舃**　閩本、明監本、毛本同。案，浦鏜云「履」誤「屨」，是也。

小大雅譜

543 **懿王徙於犬丘**　閩本、明監本、毛本「犬」誤「大」。×

544 **而別世載其功業**　閩本、明監本、毛本同。案，「別」當作「列」，形近之譌。

545 **大雅以盛爲王**　閩本、明監本、毛本同。案，浦鏜云「王」疑「主」字誤，是也。×

546 **既聖能代**　閩本、明監本、毛本「代」下衍

「殷」字。

547 不言武王之謚成王時作　閩本、明監本、毛本同。案，「成」當作「武」，形近之譌。

548 此又解小雅比篇之意　閩本、明監本、毛本「比」誤「此」，下「比篇尚不以作之先後爲次」同。

549 可王之事繼之　閩本、明監本、毛本同。案，浦鏜云「可」當「武」字誤，是也。

550 役反而勞之　閩本、明監本、毛本「反」誤「還」。

551 容有鄰國之聘客也　毛本「容」誤「客」，閩本、明監本不誤。

552 多在武王成王時作也　毛本「成」誤「文」，閩本、明監本不誤。

553 詩見事漸　閩本、明監本、毛本「詩」誤「書」。

554 又大雅生民及卷阿　閩本、明監本同，毛本「及」上剜添「下」字。案，所補是也。

555 此五篇樂與萬物得所　閩本、明監本、毛本同。案，「樂與」下當脱「賢與」二字。

556 既醉告太平　閩本、明監本、毛本「告」誤「言」。

557 鳧鷖守成　閩本、明監本、毛本「守」上衍「言」字。

558 蓼蕭既醉之輩　閩本、明監本、毛本「輩」誤「章」。

559 失毛之旨　閩本、明監本、毛本「失」誤「先」。

560 故中候曰　閩本、明監本、毛本「中候」誤「申

侯」。 ✕

561 小雅十六爲正經　閩本、明監本、毛本「六」下有「篇」字。案，所補非也。

* 譬如爲室　補：毛本「譬」作「譬」。

562 何者天子饗元侯　閩本、明監本、毛本同。案，「何」上浦鏜云脱「〇」，是也。 ✕

563 由此二傳論之　閩本、明監本、毛本「二」誤「三」。 ✕

564 天子食元侯　閩本、明監本、毛本同。案，浦鏜云「食」當「饗」字譌，是也。

565 歌四夏也　閩本、明監本、毛本「四」作「肆」。案，所改是也，下同。 ✕

566 言金奏者始作未　閩本、明監本、毛本同。案，浦鏜云「未」當「樂」字譌，是也。

567 於次國與小國　閩本、明監本、毛本「於」誤「以」。 ✕

568 小國於次國於小國　閩本、明監本、毛本同。案，盧文弨讀「小國」上屬，其下改「小國相於次國」，非也。此當八字一句，謂小國之於次國及小國之於小國也。「小國」在「次國」下，故不得言「相於」；若倒「小國相於」在上，則無以説「次國」矣。 ✕

569 則元侯相見　閩本、明監本、毛本同。案，「見」當作「於」，上下文可證。

570 燕羣臣乃聘問之賓　閩本、明監本、毛本同。案，山井鼎云「乃」恐「及」誤，是也。

571 於元侯雖　閩本、明監本、毛本同。案，「雖」當作「饗」，讀四字一句。

572 但鄭從風爲鄉樂以上差之　閩本、明監本、毛本「風」誤「凡」。 ✕

573 文與天子燕羣臣　閩本、明監本、毛本同。案，浦鏜云「又」誤「文」，是也。

574 自由尊用之差　閩本、明監本、毛本同。案，浦鏜云「卑」誤「用」，是也。

575 使上取以饗爲文　閩本、明監本、毛本「使」誤「此」。 ×

576 箋云飲之而有幣酬即饗所用　閩本、明監本、毛本同。案，此不誤。「酬」下浦鏜依彼箋添十二字，非也。饗專係飲，彼正義有明文，不得兼引食。

577 禮者可以逮下　閩本、明監本、毛本「禮」下有「輕」字。案，所補是也。

578 鄉飲酒大夫之禮　閩本、明監本、毛本同。案，十行本「鄉」至「大」，剜添者一字。

579 三十年後事　閩本、明監本、毛本「事」下衍「也」字。 ×

580 則是流彘之後　毛本「是」誤「事」，閩本、明監本不誤。 ×

581 作懿以自誓　閩本、明監本、毛本「誓」作「警」。案，山井鼎云「國語作『儆』，作『誓』爲非」，是也。抑正義引作「儆」。

582 事在大雅之後　閩本、明監本、毛本同。案，大雅當作「流彘」，上下文可證。

* 綱紀廢次　補：毛本「次」作「缺」。按，「缺」字是也，形近之譌。

583 論怨嗟小　閩本、明監本、毛本同。案，浦鏜云「怨嗟」當「惡差」之誤，是也。

584 王師敗績於羌氏之戎　閩本、明監本、毛本「羌」作「姜」。案，所改是也，下「羌戎爲敗」亦當作「姜」。

585 蓋周衰自此而漸也　閩本、明監本、毛本「自」誤「至」。 ×

586 是序此篇之意也　閩本、明監本、毛本同。案，「此」當作「比」，形近之譌。

587 故終以斯干考室　毛本「干」誤「年」，閩本、明監本不誤。×

588 殺王麗山之下　閩本、明監本、毛本「麗」誤「驪」。×

589 褒姒滅之　明監本剜「滅」爲「威」，閩本、毛本不剜。案，「滅」字是也。「威」，本或作「滅」，見釋文。×

590 故上以盛隆爲大雅　閩本、明監本、毛本「上」誤「士」。×

591 何也獨無刺厲王　閩本、明監本、毛本同。案，浦鏜云「以」誤「也」，是也。

592 不應改厲爲幽　閩本、明監本、毛本「厲」誤「詩」。×

593 今先王起衰亂　閩本、明監本、毛本同。案，「先」當作「宣」，下文可證。

594 興廢於人也　閩本、明監本、毛本「廢」下有「存」字。案，所補是也。

595 無爲陳其廢缺矣　毛本「缺」誤「政」，閩本、明監本不誤。×

596 故左傳曰以什共車　閩本、明監本、毛本「共」誤「其」。×

597 咨者無紙　閩本、明監本、毛本同。案，山井鼎云「咨」恐「昔」字，非也。「咨」當作「古」，出車正義云「古者無紙」可證。

598 皆用簡札　閩本、明監本、毛本「札」誤「禮」。案，因十行本以「礼」爲「禮」之別體而誤改也。

599 **商魯非周詩** 毛本脱「魯」字，閩本、明監本不誤。

600 **明無所用於之什也** 毛本「於之」誤倒，閩本、明監本不誤。

○鹿鳴

601 **故鄉飲酒燕禮注云** 毛本「燕」誤「宴」，閩本、明監本不誤。

602 **講道脩德之樂歌是也** 閩本、明監本、毛本同。案，浦鏜云「政」譌「德」，以儀禮注考之，是也。

603 **非於臣子忻樂之義** 閩本、明監本「忻」誤「所」，毛本作「欣」。下此詩「主於忻樂」，閩本、明監本、毛本皆作「欣」。案，「忻」字是也。餘同此。

604 **故敘以燕因之** 閩本、明監本、毛本同。案，盧文弨云「因」疑「目」，是也。

605 **饗謂享大牢以飲賓** 閩本、明監本、毛本同。案，浦鏜云「亨」誤「享」，考儀禮注，是也。伐木正義引作「亨」。

606 **仍不必用束帛乘馬** 閩本、明監本、毛本「仍」誤「乃」。

607 **苹藾蕭** 小字本、相臺本同，考文古本同，閩本、明監本、毛本「蕭」下衍「也」字。

608 **吹笙而鼓簧矣** 小字本、相臺本同。案，段玉裁云：「宋書樂志引『吹笙則簧鼓矣』，君子陽陽疏言『吹笙則鼓簧』。今考此引者以意言之耳，傳本是『而』字。」考文古本無「而」字，誤。

609 **書曰篚厥元黄** 小字本、相臺本同。案，「篚厥」二字當倒。毛居正六經正誤云「『篚厥元黄』作『厥篚元黄』誤，興國及建本皆作『篚厥』」，其説非也。正義標起止云「箋書曰厥篚元黄」，是正義本如此也。故下文云「今禹貢止有『厥篚元纁』之文，而鄭禹貢注引允征曰『篚厥元黄』」，則此所引亦爲允征文。正因此箋作「厥篚」，與禹貢相涉，故言「今止有」以明「黄」字之非彼文也。若作「篚厥」，但當引彼注，不煩言此矣。

610 示當作窴　小字本、相臺本「窴」作「寘」，閩本、明監本、毛本同。案，釋文「示」下云「鄭作『寘』」，六經正誤所載作「窴」，十行本正義中皆作「寘」。考此「寘」字從宀者，在説文新附，卷耳、伐檀經各本皆作「寘」。段玉裁曰「即『窴』之譌文」，是也。而自唐時即有分別，從宀者訓置，從穴者爲東山、常棣箋字訓久者矣。

611 瑟琴以樂之　閩本、明監本、毛本「琴」作「笙」。案，所改是也。此正義用王肅述毛也，見下。

612 故嘉賓皆愛好我　毛本「我」誤「義」，閩本、明監本不誤。×

613 琴瑟笙幣帛愛厚之者　閩本、明監本、毛本無「琴」字。案，所删是也。

614 謂羣臣相呼以成君禮　閩本、明監本、毛本「謂」誤「爲」。×

615 箋書曰厥篚　閩本、明監本、毛本「厥篚」誤倒。×

616 琴笙以樂之　閩本、明監本、毛本「琴」作「瑟」。案，所改是也。

617 不間其親疏　閩本、明監本、毛本「間」誤「問」。×

618 非直燕曰詁言而已　閩本、明監本、毛本「詁」誤「話」。×

619 蒿菣也　小字本、相臺本同。案，釋文云「本或作『牡菣』，『牡』衍字耳」。正義云「本或云『牡菣』者，『牡』衍字。牡菣乃是蔚，非蒿也，與蓼莪傳相涉而誤耳」。

620 **恌愉也** 小字本、相臺本同。案，釋文云「愉，他侯反，又音踰」。正義云「愉音臾，説文訓爲薄也」，又云「定本作『偷』」，如其所言不爲有異，應是定本作「偷」，依爾雅改耳。當以釋文、正義本爲長。

621 **是則是傚言可法傚也** 毛本上「傚」字誤「倣」，明監本以上皆不誤。

622 **謂蒿爲菣** 毛本「爲」誤「謂」，閩本、明監本不誤。

623 **今人呼爲青蒿香中炙啖者爲菣** 閩本、明監本、毛本同。案，「呼」下「爲」字衍也。今爾雅注無此，讀以上十二字爲一句。

624 **目視物與示傍見** 閩本、明監本、毛本同。案，「與」當作「爲」，因别體俗字「與」作「与」而致譌也。

625 **愉音臾** 閩本、明監本、毛本同。案，「音臾」二字當旁行細書，正義自爲音例如此。○案，非也。

626 **説文酬爲薄也** 閩本、明監本、毛本同。案，浦鏜云「訓」誤「酬」，是也。

627 **定本作愉者然** 閩本、明監本、毛本同。案，「愉」當作「偷」，見上。「者」當作「若」，屬「然」字，别爲句。

628 **爲草貞實** 閩本、明監本、毛本「貞」誤「真」。

○四牡

629 **箋云無私恩** 小字本、相臺本同。案，正義云「集注及定本皆無『箋云』兩字」，是自此盡「辭王事」並屬傳也。段玉裁云是也。

630 **甚疲勞矣** 明監本、毛本「甚」誤「其」，閩本不誤。

631 **使臣當爾之時** 閩本、明監本、毛本「爾」

誤「此」。×

632 即非適王畿也　閩本、明監本、毛本「即」誤「耳」。×

633 爲後世法者　閩本、明監本、毛本「者」誤「所」。×

634 定本云作樂以文王之道　閩本、明監本、毛本「樂以」誤「此爲」。×

635 舉中以明上下　毛本「中」誤「衆」，閩本、明監本不誤。×

636 箋以傳言未備　閩本、明監本、毛本「未」誤「不」。×

637 采其勤苦王事　明監本、毛本「王」誤「工」，閩本不誤。×

638 又定本思恩作私恩　閩本、明監本、毛本同。案，此當云「又定本私恩作思恩」，誤互易其字也。正義本作「私恩」，上文可證。×

639 遂受命遂行　閩本、明監本、毛本下「遂」字誤「乃」。×

640 既釋幣於禰於行　閩本、明監本、毛本「於」誤「乃」。×

641 乃云遂受命　閩本、明監本、毛本「乃」誤「又」。×

* 字又作鳩　補：毛本「鳩」作「⿰石鳥」。

642 鵻名其夫不　閩本、明監本、毛本同。案，山井鼎云「爾雅疏無『其』字」，今考彼疏引云「鵻一名夫不」。

643 祝鳩鵻夫不者故爲司徒　閩本、明監本、毛本同。案，「者」當作「孝」。爾雅疏即采此，正作「孝」，而今本亦誤爲「者」。

644 今鵓鳩也　閩本、明監本、毛本同。案，浦

645 鏜云「䳕」誤「鵓」，是也。釋文引草木疏云「夫不，一名浮鳩」，「浮」即「䳕」字也。

645 **述時其情**　小字本、相臺本「時」作「序」，閩本、明監本、毛本作「敘」。案，「序」字是也。

646 **敬爲尊愛爲親**　閩本、明監本、毛本上「爲」字誤「以」。

647 **後爲詩人歌故云歌耳**　閩本、明監本、毛本同。案，「人」當作「入」，形近之譌。

○皇皇者華

648 **則爲不辱命也**　小字本、相臺本同。案，釋文云「不辱命也，一本作『不辱君命』」。考正義云「所以臣無辱命」，其本當無「君」字。考文古本有，采釋文。

649 **序以君本送之以禮樂**　閩本、明監本、毛本「君」誤「言」。

650 **知遠而有光華**　閩本、明監本、毛本「而」誤「之」。

651 **每雖懷和也**　小字本、相臺本同。案，正義云「本皆如此」，又云「如鄭此意，則傳本無『每雖』二字」，又云「蓋鄭所據者本無『每雖』，後人以下傳有『雖有中和』之言，下篇『每有良朋』之下有『每雖』之訓，因而加之也。定本亦有『每雖』」，又云「而今詩本皆有『每雖』，則王肅之說又非無理」云云。經義雜記以爲王肅私加，是也。○按，舊挍非也。毛於此云「每雖懷和也」，末章傳曰「雖有中和，當自謂無所及」，即蒙此傳而言，以釋經文「每懷靡及」也，傳自作「和」。箋乃易「和」爲「私」字，未可牽合。句云「每雖」二字爲後人所加，非也。鄭云「中和謂忠信也」，是鄭謂「中和」即經之用，絶非毛意，毛以「用也」、「咨也」、「諏也」、「謀也」、「度也」、「詢也」爲「六德」，皆在「雖有中和」之外。

652 **懷私爲每懷也**　小字本、相臺本同。案，此引國語，「私」當如彼文作「和」。韋昭云「後鄭司農云『和』當爲『私』」，即據下箋也。正義云「故鄭引其文，因正其誤，云『和』當爲『私』，爲『和』誤也」。考此則正其誤在下，此當仍作「和」矣。正義中「臣聞之曰懷私爲每懷」，是外傳以爲「懷私」，末章正義中「箋云懷私爲每懷」，皆「和」字之誤，亦見經義雜記。

653 **此述文王勑使臣之辭**　閩本、明監本、毛本「勑」誤「遣」。×

654 **而章傳云**　閩本、明監本、毛本同。案，「而」當作「卒」。×

655 **明魯語所亦當爲懷私**　閩本、明監本、毛本「所」下有「云」字。案，所補是也。

656 **下復解傳中和爲忠信**　毛本「忠」誤「中」，閩本、明監本不誤。×

657 **揔戒勑之**　毛本「戒」誤「介」，閩本、明監本不誤。×

658 **我馬維駒**　唐石經、小字本、相臺本同。案，釋文云「駒，音俱，本亦作『驕』」，正義云「維是駒矣」，是其本作「駒」，與株林同，已見彼下。

659 **則於是訪問**　閩本、明監本、毛本同，小字本、相臺本「是」作「之」。案，「之」字是也。

660 **才當爲事**　明監本、毛本「才」誤「身」，閩本不誤。×

661 **我馬維駰**　毛本「駰」誤「絪」，明監本以上皆不誤。×

662 **箋以破和爲私**　閩本、明監本、毛本同。案，浦鏜云「以」疑「已」字誤，是也。

663 **上當毛意以否**　閩本、明監本、毛本同。案，山井鼎云「宋板『上』作『止』」，其實不然，當是剜也，「上」字不誤，「止」字非也。×

○常棣

664 **則遠及九族宗親**　閩本、明監本、毛本

「親」誤「族」。

665 **上四句言兄弟光顯**　閩本、明監本、毛本同。案，浦鏜云「章」誤「句」，是也。

666 **至此上論兄弟由親**　毛本「由」誤「之」，閩本、明監本不誤。

667 **以爲二叔宜爲夏之末**　明監本、毛本「之」上有「殷」字，閩本剜入。案，所補是也。

668 **即傳言云二叔可知**　閩本、明監本、毛本同。案，「言」字當衍。

669 **鄂不韡韡**　唐石經、小字本、相臺本同。案，釋文云「鄂，五各反」，詩經小學云「『鄂』字從卩」。今考唐石經以下各本及釋文皆從阝，作地名之「鄂」，疑此經乃依聲託事也。說文卩部無「鄂」，「韡」下引此詩作「蕚」，出後人所改。艸部亦無「蕚」字。李善長笛賦注引字林「鄂，直言也」。「鄂」字當始於漢，而周禮、禮記注用之。○按，古或有从卩之「鄂」，說文或有遺漏之字。

670 **常棣棣也**　小字本、相臺本同。案，釋文云「本或作『常棣移』」，又云「作『移』者非」。正義云「常棣棣，釋木文也」。

671 **不當作拊**　小字本、相臺本同，閩本、明監本、毛本亦同。案，釋文「不」下云「鄭改作『附』」，又「『不拊』同」，下云「拊，本亦作『跗』，前注同」。考說文木部云「柎，闌足也」，山海經「員葉而白柎」，集韻十虞亦作「柎」，皆從木。而羣經音辨載此字在手部，則當時釋文字已從手也。

672 **與此唐棣異木**　閩本、明監本、毛本同。案，浦鏜云「與此」當誤倒，是也。

673 **管蔡之事以次**　毛本同，閩本、明監本「次」誤「是」。案，皆非也。「以次」當作「已缺」，「以」「已」多相亂者，「次」「缺」形近之譌。序下正義云「以管蔡已缺」，即用此述毛語也，當據彼正之。

674 言兄弟人恩至厚　閩本、明監本、毛本「人」作「之」。案，所改非也，「人恩」見鄭表記注。

675 則當求以相耽　閩本、明監本、毛本同。案，「耽」當作「助」，形近之譌。

676 所以相半矣　閩本、明監本、毛本「半」誤「求」。

677 況也永歎　閩本、明監本、毛本同；小字本、相臺本「歎」作「嘆」，唐石經亦作「嘆」。案，釋文作「歎」，十行本依之改也。又，唐石經「況」字後改。案，釋文云「況也，或作『兄』，非也」。段玉裁云：「此桑柔、召旻及今文尚書『毋兄曰』、『則兄曰』正同，作『兄』是，作『況』非。」

678 每有雖也　小字本同，閩本、明監本、毛本同，相臺本無「有」字。案，相臺本誤也。每有雖也，箋用釋訓文。皇皇者華正義云「下篇『每有良朋』之下有『每雖』之訓」，乃檃栝此箋，不當據之刪也。下箋云「雖有善同門來」，「雖」即「每有」也，「雖」下之「有」非經中之「有」，亦殷其靁傳箋「此」字之比。考文古本作「每有雖有也」，更誤。○按，舊挍非也，無「有」字爲是，箋正用皇皇者華傳。

679 茲對也唯長嘆而已　閩本、明監本、毛本同。案，此不誤。浦鏜云「之」誤「也」，非也。凡正義於説經必順其文，此順經云「況也耳」。下經「烝也」，正義云「雖久也」，亦順經可證。○按，「對」字非經中所有，則舊説亦非。浦云「也」當作「之」爲是，正義用箋語耳。

680 外禦其務　唐石經、小字本、相臺本同。案，此定本也。釋文「外禦，魚吕反」，與定本同。正義云「定本經『御』作『禦』，訓爲禁，集注亦然」，是正義本經作「御」字。

681 箋云禦禁　小字本、相臺本同。案，「禦禁」定本也，見上。正義云「俗本以傳『禦』爲『御』，爾雅無訓，疑俗本誤也」，此正義當有誤，詳下。段玉裁云：「此傳『御禦務侮也，兄弟雖內鬩而外禦侮也』本國語、爾雅，各本誤衍『箋云』非也。定本改『御禦』爲『禦禁』，不知『御禦』見於谷風傳矣。正義疑爾雅有『禦禁』而無『御禦』，不知爾雅『御』『禦』『禁』三字互訓。」

682 **過於朋友也**　毛本「於」誤「與」，閩本、明監本不誤。

683 **亦其朋者也**　閩本、明監本、毛本同。案，「朋者」當作「同志」，形近之譌耳。

684 **俗本以傳禦爲御**　閩本、明監本、毛本同。案，此當作「俗本以傳爲御禦」，誤倒「禦」字於「爲」字上也。

685 **兄弟尚恩怡怡然**　小字本、相臺本同。案，此定本也。正義云「兄弟之多則尚恩，其聚集則熙熙然」，正義本作「熙熙」也，詳下。

686 **朋友以義切切然**　小字本、相臺本同。案，此釋文本也。釋文云「切切然」，定本作「切切偲偲然」。正義云「朋友之交則以義，其聚集切切節節然」，又云「論語云『朋友切切偲偲，兄弟怡怡』，注云『切切，勸競貌。怡怡，謙順貌』。此『熙熙』當彼『怡怡』，『節節』當彼『偲偲』。定本『熙熙』作『怡怡』，『節節』作『偲偲』。依論語，則俗本誤」。考此當是毛所據論語自作「熙熙節節」耳，定本乃改之以合於其時行世之論語，非也。「切切節節然」又見伐木正義。

687 **節節作偲偲**　閩本、明監本、毛本「節節」誤「切切」。

688 **飫非公朝私飫飲酒也**　閩本、明監本、毛本同。案，浦鏜云下「飫」字衍，從爾雅疏挍，是也。此誤衍耳，見下。

689 **周語有王公立飫**　閩本、明監本、毛本同。案，十行本「語」至「立」剜添者一字。考此當是因上句衍「飫」而脱去一字，後就而補之，仍未去其衍字也。

690 **在露門内也**　閩本、明監本、毛本「露」作「路」，下「以私在露寢堂上」同。×

691 **亦從后於房中**　毛本「后」誤「後」，閩本、明監本不誤。×

692 **至意合也**　閩本、明監本、毛本同，小字本、相臺本「至」作「志」。案，「志」字是也。

693 **翕合也**　小字本、相臺本同，閩本同，考文古本同，明監本、毛本「合」誤「如」。×

694 **故有妻子也**　閩本、明監本、毛本「也」誤「自」。×

695 **族人者入侍**　閩本、明監本、毛本同。案，「者」當作「皆」，形近之譌。×

696 **是渫宗也**　閩本、明監本、毛本「渫」誤「媟」。×

697 **族人皆侍終曰**　閩本、明監本、毛本同。案，浦鏜云「日」誤「曰」，以特牲注考之，是也。

698 **燕私者何也已而與族人飲也**　閩本、明監本、毛本同。案，此不誤。「已」上浦鏜云脱「祭」字，又云衍下「也」字，從儀禮經傳通解校。非也。通解多以意增删，不可據也。

699 **故族人在堂室婦在房也**　閩本、明監本、毛本同。案，浦鏜云「宗」誤「室」，是也。

03—700 **宜爾家室**　小字本、相臺本同，考文古本同；唐石經「家室」作「室家」，閩本、明監本、毛本同。案，作「室家」者是也。禮記引同，以「家」「帑」「圖」「乎」爲韻，唐石經可據也。正義云「然後宜汝之室家」亦其證。

* **今讀音帑也**　補：釋文挍勘記云：通志堂本、盧本「奴子」二字并作「孥」，云「孥」字舊誤分爲「奴子」兩字，今改正。案，所改謬甚。「音奴」者對上「吐蕩反」而言也，「子也」者載傳也；「奴」字句絶，

「子也」別爲句。今注疏本并作「拏」尤誤。小字本、相臺本所附皆但云「帑音奴」，二本之例傳箋文不複出，然則其讀釋文尚未失句逗也。

校記

❶ 南昌本末增「〇補：案，『檜』上當有〇」。

❷ 南昌本此條作「無怨於我先王：補：閩本、明監本、毛本同。案，『怨於』當作『以告』」。

毛詩注疏校勘記卷四 起三十一盡四十

○伐木

04—001 則民德皆歸於惇厚　閩本、明監本、毛本「惇」誤「淳」。　×

002 舊則不可更釋　閩本、明監本、毛本「釋」誤「擇」。　×

003 而後言父舅先兄弟　閩本、明監本、毛本「先」誤「及」。案，此當重「父舅」二字，別以「父舅先兄弟」五字爲一句。

004 是此篇皆有義意　閩本、明監本、毛本同。案，「此」當作「比」，形近之譌。

005 乃飛出從深谷之中　閩本、明監本、毛本「深」誤「幽」。　×

006 以喻朋友既自勉勵　閩本、明監本「既」誤「即」，毛本不誤。　×

007 遠本文王幼少之時　閩本、明監本、毛本「遠」誤「追」。　×

008 傳意以此伐木鳥鳴　閩本、明監本、毛本同。案，「傳」當作「彼」。彼者，彼爾雅也。

009 具解丁丁嚶嚶之義　閩本、明監本、毛本同。案，「具」當作「其」，形近之譌。

010 不可以禮論也　明監本、毛本「禮論」誤「理論」，閩本不誤。　×

011 伐木許許　小字本、相臺本同，唐石經初刻「滸滸」，後去水旁。案，正義云「其柿許許然，下文同」，釋文云「許許，呼古反」，是其本皆作「許」，不從水。後漢書朱穆傳、顏氏家訓書證引作「滸滸」，即沈所云

「呼古反」是也，讀「許」爲「滸」，遂破爲「滸」而引之。凡羣書引詩文多不同者，往往類此，非毛氏詩別有作「滸」之本。唐石經初刻誤，所謂字體乖師法也。

012 **許許柹貌**　閩本、明監本、毛本同，小字本、相臺本「柹」作「柿」。案，「柿」字是也。五經文字云「柿，芳吠反，見詩注」，謂此也。説文「柿，削木札樸也，從木，𣎵聲」。十行本正義中皆作「柿」不誤，閩本以下皆誤爲「柹」。釋文云「柿，孚廢反，又側几反」，上一音是也，下一音即宜從朿，非也，因又并誤大字爲「柹」，詳後考證。

013 **此言許者伐木許許之人**　小字本同，閩本、明監本、毛本同；相臺本「言」下「許」字作「前」，考文古本同。案，「前」字是也。正義云「鄭以嚮時與文王、伐木『許許之人』」，以「嚮時」解前者也。

014 **今以召族之飲酒**　閩本、明監本、毛本同，小字本、相臺本「之」作「人」，考文一本同。案，「人」字是也。

015 **以喻朋友之相勵**　閩本、明監本、毛本「勵」誤「勸」。×

016 **王意又殷勤諸父兄弟**　毛本「殷勤」誤「慇懃」，閩本、明監本「殷」字不誤。餘同此。×

017 **以許許非聲之狀**　閩本、明監本、毛本同。案，「之」當作「非」，七月正義云「沖沖非貌非聲」是其比也。×

018 **逆解下文用草者用茅也**　毛本「茅」誤「茆」，閩本、明監本不誤。×

019 **東西二伯**　閩本、明監本、毛本同。案，此不誤。浦鏜云「非記文，疑衍」，非也。正義説以上記文是「東西二伯」，以下記文乃「州牧之伯」，所以曉人也。但「伯」下當脱「是也」二字，因此脱而下文乃衍「禮記」二字矣。

020 **禮記注云牧尊於大國之君**　閩本、明監本、毛本同。案，浦鏜云「禮記」二字當衍文，是也。

021 昔伯舅大公佐我先王　閩本、明監本、毛本同。案，「佐」當作「佑」，左傳作「右」。

022 叔父陟恪在我先王之左右　毛本「恪」誤「怙」，閩本、明監本不誤。×

023 而周公之國故擊繫伯禽　閩本、明監本、毛本同。案，「之」上當脱「不」字，「擊」衍字也，凡一脱一衍多是寫書人自覺其誤而如此，後遂忘更正耳。山井鼎云「擊」作「事」，當是剜也。

024 三國並爲大國　毛本「三」誤「二」，閩本、明監本不誤。×

025 王曰父羲和　閩本、明監本、毛本同。案，浦鏜云「義」誤「羲」，是也。

026 其稱父舅以否　閩本、明監本、毛本「以」誤「與」。×

027 饗謂亨大牢以飲賓也　閩本、明監本、毛本「亨」誤「烹」，下同。×

028 上大夫六簋　閩本、明監本、毛本同。案，浦鏜云「八」誤「六」，是也。

029 欲令族人以不醉　閩本、明監本、毛本同。案，浦鏜云「以」當「無」字誤，是也。

030 此言兄弟父舅二文　閩本、明監本、毛本同。案，浦鏜云「兄弟」下當脱「揔上」二字，是也。

031 同姓揔上王之同宗　閩本、明監本、毛本同。案，浦鏜云「揔上」二字當衍文，是也。

032 正義曰定恨作限　閩本、明監本、毛本同。案，「定」下當有「本」字。

033 箋以經傳無名一宿酒爲酤者　毛本

「名」誤「明」，閩本、明監本不誤。 ✕

034 故易之爲酟買也　閩本、明監本「易」誤「亦」，毛本不誤。 ✕

035 伐木六章章六句　唐石經、小字本、相臺本同，閩本、明監本、毛本同。案，序下標起止云「伐木六章章六句」，正義又云「燕故舊即二章、卒章上二句是也。燕朋友即二章『諸父諸舅』、卒章『兄弟無遠』是也」，與標起止不合。當是正義本自作三章，章十二句，經注本作六章，章六句者。其誤始於唐石經也，合併經、注、正義時又誤改標起止耳。

○天保

036 言天保神祐　毛本「祐」誤「佑」，閩本、明監本不誤。 ✕

037 此鹿鳴至伐木於前　閩本、明監本、毛本同。案，「此」當作「比」。

038 生業日隆　閩本、明監本、毛本「生」誤「王」。

039 即知何等福不開出與之　閩本、明監本、毛本同。案，箋作「予」，正義作「與」，「予」「與」古今字，易而説之也，例見前。正義又云「故云皆開出予之」，此云「開出予之」仍作「予」，複舉箋而順其文，不同此例。考文古本改箋亦作「與」，誤采此所易之今字。

040 箋天使至予之　閩本、明監本、毛本「天」誤「云」。 ✕

041 受天之多祿　毛本「祿」誤「福」，明監本以上皆不誤。 ✕

042 唯恐日且不足　閩本、明監本、毛本「且」誤「日」。 ✕

043 大陵曰阜　小字本、相臺本「陵」作「陸」，閩本、明監本、毛本同。案，「陸」字是也。

044 多曰積積者　閩本、明監本、毛本同。案，下「積」字當作「異」，謂此箋以委積皆爲多，似與彼注分委積爲多少者異。盧文弨云其上當有脱文，浦鏜云「積」及「下當粟米者有限」凡七字疑衍，皆非。

045 **先君之尸服予主人曰**　閩本、明監本、毛本「予」誤「于」。

046 **要以所改有漸**　閩本、明監本、毛本同。案，浦鏜云「亦」誤「以」，是也。盧文弨云爾雅疏作「亦」。

047 **故省文以宛句也**　閩本、明監本、毛本同。案，「宛」當作「婉」。

048 **言法效之**　閩本、明監本、毛本「效」誤「効」。案，「効」即「效」訛，俗字也。餘同此。

049 **如月之恒**　唐石經、小字本、相臺本同。案，正義云「集注、定本『緪』作『恒』」，是正義本作「緪」字也。釋文云「恒，本亦作『緪』，『恒』『緪』字同」。考工記「恒角而短」，注「鄭司農云『恒』讀爲『裻緪』之『緪』」，「緪」亦同，見廣韻。考此經字，説文二部引詩曰「如月之恒」，當以集注、定本爲長。

050 **如日月之上弦**　閩本、明監本、毛本同。案，浦鏜云「日」當衍字，是也。

051 **如日之出**　閩本、明監本、毛本同。案，「出」上當有「始」字，因上文衍「日」而此脱也。

052 **月去日已當二次**　閩本、明監本、毛本同。案，「二」當作「一」。三十度十六分度之七爲一次。月去日，日十二度十九分度之七。計三日，去合朔二日，月去日二十四度十四分，近一次，故曰「已當一次」。

053 **集本定本**　閩本、明監本、毛本同。案，浦鏜云「集本」當「集注」之誤，「後並同」，是也。

○采薇

054 **章六句**　閩本、明監本、毛本同。案，浦鏜云「八」誤「六」，是也。

055 歌出車以勞將帥之還　閩本、明監本、毛本同。案，序作「率」，正義作「帥」，「率」「帥」古今字，易而説之也，例見前。餘同此。釋文云「率，本亦作『帥』」，非正義本也。正義上文複舉序云「命其屬爲將率」仍作「率」，是其證。○案，舊挍非也。

056 文王爲愧之情深　閩本、明監本、毛本「愧」作「恤」。案，所改是也。

057 後人歌因謂本所遺之辭爲歌也　閩本、明監本、毛本同。案，「人」當作「入」。

058 勤者陳其勤苦　明監本、毛本下「勤」字誤「勞」，閩本不誤。

059 故知以文王之命　閩本同，明監本、毛本「之命」誤倒。案，十行本「知以文」剜添者一字，是「文」字衍也，序云「以天子之命」可證。言王者順上云事殷王也。

060 周正月丙子愬　閩本、明監本、毛本同。案，浦鏜云「愬」當「朔」字誤，是也。縣正義引無此字。

061 勝而惡之者　明監本、毛本「者」誤「耳」，閩本不誤。

062 但往克敵　閩本、明監本、毛本「但」誤「往」。

063 與鄭脆脕同也　閩本、毛本「脕」誤「晚」，明監本不誤。

064 歲亦莫止　唐石經、小字本、相臺本同。案，正義云「集注、定本『暮』作『莫』，古字通用也」，釋文云「莫，本或作『暮』」。依此或東方未明、蟋蟀、小明、雲漢經諸「莫」字，正義本皆作「暮」，但未有明文，不可意必求之也。

065 今薇菜生而行　閩本、明監本、毛本同；小字本、相臺本無「菜」字，考文古本同。案，無者是也。

066 歲亦莫止之時　閩本、明監本、毛本同。案，「莫」當作「暮」，下標起止「箋莫晚」同。

067 然若出車曰　閩本、明監本、毛本同。案，「然若」二字當倒。

068 蹔費永久寧　閩本、明監本、毛本同。案，浦鏜云「久」字當衍，是也。

069 謂脆晩之時　毛本「脕」誤「晩」，明監本以上皆不誤。案，釋文云「脕，音問，或作『早晩』字，非也」。毛本偶合其誤。五經文字肉部云「脆脕，見詩注」，謂此也。内則注作「娩」，又作「免」，皆同。正義云「定本作『脆腝之時』」，當以正義、釋文本爲長。

070 靡使歸聘　唐石經、小字本、相臺本同。案，釋文云「本又作『靡所』」。考正義云「無人使歸問家安否」，是正義本作「使」字，「又作」本因箋「無所使歸問」而誤耳。

071 然始得歸汝所以憂心烈烈然者　閩本、明監本、毛本脱「始得歸」三字。

072 故綿箋云小聘問　閩本、明監本、毛本「綿」誤「歸」。案，「問」上浦鏜云當脱「曰」字，是也。

073 故以名此月爲陽　小字本、相臺本同。案，此正義本也。正義云「定本無『爲陽』二字，直云『故以名此月焉』」，當以定本爲長。

074 實陰陽而得陽名者　閩本、明監本、毛本同。案，上「陽」字當作「月」。

075 爲其嫌於無陽　閩本、明監本、毛本同。案，「嫌」當作「慊」，下正義云「且文言慊於無陽，爲心邊兼」可證。又，「無」字當衍。

076 故稱陽焉　閩本、明監本、毛本同。案，「陽」當作「龍」。

077 鄭云嫌讀如羣公慊之慊　閩本、明監本、毛本同。案，「嫌」當作「慊」，二「慊」字皆當作「溓」，下正義云「鄭從水邊兼，初無『嫌』字」可證。○按，羣公溓即今公羊傳之羣公廩也，作「廩」者非古本。

078 讀者失之故作溓　閩本、明監本、毛本同。案，「溓」當作「慊」。

079 且文言慊於無陽　閩本、明監本、毛本同。案，「無」字當衍。

080 故將帥之車言　閩本、明監本、毛本同。案，「言」字當在「將」字上，錯在「車」下。

081 賊賢害仁則伐之　閩本、明監本、毛本同。案，浦鏜云「民」誤「仁」，是也，祈父正義引作「民」。

082 仍有故取襲克圍滅入之名　閩本同，明監本、毛本「入」誤「人」。案，山井鼎云「故」恐「攻」誤，是也。

083 腓辟也　小字本、相臺本同。案，正義作「避」，釋文「腓」下云「毛云『避也』」，皆易字之例。

084 此言戎車者　小字本、相臺本同，閩本同，考文古本同，明監本、毛本「戎」誤「我」。

085 所以解紒也　小字本、相臺本同。案，正義云「紒與結義同」，釋文云「紒，音計，又音結。本又作『紛』，芳云反」。段玉裁云：「說文『弭』下作『紛』，以『紛』爲長。」

086 宜滑也　小字本、相臺本同，考文古本同；閩本、明監本、毛本「滑」作「骨」；十行本初刻「滑」，剜改「骨」。案，「滑」字是也。

087 豈不日戒　小字本、相臺本同，閩本、明監本、毛本同；唐石經初刻「曰」，後改「日」。案，釋文云「曰，音越，又人栗反」，上一音是也，下一音字即宜作「日」，非也。箋意是「曰」字。

088 豈不日相警戒乎　小字本、相臺本同，閩本、明監本、毛本同。案，「日」當作「曰」，正義中同。

089 誠曰相警戒也　小字本同，閩本、明監本、毛本亦同，相臺本「曰」作「日」。案，相臺本誤也。×

090 左傳云公室者　閩本、明監本、毛本同。案，山井鼎云「室」作「族」爲是，是也。

091 公室之所庇廕　毛本「廕」誤「蔭」，閩本、明監本不誤。案，左傳字作「廕」也。×

092 背上班文　閩本、明監本、毛本「班」誤「斑」。×

093 今以爲可弓韃步乂者也　閩本、明監本、毛本同。案，浦鏜云「可」衍字，是也。

094 經年海水潮　閩本、明監本「年」誤「云」，毛本不誤。×

095 自相感也　閩本、明監本同，毛本「自」上剜添「氣」字，非也。×

096 説文云彆方結反云弓戾也　閩本、明監本、毛本同。案，十行本「反云弓」剜添者一字，是「云」字衍也。「方結反」三字，旁行細書，正義自爲音例如此，不知者以之入正文，乃誤加「云」字。○按，此引説文音隱語，非自爲音。

097 以弓必須骨故用滑象　閩本、明監本、毛本同。案，此當作「以弓必須滑故用象骨」，誤倒錯之也。

098 夏官司弓人職曰　閩本、明監本、毛本同。案，浦鏜云「矢」誤「人」，是也。

099 是矢器謂之服也　毛本「謂」誤「爲」，閩本、明監本不誤。×

100 戍止而謂始反時也　小字本、相臺本同。案，正義標起止作「戍役止」，云「定本無『役』字」，於理是也」。

101 行反在於道路猶飢渴　小字本同，閩本、明監本、毛本同，相臺本「渴」上有「猶」字。案，相臺本誤添也。

102 楊柳依依然　閩本、明監本脱「然」字，毛本剜補。

103 事得還返　閩本、明監本、毛本同。案，注作「反」，此正義作「返」，亦是易而説之，以「反」「返」爲古今字也。上正義多作「反」，當是爲後人依注改耳。

104 則渴則有飢　閩本、明監本、毛本「渴」上有「有」字。案，所補是也。

105 定本無役字　閩本、明監本、毛本「定」誤「正」。

○出車

106 作出車詩　閩本、明監本、毛本同。案，「詩」下浦鏜云脱「者」字，是也。

107 雖三章三輩別行　明監本、毛本上「三」字誤「二」，閩本不誤。

108 乃始還帥　閩本、明監本、毛本同。案，「帥」當作「師」，形近之譌。

109 爲小到耳　閩本同，明監本、毛本「到」作「別」。案，當作「倒」，正義例用「倒」也。

110 王今既以我天子之命　閩本、明監本、毛本「今既」二字誤「本」。

111 雖大數在牧　閩本、明監本、毛本「大」誤「言」。

112 不即以在廏之馬駕戎車者　毛本「戎」誤「我」，閩本、明監本不誤。

113 戎僕掌御戎車　閩本、明監本、毛本同。案，「戎」當作「貳」。因別體字「貳」作「弍」，形近而譌也。

114 以此云維其載矣　閩本、明監本、毛本同。案，浦鏜云「謂之」誤「維其」，是也。

115 或卿兼官　閩本、明監本、毛本同。案，「卿」當作「即」，形近之譌。

116 將帥既受命行乃乘馬　閩本、明監本、毛本同；小字本、相臺本「帥」作「率」，「馬」作「焉」。案，「率」字、「焉」字是也。

117 旆旆旒垂貌　小字本、相臺本同。案，此正義本也，標起止云「傳旆旆旒垂貌」是其證。正義下云「定本『旆旆旒垂貌』」。如其所言，不爲有異，當作「定本云『旆旆旆旒垂貌』」。上「旆旆」經文也，下「旆旒垂貌」謂「繼旐曰旆」者也，故下云「多一『旆』字也」。釋文以「旒垂」作音，或與正義本同，與定本不同。各本正義皆誤。

118 僕夫況瘁　唐石經、小字本、相臺本同。案，正義標起止云「至況瘁」，釋文云「況瘁，本亦作『萃』，依注作『悴』」。考此當是經本作「萃」，故於訓釋中竟改其字，箋之例也。釋文云「依注作『悴』」，似乎未晰也。四月釋文「盡瘁，本又作『萃』，下篇同」，亦其證。

119 憂其馬之不正　小字本、相臺本同。案，正義云「憂其馬之不正，定本『正』作『政』，又無『不』字」，釋文云「憂其馬之不正，一本作『之不正也』，一本作『馬之政』」。考「憂其馬之政」謂憂非其馬之政也。段玉裁云「用甘誓文」是也，當以定本爲長。

120 即就於郊牧之車　毛本「即」誤「既」，閩本、明監本不誤。 ×

121 滋益憔悴矣　閩本、明監本、毛本同。案，箋作「玆」，正義作「滋」，「玆」「滋」古今字，易而説之也，例見前。

122 一言此便文耳　明監本、毛本「耳」誤「如」，閩本缺。 ×

123 傳龜蛇曰旐○　明監本、毛本脱「○」，閩本缺。

124 二十五人爲兩　明監本、毛本「二」誤「一」，閩本不誤。

125 故南仲所以在朔方而築於也　閩本、明監本、毛本「於」誤「城」。案，此「築於」者，經之「城于」。

126 其所建於旐　閩本、明監本、毛本同。案，浦鏜云「旂」誤「於」，是也。

* 欲令赫赫　補：毛本「令」作「令」。案，「令」字是也。

127 於是而平除之　閩本、明監本、毛本誤重「是」字。

128 其閒非有休息　毛本「非」誤「未」，明監本以上皆不誤。

129 是春凍始釋也　毛本「釋」誤「解」，閩本、明監本不誤。

130 則跳躍而鄉望之　小字本、相臺本同。案，釋文云「嚮，或作『鄉』」，正義本未有明文，今無可考。正義云「嚮望而美之」者，當亦是易字，以「鄉」「嚮」爲古今字耳，未必與釋文同也。

131 及所獲之衆以此而來　明監本「及所」誤「又多」，閩本、毛本不誤。

○杕杜

132 有睆其實　唐石經、相臺本同，小字本「睆」作「晥」。案，釋文云「字從白，或作目邊」，又見大東經「睆彼牽牛」字同。

133 女心傷止　唐石經、小字本、相臺本同，閩本、明監本「女」誤「汝」，毛本初刻同，後改「女」。

134 有睍然其實　閩本、明監本、毛本「睍」作「睆」。案，所改是也。

135 我采其杞木之菜　閩本、明監本、毛本脱

「我」字。

136 謂之父母也已尊之　閩本、明監本、毛本同。案，「也」當作「由」，讀下屬。

137 今幝幝然弊　閩本、明監本、毛本「弊」誤「敝」。

138 正義曰傳以會之言　閩本、明監本、毛本脱「之」字。

○魚麗

139 終於逸樂　唐石經、小字本、相臺本同。案，正義云「是終於逸樂」，釋文云「逸，本或作『佚』」。考文古本作「佚」，采釋文。

140 文武並言者　閩本、明監本、毛本「言」誤「有」。❶

141 言時已太平　毛本「已」誤「以」，閩本、明監本不誤。

142 云可以告其成功之狀　閩本、明監本、毛本「云」上衍「謂」字。

143 鱨楊也　小字本同，相臺本「楊」作「揚」，閩本、明監本、毛本同。案，小字本、十行本是也，正義中同，釋文「鱨」下云「楊也」。

144 草木不折不操斧斤不入山林　小字本、相臺本同。案，各本皆誤。正義云「草木不折不芟，斤斧不入山林」，下云「定本『芟』作『操』」，又云「斧斤入山林，無『不』字」。釋文云「一本作『草木不折不芟』」。定本「芟」作「操」，考此則今誤合兩本爲一。當是經注本始依定本作「不操斧斤」，「斤」下無「不」字；後不知者以正義本「不」字竄入，遂不可通。定本以「不操」下屬，正義本以「不芟」上屬。相臺本每四字爲一句，亦非。此當從正義本。正義以定本爲誤者，最得之也。

145 士不隱塞　小字本、相臺本同。案，釋文云「不隱，如字。本又作『偃』，亦如字」。正義云「士不隱塞者爲梁，止可爲防於兩邊，不得當中皆隱塞」，是正義本作「隱」。其本又作「偃」者，即今之「堰」字。周禮𠪚人注「水偃」，谷風正義引作「水堰」。

146 庶人不數罟　小字本、相臺本同。案，此定本也。正義云「庶人不揔罟者，謂罟月不得揔之使小」，又云「集注『揔』作『緵』，依爾雅。定本作『數』，義俱通也」。釋文以「不數」作音，與定本同。考九罭傳作「緵罟」，釋文云「字又作『總』」，是「緵」「總」同字，「揔」又「總」之別體。當以正義本爲長。

147 然則曲簿也以簿爲魚笱　閩本、明監本、毛本二「簿」字皆作「薄」。案，上引爾雅注作「薄薄」字，是也。

148 似燕頭魚身　毛本「魚」誤「角」，閩本、明監本不誤。

149 陸機疏云魚狹而小　閩本、明監本、毛本「疏」誤「注」。

150 無不誤字也　閩本、明監本、毛本同。案，浦鏜云「誤字」二字當倒，是也。

151 然則十月而斤斧入山林　閩本、明監本、毛本「斤斧」誤倒。案，正義本傳作「斤斧」，十行本不誤，不知者以定本改之，非也。

152 獸蟄伏豺食禽　毛本「禽」誤「獸」，閩本、明監本不誤。

153 不得圍之使迊　閩本、毛本作「迊」，俗字也；明監本作「匝」，正字也。

154 但不迊耳　閩本、明監本、毛本「迊」誤「麛」。❷

155 獸長麛夭　閩本、明監本、毛本「夭」誤「䴠」。案，「夭」即「䴠」字之假借，不知者以今國語改之。○按，改「䴠」是也。

156 鳥翼殼夘　閩本、明監本、毛本「殼」誤「鷇」。案，「殼」當是「鷇」之假借。

157 是尊卑皆禁也　閩本、明監本、毛本「皆」誤「所」。

158 三章則似酒多也　閩本、明監本、毛本「似」下衍「酒美」二字。案，「三章」二字亦衍，涉下文而誤也。

159 鱧鮦也　小字本、相臺本同。案，釋文云「鮦，直冢反」，「鱧」下云「鮦也」。正義云「徧檢諸本，或作『鱧⿰魚重』，或作『鱧鯇』」，又云「或有本作『鱧⿰魚果』者，定本『鱧鮦』，『鮦』與『⿰魚重』音同」。考此正義引舍人「曰鯉名鯇」，下正義引孫炎「鱧鯇一魚」，釋文「鮎」下云「毛及前儒鱧爲鯇」，是傳正取爾雅爲解。注爾雅者舊無異說，作「鯇」爲是。作「鮦」者乃依郭注爾雅所改，謂鱧鯇各爲一魚也。作「⿰魚果」者，依說文「⿰魚果鱧也」所改，皆非傳意。

160 又與舍人不異　閩本、明監本、毛本「不」誤「有」。案，爾雅疏即取此，正作「不」。

161 郭璞以爲鰋鮎鱧鮦四者　閩本、明監本、毛本同。案，「鮦」當作「鯇」。

〇南陔白華華黍

162 鼓南北面　閩本、明監本、毛本同。案，浦鏜云「磬」誤「鼓」，考鄉飲酒禮，是也。

163 又解爲亡而義得存者　閩本、明監本、毛本同。案，「爲」當作「篇」，形近之譌。

164 其義則以衆篇之義合編　閩本、明監本、毛本「以」誤「與」。

165 各置於其篇亡　閩本、明監本、毛本同。案，「亡」當作「端」，即複舉注文也。

166 無詩可屬　閩本、明監本、毛本「詩」誤「時」。

167 則止鹿鳴一篇是也　閩本、明監本、毛本同。案，「篇」當作「什」。

168 而鄉飲酒之禮注　閩本、明監本、毛本同。案，浦鏜云「之」當「燕」字誤，是也。

169 **禮樂之書稍廢棄**　閩本、明監本、毛本同。案，「稍」下浦鏜云脱一「稍」字，以鄉飲酒、燕禮二注考之，浦挍是也。

○南有嘉魚

170 **大平君子**　閩本、明監本、毛本同，唐石經、小字本、相臺本「平」下有「之」字，考文古本同。案，「有」者是也，下正義云「鳧鷖與此序皆云『大平之君子』」可證。

171 **欲置之於朝**　閩本、明監本、毛本「置」作「致」。案，所改是也。

172 **又云塵然猶言久然爲如也**　閩本、明監本、毛本同。案，「久」下當脱「如塵爲久」凡四字，以「久」字複出而誤也。

173 **上見求魚之多**　閩本、明監本、毛本「上」作「止」。案，所改是也。

174 **彼注云君子謂成王**　閩本、明監本、毛本同。案，浦鏜云「斥」誤「謂」，是也。正義下云「則毛亦不斥成王明矣」，是本引此作「斥」也。

175 **升家臣以公**　閩本、明監本、毛本「以」作「於」。案，所改非也，正義所引自如此。

176 **李巡曰汕以薄魚也**　閩本、明監本、毛本「魚也」作「汕魚」。案，爾雅疏引作「汕以薄汕魚也」，此當「汕」「也」並有，各脱其一。

177 **鄉飲酒曰賓以我安**　小字本、相臺本同。案，正義云「則此文當在燕禮矣，言『鄉飲酒』者誤也。定本亦誤，以南陔與由庚之箋皆鄉飲酒、燕禮連言之故，學者加『鄉飲酒』於上，後人知其不合兩引，故略去『燕禮』焉。今本猶有言『燕禮』者」。此正義據當時或本猶有「鄉飲酒燕禮」連言者，而定其誤如此也，今無其本矣。

178 **得上而纍蔓之**　毛本「而」誤「面」，閩本、

明監本不誤。×

179 **案鄉飲酒燕飲而安之**　閩本、明監本、毛本同。案，浦鏜云下五字當衍文，是也。此寫者涉上文而誤。

180 **箋云又復也以其壹意欲復與燕加厚之**　小字本、相臺本同。案，正義云「定本『式燕又思之』下有『箋云又復也以其壹意欲復與燕加厚之也』，俗本多無此語」。釋文云「又復，扶又反，下同」，是釋文本本有。×

181 **有專壹之意我君子**　閩本、明監本、毛本同。案，「我」上當有「於」字。

182 **夫擇木之鳥慤謹**　閩本、明監本、毛本同。案，此當作「雖夫不之鳥慤謹」，用四牡傳箋之文也。

○南山有臺

183 **不一端矣**　閩本、明監本、毛本脱一字。×

184 **保艾爾後**　唐石經、小字本、相臺本同。案，段玉裁云「依傳『艾養保安也』，似經文當作『艾保』」。今考釋文以「保艾」作音，是釋文本與唐石經以下正同。正義本未有明文，今無可考。

○由庚崇丘由儀

185 **各得其宜也**　唐石經、小字本、相臺本同。案，九經古義云「宜，束晳補亡詩引作『儀』」，李善注云「毛萇詩傳『儀宜也』，此當作『儀』」，非也。此序以「宜」説「儀」，與由庚序以「道」説「庚」，崇丘序以「高」説「崇」，以「大」説「丘」爲例正同。束晳改作「儀」，失序意矣，不當反據之也。凡他書援引之異不可信者，視諸此。毛不注序，無此傳明甚，李善取烝民「我義圖之」之傳破而引之耳。

186 **燕禮又有升歌鹿鳴**　毛本「又有」誤「有所」，明監本以上皆不誤。×

187 **無以知其篇第之處**　小字本、相臺本同。案，正義云「篇第所在皆當言『處』，云『之意』者，以無意義可推尋而知，故云意也」，各本作「處」者皆誤。段玉裁云正義作「意」，是也。

188 故鄭於譜言　閩本、明監本、毛本同。案，「譜」當作「此」。

189 左傳昭二十五年　毛本「十」誤「年」，閩本、明監本不誤。×

○蓼蕭

190 外薄四海　小字本、相臺本同。案，釋文云「外薄音博，諸本作『外敷』，注音芳夫反」。正義云「檢鄭所注尚書經作『外薄』，今定本作『外敷』，恐非也」。

191 書傳稱越常氏之譯曰　閩本、明監本、毛本「常」作「裳」。案，所改非也。周頌譜及臣工二正義引皆作「常」。依説文，「常」是「裳」之正字。

192 吾受命吾國黃老　毛本「老」誤「耇」，閩本、明監本不誤。×

193 雒師謀我應注　閩本、明監本、毛本「雒」誤「維」。案，文王正義引皆作「雒」。

194 是九州外爲伯　閩本、明監本、毛本「爲」誤「諸」。×

195 州有十二師　閩本、明監本、毛本同。案，「有十」當作「十有」，正義下云「既言州十有二師」可證。下引注云「州立十二人」，又云「故州有十二師」者，皆非經成文也。山井鼎云「宋板作『十有』誤」，舉下行耳。

196 舒其情意　小字本、相臺本同，考文古本同，閩本、明監本、毛本「舒」誤「輸」。

197 彼四夷之君此四夷之君所以得所者　閩本、明監本、毛本同。案，「之」至「四」，十行本剜添者一字。

198 我心則舒寫盡兮　閩本、明監本、毛本「舒」作「輸」。案，所改非也，此用箋。

199 言爲天子所保　閩本、明監本、毛本同。案，浦鏜云「子」疑「下」字誤，是也。

200 下章瀼瀼泥泥　毛本「章」誤「草」，閩本、明監本不誤。×

201 雖香而是物之微者　閩本、明監本、毛本同。案，「而」至「微」，十行本剜添者一字。

202 豈樂弟易也　小字本、相臺本同。案，釋文以「樂也」作音，當是其本較今各本皆每多「也」字。考文古本有，采釋文。

203 鞗革忡忡　相臺本同，唐石經、小字本作「沖沖」，閩本、明監本、毛本同。案，「沖沖」是也。十行本正義「中」字仍作「沖沖」，釋文同，皆可證。

204 鞗轡也革轡首也　小字本、相臺本同。案，段玉裁云：「傳『鞗轡首飾也，革轡首也』，此謂『革』即『勒』字，古文省。攸革，古金石文字皆作『攸勒』，或作『鋚勒』。說文『鋚轡首銅也』，然則鋚以飾轡首，傳云『垂飾貌』正謂鋚也。韓奕鞹以爲鞃，淺以爲幦，鋚以飾勒，金以飾軶四事一例。載見云『鞗革有鶬』，鶬謂金飾，采芑箋云『鞗革轡首垂也』皆可證。各本作『轡也』係淺人刪『首飾』二字，『攸』作『鞗』亦淺人爲之。」又詳詩經小學。今考正義云「鞗皮以爲轡」，標起止云「傳鞗轡也」，釋文「鞗」下云「轡也」，五經文字革部云「鞗轡也」，見詩是唐時本已與今各本同。

205 故知說天子之車飾也　毛本「說」誤「飾」，閩本、明監本不誤。×

206 彼六服諸侯　閩本、明監本、毛本「彼」誤「從」。×

207 立當前侯　閩本、明監本、毛本同。案，此不誤。浦鏜云「疾」誤「侯」，非也。周禮本是「侯」字，唐石經以下皆譌爲「疾」，唯此及論語鄉黨疏所引不誤。詳見禮說、九經古義、周禮漢讀考。

○湛露

208 **蓼蕭序云天子**　閩本、明監本、毛本同。案，「序」下浦鏜云脱「不」字，是也。

209 **燕賜諸侯之身**　閩本、明監本、毛本「身」誤「事」。

210 **故下章名言草木以充之**　閩本、明監本、毛本「名」誤「各」。

211 **其義有似醉之貌**　閩本、明監本、毛本同，小字本、相臺本「義」作「儀」。案，「儀」字是也，正義云「其威儀有似醉之貌也」可證。

212 **夜飲私燕也**　小字本、相臺本同。案，正義云「故言燕私也」，引楚茨、尚書大傳「燕私」以説之，是此誤倒。常棣正義引此亦誤。

213 **猶諸侯之儀也**　小字本、相臺本同。案，「儀」當作「義」，即正義所云「族人之義也」。下箋「此天子於諸侯之儀」亦當作「義」，即正義所謂「宗子之義」也。皆無取於威儀。又，正義屢云「天子於諸侯之義」亦可證。

214 **而嵬峩然**　閩本、明監本、毛本「嵬」誤「巍」。

215 **燕私者何而與族人飲**　閩本、明監本、毛本同。案，「而」上當有「已」字，常棣正義引有。

216 **霄則兩階及庭門**　閩本、明監本、毛本「霄」作「宵」，下同。案，所改是也。

217 **於是乃止**　小字本、相臺本同。案，正義云「於是止」，是其本無「乃」字。

218 **以此變言在其實**　閩本、明監本、毛本同。案，「言在」二字盧文弨云當乙，是也。

○彤弓

219 **彤弓三章**　毛本「三」誤「二」，閩本、明監本不誤。

220 自諸侯敵王所愾　毛本「愾」誤「餼」，閩本、明監本不誤。○按，「餼」或「鎎」之誤，説文引左傳作「鎎」。

221 後説享　閩本、明監本、毛本「享」作「饗」。案，所改是也，下同。

222 故貺之爲揔也　閩本、明監本、毛本「貺」誤「舉」。

223 正以有功者受彤弓彤弓之賜　閩本、明監本、毛本「正」誤「王」。案，下「彤」字當作「旅」。

224 安得賜旅弓多彤弓少　閩本、明監本、毛本同。案，「安得」當作「案傳」，形近之譌。

225 非其差也　閩本、明監本、毛本「其」誤「甚」。

226 設牲俎豆　閩本、明監本、毛本「設」誤「殺」。

227 以覺報宴是也　閩本、明監本、毛本「宴」誤「燕」。

228 筵前受爵反位　毛本「反」誤「及」，閩本、明監本不誤。

229 坐絶祭齊之　閩本、明監本、毛本同。案，浦鏜云「嚌」誤「齊」，是也。

230 是言之可以明主之獻賔　閩本、明監本、毛本同。案，浦鏜云「言」當「右」字誤，是也。

231 又曰主人盥洗升　閩本、明監本、毛本「盥洗」誤倒。

232 瓠葉傳曰醻導飲　閩本、明監本、毛本

「飲」誤「引」。

○菁菁者莪

233 興立小學大學　閩本、明監本、毛本「大」誤「之」。

234 又曰命鄉論秀士　閩本、明監本、毛本「鄉」誤「卿」。

235 升之司徒曰選官　閩本、明監本、毛本同。案，山井鼎云「官」當作「士」，是也。物觀補遺云「宋板『官』作『士』」，當是剜也。

236 蘿蒿也此蘿蒿也此蘿蒿　閩本、明監本、毛本不重「也此蘿蒿」四字。案，所改是也，此複衍。

237 菜似邪蒿而細　閩本、明監本、毛本「似」誤「以」，毛本「菜」作「葉」。案，「葉」字是也。

238 壯貝　閩本、明監本、毛本「壯」誤「牡」。

239 各二貝爲一朋　閩本、明監本、毛本「二」誤「一」。

240 不成貝寸二分　閩本、明監本、毛本同。案，「貝」下當依漢志補「不盈」二字。

241 載沈亦沈　小字本、相臺本同。案，下「沈」字當作「浮」，正義云「則載其沈物，則載其浮物，俱浮水上」，又云「傳言載，沈亦浮」皆可證也。考文古本作「浮」，采正義。

242 喻人君用士　小字本、相臺本同，考文古本同，閩本、明監本、毛本「士」作「人」。案，「人」字誤也。

○六月

243 宣王北伐也　閩本、明監本、毛本「此」下有注；小字本、相臺本無，考文古本同。案，山井鼎云「釋文混入注者」，是也。

244 則爲國之基隊矣　小字本、相臺本同，閩本、明監本、毛本亦同，唐石經「隊」作「墜」。案，釋文云「隊，直類反」，小字本以下之所出也。考文古本作「墜」，偶與唐石經合。○按，說文有「隊」，無「墜」。「墜」者，「隊」之俗字也。

245 六月言周室微而復興美宣王之北伐也　小字本、相臺本同。案，此定本也，正義本無。又，正義云「案，集注及諸本並無此注」，是當以正義本爲長，各本皆沿定本之誤。

246 盡中國微矣　閩本、明監本、毛本「盡」誤「至」。

247 皆在北伐之事　閩本、明監本、毛本「在」誤「是」。

248 明與上詩別主　閩本、明監本、毛本「主」誤「王」。❸

249 此與由夷全同　閩本、明監本、毛本「夷」作「儀」。案，「夷」當作「庚」，形近之譌。

250 故博而詳之　閩本、明監本、毛本「博」誤「傳」。　×

251 其戎夷則小雅無其事　毛本「夷」誤「狄」，閩本、明監本不誤。　×

252 言周室微而復興　毛本「室」誤「至」，閩本、明監本不誤。　×

253 若將師之從王而行　閩本、明監本、毛本同。案，浦鏜云「帥」誤「師」，是也。

254 何當假稱王命　閩本、明監本「當」誤「嘗」，毛本誤「常」。　×

255 我是用急　唐石經、小字本、相臺本同。案，毛鄭詩考正云「『急』字於韻不合」。段玉裁云「鹽鐵論引『急』作『戒』，謝靈運撰征賦用作『棘』，皆協。今作『急』者後人用其義改其字耳」，詳詩經小學。

256 毛以爲正當盛夏　明監本、毛本「正」誤

「王」，閩本不誤。

257 **所設五戎也** 閩本、明監本、毛本同。案，浦鏜云「謂」誤「設」，以車僕注考之，浦挍是也。

258 **又以爲衣** 閩本、明監本、毛本同。案，此不誤。「衣」下浦鏜云脱「裳」字，非也。兵事素裳，下文引鄭志可證，今周禮注衍「裳」字耳，采芑正義引亦衍。

259 **周禮云韋弁皮弁服** 閩本、明監本、毛本同。案，「云」當作「志」，采芑正義引周禮「志云韋韋弁素裳」是其證，又引見周禮屨人疏。

260 **幅有屬者** 毛本「者」誤「也」，閩本、明監本不誤。

261 **注云韋弁韎韐之弁** 閩本、明監本、毛本同。案，浦鏜云「韋」誤「韐」，考聘禮注是也。

262 **其餘軍士之服** 毛本「餘」誤「飭」，閩本、明監本不誤。

263 **爲僕右無也** 閩本、明監本、毛本同。案，「無」當作「服」。

264 **于三十里** 小字本、相臺本同，唐石經「三十」作「卅」。案，傳、箋、正義皆云「三十」。詩經小學云「唐石經『卅維物』、『終卅里』皆同，蓋唐人仍讀爲『三十』」，是也。凡唐石經章句中「廿」字、「卅」字皆同此。

265 **織文鳥章** 唐石經、小字本、相臺本同。案，釋文以「徽織」作音，正義標起止云「箋織徽」，下皆同。詩經小學云「毛無傳，蓋讀與禹貢『厥篚織』文同。鄭易爲『徽識』，則當作『識』文」。今考此鄭以「織」爲「識」之假借，乃用經字，但於訓詁中顯之者也，故亦不言「讀爲」例，見前「怨耦曰仇」下。周禮司常疏兩引作「識」，所謂以破引之也。

266 **白旆央央** 唐石經、小字本、相臺本同。案，此釋文「又作」本也。釋文本作「白茷」。正義本作「帛茷」。周禮司常疏及出其東門正義引作「白」，與釋文本同也。公羊宣十二年疏載孫炎爾雅注引作「帛」，則正義本之所同也。詩經小學云「作『帛』爲善」。又，央央，孫炎注及出其東門正義皆引作「英英」。考正義云「央央然鮮明」，釋文云「央央音英」，當是字作「央」，讀從英也。

267 織徽織也　小字本、相臺本同，閩本同，明監本、毛本「徽」作「幑」。案，「徽」字是也。釋文、正義皆作「徽」。考左傳「揚徽」，禮記「徽號」鄭司常注及此箋皆用「徽」字者，假借也。說文作「幑」者正字也。明監本、毛本所改非是，正義中字同。

268 箋云鉤鞶　閩本、明監本、毛本同；小字本、相臺本重「鉤」字，考文古本同。案，重者是也，正義標起止云「箋鉤鉤鞶」可證。釋文本「鞶」作「股」，云「音古」。正義云「定本『鉤鞶』作『鉤般』」，又云「蓋謂此車行鉤曲般旋」。考箋云「行曲直有正也」，乃取曲鉤直股爲義。「般」與「股」形相近耳，爾雅釋文載李巡注「鉤股」云「水曲如鉤折，如人股」，孫炎、郭璞本作「般」，注云「盤桓」者誤。當以釋文本爲長。

269 石爲大甚　閩本、明監本、毛本「石」作「實」。案，所改非也，「石」當作「恣」。

270 以帛爲行旆　閩本、明監本、毛本同。案，經、注作「茷」，正義作「旆」，易而說之也。正義下文云「古今字也」，例見前，下同。

271 故知嚮日千里之鎬　閩本、明監本、毛本同。案，知嚮日，盧文弨云「『劉向曰』是也，此在漢書陳湯傳」。

272 漢有洛陽縣　閩本、明監本、毛本同。案，惠棟云「『漢』下當有『中』字，『陽』字衍」，是也。

273 牢幅一尺絳幅二尺　閩本、明監本、毛本同。案，浦鏜云「半」誤「牢」，「終」誤「絳」，是也。

274 除去絳直是銘長三尺也　閩本同，明監本、毛本「絳」作「降」。案，皆誤也，當作「縿」。

275 竹杠長三尺　閩本、明監本、毛本「杠」誤

「杖」。✕

276 旌旒雖有等差　閩本、明監本、毛本「旒」誤「旂」。✕

277 雖短之令小　閩本、明監本、毛本「令」誤「今」。✕

278 帥謂軍將至伍長　閩本、明監本、毛本「伍」誤「五」，下同。❹

279 此唯有三　閩本、明監本、毛本「三」誤「王」。❺

280 但以卿統名焉事　閩本、明監本、毛本同。案，「焉」當作「爲」，形近之譌。

281 箋鉤鉤鞶至未聞　閩本、明監本、毛本不重「鉤」字。案，此誤删也。

282 鉤讀如婁領之鉤　閩本、明監本、毛本同。案，浦鏜云「『讀如』二字衍」，是也，采芑、韓奕正義引無。

283 是也鉤鞶之文　閩本、明監本、毛本同。案，當作「是鉤鞶之文也」，誤倒。

284 故云同異未制聞　閩本、明監本、毛本「未制」作「制未」。案，所改是也。

285 采芑出車　明監本、毛本「采」誤「菜」，閩本不誤。✕

286 所以極勸也　閩本、明監本、毛本同，小字本、相臺本「勸」下有「之」字。案，有者是也。

287 亦所以爲美也　毛本「亦」誤「得」，閩本、明監本不誤。✕

288 箋御侍至勸之　明監本、毛本「之」誤「也」，閩本不誤。✕

○采芑

289 宣王能新美天下之士　小字本、相臺本

同，毛本亦同，閩本、明監本「下」誤「子」。×

290 **謂已和耕其田**　毛本「田」誤「用」，閩本、明監本不誤。❻

291 **以興須人爲軍士**　閩本、明監本「須人」誤倒，毛本不誤。

292 **當是轉寫誤也**　閩本、明監本、毛本「轉」誤「傳」。×

293 **箋解菜之新田**　閩本、明監本、毛本同。案，浦鏜云「采」誤「菜」，是也。

294 **傳奭赤至樊纓**　閩本、明監本、毛本脱「赤」字。×

295 **金路無錫有鉤**　明監本、毛本「錫」誤「鍚」，閩本不誤。×

296 **約軝錯衡**　閩本、明監本、毛本同，唐石經、小字本、相臺本「軝」作「軧」。案，「軝」字是也。釋文、五經文字可證。餘同此。○按，軝，説文从車，氏聲。凡氏聲與氐聲，古分別最嚴。

297 **有瑲葱珩**　唐石經、小字本、相臺本同。案，釋文云「有創，本又作『瑲』，亦作『鎗』，同」。正義本是「瑲」字。考文古本作「創」，采釋文。

298 **朱衣裳也**　小字本、相臺本同。案，釋文云「本或作『朱衣纁裳』，『纁』衍字」。正義本與釋文同。正義云「此本或云『天子之服韋弁，服朱衣纁裳』者誤，定本亦無『纁』字」。×

299 **錯置文王於車之上衡**　閩本、明監本、毛本「文王」誤「其文」。案，山井鼎云宋板「王」作「彩」，當是剜也。「彩」字是，韓奕正義作「采」。

300 **彼云又累一命**　閩本、明監本、毛本同。案，「彼云」又當作「又彼文」。

301 **又以爲衣裳**　閩本、明監本、毛本同。案，

「裳」字衍也，六月正義引無。閩本、監本「以」誤「似」。

302 **周禮志云韋韋弁素裳**　閩本、明監本、毛本脱一「韋」字。

303 **則陳閱軍士**　閩本、明監本、毛本「則」作「而」。案，所改是也。×

304 **鉦鐃也似鈴**　毛本「似」誤「以」，閩本、明監本不誤。×

305 **釋天云出爲治兵**　明監本、毛本「天」誤「文」，閩本不誤。×

306 **故經改其文而引之**　閩本、明監本、毛本同。案，「經」當作「徑」，形近之譌。

307 **蠢爾蠻荊**　唐石經、小字本、相臺本同。案，段玉裁云：「漢書韋賢傳引『荊蠻來威』。案，毛云『荊州之蠻也』，然則毛詩固作『荊蠻』，傳寫倒之也。晉語、後漢書李膺傳、文選王仲宣誄皆可證。」見詩經小學。今考正義云「宣王承厲王之亂，荊蠻內侵」，是正義本作「荊蠻」。下文皆作「蠻荊」，後人依經注本倒之而有未盡也。

308 **執將可言問**　小字本、相臺本同，考文古本同，閩本、明監本、毛本「將」作「其」。案，「將」字是也。出車箋作「其」，此不必與彼同。正義亦作「其」，乃自爲文，不盡與注相應也。

309 **尚到讎怨**　閩本、明監本、毛本「到」誤「致」。×

310 **元老皆兼官也**　閩本、明監本、毛本同。案，「皆」當作「者」，形近之譌。

○車攻

311 **案王制注云**　閩本、明監本、毛本同。案，浦鏜云「云」當衍字，是也。

312 **四國皆叛**　閩本、明監本、毛本「皆」誤

「背」。

313 當城壞壓境　毛本「壞」誤「壤」，閩本、明監本不誤。×

314 射餘獲之禽　閩本、明監本、毛本「射」上衍「頒」字。×

315 宗廟齊毫　小字本、相臺本同，考文古本同，閩本、明監本、毛本「毫」作「豪」。案，釋文云「依字作『毫』也」。考説文無「毫」，即「豪」字之俗耳。正義作「毫」，乃易字而説之。當以釋文本作「豪」爲長。×

316 取牲於苑囿之中　閩本、明監本、毛本「牲」誤「往」。×

317 東有甫草　小字本、相臺本同，唐石經「甫」字上磨去。案，唐石經考異云「『甫』先作『莆』，後改」，是也。考釋文、正義皆作「甫」，傳云「甫大也」。此亦字體乖師法之一。經義雜記以爲原刻作「圃」，改從鄭箋者，誤也。又，水經注、王逸楚詞注引作「圃」，乃韓詩，後漢書注、文選注皆云韓詩也。

318 大芟草以爲防　閩本、明監本、毛本同，小字本、相臺本「芟」作「艾」。案，釋文本作「艾」，音「魚廢反」。正義本作「芟」。考正義引大司馬注「芟除」、穀梁傳「芟蘭」而説之，「芟」字是也。今穀梁亦作「艾」者誤。

319 轚則不得入　小字本、相臺本同，考文古本同，閩本、明監本、毛本「轚」作「蟄」。案，釋文云「轚，音計。本又作『擊』，音同，或古歷反」，正義本與釋文「又作」本同，當是讀爲「古歷反」也。

320 左者左右者之右　小字本、相臺本作「左者之左」，閩本、明監本、毛本同。案，有「之」字是也。釋文云「之左者之左，一本無上『之』字，下句亦然」。正義云「其屬左者之左門，屬右者之右門」，與一本同。

321 鄭有甫田　小字本、相臺本同，閩本同，明監本、毛本「甫」作「圃」。案，釋文云「甫草，毛如字，大也。鄭音補，謂圃田，鄭藪也」，又「甫田，舊音晡，十藪，鄭有圃田，下同」，「下同」者即此「甫田」字。正義云「爲圃田之草」，乃易字而說之耳，不當改箋。明監本、毛本誤。大徐本說文「藪」下「豫州甫田」，今誤依小徐改爲「圃田」。

322 既爲防院　閩本、明監本、毛本「院」作「限」。案，所改是也。

323 以爲門之兩傍其門　閩本、明監本、毛本同。案，十行本「門」到「門」剜添者一字。

324 闌車軌之裏　閩本、明監本、毛本「軌」作「軓」。案，皆誤也，當作「軌」，謂兩輪閒也。

325 所以罰不一也　閩本、明監本、毛本「一」誤「工」。×

326 不得越離部位　閩本、明監本、毛本「位」誤「伍」。×

327 注云萊芟除可陳之處　閩本、明監本、毛本「萊」誤「乘」。×

328 又北百步爲一表　閩本、明監本、毛本同。案，「一」當作「三」。×

329 彼言叙和出　毛本「叙」誤「人」，閩本、明監本不誤。×

330 又從前第三至最前退卻　閩本、明監本、毛本同。案，十行本「第」至「卻」，剜添者一字。

331 直言建旌後表之中　閩本、明監本「中」誤「來」，毛本不誤。×

332 既陳車驅車卒奔　閩本、明監本、毛本同。案，浦鏜云「驅」下誤衍「車」字，是也。

333 以葛覆質爲槷　閩本、明監本、毛本「槷」誤「槸」。×

334 不以火田　閩本、明監本、毛本「以」誤

「出」。

335 **非放火田獵**　閩本、明監本、毛本「放」誤「故」。×

336 **箋甫草至甫田**　閩本、明監本、毛本下「甫」字誤「圃」。案，箋作「甫」，正義作「圃」者，以「甫」「圃」爲古今字，易而說之也，例見前。此標起止不當易。山井鼎云「宋板作『莆』」，因宋板磨滅而足之者，誤加艸耳。×

337 **河南曰豫州其澤藪曰圃田**　閩本、明監本、毛本同。案，十行本「豫」至「曰」剜添者一字。

338 **維數車徒**　小字本、相臺本同，閩本、明監本、毛本同。案，釋文以「唯數」作音，是其本「維」作「唯」。

339 **搏獸于敖**　唐石經、小字本、相臺本同。案，九經古義云「水經注引云『薄狩于敖』，東京賦同」。段玉裁云：「『薄狩』，後漢書安帝紀注及初學記所引皆可證。薄，辭也。箋釋狩以搏獸者，上文言『苗』，毛謂夏獵，則不當復舉冬獵之名。且上章之『行狩』，疏謂是獵之揔名，則此『狩』字當爲實事，以別於上章。」亦見詩經小學。

340 **獸田獵搏獸也**　小字本、相臺本同。案，惠棟云「上『獸』字亦當爲『狩』」。考文古本作「狩」，因覺其不詞而改之耳。

341 **今近滎陽**　小字本、相臺本同，閩本、明監本、毛本同。案，「滎」當作「熒」。六經正誤云作「熒」誤，其說非也，後人多依之改「熒」爲「滎」，詳見沿革例中。

342 **許歷冬夏也**　閩本、明監本、毛本「許」誤「都」。×

343 **殷見曰同**　小字本、相臺本同。案，正義云「定本云『殷頫曰同』，誤也」。釋文「時見」下云「賢遍反，下同」，其本與正義本同也。

344 而服赤芾金舃之飾　閩本、明監本「飾」誤「芾」，毛本不誤。

345 赤舃爲上　閩本、明監本、毛本「赤」誤「金」。

346 則以此射而取之　閩本、明監本、毛本「射」下衍「夫」字。

347 不相依猗　閩本、明監本、毛本「猗」誤「倚」。下「驂不相猗」，毛本不誤。

348 箋言御者之良　明監本、毛本脱「言」字，閩本不誤。

349 蕭蕭馬鳴　唐石經、小字本、相臺本同。案，經義雜記以爲經本作「肅」，云「唐石經原刻作『肅肅馬鳴』，後即於『肅肅』上改爲『蕭蕭』」，非也。石經並非改刻，其所云「經本作『肅』者」全未有據，誤之甚者也。

350 徒御不驚　唐石經、小字本、相臺本同。案，段玉裁云「經文作『警』，傳、箋、正義皆甚明」。考文古本作「警」，采正義。○按，李善文選注引。

351 三曰充君之庖　小字本、相臺本同。案，此定本也。正義本「庖」下有「廚」字，正義云「衍字也」，是也。

352 自左膘而射之　小字本、相臺本同。案，釋文云「本亦作『髀』」，又云「或又作『䯚』」者，皆誤。

353 達于右䯚　小字本、相臺本同。案，段玉裁云：「五經文字作『𩩲』是也。釋文、正義皆作『䯚』，乃轉寫之譌。釋文云『一本作骬』，『骬』即『𩩲』字耳。又云『本或作膘』。考『骬』『𩩲』二字皆説文所不載，釋文亦云字書無『𩩲』字。此傳當以『本或作膘』者爲長。何休公羊桓四年注乃用『𩩲』字，其義本不與此傳同也。」

354 地官鄉師云　明監本、毛本「地」誤「也」，閩本不誤。

355 鄭於此申毛者反鄂不韡韡　閩本、明監本、毛本同。案，十行本「者」至「不」，剜添者一字。

356 達於右髃言射左髀　明監本、毛本「言」上衍「獨」字，閩本剜入。×

357 翦毛不獻　閩本、明監本、毛本同。案，傳作「踐」，釋文「踐，子淺反」，正義作「翦」。「踐」、「翦」古今字，易而說之也，例見前。

358 所以班餘獲射也　閩本、明監本、毛本「以」誤「謂」。×

359 事在哀二十七年　明監本、毛本「二」誤「一」，閩本不誤。×

○吉日

360 時述此慎微接下二事者　閩本、明監本、毛本同。案，浦鏜云「時」當「特」字誤，是也。

361 是由禱之故也　閩本、明監本、毛本「由」誤「田」。×

362 注云馬祖天駟　毛本「駟」誤「賜」，閩本、明監本不誤。×

363 麠牝曰麌　小字本、相臺本「牝」作「牡」，閩本、明監本、毛本同。案，「牡」字是也。釋文云「麠牡，下音茂」，正義云「是麠牡曰麌也」，又云「是爲麎牡曰麌也」，又云「本或作『麎牝』者誤也」，皆可證。經義雜記據玉篇、廣韻「麌」下誤作「牝」，而以爲鄭箋所用爾雅與郭不同，其說非也。又引羣經音辨亦誤字耳。考文古本作「牡」，采正義。

364 而致天子之所　小字本同，閩本、明監本、毛本同，相臺本「致」作「至」。案，作「至」字，是也。正義云「從彼以至天子之所」，騶虞正義引亦作「至」，皆可證。

365 箋麠牝至言多　閩本、明監本、毛本「牝」作「牡」。案，「牡」字是也。

366 麠牡麌牝麎　毛本同，閩本、明監本「麎」

作「麋」。案，「麋」字是也。

367 郭璞引詩曰麀鹿麌麌　毛本同，閩本、明監本「麌」作「麋」。案，皆誤也。浦鏜云「麌」字誤，是也。

368 又承鹿牡之下　閩本、明監本、毛本同。案，「牡」當作「牝」。

369 本或作麌牝者誤也　閩本、明監本、毛本「麌」誤「麋」。

370 且釋獸有麌之名　閩本、明監本、毛本同。案，浦鏜云「麎」誤「麌」，是也。

371 一人行則得其友　明監本、毛本「一」誤「二」，閩本不誤。

372 或令左驅令右　閩本、明監本、毛本「右」誤「左」。

373 既挾我矢　小字本、相臺本同；唐石經初刻「又」，後改「既」。案，初刻誤也，正義可證。

374 酌而飲羣臣　小字本、相臺本同，考文古本同，閩本、明監本、毛本「飲」誤「醴」。

375 故言既已張我天子所射之弓　毛本「已」誤「以」，閩本、明監本不誤。

376 天子飲酒之　閩本、明監本、毛本同。案，「酒之」二字當倒。

377 故知御賓客者　閩本、明監本、毛本「知」誤「言」。

378 二百七十二句　小字本、相臺本同，唐石經磨改，其初刻不能知矣。

○鴻鴈

379 鴻鴈美宣王也　毛本「鴈」誤「雁」，明監本以上不誤，餘同此。

380 今還歸本宅安止　閩本、明監本、毛本同。案，「安」當作「定」。

381 首章次二句是也　閩本、明監本、毛本「二」誤「一」。 ×

382 先陳王殷勤於民　閩本、明監本、毛本「於」誤「爲」。 ×

383 各爲節文之勢　毛本「勢」誤「始」，閩本、明監本不誤。 ×

384 明其王先據散民　閩本、明監本、毛本「其」誤「宣」。案，「王」當作「正」，形近之譌。

385 箋云鴻鴈知避陰陽寒暑　小字本、相臺本同。案，正義云「故傳辨之云『大曰鴻，小曰鴈也，知避陰陽寒暑者』」云云，「故箋云『喻民知去無道就有道』」，標起止云「傳大曰鴻至寒暑」，是正義本「鴻鴈知避陰陽寒暑」八字在傳，「箋云」二字在其下也。

386 明君安集之　閩本、明監本、毛本同。案，十行本「明君安」剜添者一字。

387 傳既以之子爲侯伯卿士　閩本、明監本、毛本同。案，十行本「既」至「爲」剜添者一字。

388 以貧窮無財宜賙餼之　閩本、明監本、毛本「宜」上衍「則」字。 ×

389 雉高一丈長三丈　閩本、明監本、毛本「三」誤「二」。 ×

390 何休注云公羊　閩本、明監本、毛本同。案，浦鏜云誤衍「云」字。

391 祭仲曰　閩本、明監本、毛本「祭」誤「蔡」。 ×

○庭燎

392 美宣王也因以箴之　小字本、相臺本同；唐石經初刻作「美宣王因以箴也」，後改同今本。案，正義標起止云「至箴之」，釋文以「箴之」作音，初刻誤也。

393 **央旦也**　小字本、相臺本同。案，此正義本也，標起止云「傳央旦」。釋文云「且，七也反，又子徐反，又音旦」。段玉裁云：「且薦也，凡物薦之則有二層，未且猶言未漸進也，與『未艾』、『向晨』爲次第，若作『旦』字，與『向晨』不別矣。」釋文「旦」字或誤「且」，今正，詳後考證。

394 **庭燎大燭**　閩本、明監本、毛本同；小字本、相臺本「燭」下有「也」字，考文古本同。×

395 **將將鸞鑣聲**　閩本、明監本、毛本同；小字本、相臺本「聲」下有「也」字，考文古本同。×

396 **供蕡燭庭燎**　閩本、明監本「蕡」誤「墳」，毛本不誤。

397 **以一夜始譬一世**　閩本、明監本、毛本「始」誤「如」。

○沔水

398 **規主仁恩也**　小字本、相臺本同，考文古本同，閩本、明監本、毛本「主」誤「工」。×

399 **皆可以比諫君**　閩本、明監本、毛本「比」誤「此」。×

400 **無所在心也**　小字本、相臺本同，考文古本「在」字亦同，閩本、明監本、毛本「在」作「懼」。案，「在」字是也。正義云「無所懼也」乃正義自爲文，不當依以改箋。

401 **女自恣聽不朝**　小字本、相臺本同。案，正義云「箋云『自恣不朝』，集注及定本『恣』下有『聽』字」，此正義本是也，有者衍。

402 **言放縱無所入也**　小字本、相臺本同。案，正義云「定本云『放衍無所入』，集注云『放恣』」，標起止云「傳言放縱無所入」。考文古本「縱」作「恣」，采正義。

403 **訛僞也**　毛本「僞」誤「爲」，明監本以上皆不誤。

404 此篇主責諸侯之自恣　毛本「主」誤「王」，閩本、明監本不誤。

405 二章章八句　小字本、相臺本同，唐石經「二章」字磨改，其初刻不可知矣。

○**鶴鳴**

406 尚有樹檀而下其蘀　小字本同，閩本、明監本、毛本同，相臺本「有」作「其」。案，「有」字是也。此即經「爰有」之「有」也，正義云「曰以上有善樹之檀」亦其證。

407 它山之石　唐石經、小字本、相臺本同，考文古本同，閩本、明監本、毛本「它」誤「他」，下章同。案，釋文云「它，古他字」。考此字與鄘柏舟「漸漸之石」經同，餘經或作「他」，用字不畫一之例也。正義應易爲「他」，十行本正義中作「它」，乃以經字改之耳。

408 其名聞於朝之閒　明監本、毛本「朝」下有「廷」字，閩本剜入。案，所補是也。

409 以興人有能深隱者　閩本、明監本、毛本「深」下衍「於」字。案，十行本「人」至「深」剜添者一字，是「深」字亦衍也。

410 非但在朝爲人所親　閩本、明監本、毛本同。案，浦鏜云「親」當「覩」字誤，是也。

411 故淮南子云　閩本、明監本、毛本脱「故」字，「子」下衍「亦」字。

412 其下維穀　唐石經、相臺本同；小字本「榖」作「穀」，閩本同；明監本、毛本「榖」誤「穀」。餘同此。

413 幽州人爲之穀桑　閩本、明監本、毛本「爲」作「謂」。案，所改是也。

414 檕白光澤　閩本、明監本、毛本「澤」誤「輝」。

○**祈父**

415 正義曰經二章　閩本、明監本、毛本同。案，浦鏜云「三」誤「二」，是也。

416 舉此以刺王也　閩本、明監本、毛本「舉」誤「率」。✕

417 執而治其正殺之　閩本、明監本、毛本「其」下有「罪」字。案，所補非也，「正」當作「罪」。

418 犯令陵政則之杜塞杜塞　閩本、明監本、毛本作「則杜之杜塞」。案，十行本「令」至下「塞」字剜添者三字，當是但有「則杜之」耳。十行本「塞杜塞」三字衍，「杜之」誤倒。閩本以下亦衍「杜塞」二字。

419 則滅之□□□誅滅去之　閩本、明監本、毛本「之」下誤不空。案，依大司馬注考之，空處當是「悖人倫」三字也。❽

420 書曰若疇圻父　小字本、相臺本同。案，此定本也。正義云「酒誥文也，彼注云『順壽萬民之圻父』」，又云「定本作『若疇』，與鄭義不合，誤也」。釋文云「若暠，此古『疇』字，本又作『壽』。按，孔注尚書直留反，馬、鄭音受」。考此箋是鄭自用其讀而引之，正義本爲長。

421 謂司馬　小字本、相臺本同，閩本、明監本、毛本「馬」下衍「也」字。✕

422 羌戎爲敗　小字本、相臺本同，閩本、明監本、毛本亦同。案，正義引周語云「王師敗績於姜氏之戎」。考韋注以爲西方之種，四嶽後，是「羌」字當作「姜」。周本紀文同，集解亦引韋注，皆可證。

423 若疇圻父　閩本、明監本、毛本同。案，「疇」當作「壽」，下「若疇圻父」同。

424 是末有姜戎爲敗也　閩本、明監本、毛本「末」誤「未」。✕

425 以防衛己身　毛本「以」誤「已」，閩本、明監本不誤。✕

* 然然則爲王閑守　補：案，「然然」誤重，宜衍一字。

426 乃頒比法於六鄉之大夫　閩本、明監本、毛本「比」誤「此」。×

427 靡所厎止　唐石經、小字本、相臺本同，閩本、明監本、毛本「厎」作「底」。案，釋文：「厎，之履反，至也。」

○白駒

428 大夫刺宣王也　小字本、相臺本同；唐石經初刻「幽」，後改「宣」。案，初刻誤也。

429 以永今朝　閩本、明監本、毛本同；小字本、相臺本「永」作「久」，考文古本同。案，「久」字是也，正義云「以久今朝者」可證。

430 白駒四章章四句　閩本、明監本、毛本同。案，浦鏜云「六」誤「四」，是也。

431 所謂是乘白駒而去之賢人今於何處　閩本、明監本、毛本同。案，十行本「人」至「何」剜添者一字。

432 傳宣王至縶絆　明監本、毛本「縶絆」誤「維繫」，閩本不誤。×

433 維之謂繫靮也　閩本、明監本、毛本「繫」下衍「其」字。×

434 散則繼其本地　閩本、明監本、毛本同。案，「繼」當作「繫」。

435 日天文也　閩本、明監本、毛本脱「也」字。×

436 艮爲石地文也　閩本、明監本、毛本誤重「石」字。

437 此賁賁必爲賢者之貌　閩本、明監本、毛本誤脱一「賁」字。

438 毋愛女聲音　小字本、相臺本同。案，正義云

「定本、集注皆然」，是當時本或不如此也，但未有明文，今無可考。考文古本「女」下有「之」字，以正義自爲文者添耳。

439 猶未是知其所在也　閩本、明監本、毛本脱「是」字。

○黃鳥

440 是謂男女之事爲陰也　明監本、毛本「謂」誤「爲」，閩本不誤。

441 列傳曰執禮而行兄弟之道　閩本、明監本、毛本同。案，「列」下浦鏜云脱「女」字，是也。在母儀，魯師氏母傳中，今本失此篇。雞鳴正義亦引此傳，是其證。

442 喻天下室家不以其道而相去是失其性　小字本、相臺本同。案，此傳十六字是箋，「喻」上當有「箋云興者」四字，因「者」字複出而誤脱也。章末傳云「宣王之末，室家離散，妃匹相去，有不以禮者」，不應上已有此傳。又箋例言「喻」，見螽斯正義。各本皆誤，今正之。

443 諸父猶諸兄也　相臺本同；閩本、明監本、毛本同，小字本無下「諸」字。案，小字本誤也。

○我行其野

444 刺其不正嫁取之數　小字本、相臺本同；閩本、明監本、毛本「取」誤「娶」，下箋同。

445 以荒政十有二娶萬民　閩本、明監本、毛本同。案，浦鏜云「聚」誤「娶」，是也。

446 言采其蓫　唐石經、小字本、相臺本同。案，釋文云「蓫，本又作『蓄』」，正義本是「蓫」字。

447 蓫牛蘈也　小字本、相臺本同。案，正義標起止云「蓫牛頹」，又云「定本作『牛蘈』」。釋文云「藬，本又作『蘈』」。考今爾雅云「藬牛蘈」，故正義云「此釋草無文」，其實「藬」「蘈」一字耳，「頹」「蘈」爲古今字，亦一也。鄭所據爾雅當是「蓫牛頹」，今爾雅有誤。

448 箋蓫牛蘈　閩本、明監本、毛本「蘈」誤「蕵」。✕

449 我采葍之時　小字本、相臺本同，閩本、明監本、毛本「葍」誤「葍」。

450 成不以富　唐石經、小字本、相臺本同，閩本、明監本、毛本亦同，考文古本「成」作「誠」。案，「誠」字非也，乃依論語改之耳。山井鼎云「宋版同」者誤。

451 亦祇以異　小字本、相臺本同，閩本、明監本、毛本同，唐石經「祇」作「祗」。案，六經正誤云「作『祗』誤」。段玉裁云：「祇，適也。凡此訓，唐人皆從衣、从氏作『衹』，見五經文字、唐石經、廣韻、集韻。宋以後俗本多作『祇』，非古也。至各體从氏，則尤繆極矣。」

452 女亦適以此自異於人道　小字本、相臺本同，考文古本同，閩本、明監本、毛本脱「女」字。✕

453 誠不以是而得富　閩本、明監本、毛本同。案，「誠」當作「成事」二字，正義即用箋文也。

* 可著熱灰中温敢之　補：毛本「敢」作「噉」。案，「噉」字是也。

454 有莘氏之媵氏之媵臣　閩本、明監本、毛本無下「氏之媵」三字。案，所删是也。

○斯干

455 歌斯干之詩以落之　小字本、相臺本同。案，釋文云「落之，如字，始也。或作『樂』，非」；正義云「歌斯干之詩以歡樂之」，又云「本或作『落』，以釁又名落，定本、集注皆作『落』，未知孰是」。下箋「爲歡以落之」，釋文云「以樂，音洛，本又作『落』」；正義云「定本作『落』」。考正義本皆作「樂」，皆釋爲歡樂；定本皆作「落」，則皆釋爲釁也；釋文本上作「落」，下作「樂」，是以此「落」爲始，下「樂」仍爲歡樂也。

456 則又祭祀先祖　閩本、明監本、毛本同；小字本、相臺本無「祀」字，考文古本同。案，無者是也，正義可證。

457 則而以禮釁塗之　閩本、明監本、毛本無「而」字。案，所删是也。

* 而於經無釁廟之云　補：案「云」當作「文」。

458 本或作樂　閩本、明監本、毛本同。案，「樂」當作「落」。

459 秩秩流行也　小字本、相臺本同。案，釋文「秩秩」下云「流行貌」，「貌」字釋文所增也。正義云「正以秩秩宜爲流貌」，亦但説傳意耳。

460 似讀如巳午之巳　小字本、相臺本同。案，正義云「故讀爲巳午之巳」，又云「直讀爲巳」，是正義本「如」字作「爲」。

* 比宗廟路寢是室爲南其户　補：毛本「是」作「之」。案，上文「比一房之室爲西其户」上云「之室」，則此「是」字誤也。

461 閟宮生民　毛本「閟」誤「悶」，閩本、明監本不誤。

462 傳西至鄉户○正義曰　閩本、明監本、毛本同。案，十行本「西」至「曰」剜添者二字，當是「至」及「○」也。

463 推此有東嚮户北嚮户　閩本、明監本、毛本同。案，傳作「鄉」，正義作「嚮」，「鄉」「嚮」古今字，易而説之也，例見前。

464 箋此至户正義曰　閩本同；毛本「此」下有「築」字，「户」下有「爾」字及「○」，明監本所剜入也。

465 禮諸侯之制也有夾室　閩本、明監本、毛本同。案，「也」當作「聘」。

466 故室户偏東　毛本「偏」誤「徧」，閩本、明監本不誤。

467 每室四户　毛本「四」誤「西」，閩本、明監本不誤。

468 故言西其户也 閩本、明監本、毛本同。案，浦鏜云「西」當「南」字誤，是也。

469 故喪禮設衣物之處 毛本「物」誤「服」，閩本、明監本不誤。

470 寢者夾室與東西房也 閩本、明監本、毛本同。案，浦鏜云「者」當「有」字誤，是也。

471 周公制禮土中 閩本、明監本同，毛本「禮」下剜入「建國」二字。案，所補非也。

472 下又后六宮 閩本、明監本、毛本同。案，「又」當作「云」。

473 其堅致 閩本、明監本、毛本同，小字本、相臺本「致」作「緻」。案，正義本作「緻」，定本作「致」，見鴇羽。又，釋文云「致，本亦作『緻』，同」。考文古本作「緻」，采正義、釋文。

* 所以自光天也 補：案，「天」當作「大」，下正義云「所以爲自光大」可證。毛本正作「大」。

474 鄭以爲揔宮廟羣寢 毛本脱「揔」字，「宮」下衍「宗」字；閩本、明監本不誤。

* 箋約謂搯土 補：毛本「謂」下有「至」字。案，所補是也。

475 故云其堂堂相稱 閩本、明監本、毛本不重「堂」字。案，下「堂」字乃「室」字之誤，輒删者非也。

476 如鳥夏暑又布革張其翼者 閩本、明監本、毛本「布」作「希」。案，所改非也，「又布」當作「希」，誤分爲二字耳。

* 韓詩作䩗 補：釋文挍勘：通志堂本「䩗」作「勒」，盧本作「䩭」。案，「䩭」字是也，小字本所附正作「䩭」。段玉裁云：「王氏詩考作『䩭』，廣雅『䩭翼也』本此。」

477 冥幼也 小字本、相臺本同。案，釋文云「幼，王如字。本或作『窈』，崔音杳」。正義云「冥幼，釋言文」，又云「而本或作『冥窈』者，爾雅亦或作『窈』」，又云「爲『冥窈』，於義實安，但於正長之義不允」。考上傳云「正長也」，正義云「釋詁文」，釋文云「王丁丈反，崔直良反」，是依崔讀即無不允，當以「或作」本爲長。

478 處所寬明快快然　閩本、明監本、毛本無一「快」字。案，上「快」字乃「矣」字之誤，輒删者非也。

479 而本或作冥幼者　閩本、明監本、毛本同。案，浦鏜云「幼」當「窈」字誤，是也。

* 爲室宮寬明之貌　補：毛本「室宮」作「宮室」。案，所易是也。

480 與羣臣安燕爲歡以落之　小字本、相臺本同，閩本、明監本同，考文古本亦同，毛本「落」作「樂」。案，毛本依釋文改也。

* 徐又九完反　補：釋文挍勘：通志堂本、盧本「完」作「還」。案，小字本所附亦是「完」字。盧文弨云「『還』似宋人避『桓』嫌名改」，是也。

481 下云大人占之　閩本、明監本、毛本「云」誤「文」。

482 毛氏爲燕以否　閩本、明監本、毛本「以」誤「與」。

483 箋莞小蒲至落之　閩本、明監本、毛本同。案，「落」當作「樂」，下文云「定本作『落』」可證。此合併以後依經注本所改耳。

484 西方亦名蒲　明監本、毛本「亦」誤「一」，閩本不誤。

485 故得爲兩種席也　明監本「兩」誤「而」，閩本、毛本不誤。

486 如莞席紛純　閩本、明監本、毛本同。案，浦鏜云「加」誤「如」，是也。

487 又曰乃舍萌于四方　閩本、明監本「又」

誤「文」，毛本不誤。 ×

488 似熊而長頭　閩本、明監本、毛本「頭」誤「頸」。 ×

489 色如文綬文文閒有毛　閩本、明監本、毛本誤不重「文」字。案，「綬」上「文」字當作「艾」，爾雅疏即取此，皆不誤。

* 鼻上有鈄　補：毛本「鈄」作「針」。

490 大者長七八尺　毛本「尺」誤「寸」，閩本、明監本不誤。 ×

491 明其法天人所爲　閩本、明監本、毛本同。案，浦鏜云「大」誤「天」，是也。

492 箋云男子生　毛本「子」下衍「初」字，明監本以上皆不誤。 ×

* 正以璋者　補：毛本同。案，「正」當作「玉」，下正義「玉不用珪而以璋」可證。

493 宣王將生之子　閩本、明監本、毛本同；小字本脫「將生」二字；相臺本「將」作「所」，考文古本同。案，「將」字是也。此時實未生，故曰「將生」。 ×

494 或且爲諸侯或且爲天子　相臺本同，閩本、明監本、毛本亦同，小字本「諸侯」「天子」互易。案，小字本非也。正義云「或爲諸侯之君，或爲天子之王」可證。 ×

* 時已其泣聲太煌煌然　補：毛本「太煌煌」作「大喤喤」。案，所改是也。

495 易文言文也　閩本、明監本、毛本脫下「文」字。 ×

496 玉不用圭而以璋者　毛本「圭」誤「珪」，閩本、明監本不誤。 ×

497 故困封注云　閩本、明監本、毛本「困」誤「內」。案，山井鼎云「封」恐「卦」誤，是也。

498 朱深云赤是矣　閩本、明監本、毛本同。段玉裁云：「『云』當作『于』，形近之譌。王伯厚鄭易考所引不誤。」

499 載衣之裼　毛本「裼」誤「禓」，明監本以上皆不誤。

500 瓦紡塼也　相臺本同，小字本「塼」作「摶」。案，正義標起止云「瓦紡塼」，釋文云「塼，本又作『專』」。考說文土部無「塼」字，當以「又作」本爲長。小字本作「摶」，乃形近而譌。古「專」「摶」雖通用，但非此之證。

501 習其一有所事也　小字本同，閩本、明監本、毛本同，相臺本作「習其所有事也」，考文古本同。案，正義云「習其所有事也」，相臺本、考文古本皆依之改耳。段玉裁云：「當作『一所有事』。『一』同『壹』，『一所有事』謂壹於所有事也。以壹訓專，此詁訓之法。」

502 無父母詒罹　唐石經、小字本、相臺本同。案，釋文云「詒，本又作『貽』」。「罹，本又作『離』」。正義標起止云「至詒罹」。考文古本作「貽」，采釋文。「離」「罹」古今字也。

○無羊

503 今乃犉者九十頭　毛本「十」誤「千」，明監本以上皆不誤。

504 明不與深色同　閩本、明監本、毛本同。案，「深」當作「身」，良耜正義作「身」是其證。

505 黑毛色者三十也　閩本、明監本、毛本同；小字本、相臺本「黑」作「異」，考文古本同。案，「異」字是也。

506 索則有之　小字本、相臺本同，閩本同，考文古本同，明監本、毛本「索」誤「素」。

507 既夕禮亦有蓑笠　明監本、毛本脱「笠」字，閩本不誤。

508 祭祀之牲　明監本「之」下，毛本「祀」下誤空一字，閩本不誤。

509 摶禽獸以來歸也　小字本、相臺本同。案，釋文云「摶禽，音博，下同。亦作『捕』，音步」。下箋「相與捕魚」，正義云「維相與捕魚矣」，是正義本此亦當作「捕」。釋文本下箋亦作「摶」，今各本此依釋文，下依正義，非是。考文古本作「捕」，采正義及釋文「亦作」本也。

510 鶱虧也　小字本、相臺本同。案，正義云「定本亦然，集注『虧』作『曜』」。段玉裁云「曜，考工記作『燿』，讀爲哨，頃小也。毛釋此別於天保言山」。

511 又夢見旐與旟　毛本「又」誤「及」，明監本以上皆不誤。×

512 牧人所牧既服　閩本、明監本、毛本「服」誤「暇」。

* 王乃令以大夫占夢之法占之　補：毛本「夫」作「人」。案，「人」字是也。

513 故知此以占夢之官得而獻之　閩本、明監本、毛本無「以」字。案，十行本「此以占」剜添者一字，是「以」字衍也。

○節南山

514 頌及風頌正經　閩本、明監本、毛本同。案，下「頌」字浦鏜云當「雅」誤，是也。

515 爲周文公之頌則二篇　閩本、明監本、毛本同。案，十行本「公」至「篇」剜添者一字。

516 戒須有主　閩本、明監本、毛本「主」誤「王」。×

517 所以國傳重也　閩本、明監本、毛本同。案，「國」當作「箋」。×

518 桓七年天王使家父來求車　閩本、明監本、毛本同。案，浦鏜云「十五」誤「七」，是也，正義下文可證。

519 此言不廢作在平桓之世　閩本、明監本、毛本同。案,「言」當作「詩」。

520 **維石巖巖**　唐石經、小字本、相臺本同。案,釋文云「巖巖,如字,本或作『嚴』,音同」。正義本是「巖」字。考「巖」字是也。傳云「巖巖積石貌」,箋云「喻三公之位人所尊嚴」,箋以「嚴」說「巖」者,詁訓之法也。經義雜記以爲經本作「嚴」,不得箋意;又以爲正義本、釋文本皆作「嚴」,尤失其實;又引羣經音辨,不知賈昌朝所載即釋文「或作」本耳。

521 **人所尊嚴**　小字本、相臺本同。案,此正義本也。正義云「集注及定本皆作『高嚴』」。

522 **憂心如惔**　唐石經、小字本、相臺本同。案,正義云「『如惔』之字説文作『𤆍』」。釋文云「惔,徒藍反,又音炎,燔也。韓詩作『炎』,字書作『焱』,説文作『𤆍』字」。五經文字心部云「惔,見小雅」。考釋文云「字書作『焱』」,故轉寫而爲「惔」。詩經小學云:「毛詩本作『如𤆍』,或同韓詩作『如炎』,不知何人始作『如惔』。惔,憂也。豈憂心如憂乎? 又於説文『惔』下妄加『詩曰憂心如惔』。今考説文『惔』下當是引詩曰『憂心如炎』,以解『惔』字從炎之意,不知者誤改爲『惔』耳。」

523 **不敢相戲而言語**　小字本、相臺本同,閩本、明監本、毛本亦同。案,正義云「不敢相戲而談語」,又云「故言又畏汝之威,不敢相戲而談語也」,是「言」當作「談」。考文古本作「談」,采諸正義也。

524 **斬斷監視也**　小字本、相臺本同。案,釋文以「斷也」作音,是其本「斷」下有「也」字。考文古本有。

525 **所以便而互**　閩本、明監本、毛本「便」誤「更」。

* **小熱也**　補:釋文校勘記:通志堂本同,盧本「熱」作「爇」,云「『爇』舊作『熱』,據説文改」。案,所改是也。

* **具瞻少酋嚴之狀**　補:毛本「酋」作「尊」。案,「尊」字是也。

526 **訓爲小熟也**　閩本、明監本、毛本同。案,浦鏜云「熱」誤「熟」,是也。

527 明所憂者刑罰之成　閩本、明監本、毛本同。案，浦鏜云「成」疑「威」字譌，是也。

528 更何所主　閩本、明監本、毛本「主」誤「王」，下「分主東西」同。

529 箋云猗倚也　毛本「倚」誤「猗」，明監本以上皆不誤。

530 又以草木平滿其旁倚之畎谷　小字本、相臺本同。案，此正義本也。正義云「有以草木平滿其傍倚之甽谷」，又云「故知以草木平滿其傍之甽谷」，正義中餘「甽」字同。「甽」「畎」一字也。釋文云「山畎，本亦作『甽』」，是「甽谷」釋文本作「山畎」也。正義又云「定本云『又以草土平滿其傍倚之山』，以『木』爲『土』，恐非」。考定本「山」下當是亦有「畎」字，與釋文本同，正義不備引耳。

531 薦重瘥病　小字本、相臺本同。案，釋文以「重也」作音，是其本「重」下有「也」字。考文古本有。

532 天氣方今又重以疫病　小字本、相臺本同。案，釋文云「疫，本又作『疢』」，正義本是「疫」字。「疫」字是也。

* 節彼事懲嗟　補：毛本「事」作「至」。案，所改是也。

533 平滿其傍倚之甽谷　毛本「傍」誤「旁」，閩本、明監本不誤。

534 能實甽唯草木也　閩本、明監本、毛本同。案，浦鏜云「甽」下當脫「谷」字，是也。

535 文承死喪之下　閩本、明監本、毛本「文」誤「又」。

536 故責之曾無恩德止之者　閩本、明監本、毛本同。案，「責」下「之」字當作「云」。

537 俾民不迷　唐石經、小字本、相臺本同。案，釋文云「卑，本又作『俾』，同。後皆放此」。正義本今無可考。

538 **氏當作桎鎋之桎**　小字本、相臺本同。案，釋文云「桎，之實反，又丁履反，礙也。本或手旁至者，誤也」。段玉裁云當是「抵」字誤「桎」，是也。別體字「抵」作「扺」，與「桎」字形近。

539 **秉持國之正平**　閩本、明監本、毛本「之正」誤「政之」。

540 **若四圭爲邸**　閩本、明監本、毛本同。案，浦鏜云「有」誤「爲」，是也。

541 **說文云桎車鎋也**　閩本、明監本、毛本同。案，浦鏜云「今說文無」，是也。考正義所引說文如「第」「䑡」「摻」「滄」等字，皆與說文不合，當是正義自誤以他書爲說文耳，非字有譌也。

542 **勿當作末**　小字本、相臺本同，考文古本同；閩本、明監本、毛本「末」作「未」，下及正義中同。案，「末」字是也。此箋「末罔」即漢書谷永傳之「末殺」，正義云「末略欺罔也」。

543 **式夷式已**　唐石經、小字本、相臺本同。案，釋文云「式已，毛音以，鄭音紀」。正義云「易傳者以上文欲王躬親爲政，則宜爲『已身』之『已』，不宜爲『已止』也」。段玉裁云「傳云『用平則已無以小人之言至於危殆也』，作一句讀，未必毛音以也」。

544 **用能紀理其事也**　閩本、明監本、毛本同；小字本、相臺本「也」作「者」，考文古本同。案，「者」字是也。考此箋以「紀」說「己」，乃詁訓之法。考文古本改「紀」爲「己」者，不得箋意，盧文弨注之非也。

545 **瑣瑣嫗亞**　唐石經、小字本、相臺本同。案，釋文云「瑣瑣，素火反，小也。本或作『璅』，非也。璅音早」。考文古本作「璅」，采釋文而誤也。旄丘釋文云「璅兮，依字作『瑣』」亦其證。

546 **故天下庶民之言不可信也**　閩本、明監本、毛本同。案，經作「弗」，傳云「庶民之言不可信」，以「不」解「弗」也。故正義上文云「由

不躬爲之，不親行之」，皆易「弗」爲「不」。「弗」「不」亦古今字耳。考文古本依傳改經爲「不信」者誤。×

547 **汝天下之民**　閩本、明監本、毛本「汝」誤「必」。❾ ×

548 **無得用小人而親問之**　閩本、明監本、毛本「用」誤「問」。×

549 **君民之所以相信者**　閩本、明監本、毛本脱「以」字。×

550 **無胥遠矣者**　明監本「胥」誤「壻」，閩本、毛本不誤。×

551 **各有以發**　閩本、明監本、毛本「發」下衍「之」字。×

552 **箋云盈猶多也**　小字本、相臺本同，考文古本同，明監本亦同，閩本、毛本初刻「盈」誤「鞠」。×

553 **夷易違去也**　小字本、相臺本同。案，釋文以「易也」作音，是其本「易」下有「也」字。考文古本有。

554 **無民之所不爲皆化於上也**　閩本、明監本、毛本「無」字在「之」下。案，皆誤也，當云「民之所爲無不皆化於上也」。

555 **民既化上上爲惡亦當效上爲惡亦當化上爲善**　閩本、明監本、毛本下「亦」字上有「上爲善」三字。案，所補非也。此當云「民既化上爲惡亦當化上爲善」，複衍「上爲惡亦當效上」七字，寫者之誤也。

556 **無肯止之者**　小字本、相臺本同，考文古本同，閩本、明監本、毛本「肯」誤「有」。×

557 **王肅云言政不由王出也**　閩本、明監本、毛本脱「云」字。×

558 是今昊天之辭　閩本、明監本同，毛本「今」作「令」。案，所改是也。

559 此正與祖伊諫皆同義忠臣殷勤之　閩本、明監本、毛本作「此正與祖伊諫皆同忠臣殷勤之義」。案，「皆同」當作「同皆」。

560 蹙蹙然至俠　閩本、明監本、毛本「俠」作「狹」。案，所改是也。

561 集本云大辯是爭　閩本、明監本、毛本同。案，浦鏜云「大辯」下疑脱「辯」字，是也。「本」當作「注」，見前。

562 冀上改悞而已　閩本、明監本、毛本「悞」作「悟」。案，所改是也。

○正月

563 是由王急酷之異　閩本、明監本、毛本「異」誤「刑」。

564 則非常霜之月　閩本、明監本、毛本「常」誤「當」。

565 夏七月甲戌朔　閩本、明監本、毛本同。案，浦鏜云「六」誤「七」，是也。

566 正純陽之月傳稱慝未作　閩本、明監本、毛本同。案，十行本「之」至「稱」剜添者一字。

567 致常寒之氣來順之　閩本、明監本、毛本「常」誤「恒」。

568 女口一爾　小字本、相臺本同，閩本、明監本、毛本亦同。案，「爾」當作「耳」，正義云「女口一耳」是其證。

569 憂心愈愈　毛本「心」誤「憂」，明監本以上皆不誤。

570 又此病我之先　閩本、明監本、毛本「病」

下有「不從」二字。案，所補是也。

571 由訛言所致　閩本、明監本、毛本「由」下衍「此」字。×

572 又以父母爲文武也　閩本、明監本、毛本「又」誤「人」。×

573 文王雖受命之王　閩本、明監本、毛本同。案，「文」下「王」字當作「武」，與下互換。

574 訴上世之哲氏　閩本、明監本、毛本「氏」作「民」。案，皆誤也。「民」當作「王」，與上「武」字互換，而又有譌也。

575 故此病遭暴之政而病也　閩本、明監本、毛本「暴」下有「虐」字。案，所補是也，上「病」字衍。

576 言不得天禄　小字本、相臺本同，毛本同，閩本、明監本「天」誤「大」。×

577 則役之圜土　小字本、相臺本同，閩本、明監本、毛本亦同。案，六經正誤云「作『圓』誤，興國、建本皆作『圜』，周禮作『圜』」，是也。釋文云「圜，音圓」。

578 視烏集於富人之室　閩本、明監本、毛本同；小字本、相臺本「室」作「屋」，考文古本同。案，「室」字誤也。

579 是無禄世　閩本、明監本、毛本「世」作「由」。案，所改非也。「世」當作「也」，形近之譌。

580 輕者役於圓土　閩本、明監本、毛本「圓」作「圜」，下同。案，所改非也。注作「圜」，正義作「圓」，「圜」「圓」古今字，易而説之也，例見前。

581 好陷入人罪　毛本「陷」誤「諂」，閩本、明監本不誤。×

582 弗受冠飾　閩本、明監本、毛本同。案，浦鏜云「使」誤「受」，以周禮注考之，浦挍是也。

583 **係用徽纆**　閩本、明監本、毛本「纆」誤「纏」，下同。×

584 **臣則事人之稱**　毛本「事」誤「宰」，閩本、明監本不誤。×

585 **無罪知彼刑殺者**　閩本、明監本、毛本同。案，浦鏜云「彼」疑「被」字譌，是也。

586 **伊讀當爲緊**　小字本、相臺本同。案，釋文以「作緊」作音，是其本「爲」字作「作」也。正義本今無可考。

587 **言於中有爲薪蒸之木**　閩本、明監本、毛本「於」誤「林」。×

588 **王述之云王既有所定**　閩本、明監本、毛本脱「王」字。

589 **故老召之**　閩本、明監本、毛本同，小字本、相臺本「召之」作「元老」，考文古本同。案，「召之」誤也。

＊ **人意盍猶以爲卑**　補：毛本「盍」作「蓋」。×

590 **召彼無老宿舊有德者**　閩本、明監本、毛本「無」作「故」。案，皆誤也，「無」當作「元」，因別體字「無」作「无」而譌也。

591 **不敢不局**　唐石經、小字本、相臺本同。案，釋文云「局，本又作『跼』」。正義標起止云「傳局曲」，又云「箋局蹐」，是其本作「局」。考文古本作「跼」，采釋文。

592 **胡爲虺蜴**　唐石經、小字本、相臺本同。案，釋文云「蜴，星歷反，字又作『蜥』」。段玉裁云「説文無『蜴』字，蓋『蜴』即『蜥』之或體也」，詳詩經小學。

＊ **故言今之人可故而爲虺蜴也**　補：毛本「可」作「何」。案，「何」字是也。

593 **一名蠑螈蜴也**　閩本、明監本、毛本同。案，盧文弨於「蜴」上補「水」字，是也，下文云

「水陸異名耳」可證。

594 曾無桀臣　小字本、相臺本同，考文古本同，閩本、明監本、毛本「桀」誤「傑」。

595 以興視彼空谷仄陋之處　閩本、明監本、毛本「仄」誤「側」。

* 以喻被王之以禮命　補：毛本「被」作「彼」。

596 傳言朝至桀臣　閩本、明監本、毛本「桀」誤「傑」。案，正義上下文「桀」作「傑」者，易而説之也，此標起止即不當易。

597 毛以詩意取菀苗此賢者　閩本、明監本、毛本同。案，浦鏜云「比」誤「此」，是也。

598 褎姒烕之　唐石經、小字本、相臺本同。案，釋文云「烕，本或作『滅』」。考傳云「烕，滅也」，説文「烕」下同引此詩，是字本作「烕」，「或作」本非也。他書多引作「滅」，非毛氏詩正字。

599 輪墮也　小字本、相臺本同。案，釋文云「墮，許規反，本或作『憜』，待果反」；正義云「定本『隳』作『墮』」。是正義本讀許規反，定本讀待果反也，標起止云「箋輪墮」當是後改。

600 蓋如今人縛杖於輻　毛本「今」誤「令」，閩本、明監本不誤。

601 終是用踰度陷絶之險　小字本同，閩本、明監本、毛本同；相臺本「是用」作「用是」，考文古本同。案，相臺本是也，此誤倒。

602 女不曾以是爲意乎　閩本、明監本、毛本同，小字本、相臺本「不曾」作「曾不」。案，「曾不」是也。

603 汝能若是則輔車輻　閩本、明監本、毛本同。案，「車」當作「益」。

604 但輔益輻以賢益國　閩本、明監本、毛本同。案，「以」當作「似」。

605 **自然似相執政也** 閩本、明監本、毛本「似」誤「以」。

606 **莫知所於** 閩本、明監本、毛本「於」作「逃」。案，「於」字是也，此承上「於朝廷於山林」而言。

607 **言尹氏富與兄弟相親友** 閩本、明監本、毛本同；小字本、相臺本「與」上有「獨」字，考文引古本亦同。案，有者是也。

608 **會比其隣近兄弟及昏姻** 毛本同，閩本、明監本「會」誤「合」。

609 **蔌蔌方有穀** 唐石經、小字本、相臺本同。案，釋文云「方穀，本或作『方有穀』，非也」。正義云「方有爵祿之貴矣」，是其本與「或作」同。戴震毛鄭詩考正云「當從釋文爲正」。

610 **此言小人富** 毛本脱「言」字，明監本以上皆不誤。

611 **天夭是椓** 唐石經、小字本、相臺本同。案，後漢書蔡邕傳「天夭」作「夭夭」，是譌字。蜀石經亦誤「天」爲「夭」，見詩經小學中。

612 **富人已可** 小字本、相臺本同，考文古本同，閩本、明監本、毛本「已」誤「猶」。

613 **爲上夭椓** 閩本、明監本、毛本「夭」誤「天」。

614 **箋民以至害甚** 閩本、明監本、毛本「以」作「於」。案，所改是也。

○十月之交

615 **節刺師尹不平** 相臺本同，考文古本同；小字本「節」下有「南山」二字，閩本、明監本、毛本「節」下有「彼」字。案，皆衍也。釋文以「節刺」作音，正義亦云「節刺師尹不平」。

616 **非此篇之所云番也** 小字本同，閩本、明監本、毛本同，相臺本「之」下有「内」字。案，相臺本衍也。

617 又自檢其證　毛本「又」誤「只」，閩本、明監本不誤。×

618 此篇讖曰皇父擅恣　閩本、明監本、毛本同。案，「曰」當作「由」，形近之譌。×

619 事國家之權　閩本、明監本、毛本「事」作「專」。案，所改是也。

620 中候擿雒貳曰　閩本、明監本、毛本同。案，「貳」當作「戒」，形近之譌。周頌譜正義引「擿雒戒」可證。

621 昌受符厲倡孼　閩本、明監本、毛本「孼」誤「嬖」。案，「孼」即「孽」字之別體。

622 其理欲明　閩本、明監本、毛本同。案，「欲」當作「故」，形近之譌。

623 小旻小菀卒章　閩本、明監本、毛本「菀」作「宛」。案，所改非也。考小菀釋文本作「菀」，通志堂改作「宛」。

624 朔月辛卯　毛本「月」誤「日」，明監本以上皆不誤。

625 周之十月夏之八月也　小字本、相臺本同，閩本、明監本、毛本同。案，釋文以「夏八」作音，正義云「而知此周十月，夏八月者」，是正義本、釋文本皆無二「之」字也。考文古本「周之十月」無「之」字，采正義。

626 即云朔月辛卯　閩本、明監本、毛本「月」誤「日」，下同。×

627 朔月即是之交爲事也　閩本、明監本、毛本同。案，「事」當作「會」。×

628 月日行十三度　明監本「三」誤「二」，閩本、毛本不誤。×

629 二十九日有餘　明監本「日」誤「册」，閩

本、毛本不誤。×

630 **推度災日**　閩本、明監本、毛本同。案，浦鏜云「曰」誤「日」，下同，是也。

631 **金應勝木反侵金**　閩本、明監本、毛本同。案，浦鏜云「勝木」下當脱「木」字，是也。

632 **自是所食之月**　閩本、明監本、毛本同。案，浦鏜云「日」誤「月」，是也。

633 **生其君幼弱而任卯臣也**　閩本、明監本、毛本同。案，「生」當作「主」。

634 **緯意又取剛柔爲義**　毛本「又」誤「也」，閩本、明監本不誤。×

635 **秋正月壬午朔**　閩本、明監本、毛本同。案，山井鼎云「正」當作「七」，是也。

636 **云衛地如魯地**　閩本、明監本、毛本同。案，山井鼎云「云」恐「去」誤，是也。

637 **而公家董仲舒何休**　閩本、明監本、毛本同。案，此不誤。浦鏜云「公家」俟考，非也，「公家」謂公羊家耳。

* **八月癸巳朔月有食之**　補：案，朔無月食。考春秋經「月」作「日」，是「月」字誤也。

638 **而王基獨云以厤考此辛卯日食者而王基獨云以厤校之**　閩本、明監本、毛本作「而王基獨云以厤校之」，中更無「考此辛卯日食者而王基獨云以厤」十四字。案，此十行本複衍。

639 **說者或據世以定義矣**　閩本、明監本、毛本「矣」上有「謬」字。案，此十行本因上文衍十四字而「義」字下有脱耳，輒補非也。

640 **臣不有以犯君**　閩本、明監本、毛本「有」作「可」。案，所改是也。

641 **山冢崒崩**　唐石經、小字本、相臺本同。案，此釋文本也。釋文云：「崒，舊子恤反，徐子綏反，鄭云『崔嵬也』，宜依爾雅音徂恤反。本亦作『卒』。」考正義本是「卒」字。正義云「崒者厜㕒」，又云「此經作『卒』，箋作『崔嵬』者，雖字與爾雅小異，義實同也。徐邈以『卒』子恤反，則當訓爲盡。於時雖大變異，不應天下山頂盡皆崩也，故鄭依爾雅爲説」。今正義中「卒」皆譌作「崒」，而不可通矣。「卒」「崒」古字同用，箋云「卒」者崔嵬，訓「卒」爲「崒」而不改其字也。漸漸之石傳、箋、正義可證。當以正義本爲長。漢書劉向作「卒」，是魯詩亦作「卒」也。

642 **胡憯莫懲**　唐石經、小字本、相臺本同。案，釋文云「憯，亦作『慘』」。考此與節南山「憯莫懲嗟」二「憯」字皆即爾雅之「朁」字，「亦作」本誤。

643 **其聲駮駛過常**　閩本、明監本、毛本「駛」誤「駃」。

* **皆溢出而相棄**　補：毛本「棄」作「乘」。×
案，所改是也。

644 **今進而上**　明監本、毛本「而」下衍「在」字，閩本剜入。

645 **深谷爲陵小臨即是也**　閩本、明監本、×毛本「臨」下有「大」字。案，所補非也，「即」當作「節」耳。

646 **又云崒者厜子規反㕒語規反**　閩本、明監本、毛本同。案，「厜」「㕒」二字連文，「子規反」「語規反」六字各當旁行細書於其下，正義自爲音者例如此。○案，舊挍非也。×

* **雖子則爾雅小異**　補：案，「子」當作「字」；「則」字不誤，毛本竝改「則」爲「與」，非是。

647 **楀維師氏**　小字本、相臺本同，閩本、明監本、毛本亦同；唐石經初刻「㨫」，後改「楀」。案，五經文字木部云「楀，氏也，見詩小雅」。「楀」字是也。從木、從扌字多相亂。顏師古漢書人表注云「萬，讀曰㨫」，集韻九麌亦作「㨫」，皆與唐石經初刻同。

648 **豔妻煽方處**　唐石經、小字本、相臺本同。案，釋文云「處，一本作『熾』」，考傳、箋，一本誤也。又，此以「處」與「馬」爲韻。

649 **謂用親戚** 閩本、明監本、毛本同。案，「謂」當作「謁」。

650 **彼言掌贊正良馬** 毛本「正」誤「政」，閩本、明監本不誤。

651 **小宰卿大夫** 閩本、明監本、毛本同。案，山井鼎云「卿」恐「中」誤，是也。

652 **冢宰之單稱宰** 閩本、明監本、毛本同。案，「之」當作「乃」。

653 **兼擅曰宰職** 閩本、明監本、毛本同。案，山井鼎云「曰宰」恐「羣」字誤，非也。此唯「宰」爲「羣」字誤耳，其「曰」字當作「目」，乃下句錯入此者也。

654 **故但以卿士云** 閩本、明監本、毛本同。案，「但」下浦鏜云脱「目」字，是也。錯在上句，又誤作「曰」。

655 **故謂之卿士** 毛本「謂」誤「爲」，閩本、明監本不誤。

656 **曰予不戕** 唐石經、小字本、相臺本同。案，釋文云：「戕，在良反，殘也。王本作『臧』，臧善也。孫毓評以鄭爲改字。」惠棟云「王肅改字，反誚康成」，是也。

657 **慭者心不欲自彊之辭也** 小字本、相臺本同。案，正義云「定本及集注云『慭者心不欲强之辭也』」，較正義本少「自」字。釋文云「强之，其丈反」。考「勉强」字，唐人例用「强」，作「彊」者後人亂之耳。

658 **左傳説桓王** 明監本「左」誤「在」，閩本、毛本不誤。

659 **無所可擇民之富有者** 閩本、明監本、毛本同。案，浦鏜云「擇」下當脱「故知擇」三字，是也。此「擇」字複出而致誤。

660 噂沓背憎　小字本、相臺本同；唐石經初刻「蹲」，後改「噂」。案，初刻誤也。又，此正義本也。釋文云「嗒，本又作『沓』」。考文古本作「嗒」，采釋文。

661 下民有此言　小字本、相臺本同，閩本、明監本、毛本亦同。案，段玉裁云「言」當作「害」，是也。

662 非從天墮也　閩本、明監本、毛本同，小字本、相臺本「墮」作「隋」。案，「隋」字是也。釋文云「隋，徒火反」，正義中字作「墮」者，「隋」「墮」古今字，易而說之耳。

663 由主人也　小字本同，閩本、明監本、毛本同；相臺本「由主」作「主由」，考文古本「主由」亦同。案，「主由」是也。

664 己畏刑罰故不敢告也　閩本、明監本、毛本「己」誤「以」。×

665 下民競相譖匿　閩本、明監本、毛本同。案，浦鏜云「匿」疑「慝」字誤，是也。

666 今下民皆噂噂沓沓　毛本「皆」誤「者」，閩本、明監本不誤。×

667 箋妖孽至由人　明監本、毛本「由」誤「主」，閩本不誤。×

668 天以讒佞相害　閩本、明監本、毛本同。案，「天」當作「人」。

669 天孽從天而來　閩本、明監本、毛本同。案，山井鼎云「宋板上『天』作『夭』」，當是剜也。

670 里居也痗病也　相臺本同，閩本、明監本、毛本同，小字本「居」作「病」。案，小字本是也。釋文「我里」下云「如字，毛病也，鄭居也。本或作『𤸃』，後人改也」。正義云「爲此而病亦甚困病矣，上病說里，下病說痗也」。考文古本作「里痗皆病也」，采正義、釋文而爲之。

671 十月八章　唐石經同，閩本、明監本、毛本同，小字本、相臺本「十月」下有「之交」二字。案，有者是也，序有可證。

○雨無正

672 旻天疾威　小字本同，閩本、明監本、毛本同，唐石經、相臺本「旻」作「昊」。案，此釋文本也。釋文云「旻天疾威，密巾反。本有作『昊天』者，非也」。正義云「上有昊天，明此亦昊天，定本皆作『昊天』，作『旻天』誤也」。沿革例云「俗本皆作『旻天』，今從疏及諸善本」。考此箋云「王既不駿昊天之德，今昊天又疾其政以刑罰威恐天下」，是鄭自作「昊」。此詩凡三言「昊天」，「浩浩昊天」、「昊天疾威」、「如何昊天」是也，不應其一作「旻」，乃涉小旻而誤耳。毛鄭詩考正云「孔説爲得」，是矣。經義雜記云「此當從釋文作『旻』」者誤。

673 鋪徧也　毛本「徧」誤「偏」，明監本以上皆不誤。

674 欲害及王身　毛本「及」誤「於」，閩本、明監本不誤。

675 三十四年穀梁傳曰　閩本、明監本、毛本同。案，浦鏜云「二」誤「三」，上脱「襄」字，是也。

676 有如影響　毛本「響」誤「嚮」，閩本、明監本不誤。

677 故韋昭云　明監本、毛本「昭」誤「召」，閩本不誤。

678 故安漢時不同　閩本、明監本、毛本同。案，「安」當作「校」，形近之譌。

679 正義曰詁文　明監本、毛本「詁」上有「釋」字，閩本剜入。案，所補是也。

680 二卿則公一人　閩本、明監本、毛本同。案，浦鏜云「鄉」誤「卿」是也，下外與「六鄉之事」同。

681 王見以三事爲三公　閩本、明監本、毛本同。案，「見」當作「肅」。

682 **曾我暬御**　小字本、相臺本同，閩本、明監本、毛本同，唐石經「暬」作「褻」。案，唐石經是也。此字從埶聲。五經文字云「『暬』與『褻』同，見詩小雅」，說文云「暬，日狎習相慢也」，皆誤從「執」。

683 **憯憯日瘁**　小字本、相臺本同，唐石經「憯憯」作「慘慘」。案，釋文云「憯憯，千感反」，正義云「憯憯然日以憂病」，是釋文、正義本皆作「憯憯」，不知唐石經出何本也。

684 **莫肯用訊**　唐石經、小字本、相臺本同。案，毛鄭詩考正云「『訊』乃『誶』字轉寫之譌。誶告，訊問，聲義不相通借」，是也。

685 **無肯用此相告語**　閩本、明監本、毛本同；小字本、相臺本「語」下有「者」字，考文古本同。案，有者是也。

686 **飢困已成而不能禦而退之天下之衆飢困已成而不能恤而安之**　閩本、明監本、毛本作「飢困已成而不能恤而安之」，無「禦而退之天下之衆飢困已成而不能」十四字。案，此十行本複衍。

687 **曾我侍御之小臣**　毛本「御」誤「禦」，閩本、明監本不誤。　×

688 **若有道聽非法之言聞**　閩本、明監本、毛本「若」誤「君」。　×

689 **惡忠直而醜貞正也**　閩本、明監本、毛本「貞」誤「真」。　×

690 **胥可矣**　閩本、明監本、毛本同；小字本、相臺本「矣」作「也」，考文古本同。案，「矣」字誤也。

691 **故不悖逆**　小字本同，閩本、明監本、毛本同，相臺本「逆」作「遻」。案，釋文云「遻，五故反。本亦作『逆』」，正義云「無所悖逆」。考此「悖遻」即韓非所謂「拂悟」，字異義同，當以釋文本爲長。考文古本作「遻」，采釋文。

692 使身居安休休然　小字本、相臺本同，考文古本同；閩本、明監本、毛本「居」作「舌」；十行本初刻「居」，後改「舌」。案，「舌」字誤也，正義云「使身得居安休休然」可證。

693 將其害之　閩本、明監本、毛本同。案，浦鏜云「其」當「共」字誤，是也。

694 非徒所可矣　閩本、明監本、毛本「所」誤「聽」。案，山井鼎云「所」恐「听」誤，「俗字不可從」，非也。「所可矣」指傳所云「可矣」，即經之「哿矣」也。

695 維曰予仕　閩本、明監本、毛本同；唐石經、小字本、相臺本「予」作「于」，考文古本同。案，「予」字誤也。

696 正使者君有不正我從之　閩本、明監本、毛本上「正」作「不可」二字，「我」下有「不」字。案，所改是也。

* 本又作蚷　補：釋文挍勘：通志堂本、盧本作「岠」，非也。案，乃「岠」字之譌。

697 女猶自作之爾　小字本、相臺本同，閩本、明監本、毛本亦同。案，「爾」當作「耳」，正義云「本汝自作之耳」是其證。考文古本作「耳爾」，采正義而誤。山井鼎云「『爾』字屬下讀」，不知經言「爾」，箋必言「女」，無仍言「爾」者也。

698 故云我試憂思泣血　閩本、明監本、毛本同。案，浦鏜云「試」疑「誠」字誤，是也。

○小旻

699 此篇唯刺謀事邪僻　閩本、明監本、毛本「僻」作「辟」，下同。案，此誤改也。下傳云「回邪遹辟」，釋文作「僻」，乃轉寫之誤。「辟」「僻」古今字，正義易而說之也，例見前。

700 訿訿然思不稱乎上　小字本、相臺本同，考文古本同，閩本、明監本、毛本「乎」作「其」。案，釋文云「稱其，一本作『稱乎』」。正義標起止云「至乎上」，是正義本作「乎」。考文古本作「乎其上」，采釋文而誤。十行本標起止不誤，明監本、毛本亦改爲「其」，非也。正義云「不思稱於上」，又云「不思稱上者，背公營私不思欲稱上之意」，段玉裁云「正義誤倒『思不』二字」。

701 **伊于胡厎**　唐石經、相臺本同；小字本「厎」作「底」，閩本、明監本、毛本同。

702 **故云謀之其有不善者**　閩本、明監本、毛本無「不」字。案，所删是也。

703 **此傳亦唯爾雅文**　閩本、明監本、毛本同。案，「唯」當作「準」，形近之譌。

704 **言雖得兆**　小字本、相臺本同。案，正義云「定本云『雖得兆』，無『吉』字；俗本有『吉』字，衍也」。考文古本有，采正義。×

705 **占䌛不中**　小字本同，閩本、明監本、毛本同，相臺本「䌛」作「繇」。案，六經正誤云「『古繇不中』作『䌛』，誤」。考説文、玉篇卜部皆無「繇」字，釋文亦但作「䌛」，左傳同。廣韻云「䌛卦兆辞也」，郭忠恕佩觿肊分「䌛」「繇」爲二字，毛居正取其説，反以「䌛」爲誤，非也。氓箋「卜兆之䌛」，杕杜箋「合言於䌛爲近」皆同。

706 **不肯於我告其吉凶之道也**　毛本「於」誤「與」，閩本、明監本不誤。×

707 **非於道止**　閩本、明監本、毛本同。案，浦鏜云「止」疑「上」字誤，是也。

708 **是用不得於道里**　毛本「里」誤「理」，閩本、明監本不誤。

709 **故至筮龜靈也**　閩本、明監本、毛本同。案，浦鏜云「至筮」疑「云瀆」誤，是也。

710 **及占之於䌛**　明監本、毛本「䌛」誤「繇」，下同，閩本不誤。×

711 **小人取不若人**　閩本、明監本、毛本同。案，浦鏜云「取」當「耻」字誤，是也。

712 爾雅亦云　閩本、明監本、毛本同。案，「爾」當作「小」。

713 爭言之異者　閩本、明監本、毛本同；小字本、相臺本「爭」下有「近」字，考文古本同。案，有者是也。

714 可哀哉今幽王君用　閩本、明監本、毛本同。案，「用」當作「臣」。

715 人有通聖者　小字本、相臺本同。案，此正義本也，定本及集注無「人」字。今正義有譌，遂不可通，見下。×

716 從作乂　小字本、相臺本同，閩本、明監本亦同，毛本「乂」作「艾」。案，「艾」字非也。經作「艾」，鄭引尚書「乂」而説之，以「艾」爲「乂」之假借也，依經改爲「艾」失箋意矣。

717 王之爲政者如原泉之流　閩本、明監本、毛本同；小字本、相臺本「者」作「當」，考文古本同。案，山井鼎云屬下讀，是也。

718 今日民下之國　閩本、明監本、毛本同。案，「民」當作「天」。

719 故於聖上哲上言亦　閩本、明監本、毛本同。案，「聖上」二字當衍。

720 聖上無人字　閩本、明監本、毛本同。案，「聖」字上當脱「有通」二字者，因上衍而下脱也，此正義譌舛，今正之。

721 鄭訓膴音模爲法　閩本、明監本、毛本同。案，「音模」二字當旁行細字，正義自爲音者其例如此，下同。○按，舊挍非。×

722 王肅讀爲膴喜吴反膴大也　閩本、明監本、毛本「膴」作「幠」。案，所改是也。「喜吴反」三字，當旁行細字。○按，舊挍非，引王肅語則愈知不然。

* 孝經曰容止可視　補：毛本「視」作「觀」。

案，孝經本是「覲」字，「視」字誤也。

723 以聖賢此四事爲優　閩本、明監本、毛本同。案，「此」當作「比」。

724 君視明則臣昭哲　毛本「明」誤「民」，閩本、明監本不誤。案，「哲」當作「晳」，形近之譌。

725 徒博曰暴虎　閩本、明監本、毛本同；小字本、相臺本「博」作「搏」，考文古本同。案，「博」字誤也。

726 惡直國正　閩本、明監本、毛本同。案，浦鏜云「醜」誤「國」，是也。

727 恐隊也　相臺本同；小字本「隊」作「墜」，閩本、明監本、毛本同。案，釋文云「隊，本又作『墜』，下篇同」。

○小宛

728 大夫刺宣王也　閩本、明監本、毛本同；唐石經、小字本、相臺本「宣」作「幽」，考文古本同。案，「宣」字誤也，正義中同。

729 鄭刺厲王爲異　閩本、明監本、毛本「刺」上衍「唯」字。×

730 鳴鳩鶻鵰　小字本、相臺本同。案，正義云「定本及集注皆云『鳴鳩鶻鵰也』」，如其所言，不爲有異，正義本未有明文，今無可考。意必求之，或當「鵰」作「鵃」也。釋文云「鵰，字林作『鵃』」。

731 行小人道　閩本、明監本、毛本「人」下有「之」字；小字本、相臺本無；十行本初刻無，後剜添。案，初刻是也。

732 王既才智褊小　毛本同，閩本、明監本「褊」誤「偏」。×

733 猶能温藉自持以勝　小字本、相臺本同。案，此定本也。正義云「『蘊藉』者，定本及箋作『温』字」；釋文以「温藉」作音，與定本同。「温克」

下云「鄭蘊藉也」，乃改用今字耳。

734 醉而日富矣　閩本、明監本、毛本同，小字本、相臺本「而日」作「日而」。案，「日而」是也。段玉裁云「謂當壹醉之日頓自富矣」，與箋小別。

735 以喻王位無常家也　小字本、相臺本同。案，正義云「集注、定本皆作『家』，俗本作『處』，誤」。考文古本作「處」，采正義。×

736 蜾蠃負之　唐石經、小字本同，閩本、明監本、毛本亦同，相臺本「蠃」作「蠃」。案，「蠃」乃誤字。

737 教取王民以爲己民　閩本、明監本、毛本同。案，山井鼎云「宋板『王』作『主』」，當是剜也，「王」字是，「主」字非。×

738 箋傳皆以爲藿者　閩本、明監本、毛本「爲藿」誤倒。×

739 或在草萊上　閩本、明監本、毛本同。案，此不誤。浦鏜云「葉」誤「萊」，非也。爾雅疏即取此，正作「萊」。

740 不有止息　小字本同，閩本、明監本、毛本同，相臺本「有」作「肯」。案，「有」字是也，正義云「無有止息之時」可證。下文兩云「無肯止息時也」，乃自爲文耳。相臺本依之改者，非。

741 謂月視朝也　閩本、明監本、毛本同；小字本、相臺本「朝」作「朔」，考文古本同。案，「朝」字誤也。

742 毋忝爾所生　小字本同，閩本、明監本、毛本同，唐石經、相臺本「毋」作「無」。案，釋文云「毋，音無」。正義本無明文，今無可考。白駒釋文云「毋金，音無，本亦作『無』，他皆放此」。

743 欲使言與羣臣行之　閩本、明監本、毛本同。案，浦鏜云「言」疑「王」字誤，是也。

744 貧困如此　毛本「如」誤「於」，閩本、明監本不誤。×

745 **箋以寡財者**　閩本、明監本、毛本「箋」上衍「○」。

746 **世必無從得活**　閩本、明監本、毛本同。案，「世」當作「此」。

○小弁

747 **故變文以云義也**　閩本、明監本、毛本同。案，山井鼎云「宋板『云』作『示』」，『示』字是也」，但其實不然，當是剜也。

748 **鸒卑居**　小字本、相臺本同。案，正義云「鸒卑居，釋鳥文也」，又云「傳或有『斯』者，衍字。定本無『斯』字」，標起止云「傳鸒卑居」。釋文「鸒斯」下云「鸒斯卑居也」，又云「一云斯語辭」，是其本傳當有「斯」字。考文古本有，采正義、釋文。

749 **雅烏也**　毛本「烏」誤「鳥」，明監本以上皆不誤，下及正義中「雅烏」字同。

750 **提提羣貌**　小字本、相臺本同。案，正義云「『羣』下或有『飛』，亦衍字。定本、集注並無『飛』字」，標起止云「至羣貌」。釋文「提提」下云「羣飛貌」，是其本傳有「飛」字。考文古本有，采正義、釋文。

751 **我大子獨不然**　小字本、相臺本同。案，「然」字衍也。上箋云「今大子獨不」，正義云「集注、定本皆無『然』字，俗本『不』下有『然』，衍字」，此當與彼同。

752 **日以憂也**　相臺本同；小字本「日」作「曰」，閩本、明監本、毛本同。案，「曰」字是也。

753 **亦提提然聚居歡樂也**　毛本「亦」誤「以」，閩本、明監本不誤。

754 **大子言曰我憂之也大子言曰我憂之也**　閩本、明監本、毛本不重「大子言曰我憂之也」。案，所刪是也，此八字複衍。

755 **而類菀鳥部**　閩本、明監本、毛本「菀」作「苑」。案，所改非也，「菀」即「苑」字。

756 本集本並無飛字　閩本、明監本同，毛本「本」上剜添「定」字。案，所補是也。

757 當文爲興　閩本、明監本、毛本「文」誤「又」。

758 乎我之父母也　閩本、明監本、毛本同。案，浦鏜云「乎」當作「于」，是也。

759 鞫爲茂草　唐石經、小字本、相臺本同，考文古本同，閩本、明監本、毛本「鞫」誤「鞠」。案，釋文「鞫」，通志堂亦誤「鞠」，影宋本不誤，詳後考證。

760 褎如干王政　毛本「干」誤「于」，閩本、明監本不誤。　×

761 不罹于裏　小字本、相臺本同，閩本、明監本、毛本亦同，唐石經「罹」作「離」。案，正義云「不離歷於母乎」，又云「離者謂所離歷」。考小明、漸漸之石皆經言「離」，則正義言「離歷」，即魚麗正義所云「麗歷」，傳云「麗歷也」是也。「麗」「離」古字同用，聲類至近也；「罹」字即非此義。各本皆誤，當依唐石經正之。

* 裏其内陰　補：各本「其」皆作「在」。案，傳本是「在」字，「其」誤也。

762 裏指謂母也　毛本「謂」誤「爲」，閩本、明監本不誤，下「非謂幽王所樹桑梓」同。　×

763 而并言母也　閩本、明監本、毛本「也」誤「者」。　×

764 萑葦淠淠　小字本、相臺本同；唐石經「萑」，初刻「雚」。案，初刻誤，與七月同。

765 析薪扡矣　小字本、相臺本同，閩本、明監本、毛本亦同，唐石經「扡」作「杝」。案，惠棟云「玉篇在木部」，是也。五經文字木部云「杝，又音褫，見詩小雅」，即謂此字也。釋文「杝」，與唐石經同，或誤「扡」，今正，詳後考證。十行本正義中字不誤。

766 不欲妄挫析之　毛本同；小字本、相臺本「析」作「折」，閩本、明監本同。案，「折」字是也，釋文以「挫折」作音可證。

767 謂以物倚其巔峯也　毛本「倚」誤「掎」，閩本、明監本不誤。

768 關弓而射之　閩本、明監本、毛本同，小字本、相臺本「之」作「我」。案，「我」字是也，下作「我」，角弓正義引孟子同。

769 無如之何　小字本、相臺本同，考文古本同，閩本、明監本、毛本「無」上衍「亦」字。

＊ 人猶有然而存諸心　補：案，下「猶有默心存念知王之情」，此「然」字當「默」字之譌。

770 念固而不暇耳　閩本、明監本、毛本同。案，浦鏜云「念固」疑「今因」之誤，是也。

771 小弁則王欲殺大子　閩本、明監本、毛本「王」誤「必」。

772 孔子曰以舜年五十　閩本、明監本、毛本同。案，浦鏜云「曰」字衍，是也。

773 如高子譏小弁　閩本、明監本、毛本同。案，「如」當作「知」。

○巧言

774 亂如此憮　唐石經、小字本、相臺本同，閩本、明監本、毛本「憮」作「撫」，下經及傳及正義皆同。案，「憮」字誤也，詳詩經小學。釋文「憮」與唐石經同，或誤「憮」，今正，見後考證。

775 昊天大憮　相臺本同，閩本、明監本、毛本同，唐石經、小字本「大」作「泰」。案，釋文云「大，音泰，本或作『泰』」。正義云「而泰憮言甚大」，是其本作「泰」字。沿革例云「蜀本、越本、興國本皆作『泰』；余仁仲及建大字本作『大』，此以釋文爲據也。今亦從釋文」，不知兩本之各有所據。

776 我心憂思乎昊天　閩本、明監本、毛本「乎」誤「呼」。

777 甚傲慢無法度　閩本、明監本「傲」誤

「敫」。案，箋作「敫」，正義作「傲」。「敫」「傲」古今字，易而説之也，例見前，標起止仍云「箋憮敫」可證也。釋文「憮傲，本又作『敫』」，與正義本不同。考文古本箋作「傲」，采釋文。

778 **乃昊天乎王甚傲慢** 閩本、明監本、毛本同。案，「乃」當作「及」，形近之譌。

779 **傳者以下言已威** 閩本、明監本、毛本同。案，「傳」上當脱「易」字。

780 **而泰憮言甚大** 閩本、明監本、毛本「甚」誤「其」。⑩

781 **放其初即位** 閩本、明監本、毛本「放」作「故」。案，所改非也，「放」即「昉」字。

782 **僭始既涵** 唐石經、小字本、相臺本同。案，詩經小學云「傳『僭數也』，蓋以爲『譖』字」，是也。

783 **正由明不燭下** 閩本、明監本、毛本「正」誤「王」。 ×

784 **會同則用盟而相要也** 小字本、相臺本同。案，此正義本也。正義云「定本及集注皆云『用盟而不相要』」，又云「『用盟』屬上爲，句義亦通也」。 ×

785 **若無疑事則不會同** 閩本、明監本、毛本同。案，十行本「若」至「不」剜添者一字。

* **義能忖度而知之** 補：毛本「義」作「我」。案，「我」字是也，上箋云「已能忖度讒人之心」可證。

786 **傳讒兔至狡兔** 閩本、明監本、毛本同。案，「讒」當作「毚」，「至」當衍字。

787 **則彼獲耳** 閩本、明監本、毛本同。案，浦鏜云「彼」當「被」字誤，是也。

788 **正義曰定之方中云** 毛本「義」誤「意」，閩本、明監本不誤。 ×

789 **箋云言無力勇者** 小字本、相臺本同，考文古本同，閩本、明監本、毛本脱「無」字。

790 骭瘍爲微　小字本、相臺本同。案，釋文云「瘍，本亦作『傷』」，正義本是「瘍」字。

791 僳能然乎　小字本、相臺本同，考文古本「僳」字亦同；閩本、明監本、毛本作「素」；十行本初刻「僳」，後改「素」。案，「素」字誤也，釋文云「僳，音素」可證。

792 故箋亦云此人　閩本、明監本、毛本「云」下有「○」。案，山井鼎云「宋板云此相接有圈」，非也。

○何人斯

793 以絶之　小字本、相臺本同，閩本、明監本、毛本亦同，唐石經作「而絶之也」。考正義云「故序專云『刺暴公而絶之也』」，唐石經是也。

794 疑其讒己而未察　毛本「讒」誤「纔」，閩本、明監本不誤。

795 誰暴之云　閩本、明監本、毛本同；唐石經、小字本、相臺本「誰」作「維」，考文古本同。案，「誰」字誤也，序下正義同。

796 知蘓公已得譖讓也　閩本、明監本、毛本同。案，注作「以」，正義作「已」，「以」「已」古今字，易而説之也，例見前。考文古本改箋作「已」，采正義而誤。

797 云何其盱　小字本、相臺本同，唐石經無「其」字，旁添之。案，正義標起止云「至其盱」，又云「毛以此云『何其盱』」，釋文以「其盱」作音。是正義本、釋文本皆有「其」字。唐石經未知出何本也。

798 一者之來見我　閩本、明監本、毛本同；小字本、相臺本「一」作「壹」；下箋小字本作「一」。案，正義中皆作「一」，則作「一」是也，作「壹」者依經改耳。山井鼎云「宋板『一』作『壹』，疏及下注同」，其實不然，皆其誤也。

799 於女亦何病乎　閩本、明監本、毛本同；

小字本、相臺本「乎」作「也」；小字本無「亦」字。案，無者是也，有者用正義自爲文添耳。

800 與下俾我祇也元文　閩本、明監本、毛本同。案，浦鏜云「互」誤「元」，是也。

801 俾我祇也　唐石經、小字本、相臺本同，閩本、明監本、毛本「祇」誤「祗」。案，唐石經此與「祇適也」字別。釋文云「祇，祈支反，毛病也，鄭安也。一云鄭上支反」。段玉裁云：「傳『病也』者，謂『祇』即『疷』之假借。説文『疷，病不啻也』。箋『安也』者，謂『祇』即『禔』之假借，説文『禔安也』。」

802 易説祇病也　小字本、相臺本同。案，釋文以「説也」作音，是其本「説」下有「也」字。考文古本有。

803 女與於譖我與否　小字本、相臺本同，閩本、明監本、毛本亦同。案，段玉裁云「此『否』字當作『不』，與經文『否』字無干」，是也。

804 我與女恩如兄弟　毛本「恩」誤「心」，明監本以上皆不誤。

805 當還與汝相親　閩本、明監本、毛本「與汝」誤倒。

806 大塤謂之嘂音叫　閩本、明監本、毛本同。案，「音叫」二字當旁行細書，正義自爲音者，例如此也。

807 鋭上平氏　閩本、明監本、毛本「氏」作「底」。案，所改是也。

808 釋樂文云　閩本、明監本、毛本同。案，浦鏜云「又」誤「文」，是也。

809 王肅亦云我與汝　毛本「汝」誤「女」，閩本、明監本不誤。

810 並言詛而俱用三　閩本、明監本「三」誤「二」，毛本不誤。

811 明其不信者　閩本、明監本、毛本同。

案，浦鏜云「詛」誤「明」，是也。

812 **則以玉敦辟盟**　閩本、明監本、毛本「玉」誤「王」。×

813 **贊牛耳桃茢**　閩本、明監本、毛本「桃」誤「挑」。×

814 **然盟者人君用牛**　閩本、明監本、毛本同。案，此不誤。浦鏜云「然」下疑脱「則」字，非也。古言「然」，即今言「然則」也。正義文本如此；十月之交正義云「然日者大陽之精」等可證也。

815 **蜮短狐也**　小字本、相臺本同。案，段玉裁云「弧」作「狐」誤，是也。釋文「蜮」下云「短狐也」，正義云「蜮短狐」，今説文本「蜮」下皆誤；漢書五行志注作「弧」不誤。

816 **淫女或亂之氣所生也**　閩本、明監本、毛本同。案，此不誤。浦鏜云「惑」誤「或」，非也。古「或」「惑」同用，當是五行傳本用「或」字。

817 **説文云靦面見人**　閩本、明監本、毛本同。案，此不誤。浦鏜云「也」誤「人」，非也。爾雅疏即取此，正作「人」，是正義自如此。×

818 **姡面靦也**　閩本、明監本、毛本同。案，此不誤。浦鏜云「醜」誤「靦」，非也。爾雅疏即取此，正作「靦」，是正義自如此。下文云「然則靦與姡皆面見人之貌也」可證。

819 **則知側是不正直也**　閩本、明監本、毛本同。案，「側」上浦鏜云脱「反」字，是也。

○巷伯

820 **巷伯奄官**　小字本、相臺本同。案，此釋文本也。釋文云「巷伯奄官，本或將此注爲序文」。正義標起止云「至奄官」，又云「故序解之云巷伯奄官」，又云「『官』下有『兮』，衍字。定本無『巷伯奄官』四字，於理是也，以俗本多有，故解之」，是正義本此四字爲序文也。車鄰正義云「序言『巷伯奄官』」亦其證。考鄭此注云「巷伯，内小臣也。奄官，上士四人，掌王后之命」，正據此序之文而釋之也。是鄭自有，正義以定本爲是者誤，當以正義本爲長。段玉裁云：「周禮序官疏引甚明，『兮』『也』古書通用，周禮疏引作『也』，是也。」唐石經序中無此四字，依釋文、定本。

821 **寺人内小臣也奄官上士四人** 小字本、相臺本同。案，正義標起止云「箋巷伯至名篇」。考車鄰正義云「巷伯箋云『巷伯，内小臣。奄官，上士四人』」，是正義本作「巷伯内小臣也」，作「寺人者」非。寺人與内小臣異官，説詳彼正義。此序正義本有「巷伯奄官」，釋文本以爲注，正在此文之上，未知其此文較正義本仍同與否，今無所考。段玉裁云「官」字衍。

822 **故謂之巷伯也** 毛本「謂」誤「爲」，閩本、明監本不誤。

×

823 **彼譖人者** 毛本「彼」誤「被」，閩本、明監本不誤。

×

824 **餘泉文** 閩本、明監本、毛本同。案，「泉」下浦鏜云脱「白黄」二字，是也。

825 **黄爲文又有柴貝** 閩本、明監本「又」誤「文」；毛本「文又」誤「又文」，「柴」作「紫」。案，「紫」字是也。

826 **皆可列相當** 閩本、明監本同；毛本「可」作「行」。案，「行」字是也。

827 **當有至至一尺六七寸者** 閩本、明監本同；毛本「當」作「常」，上「至」字作「徑」。案，所改是也。

828 **哆兮侈兮** 唐石經、小字本、相臺本同。案，此經釋文本、正義本皆如此。説文「誃」下有「一曰詩云『侈兮恀兮』」，見段玉裁説文訂。今考説文或別有誤，經義雜記欲依之以倒此經者，非也。其謂王伯厚詩考所載崔靈恩集注爲作僞，不可據，誠然。

829 **縮屋而繼之** 小字本同，閩本、明監本、毛本亦同，相臺本「縮」作「摍」。案，正義云「摍謂抽也」，釋文云「縮，又作『樎』，同」。「樎」是「摍」之譌字，「摍」字見於說文、廣雅，皆從手，訓引也。武梁左石室畫像載此事字作「摍」。「摍」「縮」字同，韋昭周語注亦訓「縮」爲引。考文古本作「樎」，采釋文而誤。

830 **男子不六十不閒居** 小字本、相臺本同。案，正義云「吾聞男女不六十不閒居」者，是其本「子」作「女」。考文古本作「女」，采正義。

831 **嫗不逮門之女** 小字本、相臺本同。案，釋文云「嫗，本或作『煦』」，正義本未有明文，今無可考。小宛箋有「煦嫗」，正義引樂記注「以體曰嫗，以氣曰煦」；此傳意亦謂以體煖之，作「嫗」者是。「不逮門」者，段玉裁云「不及入門。門如城門之類，荀卿云『與後門者同衣』也」。

832 **記言讒人集成已罪** 閩本、明監本、毛本同。案，浦鏜云「記」當「既」字誤，是也。

833 **初有小嫌疑爲始兮** 閩本、明監本、毛本「兮」誤「乎」。

834 **言雖小寬** 閩本、明監本、毛本同。案，浦鏜云「言」當「舌」字誤，是也。

835 **星因物益大** 閩本、明監本、毛本同。案，浦鏜云「星」當「是」字誤，是也。

836 **暗作詩之人** 閩本、明監本、毛本同。案，「暗」當作「斯」，此說傳「斯人」也。

837 **素已彰者** 閩本、明監本、毛本同。案，浦鏜云「者」當「著」字誤，是也。

838 **定本蹱作踵** 閩本、明監本、毛本同「定本踵作蹱」。案，依此則正義本是「蹱」字。今正義字皆作「踵」，後改也。釋文作「踵」，與定本同。

839 **爲理否女** 閩本、明監本同，毛本「女」作

「安」。案，「否女」當作「不安」。

840 **彼戎則驕逸也得罪則憂勞**　閩本、明監本、毛本「戎」作「誠」也，下有「我」字。案，「戎」即「我」字之誤，又錯在上句耳。

841 **作爲此詩**　唐石經、小字本、相臺本同。案，此釋文本也。釋文云「作爲此詩，一本云『作爲作詩』」。考正義本是「作爲作詩」，與一本同。正義云「起發爲小人之更讒而作巷伯之詩」，順經文「作爲作詩」四字，次敘而説之，極爲明晰。此二本之異在第三字，正義是「作」，釋文是「此」，不同耳，故正義本箋並有「作起也，作爲也」二訓，以經有二「作」字而各釋之也。正義又云「定本云『作爲此詩』，又定本箋有『作起也』『作爲也』二訓，自與經相乖，非也」。所謂乖者，經字既是此矣，不復有二「作」，而箋訓有之，是其乖也。正義之意，據其箋有二訓，證其經止一「作」之失耳，不謂不當有二訓也。今各本皆但有「作起也」一訓，必是因其經與注相乖不可通而去之。合併者不知檢照，又令正義與經注相乖而不可通，是其轉輾之失也。考文古本作「起也」，下有「爲作也」三字，采正義而不得其解乃誤倒之。

842 **當云作賦詩**　閩本、明監本、毛本同。案，「賦」字當衍。正義云「當云『作詩』」，謂其本經是「作詩」也，舉之以訂下定本經「此詩」之非。

843 **自與經相乖**　閩本、明監本、毛本同。案，十行本「經」至「乖」剜添者一字。

844 **釋丘云如畝**　閩本、明監本、毛本「云」誤「文」。

04—845 **曰畝丘也**　閩本、明監本、毛本「曰」誤「田」。

* **傳寺人至此**　補：毛本同。案，此下當有「詩」字。

校記

❶ 南昌本此條作「文武並有者」：補：閩本、明監本、毛

本同。案，『有』當『言』字之譌」。

❷南昌本此條作「但不韊耳：補：閩本、明監本、毛本同。案，『韊』當作『匣』」。

❸南昌本此條作「明與上詩別主：補：閩本、明監本同。案，『王』當作『主』」。

❹南昌本此條作「帥謂軍將至五長：補：閩本、明監本、毛本同。案，『五』當作『伍』，下同」。

❺南昌本此條作「此唯有王：補：閩本、明監本、毛本同。案，『王』當作『三』」。

❻南昌本此條作「謂已和耕其用：補：毛本同，閩本、明監本『用』作『田』。案，『田』字是也」。

❼南昌本此條作「非故火田獵：補：閩本、明監本、毛本同。案，『故』當作『放』，形近之譌」。

❽南昌本條末增「○補：今依挍補正」。

❾南昌本此條作「必天下之民：補：閩本、明監本、毛本同。案，『必』當作『汝』，形近之譌」。

❿南昌本此條作「而泰憮言其大：補：閩本、明監本、毛本同。案，『其』字當作『甚』，形近之譌」。

⓫南昌本此條作「素能然乎：小字本、相臺本『素』作『傃』，考文古本同；閩本、明監本、毛本作『素』；十行本初刻『傃』，後改『素』。案，『素』字誤也，釋文云『傃音素』可證」。

毛詩注疏校勘記卷五 起四十一盡五十

○谷風

05—001 **禮俗喪紀**　明監本、毛本「紀」誤「記」，閩本不誤。

002 **能及於胥潤澤陰雨**　閩本、明監本、毛本同。案，「澤」當作「之」。

* **故潤澤德行**　補：閩本、明監本、毛本「德」作「得」。案，「得」字是也。

003 **扶搖謂之焱**　閩本、明監本、毛本同。案，浦鏜云「猋」誤「焱」，下同，是也。

004 **草木無有不死葉萎枝者**　小字本、相臺本同。案，此定本、集注本也，正義云「定本及集注本云『草木無有不死葉萎枝者』」。其正義本未有明文，今無可考。正義釋經云「無能使草不有死者，無能使木不有萎者」，釋傳云「是草木無能不有枝葉萎槁者」。意必求之，或當「無有不」作「無能不有」也。考文古本作「不有」，采正義。

005 **大德切瑳**　小字本、相臺本同，閩本、明監本、毛本「瑳」誤「磋」。案，正義作「磋」。「瑳」「磋」古今字，易而説之之例也，不當依以改箋。

006 **以其大時不齊**　閩本、明監本、毛本「大」誤「天」。

○蓼莪

007 **以亡必用病**　閩本、明監本、毛本「用」誤「由」。

008 **貌視之以爲非莪**　小字本同；閩本、明監本、毛本同；相臺本「貌」作「我」，考文古本「我」字亦同。案，「我」字是也，正義云「故云『我視之』是作者自我也」可證。

009 **故謂之蒿** 小字本同，閩本、明監本、毛本同，相臺本「故」作「反」。案，「反」字是也。正義云「反謂之爲蒿」，又云「反謂之是彼物也」是其證。

010 **民之一生也言生而得養** 閩本、明監本、毛本同。案，十行本「之」至「生」剜添者一字。

011 **是罍大如鉼也** 閩本、明監本、毛本同。案，浦鏜云「如」當「於」字誤，是也。

012 **拊我畜我** 唐石經、小字本、相臺本同。案，詩經小學云：「戴震云『畜』當爲『慉』。說文『慉起也』，此箋『畜起也』，明是易『畜』爲『慉』。」今考釋文云「畜，喜郁反」，正義云「畜我承拊我之後，明起止而畜愛之」，是釋文、正義二本經皆是「畜」字。箋「畜起也」仍用經字，以「畜」爲「慉」之假借，而於訓釋中顯之者也，例見前。

013 **母兮以懷任以養我** 閩本、明監本、毛本「任」誤「姙」。×

014 **故爲懷抱** 毛本「爲」誤「謂」，閩本、明監本不誤。×

015 **愴其至役之勞苦** 閩本、明監本、毛本同。案，「至」當作「在」，形近之譌。

○大東

016 **斂則兼言民勞** 閩本、明監本、毛本同。案，浦鏜云「斂」當「敘」字誤，是也。

017 **由送衰財以致役** 閩本、明監本、毛本同。案，「送衰」當作「衰送」。

018 **證其在京師之事也** 閩本、明監本、毛本同。案，「事」當作「東」。

019 **君子皆法效而履行之** 相臺本同，閩本、明監本、毛本同，小字本「效」作「傚」。案，正義云「皆共法傚」，又云「而法傚之」，是其本作「傚」字。

020 **以天子崇其施予之厚** 毛本「厚」誤

「後」，閩本、明監本不誤。✕

021 **所以視而供之** 閩本、明監本、毛本同。案，箋作「共」，正義作「供」，「共」「供」古今字，易而說之也，例見前。✕

022 **雜記注** 閩本、明監本、毛本「注」誤「法」。❶

023 **言凡飧饔** 閩本、明監本、毛本同。案，「飧」下當有「饔」字。

024 **故注云几大行人宰使** 閩本、明監本、毛本「使」作「史」。案，所改是也。浦鏜云「介」誤「大」。

025 **知砥比貢賦** 毛本「知」誤「如」，閩本、明監本不誤。✕

026 **杼柚其空** 唐石經、小字本、相臺本同。案，釋文云「柚，本又作『軸』」。考「柚」即「軸」之假借。方言云「木作謂之柚」，五經文字木部云「柚，橘柚也。又杼柚，字見詩」。

027 **維絲麻爾** 小字本、相臺本同。案，「爾」當作「耳」。正義云「維絲麻耳」。考文古本作「耳」，采正義。

028 **糾糾葛屨** 毛本「屨」誤「履」，明監本以上皆不誤。

029 **前所賦斂者** 閩本、明監本、毛本「前」誤「則」。✕

030 **是使我心傷悲焉** 閩本同，明監本、毛本「悲」作「病」，「焉」作「也」。案，所改「病」字是，「也」字非。正義上文云「由是所以使我心傷病焉」可證。正義本是「焉」字，今各本作「也」字，與正義本不同。

* **正義曰聘礼云無行則重○賄反幣** 補：案，「○」衍也。

031 **垂櫜而入** 閩本、明監本、毛本同。案，此不誤。浦鏜云「櫜」誤「槖」，非也。今國語作「櫜」，乃誤字耳。韋昭注云「槖，囊也」，囊槖散文則通。昭元年有「垂櫜而入」，「槖」非此之用也，相涉而致誤。

032 **有洌氿泉**　唐石經、小字本、相臺本同，閩本同，明監本、毛本「洌」作「冽」。案，釋文「洌，音列，寒意也」。正義云「故字從冰」，明監本、毛本依之改也。詩經小學云「字從仌，列聲」。

033 **無浸穫薪**　唐石經、小字本、相臺本同。案，釋文云「穫，户郭反，毛刈也，鄭落木名也，字則宜作木旁」。正義云云「穫落，釋木文。文在釋木，故爲木名」。考此經毛如字，鄭以「穫」爲「檴」之假借，仍用經字，而但於訓釋中顯之者也，例與「遂瑞也」、「价甲也」之屬同，詳見前。爾雅釋文「檴」下引詩云「無浸檴薪」，是依鄭義破其字而引之，非此經有作「檴」之本也。❷

034 **既伐而折之以爲薪**　閩本、明監本、毛本同，小字本、相臺本「折」作「析」。案，「析」字是也。

035 **今譚大夫契憂苦而寤歎**　閩本、明監本、毛本同，小字本、相臺本重「契」字，考文古本同。案，重者是也。

036 **蓄之以爲家用**　小字本、相臺本同。案，正義云「又言薪畜是穫刈之薪者」，釋文云「畜，勑六反」。「畜」「蓄」二字以鴟鴞、甫田等釋文考之，經注中皆有錯互者，當各依其舊。

037 **有洌至可息**　閩本、明監本、毛本「洌」作「冽」，下同。案，所改是也。

038 **故爲刈也**　閩本、明監本、毛本同。案，傳作「艾」，正義作「刈」，「艾」「刈」古今字，易而説知也，例見前。釋文「穫」下云「毛刈也」，亦是改用今字。

039 **以荆楚之類**　閩本、明監本、毛本同。案，「以」當作「似」。

040 **穫落釋木文**　閩本、明監本、毛本同。案，「穫」當作「檴」。正義引爾雅本是「檴」字，不云字異義同者，省耳。

041 **郭璞曰穫音穫**　閩本、明監本、毛本同。案，上「穫」當作「檴」，下「音穫」二字當旁行細字，正義自爲音，例如此。○案，舊挍非也，此郭樸自爲音耳。

042 **舟人舟楫之人**　小字本、相臺本同，閩本、明監本、毛本亦同。案，釋文云「『檝』字，又作『楫』」。正義本未有明文。正義云「致舟檝之人之子」者，當亦是以「楫」「檝」爲古今字而易之，未必與釋文本同也。

043 **使搏熊羆**　小字本、相臺本同。案，此釋文本也。釋文云「搏音博」，正義云「明遣賤人求捕熊羆」，是其本「搏」作「捕」。

044 **快其不賦稅**　閩本、明監本、毛本同。案，山井鼎云「宋板『快』作『決』」，其實不然，當是剜也。

045 **杕杜以勤歸**　毛本「歸」誤「婦」，閩本、明監本不誤。山井鼎考文所載「勤」作「動」，譌字也。

046 **東人言王勞苦**　閩本、明監本、毛本同。案，浦鏜云「主」誤「王」，是也。

047 **刺其素餐**　相臺本同，閩本同；小字本「餐」作「飱」，明監本、毛本同。案，正義云「釋訓云『皐皐鞙鞙，刺素餐也』，某氏曰『鞙鞙無德而佩，故刺素餐也』」。考爾雅是「食」字，「食」字與上下文爲韻。鄭據彼文，及正義所引亦當作「食」。今作「餐」者轉寫之誤耳。召旻正義引釋訓作「食」，引某氏曰「無德而空食祿也」亦可證。

048 **從旦莫七辰一移**　閩本、明監本、毛本同；小字本、相臺本「旦」下有「至」字、重「辰」字，考文古本同。案，有「至」字、「辰」字者是也。

* **跂說文作歧**　補：釋文挍勘記：通志堂本同；盧本「歧」改「忮」，云「『忮』舊譌『跂』，今改正」。案，「忮」字是也。

* **更音東**　補：案，「東」當作「庚」，形近之譌，小

明釋文「更音庚」可證。毛本所附不誤。

049 **或用之爲官**　明監本、毛本「官」誤「宮」，閩本不誤。

050 **天漢此知不以無水用爲義者**　閩本、明監本、毛本同。案，浦鏜云「天漢此知」當「知此天漢」誤，是也。

051 **説文云歧頃也**　閩本、明監本、毛本「歧」誤「跂」。

052 **從旦至暮**　閩本、明監本、毛本「旦」誤「日」。

053 **睆彼牽牛**　唐石經、相臺本同，小字本「睆」作「皖」。案，釋文云「睆，華板反」。考杕杜釋文云「字從白，或作目邊」，是小字本「皖」當「睆」之誤也。廣韻「睆，明星」，即此經字。

054 **河鼓謂之牽牛**　小字本、相臺本同，考文古本同，閩本、明監本、毛本「河」作「何」。案，釋文云「何，胡可反，又音河」，是釋文本作「何也」。正義引爾雅及李巡、孫炎注字盡作「河」，是正義本作「河」也。其郭璞注爾雅字作「何」，讀爲荷。正義不引，以其字不合也。唐石經爾雅初刻「何」，後磨刻作「河」。此正義十行本唯標起止一字剜爲「何」，彼此互改皆誤也。

055 **正義曰河鼓**　閩本、明監本、毛本「河」誤「何」，下同。

056 **乃求萬斯箱**　明監本「箱」誤「栢」，閩本、毛本不誤。

057 **今曰明星**　閩本、明監本、毛本同。案，史記天官書索隱「今」作「命」，下「今日太白」同，「命」字是也。

058 **彼注云畢狀如又**　閩本、明監本、毛本同。案，浦鏜云「叉」誤「又」，是也。

059 **翕如也**　閩本、明監本、毛本同；小字本、相臺本「如」作「合」，考文古本同。案「如」字誤也。

○四月

060 **是怨亂也**　閩本、明監本、毛本同。案，浦鏜云「亂」當「辭」字譌，是也。

061 **已闕一時之祭**　閩本、明監本、毛本「一」誤「二」。　×

062 **何故幽王頓此二時**　閩本、明監本、毛本同。案，浦鏜云「此」當「比」字誤，是也。

063 **計秋日之寒**　閩本、明監本、毛本「計」誤「許」。　×

064 **未知冬時**　閩本、明監本、毛本同。案，浦鏜云「知」當「如」字誤，是也。

065 **何爲曾使我當此難世乎**　小字本同，閩本、明監本、毛本同；相臺本「難」作「亂」，考文古本同。案，「亂」字是也，正義云「當此亂世乎」可證。

066 **四惡如此**　閩本同，明監本、毛本「四」作「日」。案，山井鼎云「日」恐「王」誤，非也。浦鏜云「疑『肆』字誤」，是也。寫者以「四」爲「肆」之別體字而致誤耳，大、小雅譜「肆夏」作「四夏」是其證也。

067 **何曾施恩於我**　閩本、明監本、毛本同。案，山井鼎云「左傳疏『恩』作『忍』」，見於文公十三年傳」，是也。此即經之「忍」字。

068 **至一夕**　毛本「夕」誤「名」，閩本、明監本不誤。　×

069 **百卉具腓**　唐石經、小字本、相臺本同。案，李善注謝靈運戲馬臺詩引毛詩作「痱」。考釋文云「腓，房非反，病也。韓詩云『變也』」，不言其字有異，是毛詩經亦作「腓」；但傳訓爲病，以爲「痱」之假借字。

070 **必自之歸爲亂**　小字本、相臺本同，閩本、明監本、毛本亦同。案，正義云「必之歸於國家滅亂也」，又云「是之歸於亂也」，是「爲」當作「於」。

071 **其何所歸之乎**　閩本、明監本、毛本同。案，「歸之」當作「之歸」，下「必歸之於國家滅亂也」同。

072 **廢爲殘賊**　小字本、相臺本同；唐石經初刻「癈」，後磨改「廢」。

073 **廢忕也**　小字本、相臺本同。案，釋文「忕，時世反，下同。一本作『廢大也』」，此是王肅義。正義云「定本廢訓爲大，與鄭不同」，標起止云「傳廢忕」。定本當是依王肅申毛也。

074 **言大於惡**　閩本、明監本、毛本同；小字本、相臺本「大」作「忕」，考文古本同。案，「忕」字是也，列女傳引詩云「廢爲殘賤，言忕於惡」可證。六經正誤云「釋文『忕』作『忕』，誤」，見後考證。

* **上多富斂**　補：毛本「富」作「賦」。案，「賦」字是也。

075 **其生也維在栗**　閩本、明監本「生」誤「末」，毛本不誤。×

076 **定本廢訓爲太**　閩本、明監本、毛本同。案，「太」當作「大」。

* **伐視彼泉水之流**　補：案，「伐」當「我」字之譌，毛本正作「我」。

077 **使不雝滯**　小字本、相臺本「雝」作「壅」，閩本、明監本、毛本同。案，「雝」即「雍」字，是也。正義中作「壅」，此亦易爲今字之例，不當依以改箋也。考文古本作「雝」，當出於十行本耳。×

078 **姜嬴荆芈**　閩本、明監本「芈」誤「芊」，毛本誤「芊」。×

079 **謂以兵甲之事勞役之**　閩本、明監本、毛本「以」誤「之」。×

080 **匪鶉匪鳶**　唐石經、小字本、相臺本同。案，釋文云「鶉，徒丸反，鵰也，字或作『鷻』」。正義云「說文云『鷻，鵰也。從敦而爲聲』，字異於『鶉』也」，標起止云

「匪鶉」，又云「傳鶉鵰」。考此是正義、釋文二本皆作「鶉」字，「鶉」即「鷻」字之省耳。

081 皆驚駭辟害爾　相臺本同，閩本、明監本、毛本同，小字本「辟」作「避」。案，「避」字非也，此正義所易之今字。考文古本作「避」亦誤，采正義。✕

082 言若鶉若鳶　閩本、明監本、毛本同。案，此不誤。「言」下浦鏜云脱「非」字，非也。主說他鳥，箋所謂「非鵰鳶」者也。

083 非鱣鮪之小魚　閩本、明監本、毛本同。案，此不誤。浦鏜云「大」誤「小」，非也。主說他魚，箋所謂「非鱣鮪」者也。此經中四「匪」字，箋以爲魚鳥之非鵰鳶鱣鮪者，與傳以爲人非鵰鳶鱣鮪不同，故正義文如此，浦所改失箋及正義之意也。

084 說文云鶉鵰也　閩本、明監本、毛本同。案，浦鏜云「說文作『鷻』」，是也，正義下文可證。

085 說文又云鳶鷙鳥也　閩本、明監本、毛本同。案，浦鏜云「鳶，說文作『鳶』」，是也。

086 鶉鳥皆殺害小鳥　閩本、明監本、毛本同。案，上「鳥」字浦鏜云「鳶」誤，是也。

087 尚各得其所　閩本、明監本、毛本同，小字本、相臺本「尚」作「生」。案，「生」字是也。

088 葉細而岐銳也　毛本脱「也」字，閩本、明監本有。❸

* 中爲車綱　補：案，「綱」當作「輞」，爾雅注作「輞」，毛本不誤。

○北山

089 其有瀛海環之　閩本、明監本、毛本同。案，「其」下浦鏜云脱「外」字，是也。

090 鞅猶何也　相臺本同，閩本、明監本、毛本同，小字本無「也」字。案，無者脱也。

091 居家用逸　閩本、明監本、毛本「用」誤「閒」。

092 或勤者無事不爲者　閩本、明監本、毛本同。案，山井鼎云「宋板『者』作『若』」，其實不然，當是剜也。×

○無將大車

093 賢者與之從事反見譖害自悔與小人並　小字本、相臺本同。案，此十六字非鄭注也。考下箋云「不任其職愆負及已」，此正義亦云「不堪其任愆負及已，絶無反見譖害之事」，使有此注，正義自不容不爲之解，其當無此注明甚。且此正義云「此大夫作詩則賢者也」，若有此注，則鄭已明言賢者，正義不待推作詩而後定其賢者矣。是正義本決無此注也，今各本皆誤。

094 祇自疧兮　小字本、相臺本同，唐石經「疧」作「疷」。案，釋文云「疧兮，都禮反」，白華釋文云「疧，徐都禮反，又祈支反」，是此依徐讀也。考「疧」字見於爾雅、説文、玉篇、廣韻、五經文字，皆從氏，不從氐，則徐讀非也。段玉裁六書音韻表云「一作『疷』，無此字」。宋劉彝臆改『痻』以韻『塵』，亦無此字」。考唐石經正作「疷」，與白華「疷」字皆甚明畫，顧炎武從劉説，謂石經乃從諱「民」減畫之例，非也。詳見詩經小學。釋文「疧」，通志堂本亦誤爲「疷」，今正，詳後考證。

* 言无扶進比小人也　補：毛本同。案，「比」當作「此」。

095 維塵雝兮　唐石經、小字本同，閩本、明監本、毛本同，相臺本「雝」作「雍」。案，「雝」字是也，九經字樣云「爾雅作『雍』」是其證。石經考異云「經中『雝』字皆放此」。釋文云「雝字，又作『壅』」。考文古本作「壅」，采釋文而誤。

○小明

096 令而悔仕者　閩本、明監本、毛本同。案，浦鏜云「令」當「今」字誤，是也。

097 其實皆悔辭也　明監本、毛本「辭」誤

「亂」，閩本不誤。

098 喻王者當察理天下之事　閩本、明監本、毛本「事」下衍「也」字；小字本、相臺本無；十行本初刻無，後剜添。

099 品物咸亨也　毛本「亨」誤「享」，閩本、明監本不誤。

* 以喻上者　補：毛本同。案，「上」當作「王」。

100 念彼明德供具賢者爵位之人君　閩本、明監本、毛本同。案，經注作「共」，正義作「供」，「共」「供」古今字，易而説之也，例見前。餘同此。

101 月之明察　閩本、明監本、毛本同。案，浦鏜云「日」誤「月」，是也。

102 昭五年左傳曰　閩本、明監本、毛本「五」誤「二」。

103 今仕而遇亂　明監本「遇」誤「過」，閩本、毛本不誤。

104 四月爲除　毛本「爲」誤「謂」，閩本、明監本不誤。

105 又下章云四月方奧　閩本、明監本、毛本同。案，浦鏜云「日」誤「四」，是也。

106 奧煖也　小字本、相臺本同，閩本、明監本、毛本「奧」誤「燠」。案，此經釋文、唐石經皆作「奧」，與無衣經用字不同。上正義兩云「下章日月方奧」可證。其正義自爲文則用「燠」字者，以「奧」「燠」爲古今字而易之也。考文古本經作「燠」，采正義而誤耳。

* 譴棄戰反怒乃路反　補：毛本同。案，此八字當附上節經文下。

107 是使聽天乎命　閩本、明監本、毛本同；小字本、相臺本「乎」作「任」，考文古本同。案，「任」字是也。

108 遷也故須安此之安擇君遷也　閩本、明監本、毛本同。案，上「遷也」二字當衍，「擇君」下當有「而能」二字。

109 小明五章三章章十二句二章章六句　唐石經、小字本、相臺本同，閩本同；明監本脱；毛本「小明」至「二章」脱。

○鼓鍾

＊ 鼓其淫樂以示之之　補：案，下「之」字衍。

＊ 以示諸侯　補：毛本「云」作「示」。案，「示」字是也。

＊ 與彼文到者　補：案，「到」當作「倒」。

110 欽欽人樂進之善同音四懸克諧　閩本、明監本、毛本同。案，十行本「之」至「諧」剜添者二字。 ×

111 既以其正且廣所及　閩本、明監本、毛本同。案，十行本「正」至「廣」剜添者一字。 ×

112 又爲和而不僭差　閩本、明監本、毛本同。案，十行本「又」至「不」剜添者一字。 ×

113 傳鼛大淮上地　閩本、明監本、毛本同。案，十行本「大」至「地」剜添者一字，「淮」當作「至」。

114 東夷之樂曰昧　小字本、相臺本同，閩本、明監本、毛本同。案，釋文云「韎，本又作『昧』」，正義云「然則言昧者，物生根也」，是正義本與釋文「又作」本同。

115 南夷之樂曰南　小字本、相臺本同，考文古本同，閩本同，明監本、毛本「南」作「任」。案，「南」字是也，正義云「以南訓任，故或名任，此爲南，其實一也」可證。

116 西夷之樂曰朱離　小字本、相臺本同，閩本

同，閩本、明監本、毛本「朱」作「株」。案，正義云「秋物成而離其根株」，又云「定本作『朱離』，其義不合」，是作「株」字者改之以合正義也。

* 如是音磬舒合　補：案，「磬」當作「聲」，形近之譌。毛本正作「聲」。

117 此經言云鍾琴笙磬　閩本、明監本、毛本同。案，「云」字當衍，「琴」上當有「瑟」字。

118 即爲夷禮　明監本「即」誤「既」，閩本、毛本不誤。

119 四夷之樂雖爲舞　閩本、明監本、毛本同。案，「雖」當作「唯」。

120 鄭意直據三種之舞　明監本「三」誤「二」，閩本、毛本不誤。

○楚茨

121 民盡皆流散流散而逃亡　閩本、明監本、毛本同。案，上「流散」二字當作「棄業」。

122 田疇貇闢　閩本、明監本、毛本「貇」作「墾」。案，所改是也，毛本「闢」誤「闕」。

123 欲明喪亡亦由饑饉　明監本「喪」誤「夷」，閩本、毛本不誤。

124 則於經無所當　明監本、毛本「當」下衍「也」字，閩本剜入。

125 文指田類　閩本、明監本、毛本同。案，「田」當作「相」，大田序正義可證。

126 君婦有清濁之德　閩本、明監本、毛本「濁」作「淨」。案，所改是也。

127 首尾接連　閩本、明監本、毛本「連」下衍「而」字。

128 我蓺黍稷　唐石經、小字本、相臺本同，閩本、明監本、毛本「蓺」作「藝」。案，「藝」字非也。釋文云「我蓺，魚世反」，南山釋文云「蓺，樹也，本或作『藝技』」

『藝』字耳」，猗嗟釋文云「技藝，其綺反」。

129 茨蒺蔾也　毛本「蔾」誤「藜」，明監本以上皆不誤，下同。 ✕

130 我將得黍稷焉　閩本、明監本、毛本同，小字本、相臺本「得」作「樹」。案，「樹」字是也。

131 萬萬曰億　毛本「萬」誤「十」，明監本以上皆不誤。案，毛以「萬萬爲億」，伐檀正義有明文。

* 何所種之黍與與然　補：毛本「何」作「我」。案，「我」字是也。

132 比至於尸酳　閩本、明監本、毛本「比」誤「此」。 ✕

133 子有三角刺是也　毛本「三」誤「二」，閩本、明監本不誤。 ✕

* 依九音草術　補：案，「音草」當作「章筭」，形近之譌。

134 以黍稷爲國之主　閩本、明監本、毛本同。案，浦鏜云「國」當「穀」字誤，是也。

* 則當用積田黍稷　補：案，「積」當作「藉」，形近之譌。毛本作「籍」。

135 必祭祀所用　閩本、明監本、毛本同。案，「必」上浦鏜云疑脱「非」字，是也。

136 即郊特牲云　明監本、毛本「即」誤「既」，閩本不誤。 ✕

137 或陳于牙　小字本、相臺本同，閩本、明監本、毛本亦同。案，「牙」當作「㸦」，「㸦」即「互」之別體，碑刻中每見之。周禮釋文云「互，徐音㸦」，正義中字同。

138 或齊于肉　小字本同，閩本、明監本、毛本同，相臺本「于」作「其」。案，「其」字是也。正義標起止云「至其肉」，又云「齊其肉者」，王肅云「分齊其肉所當用」可證。

139 有解剥其皮者　小字本、相臺本同。案，正義云「豚解腥之是解剥其肉也，定本、集注皆云『解剥其皮』」，是正義本作「肉」字。

140 皇晧也　相臺本同，閩本、明監本、毛本同，小字本「晧」作「晧」。案，「晧」字誤也。信南山、泮水箋小字本亦不作「晧」可證也。

141 而享其祭祀　閩本、明監本、毛本同；小字本、相臺本「享」作「饗」，考文古本同。案，「饗」字是也。

142 箋云慶賜也　小字本同，閩本、明監本、毛本同，相臺本無「也」字。

* 其義濟濟然　補：案，「義」當作「儀」，毛本作「儀」，是也。

* 司徒奉司牛馬奉羊　補：案，「司牛」二字當倒。

* 報之以大夫之福　補：案，「夫」當作「大」，形近之譌。毛本正作「大」。

143 祭祀之禮　明監本、毛本「祀」誤「禮」，閩本不誤。

144 郭朴曰　閩本、明監本、毛本「朴」誤「璞」。

145 然則以此二禮　毛本「禮」誤「體」，閩本、明監本不誤。

146 由名有所司故也　閩本、明監本、毛本同。案，浦鏜云「名」當「各」字誤，是也。

* 體其犬豕生羊　補：案，「生」當作「牛」，毛本不誤。

147 供其脯脩刑撫　閩本、明監本、毛本同。案，浦鏜云「膴」誤「撫」，考周禮是也。

148 與此不同者　明監本、毛本「與」誤「於」，閩本不誤。

149 每處求之是祀禮於是甚明也　閩本、明監本、毛本同。案，十行本「求之是」剜添者一字。

150 豆謂肉羞庶羞也　小字本、相臺本同，閩本、明監本、毛本「肉」作「内」。案，釋文云「内羞，如字。内羞，房中之羞，或作『肉羞』」，非也」。正義云「豆内羞庶羞者」，是其本作「内」不誤也。

151 君婦謂后也　毛本「謂」誤「爲」，明監本以上皆不誤。

152 必取肉物肥腯美者也　閩本、明監本、毛本同，小字本、相臺本無「者」字。案，正義標起止云「箋君婦至腯美」，是其本無「者」字。段玉裁云有者是。

153 又爲繹而賓敬其尸　閩本、明監本「繹」誤「釋」，毛本不誤。

154 故云傅火加之　閩本、明監本、毛本同。案，「之」當作「火」。

155 留其實亦炙　閩本、明監本、毛本「留」作「燔」。案，此當作「其實燔亦炙」。

156 燔從於獻酒之肉　閩本、明監本、毛本同。案，「肉」下浦鏜云脱「炙」字，考周禮注是也。

157 特牲云燔炙肉　閩本、明監本、毛本同。案，「云」上浦鏜云脱「注」字，是也。

158 數多少長短　閩本、明監本、毛本同。案，「長」上浦鏜云脱「量」字，考周禮注是也。

159 必先膊乾其肉　閩本、明監本、毛本「膊」誤「膞」。

160 孫炎曰庶豐多也云腯　閩本、明監本、毛本同。案，「多也」二字當倒。

161 加籩則内宗薦之　閩本、明監本、毛本同。案，「籩」上浦鏜云脱「豆」字，以周禮考之，是也。

162 **則世婦薦之**　閩本、明監本、毛本「世」誤「主」。

163 **造主人使受嘏**　閩本、明監本、毛本同；小字本、相臺本「造」作「告」，考文古本同。案，「告」字是也。×

* **嘏古嘏反**　補：毛本同。案，下「嘏」字乃「假」字之譌。釋文挍勘：通志堂本作「假」，盧本作「雅」，云「舊譌，今改正」。案，「雅」字是也，小字本所附是「雅」字。

164 **既匡既勑**　唐石經、小字本、相臺本同。案，釋文云「筐，本亦作『匡』」。考此經毛無傳，但以「稷疾勑固」例之，必不與鄭義同。正義依王述毛以説傳，云「既能誠正矣」，是其本經字作「匡」，與釋文「亦作」本同。毛氏詩經字自如此也。鄭箋本經字亦作「匡」，其云「受之以筐」者，以「匡」爲「筐」之假借，不云「讀爲」，而於訓釋中竟改其字以顯之也。釋文本經字作「筐」，乃依箋所改。當以正義本爲長。正義云「既筐、既勑二句爲異」，又云「此經云既筐」，皆易字之例耳。○按，説文「筐」即「匡」之或字，是知毛訓正，鄭訓器，而無異字也。

165 **天子使宰夫受之以匡**　小字本、相臺本「匡」作「筐」，閩本、明監本、毛本同，考文古本同。案，「筐」字是也。

* **又音芮**　補：釋文挍勘：通志堂本、盧本「芮」作「苪」。案，「苪」字是也，小字本所附是「苪」字。

166 **以擩于醢以受尸矣**　閩本、明監本、毛本同。案，「受」當作「授」。

167 **曰孝子能盡其誠信**　閩本、明監本、毛本同。案，浦鏜云「曰」當「由」字誤，是也。

168 **多少如有法矣**　毛本「有」誤「是」，閩本、明監本不誤。×

169 **率命祝祝受以東**　閩本、明監本、毛本同。案，山井鼎云「率」恐「卒」誤，是也。

* **特于季指**　補：「特」當作「挂」，形近之譌。

170 **故孝子前就凡受之**　閩本、明監本、毛本同。案，浦鏜云「尸」誤「凡」，是也。

171 **定本注天子宰又受之**　閩本、明監本、毛本同。案，浦鏜云「定本」下當脱「集」字，「又」字當衍文，是也。

172 **眉壽万年**　閩本、明監本、毛本「万」誤「百」。❹

173 **勿替以之**　閩本、明監本、毛本「以」作「引」。案，山井鼎云「以」恐非，是也。

* **是一大夫之嘏辭也**　補：毛本「一」作「亦」。案，所改是也。

174 **戒諸在廟中者以祭禮畢**　小字本、相臺本同。案，釋文云「禮，或作『祀』」。正義本是「禮」字，正義云「告以祭禮畢也，祭禮畢即禮儀既備是也」可證。

175 **鼓鍾送尸**　唐石經、小字本、相臺本同。案，宋書樂志兩引此作「鍾鼓送尸」。考箋云「尸出入奏肆夏」，此經言鼓鍾，猶春秋內、外傳之言「金奏肆夏」也，變上經「鍾鼓既戒」，亦使不相蒙也，當以作「鼓鍾」者爲是。正義云「乃鳴鍾鼓以送尸，謂奏肆夏也」，「鍾鼓」當倒耳。○按，舊挍非，宋書自可據也。

176 **神安歸者歸於天也**　小字本、相臺本同。案，宋書樂志引「歸於天地也」。考正義云「神安而歸於天也」，又云「郊特牲云『魂氣歸於天』，故言神安歸於天也」，標起止云「至於天」，是有「地」字者誤也。

177 **歸賓客豆俎**　閩本、明監本、毛本同，小字本、相臺本「豆」作「之」。案，「豆」字誤也。正義云「於是之時，賓客歸之俎」，又云「是祭祀畢賓客歸之俎也」，又云「歸之俎所以尊賓客」，是正義當作「賓客歸之俎」。考文古本「客」下有「之」字，仍衍「豆」字。

178 **則從西堂下**　毛本「則」誤「別」，閩本、明監本不誤。

179 **此尸所陳**　閩本、明監本、毛本同。案，浦鏜云「詩」誤「尸」，是也。

180 **是其歡也**　相臺本同，閩本、明監本、毛本同，小字本「其」作「具」。案，「具」字誤也，正義可證。

181 **釋詁云子子孫孫**　閩本、明監本、毛本「詁」作「訓」。案，所改是也。

○信南山

182 **畇畇原隰**　唐石經、小字本、相臺本同。案，釋文云「畇畇，音匀。又作『畇』，蘓遵反，又音旬」。正義云「釋訓云『畇畇田也』，注引此『畇畇原隰』，與匀音同也」，是正義本作「畇」字。

183 **則又成王之所佃**　小字本、相臺本同，閩本、明監本、毛本亦同。案，釋文云「佃，本亦作『田』」。正義云「由曾孫成王所田之」，又云「成王田之皆信然矣」，又云「今原隰墾辟，則又成王之所田」。是其本作「田」，與「亦作」本同，「佃」非其義，乃俗本耳。

184 **下注言上天同雲**　閩本、明監本、毛本同。案，「注」當作「經」。

185 **讀如中甸之甸**　閩本、明監本、毛本同。案，此不誤。浦鏜云「衷」誤「中」，非也。正義所引自如此。今周禮注作「衷甸」，左傳同。說文人部引作「中佃」。

186 **丘乘其粢盛**　閩本、明監本、毛本同。案，浦鏜云「共」誤「其」，是也。

187 **出□□□長轂一乘**　閩本、明監本、毛本「出」下不空。案，此所空當是「馬四匹」三字也。郊特牲注本無此三字，正義以義增之耳，依彼注刪，非也。❺

188 **皆丘甸之**　閩本、明監本、毛本「皆」誤「比」。

189 與匠人井閒有洫同也　閩本、明監本、毛本同。案，浦鏜云「成」誤「井」，是也。

190 限以同年　閩本、明監本、毛本「以」誤「於」。

191 疆埸翼翼　毛本「埸」誤「場」，明監本以上皆不誤，下同。

192 周禮所諧前期十日　閩本、明監本、毛本同。案，浦鏜云「謂」誤「諧」，是也。

193 受天之祜　唐石經、小字本、相臺本同，考文古本同，閩本、明監本、毛本「祜」誤「祐」。

194 箋云毛以告純也　小字本、相臺本同。案，此正義本也。正義標起止云「箋毛以至馨香」，又云「定本及集注皆以此注爲毛傳，無『箋云』兩字」，是自此至「合馨香也」二十八字皆在傳，是也。

195 似由陽祀故用騂　閩本、明監本、毛本「似」誤「以」。

196 故曰白牡騂公牲　明監本、毛本「牡」誤「牲」，「公」誤「剛」；閩本「牡」字不誤。案，「騂」當作「周」，魯頌傳云「白牡周公牲」，正義引彼文也。不知者轉輒改之，而不可通矣。

197 彝尊彝四時之祭　閩本、明監本、毛本同。案，上「彝」字當作「司」。

198 盎齊涚酌　毛本「涚」誤「説」，閩本、明監本不誤。

199 郊特又曰　閩本、明監本、毛本同。案，「特」下浦鏜云脱「牲」字，是也。

200 又言享于祖考　明監本、毛本「言」誤「曰」，閩本不誤。

201 亨于祖考　閩本、明監本、毛本同。案，浦鏜云「享」誤「亨」，是也。

* 報以大夫之福　補：案，「夫」當作「大」，毛本不誤。

○甫田

202 甫之言丈夫也　小字本、相臺本同。案，此正義本也，正義云「故云甫之言丈夫也」。釋文云「依義『丈夫』是也，本又作『大夫』，一本『甫之言夫也』，又一本『甫之言大也』」。考文一本作「大夫」，采釋文，古本作「夫丈」誤。

203 上地穀畝一鍾　小字本、相臺本同，閩本同，明監本、毛本「鍾」作「鐘」。案，「鍾」字是也，正義標起止同。正義下文作「鐘」者，自爲文而易字耳。閩本皆作「鍾」，非。

204 民得賒貰取食之　小字本、相臺本同。案，正義云「賒貸取而食之也」，又云「定本及集注『貸』皆作『貰』，義或然也」。釋文云「貰音世」。

205 自古者豐年之法如此　小字本、相臺本同，考文古本同，閩本、明監本、毛本「豐」誤「農」。

206 今言治田元辭　閩本、明監本、毛本同，小字本、相臺本「元」作「互」，考文古本同。案，「互」字是也，正義標起止不誤。

207 禮使民鋤作耘耔　小字本、相臺本同。案，釋文云「鋤，本或作『助』，同，仕魚反」，正義本是「鋤」字。○按，周禮耡訓助，牀倨切；作「鋤」，仕魚切，非也。

208 以道藝相講肄　小字本、相臺本同。案，釋文云「肄，以四反。字亦作『肆』，同」，正義本是「肆」字。

209 等養之義也　閩本、明監本、毛本「等」作「孝」。案，此用孫毓評也，下文引是「孝」字。

210 或擁其根本　閩本、明監本、毛本「擁」作「壅」。案，「壅」字非也，正義引食貨志之「附根故易雍爲擁」而説之。

211 故令黍稷得薿薿然而茂盛　閩本、明監本、毛本「令」誤「今」。

212 所以紓官之畜滯　閩本、明監本、毛本「畜」作「蓄」，後「畜積」同。案，「畜」字是也。以大東證之，正義用「畜」爲今字。

213 今成王之時奉而脩之　閩本、明監本、毛本「奉」誤「舉」。

214 夫猶傳也　毛本同，閩本、明監本「傳」作「傅」。案，「傅」字誤也。

215 可倚丈也　閩本、明監本、毛本「丈」作「仗」。按，「仗」乃俗字耳，古祇用「杖」、用「丈」。

216 上孰其收自四　閩本、明監本、毛本「孰」誤「熟」，下同。

217 自三百五十碩　閩本、明監本、毛本同。案，「三」下浦鏜云脱「四」字，是也。自三者，以三乘百五十碩也，當得四百五十碩。

218 孟子曰言三代稅法　閩本、明監本、毛本同。案，浦鏜云「曰」當衍字，是也。

219 方里而井九百畝　閩本、明監本、毛本重「井」字。案，所補是也。

220 故鄭元通其率　閩本、明監本、毛本同。案，「元」當作「互」。

221 而失其本旨　毛本「失」誤「決」，閩本、明監本不誤。

222 其若合符　閩本、明監本、毛本同。案，「其」當作「共」。

223 言農夫食陳　閩本、明監本、毛本「夫」作「人」。案，所改是也。

224 注云因時施之　閩本、明監本、毛本同。

案，浦鏜云「困」誤「因」，是也。

225 此即義取其陳也　閩本、明監本、毛本同。案，浦鏜云「我」誤「義」，是也。

226 因隤其土　閩本、明監本、毛本「隤」誤「壝」。

227 比成壠盡而根深　閩本、明監本、毛本同。案，此不誤。浦鏜云「盛暑」二字誤「成」，非也，當是正義所引自如此。

228 故得使農人之其南畝也　明監本、毛本「之」誤「知」，閩本不誤。×

229 且耕且養　明監本、毛本「耕」誤「井」，閩本不誤。×

230 用日少而畜德多　閩本、明監本、毛本「畜」誤「蓄」。案，浦鏜云漢志作「畜」，是也。

231 吹豳雅擊土鼓　明監本「擊」誤「繫」，各本皆不誤。

232 以之其能成五穀之功也　閩本、明監本、毛本上「之」字作「報」。案，所改是也。×

* 於孟冬又月　補：「又」當作「之」。

233 而饗勞之也　閩本、明監本、毛本「饗」誤「嚮」。×

* 至前孟春其以琴瑟　補：「其」當作「月」。

234 共工氏有子曰句龍爲后土又曰后土則社　閩本、明監本、毛本同。案，十行本「共」至下「后」字剜添者四字，當是衍「又曰后土」四字也。「則」者今之「即」字，下引趙商問「后土則社，社則后土」可證。

235 后土爲社謂輔作社神　閩本、明監本、毛本同。案，十行本「社」至「社」剜添者一字，當是衍「謂」字也。「輔」當作「轉」，下云「後轉爲社」，又云「後轉以配社」，又云「后土轉爲社」，皆其證也。

236 注云社祭也神　閩本、明監本、毛本同。案，山井鼎云「也」當作「地」，是也。

237 社而祭之故曰　閩本、明監本、毛本同。案，「曰」下浦鏜云脱「后土社」三字，從周禮大宗伯疏挍，是也。

238 亦可不須由此言　閩本、明監本、毛本同。案，此不誤。「須」下浦鏜云脱「言也」二字，非也。此讀當於「言」字絶，乃七字爲一句。

239 檀弓曰以國亡大縣邑哭於后土　閩本、明監本、毛本同。案，「以」字當衍，「土」下當有「者」字。

240 社爲陰祀　閩本、明監本、毛本「爲」誤「謂」。×

241 是謂休息之　明監本、毛本「謂」誤「爲」，閩本不誤。×

242 蜡也蜡者索也　閩本、明監本、毛本同。案，浦鏜云「蜡也」下衍一「蜡」字。

243 郊特牲止云息田夫　閩本、明監本「止」誤「只」；毛本初刻同，後剜改「止」。×

244 禁民飲食　閩本、明監本、毛本同。案，浦鏜云「酒」誤「食」，是也。

245 郵表畷四也　明監本、毛本「畷」誤「啜」，閩本不誤。×

246 彼云設其社稷之壝　閩本、明監本、毛本同。案，浦鏜云「壝」誤「壝」，是也。

247 祁雨又宜早　閩本、明監本、毛本同。案，「祁」當作「祈」。

248 時次於上　閩本、明監本、毛本「上」誤「此」。×

249 饟其左右從行者　小字本、相臺本同，考文古本同，閩本、明監本、毛本「饟」誤「攘」。

250 成王則無所責怒　小字本、相臺本同，考文古本同，閩本、明監本、毛本「責」作「恚」。案，正義云「不有恚怒」，不知正義本字作「恚」或自爲文也，輒依以改者非。

251 田畯田家　閩本、明監本、毛本同。案，「家」當作「官」。

252 而公以其　閩本、明監本、毛本同。案，浦鏜云「公」當「云」字誤，是也。

253 又帝王乃躬自食農人　明監本「自」誤「目」，閩本、毛本不誤。

254 田蠶並爲急務　明監本「田」誤「曰」，閩本、毛本不誤。

255 近者納稯　小字本、相臺本同，考文古本同，閩本、明監本、毛本「稯」作「緫」。案，釋文云「稯，作孔反」。考此正義「緫」字凡五見，應是其本作「緫」，與釋文本不同。

256 是言年豐收入踰前也　小字本、相臺本同。案，釋文云「年收，手又反，又如字」。考此箋當本云「是言年收踰前也」，「年」下「豐」字，「收」下「入」字皆衍，「年收」即「歲取」也。正義云「以其收入踰前」乃自爲文耳，或因此改箋，又并添「豐」字。考文古本倒作「豐年」，但欲使「年收」連文，以爲合於釋文耳。

257 橋有廣狹　閩本、明監本、毛本「橋」誤「横」。

258 小渚曰沚　明監本、毛本「小」誤「水」，閩本不誤。

259 亦校其歲以爲率　明監本、毛本「亦」誤「應」，閩本不誤。

260 **禹貢有納銍納秸**　閩本、明監本、毛本「銍」誤「秷」，下同。

261 **秸又云穎也**　閩本、明監本、毛本同。案，浦鏜云「去」誤「云」，是也。

262 **遠者粟米**　閩本、明監本、毛本「粟」誤「納」。

263 **定本疆境字作竟**　閩本、明監本、毛本同。案，「境」「竟」二字當互易，七月正義可證。

○大田

264 **亦矜寡之類**　閩本、明監本、毛本「類」誤「稱」。

265 **是既備矣**　小字本、相臺本同。案，正義云「故云是故備矣」，當是其本作「故」字。

266 **至孟春土長冒橛**　相臺本同，閩本、明監本、毛本同，小字本「橛」作「撅」。案，「橛」字是也。橛者，陳稼之根橛在地中者也，月令及此釋文皆作「橛」，正義中字同，皆可證。○按，禮記疏云「以木槧置地上，候之氣至，則土冒槧上」，此云「以冬土定，故稼槧於地，與地平」，「稼」字必誤，當同月令疏作「置」，非「稼槧」即下文陳根也。舊挍殊誤，今復正之。

267 **載讀爲菑栗之菑**　毛本「菑」誤「蓄」，明監本以上皆不誤。

268 **以種其百種之衆穀**　閩本、明監本、毛本下「種」字誤「穀」。

269 **如嫁女有所生**　閩本、明監本「嫁」誤「稼」，毛本不誤。

270 **即分地之利是也**　明監本、毛本「利」誤「耕」，閩本不誤。

271 **農書有七家**　閩本、明監本、毛本同。案，浦鏜云「九」誤「七」，以漢志考之，是也。

272 人耕即下種　毛本「下」誤「云」，閩本、明監本不誤。

273 稂童梁也　小字本、相臺本同，閩本同，明監本、毛本「梁」作「粱」。案，「梁」字是也，見下泉。

274 無害我田稺　閩本、明監本、毛本同；小字本、相臺本「稺」作「穉」；唐石經初刻「穉」，後磨改「稺」。案，「稺」字是也。釋文云「田穉，音稚，下同」。五經文字云「稺穉，幼禾也，上説文，下字林」。亦爲「長稺」字，載馳「衆稺且狂」，唐石經同作「穉」者，非。谷風等箋「長稚」則多用「稚」，又「稺」之今字也。正義自爲文，「長稚」字亦當用之。

275 盛陽氣嬴則生之　小字本同，閩本、明監本、毛本同，相臺本「嬴」作「贏」。案，六經正誤云「作『嬴』誤，興國本作『贏』」，相臺本依之改，非也。釋文云「嬴音盈」，古「盈縮」字作「嬴」，見於書傳多矣，毛居正失考耳。

276 皁成而未堅　閩本、明監本、毛本「皁」誤「是」。

277 釋草文　閩本、明監本、毛本「文」誤「云」。

278 故曰蟦也　閩本「蟦」誤「螟」，明監本、毛本「蟦」作「螣」。案，正義下文以「蟦」與「蟘」爲古今字説此也，作「螣」者誤。

279 食禾節言貪很　閩本、明監本、毛本「很」誤「狼」。

280 蟊與𧒂古今字耳　閩本、明監本、毛本同。案，「𧒂」當作「𧕫」，集韻所載如此可證也。依此上所引李巡爾雅注是「𧕫」字，今作「蟊」者誤。○按，𧕫，今説文蟲部徐鉉曰「上象其形，非从矛，書者多誤」，徐所云多誤者謂俗多上从矛耳。

281 一穗蟲也　閩本、明監本同，毛本「穗」作「種」。案，所改是也。

282 故持之付于炎火　閩本、明監本、毛本同。案，「于」當作「與」，因寫者以「予」爲「與」之别體字，而又譌爲「于」也。「付與」是箋所以説經「畀」字者也。正義上文云「持于炎火」誤同。

283 **有渰萋萋** 唐石經、小字本、相臺本同。案，釋文云「萋萋，七西反」，正義云「萋萋然行者」。段玉裁云「當從説文、玉篇、廣韻作『淒淒』」。又，吕氏春秋務本、漢書食貨志、後漢左雄傳皆作「淒淒」，見經義雜記。考文古本作「淒」，采他書也。

284 **興雨祈祈** 小字本同，閩本、明監本、毛本同；唐石經、相臺本作「祁祁」，考文古本同。案，「祈祈」誤也，正義中字同。釋文云「興雨，如字，本或作『興雲』，非也」。正義云「經『興雨』或作『興雲』，誤也。定本作『興雨』」。考此經本作「興雲」，顔氏家訓始以爲當作「興雨」，釋文、正義、唐石經皆從其説也。段玉裁云「説文『淒，雨雲起也』，『渰，雨雲貌』。雨雲謂欲雨之雲，凡大雨之來，黑雲起而風生，風生而雲行，所謂『有渰淒淒』也。已而風定，白雲彌天，雨隨之下，所謂『興雲祁祁，雨公及私』也。作『興雨』於物理、經訓皆失之」，詩經小學説同。又，吕氏春秋、食貨志、隸釋、無極山碑、韓詩外傳皆作「興雲」，見經義雜記。又，鹽鐵論、後漢書左雄傳作「興雨」，當亦是後人以顔説改之耳。

285 **渰雲興貌** 小字本、相臺本同。案，釋文「渰」下云「雲興貌」，正義云「傳渰雲興貌，定本、集注云『渰陰雲貌』，顔氏家訓引毛傳云『渰陰雲貌』」。段玉裁從家訓、定本、集注。考文一本作「渰陰雲興貌」，采正義而誤并二本爲一也。

286 **祁祁徐也** 小字本、相臺本同。案，釋文「祁祁」下云「徐也」。正義云「祁祁徐貌，謂徐緩而降」。段玉裁云「家訓有『貌』」。考文一本作「祈祈徐徐行貌也」，采正義而有誤。

287 **此有不斂穧** 唐石經、小字本、相臺本同。案，正義云「定本、集注『穧』作『積』」。以釋文、正義考之，「積」字非也；或「積」當作「穦」，以「齊」「資」得通用，而借「穦」爲「穧」也。

288 **言捃拾取之以自利己** 明監本、毛本

「己」誤「也」，閩本不誤。×

289 此秉謂刈禾盈手之秉　毛本「謂」誤「爲」，閩本、明監本不誤。×

290 以對米秉爲異　閩本、明監本、毛本「米」誤「禾」。×

291 騂牛也　小字本、相臺本同。案，正義云「故云騂赤牛也，定本、集注『騂』下無『赤』字，是也」，是其本有「赤」字。標起止無，當是後改。考文古本有，采正義。

292 以觀稼穡也　閩本、明監本、毛本同。案，浦鏜云「勸」誤「觀」，是也，甫田正義可證。

293 目上章言犧羊　閩本、明監本、毛本「目」誤「且」。案，「章」當作「篇」。

294 而祈後年也　明監本、毛本「祈」誤「祀」，閩本不誤。×

○瞻彼洛矣

295 此及裳裳者華　明監本、毛本「乃」誤「及」，閩本不誤。

296 故宜云古明王　閩本、明監本、毛本同。案，浦鏜云「宜」當「直」字誤，是也。

297 韎韐者茅蒐染草也　小字本、相臺本同。案，「草」當作「韋」，見下。

298 一曰韎　小字本、相臺本同。案，「一」下當有「入」字，見下。正義云「定本云『一入曰韎韐』」。此讀當以「韎」字斷句，「韐」字逗，正義讀「韎韐」二字爲連文者非，亦見下。

299 韎韐者茅蒐染也茅蒐韎韐聲也　小字本、相臺本同。案，二「韐」字當衍，見下。韋昭晉語注引無二「韐」字，左成十六年正義引亦無。正義有二「韐」字，當是其本誤。

300 韎韐祭服之韠合韋爲之　小字本、相臺本同。案，「韎」字當衍也。段玉裁曰：「韎者，韐之色也。茅蒐染韋，一入曰韎，亦見說文及五經文字，即一染謂之縓也。韠，韍也。士無韍有韐，故云韐所以代韠。箋申之云『韎者，茅蒐染也。茅蒐，韎聲也。韐，祭服之韠，合韋爲之』，皆分析『韎』『韐』二字別義，各本譌舛不可讀。茅蒐韎聲者，駁異義所云『齊魯之閒言韎聲如茅蒐也』。」

301 紨衣纁裳也　小字本、相臺本同。案，此釋文本也，釋文云「紨音緇」。考士冠禮「纁裳純衣緇帶」，注云「純衣，絲衣也」，鄭不破爲「紨」。正義引此經及注，是其本當不誤；今正義中字皆作「紨」者，後人改之也。又，鄭彼注云「先裳後衣者，欲令下近緇明衣與帶同色」，亦經不讀爲「紨」之明證。儀禮釋文此無音，不誤也。

302 河西曰雍州　閩本、明監本、毛本同。案，浦鏜云「正」誤「河」，是也。

303 此又言韎韐　閩本、明監本、毛本同。案，「又」當作「文」。

304 其躰合韋爲之　閩本、明監本、毛本「躰」誤「禮」。

305 琫上飾珌下飾珌下飾也　閩本同；明監本、毛本「也」誤「者」；小字本、相臺本不重「珌下飾」三字，考文古本同。案，有者複衍也。段玉裁云：「鞞，刀室也，即刀削。削音肖，削之上刀把其飾曰琫，削末之飾曰珌，有讀爲又，言有鞞有琫又有珌也。公劉傳『下曰鞞上曰琫』，略舉上下之體而已。釋名與毛所說各異。」戴震改此傳云「琫上飾，鞞下飾，珌飾貌」，非也，鞞不可言飾。戴說見毛鄭詩考正，據釋名也。又，陳啟源毛詩稽古編說與段玉裁合。

306 諸侯璗琫而璆珌大夫鐐琫而鏐珌　小字本、相臺本同。案，正義云「天子諸侯琫珌異物，大夫士則同，尊卑之差也」，又云「定本及集注皆以『諸侯珌璆』字從玉，又以『大夫鏐珌』，恐非也」，是正義本當作「諸侯璗琫而鏐珌大夫鐐琫而鐐珌」。釋文本與定本、集注同。段玉裁曰：「此從正義本。考説文『琫』『珌』，天子皆以玉，則諸侯皆以金，大夫皆以銀，士皆以蜃，爲有條理。説文又云『天子玉琫而珧珌』。」

307 顯其能制斷　小字本、相臺本同。案，釋文以「能斷」作音，無「制」字。正義云「以顯其能制斷也」，不知正義本有「制」字，或自爲文也。「制斷」字在兔罝傳，當以有者爲是。

308 其鞞則有琫　明監本「鞞」誤「轉」，閩本、毛本不誤。　×

309 郭璞曰似小蜯　閩本、明監本、毛本「蜯」誤「琫」。　×

310 説文云珕蜃而不及於蜃故天子用蜃　閩本同，明監本、毛本「及」誤「别」。案，十行本「珕」至末「蜃」剜添者三字。公珕蜃，山井鼎云作「珕蜃屬」爲似是，是也。

○裳裳者華

311 兮已由讒見絶　閩本、明監本、毛本同。案，浦鏜云「兮」疑「以」字誤，屬下爲句，是也。

312 故下章無葉　毛本「章」誤「意」，閩本、明監本不誤。　×

313 此華赤以黄爲盛　閩本、明監本、毛本同。案，「赤」當作「亦」，形近之譌。

314 故言時有駮而不純者　閩本、明監本、毛本同。案，「駮」當作「駁」。

315 而見絶也　閩本、明監本、毛本同；小字本、相臺本「見」下有「棄」字，無「也」字；考文古本「棄」字亦同。案，有者是也。

○桑扈

316 箋胥皆至福禄　閩本、明監本、毛本同。案，山井鼎云「皆」作「有」爲是，是也。

317 屈原之妹名女須　閩本、明監本、毛本同。案，「姊」誤「妹」，下同，是也。

318 萬邦是中國之辭　明監本「辭」誤「辟」，閩本、毛本不誤。

319 翰榦　小字本、相臺本「榦」作「幹」，閩本、明監本、毛本同；考文古本作「榦」。案，「榦」字是也。此箋云「爲之楨榦」，韓奕「榦不庭方」，江漢、召公、維翰箋皆云「楨榦」可證，此傳本是「榦」字也。「幹」字説文所無，文王、文王有聲、板、崧高傳箋皆當同。其正義云「爲之楨幹」者，以「榦」「幹」爲古今字，易而説之也。餘同。此釋文「翰」下云「翰也」，亦是易爲今字耳。崧高、韓奕以「楨榦」作音，則不用「幹」字矣。爾雅「楨翰儀榦也」，釋文云「本又作『幹』」，五經文字木部云「榦，楨榦字」。○按，「幹」乃俗字之尤者，未必作正義者用之，直轉寫之譌耳。舊挍非是。

320 則爲天所祜　明監本、毛本「祜」誤「祐」，閩本不誤。

321 釋詁云楨榦也　閩本、明監本、毛本「榦」誤「幹」，下「榦所以當牆兩邊」同。

322 爲之楨榦也　閩本、明監本、毛本「榦」作「幹」。案，所改是也。此當易爲「幹」，上標起止當作「榦」，今誤。

323 言不憮敖自淫恣也　小字本同，閩本、明監本、毛本同，相臺本「憮」作「幠」。案，「幠」字是也。

324 爲不傲慢矣　閩本、明監本、毛本「傲」誤「敖」。案，「敖」「傲」古今字，此正義易而説之也。

○鴛鴦

325 以興於萬物皆耳　閩本、明監本、毛本同。案，浦鏜云「耳」字當作「爾」，是也。

326 易得尚以　閩本、明監本、毛本同。案，浦鏜云下當脱「時取」二字，是也。

327 月令云羅網畢翳　閩本、明監本、毛本同。案，十行本「月令云」剜添者一字。

328 摧莝也　小字本、相臺本同。案，此正義本也。正義云「傳云『摧莝』，轉古爲今」。釋文「摧」下云「芻也」，又「芻也，楚俱反」，是其本「莝」作「芻」，與正義本不同也。考此傳當本云「摧芻也」，與下傳「秣粟也」相對。故箋云「摧，今『莝』字」，所以申摧得訓爲芻之意；非傳先已轉古爲今，而箋又辨之，如正義所云也。當以釋文本爲長。○按，詩經小學言之詳矣，傳本作「摧挫也」，箋本作「挫今莝字也」，毛用古字，鄭恐人不解故申之，後人轉寫譌誤耳。「莝」乃是斬芻，芻未斬者不可以飼馬，且「摧」「挫」音義皆相近。

329 挫今莝字也　小字本同；閩本同；相臺本「挫」作「摧」，明監本、毛本同。案，「摧」字是也。釋文云「摧，采臥反」，讀依此箋也。正義標起止云「箋摧今」。○按，小字本、閩本是也。

330 有事乃予之穀　小字本、相臺本同。案，此正義本也。正義云「而不常與粟」，易「予」爲「與」也。釋文云「與於，音豫」，是其本「予」之作「與於」，與正義本不同。考文一本「予」作「與」，采正義、釋文而不知其異。

331 箋鴛鴦至恐懼　閩本、明監本、毛本同。案，浦鏜云至「故與此異也」百五字當在二章下，是也。此合併時分屬之如此耳。

332 故與此異也　閩本、明監本、毛本同。案，浦鏜云「此」當「彼」誤，是也。

333 序言自奉養非王身　閩本、明監本、毛本同。案，「非」當作「謂」。

334 亦猶然也齊而後三舉設盛饌三舉節是設盛饌也恒日則減焉唯一舉也　閩本、明監本、毛本同。案，十行本首「也」至末「也」剜添者七字。浦鏜云「節」當「即」字誤也。❻

335 玉藻曰少牢　閩本、明監本、毛本同。案，浦鏜云「日」譌「曰」，是也。

○頍弁

336 不能宴樂同姓　唐石經、小字本、相臺本同。案，釋文云「燕，又作『宴』」。以鹿鳴等訂之，序字當用「燕」，「又作宴」者依經「君子維宴」字改也。考文古本作「燕」，采釋文。

337 今不親睦　閩本、明監本、毛本同。案，浦鏜云「今」疑「令」字誤，是也。

338 非自有根　毛本「自有」誤倒，閩本、明監本不誤。

339 雖陪臣卿大夫　明監本、毛本「陪」誤「倍」，閩本不誤。

340 釋詁云寔是也　明監本「寔」誤「宴」，閩本、毛本不誤，下同。

341 則此皮爲燕之服　閩本、明監本、毛本同。案，浦鏜云「皮」下當脱「弁」字，是也。

342 周人循而兼用之　閩本、明監本、毛本同。案，今禮記「循」作「脩」。

343 親同姓用皮弁也　閩本、明監本、毛本同。案，浦鏜云「親」疑「燕」字誤，是也。

344 赤黑恬美　閩本、明監本、毛本同。案，此不誤。浦鏜云「甜」誤「恬」，非也。采苦正義引陸機云「恬脆而美」可證也。「恬」即「甜」字，周禮注云「如今恬酒矣」。

345 言當開解而懌悦也　閩本、明監本、毛本「懌悦」倒。案，所改是也。

346 實維何期　唐石經、小字本、相臺本同。案，釋文云「本亦作其，音基，辭也。王如字」。考此箋云「期，辭也」，是以「期」「其」爲同字也。毛氏詩當是經字本作「期」，故王肅得如字讀之以異於鄭。「亦作」本非也。考文古本作「斯」誤甚。

347 具猶來也　閩本、明監本、毛本同，小字本、相臺本「來」作「皆」，考文古本同。案，「來」字誤也。

348 吾謂之甥　相臺本同，閩本、明監本、毛本同，小字本「甥」下有「也」字。

349 君子維宴　小字本、相臺本同，考文古本同；唐石經初刻「燕」，後改「宴」。案，初刻非也。正義標起止云「至維宴」，當是其本字作「宴」；上下文云「燕者」，亦易字之例也。

350 且今夕喜樂此酒　小字本、相臺本同。案，六經正誤云「『喜』作『善』誤，建本作『喜』」。考正義，作「喜」者誤字耳，毛居正非。考文古本作「善」，采正義。

351 王若覆滅　明監本「覆」誤「復」，閩本、毛本不誤。

352 且自相與善樂此酒於今之夕　閩本、明監本、毛本「善」誤「喜」。

353 解雪當散下　明監本、毛本「散」誤「能」，閩本不誤。

354 陽之專氣爲霰陰之專氣爲雹　閩本、明監本、毛本同。案，山井鼎云「大戴禮上作『雹』，下作『霰』」，是也，此轉寫誤倒耳。○按，正義文不誤，且以釋箋「遇温气而摶謂之霓」正相合，不當以今之大戴禮相繩也。疑今大戴正文誤。

355 盛陽氣之在雨水　閩本、明監本、毛本同。案，山井鼎云「以下文類之，『氣之』當作『之氣』」，是也。

○車舝

356 作車舝詩者　閩本、明監本、毛本同。案，浦鏜云「作」字當衍文，是也。

357 思得孌然美好之少女　小字本、相臺本同。案，釋文云「一本作『季女』」，正義本是「少」

字。 ×

358 往迎之配幽王　閩本、明監本、毛本同；小字本、相臺本「配」上有「以」字，考文古本同。案，有者是也。

359 合會離散之人　小字本、相臺本同，閩本、明監本、毛本亦同。案，正義云「會合離散之人」，當是轉寫倒之耳。考文古本作「會合」，采正義而誤。

360 須賢友共之　閩本、明監本、毛本「友」誤「女」。 ×

361 雖無同好之賢友　明監本、毛本「雖」誤「須」，閩本不誤。 ×

362 嫉褒姒之甚　閩本、明監本、毛本「嫉」誤「疾」。案，此亦正義易字也。考文古本因改箋作「疾」者非。 ×

363 思賢女之幼　閩本、明監本、毛本同。案，「幼」當作「切」，其誤因形近而涉上文也。

364 辰彼碩女　小字本、相臺本同。唐石經初刻「季」，後改「碩」。案，初刻誤也，正義可證。

365 此鷮雉乃耿介之鳥　明監本、毛本「乃」誤「及」，閩本不誤。 ×

366 唯有茂美之德者　毛本「美」誤「林」，閩本、明監本不誤。 ×

367 故林麓山下人語曰　閩本、明監本、毛本同。案，浦鏜云「慮」誤「麓」，是也。

368 猶用之燕飲　閩本、明監本、毛本「之」下衍「此」字；小字本、相臺本無，考文古本無；十行本初刻無，後剜添。

369 必皆庶幾於王之變改　閩本、明監本、毛本同，小字本、相臺本「必」作「人」。案，「人」字是也。

370 善乎我得見女如是　小字本、相臺本同。案，此正義本也，正義云「善乎我得見汝之新昏，賢女辟除褒姒之惡如是」。釋文云「行如是，一本無『行』字」。考文古本有，采釋文。

371 高山仰止　唐石經、小字本、相臺本同。案，釋文云「仰止，本或作『仰之』」。考正義云「則仰而慕之」；下「景行行止」正義云「則法而行之」，又云「故仰之行之，異其文也」。是正義本二「止」字皆作「之」。○按，正義本當是一作「之」，一作「止」，故云異其文。舊挍非也。

372 慰安也　小字本、相臺本同。案，此傳正義本作「慰安也」，釋文本作「慰怨也」。正義云「孫毓載毛傳『慰怨也』」，又云「偏撿今本皆爲『慰安』」，又云「定本『慰安也』」。釋文云「本或作『慰安也』，是馬融義，馬昭、張融論之詳矣」。昭、融所論今不傳。釋文以王申爲怨恨之辭爲據，正義則申鄭以難王，當以正義本爲長。

○青蠅

373 詩人喻善使惡　閩本、明監本、毛本「詩」作「讒」。案，所改是也。

374 箋構合合猶交亂　閩本、明監本、毛本「構合」下衍「也」字。×

○賓之初筵

375 飲酒時情態也　小字本、相臺本同。案，釋文「淫液」下云「飲酒時情態也」。正義云「定本、集注『態』下皆無『出』字」，標起止云「至情態」，當是合併時不知正義本有「出」而刪之耳。考三章箋云「至於旅酬而小人之態出」，當以有者爲長。

376 俱以上二章　明監本、毛本「二」誤「三」，閩本不誤。×

377 卒章無君臣淫泆之事者　閩本、明監本、毛本「泆」作「液」。案，所改是也，以下皆當作「液」。

378 說大侯既抗以下六句　毛本「抗以」誤

「坑之」，閩本、明監本不誤。　×

379 **和旨酒調美也**　小字本同，閩本、明監本、毛本同；相臺本「酒」作「猶」，考文古本同。案，「猶」字是也。

380 **下章言烝衎烈祖**　小字本、相臺本同，閩本同，明監本、毛本「烈」誤「列」。

381 **其非祭與**　小字本、相臺本同。案，釋文云「其非祭與，音餘。本作『乎』，又作『也』，並非」。考正義云「故破之云」，云「其非祭乎」，是其本作「乎」；標起止云「至祭與」，當是後改。

382 **我以此求爵女**　小字本、相臺本同，閩本、明監本、毛本同。案，正義云「故云『發矢之時各心競，云我以此求汝爵』」，是其本作「女爵」。考文古本有「女」字，采正義；但又以句末「女」字別屬下「爵」讀，非也。

383 **隨其左右之宜**　毛本「宜」誤「官」，閩本、明監本不誤。　×

384 **公外席賓列自西階**　閩本、明監本、毛本同。案，「外」字、「列」字皆「升」字之誤。山井鼎引儀禮元文「公升」下有「即」字，乃正義引不備耳。

385 **是將祭再爲射禮澤宮言習射則未是正射射於射宮乃行**　閩本、明監本、毛本同。案，十行本上「射」至下「宮」剜添者二字，此當云「正射於射宮乃行」，句首仍脱一「正」字。

386 **毛以此篇爲燕射鄭則爲大射**　閩本、明監本、毛本同。案，十行本「射」至「射」剜添者一字。　×

387 **傳言加籩豆**　閩本、明監本、毛本同。案，「豆」字當衍。

388 **而又天官籩人**　毛本「天」誤「大」，閩本、

明監本不誤。×

389 菱茨栗脯　閩本、明監本、毛本同。案，浦鏜云「芡」誤「茨」，是也。

390 皆實之於豆實謂葅醢　閩本、明監本、毛本同。案，「實」上浦鏜云當脱「故云豆」三字，是也。

391 殽核與籩豆相對　毛本「與」誤「於」，閩本、明監本不誤。×

392 皆正面畫其頭象　閩本、明監本、毛本「正」誤「止」。×

393 不忘上下相犯　閩本、明監本、毛本同。案，山井鼎云「鄉射記注『下』作『不』」，誤也，「不」是今本儀禮譌字耳。

394 天子之射張三侯也　明監本、毛本「三」誤「二」，下「是諸侯之射張三侯也」同；閩本不誤。×

395 正鵠皆鳥之捷點者也　閩本、明監本、毛本「捷」誤「棲」。案，山井鼎云「點」恐「黠」誤，是也，今大射注作「黠」不誤。

396 大射唯三耦者　明監本「耦」誤「射」，閩本、毛本不誤。×

397 衆耦正謂王之六耦之外衆耦也　閩本、明監本、毛本同。案，浦鏜云「六耦」下當脱「非謂六耦」四字，是也。

398 四寸曰質　毛本「寸」誤「尺」，閩本、明監本不誤。×

399 又引爾雅云　閩本、明監本、毛本同。案，「爾」當作「小」，此在孔叢小雅廣物。

400 司射命設封　閩本、明監本、毛本同。案，山井鼎云大射禮「封」作「豐」，浦鏜云「豐」誤

「封」，是也，正義下文皆作「豐」。

401 卒爵者酌之以其所尊　小字本、相臺本同。案，當作「酌以之其所尊」，倒者誤。正義云「故云酌之獻其所尊以義言之耳」。考文古本「其」上有「獻」字，采正義而爲之。

402 又無次也　小字本、相臺本同。案，釋文云「人無次也，一本『人』作『又』」。正義云「以旅末故并無次序也」，當是其本作「又」，而以并釋之也。

403 作樂以助歡心　毛本「歡」誤「樂」，閩本、明監本不誤。×

404 所以事其先祖也　閩本、明監本、毛本「事」誤「祀」。×

405 郊特牲文以人死也　閩本、明監本、毛本同。案，「也」字當在「文」字下。

406 其相去亦幾也　閩本、明監本、毛本同。案，「亦」當作「無」。

407 去國之法　閩本、明監本、毛本「法」誤「去」。×

408 有孝子之人君耳○箋任至心○　閩本、明監本、毛本同。案，十行本「有」至下「○」剜添者二字，此當云「箋壬任至歡心」，仍脱二字。

409 君爲國君則任是君所任者　閩本、明監本、毛本同。案，十行本上「君」至上「任」剜添者一字。×

410 採其美物　閩本、明監本同。毛本「採」作「采」。案，「采」字是也。

411 故知陳天下諸侯獻之禮陳於庭　閩本、明監本、毛本同。案，浦鏜云「侯」下脱「所」字，是也。「知」下「陳」字衍。

412 是皆尸假神意與主人　閩本、明監本、毛本「假」誤「嘏」。×

413 次若今更衣帳張席爲之　閩本、明監本、毛本同。案，山井鼎云「彼注作『次若今時更衣處帳張席爲之』」，非也。正義無「時」字、「處」字，引不備耳。又，今大射注「帳張席」作「張幃席」。

414 又此論祭事　閩本、明監本、毛本「事」誤「祀」。×

415 上嗣主人將爲後者　閩本、明監本、毛本「主」誤「王」。×

416 又曰舉奠洗爵入　閩本、明監本、毛本同。案，浦鏜云「酌」誤「爵」，以特牲考之，浦挍是也。

417 少牢無嗣子舉奠之事特牲注云大夫之嗣子無舉首奠　閩本、明監本、毛本同。案，十行本上「嗣」至下「子」剜添者二字。山井鼎云「特牲注『無』作『不』，無『首』字」，浦鏜云「首」衍字，是也。

418 以有洗爵入事　閩本、明監本、毛本「酌」誤「爵」。×

419 故云其登引餕獻受爵　閩本、明監本、毛本同。案，山井鼎云「引」字應刪，是也。

420 不直引文王世子　閩本、明監本、毛本同。案，十行本「引文王」剜添者一字，此因初刻「引」字錯入上文而補也，但上仍未刪耳。

421 以特牲少牢饋食禮言之　閩本、明監本、毛本同。案，浦鏜云「少牢」二字衍，是也。

422 注云大夫三獻而禮成　閩本、明監本、毛本同。案，「夫」下浦鏜云脱「士」字，是也。

423 遷徙屢數也　小字本同，閩本、明監本、毛本同，相臺本無「也」字。案，無者誤也。

424 能自勑戒以禮　小字本、相臺本同，閩本、明

監本、毛本「勑」誤「敕」。×

425 號呼讙呶也　明監本「讙」誤「謹」，各本皆不誤。×

426 傲傲舞不能自正　小字本、相臺本同。案，釋文云「注本『正』，或作『正』」，又云「此宜爲『正』」。正義本是「正」字。考文古本作「止」，采釋文。

427 彼醉則已不善　小字本、相臺本同。案，六經正誤云「彼醉則己不善，作『已』誤」，此毛居正誤改也。箋意「已」字與下「復」字相對，無取於己之義。

428 匪由勿語　唐石經、小字本、相臺本同。案，段玉裁云「觀箋亦無從而行之也，鄭時經文作『勿由勿語』」，詳見詩經小學。今考正義云「非得見彼皆然遂從而行之」，是正義本已如此，唐石經所自出也。

429 以人性諱短　閩本、明監本、毛本「性」誤「姓」。×

430 鄭唯以式爲惡　閩本、明監本、毛本同。案，浦鏜云「慝」誤「惡」，是也。

○魚藻

431 有那其居　小字本、相臺本同；唐石經「那」字磨改，其初刻不可辨，或與商頌同，見彼下。

○采菽

432 數徵會之　小字本、相臺本同；唐石經「數」字磨改，其初刻不可辨。

433 以寇徵之而實無寇　毛本「而」誤「不」，閩本、明監本不誤。×

434 萬方故不笑　閩本、明監本「故」誤「無」，毛本不誤。×

435 采其葉以爲藿　小字本、相臺本同。案，正義云「故云『采其葉以爲藿』」；釋文以「爲藿」作音。段玉裁云「藿」當是「芼」。

436 王饗賓客有生俎　閩本、明監本、毛本同；小字本、相臺本「生」作「牛」，考文古本同。案，「生」字誤也，正義可證。

437 傳解言大牢之意　閩本、明監本、毛本同。案，浦鏜云「傳解」二字當誤倒，是也。

438 膳宰設折俎　毛本「宰」誤「牢」，閩本、明監本不誤。

439 天子賜諸侯氏以車服　閩本、明監本、毛本同。案，浦鏜云「諸」衍字，是也。

440 是服同賜之矣　閩本、明監本、毛本同。案，「是」下當有「車」字。

441 皆畫以爲繢　明監本「繢」誤「繪」，閩本、毛本不誤。

442 絺衣粉米　閩本、明監本、毛本同。案，浦鏜云「刺」誤「衣」，是也。

443 裁以爲衣舉衮　閩本、明監本、毛本同。案，浦鏜云「裁」當「或」字誤，是也。

444 諸侯將朝于王　小字本、相臺本同。案，釋文云「一本無『于』字，皆以『王』字絶句。一讀『諸侯將朝』絶句，以『王』字下屬」。考正義云「以諸侯至，當行朝禮，故言『將朝』，於是王則驂乘四馬而往迎之」，是正義本無「于」字，讀「朝」字絶句，與一讀同也。

445 不知以興車服賞賜　閩本、明監本、毛本同。案，浦鏜云「知」當「如」字誤，是也。

446 上章菽芼美　閩本、明監本、毛本同。案，浦鏜云「羹」誤「美」，是也。

447 箈菹鴈醢　明監本、毛本「箈」誤「落」，閩本不誤。○按，康成以前正作「落菹」。

448 則此言觀其旂　明監本、毛本「旂」誤「芹」，

閩本不誤。×

449 於四方諸侯來朝　明監本、毛本「朝」誤「相」，閩本不誤。×

450 邪幅幅偪也所以自偪束也　小字本、相臺本同。案，正義云「故傳辨之云：邪幅，正是偪也。名曰偪者，所以自偪束也」，是其本作「邪幅偪也偪所以自偪束也」，各本皆誤。

451 俱尊祭服　閩本、明監本、毛本同。案，浦鏜云「俱」當「但」字誤，是也。

452 此則由神祈祐　閩本、明監本、毛本同。案，浦鏜云「祈」疑「所」字譌，是也。

* 落君常有賢者　補：毛本「落」作「其」。案，「其」字是也。

453 至則亦當賞之　毛本「亦」誤「有」，閩本、明監本不誤。×

454 不謂連屬小國　明監本、毛本「謂」誤「獨」，閩本不誤。×

455 便蕃左右　毛本「便」誤「使」，閩本、明監本不誤。×

456 優哉游哉　明監本「優」誤「𠍴」，各本皆不誤。

457 以興居於民上者　毛本「於」誤「以」，閩本、明監本不誤。×

458 李巡曰蘚竹爲索　閩本、明監本、毛本「蘚」誤「縴」。案，依此正義引爾雅并注皆當作「蘚」；今作「縴」者，乃依此傳改耳。

○角弓

459 騂騂調利也　小字本、相臺本同，考文古本同；閩本、明監本、毛本「利」誤「和」，正義中字同。釋文「騂騂」下云「調利也」，本亦或誤，今正，詳後考證。

460 則以親親之望易以　小字本、相臺本、閩本、明監本、毛本皆「以」下有「成怨」二字。案，此十行本誤脱。

461 則翩然而其體反房矣　閩本、明監本、毛本同。案，浦鏜云「戾」誤「房」，是也。

462 翩然而則反矣　閩本、明監本、毛本同。案，「則」字當在「翩」字上，浦鏜云譌在下，是也。

463 謂幹角筋膠絲漆也　毛本「謂」誤「調」，閩本、明監本不誤。×

464 閉謂之骨肉　閩本、明監本、毛本同。案，「閉」當作「因」，形近之譌。

465 則天下之人皆如之　小字本、相臺本同，考文古本「如」字亦同；閩本、明監本、毛本「如」誤「知」。×

466 綽綽有裕　毛本「裕」誤「裕」，明監本以上皆不誤。餘同此。

467 至于巳斯亡　小字本、相臺本同，閩本、明監本、毛本同，唐石經「巳」作「己」。案，「己」字是也，音紀。正義云「至於己身以此而致滅亡」可證。坊記引此詩，鄭彼注云「以至亡己」，是鄭義自作「己」也。「己」誤作「巳」，經、注、正義中所在多有。考六經正誤則宋時固然，唐石經二字無誤者。餘同此。

* 此又申而成之　補：案，「成」當「戒」字之譌，毛本正作「戒」。

468 是以禍及於己　閩本、明監本、毛本「禍」誤「福」。×

469 傳又因述不可讓之意　閩本、明監本、毛本同。案，「不可」下浦鏜云疑脱「不」字，是也。

470 而孩童慢之　小字本、相臺本同。案，釋文云「孩，本作『咳』，户才反」。考正義云「此言咳童慢之」，是其本作「咳」也。

471 如食宜饇　唐石經、小字本、相臺本同。案，釋文云「宜，如字，本作『儀』，注同」，正義本是「宜」字。

472 老子所謂埏埴以爲器　閩本、明監本、毛本同。案，浦鏜云「挻」誤「埏」，是也。

473 又若一禮　閩本、明監本、毛本同。案，浦鏜云「禮」當「孔」字誤，是也。因「禮」作「礼」而致譌耳。

474 若教使其爲之必也　小字本同，閩本、明監本、毛本同；相臺本無「之」字，「必」下有「能」字。案，相臺本誤也。沿革例云「依疏增一『能』字」。考此正義云「必能登木矣」，乃自爲文，非其本注有「能」字也。下箋云「其著亦必也」，二「必」字義同。正義引王肅云「教猱升木必也」，又云「因其所善而教用之，故云必也」，皆可證。沿革例讀正義誤耳。

＊ 無得教猱之升不若教之升木　補：案，「不」當作「木」，屬上句讀。毛本不誤。

＊ 猱彌猴也　補：考陸疏「彌」作「獼」，毛本亦作「獼」，「彌」字省譌也。

475 故樂記注云猨獼猴也　閩本、明監本、毛本同。案，「猨」當作「獶」。正義引經籍有用其本書之字，而不復言其字異義同者，於所易知例如此也。今每有爲人因經注不見其字，而改去者，此其比矣。

476 言止其奸而稱母　閩本、明監本、毛本「奸」誤「好」。案，上文「象有好之者」，山井鼎云當作「奸」，是也。✕

477 必是物之澀者　閩本、明監本、毛本「澀」誤「歰」。❼

478 序又從日　閩本、明監本、毛本同。案，浦鏜云「序」當「字」字誤，是也。

＊ 此上成猱升木之事　補：毛本「成」作「戒」。案，「戒」字是也。

＊ 如西方我髦　補：案，「我」當是「夷」之譌，傳「髦夷髦也」可證。

○菀柳

479 菀茂木也　小字本、相臺本同。案，釋文「菀柳」下云「木茂也」，是其本作「木茂」，正義本今無可考。

480 由無美德故也　閩本、明監本、毛本「由」下衍「王」字。

481 似諸侯之顯朝於有德　閩本、明監本同，毛本「顯」作「願」。案，所改是也。

482 箋云瘵接也　小字本同，閩本、明監本、毛本同，相臺本無「瘵」字。案，「無」者誤也。○按，「箋」即「際」之假借也，不言讀爲際者，省文也。

483 春秋傳曰予將行之　閩本、明監本、毛本同，小字本、相臺本「予」作「子」。案，「予」字誤也。❽

484 毛依釋詁云瘵病也　閩本、明監本、毛本「云」誤「文」。

＊ 子南游楚之子　補：案，「子」當作「字」，毛本同誤。

○都人士

485 言專爲一行　閩本、明監本、毛本「行」誤「明」。

486 以注記之時　明監本、毛本「時」誤「特」，閩本不誤。

487 是順時而服非同於常祭　閩本、明監本、毛本「服」下衍「之」字。

488 狐青及小而美者　明監本、毛本「及」誤「乃」，閩本不誤。

489 無隆殺也　小字本、相臺本同。案，正義云「定本『隆』作『降』」，釋文云「俗本作『降』」。

490 士女淫慾　閩本、明監本、毛本同。案，「慾」當作「慾」。

491 可爲笠則　也　閩本、明監本、毛本「可」

下衍「以」字。×

492 **則草笠野□人之服**　閩本、明監本、毛本不空。案，此當有脱字。

493 **無筭者著頻**　閩本、明監本、毛本同。案，十行本「無」至「頻」剜添者一字。×

494 **琇美石也**　小字本、相臺本同。案，正義云「俗本『琇實美石』者誤也，今定本毛無『實』字」。考文古本有，采正義。

495 **我不見兮**　唐石經、小字本、相臺本同。案，釋文云「第二章作『不見』，後三章作『弗見』。一本四章同作『不』字」。考文古本作「弗」，采釋文，但在「我心苑結」下未明屬何章也。

496 **我心苑結**　唐石經、小字本、相臺本同，閩本、明監本、毛本同。案，釋文云「菀，於粉反」。羣經音辨「菀，積也，詩『我心苑結』」。正義云「我心爲之菀然盤屈，如繩索之爲結矣」，又云「後更菀結」，標起止云「至菀結」，是其本亦作「菀」，十行本正義中作「菀」不誤。「菀結」即素冠之「蘊結」，以「菀」字爲是。考文古本作「菀」，采釋文、正義。

497 **則與諸侯之同名**　閩本、明監本、毛本同。案，「同名」當作「名同」，誤倒也。×

498 **明與周室爲昏姻也**　閩本、明監本、毛本「周」誤「同」。×

499 **案篇義思古之人**　明監本、毛本「思」誤「略」，閩本不誤。×

500 **垂而下名之爲裂**　閩本、明監本、毛本「下」誤「不」。×

501 **旟枝旟揚起也**　小字本、相臺本同。案，考文古本「枝」作「技」，誤字耳；其云「宋板同」者，山井鼎之不審也。×

○采綠

502 **恨本不從君子**　明監本「恨」誤「根」，閩本、毛本不誤。

503 **不盈是常**　閩本、明監本、毛本「不」上衍「則」字。

504 **今日月長遠**　閩本、明監本、毛本「今」上衍「況」字。

505 **妾雖年未滿五十**　明監本、毛本「年」下衍「老」字，閩本剜入。案，此正義不備引也。

506 **女御八十一人當九夕**　閩本、明監本、毛本同。案，十行本「一」至「人」剜添者一字。

507 **世婦二十七人**　閩本、明監本、毛本同。案，十行本「二」至「人」剜添者一字。

508 **九嬪九人當一夕三夫人當一夕**　閩本、明監本、毛本同。案，十行本上「九」至下「人」剜添者二字。此當云「女御八十一当九夕，世婦二十七當三夕，九嬪當一夕，三夫人當一夕」，正義引鄭注如此，所剜添者皆非。

509 **婦從夫故月紀**　明監本、毛本同。案，山井鼎云「故」恐「放」誤，是也。

510 **謂繫於釣竿也**　閩本、明監本、毛本「繫」下有「繩」字。案，所補是也。

511 **此美其君子之有技藝也**　相臺本同，閩本、明監本、毛本同；小字本無「之」字。

○黍苗

512 **以幽王不能如陰雨膏澤潤及天下**　明監本、毛本「膏」上衍「以」字，閩本剜入。

513 **使召伯營謝邑**　小字本、相臺本同。案，釋文云「營謝，一本作『營謝邑』」，正義本當與一本同。

514 將徒役南行　小字本、相臺本同。案，釋文云「一本作『將師旅』」，正義本當是「徒役」。❾

515 營謝轉餫之役　小字本、相臺本同。案，釋文云「餫，音運，本又作『運』」。正義云「任、輦、車、牛是轉運所用，故營謝邑轉運之役也」，是其本作「運」。依此大東箋有「轉餫」，其本與此當同。正義中亦是「運」字，今本後人改也。考文古本作「運」，采釋文、正義。

516 言宣王之時　毛本「宣」誤「先」，閩本、明監本不誤。✕

517 文別爲二　毛本「文」誤「又」，閩本、明監本不誤。✕

518 則是大車以駕牛者也　毛本「車」誤「任」，閩本、明監本不誤。✕

519 車中有牛而將之　閩本、明監本、毛本「車中」誤「牽之」。✕

520 以表其名自別人　閩本、明監本、毛本同。案，浦鏜云「名」當「各」字誤，是也。下「以其所司各異」十行本誤與此同。

* 又以罪隸之方參之　補：「方」各本皆作「文」。案，「文」字是也。

521 反以刺今使人行役　閩本、明監本、毛本「刺」下衍「時故刺」三字，今下衍「王」字。✕

522 故故略焉　閩本、明監本、毛本不重「故」字。案，下「故」字當作「箋」，輒刪者非。

523 其士卒有步行者　小字本、相臺本同。案，釋文云「士卒，一本作『士衆』」，正義本當是「士卒」。✕

524 傳亦見四事別　閩本、明監本、毛本「事」上衍「者」字。✕

525 此上我輩異章　閩本、明監本、毛本「此」下衍「與」字。×

○隰桑

526 盡心以事之　小字本、相臺本同；唐石經初刻「之」下有「也」字，後磨去；考文古本有，偶合也。

527 言小人在位無德於民　閩本、明監本、毛本「位」下有「雖經無所當，而首章箋反求此義，則原上之桑不能然，以刺時小人在位」。案，山井鼎云「宋板脱此廿八字」，非也，此不當有。

528 箋云思在野之君子　閩本、明監本、毛本「箋」誤「傳」，以上本皆不誤。×

529 枝條其阿然而長美　閩本、明監本、毛本同。案，「其」當作「甚」，形近之譌。下「則甚難然」十行本誤同。

530 阿那是枝葉條垂之狀　閩本、明監本、毛本同。案，「葉」當作「長」，下文可證。

531 中心藏之　小字本、相臺本同；唐石經初刻同，後磨改「藏」作「臧」。案，釋文云「臧之，鄭子郎反，善也。王才郎反」，是唐石經依鄭義磨改也。羣經音辨艸部云「藏善也，鄭康成讀」。宋時釋文舊本、新本不同，賈所見本字或作「藏」，故云然。考鄭訓善，自當不從艸；而「藏」字在説文新附，即王義亦未必不仍爲「臧」，有艸者非也。考文古本作「臧」，采釋文。

○白華

532 以主刺后姒也　閩本、明監本、毛本「主」誤「王」。×

533 庶子比支孽　閩本、明監本、毛本同。案，浦鏜云「孽」當作「蘖」，下「支孽」同，是也。

534 母愛者子伯服　閩本、明監本、毛本同。案，「伯服」當作「抱矣」二字。此未論伯服也，伯服在下，不知者所誤改也。

535 而更取白茅收束之　毛本「更」誤「便」，明監本以上皆不誤。

536 **任妃后之事**　小字本、相臺本同。案，釋文云「任妃后，一本作『任王后』」，正義本無可考。考文古本作「妃后」，倒誤也。

537 **白華野菅釋草云**　閩本、明監本、毛本同。案，浦鏜云「文」誤「云」，是也。

538 **亦是茅之類也**　閩本、明監本、毛本「之」作「菅」。案，「菅」字誤也。爾雅疏即取此，正作「之」。

539 **其實茅亦不可用**　閩本、明監本、毛本同。案，「亦」當作「非」，形近之譌。

540 **後褒人有獻**　小字本同，閩本、明監本、毛本同；相臺本「獻」作「獄」，考文古本同。案，「獄」字是也，正義可證。

541 **使之得長**　閩本、明監本、毛本「長」下衍「成」字。

542 **則非所能拒**　閩本、明監本、毛本「非」下衍「人」字。

543 **若人能改脩德行**　毛本「改」誤「更」，閩本、明監本不誤。

544 **其何爲乎**　閩本、明監本、毛本「何」誤「人可」二字。

545 **下幃而譟之**　閩本、明監本「下」作「不」；毛本初刻同，後改「下」。

546 **漦龍所沫**　閩本、明監本、毛本「所」下有「吐」字。案，所補是也。

547 **是先幽王之立十一年而生**　閩本、明監本、毛本「一」誤「二」。

548 **自宣王三十六年上距流彘之歲**　閩本、明監本、毛本同。案，十行本「三」至「距」剜添者一字。

549 妖大之人　小字本、相臺本同。案，此正義本也。妖，於驕反。正義云「褒姒而言大人，故言爲妖大之人」，簡兮正義所引亦可證。釋文本是「姣大之人，姣，古卯反」，云「本又作『妖』」，今各本釋文皆互誤。毛居正易之，是也。此箋文承上箋，故言其「妖大」，無取姣義，當以正義本爲長。　×

550 又決而入豐　閩本、明監本、毛本同。案，十行本「又」至「入」剜添者一字。　×

551 故言爲妖大之人　毛本「言」誤「以」，閩本、明監本不誤。　×

552 始以禮取申后禮義備　閩本、明監本、毛本同；小字本、相臺本重「申后」二字，考文古本同。案，有者是也。

553 申女之有德　閩本、明監本、毛本「女」誤「后」。　×

554 注云未燃則樵者　閩本、明監本、毛本「燃」下有「曰樵」二字。案，所補非也，此正義不備引。

555 故知宜饔饎之爨　閩本、明監本、毛本「宜」下有「炊」字。案，所補非也。

556 念子懆懆　唐石經缺，小字本、相臺本同。案，釋文云「懆懆，七感反。說文『七倒反』，云『愁不申也』，亦作『慘慘』」。正義云「慘慘然欲諫正之」，是正義本作「慘慘」也。考釋文於正月、北山、抑皆云「慘慘，七感反」，北山又云「字亦作『懆』」，月出云「慘，七感反」，所以與此詳略互見也。五經文字云「懆，千到反，見詩」，乃依此釋文而定，其字當用「懆」也。月出、正月、抑三篇皆作「懆」，乃得韻。考文古本作「慘」，采正義、釋文。

557 以其有褒姒之身　閩本、明監本、毛本同。案，「其」當作「興」，形近之譌。

558 鳥之雌雄不可別者　小字本、相臺本「者」

誤「也」。案，釋文以「不別」作音，是其本無「可」字。正義本未有明文，今無可考。

559 以翼知之　閩本、明監本、毛本同。案，此不誤。浦鏜云「知之」二字衍，非也。二字爾雅本無，正義所添耳。考文古本依以改箋則更誤。

560 其行登車以履石　小字本同；相臺本「以」作「亦」，閩本、明監本、毛本同。案，「亦」字是也。

561 今也黜而卑賤　小字本同，閩本、明監本、毛本同；相臺本「也」作「見」，考文古本同。案，「見」字是也。

562 俾我疷兮　小字本、相臺本同，唐石經「疷」作「疧」。案，「疧」字是也，見無將、大車。

563 夏官隸僕云　明監本「官」誤「宮」，閩本、毛本不誤。×

564 即此詩有扁斯石　閩本、明監本、毛本同。案，「即」當作「引」，形近之譌。

○緜蠻

565 故知臣謂士也士之作詩　閩本、明監本、毛本「知」下衍「微」字也，「士」誤「亂世」。×

566 又解所以怨大臣遺忘之者　閩本、明監本、毛本同。案，十行本「所」至「者」剜添者一字。×

567 故知出行作末介也　明監本「作」誤「坐」，閩本、毛本不誤。×

568 止於丘阿　閩本、明監本、毛本同，唐石經、小字本、相臺本「於」作「于」。案，「于」字是也，下二章皆作「于」可證。此因傳作「於」，而改經也。靜女、著、權輿經皆有「於」字者，用字不畫一之例。

569 飢則予之食　小字本、相臺本同；閩本、明監本「飢」誤「食」；毛本初刻同，後改「飢」。×

570 緜蠻至載之　閩本、明監本、毛本「至」上衍「黄鳥」二字。×

571 而貴賤不等小臣當依屬大臣　閩本、明監本、毛本同。案，十行本「而」至上「臣」剜添者一字。×

572 田僕掌佐車之政　閩本、明監本、毛本「佐」誤「左」。×

○瓠葉

573 掌外内饔之爨亨煑肉之名　閩本同，明監本、毛本「外内」誤倒。案，「肉」上浦鏜云當脱「饔是煑」三字，是也。

574 故熟曰饔既爲熟　閩本、明監本、毛本同。案，浦鏜云「饔」下當脱一「饔」字，是也。

575 僖三十三年　毛本下「三」字誤「二」，閩本、明監本不誤。×

576 䭇臧石牛　明監本、毛本「臧」誤「藏」，閩本不誤。×

577 飲食而曰嘗者　閩本、明監本、毛本同；小字本、相臺本「食」作「酒」，考文古本同。案，「酒」字是也，正義可證。

578 而亨庶人之葉　閩本、明監本、毛本同。案，「葉」當作「菜」，形近之譌。

579 立賓主爲酌名　小字本、相臺本同，考文古本同；閩本、明監本、毛本「主」誤「注」。×

580 故去毛炮之　閩本、明監本同，毛本「去」作「云」。案，所改是也。

581 臣有炙之　閩本、明監本、毛本同。案，「臣」當作「且」，形近之譌。

582 若今燒乾脾也　閩本、明監本、毛本「脾」誤「脯」。×

583 **猶今俗之勸酒**　閩本、明監本、毛本同，小字本、相臺本「之」作「人」。案，釋文云「俗之，一本作『俗人』」。正義云「猶今俗人勸酒者」，是其本作「人」字。考文古本「俗」下有「人」字，采正義、釋文而誤合之也。

584 **其賓飲訖**　閩本、明監本、毛本同。案，浦鏜云「賓」當「實」字誤。

○漸漸之石

585 **役久病於外**　唐石經、小字本、相臺本同，考文古本同，閩本、明監本、毛本「於」誤「在」。案，釋文云「一本作『役人久病』，『人』衍字」。正義本有，正義云「定本、集注『役』下無『人』字，其箋注亦無『人』字，俗本有者誤也」。考文一本作「役人人病於外」更誤。

586 **皇王也**　相臺本同，閩本、明監本、毛本同；小字本「王」作「正」，考文古本同。案，「正」字是也。正義云「皇王，釋言文，亦『正』字之誤」。

587 **故經曰山川悠遠維其勞病矣**　閩本、明監本、毛本同。案，「病」字當衍也，因衍此而下有脱，故剜添之。餘亦多此類。×

588 **並爲征戎狄而言**　閩本、明監本、毛本同。案，十行本「狄而言」剜添者一字。×

589 **不皇出矣**　唐石經以下同，考文古本「皇」作「遑」。案，鄭訓皇爲正，則經字自作「皇」。王肅以不暇説不皇，亦是就「皇」字而異其義耳，不知者乃改經爲「遑」，誤之甚者也。

590 **戍役罷勞**　毛本同，閩本、明監本「戍」作「戎」。案，「戎」字是也。

591 **由行不可偏**　毛本「由」誤「山」，閩本、明監本不誤。×

592 **疲於軍役而辛苦**　閩本、明監本「辛苦」誤「卒若」，毛本不誤。×

593 **不暇出而相與爲禮也**　閩本同，明監本、毛本「也」作「矣」。案，所改是也。

594 釋詁又云泯盡也　明監本、毛本「又」誤「文」，閩本不誤。×

595 將久雨　小字本、相臺本同。案，此釋文本也。釋文云「將久雨，一本作『天將雨』」。考正義但云「將雨」，不云「久雨」，是其本作「天將雨」，與一本同也。

596 四蹄皆白曰駭　按，釋文作「駭」，正義則作「豥」。二家之本不同，分按其書可了然矣，正義以「駭」説「豥」文理甚明。

597 今離其繒牧之處　小字本、相臺本同。案，釋文「繒」下云「爾雅『豕所寢曰繒』；方言作『橧』，從木」。正義引爾雅作「橧」，云「『繒』與『橧』音義同」，是鄭箋無從木之本也。説文木部無「橧」字，爾雅釋文云「舊本多作『繒帛』字」，是鄭讀爾雅自從糸，後乃依方言改從木耳。考文古本作「橧」，采釋文、正義中之字而未之考也。

598 畢噣也　小字本、相臺本同，閩本同，考文古本同，明監本、毛本「噣」誤「躅」。

599 則白豥亦不知幾蹄白　閩本、明監本、毛本同。案，浦鏜云「蹢」誤「豥」，是也。

600 白蹢名之爲駭　閩本、明監本、毛本「駭」誤「豥」。○按，此作「豥」不誤，觀上文引釋獸「四蹢皆白豥」，下文「『駭』與『豥』字異義同」可見。

601 某氏曰臨淮之　閩本、明監本、毛本同。案，山井鼎云「爾雅疏『之』作『人』」，是也。

602 故賤之比方於豕　閩本、明監本、毛本「比」誤「此」。×

603 晳時燠若　閩本、明監本、毛本「晳」誤「哲」，下二「晳」字同。×

604 然從天爲大雨　閩本、明監本、毛本同。

案，浦鏜云「從」當「後」字誤，是也。

〇苕之華

605 下篇序曰西夷　閩本、明監本、毛本同。案，浦鏜云「四」誤「西」，是也。

606 則苕幹特立矣　閩本、明監本同；毛本初刻「幹」，後改「榦」，下同。案，所改非也。「幹」即正義今字。

607 七八月中　毛本「月」誤「日」，閩本、明監本不誤。×

608 以諸夏爲障蔽　小字本、相臺本同。案，釋文云「鄣，章亮反」，正義中字同。考此字當用「鄣」，見五經文字。

609 憂閔之甚　小字本同，考文古本同；相臺本「閔」作「愍」，閩本、明監本、毛本同。案，「閔」字是也。×

610 不可以落喻　閩本、明監本、毛本「喻」上衍「爲」字。×

611 知我非詩人自我　明監本下「我」誤「伐」，閩本、毛本不誤。×

〇何草不黃

612 三星在罶　唐石經、小字本、相臺本同。案，釋文云「本又作『霤』，誤字耳」，考文古本采之，非也。

613 言萬民無不從役　小字本、相臺本同。案，釋文「不矜」上以「數起」作音，云「所角反」，當在此上。各本注皆無之，未知其本何屬也。於正義無文，當是其本無此，不與釋文同矣。

614 始春之時草牙孽者　小字本同，閩本同；相臺本「孽」作「蘖」，明監本同；毛本「牙」誤「芽」，正義中字同。案，釋文云「牙蘖，魚列反」，「孽」即「蘖」字耳。

615 九月萬物草盡　閩本、明監本、毛本同。案，浦鏜云「草」疑「畢」字誤，是也。

616 彼言老宜爲六十之外　閩本、明監本、毛本「老」誤「者」。

617 故以比棧車輂者　小字本、相臺本同。案，釋文云「輂者，一本作『輂車』」。以正義考之，其本作「者」，「者」字是也，一本誤。考文古本采而倒之，一本采之而去「棧車」二字，皆非也。

618 而此又云幽草　毛本「又」誤「是」，閩本、明監本不誤。

619 與其輂輂　閩本、明監本、毛本同。案，山井鼎云上「輂」當「⿱大車」字，音九玉反，是也。

620 輂一斧　明監本、毛本「輂」誤「車」，閩本不誤。

621 一梩一鋤　閩本、明監本、毛本「梩」誤「種」。

622 巾之言服車五乘　閩本、明監本、毛本同。案，山井鼎云「之」當作「車」，是也。

623 以此知非巾車之棧車也　毛本「棧」誤「璣」，閩本、明監本不誤。

624 故知不與此同　明監本、毛本「此」誤「比」，閩本不誤。

○文王

625 言文王之能伐殷　閩本、明監本、毛本「伐」作「代」。案，所改是也。

626 又易坤靈圖云法地之瑞　毛本「法」誤「決」，閩本、明監本不誤。

627 以其得有天下　閩本、明監本、毛本「得」誤「但」。

628 年八十九年其即諸侯之位　閩本、明監本、毛本同。案，浦鏜云下「年」字當衍文，是也。讀「九」字斷句。

629 二年伐郲　閩本、明監本、毛本同。案，「郲」當作「邘」，下二「邘」字十行本不誤。

630 三年伐密須四年伐犬夷五年伐耆　閩本、明監本、毛本同。案，「四」至「五」十行本剜添者一字。　×

631 尚書運期授　閩本、明監本、毛本「授」誤「援」。　×

632 易類謀云　毛本同，閩本、明監本「易」作「是」。案，皆誤也，當作「易是類謀曰」。　×

633 乃爲此改猶如也　閩本、明監本、毛本同。案，「猶」上當有「應」字，讀以「改」字斷句。

634 然後始言受籙者　毛本「言」誤「以」，閩本、明監本不誤。　×

635 是得命之後明年改元　毛本「改」誤「故」，閩本、明監本不誤。　×

636 恒稱大子　閩本、明監本、毛本「恒」誤「但」。　×

637 得魚即云俯取　閩本、明監本、毛本同。案，「云」下浦鏜云脫「王」字，是也。

638 終而復始紀還然　閩本、明監本、毛本同。案，此當重「紀」字。「紀紀還然」者，每紀還甲子等二十部，比前爲然也。浦鏜云「紀還然」三字疑衍，誤甚矣。

639 得一千八百一十五紀　毛本「十」誤「千」，閩本、明監本不誤。　×

640 有人侯牙　閩本、明監本、毛本同。案，浦鏜云「牙」當「互」字誤，與下「步顧」相叶，是也。

641 黃帝堯舜周公是其正也　閩本、明監本、毛本「正」誤「證」。

642 湯登堯臺見黑鳥　閩本、明監本、毛本同。案，此不誤。浦鏜云「烏」誤「鳥」，非也。節南山正義云「若湯得黑烏」是其證。

643 實赤鳥銜書　明監本、毛本「鳥」誤「雀」，閩本不誤。

644 故圖者謂　閩本、明監本、毛本同。案，此當云「故得圖者」，錯誤耳。

645 坤靈圖云　閩本、明監本、毛本「坤」誤「神」。

646 不必皆龜負也　毛本「皆」字誤在「不必」上，閩本、明監本不誤。

647 文王既誅崇侯　閩本、明監本「誅」誤「得」；毛本初刻同，後改「誅」。

648 不應此時方取正室　閩本、明監本、毛本「正」誤「王」。

649 若武王承父舊基　毛本「基」誤「業」，閩本、明監本不誤。

650 杖鉞之勞　閩本、明監本、毛本「杖」誤「仗」。

651 其命維新　小字本、相臺本同；唐石經初刻「惟」，後改「維」。案，初刻誤。

652 也者世祿也　閩本、明監本、毛本同，小字本、相臺本上「也」字作「士」。案，「士」字是也。正義云「仕者世祿」，易「士」爲「仕」而說之耳。考文一本采之，非也。

653 不問本宗之子皆得百澤相繼　閩本、明監本、毛本同。案，浦鏜云「支」誤「之」，「澤」當「世」字誤，是也。

654 言文王德人及朝臣　閩本、明監本、毛本同。案，「人」當作「又」，形近之譌。

655 所以常見稱識　閩本、明監本、毛本同。案，「識」當作「誦」，正義下云「令長見稱誦」是其證也。

656 行復已止也　閩本、明監本、毛本「行」作「不」。案，所改是也，此互易而誤，見下。

657 釋詁哉維侯也　閩本、明監本、毛本「哉」作「文」。案，皆誤也。此當作「云」，與下「云」互易。

658 美其及支子孫　閩本、明監本、毛本「及」作「本」。案，所改是也。

659 箋云始至百世　閩本、明監本、毛本「云始」作「令善」。案，所改誤也，此「云」當作「哉」，與上「哉」互易。

660 不能敷陳恩惠之施　閩本、明監本、毛本「不」作「以」。案，所改非也，此「不」字當與上「行」字互易。山井鼎云「宋板作『亦』」，當是剜也。

661 陳錫載周能施也夫　閩本、明監本、毛本「載」誤「哉」。　×

662 由顯而得世故并及之　閩本、明監本、毛本同。案，十行本「而」至「及」剜添者一字。　×

663 令子孫世之　明監本、毛本「令」誤「謂」，閩本不誤。　×

664 舉輕苞重耳　閩本、明監本、毛本「苞」作「包」。案，所改是也。

665 又公羊穀梁說　毛本「梁」誤「粱」，閩本、明監本不誤。　×

666 專政犯君　閩本、明監本、毛本「專」誤「事」。　×

667 故經譏尹氏齊氏崔氏是也　閩本、明監本、毛本同。案，「齊」下當衍「氏」字，齊崔氏在春秋經宣十年也，王制正義無，引不備耳。⑩

668 予不敢動用非罰世選爾勞予不絶爾善　閩本、明監本、毛本同。案，此不誤。浦鏜云上「不」字衍，「掩」誤「絶」，皆非也。正義引自如此。

669 則是我周之幹事之臣　小字本、相臺本同，考文古本同；閩本、明監本、毛本「之」作「家」。案，正義云「則維是我周家幹事之臣」，又云「故云則是我周家幹事之臣」，未知其本作「家」，或自爲文也，輒改者非。

670 則國以乂安　閩本、明監本、毛本「乂」誤「人」。×

671 傳翼翼至皇天　閩本、明監本、毛本「皇天」誤「楨幹」。×

672 祼將于京　唐石經、小字本、相臺本同，閩本同，明監本、毛本「祼」誤「裸」，下同。

673 當念女祖爲之法　小字本、相臺本同。案，釋文云「一本作『爲之法度』」。正義云「言當念汝祖文王之法」，是其本無「度」字。考文一本有，采釋文。×

674 今仍服殷冠　閩本、明監本、毛本「仍」誤「乃」。×

675 言之進用臣法　閩本、明監本、毛本同。案，「言」當作「王」。

676 如早來服周也　閩本、明監本、毛本「如」作「知」。案，所改是也。

677 但裸時送爵　閩本、明監本、毛本「時」誤「是」。×

678 注云似夏殷制　閩本、明監本、毛本「似」誤「以」。×

679 **職掌五冕**　閩本、明監本、毛本「五」誤「玉」。×

680 **王肅亦云殷士自殷**　閩本、明監本、毛本同。案，十行本「亦」至下「殷」剜添者一字。×

681 **故不忘也**　閩本、明監本、毛本同；小字本、相臺本「忘」作「亡」，考文古本同。案，「亡」字是也。

682 **言爾國亦當自求多福者**　閩本、明監本、毛本同。案，「爾」下當有「庶」字。

683 **以上章説殷侯助祭**　毛本「章」誤「帝」，閩本、明監本不誤。×

684 **舉未亡以駿亡者耳**　閩本、明監本、毛本同。案，浦鏜云「駿」疑「駮」字誤，是也。×

○大明

685 **故云保祐命爾**　閩本、明監本、毛本「祐」作「佑」。案，「祐」字是也。經注作「右」，正義易作「祐」，「右」「祐」古今字，下同。

686 **其徵應炤晢見於天**　小字本、相臺本同。案，釋文云「炤，本或作『灼』」。考「炤晢」即「昭晢」，「灼」字非也。

687 **在於下地**　毛本「地」誤「也」，閩本、明監本不誤。×

688 **不以兩明赫赫之文**　閩本、明監本、毛本上「赫」作「兩」。案，所改是也。

689 **周迊之義**　閩本、明監本、毛本「迊」誤「匝」，下同。○按，「迊」、「匝」皆俗字。

690 **摯國任姓之中女也**　閩本、明監本、毛本同，小字本、相臺本「之」作「仲」。案，「之」字是也。正義云「仲者，中也，故言之中女」，釋文以「之中」作音，是正義、釋文本皆作「之」。段玉裁云「此當八字爲一句」，是也。此揔「摯仲氏任」一句而發，傳以「中」解經之「仲」，以「女」解經之「氏」，故錯綜而出之也。不得其讀者於「國」字、「姓」字誤斷句，乃改「中」爲「仲」以附合於經，不知傳若專釋「仲」，即不得在「任」下也。考文古本無「中」字，亦誤。

691 大任至方國　閩本、明監本、毛本「方」誤「大」。×

692 其德不有所違　閩本、明監本、毛本「德」誤「得」。×

693 是合爲妃義也　閩本、明監本、毛本「妃」誤「配」。×

694 帝王之命　閩本、明監本、毛本「命」誤「後」。×

695 唐堯之受河圖　毛本「受」誤「後」，閩本、明監本不誤。×

696 所言居河之湄　閩本、明監本、毛本同。案，「所」當作「巧」。

697 俔磬也　相臺本同，閩本、明監本、毛本同；小字本「磬」作「譬」，考文古本同。案，「磬」字是也。釋文「俔」下云「磬也」，正義標起止云「傳俔磬」，作「譬」者誤。

* 文云譬譽也　補：通志堂本、盧本「文」上並有「説」字。案，此十行本所附誤脱也。六經正誤云「今考説文『譬喻也』，作『譽』誤」。釋文挍勘云：「譽」是，「喻」非。説文「譬者，諭也」，則不必累言「譬譽也」者，譬之者稱美也。

698 謂使納幣也　小字本、相臺本同，閩本同，考文古本同；明監本、毛本脱「使」字。×

* 賢美配聖人　補：案，「美」當作「女」，正義可證。

699 至其光〇毛以爲　閩本、明監本、毛本「〇」下有「正義曰」三字。案，所補非也。

700 此言成昏之禮　閩本、明監本、毛本「成」

誤「大」。

701 行納吉之後　閩本、明監木、毛本「後」誤「禮」。

702 説文云俔諭也　閩本、明監本、毛本同。案，「諭」上浦鏜云脱「譬」字，是也。○按，説文言部「譬者，諭也」，「諭者，告也」，則此「俔」下云「諭也」已足，作正義者所見乃真古本，不當妄補也。

703 是指文王身之親迎　毛本「迎」誤「近」，閩本、明監本不誤。

704 男子謂女子　閩本、明監本、毛本「謂」誤「爲」。

705 妹即女弟　閩本、明監本、毛本同。案，十行本「妹」至「弟」剜添者一字。

706 鄭必以文王之娶　閩本、明監本「娶」誤「聚」；毛本初刻同，後改「娶」，下「至庶人娶」同。

707 迎尚身自親之　明監本「自」誤「目」，閩本、毛本不誤。

708 至特舟皆釋水文　閩本、明監本、毛本「文」誤「云」。

709 維行大任之德焉　閩本、明監本、毛本同；小字本、相臺本「維」作「能」，考文一本同。案，「能」字是也，正義云「故知能行大任之德也」是其證。

* 右音祐　補：釋文挍勘記：通志堂本、盧本「祐」誤「佑」。案，小字本、相臺本、十行本所附皆作「祐」，不誤。六經正誤所載亦是「祐」字。○按，「右」正，「佑」「祐」皆俗，然「祐」字説文已有。

710 是莘國處長之子女　閩本、明監本、毛本「子女」誤倒。

711 我姬氏出自天黿　閩本、明監本、毛本「自」誤「日」。

712 則我皇姒大姜之姪　閩本、明監本、毛本同。案，浦鏜云「妣」誤「姒」，是也。

713 伯陵之後　閩本、明監本、毛本「陵」誤「陸」。

714 辰星始見於　閩本、明監本、毛本同。案，浦鏜云「於」字衍，是也。

715 盟津去周九百里師行三十里　閩本、明監本、毛本同。案，十行本「盟」至下「里」剜添者二字。

716 此北水木交際　閩本、明監本、毛本同。案，浦鏜云「東」誤「此」，是也。

717 帝嚳以木受之　閩本、明監本、毛本「木」誤「才」。

718 又天黿一名元枵　毛本「元」誤「女」，閩本、明監本不誤。

719 禮記及時作坶野　閩本、明監本、毛本同。案，山井鼎云「時」恐「詩」誤，是也。

720 土無二王　明監本、毛本「土」誤「上」，閩本不誤。

721 箋臨視也女女武王也至伐紂必克無有疑心　閩本、明監本、毛本作「箋臨視至疑心」。案，所改是也。

722 大誓曰師乃鼓譟　閩本、明監本、毛本同。案，「鼓」下當有「⿱付鼓」字，見鄭大司馬注引。

723 會甲也　小字本、相臺本同。案，正義云「定本云『會甲兵』，則與會甲子義異」。九經古義云「甲者，一也。古皆以一爲甲，毛公以意説詩，故訓會朝爲甲朝」，又云「不崇朝而天下清明，崇朝終朝也。或以甲爲甲子，或爲甲兵，皆非毛意」。考文古本「會」下有「兵」字，采正義而倒之耳。○按，詳段玉裁故訓傳三十卷注中。

724 赤色黑鬣也　毛本同，閩本、明監本「赤黑」二字皆誤「亦」。

725 時主之意異　閩本、明監本、毛本「主」誤「王」。

726 故知明當時不用權詐也　閩本、明監本、毛本「時」誤「知」。

727 隱精以虞　閩本、明監本、毛本同。案，浦鏜云「情」誤「精」，是也。

728 尚父爲佐　閩本、明監本、毛本「佐」誤「左」。

729 受兵鈴之法云　閩本、明監本、毛本「鈐」誤「鈴」。

730 鄭箴膏育云　閩本、明監本同，毛本「育」作「肓」。案，「肓」字是也，下同。

731 引考異郵云　閩本、明監本、毛本「云」誤「至」。

732 不足以交鄰國定遠彊也　閩本、明監本「交」誤「郊」，毛本不誤。案，浦鏜云「彊」當作「疆」，是也。

733 其言皆可與尚父義同　閩本、明監本、毛本同。案，「與可」二字當倒，「可尚父」者謂傳之「可尚可父」也。

734 會甲子之朝　閩本、明監本、毛本「朝」誤「期」。

735 則傳言會甲長讀爲義　閩本、明監本、毛本「讀」誤「續」。案，浦鏜云下四字疑衍，非也。長讀，民勞正義可證。

736 **失毛旨而妄難説耳**　閩本「説」誤「脱」，明監本缺「失」字，毛本不誤。✕

737 **兵甲之彊**　閩本、明監本「彊」誤「疆」，毛本不誤。✕

738 **其合兵以朝且清明之時**　閩本、明監本、毛本同。案，浦鏜云「旦」誤「且」，是也。

739 **言其昧之而初明晚則塵昏旦則清**　閩本、明監本、毛本同。案，十行本「其」至「晚」剜添者一字，當是衍下「塵」字，「而」上有脱，故補之也。

740 **易傳曰**　閩本、明監本、毛本同。案，浦鏜云「曰」當「者」字誤，是也。

○緜

741 **本由大王也**　唐石經、小字本、相臺本同。案，釋文云「一本無『由』字」。正義云「本之於大王也」，又云「本其上世之事」，又云「是本大王」，又云「而又追而本之」，是其本無「由」字。譜及旱麓正義皆有「本由大王」者，以義言之耳。釋文云「序舊無注，本或有注者，非」，今各本皆無。

742 **自土沮漆**　唐石經、小字本、相臺本同。案，此釋文本也。釋文云「沮，七余反。漆音七。毛云沮、漆二水名」。正義云「於漆、沮之旁」，又云「豳有漆、沮之水」，又云「是周地，亦有漆、沮也」，又下章云「循西方水厓，漆、沮之側」，又云「上言漆、沮，此言循滸，明是循此漆、沮之側也」，又下章云「周原在漆、沮之閒，以時驗而知之」，是正義本作「漆沮」。餘亦有作「沮漆」者，後人改之耳。六書音均表云「從漢書、水經注作『漆沮』」。

743 **瓜紹也瓞瓝也**　小字本、相臺本同。案，段玉裁云：「傳『瓜瓞』逗，『瓜紹也』句，『瓞』逗，『瓝也』句。此傳之難讀，由淺人誤刪『瓜瓞』二字，而以『瓜』逗、『紹也』句耳。」

744 **封於郃**　小字本、相臺本同。案，釋文以「封部」作音，是其本無「於」字也。正義云「是稷爲帝嚳之冑，封於邰也」，與釋文本不同。

745 古公亶父　唐石經、小字本、相臺本同。案，釋文云「父，本亦作『甫』」，正義云「號爲亶父者」，是正義本與釋文同。以下多作「甫」字者，以「父」「甫」爲古今字，易而説之也。

746 狄人之所欲吾土地　閩本、明監本、毛本同；小字本、相臺本「欲」下有「者」字，「地」下有「也」字，考文古本同。案，有者是也。

747 君子不以其所養人而害人　相臺本同，閩本、明監本、毛本同，小字本「而」作「者」。案，「者」字是也。

748 何患無君　閩本、明監本、毛本同，小字本、相臺本「患」下有「乎」字。案，有者是也。

749 邑乎岐山之下　相臺本同，閩本、明監本、毛本同，小字本「乎」作「于」。案，「于」字是也。

750 據文王本其祖也　明監本「據」誤「處」，各本皆不誤。×

751 稱君曰公　小字本同，閩本、明監本、毛本同，相臺本「稱」下有「其」字。案，有者是也。

* 説文作覆　補：釋文挍勘記：通志堂本同，盧本「覆」作「䆊」，云「舊譌『覆』，今從本書正」。案，所改是也。

752 緜緜至家室　閩本、明監本、毛本「家室」誤倒。×

753 然則瓜之族類　閩本、明監本、毛本「瓜」誤「瓞」。×

754 以其小如瓝　閩本、明監本、毛本「瓝」誤「瓞」。×

755 釋訓云　閩本、明監本、毛本同。案，浦鏜云「詁」誤「訓」，是也。

756 或言漆沮爲二水名　閩本、明監本、毛本「水」誤「火」。×

757 蓋沮一名洛水　閩本、明監本、毛本「洛」誤「沮」。×

758 故言繼也　閩本、明監本、毛本「也」誤「者」。×

759 我先生不窋　閩本、明監本、毛本「生」作「王」。案，所改是也。

760 夏氏政亂去稷不務　閩本、明監本、毛本「去」誤「棄」。×

761 説公劉避亂適豳　閩本、明監本、毛本「豳」誤「兵」，毛本誤「幽」。×

762 皆孟子對滕文公之辭也　閩本、明監本、毛本「公」誤「王」。×

763 即云處豳爲異耳　閩本、明監本、毛本同。案，「處豳」當作「古公」，因讀者記「處豳」於側，因誤改正文也。

764 請免吾乎　閩本、明監本、毛本同。案，「吾」當作「居」。浦鏜云莊子作「勉居」，吕氏春秋作「勉處」，是也。「免」即「勉」字。

765 吾不爲社稷乎　閩本、明監本、毛本同。案，浦鏜云「君」誤「吾」，是也。

766 奔而從之者三千乘　閩本、明監本、毛本「三」誤「二」。×

767 而公〇劉大王　閩本、明監本、毛本不空。案，所改是也。

* 若顧戀彊宇　補：案，「彊」當作「疆」，毛本不誤。

768 莫之抗禦　閩本、明監本、毛本「之」誤「不」。×

769 **有虞氏上陶** 閩本、明監本、毛本「上」誤「土」。

770 **說文云陶瓦器竈也** 閩本、明監本、毛本同。案，「陶」當作「匋」。

771 **說文云穴土屋也** 閩本、明監本、毛本同。案，「室」誤「屋」，是也。

772 **覆地室也** 閩本、明監本、毛本「地室」誤「於地」。案，「覆」當作「复」，下同。

773 **故箋辨之云覆者** 閩本、明監本、毛本同。案，「覆」當作「復」。

774 **以萬物自生焉則言土** 閩本、明監本、毛本「焉」誤「然」。

775 **壤和緩之貌** 閩本、明監本「和」誤「如」；毛本初刻同，後改「和」。

776 **爲堅三** 明監本、毛本「三」誤「土」，閩本不誤。案，引九章，在商功術謂「堅率三也」。山井鼎考文所載誤以三字屬下讀。

777 **將歷十世** 閩本、明監本、毛本「歷」誤「立」。

778 **亦有宮室○** 閩本、明監本、毛本同。案，「○」當作「也」。

779 **但豳近西戎** 閩本、明監本、毛本「豳」誤「戎」。

780 **多復穴而居** 閩本、明監本、毛本「復」誤「複」，下同。

781 **沮漆水側也** 小字本、相臺本同。案，詩經小學云「晉紀揔論李善注引鄭曰『漆沮側也』」。今考此章正義「漆沮字」凡三見，是正義本自作「漆沮」也。考文古本作「漆沮」，采正義。

782 **至胥宇○正義言**　閩本、明監本同，毛本「言」作「曰」。案，所改是也。[11]

783 **輒言爰及姜女**　閩本、明監本、毛本「輒」誤「鄭」。

784 **明其著大姜之賢智也**　閩本、明監本、毛本「智」誤「知」。案，「智」是正義所易今字也。

785 **甘如飴也**　閩本、明監本、毛本同；小字本、相臺本「甘」上有「皆」字，考文古本同。案，有者是也。

* **膴音武韓詩同**　補：釋文挍勘記：通志堂本、盧本同。案，段玉裁云「韓詩作『腜腜』，此當有誤」。「腜腜」引見魏都賦注。

786 **堇荁粉榆**　閩本、明監本「荁」作「直」；毛本初刻同，後改「荁」。案，所改是也，下同。浦鏜云「枌」誤「粉」，是也。

787 **孋姬將譖中生**　明監本、毛本「譖」誤「讚」，閩本不誤。

788 **然則卜用龜者**　閩本、明監本、毛本脱「者」字。

789 **廼疆廼理**　唐石經、小字本、相臺本同，閩本同；明監本、毛本「疆」誤「彊」；十行本正義中字作「彊」亦誤。餘同此。

790 **乃安隱其居**　相臺本同，閩本、明監本、毛本同，小字本重「乃安」二字衍。

791 **乃爲之疆場**　閩本、明監本同，毛本「疆」誤「壃」，下同。案，「場」當作「埸」。

792 **乃左右開地置邑**　閩本、明監本、毛本「置」誤「致」。

793 **豳又有岐山西北**　閩本、明監本、毛本同。案，浦鏜云「在」譌「有」，是也。

794 **乃召司空**　小字本、相臺本同；唐石經乃作「廼」，考文古本同。案，「廼」字是也，下「乃召司徒」同。標起止云「乃召」，當是後改，又見公劉。

795 **其繩則直**　唐石經、小字本、相臺本同。案，釋文云「繩，本或作『乘』，後人誤改經文」，是也。

* **箋云傳破之乘字**　補：釋文挍勘記：通志堂本同，盧本「之」作「爲」。案，「爲」字誤改也。此「傳破」二字誤倒耳，當作「破傳」。陸意謂箋之所云乃破傳之「乘」字也。傳未嘗破經爲乘，箋又無此云，盧文弨全誤。

796 **以繩正之**　閩本、明監本、毛本「以」誤「立」。×

797 **言營制之時當用繩也**　閩本、明監本、毛本「也」誤「者」。×

798 **捄捊也**　小字本、相臺本同；閩本、明監本、毛本「捊」誤「桴」，下及正義同。考文古本下作「捊」。○按，說文「捊，引堅也」，今本「堅」作「取」，誤。⑫

799 **周禮曰以鼛鼓鼓役事**　小字本、相臺本同。案，正義云「此或云『止役事』」，又云「定本云『鼓役事』」，正義本與定本同也。×

800 **亦言其椎打之**　閩本、明監本、毛本「椎」誤「推」。×

801 **此經鼛是大鼓也**　毛本「鼛」誤「鼙」，閩本、明監本不誤。×

802 **以上有止之文而因設耳**　閩本、明監本、毛本同。案，浦鏜云「設」當「誤」字之誤，是也。

803 **正門爲朝門**　閩本、明監本、毛本「爲」誤「謂」。×

804 **土爲社主**　閩本、明監本「土」誤「王」，毛本「主」誤「王」。×

805 宜求見使祐也　閩本、明監本、毛本「祐」誤「佑」。×

806 故謂之宜　閩本、明監本、毛本「謂」誤「爲」。×

807 郊特牲云天子大社　閩本、明監本、毛本「社」誤「射」。×

808 三傳皆無此文　毛本「三」誤「左」，閩本、明監本不誤。×

809 帥師者受命于廟　閩本、明監本、毛本「帥師」誤倒，「者」誤「有」。×

810 無曰字也　閩本、明監本、毛本同。案，山井鼎云恐有脱誤，非也。此申上文「曰」衍字也之意。

811 其行道士衆兊然　小字本、相臺本同。案，釋文「脱然，通外反，本亦作『兊』」。正義云「行於道路兊然矣」，是其本作「兊」。此箋意以「兊」爲「脱」之假借，直於訓釋中改用「脱」字以顯之，其不云「讀爲」者，省文之例每如此也。當以釋文本爲長。

812 欲親人善鄰也　閩本、明監本、毛本同。案，此不誤。浦鏜云「人」當「仁」誤，非也。正義所用傳文自如此。

813 將師旅而出　毛本「師」誤「帥」，閩本、明監本不誤。×

814 王蒼説棫即柞也　閩本、明監本、毛本同。案，「王」當作「三」。

815 可爲樻車　閩本、明監本、毛本同。案，浦鏜云「樻」誤「櫝」，是也。爾雅疏即取此，「車」下有「輻」字，此脱。

816 止應將旅而已　閩本、明監本、毛本「止」

誤「上」。

817 上言柞棫之中而逃亡　閩本、明監本、毛本同。案，「柞棫」下盧文弨云脱「拔明入柞棫」，是也，此因「柞棫」複出而有誤。

818 明行有威武　閩本、明監本、毛本「明行」誤「名得」。

819 盍往質焉　小字本、相臺本同。案，此釋文本也。釋文云「盍，胡臘反」。正義本是「蓋」字，云「家語作『盍』。盍訓何不也。此相勸之辭，宜爲『盍』也」。考「蓋」「盍」古同用字耳。

820 乃相與朝周　小字本、相臺本同，毛本同，閩本、明監本「乃相」誤倒。

821 斑白不提挈　相臺本同，小字本「斑」作「班」，閩本、明監本、毛本同。案，「班」字是也，古多以「班」爲「斑」字。

822 予曰有奔奏　唐石經、小字本、相臺本同。案，釋文云「本音奔，本亦作『奔』，注同」，「奏，如字，本又作『走』，音同，注同」。正義云「我念之曰，亦由有奔走之臣」，又云「『奔走者』云云，令天下皆奔走而歸趍之，故曰奔走也」，又云「書傳説有『疏附、奔走』」，又云「是非奔走與」，又云「疏附、奔走」，是正義本作「奔走」也。依此唐石經以下各本乃上字合正義，下字合釋文，當即釋文所云亦作本耳。

823 奏奔禦侮　閩本、明監本、毛本同，小字本、相臺本「奏奔」倒。案，「奔奏」是也。

824 蓋往歸焉　閩本、明監本、毛本同。案，浦鏜云「質」誤「歸」，是也。

825 謂如王制云　閩本、明監本、毛本「云」誤「文」。

826 故知動彼初生之道　閩本、明監本、毛本「彼」誤「被」。

827 而王業日益大　毛本「王」誤「生」，閩本、明監本不誤。

828 **詩人不當代謙**　閩本、明監本、毛本「代」誤「伐」。×

829 **學頌於大公**　閩本、明監本、毛本同。案，此不誤。浦鏜云「訟」誤「頌」，非也。「頌」讀當爲「容」，即漢書所云「善爲頌者」是也。字或作「訟」，音同，故文王正義引作「訟」。浦意讀訟爲如字，誤之甚矣。×

830 **孔子以已弟子四人**　閩本、明監本、毛本「弟」誤「第」。×

05—831 **傳甚未明**　閩本、明監本、毛本同。案，「甚」當作「意」。

校　記

❶ 南昌本此條作「雜記法：補：閩本、明監本、毛本同。案，『法』當作『注』，形近之譌」。

❷ 正義云云，南昌本、清經解本同。案，疑衍一「云」字。

❸ 南昌本此條作「葉細而岐説也：補：案，『説』當『鋭』字之譌，爾雅注正作『鋭』：毛本『鋭』字不誤，依爾雅注刪『也』字，非」。

❹ 南昌本此條作「眉壽百年：補：閩本、明監本、毛本同。案，『百』當作『万』，形近之譌。儀禮少牢『嘏辭眉壽萬年』，『万』『萬』古今字耳」。

❺ 南昌本此條作「出馬四匹長轂一乘：閩本、明監本、毛本『出』下不空。案，此所空當是『馬四匹』三字也。郊特牲注本無此三字。正義以義增之耳，依彼注刪，非也」。

❻ 浦鏜云節當即字誤也，南昌本作「浦鏜云節當即字是也」。考浦鏜原書作「當即字誤」。

❼ 南昌本此條作「必是錫之翜者：補：閩本、明監本、毛本同。案，『翜』當作『濇』，誤脱水旁」。

❽ 南昌本條末增「○補：案，正義『予將行之者』同」。

❾ 南昌本此條作「將徒南行：補：小字本、相臺本『徒』下並有『役』字。案，釋文云『一本作將師旅』，正義本當是『徒役』」。

❿「尹氏齊氏崔氏」下，南昌本無「是」字。考南昌本毛詩註疏亦無。

⓫南昌本此條作「至胥字○正義曰：補：十行本『曰』字原作『言』，閩本、明監本同；毛本『言』作『曰』。案，『曰』字是也，今改正」。

⓬南昌本條末增「○按，十行本分作『取土』二字尤誤。又『捄，音俱，呂沈同』，『沈』當作『忱』」。

毛詩注疏校勘記卷六起五十一盡六十

○棫樸

06—001 **樸枹木也**　小字本、相臺本同。案，釋文云「抱木，必茅反」。正義云「釋木云『樸枹』者，孫炎曰樸屬叢生謂之枹，以此故云樸枹木也」。是正義本作「枹」，釋文本作「抱」。或毛公讀爾雅字從手，當以釋文本爲長也。於經中爲「苞」字，釋言所謂「苞稹」。○按，「抱」者，「枹」之譌文；「枹」者，「苞」之或體。其實當作「包」，言包裹然，舊挍非。

002 **豫斫以爲薪**　相臺本同，閩本、明監本、毛本同，小字本「斫」作「斬」。案，釋文云「斬，一本作『斫』」。正義云「故云『豫斫』」，又云「是豫斫也」，是其本作「斫」。

003 **乃彼賢人之叢集而衆多也**　閩本、明監本、毛本「彼」誤「被」。×

004 **乃命收秩薪柴**　閩本、明監本、毛本「收」誤「取」。❶

005 **皇天上帝月令文**　明監本「月」誤「司」，閩本、毛本不誤。×

006 **則月爲天神當以煙祭**　明監本、毛本缺「煙」字，閩本不誤。×

007 **廣言之耳**　閩本、明監本、毛本同。案，十行本「言之耳」剜添者一字。×

008 **奉璋峨峨**　唐石經、小字本、相臺本同；閩本、明監本、毛本「峨峨」作「峩峩」，注及正義中字同。案，「峨峨」是也，釋文、説文、爾雅皆可證。

009 **故引顧命爲證**　閩本、明監本、毛本「證」誤「証」。×

010 **王肅云○本有圭瓚者**　閩本、明監本

「〇」誤「一」。案，此有缺文耳。

011 大宗伯執璋瓚亞祼是也　閩本、明監本、毛本同。案，「伯」衍字也，當在下，錯入於此。浦鏜云記文無「伯」字，是也。

012 此及祭統言大宗者　閩本、明監本、毛本「宗」下有「伯」字。案，有者是也，十行本錯在上文。

013 舍人曰峨峨奉璋之祭　閩本、明監本、毛本「祭」誤「貌」。

014 淠彼涇舟　唐石經、小字本、相臺本同，毛本同；閩本、明監本「淠」誤「渒」，注及正義中字同。

015 未有周禮周禮五師爲軍　小字本、相臺本同，考文古本亦同，閩本、明監本、毛本誤不重「周禮」二字。

* 又出征伐之事　補：毛本「出」作「此」。

016 方言楫或謂之櫂　閩本、明監本、毛本「或」誤「而」。×

017 追彫也　閩本、明監本、毛本同；小字本、相臺本「彫」作「雕」，下同。案，釋文「雕，都挑反」，正義標起止云「追彫」，是二本不同也。「彫」「雕」古同用字。

018 以罔罟喻爲政　小字本、相臺本同，考文古本同，閩本、明監本、毛本「罔」誤「網」。

019 毛以此經上下相成　閩本、明監本、毛本「成」誤「承」。×

020 論語曰朽木不可彫　閩本、明監本、毛本同。案，十行本「曰」至「可」剜添者一字。×

021 彼注亦引此詩　毛本「亦」誤「又」，閩本、明監本不誤。×

〇旱麓

022 **作旱麓詩** 閩本、明監本、毛本同。案，浦鏜云「詩」下當脱「者」字，是也。

023 **明前已得周祿** 閩本、明監本、毛本同。案，「周」字當在「明」字下。

024 **而經皆説祖之得福** 明監本、毛本「皆」誤「先」，閩本不誤。 ×

025 **若斬木林** 閩本、明監本、毛本同。案，浦鏜云「材」誤「林」，是也。

026 **榛以栗而大** 閩本、明監本、毛本同。案，浦鏜云「似」誤「以」，「大」當「小」字誤，以國語注考之，是也。

027 **織以爲牛筥箱器** 閩本、明監本同，毛本「牛」作「斗」。按，所改是也。

028 **箋旱山名** 閩本、明監本、毛本同。案，「名」當作「之」。

029 **周語引此一章○乃云** 閩本、明監本、毛本不空。案，所改非也，「○」當作「下」。

030 **藪澤肆逸民力周盡** 閩本、明監本、毛本同。案，浦鏜云「既」誤「逸」，「彫」誤「周」，考國語，浦挍是也。

031 **資用乏匱** 毛本「乏」誤「之」，閩本、明監本不誤。 ×

032 **黄金所以飾流鬯也** 小字本、相臺本同。案，釋文云「黄金所以流鬯也，一本作『黄金所以飾流鬯也』，是後人所加」。正義云「定本及集注皆云『黄金所以飾流鬯也』。若有『飾』字於義易曉，則俗本無『飾』字者誤也」。段玉裁亦以有者爲長。

033 **説文云瑟者** 閩本、明監本、毛本同。案，此不誤。浦鏜云説文作「瑟」，無「者」字，非也。考説文引詩卝作「瑟」，以證「璱」字從玉、瑟。

正義所見本不誤，故但取其如瑟弦之義而云「瑟者」。「者」字爲下起文，殊無取於「璱」字也。釋文「瑟」下云「字又作『璱』」，不云說文作「璱」，是矣。○按，此說甚誤，明明引說文玉部「璱」字下之語，安得云「瑟者」非「璱者」之誤耶？又云說文引詩止作「瑟」，彼亦未見古本有如此者。

034 秬黑黍一秠二米者也　閩本、明監本、毛本同。案，此不誤。浦鏜云「稃」誤「秠」，非也。此見鄭周禮鬯人注及荅張逸，生民正義有明文，浦失考之。

035 行步有度　閩本、明監本、毛本同。案，浦鏜云「止」誤「步」，是也。

036 鄭上二句別具箋　閩本、明監本、毛本白「箋」字。案，山井鼎云非，是也。餘同此，見前。

037 以得大大之福祿　閩本、明監本、毛本下「大」字誤「我」，下同。×

038 享先王亦如之　閩本、明監本、毛本「如」誤「知」。×

039 文十三年公羊傳曰　明監本、毛本「三」誤「二」，閩本不誤。×

* 一云此祭天也　補：通志堂本、盧本「此」作「柴」，各本所附同。案，「柴」字是也。釋文挍勘：山井鼎云「一」字可刪。考今說文及小字本所附正無「一」字。

040 而除其傍草矣　閩本、明監本、毛本「傍」誤「旁」。案，「傍」者，正義所易之今字。餘多同此。

041 延蔓於木之枚本而茂盛　小字本、相臺本「枚」作「枝」；閩本、明監本、毛本「本」誤「木」。案，「枝本」是也。枝，條也；本，枚也。考文古本「本」字不誤。

042 此經既言依緣先　閩本、明監本、毛本

「先」下有「祖」字。案，所補是也。

○思齊

043 爲相時也　閩本、明監本、毛本同。案，山井鼎云「時」恐「睦」誤也。

044 定四年左傳曰　閩本、明監本、毛本同。案，十行本「四年左」剜添者一字。

045 其名與史記皆同　閩本、毛本同，明監本無此「名」字起至二章疏末「誥於治事之臣也」引止。浦鏜云失刊，是也。於閩本爲二葉，明監本即據閩本重刻，故其脱如此。毛本仍用閩本補之。

046 無是痛傷　小字本同，閩本、毛本同，相臺本「傷」下有「其所爲者」四字。案，有者是也。沿革例云「諸本皆無『其所爲者』四字，唯建大字本有之」，此相臺本所出也。考正義云「無是痛傷其文王所爲者」，與上句正義云「無是怨恚其文王所行者」正同，是正義本自有此四字。諸本於「其」字複出而脱之耳。

047 其將無有凶禍　小字本、相臺本同，考文古本同，閩本、毛本「凶」作「殈」。案，釋文云「殈，本又作『凶』」。正義標起止云「至凶禍」，十行本不誤，是正義本作「凶」也。毛本改之以合於釋文，非。

048 皆謂宗廟爲宗又下頻言神罔　閩本、毛本同。案，十行本「宗又」下剜添者一字。

049 易傳曰　閩本、毛本同。案，浦鏜云「曰」當「者」字誤，是也。

050 意寧百神　閩本、毛本同。案，浦鏜云「億」誤「意」，是也。

051 辛男尹侯　閩本、毛本同。案，「男」當作「甲」，「侯」當作「佚」，皆形近之譌。韋昭云「辛，辛甲；尹，尹佚」，即本此。賈唐注可證也。

052 宮謂辟廱宮也　相臺本同，閩本、明監本、毛本同，小字本「廱」作「雝」。案，「廱」字是也，釋文可證。

053 **保安無猒也**　小字本、相臺本「猒」作「厭」，閩本、明監本、毛本同。案，「猒」字是也。釋文云「保安無猒也，一本作『保安也射猒也』，非」。正義云「言安無猒也」云云，又云「定本云『保安射猒也』」，是正義本作「安無猒也」，無上「保」字。考此揔爲經「無射亦保」一句發，傳若分訓「射」「保」，即不得「保」在「射」上，當以正義本爲長。考文古本作「射猒也」，采正義、釋文。釋文「非」字舊脱，今補，見後考證。

054 **箋云厲假皆病也**　小字本、相臺本同。案，此正義本也。正義云「鄭讀『烈假』爲『厲瘕』，故云『皆病也』」，又云「定本及集注皆云『厲疫病也』」，不訓『瘕』字，義不得通」。釋文云「烈，毛如字，業也。鄭作『厲』，力世反，又音癩，病也」，「假，古雅反，大也」。於「假」字下不云「毛大也，鄭病也」，是釋文本不訓「瘕」字，與定本、集注同也。考此箋當云「烈假皆病也」，下箋「爲厲假之行者」當作「爲厲瘕之行者」。上仍用經字以爲訓，下則竟改其字以顯「烈假」是「厲瘕」之假借，如噫嘻「既昭假爾」之箋，上仍用經字云「假至也」，下則竟改其字云「格于上下也」，是其例矣。隸釋唐公房碑用作「厲蠱」，錢大昕潛研堂金石文跋尾云「蠱假聲相近」，是也，此所謂以破引之。○按，訓病則字當作「癘」。經書「癘」字多譌「厲」，不可勝正。

055 **甚能和順在於室家之宮**　閩本、明監本、毛本「室家」誤倒。×

056 **行此化之事也**　閩本、明監本、毛本同。案，「行此」當作「亦所」。

057 **上能敬和**　閩本、明監本、毛本「上」作「尚」。案，所改是也。

058 **言安無猒也**　閩本、明監本、毛本同。案，此不誤。浦鏜云「也」當「者」字誤，非也。以正義上云「言以顯臨之」例之，可見矣。

059 **以上文在宮在廟先行禮**　閩本、明監本、毛本同。案，「先」下當有「言」字。

060 說文云厲惡疾也　閩本、明監本、毛本「惡」誤「疫」。○按，今説文疒部「癘惡疾也」，可知上下文皆當作「癘」矣。

061 小子其弟子也　小字本、相臺本同。案，正義云「謂大夫之子弟」，以下「子弟」字凡四見，是作「弟子」者倒也。考文古本作「謂其子弟」，采正義而并添「謂」字，非也。古句中增多之字往往取於正義，此不悉出。

062 古之人無斁　唐石經、小字本、相臺本同。案，此箋云「口無擇言，身無擇行」，正義云「箋不言字誤，則此經本有作『擇』者也，故不破之」。釋文云「無斁，毛音亦，猒也。鄭作『擇』」。考此經字自作「斁」，箋以「斁」爲「擇」之假借，直於訓釋中竟改其字以顯之，其例與「可以樂飢」箋中竟改爲「療」，「既匡既勑」箋中竟改爲「筐」之屬同也。釋文所説是矣，正義不得其例。呂氏讀詩記引董氏曰「韓詩作『擇』」，經義雜記云「此竊取鄭箋」，是也。其讀正義有誤，見下。

063 古之人無猒於有名譽之俊士　小字本、相臺本同。案，此正義本也。正義標起止云「傳古之至俊士」，其以下云云皆解此文也。釋文云「斁，毛音亦，猒也。髦，俊也。一本此下更有『古之人無猒於有譽之俊士也』，此王肅語」。二本不同。觀釋文「此下更有」之語，則其本當有「斁猒也，髦俊也」之傳，以「古之人」以下爲王肅申毛如此，當有所據也。經義雜記不得其理，乃以釋文別爲毛作音爲過，又以爲正義釋傳亦無此文，未詳今本所出，皆非也。○按，「髦俊也」見上棫樸傳，「斁猒也」即見本篇三章傳。未必此又出傳。傳例簡嚴，複者甚少。陸氏用王氏之述毛者爲之訓耳，其云「此下」者謂此經文之下。舊挍非也。

064 今文王性與古合　閩本、明監本、毛本同。案，十行本「文王性」剜添者一字。

065 上言賢才之賢　閩本、明監本、毛本同。案，下「賢」字浦鏜云「質」誤，是也。

066 行則施仁之稱　閩本、明監本、毛本同。案，「仁」當作「行」，形近之譌。

067 **化其臣下亦使之然臣下亦使之然**

臣下亦能無擇行擇言　閩本、明監本、毛本不重「臣下亦使之然」六字。案，此十行本複衍。

068 **故言五章章六句**　閩本、明監本、毛本同；唐石經、小字本、相臺本「章六句」上有「二章」二字，考文古本同。案，有者是也。

〇皇矣

069 **皇矣美周也天監代殷莫若周周世世脩德莫若文王**　唐石經、小字本、相臺本同。案，此釋文本也。釋文云「皇矣，一本無『矣』字，『莫若周』絶句」，又云「一讀『莫若周世』絶句，『周世脩德』爲一句。一本無下一『世』字，義並通。崔集注『莫若周也，世世脩德』」。正義云「定本『皇』下無『矣』字，『莫若周』又無『於』字」，是正義本較多一「於」字。

070 **維有文王盛爾**　小字本、相臺本同，閩本、明監本、毛本亦同。案，「爾」當作「耳」，正義標起止云「至盛耳」是其證。上「維有周爾」當亦同。考文古本皆作「耳」，采正義。

071 **所以申成上意**　閩本、明監本、毛本「成」誤「承」。

072 **比校善惡**　毛本「比」誤「此」，閩本、明監本不誤。

073 **殷紂之暴亂**　閩本、明監本、毛本同；小字本、相臺本「殷」上有「以」字，考文古本同。案，有者是也。

074 **其政不獲**　小字本、相臺本同，唐石經「政」作「正」。案，釋文云「其政，如字。政，政教也。鄭作『正』。正，長也」。正義云「其政不得於民心」，是其本亦作「政」。考此箋云「正長也」乃以「政」爲「正」之假借，直於訓釋中改其字以顯之，而不言「讀爲」也，例詳前。唐石經依改經文未是。經義雜記云「唐石經原刻作『正』，依鄭本也。後改爲『政』，依肅本也」。今考石經但小損耳，未嘗改爲「政」，又於此經之傳多所刪改，皆非也。此傳本全與鄭異義，非由王肅之難。其「度居也」則已見緜傳矣，乃云毛公無此訓，亦知者之一失。

075 **二國殷夏也**　小字本、相臺本同，閩本、明監本、毛本亦同。案，釋文以「謂夏」作音，是其本當作「謂夏殷也」。正義云「故以二國爲殷紂、夏桀也」，不與釋文本同。

076 **耆老也廓大也**　閩本、明監本、毛本同；小字本、相臺本「老」作「惡」，考文古本同。案，「惡」字是也，釋文、正義皆可證，涉箋文而譌耳。

077 **皇矣至此維與宅**　閩本、明監本、毛本脱「此維」二字。 ×

078 **紂既喪殷**　明監本、毛本「既」誤「師」，閩本不誤。 ×

079 **明所從者非法四國**　閩本、明監本、毛本同。案，「法」當作「徒」，形近之譌。

080 **其秦亡家語引此詩**　閩本、明監本同，毛本「秦」作「泰」。案，皆誤也，當作「其奏云」，謂王肅奏也。正義凡四引此，及賓之初筵、生民、卷阿，是也。經義雜記云此三字當爲衍文者，失考耳。

081 **而執萬乘之勢**　閩本、明監本、毛本「執」誤「據」。 ×

082 **下云憎其用大位**　閩本、明監本、毛本「云」誤「文」。 ×

083 **謂未叛時也**　閩本、明監本、毛本「謂」誤「爲」。 ×

084 **夏後絶矣**　閩本、明監本、毛本「後」誤「后」，下「周封夏後於杞」及「夏後不必稱夏」同。 ×

085 **若毛意必爲夏後**　明監本、毛本「若」誤

「后」，閩本不誤。×

086 **上下相成七章云** 閩本、明監本「成」誤「承」，「七」誤「上」。×

087 **也說文王之伐四國** 閩本、明監本、毛本同。案，浦鏜云「也」當「此」字之誤，屬下讀，是也。

088 **憎其用大位行大政** 閩本、明監本、毛本「憎」誤「謂」。×

089 **浸大者其惡漸更益甚也** 閩本、明監本「浸」誤「侵」，毛本不誤。×

090 **以爲天須暇之** 閩本、明監本、毛本「暇」誤「假」。×

091 **文王知天未喪殷** 閩本、明監本、毛本「王」誤「武」。×

092 **檉河柳也** 小字本、相臺本、閩本、明監本、毛本皆下有「椐樻也」，十行本無。按，此脫耳。

＊ **以扶老** 補：釋文挍勘：通志堂本同，盧本「以」作「似」，云「舊譌『以』」。案，「似」字是也。扶老木名，可以爲杖，亦竹名。似扶老謂似扶老之木也。樻與扶老木又有不同處，故言「似」。陸機疏正作「似扶老」。

093 **串夷載路** 唐石經、小字本、相臺本同。案，此釋文本也。釋文云「串夷，古患反。毛云習也。鄭云串夷，混夷也。一本作『患』，或云鄭音患」。正義云「毛讀『患』爲『串』」，又云「鄭以詩本爲『患』，故不從毛。采薇序曰『西有混夷之患』，是『患夷』者患中國之夷，故患夷則混夷也」。是正義本經作「患」字，與釋文所云一本者正同也。

094 **路應也** 小字本、相臺本同。案，此正義本也。釋文云「路瘠，在昔反。詩本皆作『瘠』，孫毓評作『應』，後之解者僉以『瘠』爲誤」。正義云「路之爲應更無正訓，鄭以義言之耳」，又云「本或誤作『瘠』。孫毓載箋爲『應』，是本作『應』也。定本亦作『應』」。

今考「路」「露」古同字，如「露寢」爲「路寢」，「輂露」爲「輂路」之類。孟子「是率天下而路也」，音義云「丁、張並云『路』與『露』同」。凡物之瘠者多露見，故箋云「路瘠也」，謂眚削混夷，使之瘠也。下箋「文王則侵伐混夷以應之」，云「應」者，揔説串夷載路之應乎？帝遷明德也，非以「應」專釋「路」字。孫毓乃涉之而誤，後之解者反僉以「瘠」爲誤，失之矣。

095 天立厥配　唐石經、小字本、相臺本同。案，傳云「配媲也」，正義云：「『妃』字音亦爲配。釋詁云『妃，媲也』。某氏曰詩云『天立厥妃』。是毛讀『配』如妃，故爲媲也。是爲妻之配夫，意與鄭合。」考正義之説是也。箋云「又爲之生賢妃，謂大姒也」，此申毛以「配」是「妃」之假借字，直於訓釋中改其字，以顯之也。釋文云「厥配，本亦作『妃』，音同，注同」。其「亦作」本非也，乃依箋字改經耳。某氏爾雅注當即所謂以破引之，如引其「麐孔有」之比。段玉裁云：「古多用『妃』，少用『配』。『妃』是正字，『配』是假借字也。『配』者，酒色也。今人云『配合』，周秦人云『妃合』。嘉耦曰妃，非專謂男女也。經文本作『妃』，毛以配合解之，鄭以后妃解之。改『妃』爲『配』，自是後人所爲。」○按，段説是。毛用釋詁「妃，媲也」，非讀「配」爲「妃」也。

096 故言啓之闢之　閩本、明監本、毛本「闢」誤「辟」。案，經作「辟」，正義作「闢」，「辟」「闢」古今字，易而説之也，例見前。正義上文云「開闢之者」不誤。山井鼎考文所載「言」作「云」誤。×

097 妨他木生長　閩本、明監本、毛本「他」誤「地」。×

098 栵而樫河柳　閩本、明監本、毛本同。案，山井鼎云「而」恐「栭」誤，是也。

099 一名雨師　閩本、明監本、毛本同。案，浦鏜云「雨」誤「兩」，是也。

100 以其世世習於常道　閩本、明監本、毛本上「世」字誤「由」。×

101 故不從毛　閩本、明監本、毛本「毛」誤

「耳」。

102 **此之謂也此伐混夷**　閩本、明監本、毛本同。案，十行本「之」至「伐」剜添者一字。

103 **天又爲之興作周邦**　毛本「又」誤「以」，閩本、明監本不誤。

104 **則光錫之大位**　閩本、明監本、毛本「光」作「兄」。案，皆誤也，當作「天」。

105 **而後國傳於王季**　閩本、明監本、毛本「傳」誤「讓」。

106 **善兄弟曰友釋訓文**　閩本、明監本、毛本「文」誤「云」。

107 **而言善於宗族者**　閩本、明監本、毛本「而」誤「非」。

108 **名傳後世由王季德然**　閩本、明監本、毛本「傳」下衍「之」字，脫「由」字。

109 **此言傳世稱之者**　閩本、明監本、毛本「傳」誤「後」。

110 **維此王季**　唐石經、小字本、相臺本同。案，正義引昭廿八年左傳，而云「此云『維此王季』，彼云『維此文王』者，經涉亂離，師有異讀，後人因即存之，不敢追改。今王肅注及韓詩亦作『文王』，是異讀之驗」。又，左傳正義同。段玉裁云「樂記注云『言文王之德皆能如此』，所見詩亦是『維此文王』。然禮注言『文王』，詩箋言『王季』，説自不同」，詳詩經小學。考毛氏詩自是「王季」，王肅申毛作「文王」者非。經義雜記辨之是矣。○按，鄭注禮記多用韓詩，不用毛詩。左傳作「文王」與韓詩合。是可以證三家詩之皆有所受之也。

111 **貊靜也箋云**　小字本、相臺本同。案，正義云「此傳、箋及下傳九言曰者，皆昭廿八年左傳文。彼引一章，然後爲此九言以釋之，故傳依用焉。毛引不盡，箋又取以足之」。段玉裁云「此章詁訓本左氏，係箋自舛誤，今正衍『箋云』二字」。

112 慈和徧服曰順　小字本、相臺本同。案，釋文以「徧復」作音，是其本「服」作「復」。以左傳考之，「復」字非也。

113 必比于文王者　小字本、相臺本同，考文古本同，閩本、明監本、毛本「者」誤「盛」。×

114 令誕生聖人　閩本、明監本、毛本「令」誤「而」。×

115 教誨人以善不解倦　閩本、明監本、毛本「解」誤「懈」。案，此依服注文而引之也；正義自爲文，用「懈」字。×

116 畔援猶拔扈也　小字本同；相臺本「拔」作「跋」，閩本、明監本、毛本同，下及正義中字同。案，釋文云「『拔』字或作『跋』」。考「拔」「跋」古字通用，但釋文不云「本或作跋」，則此箋自用「拔」字。十行本正義中皆作「拔」，是也。閩本以下乃誤改耳。

117 按止也　小字本、相臺本同。案，正義云「按止，釋詁文。彼作『按』，定本及集注俱作『按』，於義是也」。如其所言非爲異本，當有誤也。今無可考，意必求之，或正義本字作「桉」。釋文云「以按，本又作『遏』」。知正義本必不作「遏」者，以釋詁「按」「遏」兩有，若作「遏」，即不得云「彼作按」也。

118 毛以爲既言文王受福　閩本、明監本、毛本同。案，浦鏜云「文王」當「王季」誤，是也。

119 無是叛道　閩本、明監本、毛本同。案，經作「畔」，正義作「叛」，「畔」「叛」古今字，易而説之也，例見前。×

120 敢拒逆我人國　閩本、明監本、毛本同。案，經作「距」，正義作「拒」，『距』「拒」古今字，易而説之也，例見前。×

121 苟貪人之土地　閩本、明監本、毛本同。案，十行本「貪」至「地」剜添者一字。×

122 以却止徂國之師旅　閩本、明監本「旅」誤「氏」，毛本不誤。×

123 箋叛援至曲直　閩本、明監本、毛本「叛」作「畔」。案，所改是也。此標起止仍不易字，下「故言叛援猶拔扈」，所改非也。

124 則上云監觀四方　閩本、明監本、毛本「云」誤「天」。×

125 是也○毛以徂爲往　閩本、明監本、毛本同。案，浦鏜云衍「○」，是也。

126 敢興兵相逆大國　閩本、明監本、毛本同。案，浦鏜云「相」當「拒」字誤，是也。

127 故拒其徵發　明監本、毛本「故」誤「顧」，閩本不誤。×

128 要言疑於伐者　閩本、明監本、毛本同。案，浦鏜云「我」誤「伐」，是也，上文可證。

129 有伐密須犬夷黎邘崇　明監本、毛本「邘」誤「邦」，閩本不誤。○按，作「邦」、作「邘」皆誤，當作「邘」，从邑，于聲，音況于切。今本尚書大傳此字亦誤作「邘」。

130 於時書史散亡　閩本、明監本、毛本「散」誤「敗」。×

131 今指言旅　閩本、明監本、毛本「指」誤「止」。×

132 以天下心皆嚮己　閩本、明監本、毛本「心」誤「必」。×

133 爲萬國之所鄉　小字本、相臺本同，閩本、明監本、毛本「鄉」誤「嚮」。案，「嚮」乃正義所易之今字。釋文「鄉周」下云「本又作『嚮』，下同」，當非正義本也。考文古本悉改作「嚮」，未是。

134 於是謀度其鮮山之傍　閩本、明監本、毛本同。案，十行本「是」至「鮮」剜添者一字。

135 其伐與百姓同欲　明監本、毛本「其」誤「共」，閩本不誤。

136 莫不驚走　明監本「莫」誤「草」，閩本、毛本不誤。

137 阜最大爲陵　閩本、明監本、毛本「陵」誤「陸」。

138 絶高爲之京　閩本、明監本、毛本「爲」誤「謂」。

139 密人乃依阻其京陵　閩本、明監本、毛本「阻」誤「徂」。

140 非爲密須兵也　閩本、明監本、毛本同。案，「密須」當作「須密」。此「須」者，用也，非「密須」之「須」，不知者誤倒之。

141 而驚散走也　閩本、明監本、毛本同。案，浦鏜云「驚」下當脱「怖」字，是也。

142 小山別大山鮮　閩本、明監本、毛本「鮮」上衍「曰」字。

143 遠方不奏　閩本、明監本同，毛本「奏」作「湊」。案，所改是也。

144 作程寤程典　毛本「寤」誤「寐」，閩本、明監本不誤。

145 我歸人君有光明之德　小字本、相臺本同，考文古本同，閩本、明監本、毛本「歸」作「謂」。案，「我歸」者，子懷也；「謂」字誤。

146 同爾兄弟　唐石經、小字本、相臺本同。案，六書音均表云「後漢書伏湛傳作『同爾弟兄』，入韻」，顧炎武説同。考正義云「和同汝之兄弟」，又云「當和同汝兄弟之國」，是其本作「兄弟」。或毛氏詩與伏湛傳所引自不同也。

147 以和協女兄弟之國　明監本「協」誤「陽」，

各本皆不誤。×

148 親親則方志齊心一也　毛本同；閩本、明監本「方」誤「萬」；小字本、相臺本「方」作「多」，「一」作「壹」，考文古本同。案，「多」字、「壹」字是也。

149 當詢謀汝怨偶之傍國　閩本、明監本、毛本同。案，「偶」當作「耦」，下同。

150 傳不大至所更　明監本、毛本「傳」誤「箋」，閩本不誤。×

151 以加人〇　閩本、明監本、毛本同。案，浦鏜云「〇」衍，是也。

152 謂色取人而行違　閩本、明監本、毛本「人」作「仁」。案，所改非也。正義引論語自如此。〇按，舊挍非，馬融注可按。

153 詩意言又無此行　明監本、毛本「又」作「文王」二字，閩本剜入。案，所補是也，「意」字當衍。

154 故天命文王使伐人之道貴其識古知今　閩本、明監本、毛本「人之」二字互易。案，所改是也。

155 箋云鉤鉤梯　閩本、明監本、毛本同。案，「箋」當作「故」。×

156 故爲傍國之諸侯　閩本、明監本、毛本「傍」誤「方」。×

157 執訊連連　唐石經、小字本、相臺本同。案，詩經小學云：「釋文『字又作誶』者誤。爾雅『訊，言也』，説文『訊，問也』，正月、出車傳、采芑及此箋以言辭問訓『訊』字，與『誶』訓告義别。」

158 於野曰禡　小字本、相臺本同。案，正義云「故云於内曰類，於外曰禡，謂境之外内，内非城内也」。此正義專釋傳「内」字耳。「於外曰禡」當仍是「於野曰禡」。考文古本采之以改傳作「外」，非也。

159 致致其社稷羣臣　小字本、相臺本「臣」作

「神」，閩本、明監本、毛本同。案，釋文云「本或作『羣臣』」。正義本是「神」字，作「臣」者非也。「羣神」多誤作「羣臣」，如魯語、鄭大宗伯注皆然。

160 尊其尊而親其親　相臺本同，閩本、明監本、毛本同，小字本無「而」字。案，有者是也。

* 説文作忔　補：通志堂本同，盧本「忔」作「圪」，云「舊譌『忾』，今改正」。釋文校勘云：案，「圪」字所改未是也。「圪」是隸省字，見九經字樣土部，陸但如此作。小字本所附作「扢」，「扢」「忔」皆形近之譌。

161 此天所以用文武代殷也　閩本、明監本、毛本同。案，「武」當作「王」，此詩無「武王」也。

162 言言是城之狀故爲高大　毛本「大」誤「左」，閩本、明監本不誤。 ×

163 故不服者殺而獻其左耳耳曰馘　閩本、明監本、毛本不重「耳」字。案，所改是也，故下當補「云」字。

164 所以復得致其羣臣　閩本、明監本、毛本「臣」作「神」。案，所改是也。

165 正義曰箋以詩　閩本、明監本、毛本誤重「曰」字。 ×

166 碩人言庶姜孼孼是擧我之容　閩本、明監本、毛本同。案，「是」上當有缺文，因「孼孼」字有複出者而脱去也。「擧我」當爲「壞城」之誤。

○**靈臺**

167 春秋傳曰　小字本、相臺本同，閩本、毛本同，明監本「曰」誤「白」。 ×

168 而民樂有其神靈之德　閩本、明監本、毛本同。案，「有其」當倒。

169 是靈臺在豐邑之都文也　閩本、明監

本、毛本「文」誤「内」。×

170 故此略引之　明監本、毛本「此」誤「比」，閩本不誤。×

171 故其説多異義公羊説　閩本、明監本、毛本同。案，「義」上浦鏜云當脱一「異」字，是也。

172 取辟有德　閩本、明監本、毛本同。案，「辟」當作「璧」。

173 不言辟水言辟水言避廱者　閩本、明監本、毛本不重「言辟」三字。案，所删是也，此十行本複衍。

174 説各有以無以正之　閩本、明監本、毛本脱「有以」二字。案，「説各有以」句絶。

175 靈臺與辟廱同處　閩本、明監本、毛本同。案，十行本「臺」至「同」剜添者一字。×

176 故謂之大廟　閩本、明監本、毛本同。案，十行本「謂」至「廟」剜添者一字。×

177 圓之以水似辟　閩本、明監本、毛本「辟」作「璧」。案，所改是也。

178 袁準正論云　毛本「準」誤「淮」，閩本、明監本不誤。○按，舊書「準」多作「淮」。

179 而使衆學處焉饗射其中　閩本、明監本、毛本同。案，十行本「處」至「中」剜添者一字。×

180 以干犯鬼神　閩本、明監本脱「犯」字，毛本剜補。×

181 月令則其事也　閩本、明監本、毛本「事」誤「序」。×

182 天子張三侯　閩本、明監本、毛本脱「侯」

字。

183 穎氏云公既視朔　閩本、明監本、毛本「穎」誤「左」。　×

184 所以法大道順時政　閩本、明監本、毛本「大」作「天」。案，所改是也。　×

185 度始靈臺之基趾　相臺本同，閩本、明監本、毛本同；小字本「趾」作「止」，下同。案，「止」字是也。「止」「趾」古今字，正義中字作「趾」，乃易而說之之例，不當依以改箋也。「基止」又見抑箋。

186 似神之精明　小字本、相臺本同，考文古本同，閩本、明監本、毛本「似」誤「以」。　×

187 始度靈臺之基趾也　閩本、明監本、毛本同。案，「始度」當倒。

188 衛侯爲靈臺於藉圃　明監本、毛本「藉」誤「籍」，閩本不誤。　×

189 文王親至靈囿　相臺本同，閩本、明監本、毛本同，小字本「親」作「覩」。案，「覩」字誤。　×

190 傳囿所以全於囿　閩本、明監本、毛本「於囿」誤「麀牝」。　×

191 鹿牡麌牝麀　明監本、毛本「牡」誤「牝」，閩本不誤。　×

192 論思也　小字本、相臺本同。案，正義云「定本及集注『鏞大鐘』之下云『論思也』，則其義不得同鄭也」。釋文云「論，音盧門反，思也。一云鄭音倫，下同」，是釋文本亦有。段玉裁云：「論者，『侖』之假借字也。說文人部曰『侖，思也』，龠部曰『侖，理也』」。

193 使之和諧　閩本、明監本、毛本「之」誤「人」。　×

194 義俱在箋　閩本、明監本、毛本同。案，浦鏜云「具」誤「俱」，是也。

195 木謂之虡　閩本、明監本、毛本「木」誤「本」。×

196 謂直立者爲虡　明監本、毛本「直」誤「植」，閩本不誤。×

197 又以彩色爲大牙　閩本、明監本、毛本「彩」誤「采」。×

198 大鍾音聲大　閩本、明監本、毛本「大」誤「之」。×

* 目有眸　補：釋文校勘記：通志堂本同，盧本「眸」作「眹」，云「今從浦校」。案，考周禮釋文，則浦校是也。

199 月令季夏　閩本、明監本、毛本同。案，十行本有釋文八字，錯入「季」字下，誤。

200 漁師取漁之官　閩本同，明監本、毛本「漁」作「魚」。案，所改是也。

201 今合樂鼉魚甲是也　閩本、明監本、毛本同。案，「樂」當作「藥」。頍弁正義引「今合藥兔絲子是也」，可作陸疏有「合藥」語之證。

202 無目眹謂之瞽　明監本「眹」誤「眄」，閩本、毛本不誤，下同。○按，正義「朕」作「眹」。

203 外傳稱矇誦瞽賦　閩本、明監本、毛本同。案，浦鏜云「瞍」誤「瞽」，以周語考之，浦挍是也。

○下武

204 爲後世所因　閩本、明監本、毛本「因」誤「繼」。×

205 著其功也大　閩本、明監本、毛本「也」作「之」。案，所改是也。

206 此三后既没登遐　小字本、相臺本同，考文古本同，閩本、明監本、毛本「遐」作「假」。案，釋文云

「假，音遐，本或作『遐』」。正義本是「遐」字，故引禮記，亦順經文作「遐」也。作「假」者依釋文改耳。

207 若僊去云耳　明監本、毛本「僊」誤「仙」，閩本不誤。

208 求終釋詁文　明監本「詁」誤「能」，閩本、毛本不誤。

209 此則稱武王口自所言　閩本、明監本、毛本「口」誤「曰」。

210 昭茲來許　唐石經、小字本、相臺本同。案，九經古義依東觀漢記引「許」作「御」，疑作「許」是傳寫之誤。詩經小學云：「廣雅『許進也』，本此傳，則毛詩本作『許』，作『御』者蓋三家詩。」

211 戒慎其祖考所履踐之迹　相臺本同，閩本、明監本、毛本同；小字本「履踐」作「踐履」。案，「踐履」是也。正義云「戒慎祖考踐履之迹」可證。

212 四方謂中國諸侯也　閩本、明監本、毛本同。案，十行本「謂」至「侯」剜添者一字。

213 與之同福　閩本、明監本、毛本「福」誤「歸」。

214 不遠有輔佐之臣　閩本、明監本「輔」誤「轉」；毛本初刻同，後改「輔」。

215 洛誥云　閩本、明監本、毛本同。案，浦鏜云「文」誤「云」，是也。

216 同受福矣　閩本、明監本、毛本無「受」字，「福」下有「祿」字。案，此當作「同受福祿矣」。

○文王有聲

217 以其所施之事皆伐之功　明監本、毛本皆下衍「繼」字，閩本剜入。

218 而四章言武王之謚　閩本、明監本、毛本同。案，浦鏜云「武王」當「文武」誤，是也。

219 述其所徙之言　毛本「徙」誤「從」，閩本、明監本不誤。

220 四章言作豐以王四方　閩本、明監本、毛本「王」誤「主」。

221 詒訓後世　閩本、明監本、毛本「詒」誤「貽」。

222 文王烝哉　小字本、相臺本同，唐石經初刻「文」誤「武」，後改正。

223 三代之王　毛本「三」誤「二」，閩本、明監本不誤。

224 邗者密須混夷之屬　明監本、毛本「邗」誤「邦」，閩本不誤。○案，此「邗」亦「邘」之誤，詳皇矣。

225 匪棘其欲　唐石經、小字本、相臺本同。案，釋文云「匪亟，或作『棘』」。正義云「棘急，釋言文」，是其本作「棘」。

226 大小適與成偶　小字本、相臺本同，毛本同，閩本、明監本「成」誤「城」。案，考文古本并上傳箋「成」皆作「城」，誤甚。

227 乃述追王季勤孝之行　閩本、明監本、毛本「述追」誤倒。

228 申傳減爲溝之義　明監本、毛本「爲」下有「成」字，閩本剜入。案，所補非也，「爲」當作「成」字耳。

229 作匪革其猶　閩本、明監本、毛本「猶」誤「欲」。

230 文王既已受命　閩本、明監本、毛本「已」誤「以」。

231 故所追勤孝唯王季也　閩本、明監本、毛本「追」誤「述」。

232 異義駁云　閩本、明監本、毛本「駁」誤「駮」。

233 以見二塗之意也　閩本、明監本、毛本「塗」誤「途」。

234 正義曰釋詁文　閩本、明監本、毛本「文」誤「云」。

235 欲又本之前世　閩本、明監本、毛本同。案，「欲」當作「故」。

236 故爲天下所同心而歸之　毛本「下」誤「子」，閩本、明監本不誤。

237 而豐水亦汎濫爲害　閩本、明監本、毛本同；小字本、相臺本「汎」作「氾」，考文古本同。案，釋文云「『氾』字，亦作『汎』」。考説文『汎浮貌』，『氾濫也』，當作『氾』者爲是也」。正義中字作「汎」，與「亦作」本同。

238 今豐水之得東流　明監本「水」誤「小」，閩本、毛本不誤。

239 此大王誠得人君之道哉　毛本「大」誤「太」，閩本、明監本不誤。

240 故知豐水亦汎濫爲之　閩本、明監本、毛本同。案，浦鏜云「害」誤「之」，是也。

241 可以兼及文王欲連言之　閩本、明監本、毛本「兼」誤「并」。案，「欲」當作「故」。

242 謂養老以教孝悌也　閩本、明監本、毛本「悌」誤「弟」。案，「悌」是正義所用今字。

243 上言皇王　小字本、相臺本同；閩本首有「傳」字；明監本、毛本首有「箋」字。案，此當脱「箋云」二字也。上箋「變謚而言王后者，變王后而言大王者」，與此箋「上言皇王而變言武王者」相承，而下屬之傳者誤也。

244 **言武王能得順天下**　閩本、明監本、毛本同。案，「得」當作「傳」。

245 **故云傳謀以安彼後**　閩本、明監本、毛本同。案，「彼」當作「敬」。

246 **明敬事者**　明監本複衍「敬」字，閩本、毛本不誤。✕

○生民

247 **乃十七世祖也**　閩本、明監本、毛本同。案，十行本「十」至「也」剜添者一字。✕

248 **介大也止福祿所止也**　小字本、相臺本同；閩本、明監本、毛本「也」作「攸」。案，段玉裁云「『也攸』二字皆當有」，是也。

249 **其左右所止住**　明監本「住」誤「佳」，各本皆不誤。✕

250 **後則生子而養長名之曰棄**　閩本、明監本、毛本同，小字本、相臺本「名之」作「之名」。案，「之名」是也，讀「之」字斷句，「名」字下屬，正義可證。

251 **終人道則生之**　閩本、明監本、毛本「則」誤「以」。✕

252 **大戴禮帝繫篇**　閩本、明監本、毛本「繫」誤「系」。✕

253 **下妃娵訾氏女**　閩本、明監本、毛本「娵」誤「姬」。✕

254 **皆依用焉**　閩本、明監本、毛本「依」誤「遵」。✕

255 **必待舜乃舉之者**　閩本、明監本、毛本「舜」誤「衆」。✕

256 **亦謂之大祖**　閩本、明監本、毛本「亦」誤「並」。✕

257 **上帝是依** 毛本「上」誤「二」，閩本、明監本不誤。

258 **釋詁云禋祭也** 閩本、明監本、毛本「云」誤「文」。

259 **變禖言禖者** 閩本同，明監本、毛本上「禖」字作「祀」。案，山井鼎云「諸本皆非，作『媒』似是」，是也。

260 **天子內官有后也** 閩本、明監本、毛本「官」誤「宮」，下同。

261 **又帶以弓之韣衣** 閩本、明監本、毛本「帶」誤「帝」。

262 **吉爭先見之象** 閩本、明監本、毛本同。案，爭，盧文弨改爲「事」，是也。

263 **鄭記王權有此問** 閩本、明監本、毛本同。案，此不誤。浦鏜云「記」疑「志」字誤，非也。考鄭記與鄭志非一書。鄭記六卷，康成弟子撰；鄭志十一卷，鄭小同撰。並見於隋書經籍志。浦失考。

264 **必自有禖氏祓除之祀** 閩本、明監本、毛本「必」誤「以」。

265 **祀之以配帝** 毛本「配」誤「妃」，閩本、明監本不誤。

266 **所在之地耳** 毛本「耳」誤「也」，閩本、明監本不誤。

267 **此年始震** 閩本、明監本、毛本「年」誤「言」。

268 **弃黎民阻飢** 閩本、明監本、毛本「弃」誤「棄」，下「帝曰棄」同；「飢」誤「饑」。按，引尚書作「弃」，依彼文也。○按，唐人多以「棄」中有「世」字，乃悉改爲「弃」，此不畫一者，轉寫所致也。

269 釋詁文介右也　閩本、明監本、毛本同。案，「文」當作「云」。

270 是爲震爲有身　閩本、明監本、毛本同。案，山井鼎云上「爲」恐「謂」字誤，是也。

271 未覺其偏隱　閩本、明監本、毛本「偏」誤「徧」。×

272 達生也姜嫄之子先生者也　小字本、相臺本同。案，釋文云「達，毛云生也，沈云毛如字」。正義云：「達生者，言其生易如達羊之生，但傳云略耳，非訓達爲生也。又解言『先生』之意，以人之産子，先生者多難，此后稷是姜嫄之子最先生者，應難而今易，故言『先生』以美之。」段玉裁云：「蓋是『達，達生也』。先生，姜嫄之子先生者也。達之言沓，言重沓而生，此與車攻傳『舄達屨』皆假『達』爲『沓』。姜嫄之子首生者，乃如重沓而生之易然。先釋『達』而後釋『先生』，如白華傳先釋『卬烘』，而後釋『桑薪』。」又見詩經小學。

273 不拆不副　小字本同，閩本、明監本、毛本同；唐石經、相臺本「拆」作「坼」。案，「坼」字是也，釋文可證。又，說文土部「坼」下引此詩作「拆」者，形近之譌。正義中十行本尚閒作「坼」，明監本、毛本盡改爲「拆」，誤甚。

274 說文云達小羊也從羊大聲　閩本、明監本、毛本同。案，「達」當作「羍」。此引「羍」而不云「字異音義同」者，省耳，不知者乃改之。

275 則又坼堛災害其母　閩本、明監本、毛本同。案，經注作「副」，正義作「堛」，「副」「堛」古今字，易而說之也，例見前。○按，舊挍非。「堛」不與「副」爲古今字，此乃蒙上文「坼」从土而轉寫誤耳。

276 能無坼堛災害　明監本、毛本「坼」誤「拆」，閩本不誤，下同。×

277 因見稷之生由　明監本、毛本「由」誤

「易」，閩本不誤。上文云「謂不由人所生之道也」，「生由」謂此。

278 少溲於家牢　閩本、明監本、毛本同。案，浦鏜云「豕」誤「家」，是也。

279 人道之言雖同三者皆小別耳　閩本、明監本、毛本同。案，十行本「人」至「者」剜添者二字。

280 此章上四章　閩本、明監本、毛本同。案，下「章」字當作「句」。

281 欲望衆言　閩本、明監本、毛本同。案，浦鏜云「信」誤「言」，是也。

282 是聖人感見於經之明文　閩本、明監本、毛本同。案，浦鏜云「感」下當脱「生」字，是也。

283 以證有父得感生耳必由父也　閩本、明監本、毛本同。案，浦鏜云「耳」疑「非」字誤，是也。

284 契稷不棄契者　閩本、明監本同；毛本上「契」字作「棄」。案，所改是也。

285 雖爲天所安　閩本、明監本、毛本「安」誤「受」。

286 五章傳云　明監本、毛本「章」誤「帝」，閩本不誤。

287 因之曰堯不名高辛　閩本、明監本、毛本同。案，此當云「目之曰堯不名爲帝」，皆形近之譌也。

288 益知此帝不爲堯也　明監本「堯」誤「帝」，閩本、毛本不誤。

289 姜嫄爲辛之正妃　閩本、明監本、毛本「辛」上有「高」字。案，所改非也，「爲」當作「高」耳。

290 何云聽棄之也　閩本、明監本、毛本「何云」誤倒。✕

291 自有聖弟　閩本、明監本、毛本「自」誤「且」。✕

292 雖帝難之　閩本、明監本、毛本同。案，此不誤。浦鏜云「雖」疑「惟」字誤，非也。「雖」字正義自爲耳，據尚書者但「帝難之」三字耳。✕

293 謂有奇表異相　閩本、明監本、毛本「謂」誤「猶」。✕

294 言帝嚳若不順天意以顯之　閩本、明監本、毛本「顯」誤「順」。✕

295 實之言適也　小字本、相臺本同。案，此正義本也。正義云「故云實之言適也」，又云「定本爲『實之言是』。按，集注並爲『適』」。考此箋當依定本。頍弁正義云「釋詁云『實是也』，『實』『寔』義同，故『實』亦爲『是』也」，又韓奕箋云「『實』當爲『寔』」，此楚茨正義所謂「注意趨在義通不爲例」者也。凡餘經「實」訓「是」者，視諸此。

296 訏謂張口嗚呼也　小字本、相臺本同。案，沿革例云：「諸善本皆作『嗚』，余仁仲本作『鳴』，最爲非是，今從疏及諸善本作『嗚』。」釋文「訏」下云「鄭張口嗚呼也」，亦淺人改之耳。「嗚呼」古書多作「烏呼」。說文云「烏，孝烏也」，引孔子「烏，盱呼也」，「取其助氣，故以爲烏呼」。

297 荏菽戎也　閩本、明監本同；小字本、相臺本「戎」下有「菽」字，考文古本同；毛本誤剜入「事」字。案，有「菽」字者是也。

298 穟穟苗好美也　小字本、相臺本同，閩本、明監本、毛本同。按，正義云「其苗則穟穟然美好」，釋文「穟穟」下云「苗美好也」，是「好美」當誤倒。

299 幪幪然茂盛也　小字本、相臺本同，考文古本同，閩本、明監本、毛本「茂盛」誤倒。

300 其實則唪唪然衆多　閩本、明監本、毛本同。案，十行本「其」至「然」剜添者一字。×

301 訏大路大釋詁文　閩本、明監本、毛本「文」誤「云」。×

302 敗實之爲義　閩本、明監本、毛本「敗」作「取」。案，皆誤也，當作「則」，形近之譌。山井鼎云恐「以」字誤，亦非。

303 訏音呼又從言　閩本、明監本、毛本同。案，「音呼」二字當旁行細書，正義自爲音例如此。○按，非也。❷

304 齊侯來獻戎捷　閩本、明監本、毛本「捷」誤「菽」。×

305 於後果爲稷官　明監本、毛本「官」誤「宫」，閩本不誤。×

306 相地之宜宜五穀者　閩本、明監本、毛本不重「宜」字。案，山井鼎云本紀與宋板同。

307 種雜種也　小字本、相臺本同。案，釋文「實種」下云「種雜種」。正義云「莊子説木之肥大云『臃腫無用』，故以種爲臃腫」，又云「傳言雍種是肥充之貌，禾生雖肥不能至雍種」。山井鼎云「據疏『雜』作『雍』爲是」，是也。釋文涉箋而字譌耳，各本依之非也。○按，釋文本作「穕種」，正義本作「雍腫」，此二本之不同也，而陸本爲長。穕，集也。集種者，集其善種也，猶集義集大成之集。舊挍非也。

308 栗成就也　小字本、相臺本同。案，此正義本也。正義云「故言成就以足之」。按，集注云「『栗成意也』，定本以『意』爲『急』，恐非也」。考文古本作「急」，采正義。

309 稍至秋初　閩本、明監本、毛本「初」誤「分」。×

310 閟宮言稙稺菽麥　明監本、毛本「稙」誤「植」，「稺」誤「穉」，下同；閩本「稙」字不誤。

311 尚書稱播殖百穀　閩本、明監本、毛本同。案，浦鏜云「時」誤「殖」，是也。

312 秸又云穎　閩本、明監本、毛本同。案，「云」當作「去」，形近之譌，甫田正義同。

313 就其成國之室家　閩本、明監本、毛本同。案，浦鏜云「家室」字譌倒，是也。

314 禹封棄於邰　閩本、明監本、毛本同。案，浦鏜云「舜」誤「禹」，是也。

315 秬黑黍也　毛本「黍」誤「忝」，明監本以上皆不誤。

316 箋云天應堯之顯后稷　小字本、相臺本同。案，此正義本也，正義云「按集注及定本於此並無『箋云』」。考此鄭申毛「天降嘉種傳也」，當以正義本爲長。

317 恒之秬秠　唐石經同，小字本、相臺本同。案，釋文云「恒，本又作『亘』」。正義云「定本作『恒』，集注皆作『亘』字」。考「恒」「亘」是一字。

318 以歸肇祀　小字本、相臺本同；閩本、明監本、毛本同；唐石經「肇」作「肈」，下同。案，釋文以「肈」字作音。詩經小學云：「玉篇攴部云『肇，俗肈字』，五經文字戈部云『肈作肇訛』，廣韻有『肈』無『肇』。說文攴部有『肇』字，唐後人妄增入無疑。凡古書『肇』字皆當改作『肈』。」今考六經正誤云作「肈」誤，是舊本從戈，毛居正始誤改之耳。

319 於是負檐之　閩本、明監本、毛本同。案，此不誤。浦鏜云「擔」誤「檐」，非也。「檐」字見商頌注。

320 唯彼穈作虋　閩本、明監本、毛本「虋」誤「亹」，下同。

321 故云釀秬爲酒　閩本、明監本、毛本「云」誤「名」。

322 降之百穀　閩本、明監本、毛本同。案，浦鏜云「福」誤「穀」，考閟宮，浦挍是也。

323 所降多矣　閩本、明監本、毛本同。案，「所」至「矣」十行本剜添者一字。

324 故任爲抱〇　閩本、明監本、毛本同。案，「〇」當作「也」。

325 釋之叟叟　唐石經、小字本、相臺本同。案，六經正誤云「作『釋』誤」。今考其說非也。說文『釋』从米，从睪，漬米也」云云，毛、鄭詩作「釋」，乃古字假借，故釋文不以「釋」字作音，正義亦不解「釋」字，說文「釋」下亦不引此詩。毛居正依旁字部改變經文，不可承用也。

326 或蹂黍者　小字本、相臺本同。案，正義云「集注等皆爲『蹂黍』，定本爲『蹂米』者誤也」，考此傳以米與上糠爲對文，當以定本爲長。

327 先奠而後爇蕭　閩本、明監本、毛本同；小字本、相臺本「先」作「既」，考文古本同。案，「既」字是也。

328 羝羊牡羊也　小字本、相臺本同，閩本、明監本、毛本亦同。案，上「羊」字衍文也。正義云「羝羊牡羊者」乃自爲文，取以添注者誤。

329 貫之加于火曰烈　閩本、明監本、毛本同，小字本、相臺本「于」作「於」。下注「當于豆者于登者」，相臺本作「於」。案，「於」字是也。

330 后稷既爲郊祀之酒　小字本、相臺本同，閩本同，明監本、毛本「既」誤「即」。

331 齊敬犯軷而祀天者　小字本同，考文古本同；相臺本「犯」作「祀」，閩本、明監本、毛本同。案，「犯」字是也。正義中十行本皆作「犯」不誤。

332 孟春之月令曰　小字本、相臺本同。案，正義云「定本云『孟春之令曰』無『月』字」，當以無者爲長。

333 或使人蹂踐其黍言其各有司存　閩本、明監本、毛本同。案，十行本「其」至「其」剜添者一字。×

334 又取羝羊之禮　閩本、明監本、毛本同。案，「禮」當作「體」，下文不誤。

335 以此爲思　閩本、明監本、毛本同。案，「思」當作「異」。

336 揄簸俱是舂　閩本、明監本、毛本「揄」誤「喻」。×

337 烰烰氣也　閩本、明監本、毛本同。案，浦鏜云「烝」誤「氣」，是也。

338 溞浮與此不同　閩本、明監本、毛本同。案，「浮」當作「烰」，此與下互易。

339 故言烰浮氣　閩本、明監本、毛本「烰」作「浮」。案，所改是也，此與上互易。

340 故設辭自問　明監本、毛本「設」誤「説」，閩本不誤。×

341 待御七　閩本、明監本、毛本「七」誤「十」。×

342 又去爲鑿　閩本、明監本、毛本同。案，浦鏜云「舂」誤「去」，是也。

343 故上言於鑿也　閩本、明監本、毛本同。案，「上」當作「止」。

344 皆舂官肆師職文也　毛本「文」誤「之」，閩本、明監本不誤。×

345 故祭土之日而問稼也　閩本、明監本「日」誤「已」，毛本不誤。×

346 故因兵事　閩本、明監本、毛本同。案，「因」當作「問」，形近之譌。

347 取蕭草與祭祀之脂　閩本、明監本、毛本同。案，山井鼎云箋「祀」作「牲」。浦鏜云「牲」誤「祀」，是也。

348 郊之兆位在國外　明監本、毛本「兆」誤「其」，閩本不誤。

349 未至定用何月　閩本、明監本、毛本同。案，浦鏜云「至」當「知」字誤，是也。

350 故云嗣歲今新歲新歲而謂之嗣者　閩本、明監本、毛本誤不重「新歲」二字。

351 內郊天主爲祈穀故也　閩本、明監本、毛本同。案，浦鏜云「內」當「由」字誤，是也。

352 于豆于登　唐石經、小字本同，閩本、明監本、毛本同，相臺本「登」作「豋」。案，六經正誤云「作『登』誤。『登升』之字从癶，『豆登』之字从肉、从又」云云。今考「登」字此經及爾雅作「登」，儀禮作「鐙」，說文有「𤼲」字，「登」即「鐙」「𤼲」之古字也。釋文不以「登」字作音，正義中字亦皆作「登」，其明證矣。「𤼲」字或作「豋」「瓾」，見集韻，皆不載於說文，毛、鄭詩固未嘗用此字。毛居正特臆說耳。○按，舊挍本所引劉台拱說。

353 其香始升　唐石經、小字本、相臺本同。案，釋文云「香，一本作『馨』」，正義本未有明文，今無可考。

354 上帝則安而歆享之　小字本、相臺本同，考文古本同，閩本、明監本、毛本「享」作「饗」。案，「饗」字是也，正義云「上帝則安居而歆饗之」可證。凡「歆饗」字皆當作「饗」，「享祀」字皆當作「享」，二字截然有別，宋時寫書乃以「享」爲「饗」別體字而亂之。

355 不調以鹽采　閩本、明監本同，毛本「采」作「菜」。案，所改是也。

356 上傳肇爲始　明監本、毛本「肇」誤「肈」，閩本不誤。

357 抑云庶無罪悔　閩本、明監本、毛本同。

案，浦鏜云「大」誤「罪」，是也。

〇行葦

358 **敦史受之** 小字本、相臺本同。案，釋文云「敦，本又作『惇』，同」。正義本是「惇」字。

* **不利方反** 補：通志堂本、盧本「不」作「又」，「方」作「兮」。案，「不」字、「方」字誤也。

359 **故即言周家以廣之** 明監本、毛本「言」誤「立」，閩本不誤。 ×

360 **見同出高祖** 閩本、明監本、毛本「出」誤「世」。 ×

361 **耇面凍梨色以浮垢也** 明監本、毛本「耇」誤「者」，「以」誤「似」；閩本「耇」字不誤。 ×

362 **燕伐北鄙** 閩本、明監本、毛本同。案，山井鼎云「爾雅疏『伐』作『岱』」，皆非也。浦鏜云「代」誤「伐」，是也。

363 **言五帝直養其氣體** 閩本、明監本、毛本「氣」誤「意」。 ×

364 **敦敦然道傍之葦** 閩本、明監本、毛本同，小字本、相臺本「傍」作「旁」。案，「旁」字是也。「傍」乃正義所易今字。

365 **以其終將爲人用** 小字本、相臺本同，閩本同，明監本、毛本「終將」誤倒。 ×

366 **故經以成形名之** 閩本、明監本、毛本同。案，浦鏜云「經」疑「徑」字誤，是也。

367 **而禁之者以牛羊當有牧處** 閩本、明監本、毛本同。案，十行本「禁」至「牧」剜添者二字。 ×

368 **或陳言筵者** 閩本、明監本、毛本同，小字本、相臺本「言」作「設」，考文古本同。案，「設」字是也。

369 **王俱爾而揖進之**　閩本、明監本、毛本同。案，「爾」當作「邇」，下文皆作「邇」可證也。經注作「爾」，正義作「邇」，「爾」「邇」古今字，易而説之也，例見前。

370 **邇卿面南北上**　閩本、明監本、毛本同。案，浦鏜云「西面」誤「面南」，是也。

371 **邇大夫北面少進**　閩本、明監本、毛本同。案，「北面」當作「皆」，分爲二字而誤也。山井鼎云儀禮元文作「大夫皆少進」，正義引略「大夫」者不備耳。

372 **客受而奠之不舉也**　相臺本同，閩本、明監本、毛本同，小字本無「也」字。

373 **緝績者連續之**　明監本、毛本「績」誤「續」，閩本不誤。　×

374 **似是異器**　毛本「似」誤「以」，閩本、明監本不誤。　×

375 **嘉殽脾臄**　唐石經、小字本、相臺本同。案，正義云「定本、集注經皆作『嘉』，箋『以脾臄爲加故謂之嘉』，是爲嘉美之加也」，依此是正義經當作「加」字。考此箋之意以「嘉殽」之文與「脾臄」相連，明爲一事，不與他經單言「嘉殽」者同，故用加殽爲説。以加訓嘉者，詁訓之法也。若經字作「加」，則箋無庸云「故謂之嘉」矣，當以定本、集注爲長。

376 **徒擊鼓曰咢**　小字本、相臺本同。案，釋文云「毛云『徒歌曰咢』」，正義云「王肅述毛作『徒擊鼓』。今定本、集注作『徒歌』者與園有桃傳相涉誤耳」。考「歌」字當爲「鼓」之誤。王肅有「擊」字，與今爾雅文同，或毛讀爾雅無。

377 **韭菹則醓醢也**　小字本、相臺本同，考文古本同；閩本、明監本、毛本「韭」誤「非」，正義中同。　×

*__鄭注儀禮云醓汁也__　補：通志堂本同，盧本「醓汁」作「醢汁」，云「『醢』舊作『醓』」。考六經正誤云「『醓海也』，『海』字誤，潭、建本皆作『汁』；興國本作

『醢』」。案，儀禮第八聘禮注云「其南醓醢屈」，鄭注云「醓醢汁也」，是解醓乃醢之汁也。監本誤合「醢汁」二字爲「海」字，諸本亦各漏一字，故不可曉也。今考此當作「醢汁也」爲是。小字本所附亦誤作「醓汁」。

* 又云口吹肉也　補：通志堂本、盧本「吹」作「裹」，小字本所附同。案，今注譌。段玉裁云：「『次』是。說文『谷，口上阿也，从口，上象其理』。然則非『口裹』可知。口次猶口邊也。」

378 所加善殺　明監本、毛本「善」誤「嘉」，閩本不誤。 ×

379 又作樂助歡　閩本、明監本、毛本「歡」誤「勸」。 ×

380 是爲嘉美之加也　閩本、明監本、毛本同。案，「加」當作「嘉」，與下互換而誤。 ×

381 醢肉汁也　閩本、明監本、毛本「醢」誤「醓」。 ×

382 服虔通俗又云　閩本、明監本、毛本同。案，山井鼎云「又」恐「文」誤，是也。

383 皆以絃和之　閩本、明監本、毛本「和」誤「歌」。 ×

384 醓所以擩菹　閩本、明監本「擩」誤「濡」，毛本不誤。 ×

385 故謂之嘉　閩本、明監本、毛本同。案，「嘉」當作「加」，與上互換。

386 以擇其可與者　小字本、相臺本同。案，釋文云「一本直云『可者』，無『與』字」，正義本有。

387 言賓客次第皆賢　閩本、明監本、毛本同；小字本、相臺本「第」作「序」，考文古本同。案，「序」字是也。

388 觀者如堵牆　小字本、相臺本同。按，此釋文本也。正義云「皆射義文。彼於『圃』下云『蓋觀者如堵』，此引之略也」，是正義本無此一句。釋文云「觀者，古亂反」，「如堵，丁古反」，是釋文本有也。此亦合併之未檢照者，故經、注、正義舛互。

389 又使公罔之裘序點揚觶而語曰　小字本、相臺本同。案，此傳「曰」字上當有「公罔之裘揚觶而語」八字，因複出而脱去也。正義云「又使公罔之裘及序點二人揚觶爵而爲語，公罔裘先語於衆曰」是其證，各本皆誤。

390 髦勤稱道不亂　小字本、相臺本同。案，釋文云「勤，音其」。正義云「而能勤行稱舉其道」，是正義如字讀。考鄭射義注云「旄期，或爲『旄勤』」，此乃本之異者。「勤」字不得讀爲「期」，釋文所音非也。

* 勤音其　補：釋文挍勘記：通志堂本、盧本同。案，六經正誤載此云「期音其」，是宋監本「勤」字作「期」也。今考此傳正義本是「勤」字，如字讀之。釋文本亦是「勤」字，但讀「勤」爲「期」，故云「音其也」。集韻七之「其鉗」下有「勤」字，即本於此。其實鄭射義注所云「旄期，或爲『旄勤』」者，「期」「勤」各如其字讀之，此正義長於釋文也。宋監本改「勤」爲「期」，亦由謂「勤」不得音「其」耳，但非陸意。○按，陸本必是本作「期音其」，此與「往近王舅」本作「王近」同。

391 既堅韌矣　閩本、明監本、毛本「韌」誤「勁」。 ✕

392 又解四鍭之義　閩本、明監本、毛本「鍭」誤「鏃」。案，山井鼎云下「除金鏃鐵鏃外」皆同，是也。

393 言鍭是矢參亭者也　閩本、明監本、毛本「亭」誤「停」，下同。 ✕

394 前有鐵重也　明監本、毛本「鐵」誤「纖」，閩本不誤。 ✕

395 孫炎曰金鏃　閩本、明監本「金」作「者」，毛本倒之。案，山井鼎云「兩誤」，是也。❸

396 謂所射之質　閩本、明監本、毛本「謂」誤「爲」。×

397 用諸近射田獵　閩本、明監本、毛本「田」誤「退」。×

398 故舍之言釋　閩本、明監本、毛本「故」誤「放」。×

399 以此知爲毛之意亦爲大射也　閩本、明監本、毛本同。案，十行本「此」至「之」剜删者一字，誤也，當作「以此知爲大射毛意亦爲大射也」。

400 彼於圃下云　明監本、毛本「於」誤「以」，閩本不誤。×

401 蓋觀者如堵　閩本、明監本、毛本同。案，「堵」下浦鏜云「牆」字脱，是也。

402 序點又揚舉此觶　毛本「舉」誤「奉」，閩本、明監本不誤。×

403 而先自言之　閩本、明監本、毛本同。案，浦鏜云「自」疑「目」字誤，是也。

404 必揚觶者　明監本、毛本「必」誤「以」，閩本不誤。×

405 蓋爲大夫時也　閩本、明監本、毛本「時」誤「射」。×

406 鄉大夫之射　閩本、明監本、毛本同。案，浦鏜云「卿」誤「鄉」，是也。

407 謂中多者爲賢　閩本、明監本、毛本「謂」誤「爲」。×

408 言已挾四鍭　小字本同，考文古本同；相臺本「鍭」誤「鏃」，閩本、明監本、毛本同。×

409 以不侮慢多少爲次第　明監本、毛本

「以不」誤倒，閩本不誤。

410 二京賦曰彤弓既彀　閩本、明監本、毛本同。案，浦鏜云「斯」誤「既」，是也；又云「二」當作「東」，非也。李善文選注引楊泉物理論曰「平子二京」，是通稱「二京」矣。

411 先生大夫之致位者　閩本、明監本、毛本同。案，浦鏜云「仕」譌「位」，是也。

* 故得壽耇　補：案「耇」當作「考」，形近之譌，毛本正作「考」。

412 以受大大之福　明監本、毛本下「大」字誤「人」，閩本不誤。❹

413 鮐背耇老壽人也　閩本、明監本、毛本同。案，浦鏜云「人」衍字，是也。❺

414 皮膚涓瘠　閩本、明監本、毛本同。案，浦鏜云「消」誤「涓」，是也。爾雅疏引即取此，正作「消」。

415 引者牽引之義　閩本、明監本、毛本「牽」誤「率」。

416 在身之兩傍　閩本、明監本、毛本「傍」誤「旁」，下同。

417 則老人於是始求　閩本、明監本、毛本同。案，「求」當作「來」，形近之譌。

○既醉

418 大平也　小字本、相臺本同，唐石經「大」上有「告」字。案，正義云「本或云『告大平』者，此與維天之命敘文相涉，故遂誤耳。今定本無『告』字」，釋文以「既醉大平」作音，是正義本、釋文本皆無「告」字。考維天之命在頌，故序云「告謂以其成功告於神明」。此既醉在雅，序本不云「告」，「或作」本誤。譜正義引既醉「告大平」即出於「或作」本也。

419 在意云滿　閩本、明監本同；小字本、相臺本「在」作「志」，「云」作「充」，毛本同。案，「在」字、

「云」字誤也。

420 此則平之大者　閩本、明監本、毛本「平」誤「事」。×

421 此與維天之命敘文相涉　閩本、明監本、毛本「文」誤「又」。×

422 詔室出於祊　閩本、明監本、毛本「祊」誤「枋」。×

423 別嫌而迎　閩本、明監本、毛本同。案，此不誤。山井鼎云「迎」上恐脱「不」字，非也。×

424 此施爵賞於六也　閩本、明監本、毛本「於」作「爲」。案，所改是也。

425 事謂惠施先後　小字本、相臺本同，閩本、明監本、毛本「惠施」倒。案，倒者誤也，釋文、正義皆可證。

426 天又助女以大福　小字本、相臺本同，考文古本同，閩本、明監本、毛本「福」誤「德」。×

427 云永錫祚允　閩本、明監本、毛本「祚」誤「作」。×

428 天既其女以光明之道　小字本、相臺本「其」作「助」，考文古本同；閩本、明監本、毛本「其」作「與」。案，「助」字是也，正義云「鄭以爲天既助汝王以光明之道」可證。

429 俶終也　閩本同，小字本、相臺本「終」作「始」，明監本、毛本同。案，「始」字是也，釋文、正義皆可證。

430 祭祀是禮之終　閩本、明監本、毛本同。案，浦鏜云「享」誤「祭」，是也。

* 釋言文明朗也　補：案，「文」當作「云」，毛本不誤。

431 終於享祀　閩本、明監本、毛本「享」誤

「饗」。✕

432 未有祭事在其閒 閩本、明監本、毛本「事」誤「祀」。✕

433 釋詁文俶作也 閩本、明監本、毛本同。案，浦鏜云「文」當「云」字誤，是也。

434 恒豆之菹 小字本、相臺本同，考文古本同；閩本、明監本、毛本「菹」作「俎」；十行本初刻作「菹」，後剜作「俎」。案，剜者誤。

435 乃由主之所祭 閩本、明監本、毛本「主」作「王」。案，所改是也。

436 恒豆謂恒常正祭之豆 閩本、明監本、毛本同。案，十行本「正」至「豆」剜添者一字。

437 若蠃與魚 閩本、明監本、毛本同。案，浦鏜云「蠃」誤「贏」，下同，是也。

438 故加相及所以交接於神明者 閩本、明監本、毛本同。案，「相及」當作「恒豆」。

439 彼注云此謂諸侯也 閩本、明監本、毛本同。案，十行本「彼」至「諸」剜添者一字。✕

440 有韭菹青菹 閩本、明監本、毛本同。案，浦鏜云「菁」誤「青」，是也。

* 是靜加之義 補：案，「加」當作「嘉」，毛本不誤。

441 維何者問之辭 閩本、明監本、毛本「之」誤「者」。✕

442 故云朋友謂羣臣同志好者 閩本、明監本、毛本「云」誤「知」。✕

443 春秋傳曰頴考叔純孝也 小字本同，閩本同；相臺本「頴」作「穎」，明監本、毛本同。案，「穎」字是也。廣韻云「穎，又姓，左傳有『穎考叔』」。「頴」即「穎」之別體俗字。

444 乘上朋友之文　閩本、明監本、毛本「乘」誤「承」，下「乘上」同。×

445 各欲其類　閩本、明監本、毛本同。案，「欲」當作「教」。

446 壼之言梱也　小字本、相臺本同，考文古本同，閩本、明監本、毛本「梱」作「捆」。案，「梱」字是也。正義中字十行本皆作「梱」，下「梱致」同，又見鴇羽。

447 允嗣也　小字本、相臺本同，閩本同，考文古本同，明監本、毛本「嗣」誤「習」。×

448 使至室家之内　閩本、明監本、毛本同。案，「至」當作「在」。

449 孝昭皆取此箋　閩本、明監本、毛本同。案，浦鏜云「韋」誤「孝」，是也。

450 使祿臨天下　小字本同；相臺本「祿」作「錄」；閩本、明監本、毛本「臨」誤「福」。案，「錄」字是也。以「錄」解「祿」是爲訓詁。孝經援神契云「祿者，錄也」，引見樛木正義。「錄臨」者，今文尚書所謂「大錄」，考文古本作「莅臨」，不得其解而臆改之耳。

451 謂使爲政教也　閩本、明監本、毛本同，小字本、相臺本無「也」字。

452 錄臨天下　閩本、明監本、毛本「錄」誤「祿」。×

453 言常歸於汝　閩本、明監本、毛本「於」誤「故」。×

454 又隨之以生賢智之子孫　明監本、毛本「智」誤「者」，閩本不誤。×

* 此章云釐爾女子　補：案，「子」當「士」字之譌，毛本正作「士」。

○鳧鷖

455 神祇祖考　明監本、毛本「祇」誤「祗」，閩本以上皆不誤。

456 亦乘上篇而爲勢也　閩本、明監本「乘」誤「承」，「也」誤「者」；毛本初刻同，後改也。

457 祖者則人神也　閩本、明監本、毛本同。案，浦鏜云「考」誤「者」，是也。

458 經序例者　閩本、明監本、毛本同。案，山井鼎云「例」恐「倒」誤，是也。

459 涇水名也　小字本、相臺本同。案，段玉裁云「此篇涇、沙、渚、潨、亹一例。『涇水中也』誤作『水名也』。下云『水鳥而居水中』，又云『水鳥以居水中爲常』，承上爲言。爾雅『直波爲徑』，釋名作『涇』，『涇』『徑』字同。謂大水中流，徑直孤往之波，故云『涇水中也』」，詳詩經小學。今考正義云「欲言水鳥居中，故云『涇水名也』」，此「名」字或是後改，正義本當未誤。

460 不以己實臣之故自嫌　毛本同；小字本、相臺本「謙」作「嫌」，閩本、明監本同。案，「嫌」字是也，下箋「亦不以己實臣自嫌也」不誤。

461 爾者女成王者　閩本、明監本、毛本同；小字本、相臺本下「者」作「也」，考文古本「也」字同。案，「者」字誤。

462 水鳥之謹愿者也　閩本、明監本、毛本「愿」誤「願」。

463 祊當於廟門之外西室　閩本、明監本、毛本「祊」誤「枋」。

464 其尸以卿大夫爲之　閩本、明監本、毛本「卿」誤「鄉」。

465 由王事之盡敬　閩本、明監本、毛本「由」誤「曰」。

466 喻祭四方百物之尸也　小字本、相臺本

同，考文古本同，閩本、明監本、毛本「百」誤「萬」。✕

467 助成王也　小字本、相臺本同，閩本、明監本、毛本「成」誤「或」。✕

468 其燕之時　閩本、明監本、毛本「時」誤「事」。✕

469 以與公尸燕樂而飲之　閩本、明監本、毛本「飲」誤「與」。✕

470 喻祭四方百物　閩本、明監本「祭」誤「而」，毛本不誤。✕

471 易需卦九二　閩本、明監本、毛本「二」誤「三」。✕

472 非獨祭宗廟而已　閩本、明監本、毛本「已」誤「尸」。✕

473 由四方百物　閩本、明監本、毛本「百」誤「萬」。✕

474 大宗伯畐辜　閩本、明監本同，毛本「畐」作「疈」。案，所改是也。當與下「疈而磔之」互易，見下。

475 故注云疈畐牲胷也　閩本、明監本同，毛本「畐」作「疈」。案，所改非也，「畐」當作「副」。經作「疈」，古文也，注轉爲「副」而說之所以曉人。今周禮注盡作「疈」者，不知者所改也。此正義所引自不誤，但「副」壞爲「畐」，又互易其一處，遂不可讀，今正之。

476 疈而磔之　閩本、明監本、毛本同。案，此「疈」當與上「大宗伯畐辜」互易，「副」之壞字也，見上。

477 謂桀禳及蜡祭也　閩本、明監本、毛本同。案，浦鏜云「磔」誤「桀」，是也。

478 八蜡以記四方　閩本、明監本、毛本「記」誤「祀」。

479 其祭非徒八神而已　毛本「非」誤「其」，閩本、明監本不誤。

480 此得摠祭羣臣者　閩本、明監本、毛本同。案，浦鏜云「神」誤「臣」，是也。

481 此蜡祭祀辭也　閩本、明監本、毛本同。案，浦鏜云「祝」誤「祀」，是也。

482 此箋言祭四方百物之尸　明監本、毛本「物」誤「神」，閩本不誤。

483 言明日又設禮而與公尸燕　閩本、明監本、毛本「與」誤「爲」。

484 明其餘諸神　閩本、明監本、毛本「明」誤「月」。

485 毛於此義　毛本「於」誤「以」，閩本、明監本不誤。

486 未必五齊三酒皆俱也　閩本、明監本、毛本同。案，「俱」當作「供」，形近之譌。

487 莫不咸在之義　閩本、明監本、毛本「咸」誤「言」。

488 以其神多故也　明監本、毛本「多故」誤倒，閩本不誤。

489 但不以爲宗廟之祭　閩本、明監本、毛本同。案，「但」下當有「箋」字。

490 集處是也　閩本、明監本、毛本同。案，浦鏜云「處」當「注」字誤，是也。

* 有瘞堙之象　補：案，「堙」當作「埋」，形近之譌，釋文可證。

491 故知天地之尸尊　閩本、明監本、毛本

「尸」誤「事」。

492 故以濛爲喻也　閩本、明監本、毛本「濛」誤「衆」。下章正義「衆者水會之處」亦「濛」之誤也。

493 瘞埋於泰折　閩本、明監本、毛本「折」誤「圻」。

494 有埋牲玉者守之　閩本、明監本、毛本「玉」誤「主」。

495 若無大宗伯云　閩本、明監本、毛本同。案，浦鏜云「無」當「然」字譌，是也。

496 唯山用埋爾　閩本、明監本、毛本「用」誤「而」。案，「爾」當作「耳」。

497 褊以宗爲社宗者　閩本、明監本同，毛本「褊」作「偏」。案，所改是也。

498 非其地則不祭　毛本「非」誤「外」，閩本、明監本不誤。

499 郊特牲曰社者神地之道也　閩本、明監本脱「特」字、「也」字，誤重「之道」；毛本不誤。

500 其神社同故云然　閩本、明監本、毛本同。案，浦鏜云「社神」字誤倒，是也。

501 故以喻　閩本、明監本、毛本同；小字本、相臺本「喻」下有「焉」字，考文古本同。案，有者是也。

502 但令王自今無有後艱而已　小字本同，閩本同；相臺本「艱」作「難」；明監本、毛本「今」誤「安」。案，「難」字是也，正義云「但令王自今以去無有後難而已」可證。

503 公尸之來止於燕坐熏熏然其又和悅而得其宜於是行旨美之酒　閩本、明監本、毛本同。案，十行本「止」至「之」剜添者六字。

504 箋以上四章　明監本、毛本「章」誤「意」，閩本不誤。

505 案中霤禮　閩本、明監本、毛本「禮」誤「祀」。

506 在門内也　閩本、明監本、毛本「在」誤「左」。

507 傳欣欣至多祈幾　閩本、明監本、毛本「幾」作「也」。案，所改非也，此衍字。

508 芬芬是香之氣　閩本、明監本、毛本「氣」誤「義」。

509 祭法注云小神祭法注云小神　閩本同，明監本、毛本無下「祭」至「神」六字。案，所删是也，此複衍。

510 於臘亦聚祭之義也　閩本、明監本、毛本同。案，浦鏜云「義」當衍字，是也。

○假樂

511 此其所以官人得其宜也　毛本「人」誤「之」，閩本、明監本不誤。

512 宜君宜王　唐石經、小字本、相臺本同。案，釋文云「且君且王，一本『且』作『宜』字」。正義云「君、王别文，傳并言之者，以其俱有『宜』文，故揔而釋之，言宜君者宜君天下，宜王者宜王天下」，是正義本作「宜」字，與一本同。段玉裁云作「宜」爲俗本也，詳詩經小學。

513 曰舊章不可忘　閩本、明監本、毛本同。案，浦鏜云「亡」誤「忘」，是也。

514 抑傳亦抑抑爲密　閩本、明監本、毛本「亦」誤「以」。

515 以結網喻爲政　毛本「網」誤「綱」，閩本、明監本不誤。

516 不解于位　唐石經、小字本、相臺本同。案，釋文以「匪解」作音，或其本「不」作「匪」。今通志堂仍作「不」，詳後考證。正義本未有明文，今無可考。考文古本作「匪」，當是依公劉箋中「不」字、經中「匪」字而爲之耳。

517 詩云民之攸塈　閩本、明監本、毛本同。案，「塈」當作「呬」，見詩經小學。○按，此古叚借字。

○公劉

518 反歸之　閩本、明監本、毛本同，小字本、相臺本「反」作「及」。案，「反」字是也，正義云「而反歸之」可證。

519 以深戒之也　閩本、明監本、毛本同，小字本、相臺本無「也」字。

520 作公劉詩者　閩本、明監本、毛本同。案，浦鏜云「作」字當衍，是也。

521 欲使遺傳至王非己情所獻見　閩本、明監本、毛本同。案，十行本「遺」至「王」剜添者一字。此「情所」當作「所奏」。句末衍「見」字，下衍上脱，補而未去者也。

522 去中國而適戎其　閩本、明監本、毛本同。案，浦鏜云「其」當「狄」字誤，是也。

523 不窋之子　閩本、明監本、毛本「不」上有「公劉」二字。案，此誤補也。當云「不窋稷子」，「稷」字誤作「之」耳。

524 又外傳稱后稷勤周　閩本、明監本、毛本同。案，十行本「外」至「后」剜添者一字。

525 有千二百歲　閩本、明監本、毛本「二」誤「三」。

526 以理而推實據信　閩本、明監本、毛本「實」下有「難」字。案，所補是也。

527 **及歸之成王年二十一** 閩本、明監本、毛本同。案，浦鏜云「反」誤「及」，是也。

528 **分陝而治周公右** 閩本、明監本、毛本「右」誤「古」。案，此用樂記文也。當作「周公左召公右」，因「公」字複出而脱去三字。

529 **祫祭之及羣公** 閩本、明監本、毛本「公」誤「君」。 ×

530 **唯三人稱公** 毛本「唯」誤「雖」，閩本、明監本不誤。 ×

531 **洒場洒疆** 小字本、相臺本同，閩本、明監本同；唐石經「場」作「場」，毛本同。案，唐石經誤也，釋文云「場音」亦可證。注及正義中字十行本盡作「場」，亦誤。

532 **戈句矛戟也** 小字本同，閩本、明監本、毛本同；相臺本「矛」作「孑」，考文古本「孑」字亦同。案，「矛」字誤也，釋文以「句孑」作音可證。鄭考工記注、廣雅皆作「孑」，方言作「釨」，「孑」「釨」字一耳。

533 **傳篤厚至於時** 毛本「時」誤「焉」，閩本、明監本不誤。 ×

534 **欲見公劉不忲** 閩本、明監本、毛本同。案，浦鏜云「忕」誤「忲」。是也。

535 **囊唯盛食而已** 閩本、明監本、毛本同。案，浦鏜云「橐」誤「囊」，是也。

536 **哀六年公羊傳** 閩本、明監本「傳」誤「是」；毛本初刻同，後改「傳」。 ×

537 **以自有積聚散而棄之以其意與彼同** 閩本、明監本、毛本同。案，十行本「而」至「其」剜添者一字，當衍「自」上「以」字也。 ×

538 **正爲夏人迫逐己之故** 閩本、明監本、

毛本「正」誤「公」。×

539 唯陳己之父祖　閩本、明監本、毛本「陳己」誤倒。×

540 以此知應輯用光之言　閩本、明監本、毛本同。案,「應」當作「思」。

541 以其特言黃鉞　閩本、明監本「其」誤「言」;毛本初刻同,後改「其」。×

542 而無永嘆　唐石經、小字本、相臺本同。案,釋文云「『歎』字或作『嘆』」。正義中字皆作「歎」,是其本與釋文同。考文古本作「歎」,采正義、釋文。

543 猶文王之無悔也　相臺本同,小字本「悔」作「侮」。案,正義云「故云『猶文王之無悔』,言文王之德之不爲人恨,與此同」,是其本作「悔」字。段玉裁云「謂皇矣末章『四方以無侮也』譌作『無悔』,非是,且『其德靡悔』,毛詩言王季,非言文王」,見詩經小學。

544 陟則在巘　唐石經、小字本、相臺本同。案,釋文云「甗,本又作『巘』,毛云『小山,別於大山也』,與爾雅異」。正義云「『小山別於大山』者,釋山云『重甗隒』,郭璞曰『謂山形如累兩甗。甗,甑,山狀似之。上大下小因以爲名』,西京賦曰『陵重甗』是也,與皇矣『小山曰鮮』義別,彼謂大山之傍別有小山也」,依此是正義本亦作「甗」字,與釋文本同,故引「重甗」以釋之也。今正義中「巘」字及標起止云「傳巘小」,當是合併以後改之。釋文云「與爾雅異」者,謂爾雅作「鮮」爲異,不以此當「重甗隒」也。其實「鮮」「獻」字異義同,經中用字例不畫一,如「逝」「噬」、「鬯」「韔」、「墳」「汾」、「訧」「尤」「郵」之屬是其比矣。唐石經以下作「巘」,出於「又作」本。

545 言居民相愛　閩本、明監本、毛本「愛」誤「土」。案,浦鏜云「居」疑「君」之誤,是也。

546 雖言玉瑤容刀者　閩本、明監本、毛本「雖」誤「惟」。案,此當作「唯」。

547 瑤言公劉有美德也　閩本、明監本、毛本同。案，「也」下脱「者」字。

548 乃覯于京　小字本、相臺本同，唐石經「乃」作「迺」。案，此經「迺場」「迺疆」「迺積」「迺倉」「迺裹」「迺宣」「迺陟」「乃覯」「乃依」「乃造」「迺岡」「迺理」「乃密」凡十三見，十行本四字作「乃」，九字作「迺」。小字本、相臺本「乃密」作「迺」爲異，餘同。唐石經盡作「迺」。考釋文以「迺場」「迺裹」「迺覯」「乃依」「乃造」作音，凡五見，而三「迺」二「乃」，則二文錯亂久矣。傳中亦「迺」「乃」互有，箋有「乃」無「迺」。當是經本作「迺」，傳、箋轉爲「乃」而説之，故正義中亦悉用「乃」字也。或遂以注改經耳。當從唐石經也。山井鼎云「古本『迺』『乃』二字參差不同」，是因其錯亂又從而互易之。

549 乃見其可居者於京　毛本「其」誤「且」，明監本以上皆不誤。

550 論難曰語　小字本、相臺本同。案，正義云「荅難曰語」，又云「定本、集注皆云『論難曰語』」。釋文云「論難，魯困反，下乃旦反」，是其本作「論」字。

551 謂安民館客　小字本、相臺本同。案，釋文云「館客，一本作『館舍』」。正義本未有明文，今無可考。

552 公劉於是言其所當言語其所當語　閩本、明監本、毛本同。案，十行本上「言」至上「語」剜添者一字。

553 且言爲之丘　閩本、明監本、毛本同。案，浦鏜云「京」誤「丘」，是也。

554 且慮下濕故往之泉處　閩本、明監本、毛本同。案，十行本「下」至「之」剜添者一字。

555 此文連上乃覯于京　閩本、明監本、毛本「覯」誤「觀」。

556 飲酒以樂之　閩本、明監本、毛本同；小字本、相臺本「樂」作「落」，考文古本同。案，正義云「則有落之之禮」，又云「落室之禮」，是其本作「落」

字。釋文不爲「樂」字作音，其本或與正義本同。合併時所取經注本字作「樂」，與斯干注同，不合於此正義也。

557 **儉以質也**　小字本、相臺本同。案，此定本也。正義云「故云『儉且質也』，定本云『儉以質也』」，是其本作「且」字。

558 **公劉既登堂負扆而立**　小字本、相臺本同。案，此箋易傳，以「依」爲「扆」字之假借，不云「讀爲」，直於訓釋中改其字以顯之也。釋文云「鄭於豈反，箋云或扆字」者，言箋意耳，非載箋文也。○按，徑云「箋云或扆字」，似陸所據有此語。

559 **羣臣適其牧羣**　閩本、明監本、毛本同；小字本、相臺本「臣」下有「乃」字，考文古本「乃」字同。案，有者是也。

560 **飲食以樂之**　閩本、明監本、毛本「樂」作「落」。案，所改是也，「食」當作「酒」。

561 **但使掌供辨羣臣之職**　閩本、明監本、毛本「辨」作「辦」。案，所改是也。然，古「辦」「辨」無二字，俗人分別耳。

562 **此文揔言於臣之禮**　閩本「文」誤「言」，明監本、毛本誤「章」。×

563 **不辨饗燕之異**　閩本、明監本、毛本「辨」誤「辦」。×

564 **故得依几也**　閩本、明監本、毛本同。案，十行本「故」至「也」剜添者一字。×

565 **天子負斧衣南鄉而立**　明監本、毛本同，閩本「鄉」誤「饗」。案，浦鏜云「依」誤「衣」，是也。×

566 **謂設几筵擬飲時**　閩本、明監本、毛本「擬」誤「疑」。×

567 **適其羣牧**　閩本、明監本、毛本同。案，浦鏜云「牧羣」二字誤倒，是也。

568 故云摶豕於牢中　閩本、明監本、毛本同。案，「摶」當作「捕」。以七月、無羊例之，當釋文本作「摶」，正義本作「捕」也。

569 國君不能得其社稷　閩本、明監本、毛本同。案，「得」當作「保」，形近之譌。

570 無饗燕尊賓之事　閩本、明監本「賓」誤「卑」，毛本不誤。

571 何有賓已登席依几之義　閩本、明監本「几」誤「已」，毛本不誤。

572 既景乃岡考於日景　小字本、相臺本同。案，此定本也。正義云「定本『影』皆爲『景』字」，是其本二字皆作「影」。考「影」爲「景」之俗字，論詳顏氏家訓，傳不應用之，當以定本爲長。

573 篤公劉至允荒　閩本、明監本、毛本「篤」誤「篾」。

574 以爲久住之糧　明監本、毛本「久」誤「人」，閩本不誤。

575 乃居其山西夕陽之地　閩本、明監本、毛本「其」誤「得」。

576 量度其陽與原田之多少　閩本同，明監本、毛本「陽」作「隰」。案，所改是也。

577 考於日影　閩本、明監本、毛本「於」誤「其」。

578 定本影皆爲景字　閩本、明監本、毛本「景」誤「是」。

579 逐浸潤而耕之　閩本、明監本、毛本「逐」誤「遂」。

580 后稷本是二王之後　閩本、明監本、毛本「二」誤「三」。

581 其證爲什一也 閩本、明監本、毛本同。案，「其」當作「且」，形近之譌。

582 是夏時天子六軍之將亦命卿 閩本、明監本、毛本「亦」誤「方」。

583 出其三卿而已 閩本、明監本、毛本「卿」作「鄉」。案，所改是也。

584 爲田四萬四千一百夫 明監本、毛本「夫」誤「去」，閩本不誤。

585 當用二萬五百人 明監本、毛本同，閩本「人」作「千」。案，「百」當作「千」，閩本誤改下字。餘文多不誤，浦鏜所改皆非。

586 爲田二萬二千五百夫 閩本、明監本、毛本「夫」誤「去」。

587 二章已言至豳 閩本、明監本、毛本「已」誤「以」。

588 故知三單是三軍之無副 閩本、明監本、毛本「單」誤「軍」。

589 取厲取鍛 小字本同，閩本同；唐石經「鍜」作「鍛」，相臺本、毛本同。案，「鍛」字是也。釋文云「鍛，本又作『碫』，丁亂反。說文云『碫，厲石也』。字林『大喚反』」。詩經小學云：「今本說文誤作『碬』，乎加反，此誤與彼同也。又，說文云『厲，本又作礪』，正義本是『礪』字。」考文古本作「取礪取碫」，采正義、釋文。

590 鍛石也 小字本、相臺本同。案，釋文「鍛」下云「鍛石也」，段玉裁云「傳『鍛，鍛石也』，鄭申之云『鍛石所以爲鍛質也』，今本傳中脱『鍛』字」。考正義云「則知鍛亦石也」，又云「傳言鍛石嫌鍛是石名」，是其本已無下「鍛」字。

591 伐取材木 相臺本同，閩本、明監本、毛本同；小字本「材」作「林」，考文古本同。案，「材」字是也，正義可證。釋文云「一本作『材末』」。

※ **材木一本作林末**　補：通志堂本「林末」作「材末」；盧本作「林木」，云「舊譌『材末』，今改正。足利本作『林木』」。案，所改是也。此十行本所附作「林末」，「末」乃「木」字之譌。小字本所附作「林木一本作材木」，順正文而易之耳。山井鼎所云古本「材」作「林」者采諸此。

592 **止基作宮室之功止**　小字本、相臺本同，考文古本同，閩本、明監本、毛本「止」誤「也」。×

593 **校其夫家人數**　小字本、相臺本同。案，「校」當作「挍」。釋文云「挍其，音教」，詳青衿。

594 **乘舟絶水爲亂而過**　閩本、明監本、毛本「水」誤「中」。×

595 **乃疆理民之田畝**　閩本、明監本、毛本「理」誤「里」。×

596 **俱是渡謂取礪**　閩本、明監本、毛本同。案，浦鏜云「渭」誤「謂」，「取礪」疑「而取」之誤，是也。

597 **箋鍛石至築事**　閩本、明監本、毛本「築」誤「粲」。×

598 **公劉之君民豳地作宮室**　閩本、明監本、毛本同。案，「君」當作「居」，衍「民」字，「作」下脱「此」字。

599 **築作用所**　閩本、明監本、毛本同。案，浦鏜云「用所」字當誤倒，是也。

600 **大率民民以南門爲正**　閩本、明監本、毛本不重「民」字。案，所刪非也，下「民」字當作「居」耳。

601 **作宮室之功止**　閩本、明監本、毛本「宮」誤「公」。×

602 **未善部分**　閩本、明監本「善」誤「羨」，毛本不誤。×

603 **則內亦有汭名**　閩本、明監本「汭」作「內」。案，此當作「芮」。

604 **上言夾澗嚮**　閩本、明監本、毛本同。案，「澗嚮」二字當倒。

605 **故知就澗水之內外在居**　閩本、明監本、毛本同。案，「在」當作「布」，形近之譌。此正義自爲文，注作「而」。

606 **詩大雅公劉曰**　閩本、明監本「曰」誤「仕」，毛本不誤。×

607 **未詳詩義故爲別解**　閩本、明監本、毛本「爲別解」三字誤作「也」字。

○泂酌

608 **下三句**　閩本、明監本、毛本同。案，浦鏜云「二」誤「三」，是也。

609 **樂以强教之**　小字本同，閩本、明監本、毛本同，相臺本「强」作「彊」。案，「彊」字是也，當讀平聲。正義云「當自彊以教之」是其證也。表記釋文云「强，其良反，徐其兩反」，依上一音字亦當作「彊」，徐音字乃作「强」，與正義本此傳不同也。

610 **民皆有父之尊母之親**　小字本同；相臺本「母」上有「有」字，閩本、明監本、毛本同；十行本初刻無，剜改有。案，無者是也。此傳本禮記而略去下「有」字者，以意自足也。正義仍依禮記文而說之耳。相臺本有，乃沿革例所謂以取疏中字微足其義者也。當從小字本及十行本初刻也。

611 **饙餾稔也**　閩本、明監本、毛本「饙」誤「饋」。×

612 **均之曰餾郭璞曰**　閩本、明監本、毛本「均」誤「匀」；明監本「郭」亦誤「匀」；閩本、毛本不誤。×

613 **今呼餐（音脩）飯爲饙**　閩本、明監本、毛本「音」誤「者」。案，山井鼎云「宋板『音脩』二字白書」，是也。此正義自爲音，不入正文也。○按，此則文義難讀必須分別者。

614 饋均熟爲餾　閩本、明監本、毛本同。案，山井鼎云「均」字衍文，非也，今爾雅注脱耳。

615 非訓饋爲餾　閩本、明監本、毛本「餾」誤「饎」。×

616 蓋以潦水泥濁　閩本、明監本、毛本「泥」誤「之」。×

617 以爲此言以釋之　閩本、明監本、毛本同。案，上「以」字當作「而」。

618 當自彊以教之　閩本、明監本、毛本「彊」誤「疆」。×

○卷阿

619 長養之方來入之　閩本、明監本、毛本「方」誤「力」。×

620 明其取南爲義　閩本、明監本、毛本「取」誤「此」。×

621 興取一象　毛本「興」誤「其」，閩本、明監本不誤。×

622 箋王能至善心　毛本「能」誤「待」，閩本、明監本不誤。×

623 王能爲賢有所樂　閩本、明監本、毛本同。案，「有」當作「者」，形近之譌。

624 自縱㢮之意也　閩本、明監本、毛本同，小字本、相臺本「㢮」作「弛」。案，「㢮」即「弛」字也。釋文云「從，本又作『縱』」，「施，本又作『弛』，同」。正義本是「縱㢮」字。

625 而優自休息也　閩本、明監本、毛本同；小字本、相臺本「優」下有「游」字，考文古本同。案，有者是也。

626 似先公酋矣　唐石經、小字本、相臺本同。案，此釋文本也，釋文云「酋，在由反」云云是其證。正義云「遒終，釋詁文，彼『遒』作『酋』，音義同也」，是其本作「遒」字；標起止云「酋終」，合併以後依經注本所改也。郭璞爾雅注引「嗣先公爾酋矣」，或出於三家，毛、鄭詩非有「爾」字也。箋云「嗣先君之功而終成之」，此無「爾」字之明證。正義云「又嗣其先君之功，汝王能終之矣」乃自爲文耳。如何人斯之五章，經中三「爾」字，而正義有六「汝」字，板之三章經中二「爾」字，而正義亦六「汝」字，可以知其例矣。凡他書引用不可以爲典要者如此。〇按，正義當本作「酋終釋詁文彼酋作遒」，寫者亂之耳。舊校非也。

627 不亦違理哉孫毓云　閩本、明監本、毛本同。案，十行本「亦」至「孫」剜添者一字。×

628 書傳稱成湯之閒　閩本、明監本、毛本同。案，浦鏜云「湯」當「康」字誤，是也。

629 謂羣神受饗而佐之　閩本、明監本、毛本同，小字本、相臺本「神」作「臣」。案，「臣」字誤。

630 此樂易之君子既來在王位以德助汝使汝得終汝之性命百神皆以汝爲主矣　閩本、明監本、毛本同。案，十行本「既」至「神」剜添者一字。×

631 謂居民土地屋宅也以教之故民有所法則王　閩本、明監本、毛本同。案，「土」上浦鏜云脱「以」字，是也。「王」字當衍。

632 德大天之福　閩本、明監本、毛本「福」誤「性」。案，山井鼎云作「得大大之福」似是者，是也。大大，正義常語，屢見於楚茨以下，及賓之初筵、旱麓、行葦、潛等篇。

633 故以茀爲小福故以茀爲小　閩本、明監本、毛本同。案，浦鏜云「故以茀爲小福」六字當衍，是也。

634 **言其終常得之**　閩本、明監本、毛本「得」誤「德」。×

635 **豫撰几擇佐食**　小字本、相臺本同。案，此正義本也。正義云「此本或云『豫饌食』者，誤耳。孫毓載箋唯言『撰几擇佐食』，是也。定本亦作『饌』字，非也」。釋文云「饌几，士戀反，又士轉反，具也。本亦作『撰』」，是釋文與定本同也。正義以或本「饌」下有「食」字者爲非，則固然矣；其以定本字作「饌」爲非，則誤。古用「饌食」字爲「撰具」字，是爲假借。「撰」字不見於説文。當以定本、釋文本爲長。

636 **佐合入助之**　閩本、明監本、毛本「合」作「食」；小字本、相臺本「合入」作「食」。案，此十行本分「食」爲二字之誤也，仍衍「入」字者非。

637 **引長翼輔皆釋詁文**　閩本、明監本、毛本「翼輔」誤倒。案，山井鼎云「傳作『翼敬』，無『輔』訓也」，其説是也。爾雅亦有「翼敬」，無「翼輔」。「輔」當爲「敬」，涉傳上文而誤。

638 **上言百神爾主**　閩本、明監本、毛本「上」誤「下」。×

639 **此本或云豫饌食者**　閩本、明監本、毛本「饌」誤「撰」。×

640 **佐食遷肵俎特特牲云**　閩本、明監本、毛本不重「特」字。案，所删是也。浦鏜云「肵」誤「昕」，是也。

641 **然則凡與佐食**　閩本、明監本、毛本同。案，浦鏜云「几」誤「凡」，下同，是也。

642 **少牢又云祝筵尸**　閩本、明監本同；毛本初刻同，後改「筵」作「延」，下「祝筵尸」同。案，所改是也。

643 **尸入升祝先主人從**　閩本、明監本「主」誤「生」，毛本不誤。案，山井鼎云「入升」恐「升入」之誤，以特牲考之，其説是也。

644 **如圭如璋**　閩本、明監本、毛本同；唐石經「圭」作「珪」，小字本、相臺本同，注同。案，唐石經是也。餘經作「圭」，乃用字不畫一之例。此經及正義中字皆作「圭」，當是後人用他經所改。考文古本因此每改他經字作「珪」者亦非。○按，「珪」者「圭」之古文也，毛詩不當用古文，舊挍非。

645 **以禮義相切瑳**　閩本同；小字本、相臺本「瑳」作「磋」，明監本、毛本同。案，釋文云「磋，或作『瑳』，已見淇奧、谷風。『瑳』字是也」，正義當用「磋」字。十行本皆作「瑳」，乃依注改也。

646 **人聞之則有善聲譽**　小字本、相臺本同。案，此正義本也。正義云「有善聲譽爲人所聞知」，又云「故有善聲譽」是其證。釋文云「聲論，魯困反」，與正義本不同也。山井鼎云「譽」恐「論」誤，是以釋文本改正義本也，殊爲失之。

647 **高朗即盛壯也**　閩本、明監本、毛本「盛」誤「茂」。×

648 **敬順則貌無惰容**　閩本、明監本、毛本「惰」誤「隋」。×

649 **鳳皇于飛**　唐石經、小字本、相臺本同，閩本、明監本、毛本「皇」作「凰」，下同。案，「凰」俗字，不當用於經典。

650 **鳳皇靈鳥仁瑞也**　小字本、相臺本同。案，正義云「言此鳥有神靈也」，又云「説文云『鳳神鳥也』」。段玉裁云：「此傳及説文皆當作『禮鳥也』。麟之趾傳言『麟信而應禮』，騶虞傳言『騶虞義獸也，有至信之德，則應之』，此傳意謂禮而應仁，言禮鳥而應仁，德之瑞也。所謂詩毛説者如此，與左氏春秋説同，正義本誤。」○按，召南傳當云「麟信獸而應禮」，各本奪「獸」字。

651 **亦與衆鳥也**　閩本、明監本、毛本同；小字本、相臺本「與」作「亦」，考文古本同。案，「與」字誤也。

652 **因時鳳皇至因以喻焉**　小字本同，閩本、明監本、毛本同；相臺本下「因」字作「故」，考文古本同。案，「故」字是也。

653 故鳳皇亦與之同止於 閩本、明監本、毛本同。案，「止於」當作「於止」，此説經之「爰止」也。

654 故龍不生 閩本、明監本、毛本同。案，「生」下浦鏜云「得」字脱，是也。

655 燕頷喙五色備舉 閩本、明監本同，毛本「喙」作「雞」。案，此欲補「雞」字而誤改「喙」字耳，二字皆當有。爾雅疏即取此，正有可證。

656 字從鳥几聲 閩本、明監本、毛本同。案，浦鏜云「凡」誤「几」，是也。

657 飲食自歌自舞 閩本、明監本、毛本同。案，盧文弨云：「『飲食』下有『自然』二字，見南山經，是也。此複出『自』字而脱。」

658 郭璞云小之形未詳 閩本、明監本、毛本同。案，浦鏜云「小」上疑脱「大」字，是也。

659 鳳皇雖亦高飛傅天 毛本「亦」誤「得」，閩本、明監本不誤。

660 故集止以亦傅天亦集止 閩本、明監本、毛本同。案，浦鏜云「傅天」下當脱「傅天以」三字，是也。

661 故云亦集衆鳥也 閩本、明監本、毛本同。案，「集」當作「亦」。

662 以羣士慕賢 閩本、明監本、毛本同。案，浦鏜云「以」當「似」字誤，是也。

663 耉造德不降 明監本、毛本「耉」誤「苟」，閩本不誤。

664 此經既云多言吉士 閩本、明監本、毛本同。案，浦鏜云「王多」誤「多言」，是也。

665 謂無擾之 閩本、明監本、毛本同；小字本、相臺本「無」作「撫」，考文古本同。案，「撫」字是也。

666 **無擾皆安養之意**　明監本、毛本「撫」誤「無」，「養」誤「樂」；閩本「養」字不誤。×

667 **出東曰朝陽**　閩本、明監本、毛本同；小字本、相臺本「出」作「山」，考文古本同。案，「出」字誤也。

668 **地不極化**　閩本、明監本、毛本「極」誤「及」。×

669 **自是鳳之所栖**　閩本、明監本、毛本同。案，注作「棲」，正義作「栖」，「棲」「栖」古今字，易而説之也，例見前。×

* **由萬民物服**　補：案，「物」當作「協」，形近之譌，毛本正作「協」。

670 **欲今遂爲樂歌**　閩本、明監本、毛本同；小字本、相臺本「今」作「令」，考文古本同。案，「令」字是也。

671 **丁寧以足句耳**　閩本、明監本、毛本「耳」誤「且」。×

672 **馬既能走**　閩本、明監本、毛本「馬」誤「焉」。×

673 **唯言車耳**　閩本、明監本「車」誤「重」，毛本不誤。×

674 **以車則人有副貳**　閩本、明監本、毛本同。案，此不誤。山井鼎云「則」恐「賜」誤，非也。

675 **又止得兩馬**　閩本、明監本、毛本「兩」誤「一」。×

676 **春秋之師職掌九德六詩之歌**　閩本、明監本同，毛本「秋之」作「官大」。案，所改是也。浦鏜云「六」誤「九」，是也。

677 **且順文自通**　閩本、明監本、毛本「且」誤

「宜」。

678 則不損今之成功　閩本、明監本、毛本「今」下衍「日」字。

○民勞

679 輕爲姧宄　閩本同；小字本、相臺本「姧」作「姦」，明監本、毛本同。案，「姧」爲僞字；釋文以「姧宄」作音，正義中十行本亦作「姧」。

＊本亦作傜　補：釋文挍勘：通志堂本同，盧本作「傜」。案，集韻四肴云「傜使也，通作『繇』」，可見「傜」乃後來俗譌字耳。

＊穆王與厲王竝世　補：案，上「王」字當作「公」，篇内同。毛本不誤。

680 彊陵弱　小字本、相臺本同，閩本、明監本、毛本「陵」作「凌」。案，「陵」字是也，正義中字同。

681 憯不畏明　唐石經、小字本、相臺本同。案，釋文云「慘不，七感反，本亦作『憯』，曾也」。正義云「慘曾，釋言文。爾雅本或作『憯曾』，音義同」，是其本亦作「慘」字；標起止云「至憯曾」，當是後改。詩經小學云「說文『朁，曾也，從曰，兓聲。詩曰朁不畏明』。節南山、十月之交云，雲漢及此『憯』字皆同音假借」，是也。考釋文，十月之交亦作「慘」，以「憯」作「慘」，猶以「訊」作「誶」之誤耳。考文古本作「摻」，采釋文而又誤。

682 曾不畏敬明白之刑罪者　小字本、相臺本同，閩本、明監本、毛本亦同。案，正義云「曾不畏敬明白之刑罰者」，又云「故云又用此止爲寇虐曾不畏敬明白之刑罰者」，是「罪」當作「罰」。

683 當以此定我國家爲王之功　小字本、相臺本同，閩本、明監本、毛本亦同。案，正義云「以此定我周家爲王之功」，又云「故知以定我周家」，又云「是共王有周家之辭」，是「國」當作「周」。考文古本作「周」，采正義。

684 近於喪亡王可以小省賦役而安息之　閩本、明監本「亡」誤「三」，「省」誤「者」，

685 若安此勞民　閩本、明監本、毛本「此」誤「之」，「惠」誤「惠」，毛本初刻同，後改正。×
686 以此無阿縱之法　閩本、明監本、毛本「此」誤「其」。×
687 傳以汔之爲危　閩本、明監本、毛本同。案，「傳以」當作「以傳」。×
688 正義曰詭戾人之○善　閩本、明監本、毛本無「○」。按，所删是也。
689 爾雅本或作僣曾　閩本、明監本、毛本「僣」作「云」。案，山井鼎云「僣」恐「憯」誤，是也。
690 無良寇虐蒙之　明監本、毛本「無」誤「爲」，閩本不誤。×
691 尚書無逸曰　閩本、明監本、毛本同。案，浦鏜云「舜典」誤「無逸」，是也。
692 則此云伽者與恣同　閩本、明監本、毛本「恣」誤「注」。×
693 故知以定我周家爲之功　閩本、明監本、毛本同。案，山井鼎云「爲」下當有「王」字，是也。
694 無縱詭隨　明監本、毛本「縱」誤「蹤」，以上本皆不誤。
695 惛怓猶讙譁也　小字本、相臺本同，考文古本同，閩本、明監本、毛本脱「猶」字。案，此正義本也。正義云「以此勑慎其讙譁爲大惡者」，又云「故箋以爲猶讙譁」是其證也。釋文云「譊，本又作『譁』」，此亦取聲音爲訓詁，當以釋文本爲長。
696 謂好爭者也　閩本、明監本、毛本同；小字本、相臺本「爭」下有「訟」字，考文古本同。案，有者是也。

* 說文作惛　補：釋文挍勘：通志堂本「惛」作「昏」；盧本作「怋」，云「今挍改」。案，「怋」字是也，小字本所附正作「怋」字。

* 釋文惛亦不憭也　補：釋文挍勘：通志堂本同，盧本「釋文惛亦」四字作「又釋惛云」。案，所改非也。當作「又云惛不憭也」，與旱麓「憭」下又云「燎放火也」同例。「釋」衍字，「又」誤「文」，「云」誤亦倒在「惛」下，遂不可讀，今特訂正。

* 王若施善救　補：案，「救」當作「政」，形近之譌，毛本正作「政」。

697 止其寇虐之善　閩本、明監本、毛本同。案，山井鼎云「善」恐「害」字，是也。

698 逑合詁文　明監本、毛本「詁」上有「釋」字，閩本剜入。案，所補是也。

* 是其言語無大聒亂人　補：毛本「無」作「爲」。案，「爲」字是也。

699 春秋傳曰　閩本、明監本、毛本同，小字本、相臺本「傳」作「左氏」二字。案，正義云「所引春秋傳曰」，是其本作「傳」字。

700 厲壞也　閩本、明監本、毛本同；小字本、相臺本「厲」作「敗」，考文古本同。案，「厲」字誤也。

701 先愛止中國之京師　閩本、明監本、毛本同。案，山井鼎云「止」恐「此」字，是也。物觀補遺所載云「宋板『止』作『此』」，必誤用他章文當之耳。

702 正義曰愒息　毛本「義」誤「意」，閩本、明監本不誤。　×

703 云泄漏也　閩本、明監本、毛本同。案，浦鏜云上當有脱字，是也。

704 醜衆釋詁文　閩本、明監本、毛本「詁」誤「訓」。　×

705 乾九三　閩本、明監本、毛本「三」誤「二」。　×

706 **以爲人者也**　閩本、明監本、毛本同。案，山井鼎云「爲」恐「厲」誤，是也。

707 **犯改爲惡曰厲**　閩本、明監本、毛本同。案，浦鏜云「政」誤「改」，是也。

708 **衛孫蒯田于曹隧**　閩本、明監本「隧」誤「遂」，毛本不誤。✕

709 **重丘人閉門而詢之**　毛本同，閩本、明監本「詢」作「詢」。案，「詢」字是也。

710 **孫毓云**　閩本、明監本「孫」上衍「乃」字，毛本不誤。✕

711 **不爲殘酷**　相臺本同，閩本、明監本、毛本同，小字本「酷」作「害」。案，「酷」字是也。✕

712 **傳賊義曰殘**　毛本上誤添「民亦至大諫」。○閩本、明監本不誤。✕

713 **固義不舍**　閩本、明監本、毛本同。案，「義」當作「著」，形近之譌。❻

○板

714 **此爲謀不能遠圖**　小字本、相臺本同，閩本、明監本、毛本「此」誤「然」。✕

715 **不實於亶**　小字本、相臺本同，閩本、明監本、毛本同，唐石經「於」作「于」。案，唐石經是也。正義云「此不實於亶」，當是易爲今字耳。

716 **管管無所依繫**　閩本、明監本、毛本同；小字本、相臺本「繫」作「也」，考文古本同。案，「也」字是也。正義云「無所依據」，又云「故知無所依繫」，皆自爲文，不當依以改箋。○按，廣韻作「悹悹」。

717 **又王之所爲惡**　閩本、明監本「惡」誤「恐」，毛本不誤。✕

718 **則無不能深知遠事**　閩本、明監本、毛本同。案，浦鏜云「無」當「爲」字誤，是也。

719 自此以下是大遠也　閩本、明監本「下」誤「不」，毛本不誤。案，山井鼎云「遠」恐「諫」誤，是也。

720 辭之懌矣　唐石經、小字本、相臺本同。案，釋文云「繹，本亦作『懌』」。正義本是「懌」字。頻弁釋文云「懌，本又作『繹』。『繹』『懌』同字也」。考文古本作「繹」，采釋文。○按，古無「懌」字，以「繹」爲之，釋文是也。

* 此於上天　補：毛本「此」作「比」。案，「比」字是也。

721 汝臣等無得如是沓沓正隨從而助之　閩本、明監本、毛本「正」作「兢」。案，皆誤也，當作「然」。

722 以下云及爾同寮　閩本、明監本、毛本「云」誤「文」。

723 俗爲逢者誤也　閩本、明監本「逢」誤「達」，毛本不誤。

724 及爾同寮　唐石經、小字本、相臺本同，閩本、明監本、毛本「寮」作「僚」。案，釋文云「『僚』字，又作『寮』」。正義本是「寮」字。閩本以下依釋文改耳。

725 反忠告以善道　閩本、明監本、毛本「反」作「及」，小字本、相臺本作「欲」。案，「欲」字是也。

726 告此以善道　閩本、明監本、毛本同。案，「此」當作「之」，下文可證。

727 得棄其言也　閩本、明監本、毛本「得」上有「不」字。案，所補是也。

728 釋訓云翢翢傲也　閩本、明監本、毛本「云」誤「文」。

729 告之以善道　閩本、明監本、毛本誤重「道」字。

730 故責汝無笑之　閩本、明監本「責」誤「貴」，毛本不誤。×

731 言己至誠款實而告之　閩本、明監本、毛本「己」誤「曰」。❼

732 釋訓又云蹻蹻驕也　閩本、明監本、毛本脱「又」字。×

733 以興讒惡也　閩本、明監本、毛本「惡」作「慝」。案，所改是也。

734 八十曰耄曲禮云　閩本、明監本、毛本同。案，浦鏜云「云」當「文」字誤，是也。

735 而汝反用此可憂之事　閩本、明監本、毛本「此」誤「其」。×

736 夸毗體柔人也　閩本、明監本、毛本同；小字本、相臺本「體」上有「以」字，考文古本同。案，釋訓云「夸毗體柔也」，無「以」字。

737 則忽然有揆度知其然者　小字本、相臺本同，閩本、明監本、毛本亦同。案，正義云「汝君臣忽然，莫有察我民，敢能揆度知其情者」，又云「無有揆度知其然」，是「忽然」下當有「無」字。考文古本有采正義。

738 又素以賦斂　小字本、相臺本同。案，正義云「定本、集注『責以賦斂』『責』字皆作『素』，俗本爲『責』誤矣。素者，先也」。是正義本作「責」字。

739 又曾不肯惠施　小字本、相臺本同，毛本同，閩本、明監本「惠」誤「施」。×

740 民之多辟　唐石經、小字本、相臺本同。案，釋文云「多僻，匹亦反，邪也，注同」。考七月序正義云「古『避』『辟』『譬』『僻』皆同，作『辟』字而借聲爲義」，是正義本作「辟」字。其正義云「皆多邪僻者」，易爲今字而説之也。蕩釋文云「辟，匹亦反，邪也，本又作『僻』，注同」，而於此經獨以「僻」爲正者，以下「立辟」文連故別之。其實毛氏詩經但作「辟」，與下經「立辟」同字。傳云「辟法也」不更指其何「辟」，猶「昔育恐育鞠」，傳之「育長」不指言何「育」也。後漢書、玉篇、文選注引作「僻」，乃以破引之。當以正義本爲長。考文古本作「僻」，依釋文。

741 民之行多爲邪僻者　小字本、相臺本同，閩本、明監本、毛本「辟」作「僻」。案，「辟」字是也，見上。×

*⿸广⿱享手　補：釋文挍勘記：通志堂本、盧本同。案，段玉裁云「⿸疒⿱享手」誤「⿸广⿱享手」，是也。小字本所附正是「⿸疒⿱享手」字，乃出於善本，此釋文當本作「⿸疒⿱享手」，轉譌從广耳。小毖篇同。

742 如攜取之隨人君也　閩本、明監本、毛本同。案，「君」當作「者」，形近之譌。

743 以攜者取處末　閩本、明監本「取」作「處」，毛本「末」作「未」。案，山井鼎云「此疏恐有誤字」，是也。「者取」當作「文最」。

744 大宗王之同姓之適子也　閩本、明監本、毛本同，小字本、相臺本下「之」字作「世」。案，「世」字是也。

745 爲之楨幹　閩本、明監本、毛本「楨」誤「禎」，下同。×

746 維爲藩蔽　閩本、明監本、毛本同。案，浦鏜云「藩」當「屏」字誤，是也。

747 君言宗人宰人也　閩本、明監本、毛本同。案，浦鏜云「君」疑「若」字誤，是也。

748 五姓賜則　閩本、明監本、毛本同。案，浦鏜云「命」誤「姓」。

749 而親掌職事　閩本、明監本脱「事」字，毛本剜添。×

750 又兵用事重　閩本、明監本、毛本同。案，「用」當作「甲」，形近之譌。

751 莫知我勩　閩本、明監本「我」誤「和」，毛本不誤。×

752 及爾游衍　唐石經、小字本、相臺本同。案，釋文云「游羨，餘戰反，溢也。一音延善反。本或作『衍』」。正義本是「衍」字。

753 皆謂之明　小字本同，閩本、明監本、毛本同，相臺本「謂」作「與」。案，「與」字誤也，正義云「皆謂之明」可證。×

754 常與女出入往來　小字本、相臺本同，閩本、明監本、毛本「女」誤「汝」。×

755 孔子迅雷風列　閩本、明監本、毛本「列」作「烈」。案，所改是也。

○蕩

756 峻刑法也　小字本、相臺本同。案，此正義本也。釋文云「駿，本亦作『峻』」。正義云「峻者高險之名」，是其本作「峻」字。

757 其政教又多邪辟　小字本、相臺本同，閩本、明監本、毛本「辟」誤「僻」。案，「僻」者正義所易之今字耳。

758 人君爲政化之命　閩本、明監本、毛本「化」誤「教」。×

759 其實稱帝亦斥王　明監本、毛本「實」誤「時」，閩本不誤。×

760 曾是掊克　唐石經、小字本、相臺本同。案，釋文云「掊克，蒲侯反，聚斂也，又自伐而好勝人也。徐又甫垢反」。正義云「自伐解倍，好勝解克。定本『倍』作『掊』，『掊』即『倍』也」。考「自伐而好勝人」乃傳義，正義所論自矣。釋文作「掊」，與定本同，以爲聚斂則非。

761 彊禦彊梁禦善也　毛本「彊」誤「强」，明監本以上皆不誤。×

762 又相與而力爲之　小字本、相臺本同。案，正義云「『相與而力爲之』，定本作『相興而力爲之』」。考文古本「與」作「興」，采正義。×

763 **自伐解掊**　閩本、明監本、毛本同。案，「掊」當作「倍」。

764 **定本倍作掊掊即倍也**　閩本、明監本、毛本「倍」「掊」互誤。✕

765 **須有足句**　閩本、明監本、毛本「足」誤「是」。✕

766 **四言曾是**　明監本、毛本同。案，閩本自此「曾是」起，至下「以言汝興是力」「是」字止，并三行爲二行，初刻脱一行而剜添也。凡閩本初刻誤而剜添是者，依十行本所校補。明監本、毛本即不誤矣，今多不悉出。

767 **日祝詛求其凶咎無極已**　小字本、相臺本同，考文古本同；閩本、明監本「日」作「且」，毛本同。又，「已」誤「也」。案，「日」字是也，正義云「故知日日爲之也」是其證。

768 **以祝詛求言**　閩本、明監本、毛本「言」作「信」。案，所改是也。

769 **作此流言**　閩本、明監本、毛本「此」誤「爲」。✕

770 **懟謂很戾**　閩本、明監本、毛本「很」作「狼」。案，浦鏜云當「很」字誤，是也。❽

771 **咨女殷商**　閩本、明監本、毛本同。案，「咨」字下浦鏜云脱「嗟」，是也。

772 **故不光明汝王之德也**　閩本、明監本、毛本同。案，十行本「故不光」剜添者一字。✕

773 **昭三十二年左傳曰**　閩本、明監本「三」誤「二」，「二」誤「一」；毛本二字不誤。✕

774 **唯三公也冢宰雖亦貳王**　閩本、明監本、毛本同。案，十行本「也」至「亦」剜添者一字。✕

* **飲酒閉門不出客曰湎**　補：通志堂本、盧

本同。盧文弨攷證云：「客，宋本作『容』，當從之。文選注引韓詩亦作『容』。或有作『客』者，譌也。」按，盧校非是。釋文挍勘云：「閉門不出客」者，如陳遵投轄井中是也。初學記引韓詩曰「齊顔色均衆寡謂之沈，閉門不出謂之湎」，下句奪「客」字。魏都賦「沈湎千日」，李善引薛君韓詩章句與初學記同，而譌奪不可讀。賦文「沈」字誤爲「流」，注「客」字誤爲「容」。❾

775 **式號式呼**　唐石經、小字本、相臺本同。案，釋文云「或一本作『或號或呼』」。考正義云「用是叫號，用是讙呼」，是正義本作「式」字。

776 **使晝爲夜也**　毛本「爲」誤「作」，明監本以上皆不誤。 ✕

777 **女既過沈湎矣**　小字本、相臺本同。案，釋文云「耽湎，本或作『湛』，都南反」。正義云「汝君臣何爲耽荒如是」，又云「汝乃自耽此酒」，是正義本亦作「耽」。下文云「汝沈湎如是」，當是後改也。上箋云「有沈湎於酒者，是乃過也」，釋文不爲作音，或其本但作「有湎」。○按，漢人「浮沈」字作「湛」，今本箋作「沈」，乃淺人所改耳。經文載「沈」載「浮」亦決非古本。

778 **此所以大壞**　毛本「所」誤「取」，閩本、明監本不誤。 ✕

779 **雖有不醉猶好怒也**　小字本、相臺本同，考文古本同，閩本、明監本、毛本「有不」誤倒。 ✕

780 **但人皆傚之**　毛本「傚」誤「倣」，閩本、明監本不誤。 ✕

781 **時人化之甚**　閩本、明監本、毛本「甚」誤「其」。 ✕

782 **釋蟲云蜩蜋蜩螗**　閩本、明監本、毛本同。案，「螗」下浦鏜云脱「蜩」字，是也。 ✕

783 **則以尚爲上由爲用言居人上**　閩本、明監本、毛本同。案，十行本「上」至「言」剜添

者一字。 ×

784 **巨靈贔屭** 閩本、明監本「巨」誤「臣」，毛本不誤。 ×

785 **故爲怒也怒不由醉** 閩本、明監本、毛本同。案，十行本「也」至「由」剜添者一字。 ×

786 **可案用也** 毛本「案」誤「按」，明監本以上皆不誤，餘同此。 ×

787 **顛仆沛拔也** 小字本、相臺本同。案，釋文以「仆也」作音，是其本有「也」字。考文古本有。閩本、明監本「拔」誤。按，毛本不誤。

788 **揭見根貌** 小字本、相臺本同。案，此正義本也。釋文「揭」下云「根見貌」，又云「見貌，賢遍反，謂樹根露見。王如字，言可見」。正義云「揭者，蹶倒之意，故以爲見根貌。此顛沛之揭，正謂樹將倒拔，而已見其根」，又云「傳言見根，不辨根之所見」，標起止云「卒根貌」。是正義讀「見」如字，又「見」在「根」上，與釋文本不同也。

789 **言大木揭然將蹶** 小字本、相臺本同，考文古本同，閩本、明監本、毛本「木」誤「本」。 ×

790 **枝葉未有折傷** 小字本、相臺本同，考文古本同，閩本、明監本、毛本「折」誤「拆」。 ×

791 **故知爲拔謂樹枝也** 閩本、明監本、毛本「枝」誤「拔」。 ×

○抑

792 **以宣王三十六年即位** 閩本、明監本、毛本同。案，浦鏜云「三」衍字，是也。

793 **賢者皆佯愚** 相臺本同，閩本、明監本、毛本同，小字本「佯」作「祥」。案，「佯」字是也。正義中字皆作「佯」，古或借「詳」爲「佯」，此非所用。 ×

794 **濫罰無罪** 閩本、明監本、毛本「罰」誤

「刑」。

795 **如矢斯棘○**　閩本、明監本、毛本同。案，浦鏜云衍「○」，是也。

796 **挾日而斂之**　明監本、毛本「挾」誤「狹」，閩本不誤。

797 **女雖湛樂從**　小字本、相臺本同，唐石經「樂」下旁添「克」字。案，添者誤。

798 **縱令不憖於今時**　閩本、明監本「憖」誤「暫」，毛本不誤。

799 **無見率引爲惡**　小字本、相臺本同，考文古本同，閩本、明監本、毛本「見」誤「自」。

800 **洒埽庭内**　小字本、相臺本「庭」作「廷」；唐石經初刻「庭」，後改「廷」。案，釋文云「廷，音庭」，唐石經改依釋文也。正義中字皆作「庭」，或其本作「庭但」，未有明文，今無可考。餘經如著、斯干、小旻、有瞽等皆作「庭」。

801 **不恤政事**　小字本、相臺本同，考文古本同，閩本、明監本、毛本「恤」誤「洫」。

802 **故復戒將率之臣**　小字本、相臺本同，閩本同，明監本、毛本「率」作「帥」。案，釋文云「帥，本或作『率』」，明監本、毛本依之改也。考箋每用「率」字，正義每易爲「帥」字而説之，當以「或作」本爲長。

* **沈上益反**　補：通志堂本、盧本同。盧文弨考證云「宋本作『土益』，是也」。案，小字本所附亦作「士」不誤。

803 **言由王躭亂如此**　閩本、明監本、毛本「由」誤「幽」。

804 **鄭唯用此以治蠻方之外不服者**　閩本、明監本、毛本「者」字誤在「不」上。

805 **皆釋詁文**　明監本、毛本「詁」誤「古」，閩本不誤。

806 楚語曰射不過講軍實焉　閩本、明監本「射」誤「財」，毛本不誤。案，浦鏜云「榭」誤「射」，非也。劉逵注吴都賦引亦作「射」，是其證。「射古」之「榭」字，九經古義論之詳矣。

807 質爾人民　唐石經、小字本、相臺本同。案，正義云「汝等當平治汝民人之政事」，又云「故令質爾民人也」，是其本「人民」作「民人」。郭璞注爾雅引詩「質爾民人」，與正義本正合。説苑引「告爾民人」，鹽鐵論引「詰爾民人」皆即此經也。當是唐石經誤倒，如有狐序之比也。

＊ 鑢音慮同　補：通志堂本、盧本無「同」字。案，此誤衍也。

808 謂非常驚急　閩本、明監本、毛本同。案，浦鏜云「驚」當「警」字誤，是也。

809 釋詁云質平成也　閩本、明監本、毛本「云」誤「文」。

810 謂六鄉與公邑　閩本、明監本、毛本「鄉」誤「卿」。

811 平汝萬民之事　閩本「汝」誤「民」，明監本、毛本「汝」誤「爾」。

812 而自聽恣也　毛本「聽」誤「輕」，明監本以上皆不誤。

813 教令一往行於下其過誤可得而已之乎　小字本、相臺本同。案，此定本也。正義云「『教令一往行於天下其過誤不可得而改也』，定本無『天』字，又言『過誤可得而已之乎』，定本是也」。考文古本「已」作「改」，采正義。

814 物善則其售賈貴　小字本、相臺本同，下同。案，釋文云「則售，市又反，一本作『讎』，謂讎物價也」。正義云「故以爲讎報物價」，與一本同。考「讎」即「售」也，古今字耳。釋文、正義以爲有分别者非。考文古本作「讎」，采釋文、正義。

815 **萬民靡不承**　唐石經、小字本、相臺本同。案，釋文云「一本『靡』作『是』」，正義云「無有不承順而奉行之」，是其本作「靡」字。段玉裁云「依釋文一本，與箋合」。

816 **故應對物價謂之讎**　毛本「謂」誤「爲」，閩本、明監本不誤。×

817 **其意言王出教令**　閩本、明監本、毛本「王」誤「于」。×

818 **今視女諸侯及卿大夫**　閩本、明監本、毛本同，小字本、相臺本「女」下有「之」字。案，有者是也。

819 **皆脇肩諂笑**　相臺本同，小字本「諂」作「謟」，閩本、明監本、毛本同。案，「謟」字誤也，餘同。此釋文云「胎，本又作『脇』」，正義本是「脇」字。

820 **言其近也**　小字本、相臺本同。案，釋文云「近之也，附近之近。一本無『之』字，『近』則依字讀」。正義云「此正是罪過而言其近者」，標起止「云至其近」，是其本與一本同。

821 **尚不愧于屋漏**　小字本、相臺本同，明監本、毛本同，唐石經「愧」作「媿」。案，「媿」字是也。釋文云「媿，俱位反」，正義中字皆作「媿」是其證。箋「不慚媿於星漏有神」，唯毛本譌作「愧」耳。何人斯經用「愧」字，此不畫一之例。

822 **而𢋈隱之處**　小字本、相臺本同。案，「𢋈」當作「厞」。説文、五經文字皆在厂部，爾雅不誤。此釋文亦誤爲「𢋈」，詳後考證。正義中「厞」字，十行本皆未誤。

* **𢋈扶味反**　補：釋文挍勘記：通志堂本同，盧本「𢋈」作「厞」。案，所改是也。字書此字皆從厂，釋文當本如此作，寫者轉譌耳。

* **此言王朋友不思**　補：案，「思」當「忠」字之譌，毛本正作「忠」。

823 **況於祭之所末**　閩本、明監本「於」誤

「無」，毛本不誤。

824 **相助慮也俱訓爲慮**　閩本、明監本、毛本同。案，山井鼎云「慮」當作「勴」，是也。清廟及雍二正義引皆作「勴」可證。

825 **佐食徹尸薦俎**　毛本「俎」誤「豆」，閩本、明監本不誤。

826 **言在室者**　閩本、明監本、毛本「在」誤「其」。

827 **尸既謖之後**　閩本、明監本「尸」誤「户」，毛本不誤。

828 **爲大夫當日賓尸故也**　閩本、明監本、毛本「日」誤「有」。

829 **不僭不賊**　唐石經、小字本、相臺本同。案，釋文云「不譖，本亦作『僭』，子念反，差也」，注及下「我譖」同。正義云「譖毁人者，是差貳之事，故云『僭，差』。箋言『不信』，義亦同也」。是正義本亦作「譖」字，今標起止及其餘「僭」字皆合併以後依經注本所改也。考「譖」「僭」古通用字，此借「譖」爲「僭」耳，不必如正義所説也。巧言云「僭始既涵」，瞻仰云「譖始竟背」，桑柔云「朋友已譖」及此「不譖」「我譖」，箋皆云「不信也」。毛巧言傳云「僭數也」，乃以「僭」爲「譖」之假借。瞻仰無傳者同彼爲數也。桑柔無傳者同此爲差也。又，那傳云「不僭不濫」者，「賞不僭，刑不濫也」，意亦同此爲差。鄭不異毛，合而觀之，可得其證矣。桑柔釋文「譖，本亦作『僭』」，瞻仰釋文同。

830 **女所行不信不殘賊者**　小字本、相臺本同，考文古本同，閩本、明監本、毛本「信」誤「僭」。案，「不」字當重。僭，不信也；不不信，不僭也。脱去一「不」字，遂又誤改「信」字耳。

831 **彼童而角**　毛本「角」誤「覺」，明監本以上皆不誤。

832 **童羊譬皇后也**　閩本、明監本、毛本同；小字本、相臺本「皇」作「王」，考文古本同。案，「王」字是也，正義可證。

833 而角者喻與政事有所害也　小字本、相臺本同。案，正義云「定本、集注『於政事有所害』，『於』字皆作『喻與』，於理是也」，是其本作「於政事也」。考釋文不爲「與」字作音，或其本與正義本同。 ×

* 此人實賓亂小王之政　補：案，「賓」當作「濆」，正義可證。

834 又當善慎汝心之所止　毛本「止」誤「至」，閩本、明監本不誤。 ×

835 此說君事唯當言止於仁耳　閩本、明監本、毛本「此」誤「其」；毛本「事」誤「子」；閩本、明監本不誤。 ×

836 虹潰釋言文　明監本、毛本「釋」誤「擇」，閩本不誤。 ×

837 故以喻於政事有所害　閩本、明監本、毛本同。案，十行本「故」至「於」剜添者一字，當是「云」字誤剜作「以喻」也。

838 故假在喪之稱以名之　閩本、明監本、毛本「在」誤「有」。 ×

* 忍音刃本亦作〇　補：通志堂本、盧本「〇」作「刃」。案，「刃」字是也。

839 告之話言　唐石經、小字本、相臺本同。案，段玉裁云當作「告之詁話」，詳下。

840 話言古之善言也　小字本、相臺本同。案，釋文「告之話言」下云「話言，古之善言」。段玉裁云：「當作『詁話古之善言也』。前『慎爾出話』傳云『話，善言也』，此云『詁話，古之善言也』，一篇之內依字分訓而相蒙如此。釋文云『說文作詁』，蓋說文稱毛詩『告之詁話』。陸氏所據說文『詁』字未誤，而『話』字亦已誤爲『言』矣。」

841 語賢智之人　閩本、明監本、毛本同，小字本、相臺本「智」作「知」。案，「知」字是也。

842 二者意不同　小字本、相臺本同，考文古本同，閩本、明監本、毛本「意」誤「竟」。

843 於呼小子　唐石經、小字本、相臺本「呼」作「乎」，閩本、明監本、毛本同。案，「呼」字誤也。

844 非但對面語之　小字本、相臺本同，閩本同，明監本、毛本「語」誤「與」。

845 此言以教道之孰　小字本、相臺本同；閩本、明監本、毛本「孰」誤「熟」，正義中字同。山井鼎云「似屬下句讀」者，誤。

846 亦以抱子長大矣　小字本、相臺本同，考文古本同，閩本、明監本、毛本「以」作「已」。案，所改是也。

847 不幼小也　閩本、明監本、毛本同，小字本、相臺本「小」作「少」。案，「少」字是也。

848 言王之無成　毛本「言王」誤倒，明監本以上皆不誤。

849 非復幼少也　毛本「幼」誤「又」，閩本、明監本不誤。

850 皆持無滿於王　閩本、明監本、毛本同。案，浦鏜云「不」誤「無」，是也。[10]

＊ 冀其長大有失　補：「失」當「識」字之譌，毛本作「識」。

851 我心慘慘　唐石經、小字本、相臺本同。案，釋文云「慘慘，七感反」，正義云「釋訓云『慘慘慍也』」。是釋文本、正義本皆作「慘慘」，與唐石經同也。此以韻求之，當作「懆懆」，見白華。

852 昭光也故爲明　閩本、明監本「明」誤「昊」，毛本不誤。

853 匪用爲教　唐石經、小字本、相臺本同，閩本、明監本、毛本「用爲」誤倒。

854 爾雅之訓聿爲述也　明監本、毛本「爲」

誤「曰」，閩本不誤。

855 **悔恨也** 小字本、相臺本同，考文古本同，閩本、明監本、毛本「悔恨」誤「侮慢」。

856 **將以滅亡** 小字本、相臺本同，閩本、明監本、毛本「亡」誤「王」。

857 **不及遠也** 小字本同，閩本、明監本、毛本同，相臺本「不及」作「乃不」。案，「不及」是也。

858 **正義曰自上以來** 毛本「來」誤「未」，閩本、明監本不誤。

859 **故知艱難謂下災異** 閩本、明監本、毛本「謂」誤「爲」。

○桑柔

860 **芮伯入爲宗伯** 閩本、明監本、毛本「入」誤「亦」。

* **桑之柔需** 補：小字本、相臺本「需」作「濡」。釋文云「濡，而轉反」。釋文挍勘云：通志堂本、盧本同。案，段玉裁云「當是本作『偄』也」。今考集韻二十八獮云「輭，亦作『需』、『濡』，通作『耎』」，「濡」字本此。凡從耎之字多轉而從需，故此釋文以「而轉反」音「濡」字也。○按，「耎」「需」之音分別詳段玉裁說文注。

861 **箋云桑之柔濡** 小字本、相臺本同。案，釋文云「濡，而轉反」，段玉裁云「當是本作『偄』也」。[11]

862 **人庇陰其下者** 小字本、相臺本同。案，釋文云「庇，本亦作『芘』，同」。考「芘」字是也。采薇箋云「『腓』當作『芘』」，雲漢箋云「言我無所芘蔭而處」，是鄭自用「芘」字也。

863 **維均得蔭** 閩本、明監本、毛本同。案，注作「陰」，正義作「蔭」，「陰」「蔭」古今字，易而說之也，例見前。釋文云「陰，本亦作『蔭』，下同」，非正義也。○按，說文「蔭，艸陰」。

864 侵害下民　閩本、明監本、毛本「侵」誤「之」。⑫

865 譬彼昊天之王者　閩本、明監本、毛本「彼」誤「喻」。

866 釋言云旬均也　閩本、明監本、毛本同。案，「旬」當作「洵」，下文引李巡注不誤。

＊ 今兹益久長　補：案，「兹」當作「滋」。

867 頻猶比也　小字本、相臺本同，考文古本同；閩本、明監本、毛本「比」作「止」；十行本初刻「比」，剜改「止」。案，「比」字誤也。

868 箋黎不齊至及廣　明監本、毛本脱「齊」字，閩本不誤。

869 以比兵寇灾害民之餘　閩本、明監本、毛本「寇」誤「窮」。⑬

870 比比然○傳疑定　閩本同，明監本、毛本移「傳疑定」以下至「故爲定也」二十字於下章中，是也。

871 明是病於此惡　閩本、明監本、毛本「此」誤「比」。

872 憂心慇慇　唐石經、小字本、相臺本同。案，釋文以「慇慇」作音，是其本如此。正義云「其心殷殷」，然是其本字作「殷」。考北門經作「殷」，正月經作「慇」，北門釋文云「本又作『慇』」，同。

873 正義曰瘖字從病　閩本、明監本、毛本同。案，浦鏜云「病」當「疒」字誤也。

874 亂況斯削　唐石經、小字本、相臺本同。案，此「況」字當作「兄」。上經云「倉兄慎兮」，傳「兄，滋也」，箋云「喪亡之道滋久長」。此無傳，箋云「而亂滋甚」，皆承上也。倉兄，釋文云「本亦作『況』」，亦與下互爲詳略耳」。唐石經上作「兄」，下作「況」，非也。

875 爲重慎兵事也　小字本同，閩本、明監本、毛本同，相臺本「重慎」字倒。案，倒者非也。正義中「重慎」字，凡三見可證。

876 **禮亦所以救亂也** 閩本、明監本、毛本同；相臺本「救」誤「毖」；小字本無「亦」字。案，無者是也。

877 **如彼遡風** 小字本、相臺本同；唐石經初刻作「愬」，後改作「遡」。案，初刻非也。李善注月賦引作「愬」，當是三家異字。石經誤用之耳，亦所云字體乖師法也。

878 **亦孔之僾** 毛本「孔」誤「恐」，明監本以上不誤。

879 **好是稼穡** 唐石經、小字本、相臺本同。案，釋文云「家，王申毛音駕，謂耕稼也。鄭作家，謂居家也。下句『家穡惟寶』同」，「穡，本亦作『嗇』，音色。王申毛謂收穡也。鄭云『吝嗇也』。尋鄭『家嗇』二字本皆無禾者，下『稼穡卒痒』始從禾」。正義云「箋不言『稼』當爲『家』，則所授之本先作『家』字也」。依此是毛、鄭詩本作「家嗇」，王申毛乃爲「稼穡」耳。正義每取王爲傳說，故其本作「稼穡」，而唐石經以下從之。段玉裁云「改『稼穡』者非也」，見下，亦見經義雜記。

880 **力民代食代無功者食天祿也** 小字本、相臺本同。案，詩經小學云「傳云『力民代食，無功者食天祿也』。鄭申其意。而王肅所見之本誤衍一『代』字，因曲爲之說，曰『有功力於民，代無功者食天祿』。且改『家嗇』字從禾，而不知『代無功食天祿語』最無理」。

881 **但好任用是居家吝嗇** 閩本、明監本、毛本同，小字本、相臺本「家」下有「之」字。案，「之」字衍也，「居家吝嗇」正義屢見可證。

882 **明王之法** 毛本「明」上衍「夫」字，明監本以上皆不誤。

883 **不能治人者食於人** 閩本同，小字本、相臺本無「於」字，毛本同；明監本初刻有，後剜去。案，無者是也，釋文可證。

884 **與其有聚斂之臣** 毛本「聚斂」誤倒，明監本以上皆不誤。

885 此由王不任賢　閩本、明監本、毛本「此由」誤倒。×

886 先知稼穡之艱難　毛本「知」誤「儒」，閩本、明監本不誤。×

887 是君上之美事　閩本、明監本、毛本「是」誤「其」。×

888 是使之不得及門也　閩本、明監本、毛本「得」誤「能」。×

889 則好是家嗇爲進惡故以家嗇　閩本、明監本、毛本「家嗇」誤「稼穡」。×

890 明王之法　毛本「明」上衍「大」字，閩本、明監本不誤。×

891 不能治人者出於人　閩本「出」作「食」；明監本同，剜去「於」字；毛本無。案，「食人」是也，十行本「出於人」剜添者一字。

* 鄭云吝穡也　補：通志堂本「吝」誤「名」，盧本作「吝嗇」。按，「嗇」字是也。

892 謂出其賦稅　閩本、明監本、毛本「稅」誤「斂」。×

893 寧有盜臣何者　閩本、明監本、毛本同。案，十行本「臣何者」剜添者一字。×

* 明是責王之貢好之也　補：毛本「貢」作「貴」。案，「貴」字是也。

894 滅我立王　小字本、相臺本同；唐石經初刻「威」，後改「滅」。案，初刻誤也。

895 朝廷曾無有同力諫諍　小字本、相臺本同。案，釋文「朝廷」下以「者與」作音，是其本此箋有二字也，但其何屬未可考。

* 說文作蟊　補：通志堂本、盧本「蟊」作「𧊅」。

盧文弨考證云：「古本『蟊』作『蝥』，是也。說文乃作『蝥』，今正文作『蟊』，遂妄改說文。」案，釋文挍勘記云：其說誤甚。說文蚰部「蟊」是䵷蟊字，非蟊賊字，不得云「說文乃作『蟊』也」。「蟊」字雖不見說文蟲部，「蠹」字下云「蟲食艸根者，从蟲，象其形」，其字作「蠹」，轉寫失其形作「蟊」、「蟊」，皆非是。

* 同音通本又作恫　補：案，「同」當作「侗」。釋文挍勘云：通志堂本、盧本「侗」作「恫」，「恫」作「痌」。案，所改未是。當是釋文本此經字作「侗」，與唐石經以下各本不同耳。小字本所附上「恫」下「侗」乃順正文改易耳。

* 滅盡釋詁云　補：案，「云」當作「文」。

896 食節曰賊釋蟲文　閩本、明監本、毛本「蟲」誤「詁」。

* 穹蒼蒼天釋天云　補：案，「云」當作「文」。

×

897 故民所繫屬唯兵耳　閩本、明監本、毛本同。案，浦鏜云「故」疑衍字，是也。

898 慎戒相助也　閩本、毛本同，小字本、相臺本「戒」作「誡」，考文古本同。案，山井鼎云「據下文『考誡』之語，古本似是」，是也。正義云「慎誡，釋詁文」亦可證。明監本誤作「病」。

899 言其所任之臣　小字本同，閩本、明監本、毛本同，相臺本「任」下有「使」字。案，有者非也。正義云「謂己所任使之臣」乃自文耳，非其本有「使」字。考文古本有，亦采正義之誤也。

900 乃使民盡迷惑也彼是又不宣猶　小字本、相臺本「也彼」作「如狂」，閩本、明監本、毛本同。案，「如狂」是也。

901 不復詳考善惡更施順道於民之君自獨用己心謂已所任使之臣皆爲善人不復詳考善惡更求賢人　閩本、明監本、毛本不重「施順」至「惡更」三十字。案，所刪是也。此十行本複衍。

902 知此不順者　閩本、明監本、毛本「知」誤

「如」。

903 却迫罪役　小字本、相臺本同。案，釋文云「一本作『罷役』」，正義本是「罪」字。

904 何爲今汝羣臣朋友　閩本、明監本「汝」誤「彼」，毛本不誤。

905 讒僭是僞妄之言　閩本、明監本、毛本同。案，「僭」當作「譖」，抑正義可證。

906 荼苦葉　閩本、毛本同。明監本「葉」作「菜」。案，浦鏜云「菜」字誤，是也。

* 故此惡行　補：毛本「此」作「比」。案，「比」字是也。

907 井堙木刊　閩本、明監本「堙」誤「煙」，「刊」誤「刻」。毛本不誤。

908 垢者土處中而有垢土　明監本、毛本同。案，此當云「垢者土處地中而有垢」，錯誤耳。

909 則冥臥如醉　小字本、相臺本同，閩本、明監本、毛本亦同。案，正義云「則眠卧如醉」，是其本作「瞑」，「瞑」「眠」古今字，易而說之也。考文古本作「瞑」，采正義而爲之。

910 箋類等至傚之　明監本、毛本「傚」誤「效」，閩本不誤。案，正義上下文皆作「效」者，易字也。今各本箋皆作「效」亦誤。

911 詩人善此事者　閩本、明監本、毛本同。案，浦鏜云「善」疑「言」字誤，是也。

912 善人欲教人爲善　明監本、毛本下「人」字誤「之」，閩本不誤。

913 親而切瑳之也　閩本同，小字本、相臺本「瑳」作「磋」，明監本、毛本同。案，「瑳」字是也，見淇奥。十行本正義中字亦作「瑳」，依經注改耳。

914 而猶女也　小字本、相臺本同，考文古本同，閩

本、明監本、毛本「女」誤「與」。 ×

915 **反予來赫** 唐石經、小字本、相臺本同。案，釋文云「赫，本亦作『嚇』」。考此但當作「赫」，加口傍者，依注義以改字耳。

916 **赫炙也** 小字本、相臺本同。案，釋文「赫」下云「毛，許白反，炙也」。正義云「故轉爲嚇」，又云「定本、集注毛傳云『赫炙也』」，又云「俗本誤也」，是其本與俗本同作「赫嚇也」；標起止云「傳赫炙」，乃後改。今考此傳當作「赫赫也」，毛意謂此「赫盛」字即「拒赫」字也。○按，此即北風「虛虛也」，葛屨「要要也」之例。

917 **口距人謂之赫** 小字本、相臺本同。案，釋文「赫」下云「鄭許嫁反。口距人也，莊子云『以梁國嚇我』，是也」。正義云「故箋以爲口拒人謂之嚇」，是其本作「嚇」。考此是申傳「赫也」之意，非箋經中「赫」字也。正義本經作「赫」，傳作「赫嚇也」，箋作「謂之嚇」，可以知其讀矣，但其字當本皆作「赫」。

* **赫毛許白反光也** 補：通志堂本、盧本「光」作「炙」，小字本、相臺本所附亦作「光」。釋文挍勘云：考此傳正義本作「赫嚇也」，引定本、集注作「赫炙也」，今經注各本皆作「炙」之所自出也。釋文本當是「赫光也」，與定本、集注、正義本又各不同。諸本所附得陸氏之舊，其作「炙」字者，經後人以經注本字改之耳。

918 **有時亦將爲所誅** 閩本、明監本、毛本同。案，十行本「將」至「誅」，剜添者一字。 ×

919 **汝何爲反於我來嚇然** 閩本、明監本、毛本「嚇」誤「赫」，下謂「之嚇」同。 ×

920 **放縱久無所拘制** 毛本「拘」誤「居」，閩本、明監本不誤。 ×

921 **則將有人伺汝之閒暇誅汝** 閩本、明監本、毛本同。案，「暇」當作「得」。正義讀「閒」爲閒隙，不爲閒暇。

922 **諒信也**　閩本、明監本、毛本同，小字本、相臺本「諒」作「涼」。案，「涼」字是也。鄭但易毛訓耳，意以爲「涼」即「諒」之假借也，未嘗改其字。正義云「諒信」，又云「以諒爲信」，乃易字而說之之例，依以改箋者非。

923 **互相欺違**　小字本同，閩本、明監本、毛本同，相臺本「互」作「工」，考文古本同。案，「工」字是也，正義可證。

924 **遂用彊力相尚故也**　閩本、明監本、毛本同；小字本、相臺本「遂」作「逐」，考文古本同。案，「逐」字是也。

925 **言民愁困**　相臺本同，閩本、明監本、毛本同；小字本「愁困」作「依邪」。小字本誤也。

926 **由上化然也**　閩本、明監本、毛本「上」誤「王」。

927 **是也○毛以職競用力**　閩本、明監本、毛本同。案，「○」當衍，下章正義「○毛以職盜爲寇」同。明監本、毛本不誤。

928 **涼曰不可**　小字本、相臺本同，唐石經「涼」作「諒」。案，唐石經非也。釋文云「職涼，毛音良，薄也。鄭音亮，信也。下同」。詩經小學云「所云『下同』者即此『涼曰之涼』」，是也。正義因此「涼」字無傳，遂取鄭爲毛說，而云「故我以信言諫王曰」云云。不知此「涼」字毛自與上傳同訓爲薄，不訓爲信也。然其本亦未必竟改經作「諒」字。」唐石經乃始上作「涼」，此作「諒」，失之甚矣，當依釋文正之。

929 **言距已諫之甚**　小字本、相臺本同，考文古本同，閩本、明監本、毛本「距」作「拒」。案，「拒」字誤也，乃正義所易之今字耳。

○雲漢

930 **遇烖而懼**　唐石經、小字本、相臺本同，閩本同，考文古本同，明監本、毛本「烖」誤「災」。案，正義作「灾」者，易而說之也。

931 **烈餘也**　閩本、明監本、毛本此下有注；小字本、相臺本無，考文古本同。案，山井鼎云「此十六字釋文混入於注」，是也。

932 **七十六年**　閩本、明監本、毛本「十」誤「年」。×

933 **時旱渴雨**　小字本、相臺本同。案，釋文云「愒，苦蓋反，貪也。本又作『渴』，苦葛反。篇末同」。正義本未有明文，今無可考。

934 **薦重臻至也**　小字本、相臺本同。案，釋文「以重也」作音，是其本有「也」字。考文古本有。

935 **曾無聽聆我之精誠**　小字本、相臺本同，考文古本同，閩本、明監本、毛本「誠」誤「神」。×

936 **何罪故以訴之**　閩本、明監本、毛本同。案，「何」當作「無」。

* **言其不忲牲物**　補：毛本「忲」作「[illegible]」。

937 **其有一曰索鬼神**　閩本、明監本、毛本「有一」倒。案，倒者誤也，「其」下當有「十」字。

938 **以白琥禮西方**　閩本、明監本、毛本同。案，十行本「以」至「禮」剜添者一字。×

939 **莊二十五年左傳曰**　閩本、明監本、毛本「莊」誤「僖」。×

940 **而此云靡愛斯牲者**　毛本「牲」誤「物」，閩本、明監本不誤。×

941 **謂救止天災**　閩本、明監本「止」誤「上」，毛本不誤。×

* **堙少牢於泰昭**　補：毛本「堙」作「埋」。

942 **雩禜祭水旱也**　閩本、明監本、毛本同。案，十行本「雩」至「旱」剜添者一字。

943 **類造禬禜攻説**　閩本、明監本、毛本「攻」

誤「政」。案，山井鼎云「下『政説用幣』宋板同誤，亦當作『攻』」，是也。

944 **蘊隆蟲蟲**　唐石經、小字本、相臺本同。案，正義云「『温』字，定本作『蘊』」。以小宛正義考之，當云「『蘊』字，定本作『温』」。正義屢云「蘊蘊」，是其本作「蘊」之證也。釋文云「蘊，紆粉反。本又作『煴』，紆文反」。依紆文反，是讀同「烟烟煴煴」之「煴」，與作「温」又不同。

945 **雷聲尚殷殷然**　小字本、相臺本同。案，釋文云「一本作『雨雷之聲尚殷殷然』」。正義本未有明文，今無可考。殷其靁正義引與一本正同，或其本當爾。

* **爾雅作爞**　補：通志堂本同；盧本作「爞」，云「舊譌從『蟲』，今改正」。釋文校勘云：小字本所附亦作「爞」，不誤。

946 **耗斁下土**　小字本、相臺本同，閩本、明監本、毛本同，唐石經「耗」作「秏」。案，「秏」字是也，詳詩經小學。

947 **奠瘞羣臣而不得雨**　小字本同，考文古本同；相臺本「臣」作「神」，閩本、明監本、毛本同。案，「神」字是也，十行本正義中誤同。

948 **熱氣爞爞然**　明監本、毛本「爞爞」誤「蟲蟲」，閩本不誤。案，以下同，唯一處誤爲「蟲蟲」耳。經作「蟲蟲」，正義作「爞爞」者，「蟲」「爞」古今字，易而説之也，例見前。

949 **若稷能祐我**　閩本、明監本、毛本同。案，此不誤。山井鼎云「若」恐「后」誤，非也。

* **耗敗天下土地之國**　補：案，「王」當「土」字之譌。毛本正作「土」。

950 **暑熱夫同**　閩本、明監本、毛本同。案，「夫」當作「大」，形近之譌。

* **爞蟲是熱氣蒸人之貌**　補：案，「蟲」當作「爞」。

951 **蘊平常之熱蟲蟲又甚熱**　閩本、明監本、毛本「蟲蟲」上衍「而」字。案，「蟲蟲」當作「爞爞」。十行本上句剜去者一字，當是因有衍，而下句「甚」下脱「於」字，删而未補也。輒添「而」字者，非。

* 瘞謂堙之於土　補：毛本「堙」作「埋」。

952 以言祭事而云宮　毛本「事」誤「祀」，閩本、明監本不誤。×

953 天則非己之親　閩本、明監本、毛本「親」誤「視」。×

954 斁是毀敗之義　閩本、明監本、毛本「毀」誤「恐」。×

955 兢兢業業　唐石經、小字本、相臺本同。案，釋文云「兢兢，本又作『矜』」。正義云「釋訓云『兢兢戒也』」，是其本作「兢」字。考文古本作「矜」，采釋文。

956 靡有孑遺　小字本、相臺本同；唐石經初刻誤「子」，後改「孑」。

957 孑然遺失也　小字本、相臺本同。案，正義云「定本及集注皆云『孑然遺失也』，俗本有『無』字者，誤也」。考此傳本云「無孑然遺失也」，六字一句讀，乃揔説「靡有孑遺也」。定本、集注非是。考文古本采正義有「無」字，而加於「遺」字上，誤甚。

958 狀有如雷霆　閩本、明監本、毛本同；小字本、相臺本「有如」作「如有」，考文古本同。案，「如有」是也。

959 今其餘無有孑遺者　小字本、相臺本同，考文古本同，閩本、明監本、毛本「今」誤「幸」。×

960 疑此故周之民多死亡矣　閩本、明監本、毛本同。案，浦鏜云「疑」當「以」字誤，是也。山井鼎云「宋板『疑』作『以』」，其實不然，當是剜也。

961 無有孑然得遺滌　閩本、明監本、毛本同。案，「滌」當作「漏」，下文謂「無有孑然得遺漏」是其證。山井鼎云「宋板『滌』作『漏』」，當是剜也。

962 故爲戒也　閩本、明監本、毛本同。案，浦鏜云「恐」誤「戒」，是也。

963 業業危釋訓云　閩本、明監本、毛本同。案，浦鏜云「文」誤「云」，是也。

964 既呼即吁嗟告困　毛本「既」誤「號」，「困」誤「苦」；閩本、明監本不誤。

965 故先祖與于嗺共句　明監本、毛本「嗺」誤「摧」，閩本不誤。

966 言我無所庇陰處　閩本、明監本、毛本同；小字本、相臺本「庇陰」作「芘蔭」，「蔭」下有「而」字，考文古本有。案，有者是也。釋文云「芘，本亦作『庇』。蔭，本亦作『廕』」。考桑柔箋當作「陰」，正義當作「蔭」。今正義亦作「陰」，依注改耳。

967 天曾無所視　小字本、相臺本同，考文古本「天」字亦同；閩本、明監本、毛本「天」誤「矣」。

* 正義曰宣王立　補：毛本「立」作「言」。

968 赫赫然氣盛　閩本、明監本、毛本「氣」誤「既」。

969 但他人稱之　明監本「他」誤「化」，閩本、毛本不誤。

970 如惔如焚　唐石經、小字本、相臺本同。案，釋文云「如惔，音談，燎也。說文云『炎，燎也』。徐音炎」。正義云「定本經中作『如惔如焚』」，是正義本經中作「如炎如焚」也。詩經小學云：「章懷注章帝記引韓詩『如炎如焚』作『炎』爲善，說文『炎燎也』，傳云『惔燎之也』，蓋毛亦作『炎』也，上文『赫赫炎炎』，本或作『惔』是其明證」。⑭

971 憂心如薰　唐石經、小字本、相臺本「薰」作「熏」，閩本、明監本、毛本同。案，十行本注及正義中仍作「熏」，釋文以「如熏」作音，「薰」字非也。考文古本作「薰」，依上正義中引爾雅「薰也」而爲之耳。

＊焚本又作樊　補：通志堂本同；盧本「樊」作「燓」，云「舊譌『樊』。案，說文「燓，燒田也」，據改正」。釋文挍勘云：「燓」字是也，小字本所附是「燓」字。

972 毛讀爲憚丁佐反　閩本、明監本、毛本同。案，「丁佐反」三字當旁行細書，正義自爲音例如此也。

973 故讀爲憚徒旦反　閩本、明監本、毛本同。案，「徒旦反」三字當旁行細書。

974 故箋言而害益甚上言而害益甚上言云我無所　閩本、明監本、毛本上「而」字誤「爲」。案，此「言而害益甚上」六字不當重，十行本複衍耳。閩本以下改「而」作「爲」，以遷就之者，誤。

975 似見其甚於前也　閩本、明監本、毛本同。按，浦鏜云「似」當「以」字誤，是也。

976 敬恭明神　唐石經、小字本、相臺本同。案，釋文云「明祀，本或作『明神』」。正義本未有明文，今無可考。箋云「天曾不度知我心，肅事明神如是，明神宜不恨怒於我」，則作「明神」者是也。

977 我何由當遭此旱也　小字本、相臺本同，考文古本同，閩本、明監本、毛本「當」誤「常」。✕

978 故言曾不知爲政所失　明監本、毛本「言」誤「我」，閩本不誤。✕

979 師氏㢮其兵　小字本、相臺本「㢮」作「弛」，閩本、明監本、毛本同，正義中同。案，釋文云「施，本又作『弛』，同」。考文古本作「施」，采釋文。

980 人無賞賜也　小字本、相臺本同，閩本、明監本、毛本同。案，正義云「又無賞賜」，是「人」當作「又」，乃形近之譌。「又」者，又上「祿餼不足」也。考文古本作「又」，采正義；其云「宋板同」者，必山井鼎誤。

981 所以令汝窮困哉　閩本、明監本、毛本同。案，「哉」當作「者」。

982 言我王於汝衆臣　閩本、明監本、毛本「臣」誤「人」。

983 故言歲凶爲之目　閩本、明監本、毛本「目」誤「日」。

984 祭事不縣　閩本、明監本、毛本「事」誤「祀」。

* 曲禮又有君膳衣祭肺　補：毛本「衣」作「不」。案，「不」字是也。

985 謂之嗛　閩本、明監本、毛本「嗛」誤「歉」。⑮

986 其十有二曰　閩本、明監本、毛本「其」誤「共」。

987 天子日食太牢　閩本、明監本、毛本同。案，此不誤。浦鏜云「少」誤「太」，非也。周禮是「太牢」，與玉藻不同。鄭志有此問，在鴛鴦正義中，浦失考。

988 令不殺矣　閩本、明監本、毛本「令」誤「今」。

989 三穀不升去兔　閩本、明監本、毛本同。案，「去」下浦鏜云脱「雉」字，是也。

990 權時救其人急若　明監本、毛本「人」誤「太」，閩本不誤。案，「若」當作「苦」，形近之譌。

991 無自贏緩之時　小字本、相臺本同，毛本同；閩本、明監本「緩」誤「綏」，正義中同。

992 令我心安乎　小字本、相臺本同。案，釋文以「令心」作音，是其本無「我」字。正義云「其令我心得安」，或自爲文也，今無可考。

993 渴雨之至也　小字本、相臺本同，閩本、明監本、毛本「至」誤「時」。

994 因而意咸　毛本同，閩本、明監本「意」誤「感」。案，「咸」當作「感」，此欲改「咸」字而誤改「意」字也。

995 汝等亦當去天無贏　閩本、明監本、毛本「去」誤「法」。按，所改是也。

996 傳嗜衆至假至○正義曰　閩本重「假至」以下至「星貌」十四字；明監本、毛本初刻有，後剜去。案，山井鼎云「挍宋板，文當相接，非有闕誤」，是也。

＊令以毛無別　補：毛本「令」作「今」。

997 又解助己求雨　閩本、明監本、毛本「助」誤「度」。　×

＊雲漢八章章十句　補：各本同。案，此誤脱，今補栞。

998 故云何但求爲我身乎　閩本、明監本、毛本「爲」誤「於」。　×

○崧高

999 知非三公必兼六卿　閩本、明監本、毛本同。案，浦鏜云「三公」下疑脱「者以三公」四字，是也。

1000 翰榦也　小字本、相臺本同，閩本、明監本、毛本「榦」作「幹」，下同。案，「榦」字是也，見桑扈。　×

1001 皆以賢知　小字本、相臺本同。案，釋文云「知，音智，本或作『哲』」。正義本是「知」字，故易爲「智」字而説之。

1002 維是四岳之山　閩本、明監本、毛本同。案，「岳」當作「嶽」。此寫者以「岳」爲「嶽」之別體而改之耳，下同。

1003 則往捍禦之　閩本、明監本、毛本同。案，注作「扞」，正義作「捍」，「扞」「捍」古今字，易而說之也。

1004 岳者何桷也　閩本、明監本、毛本「桷」誤「捔」，下同。

1005 王者當謂之變　閩本、明監本、毛本「謂」作「爲」。案，所改是也。

1006 必取崧高　毛本「崧」誤「嵩」，閩本、明監本不誤，下同。

1007 言北岳降神　閩本、明監本、毛本同。案，浦鏜云「北」當「山」字誤，是也。

1008 泰之與岱　毛本「與」誤「爲」，閩本、明監本不誤。

1009 張揖廣推云　閩本、明監本、毛本同。案，浦鏜云「雅」誤「推」，是也。

1010 姜氏爲四伯也　毛本「爲」誤「謂」，閩本、明監本不誤。

1011 以佐堯者也言禮於神　閩本、明監本、毛本同。案，十行本「佐」至「言」剜添者一字。

1012 明不偏指一山　閩本、明監本、毛本同。案，山井鼎云「徧」恐「偏」誤，是也。

1013 箋申申伯至言之　閩本、明監本、毛本脱一「申」字。

1014 以賢入爲王之卿士　小字本、相臺本同，考文古本「王」字亦同；閩本、明監本、毛本「王」誤「周」。

1015 故王使召公定其意　小字本、相臺本同，考

文古本同，閩本、明監本、毛本「意」誤「宅」。 ×

1016 是功德爲事　閩本、明監本、毛本同。案，浦鏜云「德」當「得」字誤，是也。 ×

1017 其事既了　明監本「了」誤「子」，閩本、毛本不誤。 ×

1018 箋云庸功也　小字本、相臺本同。案，此釋文本也，釋文「庸」下云「鄭云功也」可證。正義云「庸勞，釋詁文」，標起止云「箋庸勞」，是其本作「勞」也。

＊ 牧手又反又如字　補：通志堂本、盧本同。釋文挍勘云：按「牧」字不得有「手又反」之音。蓋大字作「井收」，與正義本作「井牧」絶異也，後人用正義改大字耳。「井收」謂井田所收也。

1019 二王治事　小字本、相臺本「二」作「貳」，閩本、明監本、毛本同。案，此寫者以「二」爲「貳」之別體而譌也。

1020 令定申伯之居　明監本、毛本「令」誤「合」，閩本不誤。 ×

1021 下言我圖爾居乃是命遣之辭　閩本、明監本、毛本同。案，十行本「乃」至「我」剜添者一字。 ×

1022 箋治者至賦斂　閩本、明監本、毛本「治者」誤「徹治」，「斂」作「稅」。案，「稅」字是也。

1023 故爲治也　閩本、明監本、毛本「也」誤「田」。 ×

1024 襄二十五年　明監本、毛本「二」誤「一」，閩本不誤。 ×

1025 九夫爲牧　毛本「爲」誤「謂」，閩本、明監本 ×

不誤。

1026 三公有太傅　閩本、明監本、毛本「傅」誤「傳」。 ×

1027 僖二十八年　閩本、明監本、毛本「二」誤「三」。 ×

* 俶本又作倂　補：釋文校勘記：通志堂本同；盧本「倂」作「㑣」，云「㑣」舊譌「倂」。案，所改是也。山井鼎云「倂」恐「㑣」字。

1028 傳俶作　明監本、毛本「俶」誤「淑」，閩本不誤。 ×

1029 寢人所處廟神亦有寢　閩本、明監本、毛本同。案，「廟」下浦鏜云脱「神所處」三字，是也。 ×

1030 鉤者馬婁頷之鉤　閩本、明監本、毛本「頷」誤「領」。 ×

1031 往近王舅　唐石經、小字本、相臺本同。案，此正義本也。正義標起止云「傳近已」，下云「以命往之國，不復得與之相近，故轉爲已」，唐石經之所本也。釋文云「近，音記」。六經正誤云「説文作『訂』。今作『迈』，音記。字訛作『近』，不敢改其説」，是也。釋文當本作「迈」，今亦作「近」者，後人改之耳。「近」不得音記。段玉裁云此借「迈」爲「己」，詳詩經小學。正義本、唐石經皆誤也。 ×

1032 箋云近辭也　小字本、相臺本同。案，此釋文本也，釋文「近」下云「毛己也，鄭辭也」是其證。正義本未有明文，今無可考。段玉裁云「此傳謂『迈』者『己』之假借，箋申之曰『己，辭也，讀如彼記之子之記』，見王風、鄭風箋。蓋『己』『記』『忌』『迈』『其』五字同，『己』仍作『近』誤」。

1033 上既賜以四牡鉤膺　明監本、毛本「鉤」誤「駒」，閩本不誤。 ×

1034 特言賜之以作爾　閩本、明監本、毛本「爾」下有「寶」字。案，所補是也。

1035 傳近已至之舅　明監本、毛本「傳」誤「箋」，閩本不誤。×

1036 以峙其粻　小字本、相臺本同，唐石經損。案，此正義本也，正義云「俗本『峙』作『時』者，誤也」。釋文云「以時，如字。本又作『峙』，直紀反。兩通」。「時」即「時」字之譌。正義之意以爲「峙具」字不從田，故曰誤。

1037 又以申伯爲天子大臣　毛本「子」誤「下」，閩本、明監本不誤。×

1038 贈增也　小字本、相臺本同。案，此正義本也。正義云「凡贈遺者，所以增長前人。贈之財，使富增於本，贈之言，使行增於善，故云『贈增也』」。釋文云「贈，送也，詩之本皆爾，鄭、王申毛竝同。崔集注本作『贈增也』，崔云『增益申伯之美』」。考渭陽傳云「贈送也」，此傳亦然，故箋云「送之也」；女曰雞鳴、韓奕箋皆云「贈送也」。集注本非，當以釋文本爲長。○按，舊挍未確。

1039 故以此詩增長申伯之美　閩本、明監本、毛本「以」誤「作」。×

1040 使行增於善　閩本、明監本、毛本「善」誤「義」。×

○烝民

1041 夷常懿美皆釋詁文　閩本、明監本、毛本「夷」作「彝」。案，所改非也。依此當是正義本經是「夷」字，與孟子所引同。潛夫論亦引作「夷」，故又破爾雅「彝」爲「夷」也。釋文、唐石經皆作「彝」，與正義本不同耳。閩本以下改去此「夷」，遂不復有知正義本作「夷」者矣。

1042 云是其正　閩本、明監本、毛本同。案，浦鏜云「云」當「六」字誤，是也。

1043 聞彼怒而懼　閩本、明監本、毛本「聞」誤「則」。×

1044 共稟於天　毛本「共」誤「其」，閩本、明監本不誤。×

1045 非是宣王既明　明監本「既」誤「成」，閩本、毛本不誤。×

1046 襄二十三年左傳云　閩本、明監本、毛本同。案，山井鼎云「云」恐「文」誤，是也。

1047 女施法度於是百君　閩本、明監本、毛本「法」誤「汝」。×

1048 施行在力令盡心力　毛本「施」誤「始」，「令」誤「命」；閩本、明監本不誤。×

1049 聽其政事而詔王廢置　閩本、明監本、毛本同。案，山井鼎云「政」作「致」爲是，是也。

1050 不畏懼於彊梁禦善之　閩本、明監本、毛本「之」下有「人」字。案，所補是也。

1051 茹者敢食之名　閩本、明監本、毛本同。案，山井鼎云「敢」恐「噉」誤，是也。

1052 我儀圖之　唐石經、小字本、相臺本同。案，釋文云「我儀，毛如字，宜也。鄭作『儀，儀，匹也』」，正義云「儀匹，釋詁文。然則鄭讀爲『儀』，故以爲匹」。考此知釋文、正義二本字皆作「義」。鄭以「義」爲「儀」之假借耳，未嘗改爲「儀」也。唐石經乃竟作「儀」字誤。⑯

1053 故可任用以致中興　毛本「故」誤「固」，閩本、明監本不誤。×

1054 衆行夫捷捷然至　小字本、相臺本同，考文古本同，閩本、明監本、毛本「行」誤「征」。案，「行夫」與皇皇者華箋同，此正義中亦不誤。

1055 **正陳車騎而人觀之** 閩本、明監本、毛本同。案，浦鏜云「正」疑「止」字誤，是也。泉水正義作「止」。

1056 **以見其勸樂於事也** 閩本、明監本、毛本「勸」誤「勤」。

1057 **而經破之云** 閩本、明監本、毛本同。案，山井鼎云「經」恐「徑」誤，是也。

1058 **如是言其車馬之盛** 閩本、明監本、毛本同。案，浦鏜云「如」當「知」字誤，是也。

1059 **以慰其心** 唐石經、小字本同，閩本、明監本、毛本同，相臺本「其」誤「我」。

1060 **如清風之養萬物然** 小字本、相臺本同，考文古本同，閩本、明監本、毛本「之」誤「長」。

1061 **其調和人之情性** 閩本、明監本、毛本「情性」誤倒。

06—1062 **故以比清美之詩** 閩本、明監本、毛本「比」誤「此」。

校記

❶ 南昌本此條作「乃命取秩薪柴：補：閩本、明監本、毛本同。案，『取』當作『收』」。

❷ 訏音呼又從言，南昌本作「訏音呼字又從言」。考與南昌本毛詩註疏同。

❸ 南昌本此條作「孫炎曰金鏑：閩本、明監本『金』作『者』，毛本倒之。案，山井鼎云兩誤，是也」。

❹ 南昌本此條作「以受大夫之福：補：閩本『夫』作『大』。案，『大』字是也。明監本、毛本誤『人』」。

❺ 南昌本此條作「釋詁文鮐背耇老壽人也：補：閩本、明監本、毛本『文』作『云』。案，『云』字是也。浦鏜云『人』衍字，以爾雅考之，浦校不誤」。

❻ 不舍，南昌本作「不捨」。校記云「閩本、明監本、毛本同」，據此考之，當「捨」爲是

❼ 南昌本此條作「言曰至誠款實而告之：補：閩本、明監本、毛本同。案，『曰』當『已』字之譌」。

❽ 「很字」，底本原誤作「很字」，據南昌本改。

❾ 「通志堂本盧本」下之「同」字，南昌本原無。據二本面貌補。

❿ 此條南昌本作「皆持不滿於王：閩本、明監本、毛本『不』作『無』，誤」。

⓫ 此條南昌本作「箋云桑之柔需：補：小字本、相臺本『需』作『濡』。釋文云『濡，而轉反』，段玉裁云『當是本作偄也』」。

⓬ 此條南昌本作「之害下民：補：閩本、明監本、毛本同。案，『之』當作『侵』」。

⓭ 此條南昌本作「以比兵窮灾害民之餘：補：閩本、明監本、毛本同。案，『窮』當作『寇』」。

⓮ 章帝記，當作「章帝紀」。

⓯ 此條南昌本作「謂之兼：補：閩本、明監本、毛本『兼』作『歉』，非也。案，『兼』當『嗛』字之譌」。

⓰ 校記中「我義」當作「我義」。作「我儀」，則與下文「鄭作儀」無異。又，盧文弨經典釋文考證云：「今注疏本作『我儀』，此誤從唐石經也。足利本作『義』。」

毛詩注疏校勘記卷七 起六十一盡七十

○韓奕

07—001 所望祀焉　閩本、明監本、毛本同；小字本、相臺本「所」作「祈」，考文古本同。案，「所」字誤也。

002 錫謂興之以物　閩本、明監本、毛本「興」作「與」。案，所改是也。山井鼎云「宋板『與』作『賜』」，其實不然，當是剜也。

003 欲見命亦是賜　毛本「是」誤「言」，閩本、明監本不誤。×

004 三章言公侯得賜而歸　閩本、明監本、毛本「公」作「諸」。案，皆誤也，當作「韓」。

005 卒章言欲得命歸國　閩本、明監本、毛本同。案，山井鼎云「宋板『欲』作『其』」，當是剜也，「其」字是。

006 左右猶外郡之名太守也　閩本、明監本「猶」誤「無」，毛本不誤。×

007 以韓爲氏也　閩本、明監本、毛本「也」誤「出」。×

008 是此韓爲之後也　閩本、明監本、毛本同。案，山井鼎云「宋板『爲』作『萬』」，當是剜也，「萬」字是。

009 宣王平大亂　小字本同，閩本、明監本、毛本同，相臺本「宣」上有「今」字。案，「有」者衍也。×

010 定貢賦於天子　小字本、相臺本同。案，此正義本也，正義云「定本、集注『貢賦』上皆無『定』字」。此箋意謂貢其賦，不謂定其貢賦也，當以無者爲長。

011 韓侯受王命爲侯伯　小字本、相臺本同，考

文古本同；閩本、明監本、毛本「侯伯」誤「諸侯」，正義標起止同；明監本、毛本誤，閩本不誤。 ✕

012 傳庭直○正義曰釋詁文　閩本、明監本、毛本「文」下衍「也」字。❶

013 以常職來也　小字本、相臺本同，閩本、毛本同，明監本「常」誤「當」。 ✕

014 書曰黑水西河　小字本、相臺本同。案，此正義本也。正義云「引『書曰』者，禹貢文」。釋文云「一本『黑』上有『書曰』二字」。 ✕

* 琳字又作玪　補：通志堂本、盧本「玪」作「玲」。案，「玲」字非也。説文「玲，玉聲，從玉，令聲」，「玪，玪塾，石之次玉者，從玉，今聲」，二字顯然分別。陸氏引鄭注尚書云「美石」正與説文「玪」字義合。

015 鉤膺鏤鍚　唐石經、小字本、相臺本同，閩本同，明監本、毛本「鍚」誤「錫」。餘同此。

016 鞹鞃淺幭　小字本、相臺本同；唐石經初刻「幭」，後改「幭」。案，五經文字、集韻二十三錫皆作「幭」。此釋文云「幭，本又作『篾』」，曲禮「素篾」釋文云「本又作『幭』」，二「幭」字當本作「幭」，爲張參、丁度所據也。○按正字當作「幦」，假借「幭」字爲之。幭，从巾，蔑聲。五經文字體譌，舊挍非也。

017 厄烏蠋也　小字本、相臺本同。案，此正義本也。正義云「厄烏蠋，釋蟲文」。釋文「金厄」下云「毛云『烏噣也』」，下云「烏噣，音蜀。爾雅作『蠋』」，又云：「沈音書。」段玉裁云：「烏噣，軛也。小爾雅、釋名謂之『烏啄』。古『噣』『啄』通用，沈重音書是也。正義牽合釋蟲，如風馬牛之不相及。陸氏雖誤引爾雅『噣』，尚未譌爲『蠋』。鄭士喪禮注云『今文軛爲厄』，此可見『軛』爲正字，『厄』爲假借。」詳見詩經小學。

* 又弦三同　補：釋文挍勘記：通志堂本同；盧本作「又作弦王同」，云「舊脱『作』字，『王』誤『三』，今從毛居正改」。案，六經正誤云「又作弦王同，欠

『作』字。『王同』謂王肅本與此同，作『三同』誤。興國本作『王同』」。其說最誤。此陸說字之或體，與王肅如風馬牛之不相及，何得謬加附會。興國本乃誤字耳。上云「亦作軨軡」，此云「又弦」，合而言之，故曰三同。小字本所附亦作「三」，不誤。

018 **善旃旃之善色者也**　相臺本同，閩本、明監本、毛本同，小字本無「也」字。

019 **又以綏章爲車上所引之綏有采章**　閩本、明監本、毛本同。案，浦鏜云「車上」疑倒，是也。

020 **既以朝禮見**　明監本、毛本「既」誤「即」，毛本「禮」誤「儀」，閩本不誤。

021 **説文云鞟革也**　閩本、明監本、毛本同。案，「鞟」當作「鞹」，上下文可證，載驅正義引作「鞹」。

022 **是冪爲覆蓋之名**　明監本「名」誤「多」，閩本、毛本不誤。

023 **當馬之頟**　閩本、明監本、毛本「頟」誤「額」。

024 **而犯軷也**　小字本、相臺本同，考文古本同，閩本、明監本、毛本「犯」誤「祀」。

025 **顯父周之公卿也**　小字本、相臺本同。案，正義云「王使卿士之顯父」，又云「送者唯卿士耳，故知顯父周之卿士也」，是「公卿」當作「卿士」。

＊ **又七救反**　補：釋文挍勘記：通志堂本、盧本同。案，相臺本所附「救」作「敘」，「敘」字是也。「有客且七序反」是其證。小字本所附仍誤「救」。山井鼎云「初疑『救』字『敘』誤，及挍元文亦然」者，謂通志堂本。

＊ **筍竹萌釋草云**　補：毛本「云」作「文」。案，所改是也。

026 **鬻以苦酒**　閩本、明監本、毛本同。案，浦鏜云「鬻」誤「鬻」，下同，是也。

027 取其中心入地蒻　閩本、明監本、毛本「中心」誤倒。×

* 箋箋且多至其多　補：案，「箋箋」當衍一字。

028 言作者以多爲榮　閩本、明監本、毛本「作」誤「行」。×

029 黎比公也　小字本、相臺本同。案，釋文云「棃，音離，又力兮反。又作『黎』」，正義本是「黎」字。案，此見左襄十六年傳。今杜預注本作「犂」，釋文云「徐力私反，一音力兮反」。「犂」「黎」「棃」皆通用字也。

030 顧之曲顧道義也　小字本、相臺本同。案，正義云「本或『曲』爲『回』者誤也，定本、集注皆爲『曲』字」。釋文云「一本作『回顧』」。段玉裁云「曲顧，見白虎通、列女傳、淮南子注」，是也。六經正誤云「顧之猶顧，蓋『曲』誤爲『由』，『由』又轉爲『猶』，當改作『曲』。以諸本皆誤，未有善本可證，姑仍其舊」。依此是宋時監、潭、撫、閩、蜀本皆譌作「猶」字，今之宋本因毛居正據正義、釋文論之而改正也。又云道義者，謂引導新婦之儀如此也。

031 韓侯於是迴顧而視之　閩本、明監本、毛本同。案，「迴」當作「曲」，正義下文可證。

032 乃次及之耳　明監本、毛本「次」誤「文」，閩本不誤。×

033 傳音以墳汾音同　閩本、明監本、毛本同。案，上「音」字當作「意」，形近之譌。

* 正義曰箋□汾　補：毛本「□」作「以」。案，「以」字是也。

034 專以汾王爲大王　閩本、明監本、毛本「傳」誤「專」。×

* 而言韓侯顯之　補：案，「顯」當作「顧」，形近之譌。毛本正作「顧」。

035 **及升車授綬之時**　閩本、明監本、毛本同。案，山井鼎云「綬」恐「綏」誤，是也。

036 **當最敵取匹**　閩本、明監本、毛本同。案，此當作「當取其敵匹」，錯誤也。

037 **麀鹿噳噳**　唐石經、小字本、相臺本同。案，此釋文本也。釋文云「噳噳，本亦作『麌』，同」，吉日釋文云「麌麌，説文作『噳』」。唐石經彼經作「麌」，此經作「噳」，本諸釋文也。正義本此經亦是「麌」字，與吉日經同，即「亦作」本也。彼正義云「麌麌衆多，與韓奕同，則傳本作『麌』字」，又云「此『麌』不破字，則鄭本亦作『麌』也」，是其誤考。吉日傳「麌麌衆多」，箋易之云「麕牡曰麌」，而此傳不復易者，以其文同，從可知而省也。毛詩字本用「噳」，「麕牡曰麌」亦當假借此字，故説文鹿部無「麌」，是其實二經皆當作「噳」。

038 **乃古平安時**　小字本、相臺本同。案，正義云「本於『古』上或有『太』，衍字也。定本亦無『太』字」。考文古本有，采正義。✕

039 **爲玁狁所逼**　小字本、相臺本同。案，正義云「爲獫夷所逼」，又云「故知爲獫夷所逼，定本、集注皆作『獫狁』字」。釋文云「允，如字，本亦作『狁』」，與正義本不同。

040 **實畝實藉**　唐石經、小字本同；相臺本「藉」作「籍」，閩本、明監本、毛本同。案，正義云「定是稅籍」，又云「公羊傳曰『什一而籍』，是『籍』爲『稅』之義也」，是正義本作「籍」字，詳載芟序。

041 **所受之國多滅絶**　閩本、明監本、毛本同；小字本、相臺本「受」作「伯」，考文古本同。案，「伯」字是也。

042 **定是稅籍**　毛本「是」誤「其」，閩本、明監本不誤。✕

* **又今百蠻追貊**　補：毛本「今」作「合」。

043 **邘晉應韓**　明監本、毛本「邘」誤「邢」，閩本不誤。❷

044 天子亦選其賢者　毛本「子」誤「下」，閩本、明監本不誤。 ×

045 是貊爲夷名　毛本「貊」誤「蠻」，閩本、明監本不誤。 ×

046 此追貊是二種之大名耳　閩本、明監本、毛本「是」誤「亦」。 ×

047 亦由韓侯有德　閩本、明監本、毛本「由」誤「猶」。 ×

048 亦時百蠻也其追其貊貊　閩本、明監本、毛本同。案，「亦」下當脱「因」字，重「貊」字衍。

049 爲獫夷所逼稍稍東遷者　閩本、明監本、毛本「夷」誤「狁」。 ×

050 獫狁之最彊　閩本、明監本、毛本同。案，此當作「獫夷夷之最彊」，脱誤也。 ×

051 今此方説所爲　閩本、明監本、毛本「此」誤「也」。 ×

052 韓之所獫又近於北夷　閩本、明監本、毛本同。案，此當作「韓之所部又近於獫夷」，錯誤也。

053 其子穀　閩本、明監本、毛本同。案，浦鏜云「豰」誤「穀」，是也。

○江漢

054 箋召公召至名虎　閩本、明監本、毛本脱下「召」字。 ×

055 使循流而下　小字本、相臺本同。案，釋文云「循流，如字。本亦作『順流』」。正義本是「順」字。 ×

056 據至其境　小字本同，閩本、明監本、毛本同，相臺本「境」作「竟」。案，「竟」字是也，「境」是正義所易今字。

* 竟竟境　補：通志堂本、盧本作「竟音境」。案，「音」字是也。

057 其曰出戎車建旐　小字本同，毛本同；相臺本「曰」作「日」，閩本、明監本同，考文古本同。案，「日」字是也。

058 而淮夷爲國號　閩本、明監本、毛本同。案，「淮夷」下當有「與會是淮夷」五字，因複出而脱也。

059 此承其下云　明監本、毛本「云」上衍「而」字，閩本剜入。×

060 使以王法征伐　小字本、相臺本同。案，釋文云「王命征伐，一本作『王法征伐』」。正義云「以王法行征伐，謂以王者之正法」，此箋「法」字承上「式法」而言，當以正義本爲長。考文古本作「命」，采釋文。×

061 非可以兵急躁切之也　小字本、相臺本同。案，正義云「是齊桓之兵急躁之也。鄭言急躁，意出於彼。本或作『慘慼之』者誤也。定本云『非可急躁切之』，公羊爲『躁』字，則『慘』非也」。釋文云「非可以兵操切之也，操音七刀反。一本無『兵』字。又一本『兵操』作『急躁』，『躁』音早報反」。考此箋「躁切」即王風箋之「躁蹙」，「急」字乃「兵」字之誤，不當二字並有。正義本無「切」字，讀「急躁」之連文者非。

062 于於也　小字本、相臺本同。案，正義云「本或『往』下有『于於』二字，衍也」。依此，各本有者皆誤。

063 非可以兵急躁切之　閩本、明監本、毛本同。案，此「切」字衍也。下文「急躁之」凡三見，此合併以後人用經注本添耳。

064 彼棘作械音義同　閩本、明監本、毛本同。案，浦鏜云「悈」誤「械」，是也。

065 故以爲二事可以兵病害之　閩本、明監本、毛本同。案，「事」當作「非」，讀下屬，上於「二」字斷句。

066 **定本集注皆有于於二字有者是非衍也**　閩本、明監本、毛本同。案，浦鏜云「有者是非衍也」六字疑誤衍，是也。「皆有」當作「皆無」。○按，六字係校書者語。

067 **彼旬作徇**　閩本、明監本、毛本「徇」誤「狥」。×

068 **爲既以旬爲徧**　閩本、明監本、毛本上「爲」字作「毛」。案，所改是也。

069 **錫山土田**　小字本、相臺本同；唐石經「錫」下旁添「之」字，「山」下旁添「川」字，「土田」下旁添「附庸」字。案，釋文云「錫山土田，本或作『錫之山川土田附庸』者，是因魯頌之文妄加也」。又，正義云「此經無『附庸』，傳云『附庸』者，以土田即是附庸。定本、集注毛傳皆有『附庸』二字」。依此是傳亦有本無「附庸」者，釋文或本當如此，故不云因傳加。

070 **故謂之鬱鬯**　明監本、毛本「謂」誤「爲」，閩本不誤。×

071 **故云卣器也**　明監本、毛本「云」誤「曰」，閩本不誤。×

072 **和者以鬯人掌秬鬯**　閩本、明監本、毛本同。案，浦鏜云「知」誤「和」，是也。

073 **以黑黍和一秠二米作之**　閩本、明監本、毛本同。案，山井鼎云「和」恐「秬」誤，是也。

074 **矢施也**　相臺本同，閩本、明監本、毛本同，小字本「施」作「弛」。案，釋文云「施，如字。爾雅作『弛』，式氏反」。正義云「矢施也，謂施陳文德。定本爲『弛』字，非也」。依此是釋文、正義二本皆作「施」，唯定本乃作「弛」耳。孔子閒居引此經，皇本作「施」，載釋文。其實「施」「弛」古今字，見周禮小宰等注。泮水「觩弛貌」釋文云「施貌，式氏反。本又作『弛』，同」，正義中作「弛」亦可證也。

075 **對成王命之辭**　小字本、相臺本同。案，正義云「定本、集注皆云『對成王命之辭』」。如其所言，非爲異本，當有誤也。正義本未有明文，今無可考。

076 **傳對遂至矢弛**　閩本、明監本、毛本「弛」作「施」。案，所改是也。

077 **因而用之**　閩本、明監本、毛本「用」誤「思」。

○常武

078 **因以爲戒然**　唐石經、小字本、相臺本同。案，正義云「定本、集注皆有『然』字」，是正義本無。標起止云「至爲戒然」，當是後添也。

079 **毛以爲今有赫赫然顯盛**　閩本、明監本「今」誤「令」，毛本不誤。下「以王今命，卿士南仲者」同。

080 **既已戒勑之**　閩本、明監本、毛本「已」誤「以」。案，上文「既以警肅」之「以」亦當作「已」。

081 **於軍將行治兵之時**　小字本、相臺本同。案，考文古本「軍」上有「六」字。山井鼎云「疏疊出此注，作『於六軍將』，有『六』字者似是」，其說非也。此「軍將」二字連文，「將」子匠反。下箋云「王又使軍將」云云，「又」者又此箋也。「行治兵」者謂行治兵之禮，正義有明文，三字連文也。釋文於上章「大將」下云「子匠反」，第二章注同，亦其證。古本所采正義乃誤字耳，見下。

082 **傳尹氏至浦厓**　明監本、毛本「厓」誤「涯」，閩本不誤，下同。案，「厓」字經注本多從水，釋文亦然；正義中多作「厓」，當是其本不從水也。考「厓」爲正字，「涯」爲俗字，依經注本改正義者非。○按，正義之例多以今字易古字，此等轉寫有譌亂耳。

083 **於六軍將行治兵之時者**　閩本、明監本、毛本同。案，「於六」當作「云於」，錯誤耳。

084 大司掌其戒令是也　閩本、明監本、毛本「司」下有「馬」字。案，所補是也。

085 雨無正云三事大夫　閩本、明監本、毛本「云」誤「文」。

086 舒徐也　小字本、相臺本同。案，此正義本也。正義云「舒徐也。定本云『舒序』，非也」。釋文云「舒序也，一本作『舒徐也』」。考「舒徐也」與野有死麕傳同，定本、釋文依爾雅耳，當以正義本爲長。

087 以驚動徐國　小字本、相臺本同，考文古本同，閩本、明監本、毛本「驚」誤「震」。案，正義云「其動驚此徐方之國」，又云「則皆動驚而將服罪」，是此箋當作「動驚」。下箋云「徐國則驚動而將服罪」，亦「動驚」之誤也。

088 有儼然威武　閩本、明監本、毛本同。案，傳作「嚴」，正義作「儼」，「嚴」「儼」古今字，易而說之也，例見前。浦鏜云「傳『儼』誤『嚴』者」，依正義所易字以改傳，誤甚。

089 故美其不敢繼以敖遊　明監本「敖」誤「故」，閩本、毛本不誤。

090 如震如怒　唐石經、小字本、相臺本同。案，釋文云「一本此兩『如』字皆作『而』」。正義云「其狀如天之震雷其聲，如人之勃怒其色」，是其本經中字亦作「如」也。考箋云「而震雷其聲，而勃怒其色」，鄭意以爲震怒自是實事，不假外象，轉經「如」字作「而」以說之。毛氏詩「如」「而」互通。鄭但於都人士箋云「而亦如也」，餘多不言者，省文耳。一本乃依鄭，竟改經作「而」，似是實非。

091 墳大防　明監本、毛本「墳」誤「濆」，閩本不誤。

092 緜緜靚也　小字本、相臺本同。案，考文古本「靚」作「靜」。考「靚」字與韓奕傳同。釋文「緜緜」下云「靚也」。正義「緜緜然安靜者」，易「靚」爲

「靜」而説之耳。考文古本誤采正義所易之字也。韓奕正義字仍作「靚」不易，當是後人改耳。○按，毛傳於楚茨、閟宮皆曰「清靜」，於韓奕、常武曰「徐靚」，曰「靚」。毛意「靚」與「靜」有別，「靚」有清麗之意，上林賦注曰「靚糚，粉白黛黑也」是也。

093 **故知兵未陣** 閩本、明監本、毛本「陣」誤「陳」。案，注作「陳」，正義作「陣」，「陳」「陣」古今字，易而説之也，例見前。下複舉注文仍作「陳」。 ×

094 **莊八年穀梁傳文** 明監本、毛本「梁」誤「粱」，閩本不誤。 ×

○瞻卬

095 **天王使凡伯來騁** 閩本、明監本、毛本同，小字本、相臺本「騁」作「聘」。案，「騁」字誤也。正義標起止，十行本、閩本皆不誤，明監本、毛本亦誤作「騁」。

096 **稱世稱之** 閩本、明監本、毛本同。案，上「稱」字，浦鏜云當「傳」之誤，是也。常武正義云「或皇氏父字傳世稱之」可證。

097 **其爲殘酷痛病於民** 小字本同；閩本、明監本、毛本同；相臺本「病」作「疾」，考文古本同。案，正義云「箋以蟊賊是損害之實，故以殘酷痛疾之言」，相臺本、考文古本本皆依此所改也。正義上文云「其殘酷於民，如蟊賊之蟲病害於禾稼」，乃用「病」字，則下「疾」乃誤字耳。依之改者，非。

098 **施刑罪以羅網天下** 小字本同，閩本、明監本、毛本同，相臺本「網」作「罔」。案，「罔」字是也。下箋「天下羅罔不誤網」，乃正義所易今字。

099 **此自王所下大惡** 小字本同，閩本同；相臺本「自」作「目」，明監本、毛本同。案，「目」字是也。考文古本作「因」，誤甚。

100 **國之所在必築城居之** 閩本、明監本、毛本「在」誤「存」。 ×

101 **故多謀慮則亂國** 閩本、明監本、毛本

「亂國」誤倒。

102 梟鴟聲之鳥　小字本、相臺本「聲」上有「惡」字，閩本剜入，明監本、毛本同。案，十行本脱也。

103 而使庶人芸芓終之　明監本、毛本「芸」誤「耘」，閩本不誤。

104 借民力所治之然也　閩本、明監本、毛本「然」作「田」。案，所改是也。

105 夏官馬質注引蠶云　明監本、毛本「云」上有「書」字，閩本剜入。案，所補是也。

106 高一丈矣　閩本、明監本、毛本同。案，十行本「高一丈」剜添者一字，下「高一丈」同。

107 始蠶於北郊　閩本、明監本、毛本「始」誤「治」。

108 天子則獻繭於后是也　閩本、明監本、毛本同。案，十行本「於」至「也」剜添者一字。

109 凡繅每⿰糸奄大總　毛本「⿰糸奄」誤「俺」，閩本、明監本不誤。

110 則天下邦國將盡困窮　閩本、明監本、毛本同；小字本、相臺本「窮」作「病」，考文古本同。案，「病」字是也。十行本、閩本正義中標起止云「至困病」不誤，明監本、毛本亦誤改爲「窮」。

111 天者羣臣之精　閩本同，明監本、毛本「臣」作「神」。案，所改是也。

112 觱沸其貌　小字本、相臺本同，考文古本同，閩本、明監本、毛本「其」誤「出」。案，釋文「觱沸」下云「泉出貌」乃櫽栝箋意耳，不知者取以改箋誤也。

113 瞻卬七章　小字本、相臺本同；唐石經初刻「仰」，後改「卬」。案，雲漢釋文云「卬，本亦作『仰』」，「卬」、「仰」古今字也。考文古本經、序皆作「仰」，亦非。

○召旻

114 令民盡流移　小字本、相臺本同。案，釋文云「令民，一本作『令故民』」。正義云「令中國之民盡流移而散亡」，是其本無「故」字。×

115 至於四境邊陲　閩本、明監本、毛本同。案，注作「垂」，此正義作「陲」，「垂」「陲」古今字，易而説之也，例見前。×

116 則以天爲上天　閩本、明監本、毛本「爲」誤「威」。×

117 亡賦稅則急者行之必速之辭　閩本、明監本、毛本「則」作「也」。案，所改非也，此「亡」當作「云」耳。×

118 則爲行之理已著　閩本「理」誤「禮」，明監本、毛本不誤。×

119 而近爲行之理未彰　閩本、明監本、毛本同。案，「近」字當衍。

120 故盡空虛以謂虐政故也　閩本、明監本、毛本脱「謂」字。×

121 訌爭訟相陷入之言也　小字本、相臺本同，考文古本同，閩本、明監本、毛本「入」誤「人」。案，正義中「入」字各本皆不誤，釋文「訌」下亦可證。×

122 以羅罔天下　小字本、相臺本同，考文古本同，閩本、明監本、毛本「罔」誤「網」。×

123 皆潰潰然維邪是行　小字本、相臺本同，考文古本同，閩本、明監本、毛本「行」下衍「者」字。×

124 又自不相親也　閩本、明監本、毛本「又」誤「人」。×

125 天夭是椓　閩本、明監本、毛本「天」誤「夭」。×

126 靖謀釋詁文　閩本、明監本、毛本「謀」下衍「○正義曰」。×

127 官居其閒　閩本、明監本、毛本「閒」誤「門」。×

128 官與寺人爲類　閩本、明監本、毛本「官」誤「宫」。×

129 故謂之謀滅王國也　閩本、明監本、毛本「也」下衍「已」字。×

130 窳不供事也　小字本、相臺本同。案，釋文云「窳，音庾。裴駰云『病也』。説文云『嬾也』。一本作『臮』」。正義云「説文云『窳，嬾也』。草木皆自竪立，唯瓜瓠之屬卧而不起，似若嬾人常卧室，故字從宀」。依此是釋文、正義二本皆作「窳」，唐人此字從宀也。所引説文今無其文，正義所據往往非今十五篇説文，如「第」字之類是也。「窳」字出楊承慶字統，「草木皆自竪立」以下即取彼文以爲説耳。毛傳當本用「窳」字。

131 故字從字音眠　閩本同，明監本、毛本「字」作「穴」。案，皆誤也。當作「宀」，下「音眠」二字當旁行細書，正義自爲音例如此。

132 今言以草不潰故以潰爲遂　閩本、明監本、毛本同。案，「故」上浦鏜云脱「茂」字，又云上「以」字當衍，皆是也。

133 況兹也　小字本、相臺本同，閩本、明監本、毛本同。案，「況」當作「兄」，正義中作「況」乃易字耳。考文古本經作「況」，亦非也。

134 乃兹復主長此爲亂之事乎　小字本、相臺本同。案，考文古本「兹」作「滋」，下章箋同。考此及常棣、桑柔經、傳、箋皆當「兄兹」二字，正義中作「況滋」者皆易字也。今常棣唐石經已誤「況」，桑柔傳、箋各本皆誤「滋」，此箋考文古本又誤采正義字改爲「滋」也。又按，此等「兹」字皆當上从艸，下从絲省聲，艸木多益也。「滋」字从水，从艸部之

「茲」，益也。今人所寫「茲」、「滋」皆譌字。

135 **池水之溢由外灌焉**　閩本、明監本、毛本同；小字本、相臺本「溢」作「益」，考文古本「益」字亦同。案，「益」字是也。正義中「益」字各本不誤。

136 **而在故小人**　閩本、明監本、毛本「故」作「位」。案，所改非也，「在故」當作「任政」，形近之譌。

137 **於久豈得不災害我身乎**　閩本、明監本、毛本同。案，山井鼎云「久」恐「舊」誤，其說非也。「於久」二字當衍，「我」下當脱「王之」二字，上衍而下脱耳。

138 **昔先王受命有如召公**　唐石經、小字本、相臺本同。案，此正義本也，序下正義云「卒章云『有如召公』」是其證也。關雎正義云「六字者，昔者先王受命，有如召公之臣」是也，所引不與此同。如出其東門引「白旆英英」，而本篇乃作「央央」，下泉、大東皆引「二之日栗冽」，而本篇仍作「烈」，是其比矣。良由撰者既非一人，六朝義疏本有各家，或復存舊致此歧互耳。經義雜記欲依彼正義改此文，未爲當也。

139 **言有如者**　小字本、相臺本同，考文古本同，閩本、明監本、毛本「者」誤「昔」。×

140 **言曰闢日蹙**　閩本、明監本、毛本「闢」誤「辟」。案，「闢」是正義所易之今字，皇矣、江漢正義皆可證。

141 **便有百里之校**　閩本、明監本、毛本「校」誤「效」。×

142 **十一篇九十二章**　小字本、相臺本同；唐石經「一篇九十二」五字磨改，其初刻不可辨矣。×

周頌譜

143 **脩文武之德**　閩本、明監本、毛本同。案，浦鏜云「武」當「王」誤，是也。

144 **無復征伐**　毛本「復」誤「從」，閩本、明監本不誤。

145 自三年數也　毛本「三」誤「二」，閩本、明監本不誤。

146 康誥曰周公初基　閩本、明監本「基」誤「其」，毛本不誤。

147 恐不能揚父祖功烈德澤　閩本、明監本、毛本「烈」誤「業」。

148 稱成康之閒四十餘年　閩本、明監本、毛本同。案，十行本「之」至「十」，剜添者一字。

149 不廢康王之時乃有其頌　毛本「乃」誤「仍」，閩本、明監本不誤。

150 當代異其弟　閩本、明監本、毛本「弟」作「第」。案，所改是也，餘同此。

151 德至矣哉大矣哉　閩本、明監本、毛本同。案，浦鏜云下「哉」字衍，是也。

152 中候摘雒戒云　閩本、明監本「雒」誤「維」，毛本不誤。

153 是周德光被四表　明監本「光」誤「堯」，閩本、毛本不誤。

154 但商書殘鈌　明監本、毛本「鈌」誤「闕」，閩本作「缺」。案，「鈌」即「缺」之别體俗字耳。

155 至美之名　毛本「至」誤「全」，閩本、明監本不誤。

156 其文在時邁與般敘武賚桓也　閩本、明監本、毛本同。案，此不誤。浦鏜云「敘武賚」三字疑衍文，非也，「敘」即「序」，「般序」在下文。

157 至此積三十年　閩本、明監本、毛本同。案，此不誤。浦鏜云「當作『十三年』，誤倒」，非也。此依鄭，以顧命在致政後廿八年，見尚書正義，是上距攝政六年制禮時，積三十年也。十二年一巡狩，故下云「再巡守，餘六年」也。浦不考之甚。

158 是成王除没嗣位　閩本、明監本同，毛本「没」作「喪」。案，所改是也。

159 來朝而見命　閩本、明監本、毛本同。案，浦鏜云「也」誤「命」，以彼箋考之，是也。

160 似五年之事也　閩本、明監本、毛本「似」誤「以」。

161 然則朝諸侯郊祀　明監本「郊」誤「鄉」，閩本、毛本不誤。

162 率以祀文王焉　明監本「焉」誤「爲」，閩本、毛本不誤。

163 或者杞宋一國　毛本「一」誤「二」，閩本、明監本不誤。案，浦鏜云「監本誤」，非也。「杞宋一國」者，或杞或宋一國也。

164 明既告之後合而觀之即告也合各有禮於廟　閩本、明監本、毛本同。案，「也」字當在「觀」之下，錯誤耳。即正義每用爲則「告合」二字連文，告謂酌，合謂有瞽，故云「各」。

165 事相符合也　閩本、明監本「事」誤「若」，毛本不誤。

166 以禴祠烝嘗類之　閩本、明監本、毛本「祠」誤「祀」。

167 絲衣繹賓尸　明監本「絲」誤「緣」，閩本、毛本不誤。

168 而作者當時不必皆爲有事而作先後　閩本、明監本、毛本同。案，讀當於「時」字、「爲」字斷句。下文云「故得自爲」，又云「多由祭祀而爲」可證也。下當云「有事先而後作」，誤錯「先後」二字在下耳。

169 **風雅此篇既有義理** 閩本、明監本、毛本同。案，山井鼎云「此篇恐誤」，是也。「此」當作「比」，形近之譌。

170 **武王之事不爲頌首不以事之先後必爲次矣** 閩本、明監本、毛本同。案，「武」字當重，上武詩也，下武謚也。正義下文云「武武王之大事」可證也。「必」字衍。

171 **推以配天** 明監本、毛本「推」誤「進」，閩本不誤。

172 **雖祭告之歌** 閩本、明監本、毛本同。案，此不誤。山井鼎云「雖」恐「唯」誤，非也。執競既祭告之歌，即當與雍相次，而今乃次思文上，故曰「雖」耳。浦鏜所改則更誤。

173 **則主所愛敬** 閩本、明監本、毛本「主」誤「王」。

174 **訪樂敬之也** 閩本、明監本、毛本同。案，浦鏜云「落」誤「樂」，是也。

175 **社稷雖國之貴神** 明監本「貴神」誤「責禮」，閩本、毛本不誤。

176 **本以文王得用師之道** 閩本、明監本「本」誤「不」，毛本不誤。

177 **郊宗柴望配禮之大者** 閩本、明監本、毛本同。案，此不誤。浦鏜云「配」當「祀」字誤，非也。配謂思文。

178 **且社稷以祈報此篇** 閩本、明監本、毛本同。案，「此」當作「比」。

179 **山林宜皇物** 閩本、明監本同，毛本「皇」作「皁」。案，所改是也。

180 **君又降之於民也** 閩本、明監本同，毛本

181 人君誠心事之　閩本、明監本、毛本同。案，十行本「人」至「心」剜添者一字。「也」下剜入「〇」。案，所補是也。

182 法象天地羣神之爲　閩本、明監本、毛本「法」誤「教」。

183 而德洽於神舉矣　閩本、明監本同，毛本「矣」下剜入「〇」。案，所補是也。

184 但既作之後常用之　明監本「用」誤「周」，閩本、毛本不誤。

185 時邁與般　毛本「時」誤「詩」，閩本、明監本不誤。

〇清廟

186 周公既成洛邑　唐石經、小字本、相臺本同。案，釋文：「雒，音洛。本亦作『洛』，水名，字從水。後漢都洛陽，以火德，爲水剋火，故改爲各旁隹。」正義中字作「洛」，是其本與「亦作」同，唐石經所本也。段玉裁云「豫州之水自古作『雒』，周禮、逸周書職方、淮南地形訓之屬皆有其證。後漢改之。魚豢錄魏詔云『爾則魏文帝之失也』」，詳見尚書撰異中。當以釋文本爲長，考文古本作「雒」，采釋文。

187 雖文王諸侯　閩本、明監本、毛本同。案，浦鏜云「主」誤「王」，是也。

188 所以有清廟之德者　閩本、明監本、毛本「廟」作「明」。案，所改是也。

189 非清靜之義也　明監本「也」誤「之」，閩本、毛本不誤。

190 言祭之而歌此詩者　明監本「祭」誤「察」，閩本、毛本不誤。

191 謂公之時　閩本、明監本同，毛本「公」上剜添「周」字。案，所補是也。

192 顯光也見也　小字本、相臺本同。案，釋文云

「見也，賢遍反」。正義云「顯光，釋詁文。定本、集注皆云『顯光也，見也』，於義爲是」，當是正義無「見也」二字。

193 **於穆清廟○** 閩本、明監本、毛本同。案，此下乃每一篇之總正義也。合併經、注、正義，乃以隸於首節有注之下，爲割裂而失其次。經、注、正義宜各單行於此可見，以後盡同。

194 **其祭之禮義** 閩本、明監本、毛本同。案，盧文弨云「義」當作「儀」，是也。

195 **鄭唯以駿奔走二句爲異** 閩本、明監本、毛本同。案，浦鏜云「三」誤「二」，是也。

196 **名多士亦爲相矣** 閩本、明監本、毛本同。案，「名」當作「明」。

197 **如存生存** 小字本同；閩本上「存」作「在」，明監本同；毛本「如」誤「知」；相臺本無上「存」字，考文古本無，亦同。案，無者是也。

198 **皆是執文德之人也** 毛本「也」上有「謂是能執行文王之德之人」十一字，閩本、明監本無。案，此誤補也。

199 **不見厭於矣** 小字本、相臺本「於」下有「人」字，閩本、明監本、毛本同。案，此十行本誤脱。

200 **此承諸侯多士之下** 毛本「下」誤「不」，閩本、明監本不誤。×

201 **其道猶存** 閩本、明監本、毛本「猶」誤「尤」。×

○維天之命

202 **動而不止行而不已** 小字本、相臺本同。案，正義云「故云『動而不已，行而不止』」，又云「是天道不已止之事也」，是其本上『已』下『止』，今各本互誤。

203 **作之若成** 閩本、明監本、毛本「若」誤

「告」。

204 孟子云齊王以孟子辭病　閩本、明監本「云」誤「聞」，毛本不誤。×

205 溢慎　小字本、相臺本同。案，釋文云「溢慎也，市震反，本或作『順』。案，爾雅『毖、神、溢，慎也』，不作『順』字。王肅及崔申毛皆作順解也」。正義本是「慎」字。

206 成王能厚行之也　小字本、相臺本同。案，此正義本也。釋文云「成王能厚之也，一本作『能厚行之也』，今或作『能厚成之也』」。正義本與一本同。今考此傳但云「能厚之」，箋始云「能厚行之」，一本有「行」字者涉箋而衍耳。當以釋文本爲長。

207 當謂德之純美無玷缺　明監本、毛本「缺」誤「闕」，閩本不誤。×

208 今所承我明子成王　閩本、明監本、毛本同。案，浦鏜云「成」誤「承」，是也。此「成」爲「考」作訓。

209 彼法更自觀經爲說　閩本、明監本、毛本同。案，浦鏜云「法」當「注」字誤，是也。

210 率由舊章是也　閩本、明監本、毛本「由」誤「猶」。×

211 一代法當通之後王　閩本、明監本、毛本同。案，此當作「一代之法當通後王」，錯「之」字在下耳。

212 曾孫蒯聵　明監本、毛本「聵」誤「瞶」，閩本不誤。×

○維清

213 季札見觀樂見舞象是於成王之世　閩本、明監本、毛本同。案，上「見」字衍，「是」下當有「後」字。

214 故謂之象武也　閩本、明監本、毛本「武」

作「舞」。案，所改是也。上云「以象武爲名」，下云「明此象武」，二「武」字亦當作「舞」。

215 **樂記說文武之樂**　閩本、明監本、毛本同。案，浦鏜云「文」當「大」誤，是也。

216 **一代大典須待太平**　閩本、明監本「須」誤「俱」，毛本不誤。

217 **伐二十九年**　閩本、明監本、毛本「伐」作「成」。案，皆誤也。山井鼎云當作「襄」，是也。

218 **曾爲季札舞之**　毛本「曾」誤「魯」，閩本、明監本不誤。

219 **明其有用明矣**　毛本同，閩本、明監本上「明」作「名」。案，所改非也，此「明」字當作「則」。

220 **南籥以籥也**　閩本、明監本同，毛本「籥」下剜入「舞」字。案，所補是也。

221 **故此文稱象象舞也**　閩本、明監本、毛本同。案，浦鏜云當衍一「象」字，是也。

222 **謂武詩則簫管以吹之**　閩本、明監本、毛本「吹」誤「次」。

223 **釋詁緝熙皆爲光也**　閩本、明監本、毛本「詁」下衍「云」字，脱「爲」字。

224 **而枝伐也**　閩本、明監本、毛本同；小字本、相臺本「枝」作「征」，考文古本同。案，箋上下言「征伐」，此言「枝伐」，正義於此引中候以說「枝伐」之義，不容并此亦改爲「征伐」也。小字本、相臺本自是誤字。

225 **中候我應云**　閩本、明監本、毛本「候」誤「侯」。

226 **崇蘗首**　閩本、明監本「蘗」誤「孽」，毛本不誤。

227 斯在伐崇謝告　毛本「伐」誤「我」，閩本、明監本不誤。×

228 維周之禎　小字本、相臺本同；唐石經初刻「楨」後改「禎」。案，釋文云「祺，音其，祥也，爾雅同。徐云本又作『禎』，音貞，與崔本同」。正義云「定本、集注『祺』字作『禎』。考此傳云『祺祥也』，箋云『乃周家得天下之吉祥』，皆用爾雅『祺祥』『祺吉』之文」。釋文、正義二本皆作「祺」，是也；其作「禎」字者，非也。詩經小學云「恐是改易取韻」，亦見經義雜記。唐石經初刻又誤作「楨」，乃涉大雅耳。

229 祺祥釋言文　閩本、明監本、毛本「祺」誤「禎」，下維周之「祺」同。×

230 厶氏曰　閩本、明監本、毛本「厶」誤「某」。案，「厶」字出穀梁桓二年傳注，正義中唯此一字作「厶」。或舊用此字。餘皆作「某」者，爲後改也。

○烈文

231 祭於祖者　諸本「者」作「考」，是也。❸

232 用賞不以爲己任　閩本、明監本、毛本同。案，「不」當作「罰」，譜正義可證。

233 而周禮四時之閒祀　明監本「四」誤「曰」，閩本、毛本不誤。×

234 無疆乎唯是得賢人　閩本、明監本、毛本同。案，浦鏜云「彊」誤「疆」，下同，是也。

235 若得其賢　明監本、毛本「賢」下衍「人」字，閩本剜入。×

236 其可訓導之　明監本、毛本「可」下衍「使」字，閩本剜入。×

237 謂增其爵命　閩本、明監本「爵」誤「辭」，毛本不誤。×

238 我則使汝繼世在位　閩本、明監本「在」

誤「有」，毛本不誤。✕

239 **其出於外而居之**　閩本、明監本、毛本同。案，浦鏜云「君」誤「居」，是也。

240 **是長遠無期也**　閩本、明監本、毛本同。案，浦鏜云「期」下當脱「竟」字，是也。

241 **無大累於女國**　小字本、相臺本同，閩本、明監本、毛本「女」誤「汝」。✕

242 **謂侯治國無罪惡也**　閩本、明監本、毛本同；小字本、相臺本「謂」下有「諸」字，考文古本同。案，有者是也。

243 **始至於武王**　閩本、明監本、毛本同。案，「至」當作「立」，形近之譌。

244 **人稱頌之不忘**　小字本、相臺本同。案，正義云「故人稱誦之不忘也」，是其本「頌」作「誦」字。

○天作

245 **序以祭時實祭后稷**　閩本、明監本、毛本「時」誤「祀」。✕

246 **能安天之所作也**　小字本、相臺本同。案，段玉裁云：「當作『能大天之所作也』。晉語叔詹曰『周頌曰：天作高山，大王荒之』。荒，大之也。大天所作，可謂親有天矣。箋云『大王能尊大之』，今本云『能安天之所作』，誤。」今考正義云「長大此天所生者」，又云「是其能長大之」，是正義本此傳作「能大天之所作」，不誤。

* **下徐易曰皆同**　補：通志堂本同；盧本「徐」作「除」，云「舊譌『徐』，從山井鼎挍改」。釋文挍勘云：所改是也。

247 **彼萬民居岐邦築作宮室者**　閩本、明監本、毛本同。案，浦鏜云「彼」誤「被」，是也。

248 **有佼易之德故也**　閩本、明監本、毛本同。案，「德」當作「道」，下同。

249 **但不知其定數耳○**　閩本、明監本、毛本脱「定」字。案，浦鏜云衍「○」是也。

250 故易簡之主　毛本「主」誤「王」，閩本、明監本不誤。

○昊天有成命

251 注云天神謂言五帝　閩本、明監本、毛本同。案，浦鏜云「言」衍字，是也。

252 早夜始順天命　小字本、相臺本同。案，正義云「始於信順天命」，又云「故知所信順者，始信順天命也」。考此箋「始信」乃經之「基命」，傳所云「基，始。命，信」也。故正義云「傳訓命爲信，既有所信，必將順之，故言早夜始信順天命。經中之命已訓爲信，其言天命，鄭自解義之辭，故非經中之命也」。其「順」上有「信」字顯然。今各本箋中脱者，非也。又，此正義「信」字，今亦删去，見下。

253 天道成命者而稱昊天　閩本、明監本、毛本同。案，上「天」字浦鏜云「夫」誤，是也。

254 故曰成王　閩本、明監本、毛本同。案，此不誤。浦鏜云「王」衍字，非也。今周語脱「王」字，韋昭注云「成成其王命也，當作『成王成其王命也』」，亦誤删「王」字。

255 蒼帝非太帝　閩本、明監本、毛本同。案，浦鏜云「大」誤「太」，是也。

256 中苗興稱堯受圖書　閩本、明監本、毛本同。案，「中」下當脱「候」字。盧文弨補之是也。生民正義引作「稷起注」，當是鄭據苗興以注稷起耳。

257 故言早夜始順天命　閩本、明監本、毛本同。案，中下當脱「信」字，上下文皆可證。❹

258 必所信有信　閩本、明監本、毛本同。案，下「信」字當作「事」。

259 已上行既如此　閩本、明監本「如」誤「始」，毛本不誤。❺

260 王上行既如此　閩本、明監本、毛本同。

案，「王」當作「已」。

* **肆設也**　補：案，「設」當「故」字之譌，毛本正作「故」。

○我將

261 **謂祭五帝之於明堂**　閩本、明監本、毛本同。案，浦鏜云「之」下當脱「神」字，是也。

262 **謂大享五帝於明堂也**　閩本、明監本、毛本「享」誤「饗」。×

263 **莫適十**　閩本、明監本同，毛本「十」作「卜」。案，所改是也。

264 **爲秦世之書**　毛本「爲」誤「謂」，閩本、明監本不誤。×

265 **必有大享之禮**　毛本「享」誤「饗」，閩本、明監本不誤。×

266 **四時迎氣於四郊祭帝**　毛本「祭」下剜添「一」字，閩本、明監本無。案，此誤補也，言「帝」於文自足。南齊書禮志有「一」字，以義添之耳。

267 **雖是施設一祭必周五種之牲**　毛本「施」誤「揔」，「周」誤「用」，閩本、明監本不誤。×

268 **詩人雖同祀明堂而作**　閩本、明監本、毛本同。案，浦鏜云「同」當「因」字誤，是也。

269 **維羊維牛**　唐石經、小字本、相臺本同。案，經義雜記云「正義本作『維牛維羊』，周禮羊人疏、隋書宇文愷傳引亦如此」。今考正義，其説是也。唐石經與正義本不合，未詳其所本。經注各本箋皆云「我奉養我享祭之羊牛」，與唐石經合，當是一本也。

270 **維是肥羊維是肥牛也**　閩本、明監本、毛本同。案，經義雜記云「此非孔氏原本，原本作『維牛維羊』，前後俱未及盡改」，是也，「羊」、「牛」字當互換。

271 謂其不疾瘯蠡也　明監本、毛本「蠡」誤「⿸疒蠡」，閩本不誤。○按，集韻有「⿸疒蠡」字，正義以今字易古字耳，左傳祇作「蠡」。

272 燔柴於泰壇　明監本、毛本「柴」誤「祡」，閩本同。×

273 當謂槱燎　毛本「謂」誤「爲」，閩本、明監本不誤。×

○時邁

274 徧于羣神　小字本、相臺本同。案，正義云「此一句衍字也，定本、集注皆有此一句」云云。釋文云「徧于，音遍」。段玉裁云「司馬彪祭祀志光武封大山刻石文亦有此四字。經言『秩』則包攝徧于羣神在內，鄭注云『徧以尊卑次秩祭之』是也。鄭以經文前後詳畧互見，故引之如此。正義非是」，見尚書撰異中。

275 遠行也　閩本、明監本、毛本同，小字本同，相臺本無此三字。案，山井鼎云「古本無，後補入」。考無者是也。此釋文「邁行也」誤入於注而又譌「邁」作「遠」，遂不可解。當是經注各本始附釋文者不加「○」爲隔故也，小字本正如此，是其驗矣。

276 國語稱周公之頌曰　閩本、明監本、毛本同。案，「公」上浦鏜云脱「文」字，是也。

277 堯典説巡守之禮云　閩本、明監本、毛本同。案，十行本「説」至「禮」，剜添者一字。×

278 其封禪者　閩本、明監本、毛本「禪」誤「墠」。×

279 除地曰禪　閩本、明監本、毛本「禪」作「墠」。案，所改是也。

280 而鳳望降　閩本、明監本同，毛本「望」作「皇」。案，所改是也。

281 必不可也白虎通云　閩本、明監本、毛本同。案，十行本「可」至「云」剜添者一字。

282 七十二家　閩本、明監本、毛本「二」誤「三」。❻ ×

283 唯有柴望秩於山川而已　閩本、明監本、毛本「柴」誤「祡」，下同。×

284 不言徧羣神也　閩本、明監本、毛本「神」誤「臣」。×

285 懷柔百神　唐石經、小字本、相臺本同。案，正義云「釋詁云『柔，安也』。某氏引詩云『懷柔百神』。定本作『柔』。集注作『濡柔』，是也」。釋文云「懷柔，如字。本亦作『濡』。兩通，俱訓安也」。段玉裁云「當從集注本作『濡』」，見詩經小學。

286 高岳岱宗也　閩本、明監本、毛本同，小字本、相臺本「岳」作「嶽」。案，「嶽」字是也。十行本經中皆作「嶽」字，注及正義中多作「岳」字，乃以「岳」爲「嶽」之別體字，而用之以取省也。與說文所謂「岳」爲古文者全不相涉。盧文弨經典釋文考證牽合之殊誤。

287 而明見天之子有周　閩本、明監本、毛本同。案，「周」下浦鏜云脱「家」字，是也。

288 覆上佑序有周　閩本、明監本、毛本「佑」誤「右」。×

289 陔夏鰲夏　閩本、明監本、毛本「鰲」誤「驁」。×

○執競

290 祀武王也　閩本、明監本、毛本此下有注，小字本、相臺本無，考文古本同。案，山井鼎云此亦釋文混入於注，是也。

291 其成大功而安之也　小字本、相臺本同。案，釋文云「大功，本或作『天功』」，正義本是「大」字。×

292 其心冀成王業未就　閩本、明監本、毛本同。案，浦鏜云「王業」下當脱「王業」二字，是也。

293 應侯順德　閩本、明監本、毛本「侯」誤「候」。×

* 釋訓文明明斤斤　補：案，「文」當作「云」。

294 君臣醉飽　小字本、相臺本同，閩本、明監本、毛本同。案，正義云「此羣臣等既醉於酒矣，既飽於德矣」，又云「故知謂羣臣醉飽也，祭末旅酬，下及羣臣」，是其本作「羣」。各本作「君」皆誤。考文古本作「羣」，采正義。

295 穰穰衆多之貌也　閩本、明監本、毛本同。案，「貌」當作「福」。

296 故知謂羣神醉飽也　閩本、明監本、毛本同。案，山井鼎云「神」恐「臣」誤，是也。

○思文

297 其義一也而此與我將序不同者　閩本、明監本、毛本同。案，十行本「一」至「此」剜添者一字。×

298 又舜典云帝曰弃　閩本、明監本、毛本「弃」誤「棄」。×

299 黎民俎飢　閩本、明監本、毛本「俎」誤「阻」。

300 俎讀曰阻　閩本、明監本、毛本「俎」「阻」字互誤。按，此條可證古本尚書十行本最佳處也，古文尚書撰異中詳之。

301 種蒔百穀　閩本、明監本、毛本「百」誤「五」。×

302 無此疆爾界　小字本、相臺本同；唐石經初刻「界」，後磨改「介」。案，釋文云「介，音界，大也」，是釋文本此字作「介」也。考箋「無此封竟於女之經界，乃大有天下也」，云「無此封竟」者說經「疆爾」也，「經界」之「界」鄭自解義之辭，非經中之「介」；云「乃大有天下者」訓「介」爲大，乃經中之「介」也。正義本亦自不誤。故釋文、正義初無異說，不知者誤認箋中「界」字爲經中「介」字，乃改經耳。此唐石經初刻之誤，而各本同之者也。李善注魏都賦引薛君云「介，界也」，然則韓詩讀「介」爲「界」，或相涉而亂耳。當據釋文本正之。考文古本作「介」，采釋文。

303 **白魚躍入于舟** 小字本同，閩本、明監本、毛本同，相臺本「于」作「王」。案，相臺本非也。正義引大誓「白魚入於王舟」，尚書之文本如此。箋以上句有「武王」，故下不更云「王」耳。考文古本「于」、「王」並有，亦采正義而誤。

304 **麰麥播種而耰之** 閩本、明監本、毛本「耰」誤「擾」。×

305 **說文云麰周受來牟也** 閩本、明監本、毛本同。案，「麰」當作「來」。此引說文「來」字，下文不知者誤改之耳。

306 **率由自也** 閩本、明監本「由」誤「猶」，毛本不誤。×

307 **須暇紂五年** 閩本、明監本、毛本「暇」誤「假」。×

308 **中候合符后云** 閩本、明監本、毛本「候」誤「侯」。×

309 **魚文消** 閩本、明監本、毛本「文」誤「又」。×

310 **言無此疆爾界者** 閩本、明監本、毛本同。案，「界」當作「介」，此因經注本之誤而改正義耳。

○臣工

311 **令及時勸農** 閩本、明監本、毛本「勸」誤「勤」。×

312 當言其助而已　閩本、明監本、毛本「當」誤「常」。×

313 於王之朝無自專　小字本、相臺本同。案，此釋文本也。釋文上「來朝」下云「直遥反，下皆同」，謂此箋及下箋「諸侯朝周之春」二「朝」字也。正義云「定本、集注『朝』字作『廟』，於義爲是」，正義本亦是「廟」字，與釋文本不同。

314 皆當敬慎於汝在君之職事　閩本、明監本、毛本「君」誤「臣」。×

* 言汝當祭此民之新田畬田何　補：「祭」當作「奈」，形近之譌。毛本正作「奈」。

315 耕則必獲　閩本、明監本、毛本同。案，浦鏜云「獲」當作「穫」，是也。

316 於久必多銍刈　閩本、明監本、毛本同。案，浦鏜云「終」誤「於」，是也。

317 與大客之儀　明監本、毛本「儀」誤「義」，閩本不誤。×

318 對爲賓主行禮　明監本「對」誤「封」，閩本、毛本不誤。×

319 周公謂越常氏之譯曰　閩本、明監本、毛本「常」誤「裳」。×

320 何知不是臣之與工　閩本、明監本「工」誤「君」，毛本不誤。×

321 當正尊卑之禮不可使人臣與君　閩本、明監本、毛本同。案，十行本「禮」至「人」剜添者一字。×

322 定本集注廟字作廟　閩本、明監本、毛本上「廟」作「庿」。案，所改非也。山井鼎云恐「朝」字誤，是也。

323 女歸當何求於民　小字本、相臺本同，閩本、明監本、毛本「女」誤「時」。案，正義云「汝歸當何求於民」，易字也。考文古本作「汝」，誤采耳。物觀云「宋板同」亦誤。

324 ×偏勑車右者　明監本、毛本「偏」誤「徧」，閩本不誤。

325 ×曰在䢙音莽中爲莫　毛本「音莽」誤「口」，閩本、明監本不誤。案，此正義自爲音之未誤入正文者也。○按，此則文理不得不作小字者，與前有別。

326 以禘禮記周公於太廟　閩本、明監本、毛本同。案，山井鼎云「記」恐「祀」誤，是也。

327 ×則祭用夏之孟月矣　閩本、明監本「夏之」誤倒，毛本不誤。

328 更解謂車右與保介之義　閩本、明監本、毛本同。案，山井鼎云「與」恐「爲」誤，是也。

329 至今用之常有樂歲　閩本、明監本「用」誤「月」，毛本不誤。

330 ×麻黍稷麥豆是也鄭以五行之穀　閩本、明監本、毛本同。案，「是也」當誤倒，「是」屬下句讀。

*非王行當穀　補：毛本「當」作「常」。案，所改是也。

331 鎛鎒　小字本、相臺本同。案，此釋文本也。釋文云「鎒，乃豆反，或作『耨』」，又引字詁，云「鎒，古字也，今作『耨』，同」。正義云「此云鎛耨」，當是其本作「耨」。

*高誘注云耨芸田也　補：釋文挍勘記：通志堂本同；盧本「田」作「苗」，云「『苗』舊作『田』，今依本書改」。案，此當是陸所引，與今本不同，改之未是。小字本所附亦作「田」也。○按，當云「所以芸田也」，俗人往往刪古書「所以」二字。

*銍獲鐵也　補：通志堂本、盧本「獲」作「穫」。案，「穫」字是也。

* 截穎謂之桎　補：通志堂本、盧本「桎」作「銍」。案，「銍」字是也。

* 鎛迫也　補：毛本「也」作「地」。案，所改是也。

332 也本云垂作耨　閩本、明監本同，毛本剜「也」作「世」。案，所改是也。

333 以淹爲奄故也　閩本、明監本、毛本「淹」誤「奄」，「奄」誤「掩」；毛本剜「掩」作「淹」，亦誤。×

○噫嘻

334 噫嘻　唐石經、小字本、相臺本同。案，釋文「意嘻」下云「意，本又作『噫』，同」。正義引「噫天喪予」，是其本作「噫」，唐石經以下之所本也。其實「意」即「噫」之古字假借耳，當以釋文本爲長。

335 戒民使勤農業　閩本、明監本、毛本「勤」誤「勸」。×

336 當在孟夏之日　閩本、明監本同，毛本「日」作「月」。案，所改是也。

337 大報天而主曰　閩本、明監本、毛本「大」誤「夫」。❼

338 故於此一祭　閩本、明監本「一」誤「二」，毛本不誤。×

339 郊而後祈　閩本、明監本同，毛本「祈」作「耕」。案，所改是也。

340 止言配天　閩本、明監本、毛本「止」誤「上」。×

341 是即郊天也　明監本「是」誤「先」，閩本、毛本不誤。×

342 春官典瑞云　閩本、明監本、毛本「瑞」誤「端」。×

* 意歎也　補：案，此不誤。「意」即「噫」之古字假借耳，毛本改作「噫」，非。

343 嘻和也　小字本同，閩本、明監本、毛本同；相臺本「和」作「勑」，考文古本同。案，釋文云「毛云『噫，嘆也。嘻，和也』」，是其本作「和」。正義云「爲歎以勑之，因其文重，分而屬之，非訓噫嘻爲歎勑也」，是其本作「勑」。經注本當出於釋文，岳氏古本皆依正義改之。

344 能成周王之功　小字本、相臺本同，考文古本同，閩本、明監本、毛本「王」誤「公」。×

345 實有十千之數具說在箋　明監本、毛本「數」誤「部」，「具」誤「其」；閩本不誤。×

346 而聖人道同　毛本「聖」誤「罡」，閩本、明監本不誤。×

347 及春官籥師　閩本、明監本、毛本「官」誤「宮」。案，浦鏜云「章」誤「師」，是也。

348 田畯至典田之官　閩本、明監本、毛本同。案，山井鼎云「至」恐「主」誤，是也。

349 故知農夫是主田之吏也　毛本「主」誤「典」，閩本、明監本不誤。×

350 駿發爾私　唐石經、小字本、相臺本同。案，釋文云「浚，本亦作『駿』，音峻，毛云『大也』，鄭云『疾也』」。正義本是「駿」字。

351 發伐也　小字本、相臺本同。案，釋文云「發，伐也，一本無一『發』字」。正義云「冬官匠人云『一耦之伐』，伐發地，故云『發伐也』」，是正義本與一本同。考，「發」「伐」於聲類爲至近，故用爲訓詁，無取於疊字也。當以正義本爲長。○按，俗有「墢」字、「垡」字，皆謂耕起土也，古祇作「發」、作「伐」。淺人謂土曰伐，人發之曰發，故增一「發」字。

352 竟三十里者　部一吏主之於是民大

353 事耕其私田　小字本同，相臺本「者」下衍「言」字；閩本、明監本此二十字全脱去；毛本初刻同，後改有。案，因上文云「使民疾耕，發其私田」複出「私田」而致誤。

354 方三十三里少半里也　小字本、相臺本同，閩本、明監本、毛本上「三」字誤作「二」。考文古本「三」字不誤。但物觀補遺所載但云「三十里」，無下「三」字，則更誤矣。

355 二耜爲耦　小字本、相臺本同，考文古本同，閩本、明監本、毛本「二」誤「三」。×

356 毛以此經皆勑民之言　毛本「勑」誤「敕」，閩本、明監本不誤，下同。×

357 上意之讓下也　閩本、明監本、毛本「上」誤「主」。❽

此申毛之意也　閩本、明監本、毛本「申」誤「出」。×

358 以王者率農夫　閩本、明監本、毛本「王」誤「主」。×

359 深丈四尺也　閩本、明監本、毛本同。案，此不誤。浦鏜云「六尺」誤「四尺」，非也。此深二仞，七尺曰仞，是丈四尺，考工匠人、鄭遂人注及此正義皆有明文，浦不考之甚。

360 以百百乘是萬也　閩本、明監本、毛本下「百」字作「自」。案，所改非也。

361 九塗而川周其外焉　閩本、明監本、毛本同。案，浦鏜云「澮」誤「塗」，是也。

362 當遂地形而流　閩本、明監本「遂」誤「逐」，毛本不誤。×

○振鷺

363 是杞之初封　毛本「初」誤「後」，閩本、明監本不誤。×

364 後以叛而誅之　毛本「後」誤「初」，閩本、明監本不誤。×

365 宋爲殷後也　閩本、明監本、毛本同。案，浦鏜云「宋」當「未」字誤，是也。×

366 士輿襯　閩本、明監本、毛本同。案，浦鏜云「櫬」誤「襯」，下同，是也。×

367 武王始封夏後於杞　閩本、明監本、毛本「後」誤「后」。×

368 無厭依之者　閩本、明監本「依」作「射」；毛本初刻同，剜改作「倦」。案，所改是也。

369 皐陶謨曰　毛本「曰」誤「云」，閩本、明監本不誤。×

370 前云絜白之德　閩本、明監本同，毛本「前」作「所」。案，所改是也。

○豐年

371 其時則不然　閩本、明監本、毛本「時」誤「餘」。×

372 雖則常祭　閩本、明監本「則」誤「國」；毛本初刻同，後改「則」。×

373 數億至億曰秭　小字本、相臺本同。案，此正義本也。正義云「數億至億曰秭，於今數爲然」。定本、集注皆云『數億至萬曰秭』」。釋文云「數億至萬曰秭，一本作『數億至億曰秭』」。考伐檀、楚茨傳「億」字，毛用今數，則此傳自亦是今數。當以正義本爲長。

374 以洽百禮　唐石經、小字本、相臺本同。案，釋文云「祫，本或作『洽』」。案，載芟正義云「賓之初筵與豐年皆有『以洽百禮』之文」，是正義本此作「洽」，與彼二經同也。彼二經箋皆云「洽合也」，此無箋者，從可知而省。「祫」雖有合義，而其字非此之用。當以正義本爲長。

375 此言廩之所容　閩本、明監本、毛本「廩」

誤「粟」。×

376 但文不可再言及耳　閩本、明監本、毛本「文」誤「又」。×

377 偕訓俱也　閩本、明監本、毛本同。案，經注作「皆」，此作「偕」，「皆」「偕」古今字，易而說之也，例見前。×

○有瞽

378 而合乎祖也　唐石經、小字本、相臺本同。案，釋文云「而合乎祖也，本或作『合乎大祖』」，正義云「定本、集注直云『合於祖』，無『大』字。此大祖謂文王也」。考雍序云「禘大祖也」，鄭云「大祖謂文王」。若此序先云「大祖」，不容鄭不解之。正義以彼注云「謂文王」者傳合於此，非也。當以釋文、定本、集注爲長。

379 告神以知善否　閩本、明監本同，毛本「善」作「和」。案，所改是也，譜正義云「以觀其和否」是其證。

380 且不告餘廟　閩本、明監本「且」誤「則」，毛本不誤。×

381 或曰畫之　小字本、相臺本同。案，正義云：「或曰畫之，謂既刻又畫之，以無明文，故爲兩解。」段玉裁云：「『或曰』當作『以白』，字之誤也。說文『業』下云『大版也，所以飾懸鐘鼓，捷業如鋸齒，以白畫之，象其鉏鋙相承也』，正用此傳。」

382 鞉鞉鼓也　小字本、相臺本同，考文古本同，閩本、明監本、毛本下「鞉」字誤「小」。案，正義云「『鞉』者，春官小師注云『鞉如鼓而小』」，言如鼓而小，即不得云小鼓矣。釋文「鞉」下云「鞉，鞉鼓也」。通志堂本亦誤改作「小」，見後考證。

383 職播鞉柷圉　閩本、明監本同，毛本「職」下剜添「掌」字。案，所補是也。

384 業即栒上之柷　閩本、明監本、毛本同。案，浦鏜云「板」誤「柷」，是也。

385 **加於大板**　閩本、明監本、毛本同。案，「於」當作「施」，形近之譌。

386 **似鋸齒捷業然**　毛本「似」誤「以」，閩本、明監本不誤。

387 **以掛懸紘**　閩本、明監本、毛本「紘」作「紞」。案，皆誤也，當作「紘」。

388 **言掛懸紘者紞謂懸之繩也**　閩本、明監本、毛本「紘」誤「紞」。案，下「紞」字亦「紘」之誤。山井鼎云「案，禮記注作『紘』爲是」，是也。

389 **及頷口銜璧**　閩本、明監本、毛本「口」誤「日」。

390 **飾鞞多是也**　閩本、明監本、毛本同。案，山井鼎云「禮注『鞞』作『彌』」，是也。

391 **知應小鞞者釋樂云**　閩本、明監本、毛本同。案，十行本「應」至「釋」剜添者一字。

392 **夏后氏之足鼓**　閩本、明監本、毛本同。案，此不誤。浦鏜云「鼓足」誤倒，非也。「足鼓」在商頌傳，不盡依明堂位耳，亦載廣雅。

393 **中有推**　閩本同，明監本、毛本「推」作「椎」。案，所改是也，下同。

394 **所以止鼓謂之止**　閩本、明監本、毛本同。案，浦鏜云「所以鼓之以止樂」之誤，是也。爾雅疏即取此，正作「所以鼓之以止樂」可證。

395 **挏之令左右擊**　閩本、明監本、毛本「挏」誤「桐」。

396 **背上有七十二鉏敔刻**　閩本、明監本、毛本同。案，浦鏜云「鋙」誤「敔」，考爾雅疏，浦校是也。

397 **蓋依漢之大予樂而知之**　閩本、明監本、毛本「大予」誤「天子」。案，下正義引小師注云「今大予樂官有之」，不誤。東都賦曰「正予樂」，李善注引東觀漢記「大予樂」，是也。山井鼎據誤本後漢書欲改爲「大子」，非。又見爾雅疏。

398 **朄字以柬爲聲**　閩本、明監本、毛本「柬」誤「東」，下同。 ×

399 **如今賣餳者所吹也**　小字本同，毛本同；相臺本「餳」作「餳」，閩本、明監本同。案，「餳」字是也，見六經正誤。正義中字同，釋文亦誤「餳」，詳後考證。

400 **管如遂**　小字本、相臺本同。案，釋文云「遂字，又作『篴』」。正義引小師注云「管如篴形小」，當是其本作「篴」字，故引後注之「遂」爲「篴」也。

401 **凡飴謂之餳**　閩本、明監本、毛本「飴」誤「餹」。 ×

* **張皇反**　補：通志堂本同；盧本「反」作「也」，云「舊譌作『反』，今從宋本」。案，正義引方言云「餳謂之張皇」，是「張皇」即爲「餳」之別名，「也」字是也。小字本所附亦作「反」，非。

402 **⿰食重之類也**　閩本、明監本同，毛本「⿰食重」作「餭」。案，所改是也。

403 **長多其成功**　小字本、相臺本同。案，考文古本上有「永長也觀多」五字。考釋文「永觀」下云「注同」，當是其本有「觀多」之訓。考文古本采而爲之耳。

○潛

404 **謂周公成王大平時**　閩本、明監本同，毛本「平」下剜入「之」字。案，所補是也。

405 **乃命魚師始漁**　閩本、明監本、毛本同。案，浦鏜云「漁」誤「魚」，是也，此與「下矢魚」互易之誤耳。

406 **公矢漁於棠**　閩本、明監本、毛本「漁」作

「魚」。案，所改是也，此誤與上互易。

407 **此穴與江湖通** 明監本「江」誤「汪」，閩本、毛本不誤。

408 **小者爲鮇鮪** 毛本「鮇」誤「鮇」，閩本、明監本不誤。

409 **潛糝也** 閩本、明監本、毛本同，小字本、相臺本「糝」作「槮」。案，釋文云「槮也，素感反。舊詩傳及爾雅本作米傍參。小爾雅云云，郭景純因改爾雅從小爾雅作木傍參，音霜甚反，又疏廕反」。正義云「『槮』字諸家本作米邊。爾雅作木邊，積柴之義也。然則『槮』用木，不用米，當從木爲正也」。爾雅考正義所謂諸家本者即釋文所謂舊詩傳也。爾雅釋文亦云「爾雅舊文并詩傳並米旁作」。是「槮」字特郭璞所改，不可轉依以改詩傳，正義所説非也，當以釋文本爲長。

*__橬糝也__ 補：釋文挍勘記：通志堂本同；盧本「糝」作「槮」，云「『槮』字舊譌從米旁，今改正」。案，所改是也。

410 **鰷白鰷也** 小字本、相臺本同，考文古本同，閩本、明監本、毛本下「鰷」字誤「鯈」。

411 **傳漆沮至潛槮** 閩本、明監本、毛本「槮」誤「糝」。案，此不知正義本作「槮」，而以釋文「糝」字改之也。

○**雝**

412 **神明安慶孝子愛予之多福皆是禘文王之事也** 閩本、明監本「慶」作「愛」；毛本初刻同，後剜去「子」上「愛」字。案，十行本「孝」至「也」剜添者二字，是「慶愛」二字皆當衍，「神明安孝子」五字爲一句。

413 **蓋此明也** 閩本同，明監本、毛本「明」作「時」。案，所改是也。

414 **常禘當以夏** 閩本、明監本、毛本「常」誤「嘗」。

415 非祫多而禘少也　明監本、毛本「少」誤「小」，閩本不誤。×

416 反採得之後　閩本、明監本同，毛本「反」作「及」。案，所改是也。

417 和敬賢者之嘗　閩本同，明監本、毛本「嘗」作「常」。案，所改是也。

418 嘉哉皇考斥文王也　小字本同，閩本、明監本、毛本同，相臺本「皇」作「君」。案，「君」字是也。正義云「可嘉美哉，君考文王」，又云「故知嘉哉君考斥文王也」，是其證。閔予小子及訪落皆經言「皇考」，箋言「君考」也。

419 故知嘉哉君考　閩本、明監本、毛本「嘉」誤「加」。×

420 以其散文　明監本「散」誤「敌」，閩本、毛本不誤。×

421 安助之以考壽與多福禄　小字本、相臺本同，閩本、明監本、毛本「與多」誤倒。×

* 下音似　補：通志堂本「音似」作「同姒」。釋文校勘記云：盧本「同姒」作「音似」，云「舊譌『下同姒』，今從宋本正」。案，考此宋本謂十行本所附也，小字本、相臺本所附亦是「音似」。〇按，舊挍非也。下「同姒」不誤，古姒姓或作「似」，如潛夫論及漢碑可證。此當是鄭箋作「大似」，故陸云「下同姒」。宋本所附乃妄改也，大明、思齊作「大姒」則不爲音。

422 而別言烈考　明監本「別」誤「引」，閩本、毛本不誤。×

〇載見

423 案經載見辟王　閩本、明監本、毛本「載」誤「義」。×

424 不得祭前已受諸侯之朝　閩本、明監

本、毛本「得」誤「能」。×

425 **鞗革有鶬**　唐石經、小字本、相臺本同。案，此釋文本也，釋文云「鶬，七羊反，本亦作『鎗』，同」。正義本是「鎗」字。

426 **曰求其章也**　小字本同，閩本、明監本、毛本同；相臺本「也」作「者」，考文古本同。案，「者」字是也。

427 **如是休然盛壯而有以光**　閩本、明監本、毛本「以」作「顯」。案，所改是也。

428 **乃安此諸侯以多福**　閩本、明監本、毛本「此」誤「比」。×

429 **以助考壽之福**　小字本、相臺本同，考文古本同，閩本、明監本、毛本「考壽」作「壽考」。案，正義云「以助壽考之福」，「壽考」是也。雍箋「考壽」字兩見，依彼正義，亦「壽考」之誤。

430 **思成王之多福**　閩本、明監本、毛本同；小字本、相臺本「思」下有「使」字，考文古本同。案，有者是也。

431 **祝嘏莫敢易其常**　閩本、明監本、毛本同。案，「常」下浦鏜云脱「古」字，是也。

432 **純嘏謂大大也**　閩本、明監本下「大」字誤「夫」，毛本不誤。案，山井鼎但云「崇禎本似是」，不載宋板，非也。「大大」詳卷阿。×

○有客

433 **駁而美之**　相臺本同，閩本、明監本、毛本同，小字本「駁」作「駮」。案，「駮」字乃是倨牙食虎豹之獸，本當作「駁」，取馬色不純之意也；後人輒用「駮」字。

434 **玉謂之雕**　閩本、明監本、毛本「雕」誤「彫」，下同。×

435 **既致饔則甸而稍**　閩本、明監本、毛本同。案，浦鏜云「甸」誤「旬」，是也。

436 **箋云既有大則**　小字本、相臺本同。案，山井鼎云「古本『大』下補『法』字，不知據何本也」。今考此采正義云「既有大法則矣」而爲之耳，非有本也。

○武

437 **注云非樂者**　閩本、明監本同，毛本「非」作「作」。案，所改是也。

438 **宣十二年左傳引此云**　閩本、明監本、毛本「云」誤「文」。×

439 **須暇湯之子孫**　閩本、明監本、毛本同。案，浦鏜云「湯」衍字，是也。皇矣正義引作「須夏之子孫」，注云「夏之言暇」；此直作「暇」者以破引之。

○閔予小子

440 **計歲首命諸羣廟皆朝**　閩本、明監本、毛本同。案，浦鏜云「命」疑「合」字譌，是也。

441 **閔悼傷之言也**　小字本、相臺本同。案，釋文「閔予小子」下云「鄭云『閔傷悼之言』」。正義云「可悼傷乎」，又云「故爲悼傷之言」，標起止云「箋閔悼」。二本不同也。

442 **故感傷而言曰困病乎**　閩本、明監本、毛本「困」誤「閔」。×

443 **維我之小子**　明監本、毛本「維」誤「繼」，閩本不誤。×

444 **於乎可歎美者**　閩本、明監本、毛本「乎」誤「是」。×

445 **以道有此德**　閩本、明監本、毛本同。案，「道」字當在「此」字下，錯誤耳。×

446 **信無私枉**　小字本、相臺本同。案，正義云「故云『言無私枉』」，是「信」字當「言」字之誤也。考文古本作「言」，采正義。

447 爲君所以牧民　閩本、明監本、毛本「牧」誤「救」。×

448 言不敢懈倦也　相臺本同，閩本、明監本、毛本同，小字本「懈」作「解」。案，「解」字是也。

○訪落

449 嗣王謀於廟也　小字本、相臺本同；唐石經初刻「朝」，後改「廟」。案，初刻誤也。

450 艾扶將我　小字本同，閩本、明監本、毛本同，相臺本「艾」作「女」。案，「女」字是也，正義云「汝若將我就之」可證。考文古本作「汝」，采正義。

451 必有任賢待年長大之志　閩本、明監本、毛本同，小字本、相臺本「必」作「心」。案，「心」字是也。山井鼎云「古本後人旁記云『必』，異本作『心』」。

452 小毖在致政之後　閩本、明監本「致」誤「彼」，毛本不誤。×

○敬之

453 敬之羣臣進戒嗣王也　唐石經、小字本、相臺本同。案，釋文云「一本無『之』字」。正義云「敬之十二句」，是其本有。

454 無謂天高又高在上　小字本、相臺本同。案，正義云「定本注云『無謂天高又高在上』」，如其所言，非爲異本，當有誤也。意必求之，或定本仍作「高高」，無「又」字，故正義用注以目之。

455 日月瞻視近在此也　小字本、相臺本同，閩本、明監本、毛本同。案，正義云「日日視人，其神近在於此」，又云「日日瞻視，其神近在於此」，是「月」字乃涉上而誤耳。今閩本以下并正義中盡改爲「日月」，誤之甚矣。考文古本作「日」，采正義。

456 乃光明顯見　閩本、明監本「見」誤「是」，毛本不誤。×

457 日日視人　閩本、明監本、毛本下「日」字誤

「月」，下「日日瞻視」同。

458 **定本注云天謂天高又高在上** 閩本、明監本、毛本同。案，上「天」字當作「无」，形近之譌。十行本每書「無」作「无」，當時以爲別體字也。

459 **言當習之以積漸也** 小字本、相臺本同。案，正義云「定本、集注『漸』作『浸』」。釋文云「浸也，子鴆反」。考文古本作「侵」，山井鼎云「侵」恐「浸」誤，采釋文、正義也。

○**小毖**

460 **然而頌之大列** 閩本、明監本同，毛本「列」作「例」。案，所改非也，「列」當作「判」，形近之譌。

461 **翻飛維鳥而來也** 閩本、明監本、毛本同。案，此不誤。浦鏜云經作「拚」，非也。「翻」字出箋，鄭意以「拚」爲「翻」之假借，故於訓釋中竟改其字，而正義依之耳。

462 **而毖後患** 小字本、相臺本同，唐石經「毖」下旁添「彼」字。案，正義云「故慎彼在後」，當是自爲文耳，非其本更有「彼」字也。用之添者誤。

463 **自求辛螫** 小字本、相臺本同；唐石經初刻同，後磨改「螫」作「螫」。案，「螫」字是也，五經文字云「螫，式亦反」是其證。

* **蜂本又作峯** 補：釋文挍勘：通志堂本、盧本「峯」作「蠭」。案，「蠭」字誤改也。小字本所附亦作「峯」，但「峯」亦譌字，作「夆」爲是。集韻三鍾載「夆」「蜂」二形，云「爾雅『甹夆掔曳也』，或作『蜂』」可證。

* **摩尺制反** 補：通志堂本、盧本同。釋文挍勘云：案，「摩」非也。考爾雅釋文云「掔，本或作『摩』，同充世反。說文云『引而縱之』」，依此是於說文爲「瘳」字。集韻十三祭所載「掔」「瘳」二字下皆無「摩」。❾

464 **予其懲而** 閩本、明監本、毛本「而」作「八句」二字。案，所改非也。山井鼎云「而」字上屬爲是，是也。正義讀「而」斷句，釋文以「懲」而作音。

465 莫復於我掣曳　閩本、明監本、毛本同。案，注作「摩」，正義作「掣」，「摩」「掣」古今字，易而説之也。標起止仍作「摩」。釋文云「摩，本又作『掣』」，非正義本也。今爾雅作「掣」，考文古本注作「掣」者，采釋文、正義耳。○按，「掣」本作「⿸疒掣」，見説文。説文無「掣」字也，作「摩」更非。

466 後遂舉兵誅叛逆　閩本、明監本、毛本同。案，「誅」當作「謀」，形近之譌。

467 以蓼菜之辛苦然　閩本、明監本、毛本同。案，山井鼎云「以」恐「似」誤，是也。

468 此二家以蛢蜂　閩本同，明監本、毛本「蛢」作「荓」。案，所改是也。

469 爲掣曳爲善　閩本、明監本、毛本同。案，此不誤。浦鏜云「善」疑「惡」字誤，非也。王肅、孫毓「掣曳爲善」，與鄭「掣曳」正相反，正義上有明文，浦不考之甚。

470 三年踐奄　閩本、明監本、毛本「踐」誤「伐」。

471 便就邪僻　閩本、明監本、毛本同。案，浦鏜云「使」誤「便」，是也。

472 或曰鴞皆惡聲之鳥　小字本、相臺本同。案，正義云「定本、集注皆云『或曰鴟皆惡鳥也』」云云。考鳥之單名鴞者鵩也，單名鴟者梟也，皆與桃蟲迥非一物。此箋當本作「或曰鴟鴞皆惡鳥也」，合爾雅、方言、廣雅、陸機疏觀之，可得其證。○按，當作「或曰鶚」。月令注云「征鳥，題肩，齊人謂之擊征，或曰鷹」，鶚與鷹正一類，二注正同耳。此取小鳥化大鳥之義，無取惡聲之義。蓋有「鶚」誤爲「鴞」之本，而淺人乃妄增「皆惡聲之鳥」五字耳。鴞，惡聲之鳥，見毛傳，題肩非惡聲也。舊挍云當作「或曰鴟鴞」甚誤，鴟鴞、鸋鴂古説即桃蟲，非桃蟲所變化也。詳段玉裁詩經小學。

473 **釋鳥云桃蟲鷦其雌名鴱**　閩本、明監本、毛本同。案，浦鏜云「名」衍字，是也。此涉下所引注而誤。

474 **鷦䳮亡消反桃雀也**　閩本、明監本、毛本同。案，「亡消反」三字當旁行細書，正義自爲音也。

475 **俱毛以周公**　閩本、明監本、毛本同。案，山井鼎云「俱」恐「但」誤，是也。

476 **始得周公**　閩本、明監本、毛本同。案，「得」當作「信」。

○載芟

477 **春籍田而祈社稷也**　閩本、明監本、毛本同；唐石經「籍」作「藉」，小字本、相臺本同。案，説文作「耤」者爲正字，諸書作「藉」者爲假借字，或又用「籍」字爲之，故此正義引應氏漢書注以典籍爲説也。當是正義本字從竹。十行本字多作「籍」，依正義也。經注本字作「藉」，依石經也。餘同此。

478 **周語説耕籍之事也**　閩本、明監本、毛本同。案，浦鏜云「也」當「云」字誤，是也。

479 **王耕一發**　閩本、明監本、毛本同。案，此不誤。浦鏜云「墢」誤「發」，非也。發，古「墢」字，正義所引國語自如此，不與今本同也。

480 **甸師下士一人**　閩本、明監本、毛本同。案，浦鏜云「二」誤「一」，是也。

481 **徒二百人**　閩本、明監本、毛本同。案，浦鏜云「三」誤「二」，是也。

482 **漢書孝文元年**　閩本、明監本、毛本同。案，浦鏜云「二」誤「元」，是也。

483 **率天下先**　閩本、明監本、毛本同。案，山井鼎云「漢書『率』作『爲』」，非也。正義所引漢書自如此耳。

484 **皆天子親耕之乎**　閩本、明監本、毛本

「皆」誤「者」。

485 畛埸也　小字本、相臺本、閩本、明監本、毛本「埸」誤「場」。案，釋文云「易，本又作『埸』，音亦」，正義本字作「埸」，皆可證。

486 强强力也　閩本、明監本、毛本同，小字本、相臺本「强」皆作「彊」。案，「强」字誤也，下及正義中同。寫者以「强」爲「彊」之别體字而亂之耳。

487 始柞其所田之木　閩本、明監本、毛本「柞」誤「除」。

488 維强力之兼士　閩本、明監本、毛本「士」作「土」。案，「士」字是也。

489 乃有萬與億而及秭　明監本「萬」誤「高」，閩本、毛本不誤。

490 爲鬼神所嚮　閩本、明監本、毛本同。案，浦鏜云「嚮」當「饗」字誤，是也。

491 爲祭祀之禮以事宗廟　閩本、明監本、毛本「事」誤「祀」。

492 是除木曰柞　閩本、明監本同，毛本「柞」下剜入「也」字。案，所補非也。

493 謂幼者之衆　閩本、明監本、毛本「謂」誤「訓」。

494 强謂力能兼人　閩本、明監本、毛本「謂」誤「有」。

495 隰指連形而言　閩本、明監本、毛本「連」作「地」。案，皆誤也，當作「田」。

496 又解之以之意　閩本、明監本、毛本同。案，上「之」字當作「云」，形近之誤。

497 彼雖爲師發例　明監本、毛本「彼」誤「被」，閩本不誤。

498 **自有不能有立**　閩本、明監本同，毛本下「有」字作「存」。案，所改是也。

499 **及解所以合家俱作之意**　閩本、明監本、毛本同。案，浦鏜云「及」當「又」字誤，是也。

500 **饁饋饟也**　小字本、相臺本同。案，此釋文本也，釋文以「饁饋饟也」作音可證。正義云「饁饋，釋詁文」，是其本無「饟」字。考爾雅「饟」字在「饋」字上，甫田箋取彼成文併解經之「饁饟」二字。七月傳云「饁饋也」，此箋與之同。下文云「婦子來饋饟其農人於田野」乃取「饟」字以足句耳，非此句中先有「饟」字也。當以正義本爲長。

501 **孫炎曰土野之饋也**　閩本、明監本、毛本「土」作「饁」。案，所改是也，七月正義作「饁」可證。

502 **正義曰苗生達也則射而出**　閩本、明監本、毛本同。案，「也」當作「地」，壞字耳。

503 **謂苗生達也也厭者苗長茂盛之貌**　閩本、明監本、毛本下「也」字作「厭」。案，此誤改耳。上「也」字當作「地」，讀「也」字句絶，「厭者」下屬，乃説經有「厭」之文，不得重「厭」字。

504 **郭璞曰芸不息也**　閩本、明監本、毛本同。案，此不誤。浦鏜云「案爾雅注作『芸耨精』」，非也。正義所引自如此。

505 **釋訓云濟濟容止也**　閩本、明監本、毛本同。案，此不誤。浦鏜云「釋訓無『容』字」，非也。「容」字正義增之，不依本書耳，文王正義所引亦有可證。

506 **箋云烝進**　小字本、相臺本同。案，正義本上有傳，標起止云「縛百禮言多」，正義云「檢定本、集注皆無此文，有者誤也」。

507 **進予祖妣**　小字本、相臺本同，考文古本同，閩本、明監本、毛本「予」誤「于」。

508 **則與烝畀祖妣** 閩本、明監本、毛本「畀」誤「界」。

509 **故知此爲饗燕** 閩本、明監本、毛本「故」誤「及」。

510 **有椒其馨** 唐石經、小字本、相臺本同。案，釋文云「椒，子消反。徐子料反」，又云「沈作『俶』，尺叔反，云作『椒』者誤也」云云。正義本是「椒」字，與釋文本同。考釋文有云「無故改字爲『俶』」，當是毛氏詩舊本無作「俶」者，特始於沈重改之耳，故釋文、正義、唐石經皆不從也。

511 **僖二十三年左傳曰** 閩本、明監本、毛本同。案，浦鏜云「二」誤「三」，是也。

512 **不聞而至也** 閩本、明監本、毛本同，小字本、相臺本「聞」作「問」。案，「問」字誤也，正義云「故云不聞而至」可證。

513 **乃古古而如此** 相臺本同，閩本、明監本、毛本同，小字本上「古」字作「自」。案，小字本誤。

○良耜

514 **秋報社稷也** 唐石經、小字本、相臺本同。案，釋文云「本或有『冬』字者非」。正義云「本或『秋』下有『冬』，衍字，與豐年之序相涉而誤。定本無『冬』字」。

515 **以明報祭所由** 閩本、明監本「由」誤「田」，毛本不誤。

516 **種此百穀** 相臺本同，閩本、明監本、毛本同，小字本「此」作「諸」。案，小字本誤。

517 **利刃善耜** 閩本、明監本「刃」誤「刀」，毛本不誤。

518 **見其農夫所戴之笠** 閩本、明監本、毛本「戴」誤「載」。

519 **以續接其往歲** 閩本、明監本、毛本同。案，浦鏜云「歲」當「事」字誤，是也。

520 饁者見戴糾然之笠　小字本、相臺本同，考文古本同，閩本、明監本、毛本「戴」誤「載」。×

521 薅去荼蓼之事言閔其勤苦　小字本、相臺本同。案，正義云「薅去荼蓼之草，定本、集注皆云『薅去荼蓼之事言閔其勤苦』，與俗本不同」。依此是正義本「事」當作「草」，無「言閔其勤苦」五字也。

522 故舉少言也　明監本、毛本「少」誤「室」，閩本不誤。×

523 獨以百室爲親親之意　閩本、明監本、毛本「爲」誤「於」。×

524 故偏言之也　閩本、明監本、毛本「偏」誤「偏」。×

525 古書酺爲步　閩本、明監本、毛本同。案，浦鏜云「故」誤「古」，是也。

526 如雩禜云　閩本、明監本、毛本「禜」作「祭」。案，所改非也。山井鼎云「禜」恐「禁」誤，是也。

527 乃命國家醵是也　閩本、明監本、毛本同。案，浦鏜云「家」衍文，是也。

528 後求有豐年也　小字本同，閩本、明監本、毛本同；相臺本「後」作「復」，考文古本同。案，「復」字是也，釋文、正義皆可證。

529 求有良司穡也　小字本、相臺本同。案，正義標起止云「至司嗇」，是其本作「嗇」字。

530 用黝生毛之　閩本、明監本「生」作「牛」；毛本初刻同，後剜作「牲」。案，所改是也。

531 牛角以黑而用黃者　閩本、明監本、毛本同。案，浦鏜云「角」當「色」字誤，是也。

532 似訓爲嗣　閩本、明監本、毛本「訓」誤

「則」。

533 此言寧止遙結上句　閩本、明監本、毛本「此」誤「也」。×

534 續往事者復求以養人也　閩本、明監本、毛本「續」誤「嗣」。×

535 亦一事故因其異文　閩本、明監本、毛本同。案，「故」當作「箋」，下屬讀之。山井鼎云「宋板『故』作『也』」，其實不然，當是剜也。

○緇衣

536 天子諸侯曰繹　小字本、相臺本同；閩本、明監本「曰」誤「也」；毛本初刻同，後改「曰」。×

537 商謂之肜　小字本、相臺本同。案，釋文云「之融，餘戎反。尚書作『肜』，音同」，依此是鄭此注本用「融」字。今正義中字皆作「肜」，標起止亦云「至之肜」，或其本作「肜」，與釋文本不同也。爾雅亦作「肜」。

* 字書作釋　補：通志堂本同；盧本作「襗」，云「舊作『釋』，今改正」。

538 令其天下立靈星祠　閩本、明監本、毛本同。案，浦鏜云「其令」二字誤倒，是也。

539 仲遂于垂　閩本、明監本同，毛本「于」上剜入「卒」字。案，所補是也。

540 是魯爲諸侯　閩本、明監本、毛本「魯」誤「皆」。×

541 是卿大夫曰賓尸　明監本、毛本「卿」誤「即」，閩本不誤。

542 遂形釋天　閩本、明監本、毛本「形」作「肜」。案，皆誤也，當作「取」。×

543 乃舉鼎冪告絜　小字本、相臺本同。案，釋文以「舉冪」作音，是其本無「鼎」字。正義云「是舉冪告絜也」，其本亦當無「鼎」字。有者，後人以正義所引特牲文添之耳。

544 而告此鼎之絜矣　閩本、明監本、毛本「矣」誤「夫」。

545 皆思自安　閩本、明監本、毛本「安」誤「反」。

546 鼎絶大者謂之鼐　閩本、明監本、毛本「鼎」誤「鼐」。

547 士冠禮有爵弁服紂衣　閩本、明監本、毛本「紂」作「緑」。案，皆誤也，當作「純」。

548 視滌濯　閩本、明監本同，毛本「滌」作「滌」。案，所改是也。

549 次視牲次舉鼎　閩本、明監本、毛本同。案，「鼎」當作「冪」。

550 不吳不敖　唐石經、小字本、相臺本同。案，傳云「吳譁也」，正義云「人自娛樂必讙譁爲聲，故以娛爲譁也。定本『娛』作『吳』」，釋文云「不吳，舊如字，譁也」，是正義本作「娛」，釋文、定本作「吳」也。詳正義之意，因傳云「吳譁也」而説之以娛樂讙譁，又例以爲毛不破字，故定經文從「娛」也。其實此經字與泮水經同，彼箋即用此傳經文，皆本是「吳」字。説文云「吳，大言也」，義與「譁」合，當以釋文、定本爲長。盧文弨校乃依史記所引改爲「虞」，誤也。

* 説文作吴吳大言也　補：釋文校勘記：通志堂本同，盧本二「吴」字皆作「吳」。案，所改是也。

* 何承天云吳字誤當作吴從口下大　補：通志堂本、盧本「吴」作「吳」，「吳」作「吴」。案，所改是也。

551 傳吳譁考成　閩本、明監本、毛本同。案，「吳」當作「娛」。

552 此言飲美皆思自安　閩本、明監本、毛本同。案，「美」下浦鏜云脱「酒」字，是也。

○酌

553 酌九句　閩本、明監本、毛本同。案，此不誤。浦鏜云「八」誤「九」，章末並同，非也。讀以「實唯爾公」爲一句，「允師」爲一句。唐石經亦云「九句」也。

554 **即是武樂所象衆** 閩本、明監本、毛本同。案，盧文弨云「衆」疑「衍」，是也。

555 **以昭成功所由** 閩本、明監本、毛本「功」誤「王」。

556 **酌左傳作約** 閩本、明監本、毛本同。案，山井鼎云「約」當作「汋」，是也。

557 **初成之時未奏用也** 閩本、明監本「未」誤「永」，毛本不誤。

558 **以我周家用天人之和而受之** 閩本、明監本、毛本「家」誤「公」。

559 **寵字以龍爲聲** 閩本、明監本「字」誤「之」，毛本不誤。

560 **即之爲三等** 閩本、明監本、毛本同。案，山井鼎云「即」恐「節」誤，是也。

561 **傳公士〇正義曰釋詁文** 閩本、明監本、毛本在下節首，十行本誤在上節末。案，山井鼎云「士」當作「事」，是也。下同。

562 **上説行文王之士** 閩本、明監本、毛本「上」誤「王」。

563 **酌一章** 小字本、相臺本同；唐石經初刻「酌」下有「告」字，後磨改無。案，初刻誤也。

〇桓

564 **桓武志也** 唐石經、小字本、相臺本同。案，釋文云「本或以此句作注」。正義云「序又説名篇之意，桓者威武之志」云云，是正義本亦爲序文。

565 **謂武王將欲伐殷** 毛本「伐」誤「代」，閩本、明監本不誤。

566 **夏正於南郊祭者**　閩本、明監本、毛本同。案，「正」當作「至」，形近之譌。

567 **以記文不旨言周**　閩本、明監本、毛本同。案，浦鏜云「旨」當「指」字誤，是也。

568 **且人帝無時在南郊祭者**　閩本、明監本、毛本同。案，「時」當作「特」，形近之譌。

569 **禱氣勢之十百而多獲**　閩本、明監本「勢」誤「象」，「十」誤「千」；毛本初刻同，後改「象」作「勢」。

570 **婁豐年**　唐石經、小字本、相臺本同，閩本、明監本、毛本「婁」作「屢」。案，釋文作「婁」是其證也。正義中字作「屢」，當是易爲今字耳。餘經依釋文皆當作「婁」，正義自爲文作「屢」者皆易字之例。唐石經錯見「屢」字者非，「屢」乃俗字耳。今杜預集解本於宣十二年傳所引此經亦作「屢」，非左氏之舊矣。

571 **即玉帛者萬國**　閩本、明監本、毛本同。案，山井鼎云左傳「即」作「執」，是也。

○賚

572 **謂武王既伐紂**　毛本「既」誤「即」，閩本、明監本不誤。

573 **虎奔之士脱劍**　閩本、明監本、毛本「奔」誤「賁」。

574 **其三曰敷時繹思**　閩本、明監本、毛本「繹」誤「斁」。

575 **樂記説武王克殷**　閩本、明監本、毛本脱「説」字。

576 **祀於周廟**　閩本、明監本、毛本「周」誤「宗」。

577 **分土惟三**　毛本「土」誤「士」，閩本、明監本不誤。

578 皆是武王大封之事　明監本「事」誤「士」；毛本初刻同，後改；閩本不誤。×

○般

579 般樂也　小字本、相臺本同。案，此釋文本也。釋文云「崔集注本用此注爲序文」。正義云「經無『般』字，序又説其名篇之意。般，樂也，爲天下所美樂。定本『般樂』二字爲鄭注，未知孰是」，是正義本爲序文，與集注同也。考此序解「般，樂也」，與桓序云「桓，武志也」、賚序「賚，予也，言所以錫予善人也」正爲一例，當以集注、正義本爲長。唐石經序末無此三字，出於釋文、定本，而經注各本之所祖也。

580 經稱喬嶽翕河　閩本、明監本、毛本「稱」誤「言」。×

581 四瀆者五岳之匹　閩本、明監本「匹」誤「四」，毛本不誤。×

582 中國川原以百數　閩本、明監本「數」誤「藪」，毛本不誤。×

583 墮山山之嶞墮小者也　小字本同，閩本、明監本、毛本同，相臺本「墮」作「嶞」。案，相臺本是也。正義云「有嶞嶞然之小山」，是「嶞嶞」叠經字，不容下一字作「墮」也。釋文云「字又作『墮』」。考説文山部云「嶞，山之嶞嶞者」，乃用此傳文，則作「嶞」爲正矣。十行本正義中字多作「嶞」，唯「故知山之小者墮墮然」一處作「墮」，或正義本是「墮」字，後依經注本改之而未盡也。明監本、毛本并改作「嶞嶞」。閩本此與十行本同，而上下文又改「嶞」爲「墮」。

584 喬嶽與上句高山猶是一事　明監本、毛本「猶」誤「俱」，閩本不誤。×

585 東至于底柱　閩本、明監本、毛本同。案，浦鏜云「底」誤「厎」，是也。⑩

586 下尾合爲逆河　閩本、明監本、毛本「河」

誤「同」。

587 箭者水深而箭大也　閩本、明監本、毛本「深」誤「流」。

588 鉤盤者河水曲如鉤屈折如盤故曰鉤盤　閩本、明監本、毛本同。案，浦鏜云「盤，李本作『股』」，以爾雅釋文考之，是也。但此當是正義涉孫、郭本而誤，非其字有譌也。

589 可隔爲津　閩本、明監本、毛本「爲」誤「曰」。

590 以爲古記九河之名　閩本、明監本、毛本同。案，此不誤。浦鏜云「說」誤「記」，非也。正義引漢志如此。

591 今見在成平東光鬲界中　閩本、明監本、毛本「成」誤「城」。

592 上舉三河之名　閩本、明監本、毛本「三」誤「山」。

593 大史馬頰覆釜　閩本、明監本、毛本「覆釜」誤「鉤盤」。

594 簡絜鉤盤　閩本、明監本、毛本「鉤盤」誤「覆釜」。

595 鬲盤今皆爲縣　明監本、毛本「今」誤「者」，閩本不誤。

596 未知并從何者　閩本、明監本、毛本「者」誤「也」。

597 時周之命　唐石經、小字本、相臺本同。案，正義云「此篇末俗本有『於繹思』三字，誤也」。釋文云「於繹思，毛詩無此句，齊、魯、韓有之。今毛詩有者，衍文也。崔集注本有，是採三家之本。崔因有，故解之」。今考正義、釋文所說自得其實。經義雜記乃并三家此句亦以爲衍，誤矣。

598 箋哀聚至而王　閩本、明監本、毛本同。案，山井鼎云據注「聚」當作「衆」，是也。

599 王言配者　閩本、明監本、毛本同。案，浦鏜云「王」疑「正」字誤，是也。

600 駟之什詁訓傳　閩本、明監本、毛本同，唐石經、小字本、相臺本皆無「之什」二字。案，釋文云「本或作『駟之什』者，隨例而加耳，商頌亦然」。鹿鳴正義云「今魯頌四篇、商頌五篇皆不滿十，無之什也。或有者，承此雅、頌之什之後而誤耳」云云。是釋文、正義本皆無此二字。唐石經及經注各本是也，十行本始誤同或本耳。考文古本亦有「之什」二字，可見其本之未善。

魯頌譜

601 令地方七百里　毛本「令」誤「合」，閩本、明監本不誤。×

* 其封域在禹貢　補：案，「其」上當「○」。

602 大野蒙羽之野　毛本下「野」字誤「謂」，閩本、明監本不誤。×

603 子真公濞立　閩本、明監本、毛本「濞」誤「傼」。×

604 子弗湟立　閩本、明監本、毛本「弗」誤「弟」。×

605 立子開爲閔公立其卒　閩本、明監本、毛本同。案，浦鏜云「二年」誤「立其」，是也。

606 以惠王十九年即位　閩本、明監本、毛本同。案，浦鏜云「八」誤「九」，從年表挍，是也。

607 襄王二十二年薨　閩本、明監本、毛本同。案，下「二」字浦鏜云「五」誤，從年表挍，是也。

608 脩泮宮守禮教　閩本、明監本、毛本同。

案，浦鏜云「崇」誤「守」。考正義云「是脩泮宮崇禮教也」，浦挍是也。

609 舒援云　閩本、明監本、毛本同。案，浦鏜云「瑗」誤「援」，以正義考之，是也。隋書經籍志作「援」。

610 土功之事　閩本、明監本、毛本「土」誤「上」。　×

＊ 僖十六年冬　補：案，「僖」上當「○」。

611 詩稱既作泮　閩本、明監本、毛本「稱既」誤倒。案，「泮」下當有「宮」字。

＊ 新然南門　補：案，「然」當「作」字之譌。

612 是成王命魯之郊天也　閩本、明監本、毛本「成」誤「武」。　×

613 由命魯得郊天子禮　明監本、毛本「由」誤「申」，閩本不誤。案，盧文弨云「子禮」上當有「用天」二字，是也。此「天」字複而脱。

614 周爲王者之後　閩本、明監本、毛本同。案，山井鼎云作「同於王者之後」，是也。

615 是不欲侵魯有惡　閩本、明監本、毛本同。案，盧文弨云「侵」疑「使」，是也。

616 周之不陳其詩者爲憂耳　閩本、明監本、毛本同。案，浦鏜云「優」誤「憂」，是也。駉正義「魯爲天子所優」可證。

617 示無貶黜客之法　閩本、明監本、毛本同。案，此不誤。浦鏜云「義」誤「法」，非也。彼譜是「義」字，而正義云「示無貶黜者示法而已」，故此引作「法」不盡依本文也。上文引仍作「義」，如此等者非有定例，不可拘也。

618 此言主於戒惡　毛本「主」誤「王」，閩本、明監本不誤。　×

○駉

619 頌僖公也僖公能遵伯禽之法　唐石經、小字本、相臺本同。案，正義云「定本、集注皆重有『僖公』字」，是正義本直云「頌僖公能遵伯禽之法」云云也。考此「頌僖公也」一句乃摠序而後申其意，故文與下三篇序不同。正義本乃涉下而誤，當以定本、集注爲長。

620 **牧于坰野** 唐石經、小字本、相臺本同。案，釋文以「牧乎」作音，是其本「于」作「乎」也。考正義云「牧其馬於坰遠之野」，「于」「於」古今字，易而説之，則其本當是「于」字，唐石經以下之所從出也。

621 **詩爲作頌** 閩本、明監本、毛本同。案，浦鏜云「請」誤「詩」，是也。

622 **儉者約於養身** 毛本「於」誤「以」，閩本、明監本不誤。

623 **務農謂止舍勞役** 毛本「謂」誤「爲」，閩本、明監本不誤。

624 **此雖借名爲頌** 閩本、明監本、毛本「借」誤「偕」。

625 **駉駉牡馬** 小字本、相臺本同；唐石經初刻「牡」，後改「牧」，下同。案，釋文云「牡馬，茂后反。草木疏云『騭馬也』，説文同。本或作『牧』」。正義云「定本『牧馬』字作『牡馬』」。考在六朝時江南書皆作「牝牡」之「牡」，河北本悉爲「放牧」之「牧」，見顔氏家訓。顔據此章傳「良馬」之文，以爲有騭無騲，定從「牡」字。段玉裁云：「考周官馬政『凡馬特居四之一』，絶無郊祀、朝聘有騭無騲之説。且序云『牧于坰野』，傳云『牧之坰野則駉駉然』，正義云『駉駉然，腹幹肥張者，所牧養之良馬也』，經文作『牧』爲是。顔氏説誤。」詳詩經小學。今考正義云「但毛以四章分説四種之馬，故言『駉駉良馬，腹幹肥張』，明首章爲良馬，二章爲戎馬也」，又云「以四章所論馬色既别，皆言以車，明其每章各有一種，故言此以充之。不於上經言之者，以上文二句，四章皆同，無可以爲别異，故就此以車異文而引之也」。正義此言深得傳旨。若如顔説則四章止有良馬耳，自與傳乖，已不可通矣。當以正義本爲長。經義雜記又以爲釋文於「牡馬」下引草木疏云「騭馬也」，陸機亦作「牡」，乃三國時本，更爲可據，其説非也。草木疏雖亡，但所云「騭馬也」者，非有專疏此詩之明徵也，特陸引之，使就此「牡」字耳。下文云「說文同」，今說文具存，更何得指馬部「騭」字爲專解此詩乎？又以爲唐石經初刻「牧」，後改「牡」，亦誤。

626 **辟民居與良田也**　小字本、相臺本同。閩本、明監本、毛本「辟」誤「避」。案，「避」乃正義所易今字。×

627 **此傳出於彼文**　閩本、明監本、毛本「出」誤「杜」。×

628 **不言牧馬**　閩本、明監本、毛本同。案，浦鏜云「馬」當「焉」誤，是也。

629 **又言牧在遠郊**　閩本、明監本、毛本同。案，浦鏜云「任」誤「在」，是也。

630 **子三十里**　閩本、明監本、毛本同。案，浦鏜云「二」誤「三」，是也。

631 **或當別有依終**　閩本、明監本、毛本同。案，「終」當作「約」，形近之譌。

632 **三十里之國**　閩本、明監本、毛本同。案，浦鏜云「五」誤「三」，是也。

633 **以載師掌在士之法**　閩本同，明監本、毛本「士」作「土」。案，所改是也。山井鼎云「在」恐「任」誤，是也。

634 **上言駉駉牡馬**　閩本、明監本、毛本同。案，「牡」當作「牧」，此不知正義本作「牧」者誤改之耳。

635 **乃言其牧處**　閩本、明監本、毛本同。案，「乃」當作「及」，形近之譌。

636 **白跨股脚白也**　閩本、明監本、毛本「白」誤「色」。×

637 **其驪與黃**　閩本、明監本、毛本「其」誤「純」。×

638 謂黄而色白者　閩本、明監本、毛本「色」誤「雜」。

639 皆言以事　閩本、明監本、毛本同。案，浦鏜云「車」誤「事」，是也，正義下文可證。

640 彼校人上文　閩本、明監本、毛本「彼」誤「按」。

641 玉路駕種馬　閩本、明監本、毛本「玉」誤「王」。

642 故知戎馬不得駕田馬也　閩本、明監本同，毛本上「馬」字作「路」。案，所改是也。

643 蒼祺曰騏　小字本同，閩本、明監本、毛本同，相臺本「祺」作「騏」。案，釋文云「蒼祺，字又作『騏』」，相臺本依之改也。釋文之意以「祺」爲假借字。但考小戎、尸鳩傳「騏文」皆本是「綦文」，此傳用字當同，「蒼騏」亦本是「蒼綦」也，「祺」字恐非此之用。正義云「蒼騏曰騏，謂青而微黑」，不知其本果作「騏」，抑或後人所改也？段玉裁云：「古假『騏』爲『綦』，因而以『騏』釋『騏』，小戎、尸鳩傳皆同，此亦以虚釋虚、以要釋要之例也。」

* 字林作駓走也　補：釋文挍勘記：通志堂本、盧本同。案，「駓」字各本皆誤，當作「駓」。集韻六脂云「駓，馬走也」，本此。陸氏「有駓」下本云「字林作『駓』」，「伾伾」下本云「字林作『駓』」。今釋文皆云「字林作『駓』」者，「伾伾」下誤也。小字本、十行本所附「字林作駓」反在「有駓」下，亦誤倒，今特訂正。⑪

644 止一毛色之中　閩本、明監本、毛本「一」誤「二」。

645 而牲用騂綱　閩本、明監本、毛本「綱」誤「剛」。案，所改非也。此當作「犅」，形近之譌。

646 其色鮮明者也　閩本、明監本、毛本「鮮」誤「辨」。

647 **以車繹繹** 唐石經、小字本、相臺本同。案，釋文云「繹繹，崔本作『驛』」。考正義於序下云「故云驛驛，見其善走也」，是其本字作「驛」，與崔本正同。其此章正義云「故言繹繹善走」，當是後人以經注本改之耳。浦鏜乃校序下云「驛驛，經作『繹繹』」，此不知經注本非正義本之誤也。○按，「繹」者正字，「驛」者俗字，此蓋正義易字釋經之例也。

648 **白馬黑鬣曰駱** 小字本、相臺本同。案，正義云「定本、集注『髦』字皆作『鬣』」，是其本作「黑髦也」。釋文云「黑鬣，力輒反」；又，「駱」下云「樊、孫爾雅並作『白馬黑髦』」，爾雅釋文同；又，四牡「驒驒駱馬」傳釋文云「黑鬣，力輒反。本亦作『髦』，音毛」。依此則正義本四牡傳亦當是「髦」字，但未有明文耳。

649 **善走也** 小字本、相臺本同。案，釋文「繹繹」下云「善足也，一本作『善走也』」。正義本是「走」字，此及序下標起止皆可證。

* **班駁隱甐** 補：通志堂本、盧本同，影宋本「甐」作「⿰粦几」。釋文挍勘云：案，「甐」字誤也。爾雅釋文所載郭注作「粼」，「⿰粦几」即「粼」也。唐揚之水「⿰粦几⿰粦几」可互證。

650 **班駁隱鄰** 閩本、明監本、毛本「班駁」誤「斑駮」。明監本、毛本「鄰」作「甐」，閩本作「鄰」。案，此當作「粼」，皆形近之譌也。釋文「驎」字下亦誤爲「甐」，詳後考證。○按，此本無正字，皆用同音字耳。舊挍非也。「甐」字多讀作去聲，故郭良刃反，呂良振反。

651 **皆謂馬之駿也** 閩本、明監本「皆」誤「背」，毛本不誤。 ✕

652 **⿰馬師馬黃脊騝音乾** 閩本、明監本「脊」誤「春」，毛本不誤。案，「音乾」二字當傍行細書，乃正義自爲音也。

653 **皆作駱字** 閩本、明監本、毛本同。案，「駱」當作「雒」，下文云「其字定當爲雒」是其證。

654 **箋斁厭至乘駕**　閩本、明監本、毛本「駕」誤「馬」。×

655 **以車祛祛**　小字本同，閩本、明監本、毛本同；唐石經作「袪袪」，相臺本同。案，「袪」字是也。六經正誤云「作祛，誤从示者祛，逐也；从衣者袪，袂也」。考此但毛居正臆爲區別。其實説文不載「祛」字，無容見於毛氏詩也。惟從衣之字每易混於從示之字，今釋文、正義「袪」字從示者，皆傳寫之誤，而毛居正以後人又誤認從示爲正耳。

656 **豪骭曰驒**　小字本、相臺本同。案，此釋文本也。釋文「驒」下云「豪骭曰驒」，此經注各本之所本也。正義云「釋畜云『四骹皆白驓』，無『豪骭白』之名。傳言『豪骭白』者，蓋謂豪毛在骭而白長，名爲驒也」，是其本「骭」下有「白」字。

657 **二目白曰魚**　小字本、相臺本同。案，釋文云「毛云『一目白曰魚』，爾雅云『一目白瞯，二目白魚』」。考正義亦引爾雅并舍人、郭璞注，而不云有異，是其本字與爾雅同，亦作「二目」也。但考毛傳多有與爾雅不合者，如卷耳「崔嵬」「岨」，陟岵「岵屺」之類，或此傳亦然，正義本依爾雅改耳。

658 **倉白彤白相類**　閩本、明監本、毛本「倉」誤「蒼」。×

659 **其驒爾雅無文**　閩本、明監本、毛本「驒」誤「騨」，下同。×

660 **主以給官中之役**　閩本、明監本、毛本同。案，山井鼎云「官」恐「宫」誤，是也。

661 **貴其肥牡**　閩本、明監本、毛本「牡」作「壯」。案，所改是也。

662 **思馬斯徂**　明監本「馬」誤「焉」，各本皆不誤。

○有駜

663 **皆陳君能祿食其臣**　閩本、明監本、毛本「能」誤「皆」。×

664 但明義明德也　小字本、相臺本同。案，正義云「以經有二明，故知謂明義、明德也。定本、集注皆云『議明德也』，無上『明』字」。段玉裁云：「『義』是衍字，羣經言『明明』者皆連二字爲文，當作『但明明德也』。今考此箋之下引大學『在明明德』，彼注云『謂顯明其至德也』，訓同爾雅及毛大明傳，還與此『明明』相證成。不得如正義所説，以二『明』字分屬一義一德也。」段説爲是。下箋「則相與明義明德而已」，「義」字衍同，定本、集注亦誤。

＊本又作淵鼓　補：案，「淵鼓」二字當「鼝」之譌。文選東京賦「雷鼓鼝鼝」，注引詩「咽咽」作「鼝鼝」，「鼝」即「鼘」字。説文「鼘，鼓聲也，詩曰『鼗鼓鼘鼘』」。

665 其在於君所　閩本、明監本、毛本同。案，「君」當作「公」，上句可證。

666 食祿是常　閩本、明監本、毛本「常」誤「當」。

×

667 載言則也　閩本、明監本、毛本同；小字本、相臺本「載」下有「之」字，考文古本同。案，有者是也。

＊今之鐵總也　補：毛本「總」作「驄」。案，所改是也。

668 歲其有　小字本、相臺本同，唐石經「有」下旁添「年」字。案，釋文云「歲其有本，或作『歲其有矣』，又作『歲其有年者矣』，皆衍字也」。正義本未有明文。唯周頌豐年正義云「魯頌曰『歲其有年』」，當是其本有「年」字，與「或作」本同，唐石經本之添也。考此詩「有」與下「子」韻，不容更有「年」字，依釋文本爲是。惠棟引漢西嶽華山廟碑有「歲其有年」之文，此或出於三家耳。考文古本有「矣」字，采釋文。釋文亦有誤，當正，詳考後證。

669 詒孫子　小字本、相臺本同，唐石經「詒」下旁添「厥」字。案，釋文云「本或作『詒厥子孫』、『詒于孫子』，皆是妄加也」。正義本未有明文。考正義説此經云「可以遺其孫子」，若以「其」説「厥」，則其本或有

「厥」字也。但當依釋文爲是。惠棟引劉氏列女傳「貽厥孫子」，此正三家詩也。

670 歲其有豐年也　小字本、相臺本同。案，此正義本也。正義云「定本、集注皆云『歲其有年』」，標起止云「傳歲其有豐年」，可證也。考此經本云「歲其有」，傳本云「歲其有年也」，傳以「有年」説經之「有」也。經誤衍「有」下「年」字，傳又誤衍「年」上「豐」字，皆失其旨。當以定本、集注爲長。

＊ 又作歲其年者矣　補：通志堂本、盧本「歲其」下有「有」字，小字本所附同。釋文挍勘：段玉裁云「矣」字衍。

671 可致陰陽和順　明監本、毛本「可」誤「故」，閩本不誤。×

672 箋穀善貽遺　閩本、明監本、毛本同。案，浦鏜云「貽箋」作「詒通」，非也。當是正義本經作「貽」字，不與各本同耳。

○泮水

673 頌僖公能脩泮宮也　唐石經、小字本、相臺本同。案，此正義本也。標起止云「至泮宮」，下文同，可證。釋文云「頖宮，音判，本多作『泮』」，考此亦序與經不同字之例。當以釋文本爲長。

674 言民思往泮水　閩本、明監本、毛本「水」誤「宮」。×

675 天子諸侯宮異制　毛本「子」誤「下」，明監本以上皆不誤。×

676 其旂茷茷　唐石經、小字本、相臺本同。案，釋文云「伐伐，蒲害反，又普貝反，言有法度。本又作『茷』」。正義云「則其旂乃茷茷然有法度」，與釋文「又作」本同也。經義雜記以爲正義本當亦作「伐」，是以釋文改正義，失之矣。羣經音辨人部載此，乃取諸釋文，非賈昌朝曾見經文作「伐」之本也。

677 噦噦言其聲也　閩本、明監本、毛本同；小字本、相臺本「其」作「有」，考文古本同。案，「有」字是也，正義云「其鸞則噦噦然有聲」可證也。

678 箋云千行　閩本同；小字本、相臺本「行」作「往」，考文古本同；明監本、毛本作「邁」。案，「往」字是也，「行」形近之譌，「邁」字誤改也。

679 傳魯侯僖公　閩本、明監本、毛本同。案，浦鏜云「值」誤「傳」，是也。三章正義云「值魯侯來至」其證也。

680 明堂位曰采廩　毛本同，閩本、明監本「采」作「米」。案，所改是也。

681 僖公志復古制　閩本、明監本、毛本「志」誤「至」。　×

682 觱沸檻泉　閩本、明監本、毛本「檻」誤「濫」。　×

* 是小菜也　補：「小」當作「水」，下句言「水菜」者可證。

* 其住不專爲菜　補：「住」當作「往」。

683 以雝水之外　閩本、明監本、毛本同。案，此以「雝」「壅」古今字，易而說之也。注云「雝水之外」，山井鼎云「古本本作『雝』，後改作『壅』」，乃依正義以改注耳。　×

684 釋詁云肉倍好　閩本、明監本、毛本同。案，浦鏜云「器」誤「詁」，是也。

685 光武中元二年初載建三雝　閩本、明監本、毛本同。案，浦鏜云「元」誤「二」，「載」疑衍字。以後漢書儒林傳考之，浦挍是也。

686 故留南方　閩本、明監本、毛本「留」誤「從」。　×

687 傳戾來至有聲　明監本、毛本「有」誤「其」，「聲」下衍「也」字；閩本不誤。　×

688 欲法則其文意　閩本、明監本、毛本「文」誤「立」。案，「意」當作「章」，形近之譌。

689 **箋其音至德音** 閩本同，明監本、毛本以此節正義改入下章「其音昭昭」句注下，首脱「箋」字。案，此十行散附時所誤繫耳。

690 **收斂此羣衆人民** 明監本、毛本「羣」誤「醜」，閩本不誤。 ×

691 **故下章言其伐克也** 閩本、明監本、毛本「下」誤「五」。 ×

692 **菜大如手** 閩本、明監本、毛本同。案，浦鏜云「葉」誤「菜」，是也。

693 **又可鬻** 閩本、明監本同，毛本「鬻」誤「鬻」。案，所改是也。⑫

694 **於是可以采** 閩本、明監本、毛本同。案，山井鼎云鄉飲酒注作「於是可以來」，是也。

695 **可者召唯所欲** 閩本同。案，山井鼎云鄉飲酒注作「可者召，不召唯所欲」，又云「當以彼註爲正也」，非也，此正義不全引耳。明監本、毛本作「可以召」，尤誤。

696 **謂遵伯禽之法** 閩本、明監本、毛本「禽」誤「夷」。 ×

697 **皆庶幾庶行孝** 閩本、明監本、毛本同。案，浦鏜云「庶行」當「力行」之誤，是也，箋文可證。

698 **矯矯虎臣** 唐石經、小字本、相臺本同。案，釋文云「蟜蟜，本又作『矯』」。正義云「矯矯然有威武如虎之臣」，是其本作「矯」字也。

699 **故云馘所獲者之左耳** 閩本、明監本、毛本同。案，「獲」當作「格」，箋文是「格」字，正義下文云「謂臨陣格殺之」可證也。

700 **故僖公既伐淮夷而反** 閩本、明監本、毛本「反」誤「又」。 ×

701 **故使武臣如虎者獻之** 閩本、明監本、毛本「故」誤「而」。

702 **不吴不揚**　唐石經、小字本、相臺本同。案，正義云「鄭讀『不吴』爲『不娛』，人自娛樂，必讙譁爲聲，故以娛爲譁也」。釋文云「不吴，鄭如字，譁也。王音誤」。考此經字與絲衣同，鄭此箋即彼傳也。釋文以爲「鄭如字」者，最合箋意。正義以爲鄭讀「不娛」者，亦自據其彼經而言耳。即「王音誤」，其經仍是「吴」字，但讀作「誤」，以爲申毛而與鄭相難也。盧文弨校乃以此併前絲衣同改爲「虞」，皆失之也。釋文於「不吴」下、「于訩」上以「瘍」字作音，云「余章反」。今考箋云「不大聲」，則經自是「揚」字，正義本及唐石經等皆不作「瘍」字。或是傳「揚傷也」「傷」字，釋文本作「瘍」，與正義本不同，而爲之作音。今本誤錯出在上耳。「瘍」「傷」古通用，巧言釋文有其證。盧文弨於此釋文「瘍」上添入「不」字，亦爲專輒。詳後考證。○按，此毛、鄭不同。毛作「瘍」，訓傷，鄭讀「瘍」爲「揚」，訓大聲。後人從鄭改經字。

703 **吴譁也**　小字本、相臺本同。案，此正義本也，正義云「故以誤爲譁也」。釋文云「讙也，音歡」。考鄭用絲衣傳，當以正義本爲長。

704 **其往征也**　閩本、明監本、毛本同。下「以威武往征剔治彼東南之國」，毛本亦誤。⑬

705 **則北狄亦爲遠也**　閩本、明監本、毛本同。案，「北」字山井鼎云「恐此是誤」，是也。

706 **箋烝烝至其功**　明監本、毛本脱「箋」字，閩本不誤。

707 **故知皇當作往釋詁云往往**　閩本、明監本、毛本同。案，浦鏜云三「往」字皆當作「暀」，是也。

708 **徒御無斁**　唐石經、小字本、相臺本同。案，釋文云「繹，本又作『射』，又作『斁』，或作『懌』，皆音亦，厭也」。正義本未有明文，今無可考。餘經「射斁」字多不畫一。依釋文本則此經又假借作「繹」，其用字之例本有如此者也。

709 甚傅緻者　閩本、明監本、毛本同，小字本、相臺本「緻」作「致」。案，「致」字依定本，釋文是也。

710 謀謂度己之德　小字本、相臺本同，考文古本同；閩本、明監本、毛本「謂」誤「爲」。×

711 其戎車甚傅緻而牢固　閩本、明監本、毛本「牢」誤「勞」。×

712 巳以爲搜與東矢共文　閩本、明監本、毛本同。案，「巳」當作「毛」，形近之譌。

713 得以弓言觪矢言搜　閩本、明監本、毛本同。案，浦鏜云「傳」誤「得」，是也。

714 謂弓張故弦急也　閩本、明監本、毛本「弦」誤「弛」。×

715 南謂荆楊也　閩本同；小字本、相臺本「楊」作「揚」，明監本、毛本同。案，此字説見前。×

716 感恩惠而從化　毛本「從」誤「化」，閩本、明監本不誤。×

717 琛圭釋言文　閩本、明監本、毛本同。案，山井鼎云「圭」當作「寶」，是也。

718 厥貢鏐鐵鍚鈆　閩本、明監本、毛本同。案，「鍚」當作「銀」，見下「鏐鐵銀在梁州，鈆在青州也」。

719 而獨無銅　明監本、毛本「而」誤「銀」，閩本不誤。案，山井鼎云「作『銀』屬上讀者，似是」，非也。上文「銀」誤作「鍚」，乃誤改去「而」字耳。

720 考工記云　閩本、明監本「云」誤「工」，毛本不誤。×

○閟宫

721 伯禽之後　明監本「禽」誤「會」，閩本、毛本

不誤。×

722 **侐清淨也** 按，各本皆同。攷釋文作「清靜也」。引說文「侐靜也」。當依釋文更正。楚茨傳「莫莫言清靜而敬至也」亦可證。×

723 **天用是馮依** 小字本、相臺本同。案，釋文云「一本作『馮依其身』」。正義云「上天用是之故憑依其身」，是正義本與一本同。×

724 **天神多與之福** 小字本、相臺本同。案，「與」當作「予」，下箋云「天神多予后稷以五穀」是其證。正義作「與」乃易字耳。考文古本并作「與」，非。

725 **先種之植** 閩本、明監本同，毛本「植」作「稙」。案，所改是也。下「非穀名先種曰植」誤同。

726 **令稷種之** 毛本「令」誤「命」，閩本、明監本不誤。×

727 **謂憑依其身** 閩本、明監本、毛本同。案，箋作「馮」，正義作「憑」，當是易而說之也，「馮」「憑」古今字。釋文云「本又作『憑』」，未必即正義本也。×

728 **從之閟** 閩本、明監本、毛本「閟」誤「閉」。×

729 **而則祭之也** 閩本、明監本、毛本同。案，此不誤。浦鏜云「則」疑衍字，非也。「而則祭」者，下經之「而載嘗」也，本句下正義可證。

730 **孟仲子曰是謂禖宮** 閩本、明監本、毛本同。案，十行本「仲」至「宮」剜添者一字。×

731 **宮室之飾** 閩本、明監本、毛本「飾」誤「師」。×

732 **是閟得爲神** 明監本、毛本「得」誤「神」，閩本不誤。

733 使得懷任后稷也　明監本、毛本「任」誤「妊」，閩本不誤。×

734 文在先生如達之下　明監本「先」誤「未」，閩本、毛本不誤。×

735 此箋云其生之又無災害　閩本、明監本、毛本同。案，浦鏜云「任」誤「生」，是也。

736 生熟早晚之異稱耳　閩本、明監本、毛本「異」誤「共」。×

737 又解后稷其名曰弃　閩本、明監本、毛本「弃」作「棄」，下同。案，箋字作「棄」，生民可證。正義自爲文亦用「棄」字，引尚書、史記乃依彼作「弃」字。十行本盡作「弃」，閩本以下盡作「棄」，皆有誤。凡唐石經於「棄」字皆作「弃」，以其中爲「世」字，諱而避之也。正義避諱之例則不如此，如「泄」字唐石經避作「洩」，而正義仍作「泄」，當是作正義時例但缺畫也。

738 末爲司馬　閩本、明監本、毛本「末」誤「未」，下「末説帝命羣官」同。×

739 契在五教爲司徒　閩本、明監本、毛本「在」誤「任」。×

740 汝后稷　閩本「汝」誤「按」，明監本誤。案，毛本不誤。×

741 且尚書刑德故云　閩本、明監本、毛本同。案，浦鏜云「放」誤「故」，是也。

742 纘大王之緒　毛本「纘」誤「讚」，明監本以上皆不誤。

743 箋云屈極虞度也　小字本、相臺本同，考文古本同，閩本、明監本、毛本「極」作「殛」。案，「殛」字誤也。釋文云「屈極，紀力反，下同」，「之屈」下云「極也」。正義云「屈極虞度，釋言文」云云。是正義、釋文二本皆本是「極」字也。閩本以下又盡改正義中「極」字作「殛」，誤甚。十行本不誤，見下。段玉裁尚書撰異中凡三論「極」「殛」字，至爲詳矣。

744 **致大平天所以罰**　小字本、相臺本同。案，「大平」及「以」三字衍也。正義云「是致天所罰」，複舉箋文，可爲明證。且此與「大平」迥不相涉，而武王又實未大平，其説見於芣苢正義，斷爲衍字無疑矣。各本皆誤，當正。

745 **極紂於商郊牧野**　小字本、相臺本同，考文古本同。案，正義云「殺紂於牧野，定本、集注皆云『極紂於牧野』，『極』是、『殺』非也」，是正義本「極」作「殺」，必當時俗本如此，而正義定從定本、集注以「極」爲是，以「殺」爲非也。釋文「屆極」下云「下同」，是釋文本亦作「極」，不作「殺」。

746 **謂民勸武王無有二心**　閩本、明監本同，毛本「二」作「貳」。案，所改是也。

747 **箋屆極至克勝**　閩本、明監本、毛本「極」誤「殛」。案，山井鼎云宋板此疏除「釋言又云殛誅也」外皆作「極」，考此一「殛」字亦「極」之誤，菀柳正義引可證也。

748 **克先祖之意**　閩本、明監本、毛本同。案，浦鏜云「克」當「竟」字誤，是也。

749 **白牡周公牲也**　小字本、相臺本同，閩本同，考文古本同，明監本、毛本「牡」誤「牲」。

750 **秋物新成尚之也**　小字本、相臺本同。案，正義云「以秋物新成，始可嘗之，故言始嘗也。定本、集注皆言『秋物新成，尚之也』，言貴尚新物，故言始也。作『嘗』字者誤也」，是正義本「尚」作「嘗」。

751 **下有柎**　小字本、相臺本同，閩本、明監本、毛本「柎」作「跗」。案，釋文云「有柎，方于反」。考常棣箋用「拊」字從手，「柎」「拊」實一字也。正義中字皆作「跗」，或是其所易今字耳，各本依之未是。

752 **俾爾熾而昌**　唐石經、小字本、相臺本同。案，盧文弨云「俾，一作『卑』，見校官碑」。今考上釋文以「卑民」作音，云「本又作『俾』，下皆同」，是釋文本作「卑」字也。餘經盡然，盧未細考耳。又案，段玉裁云：「說文云『俾，門持人也』，凡經傳言『俾』者皆取義於此。門持人，今說文譌作『門侍人』，莊述祖正之。『卑』者『俾』之假借字。」

753 **魯邦是嘗** 唐石經、小字本、相臺本「嘗」作「常」，閩本、明監本、毛本同。案，「嘗」字誤也。

754 **故先祖福之** 閩本、明監本、毛本同。案，十行本「先」至「之」剜添者一字。 ×

755 **與赤色之特** 閩本、明監本、毛本同。案，此不誤。浦鏜云「特」當「犅」字誤，非也。正義下引說文云「犅特也」，故此自爲文以「犅」爲「特」也。

756 **則有爛火去其毛而炰之豚** 閩本、明監本、毛本「爛」作「以」。案，皆誤也，當作「爓」。下文彼注云「爛去其毛而炰之也」同。

757 **正月朔日於周二特牛** 閩本、明監本、毛本同。案，「於」當作「也」，「周」當作「用」，烈文正義引可證。

758 **共蒙賜之文** 明監本、毛本「文」誤「又」，閩本不誤。 ×

759 **是魯君所祭唯祭蒼帝耳** 閩本、明監本、毛本「君」誤「公」。 ×

760 **今魯亦云享以騂犧** 閩本、明監本、毛本「犧」誤「牲」。 ×

761 **或云三年一祫** 閩本、明監本、毛本「祫」誤「禘」。 ×

762 **鄭駮異義云** 明監本、毛本「駮」誤「駁」，閩本不誤。 ×

763 **以禮讖所云** 閩本、明監本、毛本「讖」誤

「纖」。

764 謙不敢與文武同也　閩本、明監本、毛本「謙」誤「嫌」。

765 地官〇封人　閩本、明監本、毛本「〇」作「中」。案，皆誤也，當衍。

766 大羹渚煑肉汁　閩本、毛本同，明監本「渚」作「湆」。案，所改是也。

767 則是祭祀之器　毛本「祀」誤「祖」，閩本、明監本不誤。

768 椇謂曲橈之也　閩本、明監本、毛本「橈」誤「撓」。

769 王公立飫　閩本、明監本、毛本「飫」誤「飲」。

770 是俎載半躰之事也　閩本、明監本、毛本「躰」誤「胖」。

771 稱祀周公作大廟　閩本、明監本、毛本同。案，浦鏜云「於」誤「作」，是也。

772 即云白牡騂犅　閩本、明監本、毛本「牡」誤「牲」。案，浦鏜云「犅，經作『剛』」，非也，正義中「犅」字皆其所易耳。

773 宣公年公羊傳文　毛本「八」誤「公」，閩本、明監本不誤。

774 故爲慶孝孫之辭　明監本「孝」誤「者」，閩本、毛本不誤。

775 故皆謂借踰相侵犯也　閩本、明監本、毛本「踰」誤「喻」。

776 天子謂父事之者爲三老　閩本、明監本、毛本「子」誤「下」。

777 天下無敢禦也　小字本同，閩本、明監本、毛本同，相臺本「也」作「之」。案，「之」字是也。正義云「則無有於我，僖公敢禦止之也」，標起止云「至禦之」，可證也。考文古本「也」上有「之」字，采正義。

778 萬二千五百爲軍 閩本、明監本、毛本同。案，浦鏜云「爲」上疑脱「人」字，是也。

779 重弓謂内弓於鬯 閩本、明監本、毛本「謂」誤「爲」。 ×

780 弓矛所用執一而已 閩本、明監本、毛本脱「一」字。 ×

781 俗本作增誤也 閩本、明監本同，毛本「增」作「憎」。案，所改是也。

782 是三軍之大數又以此爲三軍者 閩本、明監本、毛本同。案，「三」字盧文弨云當作「二」，下同，是也。正義下文云「故荅臨碩謂此爲二軍」，「二」字不誤可證。

783 文數可爲四萬 閩本、明監本、毛本同。案，浦鏜云「文」疑「大」字誤，是也。

784 使知當時無三軍也 閩本、明監本、毛本同。案，浦鏜云「便」誤「使」，是也。

785 唯有僖公耳 閩本、明監本、毛本同。案，「僖」字，盧文弨云當作「桓」，是也。浦鏜校改上文「僖公」二字作「春秋」，非也。

786 師賤兵少 閩本、明監本、毛本同。案，山井鼎云「師」當作「帥」，是也。此因「帥」字俗體有作「師」者而譌耳。

787 魯邦所詹 唐石經、小字本、相臺本同，考文古本「詹」作「瞻」。案，古本非也。傳訓「詹」爲至，毛氏詩不作「瞻」明甚。唯説苑等引此文作「瞻」者，是三家詩也，韓詩外傳有其證。

788 必先有事於配林 毛本「有」誤「其」，閩本、明監本不誤。 ×

789 以獎王室　閩本、明監本、毛本「獎」誤「尊」。

790 蓋主會者不列之耳　閩本、明監本、毛本「主」誤「盟」。

791 有從魯之嫌故明之　閩本、明監本、毛本「之」誤「此」。

792 淮夷蠻貊而夷行也　小字本、相臺本同。案，此傳「而」當依正義作「如」，其讀則以「淮夷蠻貊」四字爲逗，傳之複舉經文者也；「如夷行也」四字爲句，傳文之説經也。以毛公文字簡奥，故説經本但有「淮夷」，而併言「蠻貊」之意，云「如夷行也」。「如」者，譬況之言，謂經此文是譬況淮夷之行也，以爲足以明之矣。厥後作正義者，所受之讀未誤，故引而伸之曰「言淮夷蠻貊如夷行者，以『蠻貊』之文在『淮夷』之下，嫌蠻貊亦服，故辨之。以僖公之從齊桓，唯能服淮夷耳，非能服南夷之蠻、東夷之貊，故即『淮夷蠻貊』，謂淮夷如蠻貊之行」。其言極爲明晰，可據以正各本「如」作「而」之誤，即可據以正岳本點「淮夷」二字、逗「蠻貊而夷行也」六字爲句之誤也。經義雜記讀之不審，一改傳文作「淮夷蠻貊夷行如蠻貊也」，再改正義「言淮夷蠻貊如夷行者」作「言淮夷如蠻貊之行者」，紛紛塗竄，皆由未得其句逗所致。

793 鳧嶧連文　閩本、明監本、毛本「嶧」誤「繹」。案，經文作「繹」，此作「嶧」者，「繹」「嶧」古今字，易而説之也，例見前。禹貢、爾雅、説文皆作「嶧」，是「嶧」爲正字。釋文云「字又作『嶧』」，亦指禹貢等言之也。毛氏詩但作「繹」，古文多假借也。○段玉裁云：「繹山與葛峰山是兩山。尚書『嶧陽孤桐』，此葛峰山也。地理志『在東海下邳』，今在淮安府邳州。魯頌及左傳『邾國之繹』，此繹山也。地理志在『魯國騶縣』，今在兖州府鄒縣。前説云『繹』『嶧』古今字，非是。『繹山』字，史記及漢志作『嶧』，要以秦碑作『繹』爲正。」

794 周公有嘗邑　小字本、相臺本同，閩本、明監本、毛本「嘗」誤「常」。

795 許□田未聞也　小字本「許田」不空，考文古本同；閩本、明監本、毛本空處誤補「許」字；相臺本「許田」作「所由」。案，「所由」是也。

796 天乃與公大夫之福　閩本、明監本、毛本「夫」作「大」。案，所改是也。

797 許田未聞也　閩本、明監本、毛本同。案，此「許田」亦「所由」之誤。

798 徂來之松　唐石經、相臺本同，閩本、明監本、毛本同；小字本「來」作「徠」，考文古本同。案，傳「徂來山也」，相臺本仍作「來」，餘本皆作「徠」。正義中「來」字十行本作「來」，閩本以下改作「徠」，而標起止未改。是正義本、唐石經皆作「來」，爲可據矣。

799 孔甚碩大也奕奕姣美也　小字本、相臺本同。案，正義云「孔甚，釋言文；碩大，釋詁文。孔碩言其寢美也。定本、集注云『孔碩甚佼美也』，與俗本不同」。考正義上文云「作爲君之正寢甚寬大，又新作閟公之廟，奕奕然廣大」，初無「奕奕佼美」之文。今本箋有誤，故與定本、集注及俗本俱不合。釋文以「甚姣」作音，當是其本與定本、集注同。今釋文各本「甚」誤作「其」，非也。詳後考證。

800 新者姜嫄廟也　小字本同，閩本、明監本、毛本同；相臺本無「也」字，「新」上有「所」字，考文古本有。案，無者是也。相臺本乃所謂以疏中字微足其義者耳。

801 曼脩也廣也且然也國人謂之順也　小字本、相臺本同。案，正義云「定本、集注箋『曼脩也廣也且然也國人謂之順』，與俗本不同」，如其所言，非爲異本，當有誤也。今無可考。

802 取彼徂來山上之松　閩本、明監本、毛本「來」作「徠」。案，此誤改也，見上。

803 作爲君之正寢甚寬大　閩本、明監本、毛本「甚」誤「其」。

804 君德備矣　明監本「君」誤「尹」，閩本、毛本不誤。×

805 美其作之得所故舉名言之　閩本、明監本、毛本同。案，十行本「其」至「之」剜添者一字。

806 定本集注云路正也釋詁云路大也　閩本、明監本、毛本同。案，十行本「云」至下「路」字剜添者一字。×

807 孔碩甚佼美也　閩本、明監本、毛本「佼」作「姣」。案，此依釋文改耳。×

808 屬役賦丈　明監本、毛本「丈」誤「文」，閩本不誤。案，山井鼎云「文」當作「丈」，物觀補遺不云據宋板，皆非也。×

809 引文十三年大室屋壞者　明監本「十」誤「一」，閩本、毛本不誤。×

810 卷第二十二十之三六九　十行本此下脱「那詁訓傳第三十」一行；閩本以下有，考文古本同，是也。但「那」下仍衍「之什」二字，説見前。又，閩本以下誤在「毛詩商頌鄭氏箋孔穎達疏」後，説見卷一。當依唐石經、小字本、相臺本删之「什二」字，補在「毛詩商頌」一行之上也。

商頌譜

811 汝作司徒敷五教五教在寬　明監本、毛本「敷」上有「敬」字，閩本剜入。案，所補非也。正義引之不備耳。浦鏜云衍「五教」二字，非也。考殷本紀重「五教」二字，正用尚書文。唐石經初刻亦然，後乃磨去。合諸此正義所引，可知唐時本尚書自重二字，不得依今本輒删之也。

812 斯封稷皐陶　閩本、明監本、毛本同。案，「稷」下浦鏜云脱「契」字，是也，長發正義引有。

813 契孫相士居商丘　閩本同，明監本、毛本

「士」作「土」。案，所改非也。當是王肅自用「士」字，故依彼引之，不得用正義改爲「土」也。○按，楊升菴欲改左傳「士氏」爲「土氏」以合「在周爲唐杜」之文，而不知「士」即理官士氏，以官得氏也。

814 **大王來居周地** 閩本、明監本、毛本「周居」誤倒。 ×

* **故名序云** 補：毛本「名」作「書」，是也。

815 **代夏桀定天下** 閩本、明監本、毛本同。案，「代」當作「伐」，正義可證。

816 **或入列王官** 毛本「官」誤「宮」，閩本、明監本不誤。 ×

817 **中候維予命云** 閩本、明監本、毛本同。案，浦鏜云「雒」誤「維」，是也。那正義引作「雒」。

818 **至於小大** 閩本、明監本、毛本「小大」誤倒。 ×

819 **居凶廬柱楣** 毛本「凶」誤「空」，閩本、明監本不誤。 ×

820 **此三主有受命中興之功** 閩本同，明監本、毛本「主」作「王」。案，所改是也，此正義及長發正義引皆可證。山井鼎考文所載以爲毛本「主」，宋板「王」，諸本同，皆誤。

821 **后帝不臧** 明監本「臧」誤「滅」，閩本、毛本不誤。 ×

822 **遷閼伯於商丘主辰** 毛本「主」誤「生」，閩本、明監本不誤。 ×

823 **故故終言之** 閩本、明監本、毛本不重「故」字。案，所改非也，下「故」字當作「譜」。此亦寫者誤而未及改正耳，不當輒刪。 ×

824 **西及豫州盟豬之野** 閩本、明監本、毛本同。案，陳譜作「明豬」，正義引此文亦作「明」，今作「盟」，當誤。正義中「孟」字，據地理志及陳譜正義所引尚書訂之，則當作「盟」。

825 **導河澤**　閩本、明監本、毛本同。案，「河」字，盧文弨云當作「菏」，是也。此誤落去上「艹」耳。

826 **今之梁國沛**　閩本、明監本、毛本「沛」誤「市」。[14]

827 **及東都之須昌壽張**　閩本、明監本、毛本同。案，「都」字，盧文弨云當作「郡」，是也。

828 **自從政衰**　閩本、明監本、毛本同。案，浦鏜云「後」誤「從」，是也。

829 **所以通大三統**　閩本、明監本、毛本同。案，「大」當作「天」，形近之譌。通天三統，書傳、駁異義皆有其文，引在振鷺正義。

830 **雖有其美者**　毛本「美」誤「義」，閩本、明監本不誤。

831 **而得無其詩者**　閩本、明監本、毛本「得無」誤倒。

○那

832 **那祀成湯也**　小字本同，閩本、明監本、毛本同；相臺本「那」作「那」；唐石經初刻「那」，磨改「那」。案，「那」字是也，下同。

833 **有正考甫者**　唐石經、小字本、相臺本同。案，釋文云「父，本亦作『甫』」，此唐石經之所出也。正義云「其大夫有名曰正考父者」，是其本作「父」字。今正義中「父」「甫」字互岐，乃合併以後依經注有所改耳。

834 **正義曰那那詩者**　閩本、明監本、毛本下「那」字作「之」。案，所改非也，此當衍。[15]

835 **死因爲語耳**　閩本同，明監本、毛本「語」作「謚」。案，所改是也。

836 **以其伐紂革命**　閩本、明監本、毛本同。

案,「紂」當作「桀」。

837 毛以終篇　閩本、明監本「以」下衍「行」字,毛本剜去。

838 宋父生正考甫　閩本、明監本同,毛本「甫」作「父」。案,所改是也,但餘多仍作「甫」。

839 爲華氏所逼　明監本「華」誤「葉」,閩本、毛本不誤。

* 言瑨公之適辝　補:毛本「辝」作「嗣」。

840 美湯受命伐桀　毛本「伐」誤「我」,明監本以上皆不誤。

841 於盛矣湯孫　毛本「矣」誤「也」,明監本以上皆不誤。

842 亦不夷懌　唐石經、小字本、相臺本同。案,釋文云「繹字,又作『懌』」。正義本是「懌」字,當爲唐石經之所本也。○按「懌」者俗字,從「繹」爲是。

843 先王稱之曰在古　小字本、相臺本同。段玉裁云:「魯語『先聖王之傳,恭猶不敢專,稱曰自古,古曰在昔,昔曰先民』,韋注引傳亦曰『先王稱之曰自古』,然則各本作『在』字誤也。」山井鼎云「古本本同,後改『在』作『自』」,不知據何本也」。考此乃依國語改而偶有合也。

844 序助者之來意也　相臺本同,閩本、明監本、毛本同,小字本「之來」作「來之」。案,小字本是也。

845 而能制作護樂　閩本、明監本、毛本「護」作「濩」。案,所改非也,當是正義本作「護」字。正義下文皆作「濩」,乃合併以後依經注改之耳。

846 於乎赫然盛矣者　閩本、明監本、毛本「矣」誤「意」。

847 大鍾之鏞　閩本、明監本、毛本同。案,經傳作「庸」,正義作「鏞」,「庸」「鏞」古今字,易而說之也，例見前。

848 乃從上古在於昔代先正之民　閩本、明監本、毛本「正」作「王」。案，所改是也。又按，作正義時其本作「在昔」。×

849 鼓無當於五聲五聲不得不和　閩本、明監本、毛本同。案，十行本「於」至下「不」字剜添者一字。×

850 注云柷鞉皆所以節樂　毛本「云」誤「曰」，「鞉」誤「鼓」，閩本、明監本不誤。×

851 夏后氏足鼓以下　閩本、明監本、毛本「足」誤「柷」。×

852 禮設樂懸之位　明監本、毛本「樂懸」誤倒，閩本不誤。×

853 以其追述成湯　閩本、明監本、毛本「其」誤「爲」。×

854 說作簫韶之樂得所　閩本、明監本「簫」誤「蕭」，毛本不誤。×

855 視其有所成　閩本、明監本、毛本同。案，「視」當作「是」。

856 乃見其所爲齋者　毛本「爲」誤「謂」，閩本、明監本不誤。×

857 於此爲傳者　閩本、明監本、毛本「爲」誤「故」。×

858 則特牲所云食無樂當是夏殷禮矣　閩本、明監本、毛本「食」下有「嘗」字，「是」上無「當」字。案，所補是也，所刪非也。

859 直取烝嘗之言爲韻耳　閩本、明監本、毛本「取」誤「此」。×

○烈祖

860 御史大夫貢禹說　毛本「貢禹」誤倒，閩

本、明監本不誤。×

861 **數亦不定**　明監本「定」誤「宗」，閩本、毛本不誤。×

* **既齊立乎列矣**　補：毛本同。案，「乎」當「平」字之譌。

862 **鬷總假大也**　小字本、相臺本同。案，釋文以「總也」作音，是其本多「也」字。

863 **神靈用之故**　小字本、相臺本同。案，之，是也，此也，正義説經云「以此故」可證。下文云「而云用是之故」，當是正義自爲文耳。考文古本「用」下有「是」字，采正義而爲之耳。

864 **言文德之有聲也**　毛本「聲」誤「德」，明監本以上皆不誤。×

865 **假升也**　小字本、相臺本同，考文古本同，閩本、明監本、毛本「升」誤「大」。案，山井鼎云「不可與傳混也」，是也。

866 **駕四馬**　毛本「馬」誤「牡」，明監本以上皆不誤。×

867 **言得萬國之歡心也**　小字本、相臺本同，閩本、明監本、毛本「歡」誤「懽」。×

868 **來假來饗**　唐石經、小字本、相臺本同，考文古本同，閩本、明監本、毛本「饗」誤「享」。案，經中「饗」「享」二字截然有別。享者，下享上也；饗者，上饗下也。自歐陽脩本義以來，諸家論之審矣。○按，有同字義別而相因者，如獻神爲享，神食其所獻亦爲享，是也。此等在訓詁中蓋未可枚舉。後儒曲爲分別，乃以獻之作「享」，神食所獻作「饗」，於我將、閟宫、烈祖皆用此例定其字，故唐石經、宋本似是而非，今俗本槩作「享」，似非而是。此篇前「享」字箋云「獻也」，後「享」字箋云「謂獻酒使神享之也」，相承爲説，當時斷非有二形也。

869 **享謂獻酒使神享之也**　閩本、明監本、毛本同；小字本、相臺本「享」作「饗」，考文古本同。

案，「享」字誤，見上十行本。下箋「中宗之享此祭」誤同，與經文爲岐出。正義中「歆饗」字亦「饗」「享」錯雜，此寫者以「享」爲「饗」別體字而亂之耳。閩本以下仍之而不覺，又因此而改經文亦爲「享」，誤甚。

870 來升堂來獻酒　小字本、相臺本同。案，來升堂者，來假也；來獻酒者，來饗也。上箋云「饗謂獻酒使神饗之也」。此箋乘上爲文，故省而但言「獻酒」。下箋説經「降福無疆」，云「神靈又下與我久長之福也」。又者，又神饗之也。是此「獻酒」括上「使神饗之」而言，明甚矣。箋之兩「來」字即經之兩「來」字，本自無誤。正義云「來假謂諸侯來升堂獻酒，來饗謂神來歆饗之」，又云「獻酒必升堂，故知來假謂來升堂獻酒也」，以獻酒連升堂入於「來假」之下，以「來饗」屬之「神來」，微失箋意。箋意「來饗」之「來」仍是諸侯來，不是神來，但「饗」是神饗之耳。王肅述毛則以兩「來」字皆屬之神，此其與鄭異也。經義雜記因正義此言，以爲下一「來」字是淺人所增，其説非也。

871 子孫祀之　閩本、明監本「祀」誤「祖」，毛本不誤。　×

872 故余祀之　閩本、明監本、毛本「余」作「今」。案，此皆誤也，當作「祭」，形近之譌。

* 又言諸侯所以來故念我　補：毛本「故」作「顧」。

873 既言天使之豐　閩本、明監本、毛本「使」誤「賜」，「豐」誤「福」。　×

874 箋祜福至思成　閩本同，明監本、毛本「思」作「用」。案，所改是也。

875 曲辯酒齊之異　閩本、明監本、毛本「辯」誤「辨」。　×

876 鬷惣古今字之異也　閩本同，明監本、毛本「惣」作「總」。案，所改非也。「惣」即「總」字，正義自爲文多用之，唯順經注乃有「總」字。

明監本以下悉改之爲「緫」者，非。

877 **既戒且平**　閩本、明監本、毛本同。案，此不誤。浦鏜云「既平」誤「且平」，非也。考杜預注及正義傳文本作「且」，晏子春秋亦作「且」，可見此正義引傳爲是。今傳作「既」者，依此詩改之耳。申鑒亦引作「且」，皆不與毛氏詩同。

878 **釋詁假爲升**　閩本、明監本同，毛本「假」上誤剜入「以」字。×

879 **箋約軝至歡心**　閩本、明監本、毛本「軝」誤「軧」，下同。案，正義本是「軝」字。上文作「軧」者，皆後人改耳。已見采芑經。

880 **鄭於秦風駟鐵之箋云**　閩本、明監本、毛本「鐵」誤「鐵」。案，所改是也。[16]

881 **乘篆轂金飾錯衡之車也**　閩本、明監本、毛本「篆」誤「傳」。×

882 **謂未升堂獻酒也**　閩本同，明監本、毛本「未」作「來」。案，所改是也。

○元鳥

883 **古者君喪三年既畢禘於其廟而後祫祭於太祖明年春禘于羣廟**　小字本、相臺本同。案，釋文云「『古者喪三年，既畢，祫于大祖，明年禘于羣廟』，一本作『古者君喪三年，既畢，禘于其廟，而後祫祭于大祖，明年春禘于羣廟』。此序一注舊有兩本，前祫後禘是前本也，兩禘夾一祫是後本也」。正義：「此箋或云『古者君喪三年，喪畢，禘於其廟，而後祫於大祖，自此之後五年而再殷祭』者，其文誤也。何則？禮注及志皆無此言，則此不當獨有也，定本亦無此文。」惠棟云：「正義本無經及傳箋，南宋刻正義始增入之，而誤入宋時所傳之本。此箋正義已言其誤，而書仍載者，刻書之人載入之，箋不與正義相涉故也。」今考正義本與釋文同，所謂前本者也。

* **而歌作詩焉**　補：毛本同。案，「作」當「此」字之譌。

884 五年而再殷祭　小字本、相臺本同，考文古本同，閩本、明監本、毛本「再」誤「載」。

885 故詩人因此祫祭之後　閩本、明監本、毛本「祭」誤「禘」。

886 皆云魯禮三年喪畢祫於太祖　閩本、明監本、毛本「祖」誤「廟」。

887 務自尊成　閩本、明監本、毛本「尊」誤「專」。

888 此月大祭故譏其速　閩本、明監本、毛本同。案，「此」當作「比」，形近之譌。

889 秋八月公薨　閩本、明監本、毛本「公」誤「君」。

890 僖二年除喪而　閩本、明監本、毛本同。案，「而」下當脱「祫」字。

891 四禘事而致哀美　閩本、明監本、毛本同。案，山井鼎云「美」當作「姜」，是也。

892 文二年秋八月祫　明監本、毛本「二」誤「三」，閩本不誤。

893 僖公之服亦少四月　閩本、明監本、毛本同。案，此不誤。浦鏜云「文」誤「僖」，非也。上文「閔公之服」自服者而言也，此「僖公之服」自所爲服而言也，二者文不同而義俱通，無容改而一之也。

894 魯文公以其十八年　閩本、明監本、毛本「八」誤「六」。

895 學者競傳其聞　閩本、明監本、毛本「聞」誤「間」。⑰

896 鄭以春秋上下考校　閩本、明監本、毛本「鄭」誤「定」。

897 **仍恐後字致惑**　閩本、明監本、毛本同。

案，山井鼎云「字」恐「學」誤，是也。

898 **有娀氏女簡狄**　明監本「娀」誤「娥」，各本皆不誤。×

899 **祈于郊禖而生契**　小字本、相臺本同。案，釋文云「郊禖，本或作『高禖』」。正義云「祈於高禖而生契」，是正義本當作「高」字。下文又作「郊禖」者，或合併後所改。○按，月令作「高禖」，毛傳生民、元鳥皆作「郊禖」，月令正義分析甚明，是傳不當作「高」也。或云「郊」、或云「高」者，鄭志焦喬荅王權甚明。此正義自當作「郊禖」，舊挍非也。

900 **箋云古帝天也**　明監本「天也」以下至「爲之王也」四十七字雙行，非也；閩本、毛本不誤。×

901 **受命不殆**　唐石經、小字本、相臺本同。案，箋云「受天命而行之不解殆者」。正義云「又受命不怠在武丁孫子，謂行之不解怠者在武丁之孫子，言高宗興湯之功，法度著明，以教戒後世，子孫行之，不解怠也」，又云「言行之不懈怠者在高宗之孫子，美此高宗孫子能得行之不懈怠也」。考此經字作「殆」，故正義引王述毛以爲「危殆也」；鄭以爲「殆」即「懈怠」字，故箋云「不解殆」，而字仍作「殆」；正義乃易爲「怠」字而說之也。趙岐注孟子告子下、王弼注易震皆用「殆」爲「怠」，可見在鄭時不煩改字矣。殷武經用「怠」字，此不畫一之例也。

902 **十乘者二王後**　小字本、相臺本同，閩本同，明監本、毛本「二」誤「三」。×

903 **八州之大國**　小字本、相臺本同。案，釋文云「大國與，音余」，是其本「國」下有「與」字。正義云「又解諸侯衆多，獨言十乘之意，謂二王之後與八州之大國，故十也」，不云言「與」爲疑辭，是其本無也。此無正文，當以釋文本爲長。

904 **景員維河**　唐石經、小字本、相臺本同。案，釋文云「鄭云『河之言何也』，王以爲河水。本或作『何』」。正義云「轉『員』爲『云』，『河』爲『何』者」云云，是其本作「河」也。此經本是「河」字，故王申毛以爲「河水」。「或作」本乃依箋改經耳。

* 音河河可反本亦作苛　補：釋文挍勘：通志堂本、盧本同。案，盧文弨云「『音河』當作『音荷』」，非也。候人釋文云「何戈，何可反，又音河」，是「河」字不誤也。小字本所附同。相臺本所附作「又河可反」，「又」字當有。苛，盧文弨云「『荷』字之誤」，是也。

905 員古文作云　按，「作」字衍也。謂「員」是古文「云」字，此言古文之假借。説文多云古文以「某」爲「某」，皆言假借。秦誓古文「若弗員來」，衛包始改爲「云來」，「員」是古文，「云」是今字，若衍「作」字，則古今互易矣。詳段玉裁詩經小學。

906 謂當擔負天之多福　小字本、相臺本同。案，此與長發箋「擔」皆當作「檐」，羣經音辨木部「檐」下載此箋，是其證也。羣書亦多用從木字，如釋名云「檐任也」之屬，正義中本皆作「檐」。今「檐」「擔」錯雜，改之而未盡也。音辨本取釋文，而通志堂本誤改從扌。詳後考證。

907 得言此殷王　閩本、明監本、毛本同。案，山井鼎云「言」恐「居」誤；「王」，「土」誤。是也。

908 ○行其先祖武德之王道　閩本同，明監本、毛本「○」作「能」。案，所改非也，「○」當衍。

909 景云維何　閩本、明監本、毛本「云」誤「員」，「何」誤「河」。案，此皆依箋易而説之也，上「受命不怠兆域彼四海」正同此例。又「百祿是荷」亦易字也。×

910 元鳥降則日有祀郊禖之禮也　閩本同，明監本、毛本「則」作「之」。案，此誤改也。「則日」二字當倒耳。「郊」當作「高」，見上。○按，作「郊」者是。

911 記其祈福之時　明監本、毛本「祈」誤「所」，閩本不誤。×

912 注云是時指在桑　閩本、明監本、毛本同。案，山井鼎云「指」當作「恒」，是也。

913 簡狄行洛　閩本、毛本同，明監本「洛」作「浴」。案，「浴」字是也，譜正義引作「浴」。

914 墮其夘　閩本、明監本、毛本同。案，浦鏜云「『墮』，本紀作『墯』」，是也。譜正義引作「墯」。

915 故知湯是亳之殷地而受命之也　閩本同，明監本、毛本下「之」字作「者」。案，所改非也，「之」當衍字。

916 殷殷湯所都也　閩本、明監本、毛本不重「殷」字，脱「也」字。案，不重是也。

917 學者咸以爲亳在河洛之閒書序注云今屬河南偃師地理志河南郡有偃師縣有尸鄉殷湯所都也皇甫謐云學者咸以亳在河洛之閒　閩本、明監本、毛本無「書序」以下至「河洛之閒」四十二字。案，此十行本複衍也。

918 書序曰盤庚五遷　毛本「曰」誤「云」，閩本、明監本不誤。

919 且中候格予命云　閩本、明監本、毛本同。案，山井鼎云「格」恐「洛」誤，是也。譜正義引作「雒」。

920 東觀在洛　閩本、明監本、毛本同。案，「在」當作「於」。譜正義引作「於」，此與下互換而誤也。

921 不得東觀於洛也　閩本、明監本、毛本同。案，「於」當作「在」，此與上互換。

922 言九有九有　閩本、明監本、毛本同。案，上「九」字當作「奄」。下文云「是同有天下之辭」，以「同」解「奄」也。

923 正謂授湯聖德　明監本、毛本「正」誤

「王」，閩本不誤。

924 殷質以名篇　閩本、明監本、毛本同。案，「篇」當作「著」，形近之譌。

925 創基甚難　閩本、明監本、毛本「基」誤「業」。

926 侯氏禪冕　明監本「禪」誤「神」，閩本、毛本不誤。

927 載龍旂弧韣　毛本「韣」誤「⿰革蜀」，閩本、明監本不誤。

928 在傍與己同曰偏駕　閩本、明監本、毛本同。案，「己」當作「王」。

929 而十乘俱至也　閩本、明監本「俱」誤「假」，毛本不誤。

930 言已令千里之內　明監本、毛本「千」誤「十」，閩本不誤。

931 荷者在負之義　閩本、明監本、毛本同。案，浦鏜云「在」當「任」字誤，是也。

932 以頍弁既醉言維何者　閩本、明監本、毛本「何」誤「河」。下「維何既是問辭」，毛本誤同。

933 既言四海爲界也　閩本、明監本、毛本同。案，浦鏜云「也」疑衍字，是也。

* 將故述其美殷之言　補：毛本「故」作「欲」。案，「欲」字是也。

934 荷任即是擔負之義　明監本、毛本脱「荷」字，閩本不誤。案，「擔」當作「檐」，見上。

935 故言檐負天之多福　閩本、明監本、毛本「檐」作「擔」字。按，「儋」是正字，俗作「擔」，从手，蓋唐早有之。集韻：平聲，「儋」「擔」同字；去聲，「擔」「檐」同字。

○長發

936 歷更前世有功之祖　閩本、明監本同，毛本「更」作「陳」。案，所改是也。

937 赤則赤摽怒　閩本、明監本、毛本同。案，浦鏜云「熛」誤「摽」，是也。

938 黄則含樞細　閩本同，明監本、毛本「細」作「紐」。案，所改是也。

939 易緯稱王王之郊　閩本、明監本、毛本同。案，山井鼎云上「王」恐「三」誤，是也。

940 天神共云　明監本「共」誤「其」，閩本、毛本不誤。

941 諸稱三王有受命中興之功　閩本、明監本、毛本同。案，浦鏜云「譜」誤「諸」，是也。

942 幅隕既長　唐石經、小字本、相臺本同，閩本同，考文古本同，明監本、毛本「隕」誤「幀」。

943 隕當作圓　相臺本同，閩本、明監本、毛本同，小字本「圓」作「員」。案，正義云鄭以「隕」爲「圓」，是其本作「圓」也。釋文云「作圜，音還，又音圓」。考「圜」即「圓」之正字，考工記注云「故書『圜』或作『員』」，當作『圜』」具證也。羣書中「圜」「圓」「員」不一。

* 王知音智　補：通志堂本、盧本竝無「王」字。案，當是下「王天下」「王」字誤在上。

* 天下于況反　補：通志堂本、盧本竝作「王天下于況反」。案，「大下」上當有「王」字，此誤在前「知音智」上。

944 禹平治水土　閩本、明監本、毛本同。案，「禹」當作「內」，形近之譌。

945 上須言契而已　閩本、明監本、毛本同。案，「上」當作「止」，形近之譌。

946 以其承黑商立子　閩本、明監本、毛本同。案，山井鼎云「商」恐「帝」誤，是也。

947 **國語亦云昔我先王后稷**　閩本、明監本、毛本同。案，先王，浦鏜云周語作「先世」，非也。國語本作「昔我先王世后稷」，誤本乃無「王」字耳。正義所引當亦「王」「世」兩有，而緜正義引云「昔我先世后稷」，各少一字。

948 **文武不先不窋**　閩本、明監本、毛本上「不」字誤「之」，「窋」誤「窟」。案，上文「我先王不窋」，十行本已誤「窟」，閩本以下同。

949 **故爲齊也**　閩本、明監本、毛本同。案，「齊」上浦鏜云脱「整」字，是也。

950 **故得云威武烈烈然**　閩本、明監本、毛本「得云」誤「孫子」。×

951 **截而整齊**　閩本、明監本、毛本同。案，浦鏜云「而，箋作『爾』，此譌」，是也。

952 **則威加一面而已**　閩本、明監本、毛本「面」誤「國」。×

953 **其德浸大**　小字本、相臺本同。案，釋文云「浸大，子鴆反」。正義云「定本作『浸』字」，如其所言，非爲異本，當有誤也。意必求之，或正義本是「漸」字。正義云「雖已漸大」，又云「以爲漸大之意也」，又云「其餘不能漸大也」，當是本此箋文。又云「而云其德浸大者」，又云「故述其意言浸大耳」，二「浸」字依經注本之所改也。○按，古「浸」「寖」同字，容是一本作「寖」耳。

* **不違言疾也**　補：毛本「違」作「遲」。案，「遲」字是也。

954 **天命是故愛敬之也**　閩本、明監本、毛本同；小字本、相臺本「命」作「用」。案，「用」字是也。

* **非韓字也**　補：釋文挍勘：通志堂本同；盧本「韓」作「改」，云「『改』舊譌『韓』」，非也。案，小字本所附亦如此，「韓」當作形近之譌。

955 **以其聰明寬假天下之人**　閩本、明監本、毛本「假」作「暇」。案，所改是也。

956 **定本作浸字**　閩本、明監本、毛本「浸」誤「侵」。✕

957 **傳升至九州**　閩本、明監本、毛本同。案，「升」上當脱「躋」字。

958 **晉維宋公孫固**　閩本、明監本「固」誤「因」，毛本不誤。案，山井鼎云「維」恐「語」誤，是也。

959 **受大玉謂珽也**　明監本「玉」誤「至」，各本皆不誤。✕

960 **如旌旗之旒縿著焉**　小字本、相臺本同。案，正義云「定本云『如旌旗之縿旒者焉』」。釋文云「旒縿，所銜反」，「著焉，直畧反」，是釋文本與正義本同也。此箋當讀「旒」字畧逗，「縿著焉」三字爲句，定本非是。○按爾雅及周禮注，正幅曰縿，旒著於正幅之旁，然則當云「旌旗之縿旒著焉」，正義本非。

961 **舉事其得其中**　閩本、明監本、毛本上「其」字作「甚」。案，所改非也，此「具」字之誤。

962 **及旌旗之飾**　毛本「飾」誤「節」，閩本、明監本不誤。✕

963 **如旌旗之縿旒者焉**　閩本、明監本、毛本「者」誤「首」。○按，依定本，上「縿」下「旒」爲是。「者」字亦是「著」字之譌也，直畧反。

964 **敷奏其勇**　唐石經、小字本、相臺本同。案，釋文云「傅奏，音孚，本亦作『敷』」。正義本未有明文，今無可考。大戴禮所引是「傅」字，此亦如尚書「敷納」「敷土」「敷淺」，原多引作「傅」也。

965 **百祿是總**　唐石經、小字本、相臺本同。案，釋文云「是總，子孔反。本又作『鬷』，音宗」。正義標起止云「至是總」，是其本作「總」字。「鬷」「總」，烈祖正義以爲古今字也。○按，此當「鬷」字爲長，淺人以「總」字與上文三上聲相叶，而輒改耳。

966 **戁恐竦懼也**　小字本、相臺本同。案，釋文以「恐也」作音，是其本多「也」字。考文古本有，亦采釋文耳。

967 **龍爲之和**　閩本、明監本、毛本「龍」誤「龐」。

* **採爲美譽**　補：案，「採」當作「休」，毛本不誤。

968 **則此宜爲榮名**　閩本、明監本、毛本「宜」誤「豈」。

969 **勇毅不懼**　小字本、相臺本同，考文古本同，閩本、明監本、毛本「毅」誤「敢」。

970 **行天子之禮樂**　毛本「子」誤「下」，明監本以上皆不誤。

971 **九州齊一截然**　閩本、明監本、毛本同；小字本、相臺本「一」作「壹」，考文宋板同。

972 **○以爲上言成湯進勇**　閩本、明監本、毛本同。案，浦鏜云「以」上當脱「毛」字，是也。

973 **克伐既滅封其支子**　閩本、明監本、毛本同。案，「克伐」當作「先代」，形近之譌。

974 **唯有韋顧昆吾**　閩本、明監本、毛本「唯」誤「雖」。

975 **故以苞爲本**　閩本、明監本、毛本「故」誤「固」。

976 **謂本根已順**　明監本、毛本「順」作「顛」，閩本作「顚」。案，「顛」字是也。

977 **美湯以小國而得天意也**　毛本「美」誤「夫」，閩本、明監本不誤。案，此因明監本字壞而譌。

978 **不歷數之**　閩本、明監本、毛本同。案，浦鏜云「下」誤「不」，是也。

979 **侈故之以**　閩本、明監本、毛本「侈」誤「移」，「故」誤「放」。[18]

* **是吾與桀**　補：毛本「是」作「昆」。案，「昆」字是也。

980 **畏君之震**　小字本、相臺本同，考文古本同，閩本、明監本、毛本「君」誤「吾」。 ×

981 **師徒橈敗**　相臺本同，閩本、明監本、毛本同，小字本「橈」作「撓」。案，「橈」字是也，小字本乃俗字耳。 ×

982 **言實也上天子而愛之**　閩本、明監本、毛本同。案，浦鏜云「言」疑「信」字譌，是也。「實」當衍字。此以「信也」說經「允也」，浦屬上句讀者，誤。

○殷武

983 **脩宮室**　閩本、明監本「脩」誤「宿」；毛本初刻同，後改「脩」。 ×

984 **撻彼殷武**　小字本、相臺本同。唐石經自「撻彼」起，下至「設都」止，五行每行十二字。案，此落去上序一行，從後改入，故變而每行多二字也。

985 **罙入其阻**　唐石經、小字本、相臺本同，閩本、明監本、毛本「罙」誤「采」。案，依字當作「罙」，詳詩經小學。

986 **裒聚釋詁○**　閩本、明監本、毛本「詁」下有「文」字。案，所補是也。

987 **以其遠入險阻**　閩本、明監本、毛本「入」誤「處」。 ×

988 **曰商是常**　小字本、相臺本同，唐石經「商」下旁添「王」字。案，旁添誤也。箋云「曰商王是吾常君也」，「王」字是箋文而非經文也。

989 **世見曰王**　小字本、相臺本同。案，正義云「世見曰來王」，「來」字正義所加耳。考文古本「王」上有「來」字，采正義而誤。 ×

990 謂之藩國　閩本、明監本、毛本「藩」作「蕃」。案，所改非也。「藩」即「蕃」字耳。○按，依説文，「藩」是正字。

991 及嗣王即位　閩本、明監本、毛本「及」誤「父」。×

992 此章盡五章以來更本其告責之禮耳　明監本、毛本「以來更」誤「叙未伐」；閩本「更」誤「史」，「以來」不誤。

993 非可解倦　小字本、相臺本同，閩本、明監本、毛本「解」誤「懈」。×

994 此所用告曉楚之義也　小字本、相臺本、毛本同，閩本「曉」誤「膮」，明監本誤「饒」。×

995 亦每服者合五百里　閩本、明監本、毛本同。案，浦鏜云「合」當「各」之誤，是也。

996 經塗所宜　閩本、明監本、毛本同。盧文弨云「宜」疑「直」；嚴杰云亦非也，此用蜀都賦「經涂所亙五千餘里」之句。亙，居鄧切，竟也。

997 三倍狹於周世　閩本、明監本、毛本「狹」誤「狄」。×

998 烝民不粒　閩本同，明監本、毛本「丞」作「烝」。案，所改是也。

999 則設文從何而往　明監本、毛本「設」誤「經」，閩本不誤。×

1000 遭時制宜　明監本、毛本「遭」誤「遭」，閩本不誤。×

1001 時楚僭號王仰　閩本同；小字本、相臺本「仰」作「位」，明監本、毛本同。案，「位」字是也。正義云「明是於時楚僭慢王位」，或其本是「慢」字，然無明文也。考文古本作「慢」，采正義。

1002 襄二十六年左傳曰　閩本、明監本、毛

本「二」誤「一」。×

1003 中候契握曰若稽古王湯　閩本、明監本、毛本同。案，「曰」字當重，而誤脱其一。

1004 松桷有梴　唐石經、小字本、相臺本同。案，釋文云「梴，丑連反，又力鱣反，長貌，柔梴物同耳，字音羶，俗作埏」。段玉裁云：「釋文『柔梴物同耳』；老子音義曰『埏，字林云：長也，丑連反，又一曰柔埏』。合此二音義觀之，則毛詩本作『埏』，而説文木部『梴』字恐後人羼入。」今考正義云「有梴然而長」，五經文字木部云「梴長貌，見詩頌」，其本字皆從木，唐石經之所本也。釋文舊多誤，當正。詳後考證。

* 字音鱣　補：釋文挍勘：通志堂本、盧本同。

按，小字本所附作「羶」不誤。

* 俗作　補：釋文挍勘記：通志堂本同；盧本「作」下有「埏」字，云「『埏』字舊無，今補。白帖卷一百引詩『松桷有埏』，則唐時本有俗從土者」。案，段玉裁云「是也」。今考小字本、此十行本所附皆「作」下更無字，當是釋文舊如此矣。

1005 鄭以榩又爲椹　閩本、明監本、毛本同。案，浦鏜云「又」疑衍字，是也。經及箋作「虔」，正義作「榩」，「虔」「榩」古今字，易而説之也，例見前。

1006 言正斲於椹上　閩本、明監本、毛本「正」誤「王」。×

1007 箋云不解閑義　閩本、明監本、毛本同。案，「云」當作「亦」，形近之譌。

1008 弟小辛崩　閩本同，明監本、毛本「辛」下有「立」字。案，所補是也。

07—1009 百五十四句　小字本、相臺本同；唐石經初刻「百」上有「一」字，後磨去；閩本以下亦無。案，初刻誤也。

校　記

❶南昌本此條作「傳庭直〇正義曰釋詁文之」：補：案，「之」字衍也。閩本、明監本、毛本『文』下衍『也』字」。

❷南昌本無「閩本不誤」，而於條末增「案，『邦』作『邢』，形近之譌」。

❸南昌本此條低兩格，誤作正義出校例。

❹中下，南昌本、清經解本同。但據具文義，似當作「始下」。言「順天命」上有「信」字。上「早夜始順天命」條校記所引正義可證。

❺南昌本此條作「王上行既如此」：閩本、明監本、毛本同。案，『王』當作『已』」。

❻南昌本此條作「七十三家」：補：閩本、明監本、毛本同。案，「三」當作「二」」。

❼南昌本此條作「夫報天而主曰」：補：閩本、明監本、毛本同。案，『夫』當作『大』」。

❽南昌本此條作「主意之讓下也」：補：閩本、明監本、毛本同。案，『主』當作『上』」。

❾校記引爾雅釋文「本或作摩」之「摩」，通志堂本釋文作「𤻮」，與上下文義相合。

❿于，南昌本作「於」。

⓫「有駓下本云字林作駓」之下「駓」，南昌本原作「騇」，據文選樓本毛詩釋文校勘記訂正。

⓬鷽，底本原誤作「鸒」，據南昌本改。

⓭閩本明監本毛本同，南昌本作「閩本明監本毛本征誤往」。

⓮南昌本此條作「今之梁國市」：補：閩本、明監本、毛本同。案『市』當作『沛』」。

⓯南昌本此條作「正義曰那詩詩者」：補：閩本、明監本、毛本上『詩』字作『之』。案，所改非也，當衍一『詩』字」。

⓰出文「鐵」與校記中上「鐵」字，南昌本均作「驖」，當爲是。足利學校藏十行本正義此處即作「驖」。

⓱南昌本此條作「學者競傳其間」：補：閩本、明監本、毛本同。案，『間』當作『聞』」。

⓲南昌本此條作「移故之以」：補：閩本、明監本、毛本同。案，『移』當作『侈』，形近之譌」。

毛詩釋文校勘記卷一

毛詩音義上○周南

f01—001 故訓傳第一○人或作詁　通志堂本、盧本「人」作「今」。案，「今」字是也，小字本、十行本所附皆是「今」字。

002 國風○摠謂十五國　通志堂本「摠」作「總」，盧本作「摠」。案，「總」字非也。九經字樣手部云「摠，説文作『總』，經典相承通用」。

003 歎之○傷贊反　通志堂本同；盧本「傷」作「湯」，云「從宋本正」。案，考此宋本謂十行本所附也。凡盧文弨所稱葉林宗影宋本及十行本所附概曰「宋本」，又宋經注本亦然雜揉無別，由其初彙挍於一帙，迨後倩手纂録，不識本來，遂致此誤。今就可考知者略爲訂正。小字本所附亦是「湯」字。

004 之苛○音同　通志堂本同；盧本同作「何」，云「宋本作『何』」。案，考此宋本謂十行本所附也。小字本所附亦是「何」字。○按，當作「尙」。周禮注多用「荷」爲「苛」字，轉寫或改作「苛」，此宋本則譌爲「何」。

005 騶○本亦作騶　通志堂本、盧本同。案，盧文弨云「騆」舊譌「騶」，是也。

006 窕○幽閑也　通志堂本、盧本「閑」作「閒」。案，「閒」字是也。○按，古多通用。

007 興也○案興是譬喻之名　通志堂本同；盧本「喻」作「諭」，云「今從宋本」。案，考此宋本謂十行本所附也。「喻」字不誤，十行本譌耳。盧文弨依之改，非。小字本所附亦作「喻」。○按，説文从言，无从口之「喻」。

008 其一章章四句　通志堂本同；盧本不重「章」字，云「舊複，今删」。

009 萋萋○茂盛皃　通志堂本「皃」誤「貌」，盧本作「皃」。案，以後「皃」字同，此不更出。

010 叢木○一本作最　通志堂本、盧本同。案，段玉裁云：「『最』當作『冣』，從冖、從取。古書『冣』字多誤爲『最』字，從冃。」説已見前。

011 無斁○本又作㪗　通志堂本、盧本同。案，「㪗」當作「斁」。集韻二十二昔載「斁」「㪗」二形，云「古从欠」可證。

012 害澣○户葛反曷何也　通志堂本、盧本同。案，盧文弨云「釋文『曷』字亦衍文」，是也。此載傳，考傳以「害」「曷」爲假借，釋文「户葛反」即「曷」字音，不當更有「曷」字。

013 絜清　通志堂本初刻「絜」作「潔」，後改去氵；盧本作「絜」。案，初刻誤也。以後「絜」字同，此不更出。

014 周行○注下同　通志堂本、盧本「注下」作「下注」。案，倒者誤也。小字本、相臺本、十行本所附皆作「注下」，不誤。

015 嵬○毛公崔嵬　通志堂本同，盧本「公」作「云」。案，所改是也。

016 ○與爾雅同　通志堂本、盧本同。案，盧文弨以爲「同」當作「異」，非也。此當本是「不同」，脱去「不」字耳。

017 ○説文作⿸疒裹　案，説文「瘣病也」，無「⿸疒裹」字；「瘣」見小弁。

018 碮矣　通志堂本「碮」誤「碮」，盧本作「碮」。案，小字本、十行本所附亦作「碮」，不誤。集韻九魚載「岨」「砠」「碮」三形，五經文字石部云「碮見詩風」皆可證。

019 藟○一名巨荒　通志堂本、盧本「荒」誤「巟」。案，小字本所附亦作「荒」，不誤。説已見前。

020 蝑○幽州人謂之舂箕　通志堂本、盧本「舂」作「春」。案，「舂」字是也。十行本所附是「舂」字。六經正誤云「作『春』誤」。

021 洂〇本亦作洂　通志堂本、盧本下「洂」作「洂」。案，「洂」字是也，集韻十虞載「洂」「洂」「柎」「坿」四形可證。小字本所附作「符」亦誤，皆字之壞也。

022 頳尾〇又作䞓　通志堂本、盧本同。案，五經文字赤部云「釋文作『䞓』，見詩風」。或本是「頳尾」，又作「頳」，轉寫誤易之耳。

023 如燬〇楚人名火曰燥　通志堂本、盧本同。案，「燥」字誤，段玉裁云「戴依方言作『煤』」。

024 題也〇郭璞注爾雅頲也　通志堂本同，盧本「頲」作「頟」。案，所改是也。

召南

025 髮〇鄭音髮　通志堂本、盧本同。案，盧文弨云「『髮』字誤。鄭云『以被婦人之紒』，是鄭音髮爲被也」，是也。

026 祁祁〇舒遲也　通志堂本、盧本「遲」誤「遲」。案，以後「遲」字同，此不更出。

027 鼈〇本又作鼈　通志堂本、盧本「鼈」誤「鱉」。案，小字本所附亦作「鼈」不誤。又，此字影宋本作「鼈」。盧文弨仍通志堂之誤作「鱉」，乃有「从魚者俗字」云，由于失校也。凡影宋本字不見於盧本者，皆其脱漏，後不出者準此。

028 采蘋〇浮者曰藻　通志堂本、盧本同。案，「藻」字誤。盧文弨云「王應麟詩考作『薸』，當據以改正」，是也。郭注釋草云「江東謂之薸」，後鹿鳴篇「苹」下有「薸」字，皆其可證者也。

029 所憩　通志堂本同；盧本「憩」作「憇」，云「舊『憇』字舌在左旁，今從宋本正」。案，考此宋本謂十行本所附也。小字本所附亦是「憇」字。唐人如此作，石經其證也。

030 〇本又作愒　通志堂本、盧本「愒」作「揭」。案，「愒」當作「愒」，集韻十三祭載「愒」「憩」「偈」「㥚」四形可證也。「愒」是「憩」之正字，「愒」「揭」皆形近之譌。小字本所附亦誤「揭」。

031 **不遑〇本或作偟**　通志堂本「偟」誤「徨」，盧本作「偟」。案，集韻十一唐載「遑」「偟」二形，云「或从人」可證。小字本所附亦作「偟」，不誤。

032 **復入〇扶福反**　通志堂本、盧本「福」作「富」。案，「富」字誤也。小字本、相臺本、十行本所附亦皆作「福」，不誤。

033 **脱脱〇勑外反**　通志堂本、盧本「勑」誤「勅」。案，以後「勑」字同此，不更出。

邶

034 **正封于衛**　通志堂本、盧本「于」作「於」。案，「於」字誤也。小字本、十行本所附皆作「于」，不誤。

035 **棣棣〇富而閑習也**　通志堂本「閑」作「閒」，盧本作「閑」。案，通志堂本誤。〇按，此「嫺」之假借，説文「嫺，雅也」。

036 **母嬖〇謚法云**　通志堂本「謚」作「諡」，盧本作「謚」。案，「諡」字誤改也。段玉裁云「『謚』字本從言，益聲。五經文字引説文可證。誤作『諡』，始於徐鉉定説文」，是也。以後「謚」字同此，不更出。

037 **展衣〇鄭云色白**　通志堂本「云」誤「曰」，盧本作「云」。案，小字本、十行本亦作「云」，不誤。

038 **俾無〇卑爾反**　通志堂本「爾」作「爾」，盧本作「爾」。案，以後「爾」字同，此不更出。

039 **實勞〇實是也本亦作寔**　通志堂本、盧本同。案，此不誤。盧文弨云「疑陸氏本作『寔勞寔是也本亦作實』，後人據注疏本乙改」者，其説非也。特以爲「實」不得訓「是」，故欲倒之耳。不知毛氏詩多用「實」字，頍弁、生民、韓奕經皆然，箋皆訓爲是，正陸之所本也。又，韓奕箋云「當爲寔」，尤毛氏詩作「實」之明證。何得目作「實」者爲注疏本乎？其本又作「寔」者，後人依韓奕箋改字者也，陸意不從當矣。

040 **疌〇本又作嚏**　通志堂本「嚏」作「啑」，盧本作「嚏」。案，「啑」字誤也。考小字本、十行本所附皆作「嚏」不誤，集韻六至載「疐」「踕」「嚏」「疌」「捷」五形可證也。「唓」字與此經迥不相涉。

041 ○又渚吏反　通志堂本「渚」作「豬」，盧本作「渚」。案，「豬」字是也。小字本、相臺本、十行本所附皆是「豬」字。

042 劫也○欠欠故㰦是也　通志堂本同，盧本「故」作「㰦」。案，「㰦」字是也。小字本、十行本所附皆是「㰦」字也。

043 虺虺○虚鬼反　通志堂本、盧本同。案，六經正誤云「卷耳詩『我馬虺隤』，音呼回反，與『灰』同音。此亦當音灰。疑本作『虚嵬反』，傳寫脱『山』字耳」云云，其説非也。「虺」字本虚鬼反，卷耳詩以爲「⿸疒叀」字之假借，故呼回反，徐「呼懷反」也。此「虺虺」則用爲叠字形容之詞，不得以卷耳比例之矣。「虚鬼反」不誤也。字別作「䨓」，在集韻七尾亦可證，其是上聲讀。○按，説文無「⿸疒叀」，云「詩以爲『⿸疒叀』之假借」，非也。

044 成説○鄭相憂説也　通志堂本同，盧本「憂」作「愛」。案，所改是也。

045 棘心○俗作棘　通志堂本上「棘」作「棘」，盧本作「棘」。下「棘」二本皆作「棘」。案，此上當是「棘心」，下當是「俗作⿱棘棘」，説在後園有桃篇「有棘」條下，各本皆誤。六經正誤云「既曰『俗作棘』，是本文作『棘』也，今作『棘』誤，唯興國本作『棘』」。毛居正不知唐人作「朿」字中間例有一短畫，故所説多不諦。

046 不忮○之⿰𧾷攴反　通志堂本同，盧本「⿰𧾷攴」作「跂」。案，「跂」字是也。小字本所附是「跂」字。○按，釋文凡「忮」字皆云「之豉反」。作「跂」亦是譌字，雖寘韻有「跂」字，去智切，而不爲「忮」之反語。

047 軌○車轊頭所謂軌也　通志堂本、盧本下「軌」作「軓」。案，「軌」「軓」皆誤字也。考小字本、相臺本、十行本所附皆是「軹」字，當從之改正。

048 烜○徐又許袁反　通志堂本、盧本同。案，段玉裁云：「類篇、集韻云『許元切』，徐邈讀『徐必許九反』，譌『九』爲『元』耳，今釋文又譌作『許袁』。」

049 有違○違張也　通志堂本同，盧本「張」作「很」。

案，「很」字是也。十行本所附是「很」字。小字本所附作「違很反」，「反」字非。○按，「很」當是「恨」之譌。

050 能愔○毛與也　通志堂本、盧本同。案，「與」字誤。考小字本、相臺本、十行本所附皆是「興」字。正義云「孫毓引傳云『愔興』」，然則陸本此傳與孫毓評同。

051 覬其○音巽　通志堂本「巽」作「冀」，盧本作「巽」。案，「巽」是隸省，字見九經字樣雜辨部。以後「巽」字同，此不更出。

052 旄丘○丘或作古北字　通志堂本同，盧本「北」作「企」。案，六經正誤云「丘或作古丠字，作『北』誤」，是也。集韻十八尤載「丠」「坒」「丘」「垩」四形可證。盧文弨所改者誤。

053 離○爲鶹鷅　通志堂本同，盧本「鷅」作「鷅」。案，「鷅」字誤。

054 褎如○本亦作裒　通志堂本、盧本同。案，「裒」字誤也。六經正誤云「『亦作褏』，中从由作『褏』，从丘、从臼誤」。考羣經音辨衣部云「褏，盛服也」；集韻四十九宥載「褎」「褏」二形，云「或从由」，皆可證也。「褏」壞作「褏」，又誤改作「裒」字，非此之用。

055 ○由救反　通志堂本「由」誤「申」，盧本作「由」。案，小字本、相臺本、十行本所附皆作「由」，不誤。

056 一散○容五升也　通志堂本、盧本無「也」字。案，小字本所附有，當是釋文舊如此。

057 推我○音千隹子隹二反　通志堂本「千」誤「干」，盧本作「千」。案，小字本、十行本所附作「千」不誤。六經正誤所載亦是「千」字。

058 且○子餘反下同　通志堂本、盧本脫「下同」二字。案，小字本、相臺本所附有，不誤。

059 踟○直知反　通志堂本「直」誤「真」，盧本作「直」。案，小字本、相臺本、十行本所附皆作「直」，不誤。

060 新臺○爾雅云　通志堂本、盧本「云」誤「曰」。

案，小字本、相臺本、十行本所附皆作「云」，不誤。

061 **泚○云新色鮮也**　通志堂本同；盧本「新」作「五」，云「今從說文改」。案，盧文弨所說非也。陸所引自是新字，又見君子偕老篇，不得輒改之也。○按，說文古本必是作「新玉色鮮也」；或少「新」字，或少「玉」字，皆非耳。

062 **婉○迂阮反**　通志堂本、盧本同。案，六經正誤云「婉紆晚反，作『于』誤」。考毛居正是挍宋監本。其葉林宗之影宋本，即以毛所載者證之，知其出於宋時之潭本，故微有不合者。小字本、相臺本、十行本所附皆作「迂阮反」。

063 **愬伋○先路反**　通志堂本、盧本「先」作「蘇」。案，「蘇」字是也。小字本、相臺本、十行本所附皆是「蘇」字。

鄘

064 **牆有茨○蒺蔾也**　通志堂本、盧本「蔾」誤「藜」。案，考字書「蒺蔾」字，從艹、下梨，與「藜藿」異字。五經文字、廣韻、集韻等皆可證也，下不誤。

065 **编○或必仙反**　通志堂本、盧本「仙」作「先」。案，小字本所附是「先」字，相臺木、十行本所附作「仙」。考此字當在一先韻，「先」字爲是。

066 **他他**　通志堂本、盧本作「佗佗」。案，盧文弨云「讀詩紀引釋文亦作『他他』」。今考賈氏羣經音辨人部云「佗，彼也，吐何切。佗佗，美也，大何切，詩『委委佗佗』」。賈氏此書多取釋文，當是釋文有作「佗」、作「他」二本也。釋文舊本、新本不同，載於音辨第七卷中是其證矣。唐石經以下各本此經皆是「佗」字，通志堂本依之改，遂偶與音辨合。○按，『他』者，「佗」之俗字耳。古書多作「佗」，鮮作「他」。

067 **狄○王后第二服**　通志堂本「二」誤「一」，盧本作「二」。案，小字本、十行本所附亦作「二」，不誤。

068 **晳也**　通志堂本、盧本同。案，盧文弨云「當從白，作『晳』」，是也。

069 **媛也○援取也**　通志堂本、盧本同。案，盧文弨引許愼云「『取』乃『助』字之譌，當改正」，是也。

070 東辟○音壁　通志堂本「壁」誤「璧」，盧本作「璧」。案，小字本、相臺本所附皆作「壁」，不誤。

070 騋牝○徐扶死反　通志堂本「死」誤「允」，盧本作「死」。案，小字本、十行本作「死」，不誤。集韻五旨「牝」字即此徐讀也。○按經典「牝」字徐皆讀如「刀匕」之「匕」。

072 相長○張丈反　通志堂本、盧本同。案，盧文弨云「注疏宋本作『丁丈反』」。考此謂十行本所附也。小字本所附亦作「丁」。其實「張」字非誤。岳氏沿革例云「有一字數切而自爲厖雜者，如一『長』字也，則丁丈、張丈、知丈、展兩反」云云。六經正誤之音辨云「葛覃曰『長，丁丈反』，當從衛風雄雉詩『長幼，張丈反』爲正，音後倣此」，皆可爲證。盧文弨未之考也。

衛

073 綠竹○竹萹竹也　通志堂本「萹」誤「篇」，盧本作「萹」。案，此字從艸，下同。

074 ○云薄萹筑也　通志堂本、盧本同。案，「筑」當作「茿」，从艸。下云「韓詩作『筑』」，亦「茿」字之誤。集韻一屋載「茿」「築」二形，「艸名，説文篇『茿也』，或从木」可證。

075 如磋　通志堂本、盧本同。案，小字本、相臺本、十行本所附皆作「瑳」。考卷阿釋文云「切磋，或作『瑳』」，是陸本作「磋」字，各本所附皆非其舊。小雅谷風篇同。

076 琇○説文作璓　通志堂本「璓」誤「琇」，盧本作「璓」。案，集韻四十九宥載「琇」「璓」二形，云「説文『石之次玉者』」，引詩『充耳璓瑩』，或省」可證。

077 猗　通志堂本、盧本同。案，盧文弨云「宋本从人」。案，考此宋本謂十行本所附。其實釋文本是「猗」字，十行本非是，説已見前。

078 倩兮○倉白色　通志堂本、盧本「倉」作「蒼」。案，「倉」字不誤，此古通用。小字本、十行本所附亦是「蒼」字，皆後改也。

079 **盻兮**　通志堂本同，盧本「盻」作「盼」。案，六經正誤云「案說文作『盼』，引詩『美目盼兮』。據義取黑白分，當从分，作『盻』誤」云云。五經文字目部云「盼，見詩」。此釋文當本是「盼」字，轉寫乃譌作「盻」耳。

080 **鮪○于軓反**　通志堂本同，盧本「軓」作「軌」。案，六經正誤云「作『軓』誤」，五經文字車部云「軌，從八九之九，作『軓』非」，可見俗作「軓」字，自唐已有此。○按，唐碑皆如此。

081 **罛○音孤**　影宋本有此一條，在「罟音古」條上；通志堂本無；盧本有。案，考十行本所附亦有此條，當係陸氏元文，後人因與上重出而輒删之，非也。山井鼎以爲元文無此三字者，但據通志堂本言之耳。凡考文所論皆然，今不盡出之也。

082 **之䌛**　通志堂本、盧本同。案，六經正誤云「之繇，作『䌛』誤」，今刻正誤倒其字。毛居正之意欲改「䌛」爲「繇」，於小旻篇正文及左氏傳閔二年、僖四年、十五年皆著其說。其實「繇」字非是，説已見前。盧文弨云「宋本『系』上加『卜』」，今未見，俟再詳，或謂相臺、岳氏經注本也。小字本所附作「䌛」不誤。○按，説文作「䌛」，引春秋傳「卜䌛云」，是也。凡經注作「䌛」者，假借耳，加「卜」爲俗字。

083 **之宴○本或作卝者非**　通志堂本、盧本「卝」誤「丱」。案，齊甫田篇字同。

084 **恒蔓於地○後人輒加耳**　通志堂本「輒」誤「輙」，盧本作「輒」。

085 **桀兮○鄭云英桀也**　通志堂本、盧本下「桀」作「傑」。案，「傑」字非。

086 **所以育民人也**　通志堂本、盧本「民人」作「人民」。案，改「民人」者誤。此序陸作「民人」最是，唐石經以下各本作「人民」者乃誤倒耳，不當依之改也。説已見前抑篇下。

王

087 **只且○子徐反又作且七也反**　通志堂本、

盧本同。案，此不誤。盧文弨欲删「作且」二字，非也。下云「七也反」，即爲「又作且」作音，盧不得此意。十行本所附亦有「作且」二字。

088 彼其○亦作已亦同　通志堂本、盧本同。案，上「亦」字誤，當作「或」。小字本、十行本所附皆是「或」字。

089 飢○本或作饑　通志堂本、盧本「或」誤「又」。案，小字本、十行本所附皆作「或」，不誤。

090 徒用○沈云當作□　影宋本缺一字，通志堂本、盧本作「從」。案，小字本、十行本所附作「從」，以下注疏本皆同。通志堂依之補也。其實當作「徙」，形近而譌耳，詳沈意以「徙」字上屬讀。

091 湑○不湑　通志堂本不誤。曰，盧本作「不」。案，小字本、十行本所附「不」作「水」，此形近而譌也。

092 如璊○説文作璊　通志堂本同，盧本下「璊」作「⿰毛㒼」。案，段玉裁云「璊」是「⿰毛㒼」之誤，是也。小字本、十行本所附正是「⿰毛㒼」字。

093 ○禾之赤苗謂之⿰禾㒼　通志堂本「⿰禾㒼」誤「樠」，盧本作「⿰禾㒼」。案，集韻二十三䰟載「虋」「亹」「穈」「⿰禾㒼」四形可證。小字本所附亦作「⿰禾㒼」，不誤。

094 埆○本或作逮　通志堂本、盧本同。案，盧文弨云「『逮』乃『遠』字之譌，當改正」，是也。小字本、十行本所附正是「遠」字。陸云此從孫義，考正義引孫毓有「遠」字，亦可證也。

鄭

095 之粲　通志堂本、盧本「粲」作「粲」。案，盧文弨云「不當依宋本」，非也。唐人作「粲餐」字，例如此，石經其證也。以後同此，不更出。

096 ○飧也　通志堂本、盧本「飧」誤「餐」。案，此傳釋文本作「飧」，正義本作「餐」，以正義本改釋文本者非。小字本、十行本所附作「飧」不誤。

097 飧○蘇尊反　通志堂本同，盧本「飧」下有「也」字，云「舊脱，今補」。案，補者非也，此陸氏元無。

098 忍○依字木旁作刃　通志堂本、盧本同。案，六經正誤云「『依字韋旁作刃』，『韋』作『章』誤」，是也。此及小字本、十行本所附皆作「木」，亦誤。

099 ⿰牜烏○依字作⿰牜烏　通志堂本同，盧本下「⿰牜烏」作「⿰牜馬」。案，六經正誤云「依字作『⿰牜馬』，从鳥誤」，是也。考十行本所附是「⿰牜馬」字，當是依毛居正改正也。

100 二矛○鏦音錯江反　通志堂本「江」誤「工」，盧本作「江」。案，小字本所附亦作「江」，不誤。

101 寁○市坎反　通志堂本、盧本同。案，六經正誤云「市坎反，作『市』誤」，非也。毛居正多用其時等子以繩尺隋唐閒切韻，故其書之所謂音辨者，皆不得陸氏之理，此不悉論也。○按，舊挍非也。段玉裁云毛氏不誤。

102 有爤　通志堂本「爤」作「爛」，盧本作「爛」。案，六經正誤云「『有爤』作『爤』誤」，其說非也。陸氏作「爤」，正字也；唐石經以下各本作「爛」，從省也。毛居正反以「爤」爲誤，失之矣。通志堂依各本改釋文爲「爛」，其失正同。唯影宋本爲是。集韻二十九換載「爤」「爛」「燗」「煉」四形，云「說文『孰也』，或从闌、从閒、从柬」可證。

103 壻御○字書作⿰土咠　通志堂本、盧本同。案，盧文弨云「疑作『壻』」，非也。「⿰土咠」是當時別體耳。小字本所附作「⿰土耳」，乃字有壞而改之。

104 萏○本又作欿又作萏　通志堂本同；盧本「欿」作「⿱艹欿」，下「萏」作「蓞」，云「⿱艹欿，舊作『欿』，據澤陂音義改。蓞，舊作『萏』，據爾雅音義改」。案，所改是也。集韻四十八感載「菡」「萏」「蓞」「⿱艹欿」四形可證。

105 倒○都老反　通志堂本、盧本同。案，六經正誤云「都耄反，作老誤」，其說非也。陸自作上聲，東方未明篇同，可互證也。

106 褰裳○本或作騫非說文云褰袴也　通志堂本、盧本同。案，段玉裁云：「此是『騫裳，本或作褰，非。說文云褰袴也』，淺人倒易之，左傳襄五年、廿六年音同。『騫裳』字必从馬者，毛公云『騫虧也』，凡摳衣則下齾矣。」

107 **堂兮○並如字**　通志堂本同；盧本「並」作「毛」，云「『毛』舊作『並』，今從浦鏜改」。案，所改非也。並者指謂諸家述毛及作音人耳，浦全失陸意。

108 **不瘳**　影宋本此一條在「不爲」一條下，通志堂本、盧本倒在上。案，依正文所移，是也。

109 **以挍正**　通志堂本、盧本「挍」作「校」。案，「校」字誤也。小字本、相臺本、十行本所附皆誤，唯影宋本爲是。又，公劉注有此字，可互證，見本篇下。

110 **達兮○往來見貌**　通志堂本、盧本同。案，盧文弨云「傳作『往來相見貌』，此脱『相』字」，其説非也。陸所載傳箋無「毛云」「鄭云」者，每但取其意而增損其文，不得以傳箋挍之也。

111 **○説文云達不相遇也**　通志堂本同；盧本「達」作「行」，云「舊『行』作『達』，今據本書改」。案，其説非也。此當是陸所引無「行」字，讀以「達」字逗，因上連釋「挑達」而此則專引「達」解，故立文如此。

112 **綦巾○巨基反綦反也**　通志堂本、盧本「綦反也」作「蒼艾色」。案，此誤改也。陸氏本云「綦巾，巨基反，綦文也」，下三字是所載箋文。影宋本唯譌「文」字作「反」字耳，乃形相近也。後之挍者不得其故，遂取傳文「蒼艾色」三字盡易去之，似是而實非也。

113 **邂○户邂反**　通志堂本、盧本下「邂」作「解」。案，「邂」「解」皆誤也，此當作「懈」。考小字本、相臺本、十行本所附皆是「懈」字也。

114 **渙渙○説文作汎汎音父弓反**　通志堂本、盧本同。案，段玉裁云：「説文必本作『汍』，從水，丸聲，即『洹』之别體。音『父弓反』者有誤。」

115 **蕑兮○蘭香也**　通志堂本、盧本同。案，段玉裁云「『蘭』下當補『也』字，『香』下當補『草』字」，是也。盧文弨於此所説多紛錯譌謬，今不論。

116 **藥○勺藥**　通志堂本、盧本「勺」誤「芍」。案，上大字不誤。

117 **瀏○力九反**　通志堂本「九」誤「尤」，盧本作「九」。案，此載在集韻四十四有，可證也。○按，廣韻有平聲。

齊

118 **壷**　通志堂本、盧本「壷」作「壺」。案，唐人作「壷」字例如此，石經其證也。以後同，此不更出。

119 **無田**　影宋本此一條在「維莠」一條下，通志堂本、盧本倒在上。案，依正文所移是也。考十行本所附亦無「田」在下，或釋文舊如此。

120 **卝兮**　通志堂本、盧本「卝」誤「丱」。案，盧文弨云「今以周禮『礦』作『卝』，此從舊，略有別」，其說誤之甚者也。五經文字卝部云「卝，古患反，見詩風，字林不見；又古猛反，見周禮。說文以爲古『外』字」。張參所言極其明晰，此經及周禮本皆是「卝」字，不知其以爲略有別者更據何書也。唐石經此經作「卝」，集韻三十諫云「卝，束髮皃，詩『總角卝兮』」，可見唐宋以來無不如此作者；後更俗譌，乃始作「丱」耳，不得言從舊也。

121 **觼**　通志堂本、盧本「觼」作「鰥」。案，所改非也。此字當作「鱞」，魚旁；譌作「角」者，形相近也。桃夭篇云「鱞，本亦作『鰥』」可互證，此必當時別體字也。

122 **豈○開改反**　通志堂本、盧本同。案，六經正誤云「豈，開在反」，又云「案，蓼蕭釋文『豈，開在反』」，又云「『在』字有上、去二音，開在反，則『豈』字亦有上、去二音」，又云「青蠅詩『愷開在反』」云云，是宋監本此「改」字作「在」。考小字本所附亦作「改」，與此同。

123 **弟○或音待易反**　通志堂本、盧本同。六經正誤云「易也，『也』字作『反』，誤」，是也。旱麓篇「豈弟」下云「弟，亦作『悌』，徒禮反。一音待。豈，樂也。弟，易也。後『豈弟』皆同」云云可互證。集韻十五海待紐下有「弟」字云「易也」，本此二釋文。

魏

124 **藚○說文音似足反**　通志堂本、盧本同。案，似足，小字本、相臺本、十行本所附皆作「其或」，當是也。○案，舊挍非，此不得切。其或，或「乃或」之譌，既譌，乃又改爲「似足」者矣。

125 夫人　影宋本此一條在「何爲」一條下，通志堂本、盧本倒在上。案，依正文，所移是也。

126 無復○扶又反　通志堂本、盧本「扶」作「符」。案，相臺本所附是「符」字，小字本所附亦作「扶」。

127 有棘○從兩束　通志堂本「棘」作「棘」，「束」作「束」，盧本作「棘」、作「束」。案，通志堂本是。

128 ○俗作棘同　通志堂本、盧本同。案，各本皆非也。小字本所附「棘」作「𣗥」。考集韻二十四職載「棘」「𣗥」「束」三形，云「或作『𣗥』」，當本此。「𣗥」即「𣗥」字也。唯小字本爲不誤，乃獨出於善本也。凱風篇亦當如此，今誤。又，通志堂二釋文「棘」字皆改刻，其初刻未詳。

129 伐檀○待丹反　通志堂本、盧本「待」作「徒」。案，相臺本所附亦作「待」，小字本所附是「徒」字。

130 寘之　通志堂本脱「之」字，盧本有。

131 素餐○説文作餐　通志堂本「餐」皆作「餐」；盧本上作「餐」、下作「餐」，云「『餐』字舊互誤，今從宋本改」。案，盧文弨所説非也。此説文作「餐」，乃對下云「或從水」而言耳，非以從「歹」、從「歺」區別也。所稱宋本今未見，俟再詳。

132 素飧　通志堂本「飧」誤「飱」，盧本作「飧」。案，九經字樣食部云「飧音孫，從夕」，可見「飱」特後來譌俗字耳。

133 ○水澆飰也　通志堂本「飰」作「飯」，盧本作「飰」。案，九經字樣食部云「飯」作「飰」者訛，是「飰」乃當時俗體也。集韻二十五願載「飯」「餅」「飰」三形亦可證。

134 貫女○徐音宮　通志堂本同，盧本「宮」作「官」。案，小字本、相臺本、十行本所附皆是「官」字。盧文弨引惠棟云「貫，石經魯詩作『宦』。徐音官，『官』當是『宦』字之誤」，是也。○按，「徐音官」不誤，今讀去聲，舊讀平聲耳。舊挍謂「官」是「宧」之誤，非也。

135 喜說　通志堂本「說」誤「悅」，盧本作「說」。案，小字本、相臺本、十行本所附皆作「說」，不誤。

唐

136 莖○沈又直蔾反　通志堂本、盧本「蔾」作「藜」。案，小字本、相臺本、十行本所附皆作「藜」。考此字載集韻六脂，以影宋本爲是。

137 皓皓　通志堂本、盧本同。案，依字當作「晧」，唐石經改刻者是也。釋文當亦本是「晧」字，後轉作「皓」耳，月出篇同。

138 ⿰粦几⿰粦几　通志堂本、盧本誤「粼粼」。案，小字本、相臺本、十行本所附皆作「粼粼」，「⿰粦几」即「粼」別體字。

139 ○利新反　通志堂本「利」作「刊」，盧本作「利」。案，小字本、相臺本所附皆作「利」，不誤。

140 一捄　通志堂本同；盧本「捄」作「梂」，云「舊『梂』從手，今依宋本正」。案，此宋本今未見，俟再詳。六經正誤於正文下云「注『一捄之實』作『梂』誤」，集韻一屋兩載此字皆從木，此釋文當亦本從木，後轉從扌耳。

141 豹褏○本又作褎同　通志堂本、盧本同。案，六經正誤云「本又作蝬，作『褎』誤」，其說非也。五經文字衣部云「褎袖二同」，是其證。小字本所附作「袌」，亦非。

142 鴇　通志堂本同，盧本下有「羽」字，云「從宋本補」。案，此宋本今未見，俟再詳。

143 ○無後指　通志堂本、盧本「指」誤「趾」。案，小字本、相臺本所附皆作「指」，不誤。

秦

144 其耊　通志堂本、盧本同。案，盧文弨云「宋本作『耋』，不必從」。考此宋本謂十行本所附。唐人作上從老之字，例省，石經其證也。小字本所附亦是「耋」字，非釋文之舊。

145 五豵○本又作豵　通志堂本、盧本「豵」作「豵」。

案,「鞏」字是也。「鞏」字於字書無可考。小字本所附亦是「鞏」字。

146 靷〇之忍反 通志堂本、盧本同。案,小字本、十行本所附「之忍反」作「音允」,相臺本所附作「音酳」。段玉裁云「此『之忍反』及相臺本,皆宋人避諱改之耳」。今考「之忍反」乃「軫」字音,改者誤也。

147 蒙伐〇本或作瞂 影宋本缺失上卷第三十四葉也,下同;通志堂本如此;盧本「瞂」作「瞂」,云「舊『瞂』譌作『瞂』」。案,其説非也,集韻十月載「瞂」「瞂」「吷」三形可證。

148 竹閟〇本一作䩛鄭注周禮云弓檠曰䩛 影宋本缺,通志堂本、盧本如此。案,盧文弨云「兩『䩛』字當從下『䩛音悲位反』一例,韋旁作」。今考小字本、十行本所附皆作「柲」。鄭儀禮既夕記「有柲」注引「竹柲緄縢」。當依「柲」爲是。

149 〇徐邊患反 影宋本缺,通志堂本如此,盧本「患」作「惠」。案,「惠」字是也。小字本、十行本所附是「惠」字。

150 隒〇魚簡反又音簡 按「簡」字當作「檢」。此二「簡」皆明末避懷宗諱所改也,音韻全乖,急宜改正。考各本附音皆作「檢」不誤。葉林宗於崇禎時寫,此書全書內往往有改「檢」爲「簡」者。

151 梋也〇孫炎稱荊州曰梋揚州曰梅 影宋本缺,通志堂本、盧本如此。案,段玉裁云「疏引『孫炎曰荊州曰梅,揚州曰梋』,當依之乙」,是也。爾雅疏亦可證。

152 殲我〇又息廉反 影宋本缺,通志堂本、盧本如此。案,小字本、十行本所附「又」上皆有「徐」字,無者當是脱也。

153 愬之〇蘇路反 影宋本缺;盧本此條下有「贖,食燭反,又音樹」一條;通志堂本無。案,盧文弨所補是也。小字本、相臺本、十行本所附皆有此一條,足以爲據。唯盧於「贖」上以意加「可」字,則非。

154 鸇也〇說文止仙反字林尸先反 影宋本

缺，通志堂本、盧本如此。案，六經正誤云「字林已仙反，乃與『堅』同音，非也。當作『之仙反』」。段玉裁云：「爾雅音義『止』作『上』，『尸』作『已』，『先』作『仙』。『上』是，『止』非；『尸』是，『已』非。集韻收『已仙切』，誤。」小字本所附作「户仙反」，「户」即「尸」之譌。

155 **之駛** 影宋本缺，通志堂本、盧本如此。案，相臺本所附「駛」作「駛」。此當本作「駛」，後轉作「駛」也。小字本所附仍作「駛」，二子乘舟篇同。

156 **樹檖○或作遂** 影宋本缺，通志堂本、盧本如此。案，盧文弨云「説文引詩作『樣遂』，疑當作『樣』」，其説非也，此不與説文相涉。小字本、十行本所附亦皆作「遂」。

157 **屋○如字具也** 通志堂本、盧本同。案，此不誤。盧文弨云「此條有脱文，疑當作『毛如字宅也鄭音握具也』」，其説譌謬特甚。「屋宅」之解傳既無文，孔氏正義不分毛、鄭異説；陸意同之，故載箋義，並非有脱文也。唯王肅以「屋」爲「宅」，與鄭立異，雖自謂述毛，究未嘗以「宅也」之語竟屬之於毛。正義具有明文，一一可以覆案。何容鄉壁虚造，援王入毛，又復塗竄釋文，貽誤來哲也。

f01—158 **四簋○皆容一斗二升** 通志堂本「斗」誤「升」，盧本作「斗」。案，小字本所附作「斗」，不誤。

毛詩釋文校勘記卷二

毛詩音義中〇陳

f02—001 **以鬷**　通志堂本「鬷」誤「鬷」，盧本作「鬷」。案，以後從「㚇」者同此，不更出。

002 **以樂〇晚詩本有作疒下樂**　通志堂本、盧本「晚」作「逸」。案，「逸」字誤也。「晚詩本」者對上「舊皆作樂字」而言也，改作「逸」者誤。小字本所附正作「晚」，不誤也。

003 **〇療字當從疒下尞**　通志堂本同；盧本「療」作「𤻲」，云「舊譌『療』，今改正」。案，此不誤，盧文弨非也。小字本、十行本所附亦皆作「療」，不誤。

004 **叔姬〇音叔**　通志堂本、盧本下「叔」作「淑」。案，段玉裁云「叔音叔，與上東門之枌篇『旦音旦』爲一例」，是也。小字本、相臺本、十行本所附雖皆順正文改上「叔」爲「淑」，其「音叔」則未誤。

005 **有鴞〇户驕反**　通志堂本同，盧本「户」作「于」。案，「于」字誤改也。考小字本、相臺本、十行本所附皆作「户」。

006 **柟也〇冉鹽反**　通志堂本同；盧本「冉」作「如」，云「浦鏜據終南音義改」。案，改者非也。考小字本、相臺本、十行本所附皆作「冉」。陸切字本不畫一，見於岳氏沿革例，盧失考耳。

007 **訊之〇訊誎也**　通志堂本、盧本同。案，六經正誤云「訊誎也，作『諫』誤」。說文『誎，數諫也，从言、从朿，七賜反』，『諫，促也，从言、从約束之束，音速』」。依此是宋監本釋文此作「訊誎也」，從言、從朿，中有小畫，即「朿」字。唐人例如此作，毛居正以爲「束」字，非是。小字本所附作「諫」誤多一畫，當由不識誎字者誤改之耳。

008 **卬有**　通志堂本「卬」誤「印」，盧本作「邛」。案，依字當作「邛」，唐石經可證也。

009 侜○有廱蔽也　通志堂本「廱」誤「壅」，盧本作「廱」。案，相臺本、十行本所附皆作「廱」，不誤。山井鼎云「謹案，説文作『廱』也」。

010 劉兮○埤蒼作嬼嫺妖也　通志堂本、盧本「嫺」作「嬼」。案，考小字本所附亦是「嬼」字，但其實非耳。「嫺妖」二字連文，相如賦所謂「妖冶嫺都也」。

011 且卷○本又作婘　通志堂本、盧本同。案，小字本、十行本所附皆云「本又作睠」。考「睠」字非也，博雅云「婘好也」本此詩。

012 且儼○本又作曮　通志堂本、盧本同。案，小字本所附「曮」作「曮」。段玉裁云「集韻從目」，是也，見五十二儼「儼」字下。

檜

013 羔裘第十三○熒波之南　通志堂本、盧本「熒」誤「榮」。案，小字本所附亦作「熒」，不誤。左傳釋文云「作『榮』者非」，可證陸是「熒」字。

014 見君○賢遍反　通志堂本「賢」誤「賓」，盧本作「賢」。案，小字本、相臺本、十行本所附皆作「賢」，不誤。

曹

015 何戈○獨也　通志堂本同；盧本「獨」作「揭」，云「今改正」。案，此陸載傳，盧改是也。

016 少貌○詩照反下同　通志堂本、盧本無「下同」二字。案，無者脱也。小字本、相臺本所附皆有，不誤。

017 伊騏○纂文也　通志堂本同，盧本「纂」作「綦」。案，六經正誤云「纂文也，作『纂』誤」，是宋監本作「纂」也，此「綦」字誤加竹耳。十行本所附作「綦」，乃出於善本也。小字本所附作「纂」，當是依毛居正改，其實所改非。

018 ○弁飾往往冒玉也　通志堂本、盧本同。案，小字本、十行本所附「冐」皆作「置」。段玉裁云「置」字是。

019 ○或亦作⿰王綦　通志堂本、盧本同。案，盧文弨云「説文『⿰王綦，或从基』，此當爲『或亦作璂』」，是也。集韻七之載「⿰王綦」「璂」二形亦可證。

020 洌　通志堂本、盧本同。案，段玉裁云此字當從「仌」作「冽」，見詩經小學大東篇。

021 愾○大息也　通志堂本「大」誤「太」，盧本作「大」。

豳

022 觱發○説文作畢　通志堂本同；盧本「畢」作「滭」，云「今改正」。案，所改是也。

023 ○觱發寒也　通志堂本、盧本同。案，傳云「觱發，風寒也。栗烈，寒氣也」，分別二義。此及下「栗烈」條皆但云「寒也」，當有脱。

024 栗烈○寒也　通志堂本、盧本「寒」下有「氣」字。案，此當有脱，見上「觱發」條。

025 饁○字林乎刦反　通志堂本「乎」作「手」，盧本作「于」。案，「于」字是也。小字本、十行本所附皆是「于」字。

026 鵙　通志堂本、盧本同。案，盧文弨云「『鵙』當作『鶪』」，是也。

027 莎雞○舊多作莎今作沙　通志堂本、盧本同。案，今注疏所附「莎」「沙」互易，乃因正文今作「莎」而倒之，承十行本而然也。盧文弨疑當從之，其實非是。小字本所附上「莎」下「沙」不誤。

028 篳户　通志堂本、盧本同。案，盧文弨云「宋本從艸」。考此宋本當謂宋刻經注本耳，未詳的指何本也。小字本、相臺本所附皆是「蓽」字。集韻五質云「篳，説文『藩落也』，引春秋傳『篳門圭窬』，通作『蓽』」。此釋文作「篳」乃正字，經注本當是順正文改耳。

029 凌陰○陵陰冰室也　通志堂本、盧本同。案，「陵」是「凌」字之誤。

030 ○説文作媵　通志堂本「媵」誤「滕」，盧本作「媵」。

031 水複　通志堂本、盧本「複」作「腹」。案，「腹」字非也。小字本所附作「複」，不誤。○按，作「腹」是也。腹者，厚也。月令「水澤腹」，漢月令下無「堅」字，見鄭注。

032 租○本又作租　通志堂本同，盧本下「租」作「祖」。案，小字本所附是「祖」字，足正各本之譌。段玉裁引正義爲證，説已見前。

033 作翳○又作繄　通志堂本、盧本同。案，小字本、十行本所附皆「翳」「繄」互易。考鄭讀「伊」爲「繄」，屢見於箋，其字皆作「繄」。陸唯此云「又作翳」，所以著其異耳，意當不以爲正也，互易者或是也。

034 鷸○水鳥也　通志堂本、盧本脱「也」字。

035 栗薪○韓詩作薞力菊反聚薪也　通志堂本「薞」作「蓼」，盧本「聚」作「衆」。案，十行本所附如此也。盧文弨云「王氏詩考正同」。今考集韻一屋載「蓼」「薞」二形，云「一曰『衆薪也』，或作『薞』」即本此，亦可證。

036 樂之○　影宋本下缺注，通志堂本有「音樂」二字，盧本作音「落」。案，考小字本、十行本所附皆是「音洛下同」四字，當依之補正。各本皆未是。

037 九罭○本亦作罭　通志堂本、盧本下「罭」作「罭」。案，小字本所附作「緎」。「緎」亦非是，當本作「域」。

038 衮衣○六冕之第二者也　通志堂本同；盧本「者」作「章」，云「今改正」。案，所改是也。

039 卷龍○卷冕反　通志堂本同；盧本「反」作「衣」，云「今改正」。案，此不誤，盧改謬甚。釋文之例無但有義而無音者，且「卷龍卷冕衣」豈復成語，更不得謂之義也。考小字本所附亦作「卷冕反」，相臺本所附作「眷冕反」，以采菽篇釋文云「卷龍卷勉反」互證之，可以知其非誤矣。「眷」字當是岳氏改。

鹿鳴之什

040 小雅○先其文王以治内後其武王以治外　通志堂本、盧本同。案二「王」字皆誤，當作「主」，形近而譌也。

041 荓○薸音瓢　通志堂本同，盧本「瓢」作「瓢」，云「今改正」。案，所改是也。小字本、十行本所附是「瓢」字。

042 示我○鄭作寘　通志堂本、盧本同。案，六經正誤云「作『寘』誤」。考陸於東山「寘」下云「從穴、下真」，所以分別此字，是陸自作「寘」也。

043 蒿菣○字又作𦹔同　通志堂本、盧本同。案，今注疏所附「又」作「林」，承十行本也。「林」字非。小字本所附作「又」，不誤。

044 遅○韓詩作倭夷　通志堂本、盧本同。案，盧文弨引臧琳云「文選注引韓詩皆作『威夷』」，是也。

045 黑鬣○本又作驖　通志堂本、盧本同。案，六經正誤云「本作驖，欠『作』字」，依此是宋監本無「又」字。

046 夫○又作鳺同　通志堂本「鳺」誤「鳺」，盧本作「鳺」。

047 不○夫不名浮鳩　通志堂本、盧本「名」上有「一」字。案，考小字本、十行本所附有，此當脱也。

048 殼謹　通志堂本、盧本「殼」作「愨」。案，「愨」字是也。六經正誤云「經注作『愨』，潭本釋文作『殼』，興國本作『㱿』，建本作『愨』。據經文，建本是」，依此是影宋本出於潭本。又，正誤於衡門正文云「注『人君愨愿』，作『殼』誤」，據監本而言也。可見「愨」多誤作「殼」。小字本所附是「愨」字，當出於建本也。○按，「殼」者，「㱿」之俗；「㱿」者，「愨」之假借字，漢人用字如此。㱿，説文作「𣪊」。

049 維駒○音俱　通志堂本、盧本同。案，今注疏所附下有「恭候反」三字，此叶「諏」字之音，後人誤以入陸音中耳。小字本所附亦無，可正其誤，仍恐讀者滋惑，故附辨於此。

050 不○鄭改作柎　通志堂本同，盧本「柎」作「柎」。

案，小字本所附亦作「拊」。羣經音辨手部云「拊，鄂足也，音跗。鄭康成說詩常棣之『鄂』曰拊」，是賈氏所據此釋文正作「拊」也。閟宮箋下有「柎」，釋文從木，故音辨木部又云「柎，足也」。二字一從扌、一從木，釋文舊如此矣，盧文弨改而一之未是。○按，說文木部「柎，闌足也」，手部「拊，循也」，二字畫然。古書木、手多誤譌，木尤多从扌者。棠棣釋文作「拊」，賈昌朝未之辨正，非也。盧文弨得之矣。「柎」俗作「跗」。

051 且湛○荅南反　通志堂本「荅」誤「啓」，盧本作「荅」。案，小字本、相臺本、十行本皆作「荅」不誤。

052 妻帑○今讀音奴子也　通志堂本同；盧本「奴子」二字并作「孥」，云「『孥』字舊誤分爲『奴子』兩字，今改正」。案，所改謬甚。「音奴」者對上「吐蕩反」而言也，「子也」者載傳也。「奴」字句絕，「子也」別爲句。今注疏本并作「孥」尤誤，不足爲據。小字本、相臺本所附皆但云「帑音奴」，二本之例傳箋文不複出，然則其讀釋文尚未失句逗也。

053 許許○柿貌　通志堂本「柿」誤「柹」，盧本作「柿」。案，盧文弨云「下文同」。考下文「柿」字小字本、相臺本所附皆不誤也。

054 遠之○于万反　通志堂本「万」作「萬」，盧本作「万」。案，小字本所附是「萬」字。六經正誤云「于萬，作『千万』誤」。考「万」是別體俗字。毛居正於衛谷風篇云「經典豈應用之」，故以爲誤也。其餘同此，不更出。○按，舊挍本非。居正指「千万」之「千」爲誤字，非指「万」爲誤字也。

055 坎坎○說文作竷　通志堂本「竷」作「竷」，盧本作「竷」。

056 蹲蹲○從土尊　通志堂本同，盧本「土」作「士」。案，「土」是「士」，字形近之譌也。說文在士部。

057 下下○注中下　通志堂本、盧本「中」作「下」。案，「下」字是也。小字本所附是「下」字。

058 汲汲○已及反　通志堂本、盧本同。案，盧文弨云「宋本『匕及反』」，此宋本今未見。○按，「已」「匕」皆誤，此當是「己及反」，「己」音紀。

059 **眚** 通志堂本、盧本「眚」作「眚」。案，唐人作「眚」字，例如此，石經其證也。九經字樣雜辨部云「隸省」。以後同此，不更出。

060 **不騫○起虔反虧也** 通志堂本、盧本無「虧也」二字。案，無者脱。

061 **三捷○息⿱斬疋反** 通志堂本、盧本「⿱斬疋」誤「暫」。案，小字本、相臺本、十行本所附作「⿱斬疋」，不誤。

062 **象弭○以象爲之** 通志堂本同；盧本「象」下有「骨」字，云「舊脱，今補」。案，所補非也，此陸氏元無。古呼象骨曰象。

063 **晥** 通志堂本、盧本同。案，小字本所附「晥」作「晥」，下云「字從白」。盧文弨云「據陸語，正文當作『皖』」，小字本是矣。相臺本、十行本所附仍是「晥」字。

064 **○或作目邊** 通志堂本、盧本同。案，小字本「邊」下有「非」字，當是也。

065 **于罶** 通志堂本、盧本「罶」作「罶」。案，唐人凡從「留」字例如此作。其餘同此，不更出。

066 **鯊○字亦作魦** 通志堂本、盧本同。案，「魦」當作「魦」。盧文弨云「宋本作『魦』」。考此宋本謂十行本所附也。小字本所附亦是「魦」字。集韻九麻載「魦」「鯊」二形，是其證。

067 **與世不協** 通志堂本、盧本「協」作「協」。案，「協」「協」同字，羣書亦多相亂者。以後同此，不更出。小字本所附作「叶」，當是寫者取省，非陸舊也。

南有嘉魚之什

068 **撩罟○沈旋力到反** 通志堂本、盧本同。案，此不誤。盧文弨云「此『旋』字後人妄增，當删之。沈旋是爾雅音，沈重是毛詩音，人往往致誤」，其説不考之甚。陸於此采爾雅音，故特舉旋名，所以别於毛詩音之但稱「沈」也。其爾雅釋器音義「撩」下亦載「沈力到反」，安得更謂之「沈重」乎？以彼證此，足以袪其蔽矣。小字本、十行本所附皆無「旋」字，由不會陸指而删之耳，無足據也。

069 保艾○沈音刈　通志堂本「刈」誤「别」；盧本作「刈」，小字本、十行本所附作「刈」，不誤。

070 沖沖　通志堂本、盧本同。案，六經正誤云「建本作『忡』」，相臺本、十行本所附皆作「忡」，當是出於建本也。考「忡」字非是，小字本所附作「沖」。

071 ○又音勑弓反　通志堂本、盧本同。案，六經正誤云「一音勑弓反，欠『一』字」，此亦宋監本之異。小字本所附是「一」字。

072 所愾○説文作餼　通志堂本同；盧本「餼」作「鎎」，云「今從宋本正」。案，此宋本俟再詳。「鎎」字是也，小字本所附是「鎎」字，但盧不見此本。

073 菁菁者莪○莪蘿蒿也　通志堂本、盧本同。案，六經正誤云「羅蒿，建本作『蘿』」，依此是宋監本「蘿」作「羅」也。以爾雅釋草文及此正義引草木疏訂之，以從艹字爲是。

074 嶶織　通志堂本、盧本同。案，此不誤。盧文弨云「當從注疏本作『徽』，與説文同」，其説非也。陸自作「嶶」字，正義本亦然，即「徽」之假借字，不得用正字輒改之也。各本皆不誤，唯明監本始誤改「徽」，而毛本仍之，盧文弨以爲據，非。

075 股○今經注作鞶無股字　通志堂本、盧本同。案，段玉裁云「此八字非陸語」。今考小字本所附亦有也。

076 輊○竹二反車□　通志堂本、盧本「車□」作「摯也」。案，「摯也」是，「車□」非。

077 炰○徐又甫久反　通志堂本、盧本「久」作「交」。案，「交」字誤也。六經正誤云「交，作『久』誤，建本作『九』尤非」。依此，是作「交」者出於毛居正之説也。其實「久」字不誤。集韻四十四有云「炰炰，火熟也，或作『炰』，亦書作『炰』」，徐讀自爲「炰」字作音，又見韓奕篇，可互證，彼正義論此字詳矣。小字本所附作「久」，不誤。

078 **采芑○徐又音呂反**　通志堂本、盧本「音呂」作「求己」。案，「求己」是也。小字本所附作「求己」，生民篇「徐又巨己反」可互證。○按，「音」乃「奇」之誤，「奇己」即「求己」也。

079 **左膘○或又作⿰骨肙**　通志堂本、盧本「⿰骨肙」作「⿰骨肖」。案，小字本、十行本所附亦作「⿰骨肙」。以下文「右⿰骨肙」證之，「⿰骨肖」字非也。集韻三十小兩載「⿰骨肙，脅骨」，當亦譌。段玉裁云：「五經文字作『⿰骨肖』，『⿰骨肖』蓋誤。⿰骨肙，从肙聲，於雙聲得音也。」

080 **左脾○本又作髀**　影宋本缺失中卷第十六葉也，下同；通志堂本、盧本如此；案，小字本所附「脾」「髀」互易，當是順正文所改耳，不可據也。○按，鄭注儀禮古文「髀」作「脾」。

081 **鹿牝○又扶允反**　影宋本缺，通志堂本如此；盧本「允」作「死」，云「舊作扶允反，非」。案，所改是也。

082 **其祁○又止之反**　影宋本缺，通志堂本、盧本如此。案，小字本所附「止」作「上」，「上」字爲是。羣經音辨卷七所載作「上」可證。

083 **大兕○本又作𠒂**　影宋本缺，通志堂本、盧本如此。案，盧文弨云「宋本作『𠒂』」，此宋本俟再詳。

084 **鴻鴈**　影宋本缺；盧本於此上有「鴻鴈之什第十八」七字，云「通志堂本闕，此題今補」。案，所補是也。

085 **且也○又音且**　影宋本缺，通志堂本如此，盧本下「且」作「旦」。案，「旦」字是也。小字本所附是「旦」字。

086 **○經本作旦**　影宋本缺，通志堂本、盧本如此。案，小字本所附作「經本將旦」，非是。盧文弨云「『經本』當作『今本』」，亦非也。此與六月釋文稱「今經注」者同例。

087 **春見○下文夏見同**　通志堂本、盧本無「文」字。案，無者脱也。小字本所附有不誤。

088 **之爰**　通志堂本、盧本作「爰有」。案，「爰有」是也。

089 **爲錯○千故反** 通志堂本「千」誤「乎」，盧本作「千」。案，小字本、十行本所附亦作「千」，不誤。

090 **亶不○都旦反** 通志堂本、盧本同。案，六經正誤云「都但反，作『旦』誤，縣詩、板詩亦作『旦』誤。常棣、十月之交音皆作『但』，建本並作『但』。『亶』無去聲，作『旦』非也」云云。小字本、相臺本所附皆是「但」字。當依毛改耳。

091 **遯思○字又作逯** 通志堂本、盧本「逯」誤「遁」。案，小字本所附亦作「逯」不誤。集韻二十七恨載「遯」「逯」「遯」三形可證。

092 **亦衹** 通志堂本同，盧本「衹」作「祇」。案，六經正誤云「亦衹，作『祇』誤，何人斯詩『衹攪』同」。段玉裁云：「考此字唐人例從衤、從氏作。」五經文字衣部云「衹，止移反，適也，作『祇』誤」是其證矣。廣韻五支亦可證。

093 **斯革○韓詩作䩯** 通志堂本「䩯」誤「勒」，盧本作「䩯」。案，小字本、十行本所附亦作「䩯」，不誤。段玉裁云：「王氏詩考『正』作『䩯』。廣雅『䩯翼也』本此。」

094 **下莞○徐又九還反** 通志堂本、盧本同。案，小字本、十行本所附「還」作「完」。盧文弨云「『還』似宋人避『桓』嫌名改」，是也。

095 **褓也○齊人名小兒被爲褓** 通志堂本「小」誤「少」，盧本作「小」。案，小字本、十行本所附亦皆作「小」不誤。

096 **毋詒** 通志堂本、盧本「毋」作「母」。案，「母」字是也。此經自唐石經以下各本盡作「無父母詒罹」，「毋」字顯誤無疑。「毋」「母」二字自來多相亂者，宋槧羣書中亦往往而有矣。

097 **濈濈○本又作湒** 通志堂本、盧本「湒」誤「䚘」。案，小字本所附亦作「湒」，不誤。集韻二十六緝載「濈」「湒」二形可證。

節南山之什

098 **家父○注及下同** 通志堂本「注」「下」二字誤

易，盧本不倒。案，十行本所附不誤。小字本所附無「注及」二字，乃刪去耳。

099 如惔○小熱也　通志堂本同；盧本「熱」作「爇」，云「『爇』舊作『熱』，據説文改」。案，所改是也。

100 噆莫○本或作憯　通志堂本、盧本同。案，小字本所附「噆」「憯」互易，當是順正文所改，不可據。

101 勿罔○鄭音未　通志堂本同，盧本「未」作「末」。案，小字本、相臺本、十行本所附皆是「末」字。

102 鞫　通志堂本、盧本「鞫」作「鞠」。案，小字本所附是「鞫」字，順正文也。唐石經此經字作「鞫」，經注各本之所出，此與之異。

103 自見　影宋本、通志堂本皆此條在「縮小」條上；盧本改在下，云「此二條舊誤倒，今移正」。案，此盧文弨所改是。

104 家父　影宋本此條在爲「王」條下，通志堂本倒在上。案，依正文，所移是也。考十行本所附亦「父音甫」在下，或釋文舊如此。

105 訙之　通志堂本、盧本「訙」作「訊」。案，六經正誤云「作『訙』誤」，是也，「訙」即「訊」字之變耳。集韻二十二稕「訙」下有此字。

106 號呼○好路反　通志堂本、盧本「好路」作「火故」。案，「好路」是也。小字本、十行本所附作「好路」，不誤。此亦陸切字，不畫一耳。

107 有苑　通志堂本、盧本「苑」作「菀」。案，「菀」字是也。羣經音辨草部云「菀茂也，音鬱，詩有『菀其特』」可證。小字本所附作「莞」，即「菀」之譌字。

108 輸墮○本又作憜　通志堂本、盧本「憜」作「惰」。案，「憜」「惰」字一耳。小字本所附是「隋」字。考摽有梅釋文正作「隋」，互證之，當是也。

109 孔云○鄭支也　通志堂本、盧本「支」作「友」。案，「友」字是也。六經正誤云「友也，作『支』誤」。

110 楀　通志堂本、盧本同。案，小字本所附「楀」作

「撝」。段玉裁云「與集韻合」。今考「㩯」是「撝」非，説已見前。

111 **不㴱** 通志堂本、盧本同。案，六經正誤云「㴱，音退，興國本同，潭、建本作『㴱』」，依此是宋監本作「㴱」也。影宋本作「㴱」，出於潭本。

112 **曾** 影宋本此一條與下「之畜」一條皆在「𩡣許氣反」一條下；通志堂本、盧本倒此條在「不㴱」條下，倒「之畜」條在「𩡣」條上。案，此所移依正文，是也。小字本、十行本所附皆云「𩡣，許氣反。曾，在登反。畜，勑六反」，或釋文舊如此。

113 **朁** 通志堂本同，盧本「朁」作「朁」。案，依字當作「朁」，盧改是矣，説已見前。集韻十七薛云「朁，説文曰『狎習相慢也』，詩『曾我朁御』，謂侍御」，獨爲未誤，與唐石經字正合也。○按，説文各本多誤，惟李文仲字鑒不誤。

114 **是出○音毳** 通志堂本、盧本同。案，六經正誤云「又音毳，欠『又』字」，非也。此不當補，小字本所附亦無。

115 **距止○本又作歫** 通志堂本、盧本「歫」誤「岠」。

116 **之卬** 通志堂本同，盧本「卬」作「邛」。案，「邛」字是。

117 **胡厎** 通志堂本、盧本同。案，唐人作「厎」字，例如此，石經其證也。

118 **占繇** 通志堂本、盧本「繇」作「繇」。案，「繇」字是也。氓及小雅杕杜皆同。小字本、十行本所附皆是「繇」字。相臺本所附作「繇」，岳依毛居正改耳，説見衛風氓。

119 **有知也** 通志堂本、盧本「也」作「者」。案，依正文，「者」字是也。

120 **小菀** 通志堂本、盧本「菀」作「宛」。案，盧文弨云「國語宋庠補音曰『宛』，詩作『菀』，與釋文合」，是也。六經正誤所載亦是「菀」字，並可爲證。唐石經以下各本作「宛」，出於正義本，與此不同也。

121 蠃○蠮於結反　通志堂本「結」誤「髻」，盧本作「結」。案，小字本所附亦作「結」，不誤。

122 恐隕○下丁敏反　通志堂本同，盧本「于」作「干」。案，小字本、十行本所附是「于」字，「丁」誤也。

123 鞫爲　通志堂本、盧本「鞫」誤「鞠」。案，小字本所附亦作「鞫」，不誤。

124 隊　影宋本此一條在「涕」條上，通志堂本、盧本倒在「隕」之條下。案，依正文所移，是也。

125 扡矣　通志堂本、盧本同。案，段玉裁云「當作『杝』」。考唐石經是「杝」字；小字本、相臺本、十行本所附皆從扌作「扡」；集韻四紙「杝」「扡」並載，又十二蟹亦然。當是本作「杝」，轉作「扡」也。

126 此幠　通志堂本「幠」誤「憮」，盧本作「幠」。案，相臺本所附亦作「幠」，不誤；小字本所附仍誤「憮」。下「幠傲」、「大幠」同。

127 止共○本又作恭　通志堂本、盧本同。案，此不誤。盧文弨云「『不共，本亦作供』，據此則上『止共』亦當作『本亦作供』」，其説非也。此是截然二事，不容合并。上云「止共，本又作『恭』」者，經之異本也；下云「不共，本亦作『供』」者，注本之字有古今也。盧全失陸指。

128 之邛　通志堂本「邛」誤「卭」，盧本作「邛」。

129 言我　通志堂本、盧本「言」作「唁」。案，「唁」字是也。六經正誤云「唁我，作『言』誤」。

130 蜮○音或　通志堂本、盧本「或」誤「惑」。案，小字本、相臺本所附亦作「或」，不誤。

131 ○短狐也　通志堂本、盧本同。案，段玉裁云「『狐』當作『弧』」。

132 其侈　通志堂本、盧本作「侈兮」。案，「侈兮」是也。

133 縮屋○又作樎同　通志堂本、盧本同。案，

「樎」字誤，當作「摍」，說已見前。

134 閒居○閒厠之閒　通志堂本、盧本「厠」誤「側」。案，小字本、十行本所附作「厠」，不誤。說文：「从广，作『廁』。」

135 緝緝○云咠語也　通志堂本同，盧本「咠」作「聶」，云「今從宋本正」。案，此宋本今未見，俟再詳。所改「聶」字，是也。山井鼎云「說文『咠，聶語也』。『咠』當作『聶』。聶，附耳私小語也，从三耳，尼輒切」。或盧文弨依此校改，而纂錄者遂誤認爲宋本耳。小字本、十行本所附皆仍作「咠」。

136 作爲此詩○一本云作爲作詩　通志堂本、盧本同。案，此不誤。盧文弨云「『作爲作詩』似非辭」云云，其說誤謬特甚。今所不取，亦更不辨。

谷風之什

137 共之○本又作恭　通志堂本、盧本同。案，此不誤。盧文弨云「當作『本又作供』」，其說非也。

138 潸焉○說文作潸　通志堂本、盧本「潸」誤「潸」。案，當依說文作「潸」，从水，散省聲。

139 契契○芳計反　通志堂本同，盧本「芳」作「苦」，云「『苦』舊譌『芳』，今正」。案，「苦」字是也。小字本、相臺本、十行本所附皆是「苦」字。

140 跂彼○說文作岐　通志堂本同；盧本「岐」改「攱」，云「『攱』舊譌『跂』，今改正」。案，「攱」字是也。

141 晥彼　通志堂本、盧本同。案，小字本所附「晥」作「皖」。考集韻二十五潸云「皖晥，明貌，或从日」。此釋文當本同杕杜，作「晥也」。

142 斞○本又作斞　通志堂本同，盧本上「斞」作「斞」。案，盧文弨所改非也。上「斞」不誤，下當作「本又作⿰臾阝」。集韻十虞云「斞⿰臾阝仇，說文『挹也，或作⿰臾阝、仇』」，本此及賓之初筵鄭讀也。斞即斞也，⿰臾阝即⿰臾阝也。六經正誤於正文云「當从叟」，相臺本依之改，所附亦作「斞」。小字本所附作「⿰臾刂」，誤從刂。刻本集韻字有壞，今據汲古閣寫本。

143 **國構○古又反**　通志堂本、盧本「又」作「豆」。案，小字本、十行本所附作「候」，「候」字是也。

144 **怢**　通志堂本同，盧本「怢」作「忕」。案，六經正誤云「怢，作『忕』誤」，是也。上「廢爲」下「怢也」同。又，蕩篇「怢於」亦誤。

145 **赤棟**　通志堂本、盧本同。案，六經正誤云「赤棟，作『棟』誤」，相臺本所附作「棟」，依之改也。五經文字木部「棟」從朿。朿音七賜反，唐人作從朿字例如此，又見刃部「剌」字下。毛居正非是，小字本所附作「棟」不誤。

146 **叫○本又作嘂**　通志堂本同；盧本「嘂」作「𠱠」，云「『𠱠』舊譌『嘂』」。案，「𠱠」字是也。小字本所附是「[illegible]」字。

147 **祇自**　通志堂本同，盧本「祇」作「祇」。案，六經正誤云「祇，作『祇』誤」。段玉裁云「此字當作『祇』，見我行其野」。相臺本所附是「祇」字。小字本所附亦誤「祇」。

148 **疧兮**　通志堂本、盧本「疧」作「疷」。案，「疧」字不誤，唐石經可證。「疷」字誤改也。又，盧文弨云「『疧』當作『疷』」云云，此沿宋劉彝之誤，説已見前。小字本、相臺本正文皆誤作「疷」，故所附亦誤多一畫。唯影宋本爲是。

149 **雍兮**　通志堂本、盧本同。案，相臺本改正文作「雝」，故所附亦作「雝」。其實非是，唐石經可證也。小字本所附亦作「雍」，不誤也。

150 **樂**　通志堂本同；盧本上有「之」字，云「舊無，今補」。案，所補非也，此陸氏元無。

151 **楚茨○茨蒺藜也**　通志堂本、盧本同。案，「藜」是「蔾」字之譌，下不誤。牆有茨篇亦可互證。

152 **皇暀**　通志堂本、盧本同。案，小字本、相臺本所附「暀」作「暀」，非也。集韻四十一漾載「暀」「旺」二形，云「説文『光美也』，或省文」可證。

153 **受嘏○古假反**　通志堂本同；盧本「假」作

「雅」，云「舊譌，今改正」。案，「雅」字是也。小字本所附是「雅」字。

154 擩　通志堂本、盧本同。案，小字本、相臺本所附皆是「擩」字。考集韻六脂載「擩」「𢪛」「𢪃」三形，段玉裁云「『𢪛』爲正體，『擩』爲譌字」。其説甚詳，不能備載。

155 ○又音芮　通志堂本同，盧本「芮」作「芮」。案，「芮」字是也。小字本所附是「芮」字。

156 齊則　通志堂本、盧本作「齊戒」。案，「齊戒」所改未是也。當是釋文本箋中無「戒」字，不與正義本及今所有經注各本同耳。

甫田之什

157 倬彼○韓詩作箌　通志堂本、盧本同。案，段玉裁云「『箌』當作『菿』」，是也。考「菿」字，説文、玉篇在艸部，而此及爾雅釋文、集韻三覺皆從竹，當是轉譌也。

158 ○音□云箌卓也　影宋本缺一字，通志堂本、盧本作「同」。案，當是也。十行本所附是「同」字。

159 民鋤○本或作助同　通志堂本、盧本「或」作「又」。案，十行本所附作「或」，小字本所附是「又」字。○按，鄭用周禮「耡」字，轉寫譌爲「鋤」。説文「耡耤税也」引周禮「興耡利萌」。

160 以御○牙嫁反　通志堂本、盧本同。案，盧文弨云「召南『五嫁反』，後思齊亦作『牙嫁』，疑『牙』是『㸦』字之誤」，是也。○按，「牙」與「五」同紐，「互」與「五」異紐，盧於切韻未明憭，故其誤如此。

161 吹𡿺　通志堂本、盧本「𡿺」作「豳」。案，唐人作「𡿺」字例如此，乃省耳，石經其證也。當是陸如此作。今釋文所有「豳」字，後人以正體改之也。

162 饋也○巨愧反　通志堂本同，盧本「愧」作「隗」。案，今注疏所附作「隗」，盧文弨依之改，非也。小字本所附作「愧」不誤，載芟釋文「餽其愧反」可互證。

163 橛　通志堂本、盧本同。小字本所附作「撅」，誤也。相臺本、十行本所附皆不誤，説已見前。

164 不稂○童粱草也　通志堂本同，盧本「粱」作「梁」。案，六經正誤云「童梁，作『粱』是也」，下泉篇可互證。○按，通志堂本下泉篇作「粱」，非从木也。从米、从木皆非正字，説文作「蓈」。

165 ○謂之童蓈也　通志堂本同，盧本「蓈」作「蓢」。案，上云説文作「蓈」，「蓈」字是。

166 螣○字亦作蚮　通志堂本、盧本同。案，「蚮」是「蟘」字之誤，集韻二十五德載「蟘」「蟘」「蚮」「螣」四形可證。

167 氣羸　通志堂本、盧本同。案，六經正誤云「氣羸，作『羸』誤」，又於正文下云「興國本作『羸』」。其實「羸」字非也，説已見前。

168 斂穧○□穫也　影宋本缺一字，通志堂本、盧本作「穧」。案，所補是也。小字本、十行本所附皆是「穧」字。陸複舉「穧」者，所以别於「斂」也。

169 有奭　通志堂本、盧本「奭」作「奭」。案，「奭」字誤也。改「奭」字者，是考「奭」多形近而譌爲「奭」者。六經正誤於采芑正文下論之詳矣。集韻二十二昔載「奭」「奭」「奭」三形，可見「奭」不得爲「奭」别體。小字本所附是「奭」字。

170 琫○佩刀鞘上飾　通志堂本、盧本同。案，盧文弨云「宋本『鞘』作『削』」。考此宋本謂相臺岳氏所附也。「削」即「鞘」字，當是陸本如此，後經改去耳。

171 不幠　通志堂本、盧本「幠」誤「憮」。案，相臺本所附亦作「幠」，不誤。小字本所附仍誤「憮」。盧本於巧言三「幠」字皆已正，此失挍耳。

172 芻之　通志堂本、盧本「之」作「也」。案，「也」字是也，上「搉」字下云「芻也」是其證。

173 弈弈　通志堂本、盧本作「奕奕」；唐石經作「弈弈」，小字本、相臺本、十行本所附同。案，「弈弈」是也。「奕」「弈」二字義别，但寫者多不分。

174 霰○字亦作霓　通志堂本同，盧本「霓」作「霓」。案，「霓」字是也。小字本、十行本所附是「霓」字。集韻三十二霰下云「或从見」可證。

175 **車舝**　通志堂本同；盧本「舝」作「⿱艹舝」，云「舊上譌士頭，今改正」。案，所改是也。

176 **舉鵠○鳿鵭也**　通志堂本、盧本「鳿鵭」作「鵠鵠」。案，此皆非也。陸元作「鳱鵠也」，取鄭大射注文。正義說此云「謂之鵠者，取名鳱鵠也」云云，亦引大射注，陸意正同，可作證也。影宋本二字皆形近之譌，後不得其故而臆改之，遂不可讀，今特訂正。小字本下是「鵠」字未誤，上「鳱」字誤作「鵭」。

177 **反反○韓詩作販販**　通志堂本、盧本「販販」作「昄昄」。案，「昄昄」是也。小字本所附是「昄昄」。

178 **之俄○廣雅云哀**　通志堂本末有「也」字；盧本同，又「哀」作「衺」。案，所改「衺」字是也，末「也」字衍。小字本、十行本所附皆無，不誤。

魚藻之什

179 **采菽○本又作菽**　通志堂本、盧本下「菽」作「叔」。案，此釋文當本是「采叔，本又作菽」。唐石經以下各本皆作「菽」，當出於正義本，即釋文之「又作」本也。影宋本經後人改上「叔」作「菽」，通志堂本又改下「菽」作「叔」以就之，而其跡乃盡泯矣。十行本所附亦作「采菽，本又作菽」，所據正與影宋本同。小字本所附上「菽」、下「叔」，當是順正文改之，不可據也。

180 **用鈃**　通志堂本、盧本「鈃」作「鉶」。案，所改非也。采蘋篇云「鉶，本或作鈃」，閟宮篇云「鈃字，又作鉶」，以二釋文證之，此亦當是「鈃」字。「鉶」通用「鈃」，見於五經文字金部、集韻十五青。小字本所附是「鉶」字，順正文改耳。○按，說文有「鉶」、有「鈃」，後人誤認爲一字。

181 **絺衣○知里反**　通志堂本、盧本同。案，六經正誤云「作『如里』誤」，此亦宋監本之異。小字本所附亦作「知」。

182 **○雉知反**　通志堂本、盧本同。案，小字本所附亦作「雉知」。六經正誤云「『雉知反』誤」。段玉裁云「當作『知雉』」，是也。

183 **檻泉○銜覽反**　通志堂本、盧本同。案，六經正

誤云「檻泉，戸鼬反，作『尸』誤」，此亦宋監本之異。小字本所附作「御覽」，「御」又「銜」之譌也。

184 騂騂○調利貌　通志堂本、盧本「利」誤「和」。

185 爲駒　影宋本此一條在「鄙爭」條上，通志堂本、盧本倒在下。案，依正文，所移是也。考小字本所附亦「爭」在「駒」下，或釋文舊如此。

186 見○云曣見日出也　通志堂本、盧本同。案，段玉裁云「當作『曣晛』」，依詩考，是也。

187 四襄　通志堂本、盧本「襄」作「裔」。案，盧文弨云「裔，宋本作『襄』字，譌」，非也。「襄」即「裔」別體字。集韻十三祭載「裔」「襄」「裔」三形，云「或作『襄』」可證，盧失之不考。

188 菀結○於粉反　通志堂本、盧本「粉」誤「勿」。案，小字本、相臺本、十行本所附亦皆作「粉」，不誤。

189 螫蟲　通志堂本、盧本同。案，六經正誤云「螫，作『螫』誤」，是宋監本字作「螫」也。五經文字虫部云「螫，式亦反」，唐人「螫」字如此作，乃省耳。「赦」亦作「赦」，見攴部。小毖經「辛螫」，唐石經磨改作「螫」，當是釋文本亦如此，故依之改也。

190 末揵○其言反　通志堂本「其」誤「莫」，盧本作「其」。案，小字本、相臺本、十行本所附亦皆作「其」，不誤。

191 ○又音虞　通志堂本同；盧本「虞」作「虔」，云「舊譌，今改正」。案，所改是也。

192 將徒役　通志堂本、盧本「役」作「役」。案，「役」字所改非也。集韻二十二昔載「役」「伇」「役」三形可證。說文曰「古文从人作『伇』」。

193 臧之　通志堂本、盧本同。案，羣經音辨草部云「藏，善也，音臧，詩『中心藏之』，鄭康成讀」。所據不與此釋文合，或即新本、舊本之異也。小字本所附是「藏」字，其實「藏」字非是，說已見前。

194 簝○又只醫反　通志堂本、盧本「只」作「尸」。案，六經正誤云「尺，作『尸』誤，潭本作『只』亦誤」。小字本、十行本所附是「尸」字。○按，「尺」字是，「尺醫

反」即集韻之「超之切」也。

195 妖大○古卯反本又作姣姣音於驕反　通志堂本、盧本同。案，六經正誤云「姣大，古卯反，作『妖』誤」，下云「本又作妖，妖音於驕反，今作『本又作姣，一音於驕反』，亦誤」，其說非也。「妖大，古卯反，本又作姣」當連文，此陸讀「妖」爲「姣」，因說「又作」本之竟爲「姣」字也。「一音於驕反」五字當別爲句，乃陸又說或如字讀之也，正義讀如此。毛居正不得其句逗，乃輒議改易。集韻三十一巧載「姣」「佼」「妖」「妟」四形，其「妖」字即本此前一讀也，得之矣。考小字本、十行本所附皆云「一音於驕反」，與毛所載正同，未失陸氏之舊，不知何故。今釋文誤「一」字爲「姣」字也。

196 烓竈○又沈同　通志堂本、盧本「又」作「吕」。案，「吕」字是也。小字本、十行本所附是「吕」字。「沈」字誤，當作「忱」，爾雅釋文云「烓，字林口穎反」是其證。

197 ○何康螢反　通志堂本、盧本「螢」作「瑩」。案，「瑩」字是也。小字本、十行本所附皆是「瑩」字。

198 之襄　通志堂本初刻「襄」，後改去亠；盧本作「襄」。案，盧文弨云「宋本作『襄』，俗」，是也。

199 疷兮　通志堂本、盧本「疷」誤「疧」。案，此與無將、大車篇字同。

200 雍○熟曰雍　通志堂本、盧本「雍」皆作「饔」。案，「饔」字誤改也。當是釋文本作「雍」，即「饔」字之借，與今所有經注各本不同也。小字本所附作「饔」，相臺本所附作「饔」，皆順正文耳。

201 勇悍○下旦反　通志堂本「下」誤「乃」，盧本作「户」。案，「户」字盧以意改耳，亦非。小字本所附作「下」不誤。○按，舊挍非也，「户旦」即「下旦」。

202 治曰　通志堂本、盧本「曰」作「日」。案，盧文弨云「左不開口即日字」，是也。

f02—203 牙蘖　通志堂本、盧本同。案，盧文弨云「宋本『蘖』作『孽』」。考此宋本謂十行本所附也。小字本所附亦是「孽」字。其實「孽」字非。

毛詩釋文校勘記卷三

毛詩音義下〇文王之什

f03—001 之楨〇幹也　通志堂本、盧本「幹」作「榦」。案，所改非也。傳本作「幹」，陸用今字載之耳。桑扈、文王有聲、板、崧高所載皆是「幹」字，可互證也。

002 已上〇本作已　通志堂本、盧本下「已」作「以」。案，「以」字是也。小字本、十行本所附是「以」字。

003 俔〇説文云譬譽也　通志堂本同，盧本「譽」作「諭」。案，六經正誤云「今考説文『譬喻也』，作『譽』誤」，是也。〇按，「譽」是，「喻」非。説文「譬者，諭也」，則不必累言「譬譽也」者，譬而譽之者稱美也。

004 保右〇音祐　通志堂本、盧本「祐」誤「佑」。案，小字本、相臺本、十行本所附皆作「祐」，不誤。六經正誤所載亦是「祐」字。〇按，「右」正，「佑」「祐」皆俗。然「祐」字，説文已有。

005 復〇説文作覆　通志堂本同；盧本「覆」作「𥨊」，云「『𥨊』舊譌『覆』，今從本書正」。案，所改是也。

006 膴膴〇韓詩同　通志堂本同，盧本同。案，段玉裁云「韓詩作『腜腜』，此當有誤」。「腜腜」引見魏都賦注。

007 迺宣〇王云徧　通志堂本、盧本「徧」下有「也」字，有者衍也。小字本所附亦無，不誤。

008 其繩〇箋云傳破之乘字　通志堂本同，盧本「之」作「爲」。案，「爲」字誤改也。此「傳破」二字誤倒耳，當作「破傳」，陸意謂箋之所云乃破傳之「乘」字也。傳未嘗破經爲「乘」，箋又無此云，盧文弨全誤。

009 捄之〇吕忱同　通志堂本、盧本「忱」誤「沈」。

010 捊也〇説文云引取土　通志堂本、盧本同。

案，此正義亦引說文作「引取也」，今說文同。「土」字當誤。考小字本所附亦作「土」，或釋文舊如此。段玉裁曰：「『取土』二字乃『⿱取土』之誤分。⿱取土，積土也，古多用爲『聚』字，『引⿱取土』者引而聚之，玉篇正作『引聚』。又北監本作『聖』，正『⿱取土』字之誤。」

011 **夲** 通志堂本、盧本作「本」。案，唐人作「夲」，例如此，石經其證也。當是釋文之舊。今所有「本」字，後人改也。

012 **抱木** 通志堂本同；盧本「抱」作「枹」，云「今從注疏本改」。案，所改非也。此傳釋文本是「抱」字，從扌；正義本是「枹」字，從木，說已見前。上棫樸下作「枹」，非也。小字本所附亦作「抱」，不誤。〇按，「苞」俗作「枹」，猶上文本或作「夲」耳。「抱」則又俗誤也。

013 **璧王〇音壁** 通志堂本「璧」作「壁」，盧本作「壁」。案，小字本所附亦作「璧」，不誤。相臺本所附是「璧」字。以後「辟音璧」者同，此不更出。

014 **楫之〇楫謂之撓** 通志堂本、盧本「撓」作「橈」。案，「橈」字是也，下郭注云「楫撓頭索也」同。小字本所附二字皆是「橈」也。〇按，此亦从木多誤从扌之證。

015 **所燎〇一云柴** 通志堂本、盧本同。案，山井鼎云「一」字可刪，是也。考今說文不當有。小字本所附正無「一」字。

016 **保安無猒也〇一本作保安也射猒也非** 通志堂本無「非」字，盧本有。案，無者誤也。十行本所附正有「非」字不誤，乃出於善本也。

017 **孝弟〇本亦作悌** 通志堂本、盧本「亦」誤「又」。案，小字本、十行本所附作「亦」不誤。

018 **謂夏** 通志堂本同；盧本「謂」下有「殷」字，云「『殷』字舊避宋諱脱，今補」。案，其說非也。影宋本遇「殷」字但缺末筆，絕無避諱刪字之例。當是釋文本「殷」在「夏」下，不然即「謂」是「殷」字之誤，經注各本無「謂」字也。

019 **耆之〇鄭云老也** 通志堂本、盧本無「云」字。

案，無者當是。

020 乃眷○並音眷同　通志堂本「卷」誤「眷」，盧本作「卷」。案，小字本、十行本所附亦作「卷」，不誤。

021 翳○柛音申　通志堂本「柛」誤「神」，盧本作「神」。案，十行本所附亦作「柛」不誤。

022 樻○以扶老　通志堂本同；盧本「以」作「似」，云「『似』舊譌『以』」。案，「似」字是也。十行本所附是「似」字。○按，扶老，木名，可以爲杖，亦竹名。似扶老，謂似扶老之木也。樻與扶老木又有不同處，故言「似」，陸機疏固作「似扶老」。

023 比○必里反　影宋本此一條在「偏復」條上，通志堂本、盧本倒在下。案，此誤改也。陸是音「克順克比」之「比」，正義讀「克比」「比」字亦上聲。考左傳云「擇善而從曰比」，毛公依用焉。服虔、杜預注皆云「比方」，可見陸、孔之讀信而有徵。安得輒讀作去聲，乃以此爲音「比于文王」之「比」，而遂移之乎？小字本所附在「克順克比」節，十行本所附亦「比」在「偏」上，皆爲不誤。山井鼎反以爲倒錯者，不明於陸讀，又惑於通志堂本故也。

024 偏復　通志堂本同；盧本「復」作「服」，云「舊譌『復』，今改正」。案，考左昭廿八年傳及此正義，所改是也。

025 執訊○字又作訙　通志堂本「訙」誤「誳」，盧本作「訙」。案，小字本、十行本所附亦皆作「訙」，不誤。

026 仡仡○說文作圪　通志堂本「圪」誤「忔」，盧本作「圪」。案，「圪」字所改，未是也。「圪」是隸省字，見九經字樣土部。陸但如此作，小字本所附作「扢」。「扢」、「忔」皆形近之譌耳。

027 牝也○頻刃反　通志堂本同；盧本「刃」作「忍」，云「『忍』舊作『刃』，非」。案，「忍」字是也。小字本所附是「忍」字。定之方中等釋文皆可互證也。「頻忍」今音也，「扶死」舊音也。

028 樅○衝牙也　通志堂本、盧本同。案，段玉裁云「『衝』當作『崇』」，是也。

029 **植者○恃職反**　通志堂本「恃」作「特」，盧本作「恃」。案，十行本所附作「恃」，小字本所附是「特」字。○按，「特」非同位字。

030 **鼉○徒何反**　通志堂本、盧本「何」誤「河」。案，小字本、相臺本所附亦皆作「何」，不誤。

031 **瞍○依字作叟**　通志堂本、盧本同。案，盧文弨云「據陸語，則知本作『叟依字作瞍』，後人乙改」，是也。

032 **○目有眸**　通志堂本同；盧本「眸」作「眹」，云「今從浦校」。案，考周禮釋文，則浦校是也。

033 **眸子○莫佳反**　通志堂本同，盧本「佳」作「侯」。案，「侯」字是也。小字本、十行本所附是「侯」字。

生民之什

034 **祺**　通志堂本、盧本上有「郊」字。案，此轉寫脱。

035 **韣**　通志堂本、盧本上有「弓」字。案，此轉寫脱。

036 **○弓衣**　通志堂本「衣」誤「也」，盧本作「衣」。案，小字本、十行本所附作「衣」，不誤。

037 **敏○如字毛云疾鄭云拇也**　影宋本有此一條，在「齊敏」條下；通志堂本、盧本無。案，此轉寫衍。

038 **介右**　通志堂本、盧本「右」上有「左」字。案，此轉寫脱，依箋意當有。

039 **指處**　通志堂本、盧本「指」作「之」。案，所改非也。當是釋文本此箋無「之」字耳。

040 **不副○匹六反**　通志堂本、盧本「六」作「亦」。案，「亦」字誤也。集韻一屋蝮鈕下有「副」，即此「芳六反」字也。小字本所附是「亦」字，非是。

041 **訏○鄭張口嗚呼也**　通志堂本「嗚」誤「鳴」，盧本作「嗚」。案，説已見前。

042 **歧**　通志堂本、盧本「歧」作「岐」。案，「歧」即「岐」

俗字，見五經文字山部。唐石經此經作「岐」。

043 實褎○徐秀反　通志堂本、盧本同。案，六經正誤云「余秀反，作『徐』誤。建本作『余』。徐秀反是『衣褎』字，與『袖』同」。考十行本所附是「余」字，當出於建本也。小字本所附亦作「徐」。相臺本所附作音祐，此岳氏改之耳。

044 芑　通志堂本、盧本「芑」誤「芑」。案，此字從己，唐人凡從己之字例如此作，與「巳」字無相混者，石經其證也。

045 燔○傳火曰燔　通志堂本「傳」誤「傳」，盧本作「傳」。

046 泥泥○張揖作苨苨　通志堂本「揖」誤「楫」，盧本作「揖」。案，小字本所附亦作「揖」，不誤。

047 爲此○注内爲設同　通志堂本、盧本「注内」作「下注」。案，「下注」非也。小字本、十行本所附亦作「注内」，不誤。

048 醢○鄭注儀禮云醢汁也　通志堂本同；盧本下「醢」作「醢」，云「醢，舊作『醢』」。案，十行本所附是「醢」字。六經正誤云「醢海也，『海』字誤。潭、建本皆作『汁』，興國本作『醢』」。案，儀禮第八聘禮云「其南醢醢屈」，鄭注云「醢，醢汁也」，是解「醢」乃醢之汁也。監本誤合「醢汁」二字爲「海」字，諸本亦各漏一字，故不可曉也。今考此當作「醢汁也」爲是，十行本乃出於善本也。小字本所附仍作「醢汁」。

049 函○又云口裏肉也　通志堂本、盧本同。案，今注疏所附「裏」作「次」，承十行本也。小字本所附仍作「裏」。段玉裁云：「『次』是。説文『谷，口上阿也，从口，上象其理』，然則非『口裏』可知。口次猶口邊也。」

050 如堵○丁古反　通志堂本「丁」誤「寸」，盧本作「丁」。案，小字本、十行本所附亦作「丁」，不誤。

051 勤○音其　通志堂本、盧本同。案，六經正誤載此云「期音其」，是宋監本「勤」字作「期」也。今考此傳正義本是「勤」字，如字讀之。釋文本亦是「勤」字，但讀「勤」爲「期」，故云「音其也」。集韻七之其紐下有「勤」字，即本於此。其實鄭射義注所云「旃期，或爲旃勤」者，「期」「勤」各如其字讀之，此正義長於釋文也。宋監本改「勤」爲「期」，亦由謂勤不得音其耳，但非陸意。○按，陸本必是本作「期」音其，此與「往近王舅，本作王迈」同。

052 梱　通志堂本、盧本「梱」作「捆」。案，此字從木者是也，乃「梱」之借字。小字本所附亦作「梱」不誤。

053 匪解　通志堂本、盧本「匪」作「不」。案，所改「不」字未是也，此當是釋文與各本不同。

054 ○佳賣反　通志堂本、盧本同。案，小字本所附「佳」作「圭」，非也。相臺本、十行本所附作「佳」。

055 涖○力自反　通志堂本、盧本「自」作「洎」。案，盧文弨云「『洎』當疑後人所改」，非也。小字本所附是「洎」字，「自」當字之壞耳。

056 乃依○箋云或扆字　通志堂本、盧本同。案，盧文弨云「今箋無此語」，其説非也。陸載箋例稱「鄭云」，此稱「箋云」者指謂箋意所説耳。緜篇釋文有「箋云破傳之乘字」，是其比矣，皆非箋中有此成文也。又，正月篇釋文云「姒，鄭云字也」，此出白華箋，亦不得疑今本箋無此語。今經注各本鄭箋是完書，與陸所釋字有異致文，無脱簡。

057 材木○一本作材未　通志堂本同；盧本「材未」作「材木」，云「今改正」。案，所改是也。十行本所附是「林木」。小字本所附作「林木，一本作材木」，順正文而易之耳。山井鼎所云「古本『材』作『林』」者，采諸此也。

058 挍其　通志堂本、盧本「挍」作「校」。案，六經正誤云「作『校』誤。『考挍』之『挍』从手，不从木，潭本作『挍』是也」。「挍」字見五經文字手部，今羣書「挍」字多誤爲「校」字者。

059 曰澳○字或作奧　通志堂本、盧本「奧」作「隩」。案，「隩」字非也。小字本、十行本所附亦皆作「奧」，不誤。

060 鎦○郭云餅孰爲鎦　通志堂本「孰」作「熟」，盧本作「孰」。案，小字本所附是「熟」字。

061 齊絜○本或作齋　通志堂本、盧本「或」作「又」。案，小字本所附是「又」字。

062 施○本又作㢮　通志堂本、盧本「㢮」作「弛」。案，「㢮」是「弛」別體耳，集韻四紙「弛」下有此字。其餘同此者，不更出。

063 茀○鄭芳弗反　通志堂本、盧本「弗」作「沸」。案，「沸」字是也。小字本所附是「沸」字，「弗」乃「沸」之壞耳。

064 繇役○本亦作傜　通志堂本「傜」誤「徭」，盧本作「傜」。案，集韻四肴云「傜，使也，通作『繇』」，可見「徭」乃後來俗譌字耳。

065 惽○說文作惽　通志堂本下「惽」作「昬」；盧本作「怟」，云「今挍改」。案，「怟」字是也，小字本所附正作「怟」字。「惽」字誤，「昬」亦誤改。

066 ○釋文惽亦不憭也　通志堂本同，盧本「釋文惽亦」作「又釋惽云」。案，此盧文弨所改，未是也。當作「又云惽不憭也」，與旱麓「燎」下「又云燎放火也」同例。「釋」衍字，「又」誤「文」，「云」誤「亦」，倒在「惽」下，遂不可讀，今特訂正。

067 屎○說文作吚　通志堂本同；盧本「吚」作「𠯆」，云「今本說文作『𠯆』，從之，玉篇、廣韻並同」。案，其說非也。陸所引說文是「吚」字，爾雅釋文同，是其證。五經文字米部亦云「屎，說文作『吚』」，不當輒改作「𠯆」。

068 ⿸广犀　通志堂本、盧本同。案，段玉裁云「『⿸疒犀』誤『⿸广犀』」，是也。小字本所附正是「⿸疒犀」字，乃出於善本。此釋文當本作「⿸疒犀」，轉譌從广耳，小毖篇同。

蕩之什

069 侯祝○本或作兄　通志堂本、盧本「兄」作「咒」。案，作改非也。此字當口旁兄，作見集韻四十九宥「祝」字下。小字本所附正是「呪」字。影宋本壞去口旁也。

070 湎○飲酒閉門不出容曰湎　通志堂本、盧本「容」作「客」。○按，「閉門不出客」者，如陳遵投轄井中是也。初學記引韓詩曰「齊顏色，均衆寡，謂之沈；閉門不出謂之湎」，下句奪「客」字。魏都賦「沈湎千日」，李善引薛君韓詩章句與初學記同，而譌奪不可讀，賦文「沈」字誤爲「流」，注「客」字誤爲「容」。

071 蝘○青徐謂之螇⿰虫麃　通志堂本同；盧本「⿰虫麃」作「螰」，云「今從宋本正」。案，此宋本謂十行本所附也。小字本所附亦是「螰」字。

072 ○或名之蜒蚞　通志堂本、盧本同。案，「蜒」字誤，當作「蜓」。小字本、十行本所附皆是「蜓」字。蜓蚞螇螰，釋蟲文，彼釋文所音可證此誤。

073 奰　通志堂本、盧本「奰」誤「⿱四大」。案，說文作「⿱罒⿰奥奥」。此省也字，從三目，不從三四。

074 灑也○色蟹反　通志堂本、盧本「蟹」誤「懈」。案，小字本、相臺本所附亦作「蟹」，不誤。

075 用遏○沈土益反　通志堂本、盧本「土」誤「上」。案，小字本、十行本所附亦作「土」，不誤。

076 則售○一本作讎　通志堂本、盧本同。案，小字本「讎」作「仇」，「仇」字當非。

077 而⿸广非　通志堂本同，盧本「⿸广非」作「厞」。案，所改是也。字書此字皆從厂，釋文當本如此作，寫者轉譌耳。

078 而莫○音慕　通志堂本「慕」誤「暮」。案，小字本、相臺本、十行本所附亦皆作「慕」，不誤。

079 苑彼　通志堂本、盧本「苑」作「菀」。案，「菀」字是也，與正月篇「菀彼」同。小字本所附是「菀」字。

080 柔濡○而轉反　通志堂本、盧本同。案，段玉裁云「當是本作『偄』也」。今考集韻二十八獮云「『輭』，亦作『需』『濡』，通作『耎』」，「濡」字本此。凡從耎之字多轉而從需，故此釋文以而轉反音「濡」字也。○按，「耎」「需」之音分別詳段玉裁說文注。

081 穡○鄭云吝嗇也　通志堂本「吝」誤「名」，盧本作「吝」。案，小字本、十行本所附作「吝」，不誤。

082 蟊○説文作⿱矛虫　通志堂本、盧本同。案，盧文弨云「説文乃作『蟊』，今正文作『蟊』，遂妄改説文」，其説誤甚。説文蚰部「蟊」是「蠿蟊」字，非「蟊賊」字，不得云「説文乃作『蟊』也」。「⿱矛虫」字雖不見説文，蟲部「蠹」字下云「蟲食艸根者，从蟲，象其形」，其字作「蠹」，轉寫失其形。作「蟊」、「⿱矛虫」皆非是。

083 哀侗○本又作恫　通志堂本、盧本「侗」作「恫」，「恫」作「痌」。案，所改未是也。當是釋文本此經字作「侗」，與唐石經以下各本不同耳。小字本所附上「恫」下「侗」，乃順正文改易耳。

084 赫○毛許白反炙也　通志堂本、盧本同。案，小字本、相臺本、十行本所附「炙」皆作「光」。考此傳正義本作「赫嚇也」，引定本、集注作「赫炙也」，今經注各本皆作「炙」之所自出也。釋文本當是「赫光也」，與定本、集注、正義本又各不同，諸本所附得陸氏之舊。其作「炙」字者，經後人以經注本字改之耳。

085 蘊隆○本又作熅　通志堂本、盧本同。案，盧文弨云「正義曰『温字，定本作蕰』，『温』字似誤」，其説非也。考此經正義本是「蘊」字，當云「『蘊』字，定本作『温』」。今正義有誤，與此釋文所云本「又作熅者」又各不同。「熅」「温」皆非誤字，當各依其本，盧文弨欲改而一之，失於不考也。

086 蟲蟲○爾雅作爞　通志堂本「爞」誤「爞」，盧本作「爞」。案，小字本所附亦作「爞」，不誤。

087 ○韓詩作烔　通志堂本「烔」誤「炯」，盧本作「烔」。案，小字本、十行本所附亦作「烔」，不誤。山井鼎云「『炯』當作『烔』」，不云據宋板，失挍也。

088 ○音徒東反　通志堂本「東」誤「冬」，盧本作「東」。案，小字本所附亦作「東」，不誤。

089 如惔○説文云炎燎也　通志堂本、盧本同。案，此不誤。盧文弨誤以説文之「惔」及節南山篇「⿱𦍌炎」字當之，所説舛謬。○按，此條極難讀。今本説文「炎，火光上也」，與陸不同。李善注荅賓戲引説文「炎，火也」，謂光照也，亦不同。細按之，則「火也」當作「燎也」，陸所見說文爲善本。然經作「如惔」，而陸引「炎」者，以毛云「燎也」之故。惔訓悬，不訓燎，毛意「惔」爲「炎」之叚借字，故陸引許「炎」解以成之。

090 如焚○本又作樊　通志堂本同，盧本「樊」作「燓」，云「『燓』舊譌『樊』」。案，「燓」字是也，小字本所附是「燓」字。

091 之長○丁丈反　通志堂本「丁」誤「下」，盧本作「丁」。案，小字本、十行本所附亦作「丁」，不誤。

092 何里○本亦作㾖　通志堂本、盧本「亦」作「又」。案，小字本、十行本所附作「亦」。

093 維嶽○埇功德也　通志堂本、盧本「埇」誤「捅」。案，小字本所附作「埇」，不誤。

094 亹亹○勉勉也　通志堂本、盧本不重「勉」字。案，當以重者爲是也。考箋云「勉也」，此陸疊箋語，非取箋成文。亹亹，文王箋云「勉勉乎」，陸之所本也。

095 井牧○手又反又如字　按，「牧」字不得有「手又反」之音。蓋大字作「井收」，與正義本作「井牧」絕異也，後人用正義改大字耳。「井收」謂井田所收也。

096 有俶○本又作仈　通志堂本同，盧本「併」作「俶」，云「『俶』舊譌『併』」。案，所改是也。山井鼎云「『併』恐『俶』字」。

097 濯濯○沈士學反　通志堂本同，盧本「土」作「古」。案，「土」當「士」字之譌，小字本、十行本所附是「士」字。盧文弨改作「古」，非。

098 往近　通志堂本、盧本同。案，六經正誤於正文云「說文作『𨑻』，从丌、从辵，丌音基，辵音綽。今作『迈』，音記。字譌作『近』。不敢改也」，依此是「近」爲「迈」字之譌。今考正義本亦作「近」，而如字讀之。釋文云「音記」當是讀「近」爲「迈」，此釋文之長於正義者也。羣經音辨集韻七至記鈕下有「近」字，云「已也，辭也」，辵部云「近，辭也，居例切」，皆引「往近王舅」，即本於此。是此釋文舊作「近」矣。○按，「辺」「近」於古音有一部、十三部之別，陸音記，必是本作「迈」也。段玉裁言之。

099 **揉此○又如字字一音柔**　通志堂本、盧本不重「字」字。案，小字本所附無，當是也。

100 **鞃○苦吆反沈又音泓**　影宋本「苦」下字「厶」，左缺；通志堂本、盧本作「泓」。案，所補非也。考小字本、十行本所附是从弓、从厶字，影宋本以避諱鑱去弓旁耳。相臺本所附作「鞃，苦宏反，沈胡肱反」，皆是避諱改。

101 **○又弦三同**　通志堂本同；盧本作「又作弦王同」，云「舊脱『作』字，『王』誤『三』，今從毛居正改」。案，六經正誤云「又作弦王同，欠『作』字。『王同』謂王肅本與此同，作『三同』誤。興國本作『王同』」，其説最誤。此陸説字之或體，與王肅如風馬牛之不相及，何得謬加附會。興國本乃誤字耳。上云「亦作䡏鞃」，此云「又弦」，合而言之故曰「三同」。小字本所附亦作「三」，不誤。

102 **淺幭**　通志堂本、盧本同。按，此字説文中有之，作「幭」，从巾，蔑聲。凡五經文字、唐石經、集韻作「幭」皆誤。

103 **炰○徐甫九反**　通志堂本、盧本同。案，六經正誤之音辨云「案，甫九反乃『缶』字也。蓋『交』字誤作『丸』耳，當作『浦交反』。六月詩釋文作『甫久反』，蓋『交』訛爲『久』，『久』轉爲『九』也」。今考毛説非也。徐讀是「缹」字，故甫久反。正義云「案字書：炰，毛燒肉也；缹，烝也。服虔通俗文曰『燖煮曰缹』。然則『炰』與『缹』別。而此及六月云『炰鼈』者音皆作『缹』」，讀正與徐同。五經文字缶部云「缹，方九反，見禮經」，即此字也。小字本、相臺本、十行本所附皆作「甫九反」，不誤。○按，五經文字云「見禮經」者，在公食大夫禮注。

104 **其蔌**　通志堂本「蔌」誤「蕀」，盧本作「蔌」。

105 **有且○子餘七敘二反**　通志堂本、盧本同。案，相臺本所附「敘」作「敍」，「敍」字是也，「有客且七序反」是其證。小字本所附仍誤「敘」。山井鼎云「初疑『敘』字『敍』誤，及校元文亦然」者，謂通志堂本。

106 **比公○莒君号也**　通志堂本、盧本「号」作

「號」。案，「号」即「號」，唐人如此作耳。小字本所附亦作「号」，不誤。

107 燕師　影宋本此一條在「所完」條下，通志堂本、盧本倒在上。案，依正文，所移是也。

108 喆　影宋本此一條在「哲知」條下，通志堂本、盧本倒在上。案，依正文，所移是也。考小字本、十行本所附亦「知」在上，「喆」在下，或釋文舊如此。

109 風戾○爍也　通志堂本、盧本「爍」作「燥」。案，「燥」字是也。小字本、相臺本、十行本所附皆是「燥」字；又此見祭義，亦可證。

110 訿訿○寙不供事也　通志堂本、盧本「寙」誤「窳」。案，下不誤。考此字釋文、正義皆從宀，唐人如此作，其實即「窳」轉爲「寙」耳。盧文弨云「今本説文宀部脱『寙』字，諸書誤以穴部之『窳』當之」，其説非是。

111 自頻○張揖字詁云　通志堂本「揖」誤「楫」，盧本作「揖」。案，小字本、十行本所附亦作「揖」，不誤。

清廟之什

112 雒邑○爲水剋火　通志堂本、盧本「剋」誤「尅」。案，小字本亦作「剋」，不誤。

113 維天之命○韓詩云維念也　通志堂本、盧本同。案，此不誤。盧文弨云「韓詩必本作『惟』，此順毛而改作『惟』耳」，其説非也。果如所言，陸氏必當云「韓詩作惟云念也」，不得直云「韓詩云維念也」矣，當是韓讀「維」爲「惟」。○按，陸氏於此等亦多不分析。

114 諸盩○直留反又音侜　涌志堂本、盧本同。案，盧文弨云「侜即直留反，字必誤」。浦鏜案，周官司服又音胄」，其説非也。直留反乃「儔」音，非「侜」音。集韻十八尤儔鈕、侜鈕下並有「盩」字可證也。十行本所附亦如此，浦疑所不當疑耳。

115 夷易○下徐易曰　通志堂本同；盧本「徐」作「除」，云「從山井鼎挍改」。案，所改是也，見考文。

116 巛以　通志堂本、盧本同。案，六經正誤云「巛，作巛，誤」，非也。集韻二十三䰟云「『坤』古作『巛』『臾』」，毛居正之意分別中斷者爲「坤」字，中連者爲「川」字，非也。漢人隸書即用中連者爲「坤」字，洪氏隸釋所載者可爲證。

117 巡　通志堂本、盧本「巡」作「廵」。案，所改是也，下「巡」行同。

118 阻飢○馬融注尚書作徂　通志堂本、盧本「徂」作「祖」。案，「祖」字是也。小字本、十行本所附是「祖」字，史記集解引徐廣云「今文也」。

119 疆爾　通志堂本、盧本同。案，六經正誤云「正文作『疆』，潭本釋文作『彊』，興國、建本並同。唯監本作『彊』，誤」。影宋出於潭本，通志堂本又出於影宋本，故皆不誤。

臣工之什

120 鎒○高誘注云鎒芸田也　通志堂本同；盧本「田」作「苗」，云「『苗』舊作『田』，今依本書改」。案，此當是陸所引與今本不同，改之未是。小字本所附亦作「田」也。○按，當云「所以芸田也」，俗人往往删古書「所以」二字。

121 鞉磬○鞉鞉鼓也　通志堂本、盧本作「鞉小鼓也」。案，小字本誤改也。此傳經注善本皆作「鞉鞉鼓也」，與影宋本釋文合。通志堂反據誤本傳以改此耳。「鞉」不得解爲小鼓，說已見前。

122 圉○魚古反　通志堂本同，盧本「古」作「吕」。案，六經正誤云「魚吕反，作『魚古』誤」，小字本、相臺本、十行本所附皆是「吕」字。

123 賷錫　通志堂本、盧本同。案，六經正誤云「賷錫，作『鍚』誤」，相臺本所附是「錫」字，依之改也。小字本所附仍作「鍚」。今考集韻十四清所載字從易，說文食部亦然，或釋文舊無此一畫。○按，說文作易聲，此古人支清合音之理。

124 ○窒也　通志堂本「窒」作「密」，盧本作「窒」。案，小字本、十行本所附亦作「窒」，不誤。

125 ○張皇也　通志堂本「也」誤「反」，盧本作「也」。

案，小字本所附仍作「反」，非。

126 糝也○糣糝也　通志堂本同；盧本下「糝」作「槮」，云「『槮』字舊譌從米旁，今改正」。案，所改是也。

127 大姒○下同姒　通志堂本同；盧本「同姒」作「音似」，云「舊譌『下同姒』，今從宋本正」。案，考此宋本謂十行本所附也。小字本、相臺本所附亦是「音似」。○按，舊挍非也。「下同姒」不誤，古姒姓或作「似」，如潛夫論及漢碑可證。此當是鄭箋作「大似」，故陸云「下同姒」。宋本所附乃妄改也，大明、思齊作「大姒」則不爲音。

閔予小子之什

128 蜂○本又作峯　通志堂本、盧本「峯」作「蠭」。案，「蠭」字誤改也。小字本所附亦作「峯」，但「峯」亦是譌字。唯十行本所附作「夆」爲是，乃出於善本也。集韻三鍾載「夆」「蜂」二形，云「爾雅『甹夆掣曳也』，或作『蜂』」可證。

129 ○⿸疒掣曳也　通志堂本、盧本「⿸疒掣」作「⿸广掣」。案，「⿸广掣」非也。考爾雅釋文云「掣，本或作『⿸广掣』，同充世反，說文云『引而縱之』」，依此是於說文爲「⿸疒掣」字。集韻十三祭所載「掣」「⿸疒掣」二字下皆無「⿸广掣」。❶

130 繹○字書作襗　通志堂本「襗」誤「釋」，盧本作「襗」。

131 光　通志堂本、盧本同。案，盧文弨云「『光』乃『兕』之譌」，非也。小字本所附亦作「光」，不誤。吉日篇云「大兕，本又作『光』」，可互證。卷耳篇云「『兕』字又作『兕』」，爾雅釋文「兕，本又作『光』」，「光」又「兕」之別體耳。集韻五旨「兕」下有「光」、無「兕」。

132 不吳　通志堂本同；盧本「吳」作「虞」，云「舊『虞』作『吳』」云云。案，此釋文「吳」字本不誤，盧文弨謬引王伯厚詩考所采史記「不虞」字輒加改易，非也。泮水篇同，不更出。

133 ○說文作吴吴大言也　通志堂本同，盧本二「吴」字皆作「吳」。案，所改是也。

134 ○當爲吴從口下大故魚之大口者名吴　通志堂本、盧本二「吴」字皆作「吳」。案，所改是也。此影宋本下二「吴」與上二「吴」誤互易，通志堂本「吳」字已正，「吴」字仍誤也。

135 傳相○直奪反　通志堂本同；盧本「奪」作「專」，云「『專』舊僞『奪』」。案，所改是也。小字本、十行本所附是「專」字。

駉

136 駉○又作駫同　通志堂本、盧本同。案，「駫」字不誤。盧文弨云「疑此當爲『駫』」，非也。此經與「駫」字迥不相涉。

137 有⿰馬不　通志堂本、盧本「⿰馬不」作「駓」。案，「駓」字是也。五經文字馬部云「『駓』『駍』二同」，集韻六脂亦但載「駓」「駍」二形，皆可證。「⿰馬不」字壞去一畫也。

138 ○黄白雜毛曰駓　通志堂本、盧本「駓」作「駍」。案，「駍」字誤也。

139 伾伾○字林作駓走也　通志堂本、盧本同。案，「駓」字各本皆誤，當作「⿰馬舌」，集韻六脂云「⿰馬舌馬走也」本此。陸氏「有駓」下本云「字林作『駓』」，「伾伾」下本云「字林作『⿰馬舌』」。今釋文皆云「字林作『駓』」者，「伾伾」下誤也。小字本、十行本所附「字林作⿰馬舌」反在「有駓」下，亦誤倒，今特訂正。

140 雒○本或作駱同　通志堂本、盧本同。案，此經上句是「駱」字，不應此句「本或作駱」。「駱」當是「⿰馬雒」之誤，或本加馬旁於「雒」左，後乃壞去右「隹」耳。集韻十九鐸「⿰馬雒」載「駱」字，下或别有出。○按，前説非也。「⿰馬雒」即「駱」之别字，不足爲據，安得經典中有之？「白馬黑鬣曰駱」見爾雅。經文當是兩言「駱」，故傳於下「駱」訓爲「黑馬白鬣」，「白」「黑」互易而不妨同名，此毛意。若「雒」守則係後人所改，俗本作「駁」尤非。淺人疑釋文「或作駱」而欲改之，未知經之同名而異物也。❷

141 驎○毛色青深淺　通志堂本、盧本「青」作「有」。案，「有」字是也，小字本、十行本所附是

「有」字。

142 ○斑駮隱⿰粦几　通志堂本、盧本「⿰粦几」作「⿰粦瓜」。案，「⿰粦瓜」字誤也。爾雅釋文所載郭注作「粼」，「⿰粦几」即「粼」也。唐揚之水「⿰粦几⿰粦几」可互證。

143 祛祛　通志堂本同，盧本作「祛祛」。案，此當作「袪袪」。相臺本所附作「袪袪」，字從衣，與唐石經字合最是。小字本、十行本所附及此皆作「祛祛」，但壞去一點耳。毛居正以「祛」爲從示，其説非是，盧文弨依之改者誤。

144 駽○徐又火元反　通志堂本、盧本「徐」字誤倒在「反」字下。案，小字本、十行本所附皆在上，不誤。

145 歲其有○又作歲其有年者矣　通志堂本、盧本同。案，小字本、十行本所附亦如此。段玉裁云「矣」字衍。

146 狄彼○遠也　通志堂本「遠」誤「達」，盧本作「遠」。案，小字本、相臺本、十行本所附亦皆作「遠」，不誤。

147 不吴○作吳音話同　通志堂本、盧本同。案，下「吴」當作「吳」。小字本所附正是「吳」字，絲衣篇亦可互證。盧文弨云文有脱誤者，非。

148 瘍　通志堂本同；盧本上有「不」字，云「舊『不』字脱，今補」。案，所補謬甚。此是傳「揚傷也」「傷」字，釋文本作「瘍」，正義本作「傷」，二本不同；非經「不揚」字，釋文作「瘍」也。考傳云「揚傷也」者，以「揚」爲「瘍」之假借。箋云「不大聲」，則如字讀之以易傳，唯毛氏詩此經是「揚」字故也。若經作「瘍」，毛、鄭皆不當云爾矣。「傷」「瘍」字同，巧言釋文云「瘍，本亦作『傷』」，與此可互相證明。集韻十陽亦以「傷」爲「瘍」之或作字。然則釋文是爲傳作音，的然無疑。但當在「于詾」之下，今倒在上者，傳寫錯出耳。影宋本之互倒者甚多，已見各條下，此亦其一，不當偏執次序以求之也。盧文弨不得其理，乃加「不」字，而以經「不瘍」當之，其誤漸至不可解。

149 其琛○揵爲舍人云　通志堂本、盧本「揵」作「犍」。案，「犍」字是也。小字本、十行本所附是

「犍」字。

150 閟宮○音祕同　通志堂本「祕」誤「秘」，盧本作「祕」。案，小字本、相臺本、十行本所附皆作「祕」，不誤。

151 遂荒○韓詩作荒云至也　通志堂本、盧本同。案，盧文弨云「作『荒』字誤」，是也。又云「浦疑是『作巟』者未是，此今無可考，不得意必求之。」小字本所附亦是作「荒」。

152 其姣　通志堂本同；盧本無「其」字，云「案，箋云『奕奕姣美也』，此『其』字當爲衍文」。案，盧文弨所說誤也。正義云「定本、集注云『孔碩甚姣美也』，與俗本不同」，然則「其」字乃「甚」字形近之譌耳，釋文與定本、集注同也。盧文弨乃據今經注本竟刪去之，失之不考。

那

153 約軝　通志堂本、盧本「軝」誤「軧」。案，相臺本所附亦作「軝」，不誤小字本所附仍誤「軧」。采芑篇可互證。

154 ○駕駟馬　通志堂本、盧本「駟」誤「四」。

155 有娀　通志堂本「娀」誤「娥」，盧本作「娀」。

156 是何○音河河可反　通志堂本、盧本同。案，盧文弨云「當作『音荷』」，非也。侯人釋文云「何戈，何可反，又音河」可證，「河」字不誤也。小字本、十行本所附亦如此。相臺本所附作「又河可反」，「又」字當有。

157 ○本亦作苛　通志堂本、盧本同。案，盧文弨云「『苛』字，『荷』之誤」，是也。

158 檐負　通志堂本「檐」誤「擔」，盧本作「檐」。案，「擔」字誤也。六經正誤所載亦是「檐」字。羣經音辨木部云「檐，荷也，都濫切，詩箋『檐負天之多祿』」是其證。其手部云「擔荷也，都覃切」，非此箋字。

159 昭假○此以義訓非韓字也　通志堂本同；盧本「韓」作「改」，云「『改』舊譌『韓』」。案，考小字本、十行本所附亦如此。「韓」字當是「解」字，形近之譌。盧文弨所改者未是。

160 **綴流**　通志堂本、盧本「流」作「旒」。案，「流」「旒」古今字。依影宋本，當是此經字作「流」，與唐石經及今所有經注各本不同。通志堂本依今本改者非是。下「旒縿」及干旄篇皆仍作「旒」者，或經用古字注用今字也。

161 **是緫○本又作酸**　通志堂本同；盧本「酸」作「鬷」，云「『鬷』舊譌『酸』，今從宋本正」。案，考此宋本謂十行本所附也，小字本所附亦是「鬷」字。

162 **有梃○柔梃物同耳**　通志堂本、盧本同。案，段玉裁云「『梃』字皆當作『挺』」。今考小字本、十行本所附二字皆作「梃」，當是舊如此。

163 **○字音羶**　通志堂本、盧本「羶」誤「鱣」。案，小字本所附作「羶」，不誤。

164 **○俗作**　通志堂本同；盧本「作」下有「埏」字，云「『埏』字舊無，今補。白帖卷一百引詩『松桷有埏』，則唐時本有俗從土者」。案，段玉裁云「是也」。今考小字本、十行本所附皆「俗作」下更無字，當是釋文舊如此矣。

附**注解傳述人**

165 **○或云毛公作序解見□□**　影宋本「解見」下缺，通志堂本、盧本同。案，此解見關雎，或所缺是「關雎」字也。

166 **号曰魯詩**　通志堂本「号」作「號」，盧本作「号」。案，以後多作「号」，當是釋文如此作。

167 **○東平桃人**　通志堂本、盧本「桃」上有「新」字。案，所補是也。此取漢書儒林傳，傳有「新」字。

168 **○至山陽中尉**　通志堂本、盧本「山」作「淮」。案，所改是也，漢書是「淮」字。

169 **及波容**　通志堂本、盧本「波」作「皮」。案，所改是也，漢書是「皮」字。

170 **咸非其本**　通志堂本、盧本「本」下有「義」字。

案，所補是也，此漢書藝文志有「義」字。

171 〇一云名長　通志堂本、盧本「長」作「萇」。案，「萇」字誤改也。關雎正義亦作「長」，此不與今本後漢書同，説已見前。盧文弨云「宋本『萇』作『長』」，意以爲非，失之不考。

172 陸機　通志堂本、盧本「機」作「璣」。案，「璣」字誤改也。盧文弨云「隋志『璣』作『機』」，不云影宋本，失挍也。正義所引亦皆作「機」。誤改作「璣」者，始於李濟翁資暇集，説已見前。

173 〇烏於令　通志堂本「於」字缺；盧本作「程」，云「舊空，據隋志補」。案，「程」字是。

f03—174 〇江惇字思悛　通志堂本、盧本「悛」作「俊」。案，「俊」字非。

校記

❶ 校記引爾雅釋文「本或作摩」之「摩」，通志堂本釋文作「癴」，與上下文義相合。

❷ 雒守，疑爲「雒字」之譌。